中国法学学术史丛书

中国宪法学术史

韩大元 周威 钱坤 等著

Academic History of
Chinese Constitution

中国人民大学出版社
·北京·

中国法学学术史丛书编委会

主　编　朱景文　马小红　尤陈俊
编委会成员（以姓氏音序排列）
丁相顺　韩大元　李　琛　刘计划　刘俊海
马小红　邵　明　时延安　王贵松　王　轶
叶传星　尤陈俊　朱景文

总　序

"中国法学发达史"是中国人民大学2015年立项的重大课题。此项目的初衷是梳理并总结百余年来中国法学知识体系的学术脉络演变，揭示中国法学发展过程中所呈现出的普遍规律与中国特色。这是一项通过深入梳理中国法学"家底"以推进中国特色社会主义法学学科体系、学术体系、话语体系完善和发展的基础性学术工程。课题组认为，高质量地完成这一研究项目，不仅将会为我们思考中国法学未来的发展方向提供充分可靠的智识支撑，而且可以促成法学"中国主体意识"的进一步发展与完善，推动中国法学在国际学界取得应有的话语权与地位。

"中国法学学术史丛书"是"中国法学发达史"课题的成果，它的研究起点，是20世纪初在西学东渐过程中所形成的现代意义上的中国法学。1911年，沈家本在《法学会杂志》的序中写道：

> 近今十年来，始有参用西法之议。余从事斯役，访集明达诸君，分司编辑，并延东方博士，相与讲求。复创设法律学堂，造就司法人才，为他日审判之预备。规模略具，中国法学，于焉萌芽。①

从沈家本所言的中国法学之"萌芽"算起，中国法学迄今已经走过了百有余年的历程。这是历经坎坷的百有余年，也是中国法学逐渐摆脱"全盘西化"并形成自己特色的百有余年。

清末变法时，西方（主要是欧陆传统的）法学借助新式法政教育开始传播于华夏大地。在"欧风西雨"的涤荡下，"言必称希腊罗马"成为那一时期法学的时代特征。民国时期，不乏重建"中华法系"或者建设"中国本位新法系"的学术呼吁。例如在20世纪30年代中期，有学者主张在"新理念、新技术之下"建设"中国本位新法系"，亦即"当系依现代中国国家理念，用科学的方法，对中国固有及现有法律，施新的选择，产生新的生命，俾在世界法律文化领域，重占

---

① ［清］沈家本：《历代刑法考》（四），邓经元、骈宇骞点校，中华书局1985年版，第2244页。

一种新的位置之意";并指出此虽然不是易事,但也并非至难而不可祈求之事,进而呼吁中国法学研究者"并力一心以赴之"①。但是,对西方法学的高度倚赖,依然是那一时期法学知识生产的典型特征,以至于当时甚至有学者感慨称:

> 今日中国法学之总体,直为一幅次殖民地风景图:在法哲学方面,留美学成回国者,例有一套 Pound 学说之转播;出身法国者,必对 Duguit 之学说服膺拳拳;德国回来者,则于新康德派之 Stammler 法哲学五体投地……②

中华人民共和国成立迄今已七十多年,中国法学的发展经历了曲折的过程:20世纪五六十年代学习与仿效苏联法学;1978年改革开放后,尤其是90年代以来,在对西方法学兼收并蓄的同时,日益注重对中国自身法律实践的经验提炼和理论概括;21世纪以来法学研究中"中国主体意识"明确崛起。这个"崛起"表现在多个方面。

首先,"中国特色"在法学的发展过程中受到越来越多的关注,基础理论法学与各部门法学从各自领域对法学的"中国特色"进行了注释和阐发。自改革开放以来,在中国特色社会主义法律体系的形成过程中,中国法学逐渐摆脱了沈家本、梁启超时代"言必称希腊罗马"的"幼稚",成为名副其实的"中国法学"——既是中国法律实践的指导,又是中国法律实践经验的总结和升华。古今中外的法律智慧,由此皆成为滋养中国法学的营养和基础。"中国特色"在当下已然成为中国法学的最强话语,涉及法学的方方面面③,基础理论、民主政治、市场经济、文化与社会治理、生态文明、程序、立法等方面的法学与法律研究,无不打上了"中国特色"的烙印。而"中国特色"正是近代以来我们所忽视的法学"中国主体意识"的一个重要方面。这个"中国主体意识",极大地体现了"历史与现实相结合、理论与实际相结合、基本理论与部门法制相结合、中国特色与世界规律相结合的特点"④。

其次,法学"中国主体意识"的崛起,还表现在学者对国际学界"中国话语权"的重视。随着中国特色社会主义法律体系的形成,中国法学界在对西方法学

---

① 刘陆民:《建立中国本位新法系的两个根本问题》,载《中华法学杂志》新编第1卷第1号(1936年),第48页。
② 蔡枢衡:《中国法理自觉的发展》,1947年作者自印,第122页。
③ 参见朱景文、韩大元主编:《中国特色社会主义法律体系研究报告》,中国人民大学出版社2010年版。
④ 孙国华:《深化法律体系研究,全面推进依法治国》,载冯玉军主编:《完善以宪法为核心的中国特色社会主义法律体系研究》(上册),中国人民大学出版社2018年版,序,第2页。

的态度上有了新的转变，这就是从了解、介绍西方法学并以其指导中国法律近代化转型，到当下将具有中国特色的法律理论与实践介绍到国际学界，让世界了解中国。具有"中国主体意识"的法学，是中国法学在国际法学界具有话语权的基础，法学界的同人已然感受到了这一时期的新使命。改革开放以来，随着党和国家工作中心的转移，中国法学界出现了对法的阶级性、继承性，以及人治、法治等问题的争论。一方面，这是对"文化大革命"、对"以阶级斗争为纲"等在法学界之影响的反思；另一方面，在一部分人中也确实出现了对马克思主义法学基本原理的信心动摇甚至怀疑。西方法学的引进，一方面促进了以自由主义为特征的西方法律思想的传播和对封建特权思想的批判，另一方面也带来了对中国传统法律思想的自信的严重冲击。在一部分学者的观念中，似乎只有按照西方的法学模式改造马克思主义法学，改造中国传统法律文化，才是中国法学未来发展的愿景。和国际学界的交流是改革开放以来中国学界的一大特点，但也正是这种交流唤起了一代学者对学术的自觉。当中国法学界面对世界舞台时，我们应当讲什么呢？难道还是哈特、哈耶克、哈贝马斯？国际学界希望听到中国的理论、中国的声音。①

　　党的十八大以来，习近平总书记高度重视包括法学在内的中国学术的发展。他提出"不忘本来、吸收外来、面向未来"的学术研究指导方针。中国共产党成立一百多年来，积累了丰富的法治经验，形成了中国化的马克思主义法治理论，包括毛泽东思想中的人民民主专政理论、邓小平理论中的民主法制思想、"三个代表"重要思想中的依法治国理论、科学发展观中的社会主义法治理念和习近平法治思想。它们一脉相承，是中国共产党人在革命、建设和改革时期坚持马克思主义法治理论与中国治国理政的实践相结合、与中华优秀传统法律文化相结合所取得的理论成果。中国化的马克思主义法治理论包括方方面面，就其核心内容而言，包括法治建设举什么旗、走什么路，谁领导、依靠谁的问题，经过几代人的探索，作出了坚持中国特色社会主义法治理论、坚持中国特色社会主义法治道路、坚持中国共产党对法治建设的领导和坚持以人民为中心的回答；制定了依法治国的方略，开辟了党的领导、人民当家作主、依法治国有机统一的政治发展道路，把全面依法治国纳入关系全局的"四个全面"战略布局。总结从革命根据地时期的法制建设到全面依法治国实践的历史经验，是摆在中国法学界面前的重要任务。

　　党的十八届四中全会通过的《中共中央关于全面推进依法治国若干重大问题

---

① 参见朱景文：《中国法理学的探索》，法律出版社2018年版，序，第3页。

的决定》强调，要"加强法学基础理论研究，形成完善的中国特色社会主义法学理论体系、学科体系、课程体系"。习近平总书记在 2022 年 4 月 25 日到中国人民大学考察时指出，"加快构建中国特色哲学社会科学，归根结底是建构中国自主的知识体系"①。2023 年 2 月，中共中央办公厅、国务院办公厅印发了《关于加强新时代法学教育和法学理论研究的意见》，提出要"加强中国特色社会主义法治理论研究，提升法学研究能力和水平，加快构建中国特色法学学科体系、学术体系、话语体系"。

我们的这个课题，正是在法学"中国主体意识"崛起的背景下立项的：致敬兼采西法而又不忘坚守传统的先哲，深入进行学术史的梳理，细致分析中国法学学术脉络演变所基于发生的不同历史背景和社会背景，考察从晚清变法时期的西方法学知识引入直到当代法学中"中国主体意识"的崛起，最终形成一套名为"中国法学学术史丛书"的大型学术丛书。这一课题不仅旨在为国内学界提供一套回顾、梳理百余年来中国法学之发展历程的新成果，致敬前辈与同行在法学领域所作出的学术贡献，而且致力于将中国法学的研究成果介绍给国际学界，使国际学界的同行更多地了解中国法学。确立中国法学在国际法学界应有的话语权，是我们立项时的目标，也是我们在本项目研究开展的过程中所努力践行的宗旨之一。

唯愿本套学术丛书的出版，能为建构中国自主法学知识体系尽到一份绵薄之力。

朱景文　马小红　尤陈俊
2023 年 7 月

---

① 《习近平在中国人民大学考察时强调 坚持党的领导传承红色基因扎根中国大地 走出一条建设中国特色世界一流大学新路》，载《人民日报》2022 年 4 月 26 日，第 1 版。

目 录

导 论 中国社会变迁中的宪法学 ·· 1

第一章 宪法概念在中国的起源 ·· 32
  第一节 宪法概念的初现 ·· 32
  第二节 立宪法主张的提出 ·· 42
  第三节 立宪法成为基本国策 ·· 48
  第四节 宪法概念的法典化 ·· 57
  结 语 晚清宪法概念的历史局限性 ······································ 67

第二章 近代宪法学的发展演进 ·· 70
  第一节 英国《大宪章》与中国宪法学源流 ·························· 70
  第二节 外国宪法典翻译 ·· 74
  第三节 比较宪法概念在近代中国的演变 ······························ 84

第三章 近代宪法文本与宪法学 ·· 97
  第一节 概 述 ·· 97
  第二节 南京临时政府与北洋政府时期 ································ 106
  第三节 南京国民政府时期 ·· 143
  第四节 小 结 ·· 151

第四章 近代的国家与公民教育 ·· 153
  第一节 清末的公民教育萌芽（1902—1911 年） ················ 154
  第二节 民国公民教育的开端（1912—1918 年） ················ 167
  第三节 民国公民教育的发展（1919—1926 年） ················ 177
  第四节 民国公民教育的沉寂（1927—1932 年） ················ 188
  第五节 民国公民教育的复苏（1933—1945 年） ················ 193
  第六节 代表期刊与代表文献介绍 ······································ 194

第五章　近代宪法学的文献研究 … 198
第一节　中国宪法学文献梳理 … 198
第二节　中国宪法学文献的历史价值 … 204
第三节　中国宪法学文献的当代意义 … 209
第四节　宪法学文献史研究主题的演变 … 214

第六章　近代宪法学的交流互动 … 217
第一节　日本明治宪法对《钦定宪法大纲》的影响 … 217
第二节　苏俄宪法在中国的传播 … 242

第七章　中国宪法学教育的发展 … 263
第一节　近代宪法学教育的起源 … 263
第二节　民国时期的宪法学课程 … 271
第三节　新中国成立后宪法学教育的发展 … 274

第八章　宪法学研究团体与组织 … 289
第一节　清末到民国的宪法学研究团体 … 289
第二节　新中国成立后的宪法学研究队伍 … 325
第三节　中国宪法学研究会组织建设与发展 … 337

第九章　宪法学研究方法与范畴的演变 … 355
第一节　清末的宪法学方法论 … 355
第二节　20世纪80年代以来宪法学研究方法的演变 … 360
第三节　宪法学基本范畴的演变 … 365

第十章　基本权利理论的演变 … 388
第一节　晚清民国时期基本权利概念的形成与发展 … 388
第二节　新中国成立初期的基本权利研究 … 396
第三节　改革开放以来基本权利理论的新发展 … 400

第十一章　国家机构理论的演变 … 432
第一节　北京政府时期关于国家机构的讨论 … 432
第二节　南京政府时期关于五权体制的争议问题 … 455
第三节　新中国的国家机构研究及其教义学转向 … 465

第十二章　地方制度研究的发展 … 477
第一节　中国传统社会的地方自治观 … 477

第二节　清末时期的地方自治叙述·· 487
第三节　法学叙述中的地方自治·· 495
第四节　法律意义上的团体自治的演变··· 505
第五节　联省自治中的地方制度论··· 512

第十三章　现代宪法学历史分期·· 520
第一节　20世纪50年代的宪法学研究··· 520
第二节　20世纪60~70年代的宪法学研究······································· 524
第三节　20世纪80年代的宪法学研究··· 529
第四节　20世纪90年代的宪法学研究··· 538
第五节　进入新时代的宪法学研究··· 542

附　录　中国宪法学大事记·· 549
后　记·· 597

导 论

中国社会变迁中的宪法学

在中国,"宪法学"属于舶来之学,起源于19世纪末20世纪初,最早作为学术概念而使用,后成为法科教育的课程名称,历经一百多年的学术脉络,成为专门研究宪法现象的知识体系,承载着一个国家诞生与生长的历史与现实。作为一门解释宪法现象的法律科学,宪法学具有回应现实与预测未来的功能。人类社会进入21世纪后,宪法学的内容、形式与功能等发生了深刻变化,既传承20世纪宪法学的基本共识,又与时俱进,正形成适应21世纪人类社会形态的知识体系。宪法学记载人类生活的经验,既关注现实,又要着眼于未来,为社会共同体的运行描绘蓝图。20世纪的中国宪法学,伴随着社会变迁,几经曲折,逐步成长为一门独立的学科。认真回顾中国宪法学史,科学地总结其发展规律,是宪法学保持其生命力的内在需求,也是构建中国宪法学自主知识体系的客观要求。

一、中国宪法学的产生和历史分期

在中国,宪法学究竟始于何时?对此学界有不同的划分标准与观点。[①] 一般认为,中国宪法学最初继受于西方,在19世纪末20世纪初的变法维新、仿行立宪等思潮的影响下,西方宪法学传入中国,并在"西学东渐"中逐步成为一门知识体系。从戊戌变法算起,中国宪法学已有一百多年历史,相对于世界宪法的整个历史发展进程而言也许不算太长,但对于中国而言非同寻常。其间,君主制与

[①] 根据文献的记载,20世纪50年代初期,中国法学教育界沿用苏联的学科称谓,把宪法学表述为"国家法学",50年代中期以后改称为"宪法学"。参见韩大元主编:《中国宪法学说史研究》(上卷),中国人民大学出版社2011年版,第297页。

共和制、总统制与议会制、集权制与分权制、单一制与联邦制等每一种宪法体制都在这个宪法舞台上纷纷亮相，形成多样化的宪法图景。透过不同历史时期的宪法变迁，我们发现，中国传统与西方传统、制度实践与思想学说、保守力量与激进改革等各种因素交互作用、交相辉映，形成了独具特色的近代中国宪法学。

早在1870年，作为宪法学基础性概念的"宪法"一词便出现在我国的书刊中。如1870年王韬自欧洲归来，在次年撰写的《法国志略》中介绍法国于1791年"立一定宪法布行国中"。1893年出版的郑观应著《盛世危言》一书首次要求清廷"立宪法""开议院"，实行立宪政治。① 有关议会制的介绍和研究方面，早期的学者们提出了各自的学术主张。1897年《时务报》刊登梁启超著《大同译书局叙例》，指出，"译宪法书，以明立国之本。译章程书，以资办事之用"。梁启超在《湖南时务学堂学约》中将宪法作为学堂必授课程，并把英国传教士傅兰雅译《佐治刍言》指定为宪法学教科书。宪法学成为近代法学教育课程之一，1904年直隶法律学堂开设的课程中已有"宪法学""法律学""政治学"等。② 从此"宪法""宪法史""英国宪法"等成为不同法政学堂普遍开设的课程。从19世纪末开始，有关民主、宪法、共和、议会等的思想与理论从直观认识走向理性认识，形成一门知识体系，这标志着中国宪法学已处于萌芽状态。1897年康有为、梁启超等人的宪法著述和对宪法知识的传播成为宪法学兴起的起点，而1898年戊戌变法则成为宪法知识逐步社会化的契机。

19世纪40年代，在林则徐主持编译的《四洲志》、魏源的《海国图志》和徐继畬的《瀛寰志略》中简略地介绍过西方的议会。③ 1882年黄遵宪从日本调职到美国后，进一步接触了西方的政治学说，他在《日本国志》一书中，详细介绍了日本明治维新以后集会、结社、组党的情况，对相关国家的议会制度作了具体论述。这些主张和著作构成早期中国宪法理论的组成部分，奠定了中国宪法学的基础。1908年8月清王朝颁布中国历史上的第一部宪法性文件——《钦定宪法大纲》，为宪法学发展提供契机。

到20世纪初，我国已出版多种中外宪法学著作。1901年汤寿潜著《宪法古义》出版，为中国学者撰写的最早的宪法学著作之一，其核心理念是"宣扬君主

---

① 参见韦庆远：《清末宪政史》，中国人民大学出版社1993年版，第15页。
② 参见汤能松等：《探索的轨迹——中国法学教育发展史略》，法律出版社1995年版，第129页。
③ 参见上书，第7页。

立宪主义"。1902年，王鸿年译的《宪法法理要义》出版，使学术界系统了解了日本宪法学研究状况。这一年还陆续翻译出版了一些外国宪法学著作。①

一百多年来中国宪法学经过了几个不同的历史发展阶段，为了便于从宏观上把握中国宪法学的总体框架，可将中国宪法学发展分为若干时期。但对于具体的分期，学界有不同的主张，如有的学者将中国宪法学发展分为新中国成立前的宪法学和新中国成立后的宪法学；有的学者将其分为清朝末年到民国时期的宪法学、革命根据地时期的宪法学、中华人民共和国的宪法学；还有学者将其划分为清末民初到中华民国时期的宪法学、新中国成立到"文化大革命"时期的宪法学、改革开放以来的宪法学。

宪法学是在社会历史进程中演变的，分析社会发展特定阶段与宪法学之间的联系，要从宪法与社会变迁中揭示宪法学的价值。

第一，宪法学作为一个研究宪法现象的知识体系，客观上存在从不成熟走向成熟的过程。处于历史起点的宪法学往往是不成熟的，或者只具有宪法学某些领域的特征。对于后人来说，应历史地看待宪法学最初的启蒙阶段，而不应苛求其专业化水平。

第二，划分宪法学历史起点时，要合理平衡宪法学的学术性与政治性之间的关系。宪法学作为研究特定国家、特定宪法现象的一门学科，其政治性是不可否认的。研究者的学术立场要受意识形态的影响与制约。但同时我们应当看到，宪法学是人类在治理国家中总结与积累的经验与知识，其成果应属于人类文化的共同财富。在中国社会发展的不同历史阶段，宪法学所积累的研究成果之间存在客观的历史连续性，这种连续性是以宪法文化的共同背景为基础的。因此，在探讨中国宪法学历史起点时，需要从宪法学体系与内容入手，着重揭示宪法知识体系化的过程，不能以宪法学的政治性割裂宪法学的知识体系。从一般意义上讲，中国宪法学的发展包括中华人民共和国成立以前的宪法学和成立以后的宪法学，两个不同历史阶段的国家政权性质不应割裂宪法学的历史。为了区分宪法学的不同历史发展阶段，我们可以把新中国的宪法学称为现代中国宪法学。

第三，中国宪法学的产生过程与西方国家的不尽相同。在西方，宪法学是资产阶级革命胜利的产物，即随着"封建专制制度的覆灭和资产阶级民主制度与法治原则的确立，资产阶级宪法科学才登上了历史舞台"②。而在中国，由于历史

---

① 参见许崇德主编：《中国宪法》，中国人民大学出版社1993年版，第5页。翻译的书主要有辰巳小二郎的《万国宪法比较》、天野为之的《英国宪法论》、高田早苗的《宪法要义》等。

② 吴家麟主编：《宪法学》，群众出版社1983年版，第4页。

条件的特殊性，在学科体系所需要的客观环境还没有成熟的背景下，宪法学主要根据政治权力运行的需要来构建，这在宪法学产生初期表现得尤为突出。在解释中国宪法学历史起点时，要处理好宪法文本与宪法学知识、政治现实与学术自由之间的关系，要客观地分析宪法学的学术价值。宪法文本的科学性与宪法学的科学性之间并不存在必然的联系，在特定历史条件下宪法学的价值可以超越特定时期的宪法文本价值。

基于上述认识，本书将中国宪法学分期划分为如下阶段：第一阶段是"输入期"（1897—1911 年），第二阶段是形成期（1911—1930 年），第三阶段是成长期（1930—1949 年），第四阶段是新中国宪法学时期（1949 年至今）。第四阶段又可具体分为初创时期（1949—1957 年）、曲折发展时期（1957—1965 年）、停滞时期（1966—1976 年）、改革开放时期（1978—2018 年）、面向新时代的宪法学的发展（2018 年至今）。

二、中国宪法学的"输入期"（1897—1911 年）

肇始于 1897 年的中国宪法学是"西学东渐"的产物，不同国家的宪法学以不同形式对中国宪法学的形成产生了不同程度的影响。在宪法学的"输入期"，中国宪法学带有外国宪法学、比较宪法学的特征，不同文化传统、不同宪法学流派的观点汇聚而成"输入期"的中国宪法学。因此，揭示中国宪法学发展规律时，我们需要运用历史的、比较分析的方法，提炼中国宪法学中的外国宪法学因素，在外国宪法学因素中挖掘中国元素。中国宪法学虽源于西方宪法学的引入，但中国宪法学者们始终关注宪法学的"中国元素"，没有放弃坚守宪法学主体性的学术努力。在 19 世纪末 20 世纪初，西方宪法学通过不同途径传入中国，并在中西宪法文化的冲突与融合中影响了早期中国宪法学的发展。

（一）西方宪法理论的传播

自 1840 年鸦片战争以后，中国逐渐变为半殖民地半封建社会，西方宪法文化通过资产阶级改良派的活动得到传播。可以说，早期中国宪法理论是在西方宪法学的介绍、比较与传播中形成的。在同西方政治制度的接触中，早期的改良派系统地介绍了西方的议会制度，开议院是中国 19 世纪下半叶颇为时兴的社会思潮。如改良派的代表人物全面地介绍了西方诸国的政体，比较了君主之国、民主之国与君民共主之国，倾向于主张中国采用君民共主的制度。1897 年变法维新运动的主要领导者康有为、梁启超等人的宪法著述与对宪法知识的宣传，构成早期中国宪法学的学术资源，推进了宪法学的社会化进程。康、梁等人的宪法思想主要受到西方宪法思想的影响，他们的学术观点反映了 19 世纪末萌芽状态中的中国宪法学的基本格局。如康有为提出"托古改制"的思想，试图把西方的宪法理论以孔子思想表达出来。他主张改君主专制为君主立宪，认为"东西各国之强，皆以立宪法、开国会之故"而得到自强，"立行宪法，大开国会，以庶政与国民共之，行三权鼎立之制，则中国之治强，可计日待也"①。1898年1月，康有为撰写《上清帝第五书》，其中使用了"宪法"一词，认为"采择万国律例，定宪法公私之分"②。梁启超推崇孟德斯鸠的政体论，主张中国实行英国式的"立宪政体"。③ 严复翻译了《法意》《天演论》《原富》等著作，并进行了中西法律文化与思想的比较研究。

通过立宪思想的介绍与传播，20世纪初形成的这股立宪思潮在国内产生了相当大的影响，很多人笃信"立宪是救亡图存之道"。当然，在"输入期"，改良派也面临中西文化之间的冲突，其学术观点不可避免地存在相互矛盾之处。

（二）出使西方各国考察宪政

随着西方立宪思想的普及，改良派提出将宪法理论转化为一种具体政治实践，促使统治者调整传统的统治方式。从学说史的角度看，清政府派五大臣考察西方宪政是值得认真研究的课题。五大臣考察西方宪政虽是迫于当时的政治形势，是一种维护统治地位的权宜之计，但它在客观上拓宽了中国人了解西方宪政的途径，在宪法学说史上发挥的历史作用是不可抹杀的。

1905年清政府下了一道上谕，其中写道："兹特简派载泽、戴鸿慈、徐世昌、端方等随带人员，分赴东西洋各国考求一切政治，以期择善而从。"第一次考察的国家主要包括美国、德国、瑞典、挪威、日本、比利时、英国、法国等。每到一个国家，考察者时向清政府奏报，简要报告考察情况。在考察中，大臣们主要以日本的宪政为考察对象，认为在实行君主立宪政体诸国中，日本最为可取，因为"日本虽行立宪，但君主仍稳操统治大权"。载泽、端方等人在考察过程中，搜集了一大批有关欧美和日本宪政的书籍和资料，并出版了书籍。如端方回国后，将各国政体方面的译述汇集起来，编纂成《欧美政治要义》一书。④ 以考察大臣的名义出版的书还有戴鸿慈、端方合编的《列国政要》32册，《欧美明要义》4册，《日本宪法疏证》，载泽的《考察政治日记》，戴鸿慈的《出使九国

---

① 康有为：《请定立宪开国会折》，载《康有为全集》（第4集），中国人民大学出版社2007年版，第424页。
② 康有为：《上清帝第五书》，载《康有为全集》（第4集），中国人民大学出版社2007年版，第5页。
③ 详见周威：《论康有为于戊戌变法前的宪法观及其宪法史地位》，载《法学家》2018年第6期。
④ 经学者考证，《欧美政治要义》是当时日本宪法学者有贺长雄代笔而完成。见李超：《观弈闲评》，上海三联书店2019年版，第5页。

日记》等。五大臣向清政府提出的奏折中，包括由梁启超、杨度代拟的《东西各国宪政之比较》《中国宪政大纲应吸收东西各国之所长》《实施宪政程序》。① 《实施宪政程序》对未来中国宪法设计提出分三步：第一步，召开国会；第二步，制定宪法；第三步，推行宪政。上述奏折对清末立宪产生了重要影响，同时也成为中国宪法学的重要学术遗产。

1907年9月，清政府又派汪大燮、于式枚、达寿三人分赴英国、德国与日本考察宪政，为立宪储备理论。汪大燮从英国考察后回国编写了14本宪法方面的著作，如《宪政要目答问》《英国宪政要义》《英宪因革史》《国会通典》《选举法举要》《司法考略》等。达寿在日本考察宪政时，提出六类考察项目，其中包括宪政史、宪法、立法、行政等。1907年清政府设立的宪政编查馆的重要职权之一是调查各国宪法，编订宪法草案。上述有关宪政方面的奏折、著作以及对西方宪法的实地考察，实际上为清末立宪提供了理论依据，其学术价值是不可忽视的。

1908年8月清政府颁布了中国历史上第一部宪法性文件——《钦定宪法大纲》，它"揭开了中国立宪史的第一页，在中国法文化发展史上具有不可忽视的价值"②。这部宪法性文件正式引入了宪法概念，规定了所谓臣民的权利与自由。尽管这些规定不完整，但在中国宪法发展史上是有意义的。《钦定宪法大纲》法文化的重要价值在于它是"中西法律文化冲突与融合的有益尝试"③，即在中国传统文化与西方宪法理论发生冲突时，当时的统治者与制宪者并没有盲目照搬西方宪政制度，而是对不同的宪政体制进行比较，力求保持传统文化。"兼采列邦之良规，无违中国之礼教"是当时制宪的指导思想。

(三) 日本宪法学对早期中国宪法学的影响

早期中国宪法学受到不同国家宪法学的影响，其中日本宪法学产生的影响是十分深刻的。④ 明治维新后，日本在宪法文化的冲突与融合中积极引进西方的宪政理论，创立了较系统的宪法学说。⑤ 在明治宪法制定前后，日本宪法学有了很大的发展，以宪法解释学为核心的宪法学理论适应了明治维新后日本社会发展的实际需要。战前的宪法学研究中形成了以美浓部达吉、佐佐木惣一为代表的"立

---

① 参见唐浩明：《杨度》（上），金城出版社2011年版，第404-412页。其中，梁启超负责撰写《东西各国宪政之比较》，杨度负责撰写《中国宪政大纲应吸收东西各国之所长》与《实施宪政程序》。
② 周少元：《试论〈钦定宪法大纲〉的法文化价值》，载《法学》1996年第6期。
③ 同上。
④ 详见韩大元主编：《中国宪法学说史》（上），中国人民大学出版社2012年版，第186-217页 [第三章日本宪法学对中国宪法学说的影响（王贵松撰写）]。
⑤ 参见韩大元：《传统文化与亚洲立宪主义的产生》，载《比较法研究》1997年第3期。

宪学派"与以穗积八束、上杉慎吉为代表的"国体宪法学"两大学派。1889年日本明治宪法的制定及实践，对于追求立宪理想、欲学习富国强兵本领的中国改良派与有志青年是有吸引力的。中国人最初接触的西方宪法学说主要是日本宪法学，这就决定了日本宪法学在中国早期宪法理论发展过程中的特殊地位。

当时介绍、普及日本宪法理论的主要途径是：(1) 在清末立宪过程中，日本宪政体制是清政府的主要参照系，建立日本式的君主立宪政体是当时的主要立宪思潮。(2) 在主张立宪的政治家和学者中多数人直接受日本宪法思想的影响，如康有为、梁启超、杨度等人在日本系统地研究和学习了西方宪法理论，直接感受了日本宪政实践。据统计，1907年留学日本的中国人逾万人，其中不少是因为反对清朝政府而逃亡到日本的。[①] 这些人相继翻译了日本宪法学著作，并传入国内。在国内也有不少学者热衷于翻译日本宪法学著作。从1902年开始翻译的日本宪法学著作主要有：天野为之著的《英国宪法论》（上卷，1902年）、高田早苗著的《宪法要义》（1902年）、菊池学而著的《宪政论》（1903年）、小野梓著的《国宪泛论》（1903年）、松平康国著的《英国宪法史》（1903年）、穗积八束著的《宪法大意》（1903年）、辰巳小二郎著的《万国现行宪法比较》（1904年）、菊池学而著的《议会政党论》、田中次郎编的《日本宪法全书》（1905年）、伊藤博文著的《宪法义解》（1905年）、美浓部达吉著的《宪法泛论》（1905年）、末纲精一著的《比较国法学》（1906年）、井上毅等编的《宪法要论》（1906年）、市村光惠著的《究法要论》（1906年）、高田早苗著的《宪法要义》（1907年）、清水登著的《宪法》（1907年）、穗积八束著的《日本宪法要义》（1907年）、菱谷精吾著的《裁判所构成法》（1908年）、菊池学而著的《宪法论》（1910年）、法曹阁编写的《宪法论纲》（1910年）等。这一时期学者们也翻译了英、美、法、德等国的宪法学著作，但从数量上看日本宪法学著作占相当大的比重，可见其影响的广泛。(3) 明治宪法制定的主要参与者与"国体宪法学"学者的宪法思想对早期中国宪法理论产生了重要影响。如前所述，清政府大臣们考察西方宪政的重点是日本，主要以日本为参照系，在考察宪政过程中大臣们与日本"政府大臣伊藤博文、大隈重信诸元老，及专门政治学问之博士，从容讨论，以求立法之原理与其沿革损益之宜"[②]。1906年1月，"国体宪法学"的代表人物穗积八束"以内阁命令来讲日本宪法"，强调"以君主权为统治权之总纲，故首列皇位为主

[①] 参见韩明谟：《中国社会学一百年》，载《社会科学战线》1996年第1期。
[②] 《出使各国考察政治大臣载泽等奏在日本考察大概情形暨赴英日期折》，载《清末筹备立宪档案史料》（上），中华书局1979年版，第6页。

权之本体,此数千年相承之治体,不因立宪而移"①。据载,明治宪法的主要起草者伊藤博文把他著的《皇室典范义解》《宪法义解》送给载泽,并讨论了有关立宪问题,当载泽问"立宪当以法何国为宜"时,伊藤回答说:"各国宪政有二种,有君主立宪国,有民主立宪国,贵国数千年来为君主之国,主权在君而不在民,实与日本相同,似宜参用日本政体"②。伊藤还为载泽详细讲解了日本明治宪法中的君主大权17条,说"贵国如立宪制度,大权必归君主"。载泽回国后极力主张采用日本明治宪法体制与受日本宪法思想的影响是分不开的,他根据伊藤博文与穗积八束的学说与主张,一再论述立宪有利于皇统,无碍于君权。

可见,早期中国宪法学是通过"输入"域外宪法学而形成的,特别是系统地"输入"了日本宪法学理论。"输入"的宪法学不仅成为一种学术形态,而且通过一定的实践转化为一种制度形态。当然,"输入期"的宪法学说并不是简单照搬的,当时的政治家和学者们从不同的角度寻求不同宪法学说之间的文化连结点,注重挖掘宪法理论的文化背景,在一定程度上树立起了宪法学的主体意识。

三、中国宪法学的形成期(1911—1930年)

1911年辛亥革命以后,中国宪法学在动荡不安的社会环境中逐渐进入形成期。

在中国宪法学的形成过程中,孙中山先生的五权宪法学说是独具特色的一种主张,是中西宪法文化结合的产物。孙中山先生的五权宪法思想实际上标志着中国宪法学的初步形成。1905年10月,孙中山系统地提出三民主义的建国方案,1906年又明确而系统地提出了民主宪政思想。1912年3月公布的《中华民国临时约法》(以下简称《临时约法》)是中国第一部具有资产阶级宪法性质的文件,它以根本法的形式废除了在中国延续两千多年的封建专制,确立了主权在民原则。《临时约法》公布后,一些学者出版了介绍、研究《临时约法》的著作,具有代表性的有穆苏编的《中华民国临时约法》(1912年)、王保民编的《中华民国约法解释》(1914年)、孙昭炎编的《中华民国国会组织法、选举法浅释》(1912年)、范迪吉等编的《宪法精义》(1912年)、王宠惠著的《中华民国宪法刍议》(1913年)、康有为撰的《拟中华民国宪法草案发凡》(1916年)等。这一时期以《临时约法》为研究对象的宪法学著作的问世,体现了中国宪法学研究一

---

① 载泽:《政治考察日记》,载蔡尔康、戴鸿慈、载泽:《李鸿章历聘欧美记·出使九国日记·考察政治日记》,岳麓书社1986年版,第575页。

② 载泽:《政治考察日记》,载蔡尔康、戴鸿慈、载泽:《李鸿章历聘欧美记·出使九国日记·考察政治日记》,岳麓书社1986年版,第579页。

定的主体性。

1924年孙中山提出了《建国大纲》，将"五权宪法"列入其中。他1921年在《五权宪法》的演说中系统地阐述了世界宪政的主要思潮；在对英国宪法、美国宪法的背景与基本特征进行分析的基础上提出了五权宪法的理论，他认为："所谓宪法者，就是将政权分几部分，各司其事而独立。各国宪法只分三权，没有五权。五权宪法是兄弟所创。"[1] 他同时认为，政治上的宪法，就是支配人事的大机器，也是调和自由和专制的大机器[2]，五权宪法就是把全国的宪法分作立法、司法、行政、弹劾、考试五个权，每个权都是独立的。对于孙中山先生的五权宪法理论，当时一些学者开始了研究与介绍，主要的宪法学著作有：谢瀛洲著的《五权宪法大纲》（1926年）、程乾初著的《五权宪法的理论与实践》（1924年）、朱佛公著的《五权制度》（1929年）、金鸣盛著的《五权宪法创作论及试拟案》（1930年）、萨孟武著的《五权宪法》等。这些著作为扩大五权宪法理论的学术影响发挥了积极作用。

进入20世纪30年代，宪法问题成为国家政治生活的核心课题，一些学者从不同的政治立场出发，对宪法问题提出了自己的观点，体现了人们的宪法认识。由于当时环境的复杂与多变，学者们的宪法观点具有不同的政治背景，其主张呈现多样性，有些宪法学说有一定的理论价值，在中国宪法学上占有一定的地位。20年代人权派就宪法问题从人权价值出发提出了有关宪法概念的意义与内容的学术主张。胡适在《我们什么时候才可有宪法？》一文中认为，宪法的大功用不但在于规定人民的权利，更重要的是规定政府各机关的权限，立一个根本大法，使政府的各机关不得逾越他们的法定权限，使他们不得侵犯人民的权利——这才是民主政治的训练。[3] 罗隆基在《论人权》一文中把法律分为宪法和普通法，认为"宪法是人民统治政府的法，普通法是政府统治人民的法"[4]。

从20世纪初到30年代，随着宪法学说的发展，宪法学教育得到重视。当时一些学堂开始讲授有关宪法的课程。1914年安徽法学社编的《法学通论》是京师法律学堂讲义，其中包括宪法和行政法的内容。1911年出版的汪辑京师法律学堂笔记共有20册，其中第1册《法学通论》主要讲宪法、行政法，共有330页。据统计，当时的高等学校法科大学普遍开设了宪法课程，并编写了宪法学讲

---

[1] 《孙中山选集》（下卷），人民出版社2011年版，第503页。
[2] 参见上书。
[3] 参见胡适：《我们什么时候才可有宪法？》，载《新月》月刊第二卷第四号（1929年）。
[4] 罗隆基：《论人权》，载《新月》月刊第二卷第五号（1929年）。

义，如朝阳大学使用的钟赓言写的《宪法讲义》（1919年）是较早的宪法教材之一。① 当时，宪法课程的主要内容包括外国宪法制度的介绍与宪法一般原理，如1927年作为朝阳大学法律科讲义的《宪法讲义大纲》，共6编：第一编绪论，概述国家与法及宪法的一般原理；第二编近世重要各国宪法之发生及其变迁，介绍美、法、德、日、英、中6个国家宪法；第三编国权统治之范围，讲述领土、人民、国籍等；第四编国权统治之机关，介绍国会行政首长、法院、审计院等机关；第五编国家统治权之作用，介绍立法、行政、会计等；第六编人民对于国家之法律关系，讲述公民权利与义务。

与宪法学教育相关的另外一个问题是，这个时期出现了研究宪法学的一些组织机构，如北京宪法学会成立于1921年，于1924年出版了《宪法论丛》第1卷，分论著、译述、附录三部分。其中的论著有邓航怡的《国宪根本研究之商榷》、汤漪的《中国宪法问题发凡》、郁嶷的《宪法中财政划分问题》等8篇，译述部分有张渲的《瑞士国之根本特性》、邓毓怡的《俄罗斯宪法评论》等4篇，附录部分有《中国宪法草案生计教育两章》及宪法学会会员名录等。

受辛亥革命、五四运动与十月革命的影响，宪法理论的研究已从单纯的"输入期"进入深入思考与探索时期，学者们试图从急剧的社会变革中挖掘宪法的内在规律，开始关注宪法理论的本土化问题。

首先，与"输入期"不同，这个时期对外国宪法问题的研究出现了多样性，即从单纯介绍日本宪法转向介绍、研究欧美国家宪法，如翻译出版了《俄宪说略》（1921年）、《苏维埃宪法浅说》（1930年）、《瑞士国法论》（1921年）、《德国新宪法论》（1926年）、《美国宪法政治之民主主义论》（1929年）、《美国宪法总纲》、《英宪精义》（1930年）、《欧美宪政真相》（1917年）、《英国宪政丛书》（1914年）、《英国宪政论》（1929年）等。

其次，在中外宪法体制研究成果的基础上，出版了比较宪法学著作。比较宪法学著作在中国的问世标志着宪法问题的研究已从直观认识阶段转入理性思考阶段。在宪法学研究领域，比较宪法学的发展需要两个条件：一是对本国宪法的研究达到一定程度，二是对外国宪法学知识的普及达到一定程度。从1907年开始已出现了有关比较宪法学的著（译）作，如巴路捷斯著的《政治学及比较宪法论》（上、下册）（1907年）、王斅炜编的《比较宪法学》（1912年）。《比较宪法学》这本书是作为北平大学法学院教材而出版的，分总论、国家之基础与国家之机关3编，具体论述了宪法及国家的定义、宪法的效力与沿革、国家的类型，并

---

① 参见许崇德主编：《中国宪法》，中国人民大学出版社1989年版，第6页。

围绕主要宪法问题进行比较。其他比较宪法的著作还有：陆懋德著的《美法民政之比较》（1915年），郑毓秀著的《中国比较宪法论》（1927年），王世杰著的《比较宪法》（1927年），丁元普著的《比较宪法》（1930年），程树德述、胡长清疏的《比较宪法》（1927年）等。其中，王世杰著的《比较宪法》不依国别划分，而分为现代一般宪法上规定的若干主要问题，具体叙述各国宪法诸多不同的规定及学者间不同的观点，分绪论、个人的基本权利与义务、公民团体、国家机关及其职权、宪法的修改等5编。

为了配合宪政问题的研究，自1911年起商务印书馆等出版社编译出版了有关宪法汇编，如1911年出版了《法美宪法正文》；1913年出版了《世界现行宪法》，共收录20多个国家的宪法共30种；1913年还出版了《世界现行宪法续编》，集译30个国家的宪法共30种。这些宪法汇编对于了解各国的宪法典、探讨宪政问题起了基础性的作用。

此外，有关制宪史、制宪机构方面的研究也取得了进展。制宪是宪法学的基础概念之一。自1913年开始，有关宪法起草委员会会议录、宪法草案的说明、宪法会议速记录等被比较完整地保存下来，为后人研究不同时期的制宪过程提供了背景材料。

总之，经过20多年的发展，在急剧变化的社会环境中，宪法学开始成为体系化的概念，为国家制度的运行提供了理论依据。这一时期，曾出现反民主的宪法理论，为缺乏科学基础的宪法进行宣传，影响了构建科学的宪法学体系的进程；但从宪法学历史看，宪法学的科学性因素占有主导地位，这为20世纪30年代之后的宪法学研究提供了基础。

四、中国宪法学的成长期（1930—1949年）

自20世纪30年代以后，中国宪法学在复杂、特殊的历史背景下表现出曲折发展的时代特点，进入宪法学的"成长期"。随着资产阶级宪法的衰落和新民主主义宪法的产生，宪法学研究在内容和方法上有了根本性变化。

（一）新民主主义宪政与宪法学

进入20世纪30年代后，出现了研究新民主主义宪政理论的成果，这些成果进一步丰富了中国宪法学体系。在革命根据地颁布的宪法性文件，如《中华苏维埃共和国宪法大纲》《陕甘宁边区施政纲领》《陕甘宁边区宪法原则》等，是这一时期新民主主义宪政发展的历史性记录。1940年2月在延安成立了各界宪政促进会，由吴玉章任会长。会议发表了《延安各界宪政促进会宣言》，毛泽东在会上作了题为《新民主主义的宪政》的演说，阐述了中国宪政运动的历史特点。在新民主主义宪政时期，苏联宪法学理论对中国宪法学产生了重要影响，一些进步学者开始介绍和研究苏联宪法，出版了有关苏联宪法的译著，如丁奇夫著的《苏维埃宪法浅说》(1930年)、仁子译的《苏维埃宪法浅说》(1930年)、梁孔译的《苏联宪法解说》(1930年)、郑斌编著的《社会主义的新宪法》(1934年)、吴蔼宸著的《苏联宪法研究》(1937年)、郑虚舟著的《苏联新宪法》(1937年)、张仲实编译的《苏联新宪法研究》(1937年)、梁达译的《苏联宪法教程》(1949年)等。就当时的情况而言，对苏联宪法理论的介绍与研究促进了新民主主义宪政的发展，为马克思主义宪法学的中国化奠定了基础。

在新民主主义宪政时期，一些进步学者在极端困难的条件下，探讨了宪政的理论问题，为宪法理论的体系化提供了有利条件。张友渔与韩幽桐是这时期具有代表性的学者。张友渔教授从1937年起发表了《国民党与宪政运动》《世界宪政运动的几个类型》《斯大林宪法与民主政治》《中国宪政运动之史的发展》《宪政运动的方式与条件》《宪法与宪政》等大量论文。张友渔还于1944年6月出版了《中国宪政论》一书，这本书共6章，从理论、历史、实际三方面论述了中国宪政问题，包括孙中山的宪政思想、国民大会、地方制度、人民自由权利等。同一时期的宪法学家韩幽桐发表和出版了《欧美宪政运动的发展阶段》《波兰的宪法》《战争与宪法》《世界宪政运动的几种类型》《宪法论》等论文和著作。1946年3月出版的《宪法论》系统地阐述了宪法学的一些原理，分11个专题讨论宪法问题，如关于宪法研究、宪法与宪政、"我们的宪法对领土问题应该怎样规定"、民主政治下的人身自由权、宪法应该怎样规定地方制度，以及宪法施行、保障、解释与修正等。她认为，宪法不是一切法律的总和，而是最根本的具有决定性的法，研究宪法的基本态度是：把宪法看作整个社会现象的一部分；把宪法看作一种动的、变的、不断发展的社会现象；把宪法看作政治斗争的成果。[①] 这些观点对于我们了解当时的宪法学研究是有意义的。当时围绕宪政问题而发表的具有进步思想的宪法学著作还有潘大逵的《中国宪法史纲要》(1933年)、潘念之的《宪法论初步》(1940年)、平心的《中国民主宪政运动史》(1941年)、张仲实的《中国宪法研究》(1944年)、邹韬奋的《宪法草案研究》(1946年)、金鸣盛的《宪政与宪法》(1940年)、费孝通的《民主·宪法·人权》等。上述著作与论文中提出的学术观点对中国宪法学发展发挥了重要作用，在一定程度上标志着马克思主义宪法学在中国的形成。

[①] 参见《韩幽桐文集》，重庆出版社1991年版，第91页。

（二）比较宪法学的发展

在中国，"比较宪法"一词于1901年通过翻译日文文献传到中国。1906年美浓部达吉《比较宪法》中译本和末冈精一《比较国法学》中译本先后出版。过了五年，又出版了近10本"比较宪法"著作。自1917年程树德的《比较宪法讲义》到1927年郑毓秀的《中国比较宪法论》和王世杰的《比较宪法》，又间隔了十年，随后又连续有13本"比较宪法"著作问世。在1936年王世杰、钱端升出版《比较宪法》之后又沉寂了十余年，直到1948年马质的《比较宪法论》问世。

1927—1936年间共出版14本"比较宪法"著作。在这14本"比较宪法"著作中，无一本为译著或译述，且作者的知识背景呈现出多元化的特征。这些作者中，留学日本的有丁元普、程树德、吕复、郁嶷、汪馥炎、萨孟武，留学法国的有郑毓秀、王世杰、阮毅成，留学美国的有章友江、钱端升，留学英国的有王世杰、费巩，留学苏联的有章友江。虽然留学日本的仍然最多，但和1906—1917年间的状况相比，已经发生了很大变化，留学欧美的占有很大的比例。尤其1927年王世杰的《比较宪法》在此后二十多年间多次修订增补再版，影响堪称最大。

1927年王世杰的《比较宪法》反映了中国比较宪法学的学术水平，体现在：首先，在比较宪法体系上，作者没有采取以国别为标准的方法，而采取了以"现代宪法上的问题为标准，在各个问题之下，介绍各种不同的规定和不同的意见"；其次，在比较宪法内容的安排上，第一编绪论，第二编个人的基本权利及义务，第三编公民团体，第四编国家机关及其职权，第五编宪法修改，这样就合理地处理了国家、社会与个体的关系，对个人基本权利问题进行了较系统的研究，表明了作者的基本权利理念；最后，把宪法修改独立成编是其结构上的重要特点，表明作者对宪法变迁的关注。

这一时期比较宪法研究的基本特点是：（1）重视宪法文本。1927年郑毓秀的《中国比较宪法论》自序言："中国宪法至今未定，本书以已成之宪法与欧美各国之宪法，作比较之研究"；1933年吕复的《比较宪法论》凡例言："本书虽取比较体裁但一以中华民国十二年十月十日宣布之宪法为准以求有所归结"。（2）以问题为中心。1927年王世杰的《比较宪法》自序言："以故本书内容的分类，不以国别为标准，而以现代一般宪法上所规定之问题为标准"。（3）注意宪法学与政治学的区分。1931年黄公觉的《比较宪法》自序言："余尝于国内坊间搜集关于比较宪法之中文著作。遍阅之后，深感其所论述者，多非比较宪法范围所应有之材料，非特非比较宪法范围所应有，即普通之宪法学亦不应有。其所论述者多属普通政治学之问题"，"余意'比较宪法'与'政治学'两者讨论的问题，必当严其区别"。(4) 将三民主义五权宪法融入比较宪法研究。1930年丁元普的《比较宪法》陈和铣序言:"篇末以三民五权与各国新宪法之精神相参证,为宪政史放一大异彩"。(5) 研究范围扩展至苏联宪法。

(三) 大学的宪法学教学

大学及研究机构的宪法学教学与研究水平是衡量宪法学发展水平的重要指标。20世纪30年代后,朝阳大学、清华大学、北京大学等在法学课程中专门设置了有关宪法的课程,由中国学者进行讲授。程树德著的《比较宪法》,王世杰、钱端升著的《比较宪法》等著作作为当时大学的宪法学教材,主要讲授宪法的原理与各国宪法制度的比较。1931年上海法政学院出版了汪炎编的《比较宪法》,作为法政学院宪法学讲义,其内容分宪法、国家、议院、行政制度4编,比较研究了各国宪法的范围、制定、修正、解释以及国家性质、任务、目的、构成要件、议院组织等。尽管当时还没有全国统一的宪法学研究机构,但已有宪法学研究机构,如北京宪法学会、三民主义宪法研究会、民主宪政促进会等,这些机构对推进宪法学研究发挥了积极的作用。

(四) 宪法学的专题研究

随着宪法学知识的普及和宪法理论研究水平的提高,宪法学专题研究有了新的进展,丰富了宪法学研究领域。

在五权宪法方面,自1930年至1948年,共出版了20余部研究五权宪法的著作,如金鸣盛著的《五权宪法创作论及试拟案》(1930年)、《五权宪政论集》(1936年),周青雁著的《五权宪法通论》(1930年),萨孟武等编的《五权宪法》(1930年),王宠惠著的《五权宪法》(1944年),江海潮编著的《五权宪法要论》(1945年),叶青著的《五权宪法与中国宪法》(1948年)、《五权宪法与民主政治》(1948年),杨幼炯编的《五权宪法之思想与制度》(1940年)等。这一时期对五权宪法及孙中山宪政思想的研究,在一定程度上推动了宪法学本土化的进程。

在宪法与社会变迁的关系方面,学者们对宪法学的某些专题进行了研究,具有代表性的著作有:铁怀著的《妇女宪政问题读本》(1940年),研究了各国妇女在政治上的地位、30年来中国妇女在政治上的地位、妇女对于宪政的意见、各地妇女宪政运动的近况等。伍启元编著的《宪政与经济》一书是当时从经济观点分析宪政问题的第一本宪法学著作,书中具体探讨了人民的基本权利与义务、劳工政策、社会立法、财政政策等。杨劲支编著的《宪政与国防》(1946年)一书探讨了宪法与国防的若干理论与制度问题,概述战争与人类的关系、战争与国防、宪政的意义与内容以及中国宪政与国防的配合等问题。此外,还出版了胡佛等编著的《宪法与行政法》(1944 年)、阮毅成著的《宪法中的司法制度》(1933年)、潘公展编的《宪法与教育》(1946 年)、楼邦彦的论文《宪法及宪法惯例》(1947 年) 等。

在宪法学的专题研究方面,这一时期出版的宪法论文集从一个侧面反映了当时的学术动态与发展水平。1947 年 8 月,徐时中编的《宪法论文选辑》出版,共分 3 辑:第 1 辑为中国宪法的整体评论,第 2 辑为中国宪法各章节的各家专论,第 3 辑为各家关于外国宪法的论文,主要论文有《宪法提要》(王宠惠)、《论中国宪法》(庞德)、《宪法和宪政》(张知本)、《论宪法上的主权问题》(罗志渊)、《宪法中官吏界说》(章士钊)、《宪法中的外交原则》(周鲠生)、《各国制宪之新趋势》(彭师勤) 等。

对 1949 年之前的宪法学历史,我们应采取实事求是的学术态度,既肯定其历史贡献,同时也要看到其历史局限性。肇始于 19 世纪末 20 世纪初的中国宪法学,经过不同的历史阶段,在研究内容、方法、体系及功能等方面表现出从不成熟走向成熟的过程,其社会价值普遍得到重视。即使在反动政权的统治下,一些进步学者基于对宪法价值与目标的信仰与追求,仍坚持宪法学研究,从客观上为提升中国宪法学研究水平作出了理论贡献。正如许崇德教授所指出的:"纵观新中国成立前半个多世纪,宪法作为一门学科已在我国逐步形成,并且有了初步的发展。当然由于时代的局限,我们只能以历史的水准去要求。假如剔除那些纯属替反动统治作传的作品,可以说大部分教材、专著和译本在当时的条件下是有社会价值的。"[①] 这是对 1949 年以前宪法学价值的客观评价,肯定了宪法学作为文化现象的历史连续性。

对于 1949 年之前中国宪法学的基本脉络与总体特点,可以概括为以下几点。

第一,中国宪法学是在中西宪法文化的冲突与融合中逐渐生成与发展的,西方宪政文化对中国宪法学产生了广泛的影响。"输入"与移植西方宪法学是早期中国宪法学的重要特点,同时也是在当时的历史条件下实现"富国强兵"目标的一种选择。

第二,对待外来的宪法思潮与宪法学说,当时的学者经常处于矛盾与冲突之中,经过思考与观察,并没有盲目照搬,而是强调传统文化的宪法意义,在学术研究中确立了宪法学理论的本土性。如孙中山先生的五权宪法学说是中西宪法理论的有机结合体,是具有特色的宪法学说。因此,将 1949 年之前早期的宪法学简单地理解为"输入"是不客观的,而应当看到,"输入"中伴随着一定的价值

[①] 许崇德主编:《中国宪法》,中国人民大学出版社 1994 年版,第 7 页。

评判与主体意识。

第三，在肯定1949年之前宪法学的社会价值时，我们也应该指出其历史的局限性。首先，在移植西方宪法学说时，"造成了明显的实用主义倾向，即不从整体上把握立宪主义实质，只热衷于实用性制度的宣传，忽略了对人权、平等等与立宪主义直接相关的观念的培养"[①]。其次，宪法学的学术价值容易被政治现实所控制，法学学术价值与社会现实处于尖锐的冲突之中，在很长的一段时期宪法学实际上成了"政治的婢女"。宪法学所承载的政治性阻碍了宪法学科的发展。最后，从出版的宪法学著作来看，介绍性的成果多，研究性的著作相对来说比较少。在当时的历史条件下这是不可避免的，但从宪法学著作的总体情况来看，并没有完成宪法学体系化的任务。尽管存在上述历史的局限性，但新中国成立以前的宪法学作为中国宪法学的重要组成部分，保持了中国宪法学说史的历史延续性，具有重要的社会价值。

五、新中国宪法学的发展（1949年至今）

1949年10月中华人民共和国成立后，作为社会科学的宪法学在内容、体系、方法等方面得到了重建与发展，成为法学的基础性学科。新中国宪法学的发展大体上经历了如下几个阶段。

（一）初创时期（1949—1957年）

1949年至1957年是新中国宪法学的初创时期。《共同纲领》、"五四宪法"的制定为宪法学的研究提供了有利的环境。人民民主政权的建立、中国第一部社会主义宪法的颁布，为中国宪法学发展带来了理论体系与范畴的根本性变化。统一的人民民主政权的建立是社会主义宪法学创立与发展的根本的政治保障。但是，国家政权性质的根本性变化，并不否定在统一的文化传统下长期形成的宪法学说的继承性与连续性。宪法学者们从当时的客观需要出发，探讨了宪法学在中国发展的途径与原则等问题，试图建立"中国化"的宪法学体系。据统计，从1949年到1956年共出版宪法书籍344种，其中著述206种，资料138种，同时还发表了大量的宪法学论文。[②] 宪法学著述主要是介绍、宣传《共同纲领》、"五四宪法"方面的著作，如吴德峰编的《中华人民共和国宪法讲话》（1954年）、李达著的《谈宪法》（1954年）、李光灿著的《我国公民的基本权利与义务》（1956年）、张何著的《什么是人民代表大会制度》（1955年）等。这一时期，我们初步

---

① 徐秀义、韩大元主编：《现代宪法学基本原理》，中国人民公安大学出版社2001年版，第428页。
② 参见张庆福编著：《宪法学研究述略》，天津教育出版社1989年版，第79页。

建立了宪法学课程体系，如 1954 年中国人民大学国家法教研室编写了《中华人民共和国宪法教学大纲》，1956 年高等学校法律专业教学大纲审定会议编定了《中华人民共和国宪法教学大纲》。1954 年宪法草案公布以后，全国人民参与宪法草案讨论的积极性与当时宪法学者的努力是分不开的。宪法学的初创时期也遇到不少问题，其中最大的问题就是中国实际与宪法理论的脱节，"中国宪法学的基本体系也直接借鉴或移植了苏联宪法学，连课程设置及名称都基本上相同"[①]。有的学者把宪法学研究的这一时期称为"全盘苏化时期"[②]。

在新中国成立初期宪法学的发展中，苏联宪法学产生了广泛的影响，这是客观事实；但是否把它解释为"苏化"是值得研究的问题。因为在当时的历史条件下，中国宪法学发展中能够借鉴的外国宪法学研究成果只有苏联宪法学，别无其他选择。首先，由于对宪法学的政治性与学术性的相互关系缺乏正确的认识，没有把宪法学的知识作为文化与学说来看待，而是把它等同于旧政权的遗产，给予批判与全盘否定，人为地造成了宪法学研究基础的空白。当时对 1949 年以前的宪法学的合理部分一概采取否定态度，是值得我们反思的教训之一。这一错误造成的直接后果是：源于中国传统文化、经过不同历史阶段宪法学者们辛勤努力建立的宪法学的历史连续性被人为地割断，不得已重新起步。其次，在当时的历史条件下合理地借鉴苏联宪法学研究成果是一种合理的选择。自 1950 年至 1957 年全国共翻译出版了 160 多部有关苏联宪法的书籍，其中包括苏联宪法原理、选举制度、检察制度等方面的内容。主要大学的宪法学（国家法）教材多采用苏联专家撰写的讲义或苏联出版的教材。通过借鉴苏联宪法学，中国学者们了解了当时社会主义宪法制度方面的知识，为建立中国宪法学体系积累了必要的知识。如人民出版社于 1953 年出版的苏联专家科托夫著的《宪法的概念与本质》一书，系统地介绍了宪法学的基础性概念，包括宪法概念、宪法本质、资产阶级宪法理论的批判、现代资产阶级宪法的危机等。书中阐述的宪法学的某些原理实际上构成了新中国宪法学的基础性概念，在当时的历史条件下发挥了积极作用。最后，苏联宪法学的大量介绍并没有改变新中国成立初期中国宪法学的主体地位，在 1954 年宪法的制定过程中苏联宪法学的影响是极其有限的。在苏联宪法学的影响与具体宪法制度的安排上，制定者们强调中国特色，保持其制度设计上的主体性。[③] 诚然，在新中国成立初期宪法学的发展中，我们对资本主义国家宪法采取

[①] 吴杰等：《我国宪法学的回顾和展望》，载《我国法学研究的现状与展望》，群众出版社 1984 年版，第 35－37 页。
[②] 董成美：《宪法学的历史回顾》，载《法律学习与研究》1988 年第 1 期。
[③] 参见韩大元：《亚洲立宪主义研究》，中国人民公安大学出版社 1996 年版，第 84－86 页。

了一概批判的态度，没有借鉴其合理部分，这使得我国宪法学界同世界各国的宪法学界处于割绝状态，失去了学术对话的机会。

（二）曲折发展时期（1957—1965年）

到了1957年，缺乏中国宪法实践基础的、封闭的中国宪法学在政治实践中开始面临自身的矛盾与冲突。新中国成立初期刚刚起步的宪法学研究在法律虚无主义思想的影响下受到冲击，宪法学研究失去社会基础。当然，这是从宪法学研究的总体情况而言的。在这一时期宪法学研究并没有处于完全停止状态，在某些领域仍取得了一定的进展。1958年10月，在董必武的关怀下，中国社会科学院法学研究所正式宣告建立，该所下设的第一研究组专门从事法理学、宪法学研究，从此我国有了专门研究宪法学的研究机构。据统计，这一时期出版的宪法方面的书籍有78种，其中著作39种，资料选编39种；发表论文数百篇。[①] 这一阶段宪法学研究的基本特点是：苏联学者的译著大大减少，介绍国外宪法学的著作和中国学者自己撰写的著作数量增加；学者们发表的有关宪法学研究对象、国体、政体、宗教信仰自由等方面的论文，从一个侧面反映了当时宪法学者的理论思考。从整个宪法学界的情况看，宪法理论研究中政治色彩过于浓厚，缺乏宪法学自身的科学性与学术性，其研究成果基本上属于介绍性、宣传性与注释性的研究。

（三）停滞时期（1966—1976年）

从1966年到1976年的十年"文化大革命"期间，中国宪法学研究遭到了严重的破坏，基本上处于停滞阶段。所谓宪法学研究主要是以政治性、政策性、宣传性与意识形态性为主要内容与形式；当时的学术刊物《政法研究》被停刊。当时发表的一些论文基本上是学习1975年宪法的体会与解读性文章。宪法学者们失去了进行学术研究的基本条件与环境，无法开展正常的宪法学理论研究。

（四）改革开放40年的宪法学发展（1978—2018年）

1. 改革开放40年的宪法意义

在宪法学视野里，20世纪80年代启动改革主要针对的是"文化大革命"中所建立的不合理制度；而开放主要指将国家从封闭、半封闭中解放出来，学习外国的有益经验，使中国的发展与世界联系起来。经历了十年"文化大革命"的中国社会与民众，期待着生活的安定、个人的自由与"革命"情结的终结。从"革命"到"改革"的演变体现着宪法在中国社会演变中的新角色与功能。

1987年至1993年期间，"改革开放"一词先后被写入党的基本路线、党章

---

① 参见张庆福编著：《宪法学研究述略》，天津教育出版社1989年版，第80页。

和宪法，在党和国家政策与制度层面得到确认，成为全党和国家的普遍共识。①特别是，1993年通过的第3条宪法修正案，将"坚持改革开放"写入宪法"序言"，使之成为具有宪法效力的国家发展目标，明确了这一政策的宪法属性。

可以说，党的十一届三中全会确立以经济建设为中心的指导思想以后，伴随着社会发展与进步，改革开放的精神在1982年宪法中得到了全面的体现。由此，中国的改革开放从党的基本政策上升为宪法上的国家目标与基本国策，具有明确的宪法属性与效力。

在改革开放的新时期，为了重建宪法秩序，宪法学界提供了丰富的学术资源。可以说，改革开放从初始阶段到全面实施的整个过程与宪法发展都是密不可分的，宪法确立了改革开放的目的、原则与界限。对此，有学者指出，从宪法学视角看，改革开放有两个逻辑：一是改革，它是古今之变议题中的一个环节，属于宪法结构与时间性纵向逻辑；二是开放，它是中西碰撞议题中的一个环节，属于宪法结构的横向逻辑。② 按照这一思路分析，改革开放是一种"宪法制度的变革"③，宪法所提供的动力机制是一种前提或者首要因素。

2. 1978年到1982年间的宪法学研究

1978年3月5日，第五届全国人民代表大会第一次会议通过了《中华人民共和国宪法》，史称"七八宪法"。尽管在规范形态上，1978年宪法保留了"左"的指导思想，但它为恢复社会主义法制与进行立法奠定了必要的宪法基础。

从1978年到1982年间，所有篇名含有"宪法"的文章数量分别为：1978年12篇、1979年4篇、1980年9篇、1981年26篇、1982年166篇。④ 从整体论文数量来看，当时宪法学方面的研究成果还是比较少的，这与当时法学研究仍处于蹒跚起步的状态是一致的。反映这一时期中国宪法学发展状况的代表性著作是许崇德和何华辉教授合著的《宪法与民主制度》。⑤ 宪法学方面的论文主要有蒋碧昆先生的《我国社会主义发展新时期的总章程》、张光博先生的《社会主义民主的伟大旗帜》，以及许崇德先生的《国家的一切权力属于人民》《关于我国元首

---

① 参见温卫东：《邓小平与"改革开放"一词的提出》，载《党的文献》2013年第3期，第120-121页。
② 参见高全喜：《改革开放与宪法变迁》，载《民主与科学》2017年第3期，第4-5页。
③ 高全喜：《改革开放与宪法变迁》，载《民主与科学》2017年第3期，第4-5页。
④ 需要注意，这里仅仅是根据"中国期刊全文数据库"所做的不完全统计。事实上，在当时有很多专家学者发表了大量的宪法学方面的文章，只是没有被收录到该库而已，而为了统计方便，笔者仅仅选择了收录于该库的文章作为样本进行分析。另据杨海坤先生介绍，从1980年9月宪法修改委员会成立到1982年12月宪法正式通过的这段时间内，共发表关于宪法修改方面的文章1 000多篇。参见杨海坤：《跨入新世纪的中国宪法学》，中国人事出版社2001年版，第9页。
⑤ 参见许崇德、何华辉：《宪法与民主制度》，湖北人民出版社1982年版，第1页。

的理解》等文章。① 这一时期，囿于时代的局限性，法学，尤其是宪法学不可能成为社会变革、思想解放的原动力，但是当时的宪法学研究反映了当时宪法学者的学术追求和学术尊严。

第一，在我国宪法学恢复与发展的初始时期，一些宪法学者以敏锐的学术眼光关注到我国宪法学发展的前沿问题，如马骧聪先生对环境保护的关注，钟岱先生认为我国宪法中应该保留罢工自由的观点，以及康大民先生关于设立宪法法院的建议，现在看起来仍然切中时弊、犹未为晚。② 例如，康大民先生在关于中国设立宪法法院的建议中说："宪法监督中心问题是解决违宪的问题，即违宪由哪里管，怎么管。外国实行宪法监督的机关，具体形式有多种，但基本形式有两种：一种是由国家权力机关如议会、代表大会或其常设机构等来管；一种是由宪法法院之类的司法机关来管。我认为在我国应当把这两者结合起来。即关于宪法监督的一般任务，如保证权力机关的立法工作的合宪性、对宪法的解释权等，应由国家的权力机关人大常委会来执行。而对于违宪的问题，则应由司法机关来处理。"③ 这种既立足于中国宪法监督的实际情况，又侧重于制度设计的切实可行性的建议，现在看来仍然具有学术前瞻性，与部分宪法学者所提出的"复合型违宪审查制度"有异曲同工之妙。④

第二，改革开放初期，宪法学者在关注当时的宪法文本和宪法实践的同时，对宪法历史和国外宪法发展给予了必要的关注，这种对宪法历史传统的关怀使得我国宪法学从发展伊始就具有了开阔的视野。例如，在1979年，杨玖生先生就发表了关于美国宪法的文章，陈宝音先生发表了关于苏联新宪法的研究成果，这种对国外宪法发展的关注有助于我国宪法学具有开放的视野。在关注外国宪法的同时，这一时期的学者也对中国历史上的宪法文化与传统同样给予重视。⑤

第三，在改革开放初期讨论法治的基本问题。1979年12月2日《光明日报》

---

① 参见蒋碧昆：《我国社会主义发展新时期的总章程》，载《武汉大学学报》1978年第3期；张光博：《社会主义民主的伟大旗帜》，载《社会科学战线》1978年第4期；许崇德：《国家的一切权力属于人民》，载《现代法学》1981年第1期。

② 参见马骧聪：《宪法与环境保护》，载《法学杂志》1981年第4期；钟岱：《宪法应否保留罢工自由?》，载《法学杂志》1981年第3期；康大民：《建议设立宪法法院》，载《法学杂志》1981年第2期。

③ 康大民：《建议设立宪法法院》，载《法学杂志》1981年第2期。

④ 参见包万超：《设立宪法委员会和最高法院违宪审查庭并行的复合审查制——完善我国违宪审查制度的另一种思路》，载《法学》1998年第4期；张洪波、翟朝阳、王志峰：《关于建立复合型违宪审查制的几点设想——兼议由各省级人大产生全国宪法委员会的新思路》，载《湖北社会科学》2004年第6期。

⑤ 参见杨玖生：《一百九十年的美国宪法》，载《复旦学报（社会科学版）》1979年第4期；陈宝音：《苏联新宪法颁布以来的立法工作》，载《国外社会科学》1979年第4期；王统：《略论美国宪法》，载《青海民族学院学报》1980年第3期；王叔文：《论宪法的最高法律效力》，载《法学研究》1981年第1期。

刊载了《要实行社会主义法治》一文，提出："必须实行法治，必须依法办事，社会主义才能兴旺发达"。与此同时，1979年到1982年间，关于"法治与人治"、"刀制"（法制）与"水治"（法治）的问题，引发了学者们的激烈争论。学者们论争的焦点集中于"法治与人治""法制与法治"的关系，形成了"法治论"、"结合论"和"取消论"三种观点。① 1979年至1982年关于法治的学术争鸣，仍停留在法律体系的完整性和完备性的研究上。1982年宪法对此虽然没有予以积极回应，但确立了法治国家的基本框架，建立起了一套公民基本权利的体系，为我国法治的建设奠定了制度基础。②

3. 1982年到2002年间的宪法学研究

1982年12月4日第五届全国人民代表大会第五次会议通过了新宪法，中国宪法学研究也随之进入迅速发展时期。这一时期宪法学研究的特点是，以宪法文本为基础，建立以宪法注释学或宪法解释学为基础的知识体系，关注对现行宪法文本的注释或者解释功能。学界围绕1982年宪法进行学理上的阐释和分析，力求将宪法文本和宪法实践结合起来。

仅从1982年12月新宪法颁布到1983年8月间，就出版了13本介绍宪法的小册子和400多篇文章。③ 据童之伟教授的不完全统计，从1982年到1999年，全国发表宪法学论文总计约2900篇，其中涉及公民基本权利和人权的约350篇，仅占全部宪法学论文的12%；专著226本，其中涉及公民权利和人权的著作有32部，且多数都是在20世纪90年代之后发表或出版的。其余的论文和著作则主要涉及宪法基本原理和国家制度，如宪法的概念、宪法学方法以及宪法实施、保障等方面的内容。④

这一时期的宪法学发展主要有以下基本特征。

第一，在学术风格上，具有了一定的学术自主性。尽管政治学和宪法学之间的界限并不清晰，但是，宪法学作为独立的一个法学学科，具有自己的逻辑结构和学科特点。在1982年宪法通过以后的宪法学研究中，学者往往从宪法学自身的逻辑出发进行研究，这使得宪法学成为一门独立的学科。

第二，在研究内容上，这一阶段的宪法学发展以1982年宪法文本为中心，强调注释宪法学的功能。1982年宪法的结构对于后来的宪法教科书以及宪法著

---

① 参见李步云：《实行依法治国，建设社会主义法治国家》，载《中国法学》1996年第2期。
② 参见王旭："法治中国"命题的理论逻辑及其展开，载《中国法学》2016年第1期。
③ 参见杨海坤主编：《跨入新世纪的中国宪法学》，中国人事出版社2001年版，第41页。
④ 参见童之伟：《中国30年来的宪法学教学与研究》，载《法律科学》2007年第6期。

作产生了重要影响。这一时期的代表性教材是吴家麟教授主编的《宪法学》。[①]这本书奠定了新中国宪法学基本理论体系和教材体系，对宪法学的发展产生了重要的学术影响。

第三，在宪法实施方面，1980年2月的宪法修改草案确立了宪法是国家的根本法，具有最高法律效力的性质。1981年4月1日宪法修改委员会秘书处在宪法草案第三次讨论中，对于拟设立的全国人民代表大会宪法委员会，提出了两个方案："第一个方案是，宪法委员会的地位与全国人大常委会相当，仅对全国人民代表大会负责并报告工作，专门负责审理违宪问题。第二个方案是，宪法委员会的地位低于全国人大常委会，对全国人大及其常委会负责并报告工作，协助全国人大及其常委会监督宪法的实施。"[②] 到了1982年12月，第五届全国人大第五次会议应代表们的要求，在宪法中增加了"一切违反宪法和法律的行为，必须予以追究"的规定。[③]

第四，在宪法修改方面，致力于为改革开放提供宪法基础。随着改革开放的不断深入，民众对宪法治理与民主法治的需求与日俱增。对此，宪法以修正案的形式作出了回应：1988年"私营经济"入宪并规定土地使用权可以依法转让，1993年社会主义市场经济受到宪法保护，1999年"依法治国"入宪，2004年宪法明确"国家尊重和保障人权""公民的合法的私有财产不受侵犯"。到2004年第四次修宪形成的31条修正案中，直接涉及国家经济体制改革的条款总共有15条：1988年修正案2条（2）、1993年修正案6条（9）、1999年修正案3条（6）、2004年修正案4条（14）（括号里的数字表示的是当年宪法修正案的总条数）；2018年宪法修正案进一步明确了国家发展目标，丰富了国家的指导思想体系。可见，现行1982年宪法的五次宪法修正案，始终围绕改革开放而展开。因此，在某种程度上可以说，"'八二宪法'及其修正案对公民个人财产权保护的范围和力度的变迁就是由经济制度和经济体制的改革和变更决定的"[④]。值得关注的是，1999年"依法治国"与2004年"人权条款"的入宪，不仅终结了"刀制"（法制）与"水治"（法治）之争，还使得宪法的规范性与优位性、权力的合法性、公民权利的受宪法保障性与法治国家的建设紧密结合在一起，国家法秩序完成了从"法制"到"法治"的转变。至此，法律系统成为一个独立于政治领域的专门系统，国家权力与社会的运转须符合我国的法治原则。[⑤]

[①] 参见吴家麟主编：《宪法学》，群众出版社1985年版，第1页以下。
[②] 许崇德：《中华人民共和国宪法史》，福建人民出版社2003年版，第580-581页。
[③] 参见李湘宁：《八二宪法拐点》，载《财经》2012年第26期。
[④] 钱福臣：《八二宪法的属性》，载《环球法律评论》2012年第6期。
[⑤] 参见李忠夏：《法治国的宪法内涵——迈向功能分化社会的宪法观》，载《法学研究》2017年第2期。

4. 2002年到2012年间的宪法学研究

1982年宪法经过20多年的发展，特别是经过四次修改，基本适应了社会发展的需求。这样，以1982年宪法为文本依据，中国宪法学的研究内容趋于细化，其学术品格也逐步提升。

总的来看，2002年到2012年间的宪法学研究突破了传统"注释宪法学"的体例束缚，呈现出多元化、专业化、前沿化、部门法化的发展特点。

第一，宪法学发展的多元化特征。宪法学发展的多元化是指宪法学的研究打破了1982年宪法所确立的固定结构模式，出现了具有较高学术水准的宪法学教材和著作，宪法学教材体系也出现多元化趋势。

第二，宪法学发展的专业化特征。宪法学发展的专业化是指宪法学研究突破了以前宪法学研究中面面俱到、泛泛而谈的问题，开始走向专题化的研究，即围绕一个问题层层推演，从而挖掘出宪法学的核心命题。

第三，宪法学发展的前沿化特征。宪法学发展的前沿化是指宪法学研究密切关注学术界的前沿性问题，紧扣宪法发展的时代脉搏，面向实践，关注我国宪法发展进程中的热点、难点、焦点问题。

第四，宪法学部门法化。正如有学者指出的，从我国宪法30年的发展可以看到，"中国法治发展到今天，许多法律问题都已指向宪法，需要依据宪法进行法律的而非政治的、价值的论证"[1]。基于此，宪法学界发生了研究重心的转移，即从对宪法解释体制的研究逐渐转移到对"宪法解释本体论问题"的关注上来[2]，开始慢慢地致力于在既定的宪法规范体系下探讨宪法的实施问题，倾向于在宪法规范框架下回应和关切现实问题，强调宪法的部门法化与法秩序的宪法化。

5. 2012年到2018年间的宪法学研究

2012年是1982年宪法颁行30周年，宪法学研究也从此进入新的发展阶段。2012年12月4日，习近平总书记在首都各界纪念现行宪法公布施行30周年大会上作了重要讲话，特别强调，"宪法的生命在于实施，宪法的权威也在于实施"。历史经验表明，是否尊重和有效实施宪法，是人民利益能否实现，党和国家的事业能否顺利发展的关键。围绕习近平总书记有关宪法实施的新表述，宪法学界将研究重点转到宪法实施问题上来，研究宪法监督机制、程序以及比较宪法监督

---

[1] 张翔：《宪法教义学初阶》，载《中外法学》2013年第5期。
[2] 参见杜强强：《八二宪法颁布以来宪法解释理论研究的进展》，载《华东政法大学学报》2012年第6期。

体制。

第一，关注域外违宪审查的新理论与判例。如 2012 年的"德国宪法与欧盟法的关系"、2013 年的"中国与法国的合宪性审查"等国际研讨会。为迎接现行宪法公布施行 30 周年，宪法学研究会组织 100 多位学者，历时 3 年，翻译出版了《世界各国宪法》（中国检察出版社）。本书于 2012 年正式出版，收录了联合国 193 个成员国所有现行宪法的中译本，总字数约 1 044 万。这是迄今为止内容最为全面、系统的宪法文本汇编，填补了目前我国无一套系统汇集世界各国最新宪法资料的空白。

第二，宪法基本权利私法效力的实证研究。在合宪性解释与基本权利的私法效力成为研究的热潮之后，学界开始以合宪性解释与基本权利的私法效力为基础，对我国现行的涉宪判决书进行分析总结，以期归纳出法院在个案中援引宪法的一般规律。[1] 除对合宪性解释的关注之外，"齐玉苓案"还引发了民事裁判中私法主体的基本权利保障问题，即宪法私法化的问题。[2] 对此，大多数学者立足于中国宪法文本并进行宪法释义学的解读，为中国宪法私法化提供宪法依据。与此同时，以此为基础来探寻宪法基本权利规范在整体法秩序中的意义，从而对我国宪法基本权利的私法效力问题做"解释、建构与体系化"之研究。[3] 还有学者从判决时间、判决类型、法院层级、地域以及宪法条文的所在位置等方面来考察中国法院判决文书援引宪法的情况，并从"合宪性解释""基本权利第三人效力""通过法律理解宪法"等方面来论述宪法作为判决依据的功能。[4]

第三，合宪性审查工作的推进。党的十九大报告明确要求，加强宪法实施和监督，推进合宪性审查工作，维护宪法权威。随着宪法第 44 条修正案将全国人大法律委员会更名为全国人大宪法和法律委员会，合宪性审查成为学界普遍关注的实践性命题。学者们思考，如何使宪法和法律委员会在功能上由法律草案的统一审议机构转变为具有合宪性审查与法律草案审议功能的综合性机构。[5]

第四，关注国家机构的体系化研究。学者们对国家法的含义、国家职能的分配、国家机构间的关系等主题进行了不同程度的探讨，形成了新的研究成果。[6] 有学者从国家职能的分立出发，探讨了权力是如何在不同的国家机构中分配的，

---

[1] 参见杜强强：《合宪性解释在我国法院的实践》，载《中国法律评论》2016 年第 1 期。
[2] 参见林孝文：《我国司法判决书引用宪法规范的实证研究》，载《法律科学》2015 年第 4 期。
[3] 参见陈道英：《我国民事判决中宪法言论自由条款的解释》，载《华东政法大学学报》2017 年第 1 期。
[4] 参见冯健鹏：《我国司法判决中的宪法援引及其功能》，载《法学研究》2017 年第 3 期。
[5] 参见韩大元：《从法律委员会到宪法和法律委员会：体制与功能的转型》，载《华东政法大学学报》2018 年第 4 期。
[6] 参见王建学：《论地方政府事权的法理基础与宪法结构》，载《中国法学》2017 年第 4 期。

国家职能怎样分配才最为合适，如何协调相互独立的权力持有者之间的关系。[1] 也有学者认为不同权力持有者之间是互相独立又相互配合的，应将不同的国家职能整合到宪法的民主分权体制和统治行为规范的释义学中。[2] 学者们普遍认为，要关注国家的组织及权限划分问题，对国家机构法领域进行分析。

（五）面向新时代的宪法学的发展：2018 年到 2023 年间的宪法学研究

2018 年宪法修改之后，我国宪法学研究面对着新的实践背景与学理命题。在党的十九大和二十大接续提出宪法发展的重大安排、习近平法治思想提出的基本背景下，2022 年 12 月 19 日习近平总书记发表《谱写新时代中国宪法实践新篇章——纪念现行宪法公布施行 40 周年》，全面回顾和系统总结了我国宪法制度发展历史进程和实践规律，指明了宪法实践发展进路，进一步丰富了新时代中国共产党的宪法观，为中国宪法学研究提供了方向指引。在习近平法治思想的指引下，我国宪法学研究系统关注习近平法治思想的理论阐发，拓展宪法学基础理论，关注合宪性审查与备案审查实践发展，提升基本权利研究的精细化体系化程度，探索国家监察权和监察机关的体系地位与功能。

第一，系统推动习近平法治思想的宪法学阐发，夯实宪法学基础理论。习近平法治思想对宪法学的指导是全方位的，我国宪法学研究以习近平法治思想为指导，努力阐发习近平法治思想中的宪法理论[3]，积极阐发宪法中党的领导规范[4]，探索国家法律与党内规范的关系命题。[5] 同时，我国宪法学界积极举办各个层次的研究会年会、青年论坛、基本范畴与学术方法研讨会等关注宪法学基础理论的学术活动，探讨宪法学方法、宪法性质与渊源、社会主义、基本经济制度、共同富裕、民主集中制等关系宪法学根本的重要理论与基础范畴命题。此外，我国宪法学研究还在比例原则、宪法与部门法关系等方面形成了系统论述[6]，推动着我国宪法理论基础夯实和自主知识体系建构。

---

[1] 参见钱坤、张翔：《从议行合一到合理分工：我国国家权力配置原则的历史解释》，载《国家检察官学院学报》2018 年第 1 期。

[2] 参见张翔：《我国国家权力配置原则的功能主义解释》，载《中外法学》2018 年第 2 期。

[3] 参见江必新、蒋清华：《习近平法治思想对宪法理论和实践的发展创新》，载《法学评论》2021 年第 2 期；莫纪宏：《论习近平关于宪法的重要思想的基本理论特质》，载《法学评论》2021 年第 1 期；苗连营、陈建：《习近平法治思想中的宪法观》，载《法律科学》2021 年第 3 期。

[4] 参见秦前红、刘怡达：《中国现行宪法中的"党的领导"规范》，载《法学研究》2019 年第 6 期。

[5] 参见张文显：《坚持依法治国和依规治党有机统一》，载《政治与法律》2021 年第 5 期；刘茂林：《宪法体制视角下的党内法规体系化》，载《中共中央党校学报》2018 年第 4 期；周叶中：《论习近平关于依法治国和依规治党相互关系的重要论述》，载《政法论丛》2021 年第 4 期。

[6] 参见张明楷：《宪法与刑法的循环解释》，载《法学评论》2019 年第 1 期；张守文：《宪法问题：经济法视角的观察与解析》，载《中国法律评论》2020 年第 2 期。

第二，关注合宪性审查与备案审查的实践发展，推动宪法实施。自2017年第十二届全国人大常委会第三十一次会议听取了全国人大常委会法工委的备案审查工作报告后，我国备案审查制度逐渐形成公开的制度化运行方式。依托备案审查工作的有效推进，合宪性审查、合法性审查、宪法解释等推动宪法实施、回应涉宪性问题的体制机制得到有效运行。鉴于宪法实施实践的推动，理论上也因应形成了诸多研究成果，包括合宪性、合法性、适当性审查的区分与联系的方式①，从不同方面对多元审查体系背景下更优的合宪性审查机制与合宪性审查工作的发展完善进行了探讨。② 围绕2023年《中华人民共和国立法法》的最新修改，我国宪法学在依法科学民主立法、协同立法、授权立法、立法性质行为形态等方面作出了探索，推动着宪法实施与法秩序协调统一。

第三，提升基本权利研究的精细化与体系化程度。面对实践中出现的新的基本权利问题，特别是围绕备案审查所揭示的典型问题，宪法学界展开了系列研究。例如，新情况下通信权等基本权利的保护范围、侵犯形式等。③ 围绕着新形势下权利形态的发展，研究中出现了对将环境权、个人信息保护权等作为基本权利保护的可能途径的探讨。④ 研究中对于传统上的基本权利效力问题也提供了一些体系性的思考，例如有学者讨论了基本权利私人间效力的直接实现方式。⑤ 总体上，基本权利是我国宪法学研究、特别是宪法解释学（教义学）的传统领域，因此无论是基本权利总论还是分论都是宪法学研究的重要领域。

第四，探讨国家权力体系与监察机关的体系功能地位。伴随着2018年宪法修改，我国国家权力体系在宪法规定中得到重构，而在国家机构改革的延长线上，可以预见国家权力体系的动态调适将是一个长期的发展过程。我国宪法学研究以宪法文本为基础，着力分析国家权力配置的基本原理，例如国家权力配置的

---

① 参见王锴：《合宪性、合法性、适当性审查的区别与联系》，载《中国法学》2019年第1期；胡锦光：《论法规备案审查与合宪性审查的关系》，载《华东政法大学学报》2018年第4期。
② 参见林来梵：《合宪性审查的宪法政策论思考》，载《法律科学》2018年第2期；秦前红：《合宪性审查的意义、原则及推进》，载《比较法研究》2018年第2期；苗连营：《合宪性审查的制度雏形及其展开》，载《法学评论》2018年第6期；胡锦光：《论推进合宪性审查工作的体系化》，载《法律科学》2018年第2期。
③ 参见张翔：《通信权的宪法释义与审查框架——兼与杜强强、王锴、秦小建教授商榷》，载《比较法研究》2021年第1期。
④ 参见吕忠梅：《环境权入宪的理路与设想》，载《法学杂志》2018年第1期；王锡锌、彭錞：《个人信息保护法律体系的宪法基础》，载《清华法学》2021年第3期；王进文：《宪法基本权利限制条款权利保障功能之解释与适用——兼论对新兴基本权利的确认与保护》，载《华东政法大学学报》2018年第5期。
⑤ 参见李海平：《论基本权利对社会公权力主体的直接效力》，载《政治与法律》2018年第1期。

功能适当原则①；并且探讨国家监察机关的宪法定位，例如，有学者主张将国家监察权作为一种"复合性"权力②，对监察机关的定位以宪法规范为依据，根据国家机关间相互关系确定。③ 从这段时期的宪法学研究来看，有关国家机构与国家权力体系的研究逐渐增多，特别是青年宪法学者对这个领域的兴趣增加，这将有助于我国宪法学研究的完整性和系统性的增强。

六、中国宪法学的未来走向

经过一百多年的发展，中国宪法学整体上进入稳步发展的良性阶段，宪法理论和宪法实践之间呈现出一种良性互动的局面。宪法学理论研究为宪法实施提供了理论依据，而对宪法实践的解释和论证又反过来促进了宪法学理论水平的提升。④

(一) 全球化

在全球化背景下，中国宪法学发展仍面临着新的挑战与课题，主要有：全球化对中国宪法学提出的挑战，科学技术发展所带来的新课题，国家治理体系现代化的宪法学难题，宪法学本土化与国际化的矛盾，政党政治与宪法治理的新问题，民众的宪法意识与国家宪法观的距离，宪法的工具主义与价值主义的协调等。其中，全球化的发展对中国宪法学未来的发展所产生的影响是全方位的，同时也是十分深刻的。

在新时代，中国宪法学将以更加开放、理性的态度迎接全球化的挑战。

第一，在引入域外宪法学著作的时候，我们的研究视野要从西方发达国家的宪法实践转向更多的非西方国家的宪法经验，树立宪法文化相对主义价值，切实克服宪法学研究中的"西方中心主义"的学术倾向。

第二，在学习外国宪法经验时，要克服国别性倾向，使宪法学知识的获取具有平衡性，解决外国宪法学研究中的"国别主义倾向"问题。

第三，在借鉴域外宪法学经验时，要处理好外国宪法文化与我国宪法文化的兼容性问题。在立足本国宪法文化和宪法传统的基础上，要充分吸收和借鉴域外合理的宪法经验，兼收并蓄，构建本土的宪法文化。

总之，全球化要求宪法学者关注人类社会发展的命运，从世界宪法体系中思

---

① 参见张翔：《我国国家权力配置原则的功能主义解释》，载《中外法学》2018年第2期。
② 参见徐汉明：《国家监察权的属性探究》，载《法学评论》2018年第1期。
③ 参见秦前红：《我国监察机关的宪法定位以国家机关相互间的关系为中心》，载《中外法学》2018年第3期。
④ 参见江国华：《实质合宪论：中国宪法三十年演化路径的检视》，载《中国法学》2013年第4期。

考宪法面临的问题与挑战，加强外国与比较宪法学的研究，发挥中国宪法学在全球治理与构建人类命运共同体中的作用。

（二）本土化

宪法学的本土化是指宪法学术思想的自主性，它是一个民族的传统文化与历史经验在学术上的反映。在中国社会发展进程中，特别是改革开放40多年来，宪法学界在规范与事实、规范与价值以及价值与事实、学术与政治的关系中，进一步明确了学术脉络本身的"源"与"流"，努力构建宪法学的主体性，捍卫了学术自觉，推动宪法学知识的转型。

基于学者的历史使命，在宪法学研究中，越来越多的学者把学术的关注点集中在中国问题的解释和解决上，突出了学术研究的中国问题意识。这种本土化的发展趋向对于解释中国的宪法问题、形成中国的宪法学说、创建中国的宪法学流派具有积极的促进作用。基于这种意识，宪法学研究积极回应构建中国自主知识体系的时代课题，提出构建中国宪法学自主知识体系的任务目标。这要求我们更加关注中国本土宪法问题，积极用宪法知识回应现实问题。未来在现实生活中出现的许多宪法争议，都可以运用宪法原理予以解决，合宪性判断成为国家机关与公众判断宪法问题的基本方式与规则。

从中国宪法学的发展看，早期的宪法学理论是从国外引进的，我们从国外宪法理论的体验中观察中国宪法问题，但宪法学说的发展过程并不是简单地移植国外宪法理论的过程，而是努力挖掘符合本国民族文化与传统的宪法学理论与知识的过程。宪法学是建设国家之学，它应当是反映、维护、发展传统文化的学问，要体现特定民族对宪法问题的思考方式与知识体系，构建中国宪法学自主知识体系。

中国宪法学的本土化趋势和构建自主知识体系的努力表现在如下几个方面。

第一，中国宪法学要正确地描述和解释中国社会中存在的现实问题。宪法学的价值与生命力在于适应具有正当性的社会政治关系的要求，为解决现实问题提供合理而丰富的理论依据。改革开放给宪法学研究带来了许多新情况、新问题，这些是中国社会发展中的特定问题，从本质意义上说，只有中国宪法学才能提供解释、解决这种宪法现象的理论。宪法学说的主体性并不排斥外国宪法理论的借鉴意义，但借鉴的意义应转化为本国宪法理论的开发过程，我们不能指望外国宪法理论为我们解决中国的宪法现实问题提供实质性的依据。因此，在文化的冲突与融合时代，树立宪法学的自主性是中国宪法学发挥其生命力的重要体现。

第二，中国宪法学的本土化趋势要求我们积极开发具有中国自主性的宪法学理论与研究方法。有中国特色的宪法学理论是一种以自主性为核心的、吸取国外宪法学精华的、为中国社会现实服务的宪法学体系。本土化并不是封闭的概念，它是适应特定文化特点与社会现实要求的开放性的概念。

第三，中国宪法学的本土化趋势必将带来对传统宪法学体系与内容的反思。在任何一个国家，宪法理论的移植都是有一定界限的，若超过了宪法文化承受的界限就会脱离实际生活。由于中国宪法学说形成的特殊历史背景，在目前的宪法学理论体系中仍存在着不符合中国实际或者盲目引进的宪法学方法、概念及理论。随着宪法学本土化趋势的出现，认真反思传统宪法学的理论缺陷是十分必要的，这也是构筑中国自主的宪法学理论体系的基础。

（三）综合化

在当代宪法学研究中，多学科联合攻关，重视宪法学的"综合性"是值得关注的重要趋势。作为一种国际宪法学发展潮流，学科与知识的综合化趋势必然深刻地影响中国宪法学的发展。

宪法学的综合化趋势首先反映在宪法现象的复杂性与综合性上，即宪法学研究对象已从单一的现象向多样性、综合性的方向发展。随着宪法的生活化，通过宪法调整社会生活已成为社会治理的基本方式。宪法在反映社会现实要求时，需要运用综合知识，使多样化的社会现实通过宪法学的综合知识得到合理反映。21世纪的中国社会呈现多样性的结构，各种社会现象相互联系、互相交错，形成统一性与多样性的复杂形态。为了合理地解释与说明21世纪中国社会面临的各种社会问题，宪法学体系的更新是不可避免的。这种结合具有两个方面的意义：一是不同学科之间基本理论与研究方法的相互借鉴与渗透，二是部分研究领域的交叉与部分重合。比如，宪法学与政治学、经济学、历史学、文化人类学、行政学等学科之间的联系将得到进一步的加强。在法学体系内部，宪法学与行政法学、法理学、民法学、刑法学等部门法学之间也会出现新的知识增长点。既然宪法学是国家建设之学，就应根据本学科自身发展的需要，不断融合其他领域的知识。如随着"生态文明"入宪、民法典出台、刑事诉讼法修改等宪法和部门法的修改与制定，部门法迫切需要宪法在规范上提供解释，在价值上提供指引，将宪法精神体现在所有立法以及法律的运行过程中；同时，宪法也需要部门法的实践和落实。因此，宪法学与部门法的对话是十分重要的。

宪法学的综合化趋势要求宪法学研究方法的综合性。宪法学研究对象、研究范围的综合性决定了宪法学研究方法的综合性。由于宪法现象本身具有综合性，其研究方法不能单一化，否则无法解释复杂的宪法问题。为了丰富综合性的研究方法，我们应当在宪法学体系中建立宪法哲学、宪法社会学、宪法经济学、宪法政策学、宪法解释学等分支学科，并把这些分支学科作为综合分析宪法现象的工具，特别是需要挖掘宪法社会学的潜力。从宪法学发展趋势看，宪法社会学将发挥越来越重要的作用。如果说20世纪宪法学的主要潮流是宪法解释学的话，那么21世纪宪法学将是以宪法社会学为主体的理论体系。宪法学发展一方面要求不断地更新其自身的理论体系，探讨新的理论形态与学术领域；另一方面要进一步强化宪法理论的实践功能，使宪法规范成为一种生活规范，及时消除宪法规范与社会现实之间的冲突。

宪法学的综合化趋势要求从事宪法学研究的学者具有综合的知识结构，要善于采用多样化的研究方法解决社会现实中的宪法问题。宪法学要面向社会，但它并不是"大众科学"，宪法学研究者要具备完备的知识体系与宪法问题意识，坚持专业精神。对某些特定的宪法问题，仅靠宪法学研究者个人的知识与能力是难以解决的，需要不同学科之间的合作。宪法学是一门面向未来的学科，宪法学者要提倡开放、民主的学术气氛，共享宪法学的资料资源，沟通信息，进一步繁荣宪法学研究。

（四）体系化

一门学科是否成熟最终取决于理论概念、范畴与实践功能的体系化程度以及是否具有解决本国实践问题的解释力与说服力。历经一百多年的演变，中国宪法学体系化的任务基本完成，面向中国实践的宪法学正在形成。但面对科技发展、社会不平等、环境污染、气候变化、社会正义等人类共同面临的挑战，中国宪法学要继续推进体系化，强化其回应现实生活的能力。

"推进合宪性审查工作"是党的十九大和十九届二中、三中、四中全会提出的明确要求。2019年，党的十九届四中全会决定再次强调指出，加强宪法实施和监督，落实宪法解释程序机制，推进合宪性审查工作，加强备案审查制度和能力建设，依法撤销和纠正违宪违法的规范性文件。宪法解释学将成为中国宪法学发展的重要的知识增长点。从宪法发展的经验看，并不是所有的问题都必须通过宪法修改以弥合宪法规范与社会现实之间的缝隙来解决，宪法解释是一个重要的方法与途径，它有利于维护宪法的稳定性和权威性。宪法解释既包含发展宪法、适应社会发展的功能，也包含实施宪法、使宪法调控社会的功能。为了维护宪法的稳定性，全面实施宪法，需要充分发挥解释宪法的功效。

建构宪法学的基本范畴是宪法学体系化的重要课题。在一定意义上，对这个问题的研究程度往往成为评价宪法学发展水平的基本尺度。[①] 对宪法学基本范畴的深入研究，为宪法学体系化提供了学理基础。

---

① 参见林来梵：《国体宪法学——亚洲宪法学的先驱形态》，载《中外法学》2014年第5期。

从 2002 年开始的"中国宪法学基本范畴与方法"的讨论反映了这种学术努力。鉴于学者对宪法学的基本范畴见仁见智、莫衷一是，为了扩大学术共识，从 2004 年开始每年举办一次中国宪法学基本范畴的论坛，迄今已举办 20 届（2024 年）。通过这些专题性的学术研讨会，宪法学基本范畴与研究方法的重要性越发引起宪法学界的关注。越来越多的学者意识到，正确把握中国宪法学的历史方位，明确宪法学的基本范畴，并以此为基础进行研究，是梳理宪法学知识体系的关键。

关于中国宪法学基本范畴问题，学术界的基本共识是：为了确立中国宪法学的学术自主性与品格，需要探索解释和说明中国宪法现象的范畴。随着宪法学基本范畴划分方法的讨论逐步深化，宪法学基本范畴研究的问题与学术命题也日益清晰。一般认为，作为一门研究宪法现象的知识体系，宪法学应具有哪些基本的范畴以及不同范畴之间的相互联系，是宪法学研究中需要解决的问题。

又如，基本权利的体系化是展现"宪法学中国化"的重要体现。从 20 世纪 90 年代初起，学术界致力于推动基本权利的历史传统属性的研究，2000 年以后则开始推动体系化的进程。在基本权利范畴上，过去学界主要介绍外国的理论，借助外国案例与理论工具来解释中国基本权利的实践，这导致研究对象与研究方法之间的脱离。2004 年"人权入宪"后，学界强调中国宪法文本的历史性与时代性，力求挖掘"人权条款"背后的中国元素与传统，拓展了基本权利话语的中国性，使研究视角更加多元化、理论化与专题化，为宪法学的体系化研究提供了丰富的学术资源。

总之，中国宪法学发展进入了新时代，新时代为中国宪法学的繁荣提供了难得的历史机遇与挑战。在中国社会变迁中，宪法学继续承担建构规范、塑造价值、诠释实践、凝聚共识的学术使命。在历史与现实、文本与实践、中国与世界的学术场域中，宪法学界继续坚持"本土意识"、注重"实践品格"、树立"国际视野"，积极融入世界宪法学的发展进程，为世界法治文明提供来自中国的宪法思考、智慧与经验，为人类的和平与发展作出贡献。

第一章

宪法概念在中国的起源

第一节 宪法概念的初现

虽然"宪法"不止一次地出现于中国古典文献，但用"宪法"对译"Constitution"这项工作是由日本学者完成的。日译"宪法"语词在成为概念之后传入中国。

一、最初使用日译"宪法"语词的中国学者

中日两国一衣带水，文化交流源远流长。徐继畲《瀛寰志略》和魏源《海国图志》均较早传播至日本。包括日译"宪法"语词在内的日本学术成果也必然通过多种途径传播至中国。

（一）何如璋

关于哪位中国学者最早使用日译"宪法"语词这个问题，中国宪法学教科书中有不同的表述。经笔者考证，何如璋使用日译"宪法"语词的时间早于郑观应与王韬。何如璋为晚清首任驻日公使，1877年11月26日率使团到达长崎，12月28日向明治天皇递交国书，后于1882年2月14日离任。

何如璋出任驻日公使期间，正是日译"宪法"语词和日译"国宪"语词进行激烈较量，并在"Constitution"日本译法中脱颖而出的关键时期。1882年3月3日，明治天皇在敕语中改用"宪法"。而早在1882年1月17日，何如璋即在与宫岛诚一郎的笔谈中使用了日译"宪法"语词：

如璋：官内省制度事务忙否？

宫岛：帝室宪法，参酌古今制之，此事我辈所担任，故未见暇日。

如璋：宪法之任非轻，以大才担之，自然美善，第他日保官权乎抑行民权乎，敢问其大意？

宫岛：帝室宪法，现辑集其材料，以供他日编纂，至如国家宪法，则枢要大臣所鞅掌，非吾辈所豫知也。

如璋：究竟大家主义如何，愿闻之。

宫岛：阁下意极深切，仆他日当极诚以答。①

宫岛诚一郎（1838—1911）精通汉诗汉文，对宪法问题素有研究，1872 年向后藤象二郎提出《立国宪议》一文，参与国宪编纂运动，1881 年撰写《国宪编纂起原》一书。在这次笔谈中，先是宫岛诚一郎使用日译"宪法"语词，且使用的是"帝室宪法"，然后何如璋才使用日译"宪法"语词。在笔谈中，何如璋很想了解"宪法"的内容和政界人物的看法，宫岛诚一郎承诺日后详述。宫岛诚一郎在笔谈中并列使用"帝室宪法"和"国家宪法"，"国家宪法"相当于后来的《大日本帝国宪法》，"帝室宪法"则相当于后来的《皇室典范》。如前所述，日译"宪法"于 1882 年已在日本使用，取得优胜地位，那么宫岛诚一郎使用的尽管是"帝室宪法"，但仍然是近代意义上的"宪法"，而不是古典意义上的"宪法"。相应地，何如璋使用的也是近代意义上的"宪法"。

何如璋在宫岛诚一郎提到"宪法"之后，不仅立即使用了"宪法"，认为起草宪法者须有大才，而且同时询问宫岛诚一郎就"官权"和"民权"如何取舍。这意味着，何如璋理解宫岛诚一郎使用的"宪法"的含义，并关注日本学界和政界正在讨论的宪法问题。据此可知，何如璋应在更早的时间接触到了日译"宪法"语词。

（二）郑观应

郑观应在《盛世危言》一书中使用了近代意义上的"宪法"，且不止一处。需要注意的是，《盛世危言》有很多版本，其中郑观应手订的版本有三个，即五卷本（1894 年）、十四卷本（1895 年）和八卷本（1900 年或 1901 年）。这意味着《盛世危言》最早的版本是 1894 年的五卷本，1894 年的五卷本自然是所有版本中最早出现的一个，那么郑观应的《盛世危言》一书不可能出现于 1880 年代。在郑观应手订的三个版本中，仅八卷本使用了近代意义的"宪法"，1894 年的五

---

① 刘雨珍编校：《清代首届驻日公使馆员笔谈资料汇编》，天津人民出版社 2010 年版，第 588 页。

卷本和1895年的十四卷本均未使用近代意义上的"宪法"①。因此，依据《盛世危言》一书而得出郑观应在1880年代最早使用近代意义上的"宪法"语词的判断是不能成立的。

那么，郑观应是否在1880年代的其他著作中使用了近代意义上的"宪法"？郑观应《易言》的1880年36篇本和1881年20篇本以及1884年《南游日记》中都没有使用近代意义上的"宪法"。不过，《盛世危言后编》收录的郑观应《致总办津沪电线盛观察论招商办电报书》使用了"宪法"，相应的表述是："中国尚无商律，亦无宪法，专制之下，各股东无如之何。"②

遗憾的是《致总办津沪电线盛观察论招商办电报书》中并未署明写作时间，有可能是1881年年底或1882年年初。1882年的信函中使用了近代意义上的"宪法"，虽然稍晚于何如璋，但郑观应无疑是最早使用近代意义上的"宪法"的中国学者之一，这可能得益于三个条件：（1）郑观应虽为商人，但善于观察和写作；（2）郑观应熟练掌握英语，了解世界大势；（3）郑观应长期生活于上海，而长崎—上海航线是晚清中日交流最重要的渠道之一，因此，郑观应较早有机会阅读使用近代意义上的"宪法"语词的日本书籍。

（三）王韬

有不少中国宪法学教科书③认为，最早使用近代意义上的"宪法"语词的中国学者是王韬，其依据是王韬1871年《法国志略》中的一句话，即"立一定宪法布行国中"。

从标题上看，《重订法国志略》以《法国志略》为基础，但是毕竟经过"重订"，因而《重订法国志略》的内容就不可能和《法国志略》完全一致，有些内容虽然出现于《重订法国志略》，但不一定出现于《法国志略》。例如，"立一定宪法布行国中"这句话虽然出现于《重订法国志略》，但不一定出现于《法国志略》，自然不能直接依据《重订法国志略》而得出《法国志略》亦有"立一定宪法布行国中"这句话的结论。《法国志略》中是否有"立一定宪法布行国中"这句话，还需要进一步考证。

---

① 周威：《郑观应首次使用宪法语词考》，载《上海政法学院学报》2017年第3期。
② 夏东元编：《郑观应集》（下册），上海人民出版社1988年版，第1003页。
③ 比如王向明、许崇德编著：《中国宪法讲义》，中央广播电视大学出版社1986年版，第12页；许崇德、王向明、宋仁：《中国宪法教程》，人民法院出版社1988年版，第4页；许崇德、王亚琴：《中国宪法教程》，人民法院出版社1994年版，第12页；徐秀义、王弼选主编：《宪法学纲要》，中国人民公安大学出版社1994年版，第6页；秦前红等：《比较宪法学》，武汉大学出版社2007年版，第3页；李光懿、马绍红主编：《宪法学》，浙江大学出版社2012年版，第10页；殷啸虎主编：《宪法学》，上海人民出版社2003年版，第14页；李宁：《当代中国宪法论》，合肥工业大学出版社2008年版，第38页。

"立一定宪法布行国中"这句话出现于《重订法国志略》第5卷。《重订法国志略》第2卷和第7卷中使用了近代意义上的"宪法"。使用近代意义上的"宪法"的第2卷、第5卷、第7卷和收录《法国志略》内容的第11卷、第12卷、第19卷、第20卷、第21卷、第22卷、第23卷,显然没有任何重合的部分。由此可得出结论,《重订法国志略》中使用近代意义上的"宪法"的内容均未出现于《法国志略》,《法国志略》中并未使用近代意义上的"宪法"。王韬虽然不是在《法国志略》中而是在《重订法国志略》中使用近代意义上的"宪法",但是《重订法国志略》的出版时间是1890年,在当时,王韬仍然属于最早使用近代意义上的"宪法"的中国学者之一。

王韬的《重订法国志略》使用近代意义上的"宪法",其信息源于何处?笔者认为,源于日本学者的著作,依据是《重订法国志略》之"凡例"。王韬在"凡例"第一条提道:"余撰法国志略取资于日本冈千仞之《法兰西志》,冈本监辅之《万国史记》,而益以《西国近事汇编》。"①《法兰西志》一书原作者是法国学者犹里,由高桥二郎译述,冈千仞删定,重野安绎和藤野正启评阅,日本露月楼1878年5月出版。《万国史记》的作者是冈本监辅,由中村正直校阅,1879年5月出版于日本东京。笔者在《法兰西志》和《万国史记》之"法兰西记"中,找到了《重订法国志略》所使用近代意义上的"宪法"的内容,且相关的表述方式几乎完全一致。具体地说,《重订法国志略》第2卷"巴侯擅政"节,以及第5卷的"颁布新法"节和"阿连侯摄政"节,援引于《法兰西志》,而《重订法国志略》第7卷的"沙尔第十继位"节、"叛民废王"节、"政出多门"节和"厘定兵制"节,援引于《万国史记》卷十一"法兰西记下"②。

二、最初使用日译"宪法"语词的中文报刊

对晚清中国来说,宪法为舶来品,报刊亦为舶来品。宪法概念的形成须借助于报刊的宣传,报刊也必然刊载使用日译"宪法"语词的文章。在晚清宪法概念萌芽时期,哪些报刊最初使用了日译"宪法"语词呢?

(一)《申报》

《申报》由英国商人美查、伍华特、普莱亚和麦洛基于1872年合资创办于上海,是最早于中国创办的近代报刊之一。根据"晚清期刊全文数据库",在《申

---

① 王韬:《重订法国志略》(第1册),上海淞隐庐1890年版,第1页。
② 周威:《王韬首次使用宪法一词论考辨》,载《行政法论丛》(第23卷),法律出版社2019年版,第18-19页。

报》创刊之前，仅有寥寥数种报刊，如《东西洋考每月统记传》、《遐迩贯珍》、《六合丛谈》和《教会新报》等。《申报》自1872年创刊，1949年停刊，经营时间长达77年，是经营时间最长的近代报刊之一。《申报》"将天下可传之事，通播于天下"，是社会影响最大的近代报刊之一。《申报》也是在外国人创办的报刊中，第一家由中国人主持笔政的。《申报》完整记录了近代中国的曲折历程，史称研究中国近现代史的"百科全书"。

《申报》1887年5月2日刊载的《东瀛佳话》一文使用了"宪法"，相应地表述为："日本报云，日本国宪法向来执一从严，近今参照各国稍稍变通，由各员先立草案，再由内阁大世批阅重加修正，目下调查至急，付各委员整订外又聘德国法律顾问官补助之，所定法律中第一以皇室关系万世继承，故其意尤精密，其词极威严。"

《东瀛佳话》的标题和正文显示，其信息源于日本报刊，介绍的是日本起草宪法的情况。如前所述，1887年5月2日正处于伊藤博文主持起草宪法的期间。因此《申报》在此处使用的"宪法"是日译"宪法"语词，是近代意义上的"宪法"。《申报》在1887年5月2日之前刊载的文章中使用"宪法"的共有4篇，但所使用的"宪法"均为古典意义上的"宪法"，相应的表述分别是："伸宪法而肃刑章"，"按照宪法立即斩枭"，"官诱为书差无弊，必须宪法惩治，事过又未见举动"，"上遵宪法下恤民困"。据此可知，《申报》刊载的最早使用日译"宪法"语词的文章是1887年5月2日《东瀛佳话》一文。

《申报》1888年刊载的文章中使用近代意义上的"宪法"的有4篇，其中3篇介绍的是日本起草宪法的情况，比如1888年7月27日《东瀛夏景》一文援引日本官报，描述了明治天皇亲身参与起草宪法的情况，相应的表述为："日本官报言，枢密院前议帝室典范已毕，今接议宪法，每遇开院会议之期日皇必亲临，顾问官各陈意见，规模极为严肃，且以近日所议宪法最为国家重要案件，各顾问官无不精细评论以备召对。本月九号东京电报云，宪法案昨日已一律完结矣。"

自1887年5月2日至1897年12月31日，《申报》刊载的使用近代意义上的"宪法"的文章共有26篇，其中发表于1889年的最多，有10篇。这10篇文章中，有9篇介绍的是明治天皇颁布宪法的盛况，如"日皇迁入宫城新皇居颁发宪法典礼，所有人民各犯分别减刑赦免"；"在京亲王以及各大臣有职人员均穿礼服祗候日皇亲传敕语毕将宪法逐一发布"；"宪法发布一事，外务省电达日本驻扎各国星使，此次系国家重大典礼各星使，可在驻扎公馆中盛设祝仪大排场面"。其中的"宪法"显然是日译"宪法"语词，是近代意义上的"宪法"。

《申报》在使用近代意义上的"宪法"的文章中，还曾介绍法国和美国修改宪法的情况，如《申报》1888年4月23日刊载的《欧洲近事》提到，"法国下院于宪法改正事件关系急进党"；《申报》1889年1月17日刊载的《东报汇译》提到，"美国大统领向例四年一调任，上月六号上院议员滂雌托篮于改正宪法案议得今后大统领展限六年为一任"。虽然介绍的是日本以外其他国家修改宪法的情况，但其信息来源仍然是日本报刊。

（二）《西国近事汇编》

《西国近事》由江南机器制造总局于1873年创办，而江南机器制造总局是洋务派开设的规模最大的近代军事企业。《西国近事汇编》自1876年起出版，每年四卷，直至1898年，总计73卷，是晚清时期创办时间最早、经营时间最长、社会影响最大的报刊之一。其中1887年第2卷和1888年第4卷使用了近代意义上的"宪法"。

《西国近事汇编》1887年第2卷"光绪十三年四月二十四日至三十日西报"部分使用近代意义上的"宪法"的表述为："所定法律中第一以皇室关系万世继承，故其意尤精密，其词极威严，即使时势变迁有乱臣贼子作奸犯上，而宪法至尊至严，有足以防制之者，诚为不易之规也。井上伯特持宪法草稿以示，各国全权大臣参赞、随员披览之余靡不赞美，以为天下万千世界得国宪如此整肃，皇室定能安堵也"。

《西国近事汇编》此处引文中的"所定法律中第一以皇室关系万世继承，故其意尤精密，其词极威严"，和《申报》1887年5月2日《东瀛佳话》中的"所定法律中第一以皇室关系万世继承，故其意尤精密，其词极威严"，两者的表述完全一致。而"光绪十三年四月二十四日至三十日"即1887年6月12日至18日，比1887年5月2日晚了一个半月。据此推测，《西国近事汇编》1887年第2卷"光绪十三年四月二十四日至三十日西报"部分有关使用近代意义上的"宪法"的内容，援引自《申报》1887年5月2日刊载的《东瀛佳话》一文，而《东瀛佳话》的内容则直接译自日本报刊。

《西国近事汇编》1888年第4卷"光绪十四年十二月二十日至二十六日西报"部分使用近代意义上的"宪法"的表述为："正月二十三日为日本皇布宪法改新章之期，在京亲王以及文武大小员弁均穿礼服祗候。日皇亲传敕谕毕，将宪法逐条发布，第一条为日本帝国传位一脉永奉君主为万世系谱一统之治。此举为开国以来未有之盛典。"《西国近事汇编》此处引文中的"在京亲王以及文武大小员弁均穿礼服祗候。日皇亲传敕谕毕，将宪法逐条发布"，和《申报》1888年的表述完全一致，其时间也晚于《申报》。据此推测，《西国近事汇编》1888年第4卷"光绪十四年十二月二十日至二十六日西报"部分使用近代意义上的"宪法"的内容，也是援引自《申报》。

三、1897—1898年康有为使用宪法概念

甲午中日战争之后，康有为"大搜日本群书""得见日本变法曲折次第"。在晚清"宪法"从萌芽到概念的转变过程中，康有为起到了关键作用。

（一）康有为1897年始用日译"宪法"语词

康有为《日本变政考》一书多次使用日译"宪法"语词，两次进呈于光绪皇帝，"对光绪帝的倾心变法，实具有决定性的影响"①。康有为《我史》"光绪二十二年"十二月部分提道："重游广西，与羽子兄偕镜函偕行。镜函学佛，若有得，而狂不可近，盖所谓天魔入心者，到阳朔，遣之还。自丙戌年编《日本变政记》，披罗事迹，至今十年。至是年，所得日本书甚多，乃令同薇译之，稿乃具，又撰《日本书目志》。"②据此可知，"《日本变政记》""光绪二十二年""十二月""稿乃具"，这意味着《日本变政考》编译完成的时间是1897年1月。

《日本书目志》由上海大同译书局于1898年春出版，其中第5门政治门和第6门法律门，收录了若干宪法学著作。康有为《我史》"光绪二十二年"十二月部分提到，"《日本变政记》""稿乃具，又撰《日本书目志》"；"光绪二十三年"五月部分又提到，"编《春秋考义》《春秋考文》成，撰《日本书目志》成"。这意味着《日本书目志》编译完成的时间是"光绪二十三年""五月"，即1897年6月，比《日本变政考》编译完成的时间晚了5个月。

根据《康有为全集》（中国人民大学出版社2007年版），康有为在《教学通义》《康子内外篇》《新学伪经考》和《孔子改制考》等著作中，使用了"宪章""宪典""章程""议院""制度"，但没有使用"宪法"，更没有使用日译"宪法"语词。因此，康有为本人使用日译"宪法"语词的最早出处是《日本变政考》和《日本书目志》，而康有为编译完成这两本著作的时间分别是1897年1月和6月。由此可认为，康有为自1897年始用日译"宪法"语词。

（二）康有为表述宪法概念

1897年1月至1898年9月间，康有为在《日本变政考》《日本书目志》《上清帝第五书》《波兰分灭记》和四份奏折中使用日译"宪法"语词合计118次。康有为在20个月中118次使用"宪法"这个词，这意味着，康有为本人已经将

---

① 陈华新：《康有为与〈日本变政考〉的几个问题》，载《近代史研究》1984年第2期。
② 茅海建：《从甲午到戊戌：康有为〈我史〉鉴注》，生活·读书·新知三联书店2009年版，第180-181页。

从这 118 次使用"宪法"的情况来看，康有为认识到：宪法不仅有利于统合国家，还有利于实现国家富强，"日本之所以力整国政，博采宪法……以免此不公不平之大耻大辱也"①；宪法不仅为变法的重要组成部分，而且具有统领全局的作用，"变政全在定典章宪法"②；宪法旨在划分权限，规定立法、行政、司法三权的范围及其行使方式，规定臣民的权利和义务，"宪法者，春秋所谓正名分也，明其名分则人人知权限，尽其所当为，不敢陷于不可为"③；制定宪法不是二三人所能完成的事情，必然经历一个复杂的过程，"日本变法，日异月殊，经百十之阻挠，过千万之丛弊，刮垢除旧，改良进步，乃得成今日之宪法"④；中国必须学习欧美宪法制度，学习的首要对象应是日本，"改宪法而图维新。以为旧法不可用，非采万国之良法、设局另草定新法不可行"⑤，"吾但假日本为向导，以日本为图样"⑥。

（三）康有为传播宪法概念

康有为的思想基础在于儒学，治学方法在于经世致用，他尤其重视思想的传播，1895 年"公车上书"足以证明康有为善于制造舆论传播思想。康有为之身体力行，缘于其强烈的救国思想。康有为力图将自己认准的变法思想和救国方案付诸实践。在此过程中，宪法概念必然伴随着康有为的变法思想传播于社会和政府。

1. 发表于报刊

康有为以 1897 年 11 月德国侵占胶州湾为背景，于 1898 年 1 月撰写《上清帝第五书》，其中使用了近代意义上的"宪法"，相应的表述为："采择万国律例，定宪法公私之分"。康有为请工部尚书淞桂代呈《上清帝第五书》而遭拒绝，不得已选择发表于报刊。康有为《上清帝第五书》全文发表于 6 种报刊，分别是上海《益闻录》第 1757、1758 期，1898 年 3 月 16 日和 19 日刊行；澳门《知新报》第 44 期，1898 年 3 月 20 日刊行；长沙《湘学报》第 16 期，1898 年 3 月 20 日刊行；上海《集成报》第 26 期，1898 年 3 月 24 日刊行；长沙《湘报》第 16 期，1898 年 3 月 25 日刊行；成都《蜀学报》第 4 至 7 期，1898 年 6 月 7 日、6 月 17

---

① 《康有为全集》（第 4 集），中国人民大学出版社 2007 年版，第 212 页。
② 《康有为全集》（第 4 集），中国人民大学出版社 2007 年版，第 223 页。
③ 欧榘甲：《泰晤士报论德据胶州事书后》，载《知新报》1898 年第 48 期。
④ 《康有为全集》（第 4 集），中国人民大学出版社 2007 年版，第 48 页。
⑤ 《康有为全集》（第 4 集），中国人民大学出版社 2007 年版，第 416 页。
⑥ 《康有为全集》（第 4 集），中国人民大学出版社 2007 年版，第 48 页。

日、6月27日和7月7日刊行。

2. 进呈图书

在戊戌变法正式开始前，康有为已经着手写书、编书和译书，等待进呈时机。康有为确实进呈了不少自己的著作，如《孔子改制考》《彼得变政考》《日本变政考》《波兰分灭记》《列国政要比较表》。其中，《波兰分灭记》和《日本变政考》一样，不仅使用了近代意义上的"宪法"，而且在进呈之后被藏于深宫，没有正式出版。两者不同的是，《日本变政考》描述的是日本因明治维新而强盛的历史，而《波兰分灭记》描述的是波兰因拖延变法而被瓜分的历史。

3. 撰写奏折

奏折制度是清朝特有的章奏制度，始用于顺治皇帝，创立于康熙皇帝，发展于雍正皇帝，成型于乾隆皇帝，历时200多年，对皇帝和臣僚之间的信息传递发挥了至关重要的作用。康有为在戊戌变法期间撰写和代写的奏折很多，"戊戌数月间，先生手撰奏折都六十三首，一代变法之大略在焉。亦有代作者，戊戌抄没，多所散佚"①。《戊戌奏稿》一书收录康有为奏疏17篇，其中使用近代意义上的"宪法"的有4份，宪法概念必然伴随着这些奏折影响高级官员和光绪皇帝的决策。

四、1897—1898年间康有为对宪法概念的普及

康有为创办广州万木草堂，主要讲授中国学术源流和历史政治沿革得失，旁及西方国家历史与政治，将其变法思想传播于弟子。康有为及其弟子对晚清社会的思想启蒙发挥了不可替代的重要作用。康有为既然选择了宪法概念，则必然将宪法概念传授于弟子，如康同薇、欧榘甲、康同文和梁启超等。

康同薇是康有为长女，受康有为译书报国思想的影响，自幼学习英语和日语，协助康有为编译《日本变政考》。对此，康有为于《我史》中提道："自丙戌年编《日本变政记》，披罗事迹，至今十年。至是年，所得日本书甚多，乃令同薇译之。"康有为于《日本变政考序》中也提道："乙未和议成，大搜日本群书，臣女同薇，粗通东文，译而集成。"因此，康同薇对于《日本变政考》使用近代意义上的"宪法"有直接的影响。除协助康有为使用近代意义上的"宪法"外，康同薇也曾独立使用近代意义上的"宪法"，其出处是《知新报》1897年第32期刊载的《论中国之衰由于士气不振》一文。

康同薇时年19岁，时任《知新报》日文翻译兼撰稿人，史称中国第一位女

---

① 麦仲华编：《戊戌奏稿》，1911年日本横滨出版，第4页。

报人。康同薇在《论中国之衰由于士气不振》中认为，士气关系国家强弱，美英德日等国之所以强盛是因为士气之振，而中国之所以积贫积弱正是因为士气不振。康同薇是在描述日本由弱转强的过程中使用近代意义上的"宪法"的："于是日本维新政治，更正条约，颁定宪法，以张国法，开国会以伸民气，变政仅二十余年，而挫割四千余万方里四百余兆人民之中国，威振海外，名振英法，推原所自岂非士气之振致之哉。"① 从用词、观点和身份来看，康同薇除受日本宪法的影响外，直接受到了康有为的影响。

欧榘甲1891年入广州万木草堂，1895年协助康有为组织"公车上书"，也曾协助康有为编译《日本书目志》。《日本书目志》各卷卷末署"汤辅朝、欧榘甲覆校"②。而且，"康有为著《孔子改制考》，欧榘甲亦参与校对；康有为作上清帝第五书时，欧榘甲亦在报刊上发文加以宣传"③。欧榘甲使用近代意义上的"宪法"，显然受到了康有为的直接影响。《泰晤士报论德据胶州事书后》正是欧榘甲进一步阐发康有为《上清帝第五书》思想的一篇文章。

欧榘甲《泰晤士报论德据胶州事书后》一文8次使用近代意义上的"宪法"语词，阐述了宪法与律例、政治和《春秋》的关系：（1）"明吾宪法，修吾律例"。（2）"一在宪法之未明，宪法不明，则政治不修，政治不修，则民多夭枉，吾有司不能理，则借彼教理之矣；一在律例之不平，律例不平，则刑罚不当，刑罚不当，则民多怨懑"。（3）"宪法者，《春秋》所谓正名分也，明其名分则人人知权限，尽其所当为，不敢陷于不可为。孟子曰，明其政刑，虽大国必畏。政者宪法也，刑者律例也"。（4）"盖吾以从诸教之民，皆一例视之，皆有宪法以安之，而所以待诸教之民，皆一体治之，皆有律例以定之"。（5）"故曰修宪法律例泯民教之名，而祸不起也"。（6）"明宪法、律例之学，宏一世同仁之志量"④。

康同文是广东南海人，字介甫，与康有为同乡同姓，与康有为子女同辈，和韩文举同为《东亚报》撰稿人，而韩文举是康门十大弟子之一，《东亚报》创办者简敬可是广东新会人，和梁启超同乡。康同文将坪谷善四郎的《万国宪法》一书的美国部分译成中文，以标题《美国宪法》连载于《东亚报》1898年第1至7期，其中第1期和第2期介绍了美国制定宪法的背景、过程和大概内容，其中10次使用近代意义上的"宪法"语词；第2至7期全文收录美国宪法译文。

---

① 康同薇：《论中国之衰由于士气不振》，载《知新报》1897年第32期。
② 王宝平：《康有为〈日本书目志〉资料来源考》，载《文献》2013年第5期。
③ 刘雪琴：《欧榘甲思想演变研究——兼与康有为及康门弟子相比较》，华南师范大学2013年硕士学位论文，第9页。
④ 欧榘甲：《泰晤士报论德据胶州事书后》，载《知新报》1898年第48期。

康有为诸弟子中，梁启超使用近代意义上的"宪法"语词在时间上是最早的，在数量上也是最多的。梁启超在1897年有6篇文章使用了"宪法"，其中最早的是《论译书》一文，载于《时务报》1897年第27期，刊行时间比康有为编译完成《日本变政考》晚了4个月。梁启超在《论译书》中比较了中日两国变法的情形，其中主张变法和译书报国的观点与康有为基本一致，认为"今日之计莫急于改宪法，必尽取其国律、民律、商律、刑律等书而广译之"。梁启超使用近代意义上的"宪法"的《大同译书局叙例》和《读日本书目志书后》，分别载于《时务报》1897年第42期和第45期，这两篇文章的内容和标题均显示，其和康有为《日本书目志》有直接的渊源关系。

《大同译书局叙例》一文明确地区分了"宪法"和"章程"：(1)"欲变总纲而宪法之书靡得而读焉，欲变分目而章程之书靡得而读焉"；(2)"一切所谓学书、农书、工书、商书、兵书、宪法书、章程书者犹是万不备一"；(3)"译宪法书以明立国之本，译章程书以资办事之用"。《读日本书目志书后》一文号召官员阅读宪法学书籍："愿我公卿读政治、宪法、行政学之书"。此外，梁启超在《湖南时务学堂学约》和《时务学堂功课详细章程》中将宪法列为湖南时务学堂课程，并将傅兰雅所译《佐治刍言》一书指定为宪法学教科书，湖南时务学堂成为中国近代史上第一个正式讲授宪法学的学校，实现了宪法概念和宪法思想的代际传承。

第二节 立宪法主张的提出

"Constitution"自鸦片战争之前伴随着西学传入中国，各种译法随之出现于各类著作或报刊，其中包括日译"宪法"语词。康有为直至1897年始用日译"宪法"语词，不过，康有为及其弟子在戊戌政变之前的著作和文章中反复使用近代意义上的"宪法"语词。1897—1898年间近代意义上的"宪法"的使用范围虽然很有限，但这标志着宪法概念的初现。"宪法"从语词到概念的转变过程中，康有为发挥了关键作用。

一、"立宪法"并非戊戌变法的主张

在戊戌变法期间，使用宪法概念的中国学者主要限于康有为及其弟子，其他维新派学者尚未使用近代意义上的"宪法"，报刊中使用近代意义上的"宪法"的文章亦极少，"立宪法"不可能成为戊戌变法的主张。

（一）康有为及其弟子对宪法概念的认识程度尚浅

如前所述，康有为在20个月内曾118次使用近代意义上的"宪法"一词，主要集中于《日本变政考》和《日本书目志》两本著作，且多半用于日本宪法学著作的标题，专门讨论宪法概念的有十数段（或句），在这两本书总篇幅中占极小的比例。在1897—1898年间，康有为既没有撰写专门的宪法学著作，也没有撰写标题使用"宪法"或"立宪"的文章。因此，在康有为当时的整个思想体系中，宪法概念的表述相对于讨论"议院"的内容几乎是微不足道，也远远少于讨论"民权"的内容。

康有为门下弟子除康同薇、欧榘甲、康同文和梁启超外，还有麦孟华、麦仲华、麦鼎华、陈千秋、梁朝杰、曹泰、王觉任、陈和泽、林奎、徐勤、陈焕章和韩文举等。在这些弟子中使用"宪法"的仅占很小的比例。而使用"宪法"的弟子中，梁启超在时间上是最早的，在数量上也是最多的，然而梁启超和康有为一样，既没有撰写专门的宪法学著作，也没有撰写标题使用"宪法"或"立宪"的文章。

（二）其他维新派学者尚未使用近代意义上的"宪法"

戊戌维新变法运动是一次全国性思想启蒙运动，康有为当是这次运动的精神领袖，除康有为及其弟子外，参加者还有如汤寿潜、郑观应、陈虬、陈炽、宋恕、张元济、郑孝胥、黄遵宪、汪康年、刘古愚、陈三立、徐仁铸和谭嗣同等。这些学者在当时出版了一些有重大影响的著作，如汤寿潜的《危言》、陈虬的《治平通议》、陈炽的《庸书》、谭嗣同的《仁学》。然而这些作者的著作和文章（笔者目力所及部分）均未使用近代意义上的"宪法"。康有为曾将英国传教士李提摩太编译的《泰西新史揽要》进呈于光绪皇帝，李提摩太也直接参与了戊戌维新变法，而《泰西新史揽要》也没有使用近代意义上的"宪法"。

（三）报刊中使用近代意义上的"宪法"的文章极少

笔者在1897—1898年间的28种报刊中发现有13种报刊刊载了使用近代意义上的"宪法"的文章，其中作者能够确定且为中国学者的文章有15篇：康有为6篇，梁启超5篇，康同薇、康同文、欧榘甲和马用锡各1篇。[①] 后五位作者，除马用锡外，皆为康有为弟子。康有为之外的9篇文章分布于5家报刊：《时务报》和《知新报》各3篇，《经世报》、《东亚报》和《湘报》各1篇。

这5家报刊在1897—1898年间刊载的文章分别是1 713篇、2 441篇、938篇、279篇和2 085篇，合计7 456篇。在总数7 456篇文章中，9篇文章所占的比例显然是极小的，而且这些文章大都是顺便提到"宪法"的，并未专门讨论

---

① 参见周威：《论康有为于戊戌变法前的宪法观及其宪法史地位》，载《法学家》2018年第6期。

"宪法"。在这7 456篇文章中，标题使用"宪法"的仅有3篇，所占比例更小，且均为译文，译者分别是康同文、古城贞吉和角谷大三郎。

（四）康有为《请定立宪开国会折》作伪

如前所述，康有为自1897年1月始用近代意义上的"宪法"，康有为及其弟子对于宪法概念的认识程度尚浅，其他维新派学者尚未使用宪法概念，报刊中使用近代意义"宪法"的文章极少。总而言之，在戊戌变法之时，舶来的"宪法"刚刚完成从语词到概念的转变，"立宪法"绝不可能成为康有为或戊戌变法的主张。然而不少宪法学教科书和宪法学论文认为[①]，康有为在戊戌变法期间提出了"立宪法"的主张，其主要依据是《戊戌奏稿》收录的《请定立宪开国会折》。

然而，康有为《请定立宪开国会折》的真实性受到越来越多的质疑，这种质疑先是出现于史学领域[②]，后来传入法学领域[③]，其基本依据是《杰士上书汇录》收录的《变法自强宜仿泰西设议院折》并无"立宪法"的表述，这明显不同于《请定立宪开国会折》。笔者认为，《杰士上书汇录》收录的《变法自强宜仿泰西设议院折》更为可信，而《戊戌奏稿》收录的《请定立宪开国会折》确曾作伪，不能作为康有为于戊戌变法期间主张"立宪法"的依据。

二、梁启超《立宪法议》的理论论证

梁启超不仅通过《立宪法议》[④]一文的标题清晰地表明其"立宪法"的主

[①] 宪法学教科书如楼邦彦：《中华人民共和国宪法基本知识》，新知识出版社1955年版，第13页；吴家麟主编：《宪法学》，群众出版社1983年版，第21页；许崇德、王彦君、赵建华、王亚琴：《中国宪法教程》，人民法院出版社1994年版，第22页；周新铭、李步云、王礼明：《学点宪法知识》，群众出版社1982年版，第52页；张光博主编：《宪法学》，吉林大学出版社1983年版，第1页；汪太贤主编：《中国宪法学》，法律出版社2011年版，第1页；张庆福主编：《中国宪法概论》，河北教育出版社1988年版，第38页；张庆福：《宪法学基本理论》，社会科学文献出版社1994年版，第25页；张光博：《宪法论》，吉林人民出版社1984年版，第1页；吴家麟主编：《宪法学》，中央广播电视大学出版社1990年版，第21页。宪法学论文如房德邻：《维新派政治纲领的演变》，载《历史研究》1989年第6期；程洁：《康有为宪法思想述评》，载《法商研究》1999年第2期；吴爱萍：《维新变法时期康有为宪政思想论略》，载《江西社会科学》2006年第2期。

[②] 如黄彰健：《戊戌变法史研究》，上海书店出版社2007年版，第687-688页；孔祥吉：《康有为变法奏章辑考》，北京图书馆出版社2008年版，第347页；茅海建：《从甲午到戊戌：康有为〈我史〉鉴注》，生活·读书·新知三联书店2009年版，第697页。

[③] 如蔡礼强：《论中国近代宪政运动的起源——以康有为与戊戌变法为中心的再考察》，载《中国社会科学院研究生院学报》2007年第2期；饶传平：《从设议院到立宪法——晚清"Constitution"汉译与立宪思潮形成考论》，载《现代法学》2011年第5期；赵小波：《康有为和严复宪政思想比较研究》，载《西部法学评论》2014年第6期；陈新宇：《戊戌时期康有为法政思想的嬗变——从〈变法自强宜仿泰西设议院折〉的著作权争议切入》，载《法学家》2016年第4期。

[④] 参见梁启超：《立宪法议》，载《清议报》1901年第81期。

张，而且在正文中对其主张进行了较为系统的理论论证。

(一) 君主立宪为最良政体

梁启超在《立宪法议》一文中认为，君主立宪为最良政体，而其"政体"分类基于"国"和"政"的分类。何为"国"？"有土地人民立于大地者谓之国"，梁启超据此将"国"分为君主之国和民主之国。何为"政"？"设制度施号令以治其土地人民谓之政"，梁启超据此将"政"分为有宪法之政（亦名立宪之政）和无宪法之政（亦名专制之政）。进而，何为"政体"？"采一定之政治以治国民谓之政体"，梁启超据此将"政体"分为君主立宪政体、君主专制政体和民主立宪政体。

对于君主立宪为最良政体这个判断，梁启超举出两个依据：第一个为事实依据，当时世界强国之中，实行君主专制政体的仅有俄罗斯，实行民主立宪政体的只有美国和法国，而实行君主立宪政体的国家最多，如英国、德国、日本、西班牙、意大利、奥地利、荷兰等。第二个为理论依据，民主立宪政体的弊端在于国家施政方略变易过速，难以持续推进，总统选举过程中竞争过于激烈，阻碍国民幸福；君主专制政体的弊端在于朝廷和百姓之间缺乏信任，朝廷视百姓为草芥，则百姓处于痛苦之中，百姓视朝廷为仇敌，则皇帝和大臣处于危险之中。

对于民主立宪政体和君主专制政体的弊端，君主立宪政体之所以能够克服，不仅因为宪法为一切法度根源且宪法为限权之法，相反，实行君主专制政体的俄罗斯"虽有虎狼之威于一时而其国中实杌陧而不可终日也"；还因为君主立宪政体在实践中行之有效且符合中国的政教风俗，相反，美国和法国实行的立宪之政与中国的政教风俗相距甚远。总而言之，"按之中国历古之风俗与今日之时势，又采之而无弊者"，唯有君主立宪政体；中国若要避免沦亡，若要跻身于世界强国之林，唯有实行君主立宪政体。

更重要的是，梁启超用"君主立宪政体"取代"君民共主"，用"君主专制政体"取代"君主"，用"民主立宪政体"取代"民主"，依据是梁启超在注释中提道："三种政体旧译为君主、民主、君民共主，名义不合，故更定今名"。所谓"旧译"，是指中国学者在此以前的政体划分方法；所谓"今名"，是指日本学者当时通用的政体划分方法。梁启超在使用日本政体分类方法取代中国政体分类方法的同时，也沟通中日两国学者提出的政体分类方法，把源于中国的君民共主思想嫁接到日本学者提出的君主立宪政体之中。梁启超用"君主立宪"替换"君民共主"，将政体分类的标准从"主权"的"主"转移到"宪法"的"宪"，从而为提出中国"立宪法"主张提供了有力的理论支撑。

(二) 宪法乃限权之法

梁启超在《立宪法议》一文第二自然段中称"宪法"为国家"元气","西语原字为 THE CONSTITUTION, 译意犹言元气也, 盖谓宪法者一国之元气也"。而"元气"为中国古代哲学概念, 指天地万物之本原, 宪法若为国家元气, 则为国家的本原。此处"宪法"特指"宪法典","宪法者何物也, 立万世不易之宪典, 而一国之人, 无论为君主为官吏为人民, 皆共守之者也, 为国家一切法度之根源"。这意味着, 宪法不仅限制君主, 还限制官员, 当然也限制百姓。君主制定法律, 官员执行法律, 皆不可背离宪法, "无论出何令更何法, 百变而不许离其宗"。

因此, 梁启超将君主立宪政体称为"有限权之政体", 君有君权, 官有官权, 民有民权, 各权皆有限。"故各国宪法皆首言君主统治之大权, 及皇位继袭之典例, 明君之权限也, 次言政府及地方政治之职分, 明官之权限也, 次言议会职分及人民自由之事件, 明民之权限也"。君主立宪政体通过宪法将君主、官员和百姓全部纳入法律范围, 还通过民权来限制官权和君权, 实现君权、官权和民权之间的良性互动; 通过宪法和民权来限制君权, 其目的是在保护君权。权力都可能滥用, 何况是君上大权, 滥用的结果是百姓受苦, 义民造反, 王朝倾覆。

梁启超在文中用较大篇幅来说明宪法规定民权的意义:"各国宪法既明君与官之权限而又必明民之权限者何也, 民权者所以拥护宪法而不使败坏者也", 各国宪法均"言议会职分及人民自由之事件, 明民之权限也", "无民权则虽有至良极美之宪法亦不过一纸空文毫无补济其事至易明也", "宪法与民权二者不可相离"。不过, "列举即限制", 列举民权, 通过民权来限制君权和官权, 同时也是对民权的限制, 最终是为了保护君权, 为了国家长治久安。

相反, 梁启超将专制政体称为"无限权之政体": 君主至高无上, 权力无限, 而"臣民皆其隶属者也"。君主有生杀予夺大权, 当然可限制臣民, 而臣民若试图限制君权, 则为大逆不道。不少官员时常处于"精神分裂"的状态, 对上一副奴才相, 对下又一番主子脸。在君主专制政体之下, 朝廷和百姓之间缺乏信任, 朝廷往往通过设置一层又一层的机关来限制民权, 如明朝的锦衣卫、东厂、西厂和内行厂, 久而久之, 或者如夏桀殷纣滥用大权, 或者如桓帝灵帝大权旁落。底层人民常常处于物质和精神的双重痛苦之中, 社会矛盾越积越深, 最终导致农民战争和王朝更迭。然而, 农民战争必然导致社会混乱, 王朝更迭亦无法保证百姓生活安康。

梁启超的理论贡献主要在于, 证明中国之君权并非无限, 限制君权亦非大逆不道。其理由有三:(1)君主以天为限, "王者之立也郊天而荐之, 其崩也称天而谥之，非以天为限乎"；（2）君主以祖宗为限，"言必称先王，行必法祖宗，非以祖为限乎"；（3）君主以圣师哲王为限，"古来之圣师哲王未有不以君权有限为至当不易之理者。即历代君主……断无敢以君权无限自居者"。不过，梁启超也承认，此种限制君权方式存在明显的弊端，"以天为限而天不言，以祖宗为限而祖宗之法不过因袭前代旧规，未尝采天下之公理因国民之所欲而勒为至善无弊之大典"。在梁启超看来，中国传统文化本有宪法之意，但未将其成文化，"数千年来虽有其意而未举其实者何也，则以无宪法故也"。若要真正限制君权，则非"立宪法"不可；若中国真要"立宪法"，则必须注意吸收中国传统文化。

（三）君主立宪政体可绝乱萌

为证明君主立宪政体的优越性，梁启超将世界各国的变迁模式分为四种：（1）君主顺应时势而立宪，实行君主立宪政体，结果是君主享受尊荣，国泰民安，典型国家是英国、日本、普鲁士和奥地利；（2）君主不肯立宪，导致人民革命，实行民主立宪，结果是君位不保，王室倾覆，社会动荡，典型国家是法国和南美洲诸国；（3）人民希望立宪但革命力量不足，维持君主专制，结果是激进者谋杀君相，君相镇压激进者，社会处于恐怖之中，典型国家是沙皇俄国；（4）君主、官吏和臣民都不知道立宪之价值，维持君主专制，结果是举国昏聩，百政废弛，因外族入侵而归于消亡，典型国家是印度和安南。这四种模式孰优孰劣，一目了然；日本选择君主立宪政体的实际效果显而易见；清朝政府何去何从，欲国泰民安、国富民强，唯有立宪。

三、梁启超首倡"立宪法"

梁启超于《立宪法议》（《清议报》1901年6月7日刊载）一文中明确地主张"立宪法"。

如前所述，梁启超最早的宪法知识直接来源于康有为；戊戌变法以前使用近代意义上的"宪法"的文章，康有为和梁启超的最多。康有为和梁启超因戊戌政变同时流亡日本，康有为在居留日本五个月之后离开日本，而梁启超继续留在日本。梁启超和康有为虽居于两地，仍保持通信，因此，在康有为居留日本以及离开日本后的一段时间内，他们对宪法概念的认识程度应比较接近。在康有为离开日本之前，康有为没有发表使用"宪法"或"立宪"语词的文章，梁启超仅在《爱国论》中使用了"宪法"。1898年12月，康有为发表《论中国变政并无过激》[1]一文，将"开议院"和"立宪法"列入"皇上将行之新政"，1899年梁启

---

[1] 参见康有为：《论中国变政并无过激》，载《知新报》1898年第76期。

超发表译文《各国宪法异同论》。1900年，梁启超在澳大利亚的演讲中，将"设议院"作为保皇会基本主张之一，借光绪皇帝之口提到"立宪法"，所列举事项和康有为《论中国变政并无过激》的表述很接近；康有为和梁启超使用"宪法"或"立宪"的文章数量相当，而其文章标题都未使用"宪法"或"立宪"。

不过，1901年，康有为和梁启超对于宪法概念的认识程度开始出现明显差距。康有为在1901年的《中庸注》、《孟子微》和《春秋笔削大义微言考》等著作中使用了"立宪"和"宪法"，通常是于介绍外国情况时提到"立宪"或"宪法"，并无明确地主张"立宪法"的论述。康有为明确地主张"立宪法"的文章发表于1902年，即《答南北美洲诸华商论中国只可行立宪不能行革命书》和《请归政皇上立定宪法以救危亡折》。然而，梁启超在1901年6月7日《立宪法议》一文中已旗帜鲜明地主张"立宪法"。

梁启超的《立宪法议》载于《清议报》，而《清议报》由梁启超创办，且为保皇会机关报之一。根据"晚清期刊全文数据库"，1899—1901年间标题含有"宪法"的文章仅有两篇，即《各国宪法异同论》和《立宪法议》，前者为梁启超所译，后者为梁启超所作，这两篇文章均发表于《清议报》。此外，在《立宪法议》发表之前，还有三则标题使用"宪法"的消息，一篇载于《清议报》，另外两篇分别载于《译书汇编》和《国民报》。根据"晚清期刊全文数据库"，1899—1901年间标题中使用"立宪"的文章仅有一篇，即载于《清议报》的《立宪法议》。从标题看，梁启超创办的刊载《立宪法议》的《清议报》在当时报刊中具有主导地位。

第三节　立宪法成为基本国策

派遣大臣出洋考察各国政治，是晚清政府在评估国内舆论和国际环境基础上独立作出的政治决策。五大臣经过考察，亲身体验立宪对于治理国家的重要意义，归国后纷纷奏请立宪。晚清报刊也积极报道五大臣出洋考察的立宪意义，如《大公报》1905年《论立宪》一文提道，"至今日而有简派大臣出洋调查政治为实行立宪之举，中国之前途大可贺也"；1906年《钦使再请立宪》一文提道，"五大臣归国后可否急宣布立宪年限之处，实于中国前途有绝大关系"；1907年《保定之四现象》一文提道，"中国自去岁立宪之诏下，我亚东大地万物均有欣欣向荣之意，所谓天鸡破晓一声万象蓬然之候也"。

晚清政府在朗润园召开政治会议，诸位王公大臣连续多日专门研讨五大臣立宪奏折，虽在预备立宪期限问题上存在分歧，但在应否实行预备立宪问题上基本一致。在此背景下，1906年预备立宪上谕应运而生，预备立宪成为基本国策，以最庄重的政治形式确认了宪法概念，史称"丙午立宪"。

一、载泽立宪密折

载泽和尚其亨于光绪三十二年（1906年）六月初三日返回北京，次日蒙慈禧太后召见；端方和戴鸿慈于同年六月二十一日返回北京，次日亦蒙慈禧太后召见。[①] 慈禧太后立即召见考察政治大臣，可见其迫不及待的心情。考察政治大臣专门就立宪问题先后上了七份奏折，其中载泽七月初四日所上立宪密折之所以名为"密折"，是因为在开头提到"密陈大计"，在结尾希望"无露奴才此奏"。奇怪的是，此折虽名为"密折"，却流传很广，全文刊载于1906年的7家报刊，而在1906年的报刊中却很难找到其他立宪奏折，如此，载泽立宪密折的社会影响自然最大。载泽在立宪密折中主要论述了如下五个问题。

（一）宪法之行利于国利于民而最不利于官

载泽在奏折开头部分提道，"旬日以来夙夜筹虑，以为宪法之行利于国利于民而最不利于官"。载泽此处有关宪法的表述，是经"夙夜筹虑"而得。事实上，载泽此处有关宪法的表述源自《出使各国大臣奏请宣布立宪折》。该奏折由驻美公使梁诚和驻英公使汪大燮主稿，其中提到"夫立宪政体利于君利于民而独不利于庶官者也"。载泽稍做了调整，用"宪法之行"替换"立宪政体"，用"国"替换了"君"。载泽既然借鉴《出使各国大臣奏请宣布立宪折》关于"立宪政体"的表述，想必认同该折关于宪法概念的表述，即"宪法者所以安宇内御外侮固邦基而保人民者也"；也认同该折关于立宪趋势的判断，"国无强弱无大小先后，一揆全出宪法一途"。《出使各国大臣奏请宣布立宪折》借助于载泽再次影响了晚清政府的预备立宪决策。

载泽此处关于宪法的表述，重点在"最不利于官"。既然宪法"最不利于官"，倘若实行立宪政体，"在外各督抚在内诸大臣，其权必不如往日之重，其利必不如往日之优"。某些官员会出于私利而反对立宪政体，"若非公忠谋国之臣化私心破成见则必有多为之说以荧惑圣听者"。然而，1901年新政上谕强调"误国家者在一私字"，要求"公而忘私"。宪法虽"最不利于官"，但"利于国利于民"，官员应当按照1901年新政上谕的要求，破除私念，多为国家和民族着想。那么，赞成立宪的官员多为"公忠谋国之臣"。1906年预备立宪是1901年新政

[①] 参见《宣布立宪纪事本末》，载《贵州教育官报》1906年第1期。

上谕的自然延伸，载泽此处关于宪法的表述为接下来的论述奠定了基础，扫清了障碍。

(二) 君主立宪大意在尊崇国体巩固君权

载泽在"宪法之行利于国利于民而最不利于官"中，用"国"替代《出使各国大臣奏请宣布立宪折》所使用的"君"，一方面是强调1901年新政上谕的"公而忘私"的精神，要求官员"公忠谋国"放弃"私权"和"私利"；另一方面是希望将"君"纳入"国"的范畴，"君"也应"公忠谋国"，纳入"宪法"的范畴，"君"也应接受宪法的规范。载泽虽用"国"替代"君"，但认为"君主立宪大意在尊崇国体巩固君权"，有些官员之所以反对立宪，是因为不明白这一点。为此，载泽用了很大篇幅逐一列举日本明治宪法规定的17项君主统治大权。

载泽特别强调，这17项君主统治大权，不仅"以日本宪法考之"，还"证以伊藤侯爵之所指、穗积博士之所讲说"。此处"伊藤侯爵"即伊藤博文，主持起草日本明治宪法，甲午中日战争期间为日本内阁总理大臣，日俄战争之后出任朝鲜统监；此处"穗积博士"即穗积八束，其兄穗积陈重以及其侄穗积重远，均为日本知名法学家。穗积八束从12个方面为载泽一行系统讲授了日本宪法，其中第三个方面即"君位以及君主的大权"，而第一个和第二个方面分别是"立宪政体"和"宪法"。

(三) 立宪三大利

载泽认为"立宪之利有最重要者三端"，即"皇位永固"、"外患渐轻"和"内乱可弭"。载泽将"皇位永固"列为立宪三大利之首，一方面是因为前面讨论了"皇权"，接下来讨论"皇位"，顺理成章；另一方面是借机阐述责任内阁制度。"皇位永固"的依据是由大臣代负行政责任，倘若遭到议会弹劾，只需大臣辞职，"故相位旦夕可迁君位万世不改"。事实上，责任和权力成正比，大臣责任大则其权力必然大，皇帝责任小则其实际权力必然小。若直白地阐述责任内阁制度，慈禧太后和光绪皇帝必然有抵触情绪，必然增加晚清政府预备立宪决策的阻力。载泽未从君权和相权的分配角度直接阐述责任内阁制度，而从君位和相位的存续角度间接阐述责任内阁制度，这显然是一个聪明的做法。

"外患"和"内乱"一直是晚清政府挥之不去的痛，对外战争屡战屡败，签订丧权辱国的不平等条约使晚清政府的国际地位一降再降；内乱一波未平一波又起，使得晚清政府元气大伤。为摆脱此困境，晚清政府和官员确曾探索和实践了若干方案，但收效甚微。在此背景下，载泽基于考察各国政治的实际经验，坚信实行立宪政体，可达一石二鸟的效果。立宪政体为"公平之正理，文明之极轨"，改专制政体为立宪政体，可使中国进入文明国家行列，"鄙我者转而敬我，将变其侵略之政策为和平之邦交"；改专制政体为立宪政体，可瓦解革命党的社会基础，使得革命党"欲造言而无词可藉，欲倡乱而人不肯从"。

（四）实行预备立宪

尽管立宪有"三大利"，但是载泽认为不能立即实行立宪政体，而主张模仿日本实行预备立宪，"日本于明治十四年宣布立宪，于二十二年始开国会，已然之效，可仿而行也"。载泽此处的观点和梁启超《立宪法议》的观点如出一辙，其表述也和梁启超的基本一致。梁启超的表述是"日本之实行宪法也在明治二十三年，其颁布宪法也在明治十三年"。梁启超在《立宪法议》中不仅主张实行预备立宪，还建议"派重臣三人游历欧洲各国及美国日本"。

载泽主张实行预备立宪，意在劝说反对立宪者。当时反对立宪者的理由之一是人民程度不足。载泽一方面同意人民程度不足的看法，另一方面认为人民程度总有高下之分，"人民之进于高尚，其涨率不能同时一致"，若待到所有人民的程度达到要求时，则"已启者先生觖望，致激成异端邪说紊乱法纪"。基于国内舆论和国际大势，非实行立宪不可，然而毕竟人民程度不足，立即实行立宪亦不可，那么，最好的办法是实行预备立宪，"明示宗旨为立宪之预备，至于实行之期可宽立年限"，既可"维系望治之人心"，又可"养成受治之人格"。因此，不应以人民程度不足为由反对实行预备立宪。

（五）立宪无损于满人利益

1905年8月20日同盟会布告宣布"驱除鞑虏，恢复中华，创立民国，平均地权"，先后实行军法之治、约法之治和宪法之治。在一个月之前，即1905年7月16日，晚清政府决定派员出洋考察。1906年5月6日中国同盟会章程第二条规定"本会以驱除鞑虏，恢复中华，创立民国，平均地权为宗旨"。在此两个月后，即1906年7月23日，考察政治大臣载泽一行返回北京。众所周知，孙中山领导的革命党宣扬满汉矛盾，与此同时，确有不少满洲亲贵固执满汉畛域成见，误以为实行立宪政体有利于汉人而不利于满人。因此，在五大臣出洋考察之际，满汉矛盾进一步激化，满汉畛域进一步撕裂民族和社会。

作为满洲亲贵的载泽认为，实行立宪，既无损于皇权，也无损于满人利益。清军入关时，之所以"官缺分立满汉，各省置设驻防"，是因为"中原时有反侧"。而在镇压太平天国和捻军过程中，汉族将帅功劳明显多于满洲亲贵。在1901年新政上谕之后，满汉联姻和汉人补满缺受到普遍的歌颂和称赞。尤其在列强环伺之际，"合中国全体之力尚恐不足以御之，岂有四海一家尚自分畛域之理"。倘若固执满汉畛域成见，必遭列强瓜分，无论满人，无论汉人，必成亡国之奴。为此，载泽呼吁通过实行立宪化除满汉畛域，呼吁满人"公忠谋国"，呼吁满人不要因"一身一家之私"而反对立宪。

二、文昌院预备立宪会议[①]

前述考察政治大臣立宪奏折中，最晚的一份上奏于光绪三十二年（1906 年）七月初六日，由载泽、尚其亨、李盛铎、端方和戴鸿慈等五大臣会衔奏请改官制以为立宪之预备。此前，徐世昌奏请采用地方自治以为立宪预备，荣庆奏请保存旧制参以新意；除出洋考察大臣外，慈禧太后于六月初六日还召见了载振。在此背景下，慈禧太后在七月初八日与庆亲王奕劻商议后认为，预备立宪兹事体大，既要筹划完全，又要避免"臣下纷乱进言致蹈筑室道谋三年不成之弊"，要求仅在军机大臣、政务大臣、大学士，以及醇亲王和袁世凯等有限范围内的人秘密讨论，"余皆不得干预"。

据《贵州教育官报》转载《中外日报》的《宣布立宪纪事本末》一文，大学士特指武英殿大学士王文韶，政务大臣特指张百熙。除王文韶和张百熙外，与会者还有醇亲王载沣、庆亲王军机大臣外务部总理大臣奕劻、文渊阁大学士政务大臣孙家鼐、东阁大学士军机大臣世续、体仁阁大学士外务部会办大臣那桐、直隶总督北洋大臣袁世凯、礼部尚书唐景崇、协办大学士军机大臣政务处大臣外务部会办大臣外务部尚书瞿鸿禨、军机大臣吏部尚书鹿传霖、协办大学士军机大臣政务处大臣学部尚书荣庆、军机大臣政务处大臣巡警部尚书徐世昌和军机大臣政务处大臣户部尚书铁良。此外，慈禧太后原打算命湖广总督张之洞参与讨论，但张之洞不能来京，只能"遥为预议"，遂"有长电至京条陈立宪之事"。

在七月初九日会议上，奕劻在发言中阐述了三个观点：一是立宪有利无弊，"观泽公及端戴两大臣折件，历陈各国宪政之善，宪法一立，全国之人皆受治于法，无有差别，既同享权利，即各尽义务。立宪国之君主虽权力略有限制，而威容则有增无减。立宪一事，固有利而无弊也"；二是实行立宪为大势所趋，"全国新党议论，及中外各报，海外留学生所指陈所盼望者胥在于是。我国自古以来朝廷大政咸以民之趋向为趋向，今举国趋向在此。现在应措施之策，即莫要于此。若必舍此他图，即拂民意，是舍安而趋危避福而就祸也"；三是应从速宣布立宪，"以吾之意，似应决定立宪从速宣布，以顺民心而副圣意"。

在七月初九日会议上，孙家鼐主张缓行，"俟政体清明以渐变更，似亦未迟"，其理由有：一是立宪国和君主国在治法上差异较大，"立宪国之法与君主国全异，而其异之要点，则不在形迹而在宗旨，宗旨一变则一切用人行政之道无不

[①] 本节文献均引自《考政大臣之陈奏及廷臣会议立宪情形》，载《东方杂志》1906 年第 3 卷临时增刊。

尽变,譬之重心一移则全体之质均改其方面";二是晚清政府当时处于国势衰弱之时,"此等大变动,在国力强盛之时行之,尚不免有骚动之忧,今国势衰弱,以予视之,变之太大太骤,恐有骚然不靖之象"。

徐世昌则不同意孙家鼐缓行立宪的意见,其理由是渐进的做法在过去几年的实践中并无成效,"逐渐变更之法,行之既有年矣而初无成效,盖国民之观念不变,则其精神亦无由变"。徐世昌进而认为,"惟大变之,乃所以发起全国之精神也"。孙家鼐坚持自己的观点,并提出国民程度为实行立宪之要件,"必民之程度渐已能及,乃可为也,今国民能实知立宪之利益者不过千百之一,能知立宪之所以然而又知为之之道者殆不过万分之一,上虽颁布宪法而民懵犹然不知所为,如是则恐无益而适为厉阶,仍宜慎之又慎乃可"。对于国民程度问题,虽然徐世昌在此次会议上未正式回应,但张百熙在紧接着的发言中间接地支持了徐世昌的观点,"俟程度既高乃立宪法,此永不能必之事也。与其俟程度高而后立宪,何如先预备立宪而徐施诱导使国民得渐几于立宪国民程度之为愈乎"。

在七月初九日会议上,争论最为激烈的当数铁良和袁世凯。铁良以国民无要求而反对授予国民权利,各国之所以立宪,是因为国民要求,"各国之立宪皆由国民要求,甚至暴动,日本虽不至暴动而要求则甚力";国民经过要求而得立宪,则愿意分担义务,"夫彼能要求,固深知立宪之善,即知为国家分担义务也";未经要求的国民若得立宪,将不愿分担义务,"未经国民要求而辄授之以权,彼不知事之为幸而反以分担义务为苦"。袁世凯一方面同意铁良关于欧美日本立宪过程的描述,"欧洲之民积受压力,复有爱国思想,故出于暴动以求权力";另一方面指出中国的情况和外国不同,"我国则不然,朝廷既崇尚宽大,又无外力之相迫"。袁世凯进一步指出,世事无常,情况不同,方法自然不同,"事之顺逆不同,则预备之法亦不同","各国之立宪因民之有知识而使民有权,我国则使民以有权之故而知有当尽之义务"。

铁良紧接着提到内阁和官制问题:"宣布立宪后,宜设立内阁厘定官制明定权限"。袁世凯同意铁良的看法,并列举了更多的注意事项,如"京城各省之措置也,蒙古西藏之统辖也,钱币之划一也,赋税之改正也,漕运之停止也,其事皆极委屈繁重,宜于立宪以前逐渐办妥"。铁良提醒,实行预备立宪应注意地方自治问题,"今地方官所严惩者有四,劣绅也,劣衿也,土豪也,讼棍也。凡百州县几为若辈盘踞,无复有起而与之争者,今若预备立宪则必先讲求自治,而此辈且公然握地方之命脉则事殆矣"。袁世凯的回应是:"此必须多选循良之吏为地方官,专以扶植善类为事,使公直者得各伸其志,奸匿者无由施其技,如是始可为地方自治之基础也"。

三、预备立宪上谕

1901年梁启超首倡立宪法，标志着部分学者主张立宪；1904年孙宝琦首上立宪书，标志着部分官员主张立宪；而1906年预备立宪上谕，标志着立宪成为基本国策，因为仅有500字的七月十三日上谕凝聚了驻外公使、地方督抚、王公大臣和慈禧太后的宪法共识，反映了海内外华人的共同心声。

（一）预备立宪始于七月十三日上谕

潘崇在《"预备立宪"起点再探讨》[①] 一文中认为，"预备立宪"起点于五大臣出洋考察，但其论证混淆了预备立宪上谕的起点和国家实行预备立宪的起点。出洋考察上谕提到的是"考求一切政治"，既未使用"立宪"，亦未使用"宪法"，更未使用"宪政"。相反，七月十三日上谕同时使用了"立宪"、"宪法"和"宪政"，甚至使用了"预备立宪"。一份未使用"立宪"、"宪法"或"宪政"的上谕是不可作为国家实行预备立宪起点的。如前所述，五大臣出洋考察为颁布预备立宪上谕奠定了基础，预备立宪上谕是五大臣出洋考察的直接结果，五大臣出洋考察可作为预备立宪上谕的起点，然而国家宣布实行预备立宪的时间节点，不在五大臣出洋之时，也不在五大臣归国之时，而是在颁布上谕的光绪三十二年（1906年）七月十三日。

《"预备立宪"起点再探讨》一文还援引了五大臣之一绍英的日记，其中提到慈禧太后在1905年7月28日五大臣出京前的训示："各国政治均应择要考察，如宪法一事，现在虽不能宣露，亦应考察各国办法如何，以备采择"。据绍英日记，慈禧太后将"宪法"视为"择要考察"的事项，要求五大臣在考察政治时注意考察各国宪法。绍英日记的相关记载得到了宋教仁和《大陆报》的印证。宋教仁在1905年8月22日《清太后之宪政谈》的开篇提道："西太后语曰：立宪一事，可使我满洲朝基础永久确固，而外在革命党亦可因此消灭，候调查结局后，若果无妨害，则必决意实行"[②]。《大陆报》1905年8月25日刊载的《太后决意实行立宪》有一致的表述："太后曾问之云，立宪一事为使我清朝基础永远巩固之良策，苟经实行则民间革命之说自归消灭，此次派各臣工往列国调查之后果无弊害，即决意实行"。《大陆报》1905年12月10日刊载的《谕饬先定立宪大纲》报道，慈禧太后恐缓不济急，在五大臣离京之时命令军机大臣先行拟定立宪大纲。

[①] 参见潘崇：《"预备立宪"起点再探讨》，载《贵州文史丛刊》2011年第3期。
[②] 宋教仁：《宋教仁集》，陈旭麓编，中华书局1981年版，第16页。

宋教仁和《大陆报》虽然都提到慈禧太后决意实行立宪，但同时提到慈禧太后决意实行立宪是有条件的，即经五大臣考察证实立宪"果无弊害"。这说明，慈禧太后在五大臣出洋考察之时，虽然明显倾向于立宪，但对立宪尚存疑虑，并未真正"决意实行立宪"。慈禧太后因倾向于立宪而要求五大臣考察各国宪法，因尚存疑虑而要求五大臣"不能宣露"。因此，慈禧太后这份要求五大臣暗中考察"宪法"的口谕，显然不能作为国家宣布实行预备立宪的标志。

慈禧太后在考察政治大臣抵京次日即召对，逐渐消除对立宪的疑虑。慈禧太后本人即使在召对过程中完全消除疑虑，真正决意实行立宪，仍不能将五大臣出洋考察作为国家实行预备立宪的起点。七月十三日预备立宪上谕虽然在开篇提到"朕钦奉慈禧皇太后懿旨"，但毕竟以"朕"的名义颁布，且该上谕在颁布前经过军机大臣、政务大臣和大学士连续多日的专门讨论。经过此等程序和仪式，慈禧太后个人对于预备立宪的选择，方能成为国家对于预备立宪的选择。因此，七月十三日上谕是国家实行预备立宪的起点，而五大臣出洋考察是七月十三日上谕的起点。

（二）预备立宪上谕动员海内外华人

与孙宝琦上立宪书相比，考察政治上谕和预备立宪上谕最大的不同在于其实践性，晚清政府以实际行动推动了宪法概念的传播。考察政治上谕的发布时间虽是1905年7月16日，而载泽一行和端方、戴鸿慈一行从上海出洋的时间分别是1906年1月14日和1905年12月19日，而颁布预备立宪上谕的时间是1906年9月1日。这意味着晚清政府以实际行动推动宪法概念传播的时间集中于1906年，动员海内外华人关注宪法、研究宪政和支持立宪的时间也集中于1906年。

预备立宪上谕反映了海内外华人的共同心声，海内外华人自然热烈庆贺预备立宪上谕。正如《新世界小说社报》刊载的《各处庆祝预备立宪》所述："自七月十三日预备立宪之谕旨既下，各省、各府、各州县、各商埠、各乡镇，庆祝立宪之举见诸报端者不一而足"。根据"晚清期刊全文数据库"，庆祝预备立宪上谕的城市至少有19个，分别是上海、北京、天津、南京、合肥、杭州、福州、桂林、武昌、南昌、宁波、汕头、扬州、威海、保定、涿州、嘉定、桐乡和邓州。这19个城市分布于当时大多数行省。海外华人同样热烈庆祝预备立宪上谕，"南洋各埠华商庆贺立宪之电联名者计数十万人"，商部收到横滨华商、长崎商会、神户大阪华商和锡金商会的贺电。

与会者所属界别如学界、商界、官界、军界、警界、报界、教育界和宗教界。报界中，上海报界最为活跃，"上海申报馆、同文沪报、中外日报馆、时报馆、南方报馆"组成上海报馆公会，"开恭祝立宪会"，"到者约千有余人"，郑孝胥和马相伯等发表演讲。教育界中,上至京师大学堂,中至两江师范学堂,下至江西章江私立小学校,纷纷举办活动。预备立宪上谕起草者学部尚书荣庆专门为京师大学堂庆祝活动拨款白银二千两。《北洋官报》、《广益丛报》和《嘉定学会月报》均刊载了不同版本的欢迎立宪歌词。

(三) 预备立宪上谕提升政府威信

海内外华人欢迎预备立宪上谕,构成晚清政府上谕的社会基础。更直接的是,地方督抚、立宪派学者和西方列强因预备立宪上谕而增加信心。据侯宜杰考证,1905年的八位总督中,奏请立宪的有五位,即直隶总督袁世凯、两江总督周馥、湖广总督张之洞、两广总督岑春煊和云贵总督丁振铎。此外,四川总督锡良虽未奏请立宪,但倾向于立宪;闽浙总督崇善对于立宪的态度,尚不明确;唯独陕甘总督升允明确反对立宪。这意味着,大部分总督在1905年是赞成立宪的,明确反对立宪的仅有一位。在朗润园会议中,全程与会的总督是直隶总督袁世凯,"遥为预议"的总督是湖广总督张之洞。既然大部分总督赞成立宪,七月十三日上谕宣布实行预备立宪,自然得到大部分总督的支持。

立宪派的核心主张当然是立宪,而宪法是五大臣出洋考察的主要事项之一,七月十三日上谕宣布实行预备立宪,自然得到海内外立宪派学者的支持。张謇和赵凤昌等国内立宪派学者以及杨度和端方等海外立宪派学者,为戴鸿慈和端方草拟了关于立宪的意见、电文和奏折。戢翼翚、唐宝锷、金邦平、钱承瑛、胡宗瀛、张瑛绪和曹汝霖等留日学生通过朝廷组织的选拔考试,成为五大臣出洋考察随员,为出洋大臣出谋划策。其中,戢翼翚曾上书考察政治大臣载泽,列举宪政大纲六条:明定国是、革新官制、整理中央财政、设立中央议政院、设立地方议事会和定立司法官制。留学欧洲的学生听闻五大臣出洋考察,积极兼任考察编译的工作。这些主张立宪的留学生在归国后多数任职于考察政治馆。

日俄战争,日本因立宪而胜,俄国因专制而败,立宪制度比专制制度更文明,立宪制度虽源于欧洲,但可以移植于东方社会,这些不仅是中国立宪派学者的看法,也是日本学者的看法。晚清政府主动派遣大臣出洋考察欧美日本各国的宪法制度,并迅速发布预备立宪上谕,自然得到欧美日本报刊的关注和支持。日本《东京日日新闻》援引大隈重信的评述:"我辈甚信中国之实行立宪必有成效,何则,试以中国古来政治及人民性情证之,宪法政治之实行颇为恰当"。日本《东京日日新闻》还认为,"中国立宪之适宜","仿行立宪政体于人民之性质大致甚适,一旦颁布全国,必不难获见其成"。日本《读卖新闻》相信"中国改革之虽有阻挠,但无伤实际"。英国《纽加斯路报》认为,"中国立宪较之波斯为尤重也"。英国《太晤士报》认为，华人"一旦大梦觉悟修明内政力图维新，则英人必表同情而深望其成功而获效也"①。

自鸦片战争以来，晚清政府的威信日益下降，而五大臣出洋考察各国宪法，预备立宪上谕因宣布实行预备立宪而获得广大民众、地方督抚、立宪派和欧美日本的积极支持，晚清政府的威信获得很大提升。宪法概念获得最高政治文件的确认，立宪真正成为基本国策。

第四节　宪法概念的法典化

预备立宪上谕虽不是宪法典，但成为制宪的一种指南，而制定一部大清帝国宪法是晚清预备立宪的最终目标。为实现这一最终目标，兼具法典形式和效力的宪法大纲和宪法信条先后颁布于1908年和1911年，晚清宪法概念虽未获得宪法典的确认，但获得了法典的确认，相对于获得1906年预备立宪上谕的政治确认，又前进了一大步，宪法概念形成的历史进程不会因清朝结束而终止。

一、1908年宪法大纲模仿明治宪法

钦定宪法大纲的正式名称是"宪法大纲"，当时的奏折和文章在标题中使用的均为"宪法大纲"。杨廷栋撰写的由商务印书馆1910年出版的一本宪法学著作，即《钦定宪法大纲讲义》，虽然在标题中使用了"钦定宪法大纲"，但在正文中使用的仍是"宪法大纲"，且在正文第1页使用的"钦定宪法大纲讲义"中，"钦定"两字的字号显然小于"宪法大纲"四字的字号。

（一）慈禧太后命军机大臣定立宪大纲

慈禧太后于1905年11月18日，命令军机大臣先行拟定立宪大纲。据《大陆报》1905年第20期刊载的《谕饬先定立宪大纲》，"立宪一节，两宫颇极注重，虽经拣派大臣出洋考察仍恐缓不济急，故日前特面谕军机大臣就现行法制参合讨究，先定大纲，俟五大臣考察回国后，再行择善而从"。据《大陆报》同期刊载的《政务处致各督抚电为预备改行立宪事》，政务处及时将驻俄公使胡惟德关于俄皇下诏立宪的报告电告各督抚，要求各督抚详细考察各地情形，为实行预备立宪提供扎实的基础。

慈禧太后和政务处对驻俄公使胡惟德报告的积极回应，进而鼓舞了驻外公使

---

① 《外论选译》，载《东方杂志》1906年第3卷临时增刊。

条陈立宪的勇气。在慈禧太后命令先行拟定立宪大纲的三五日后，驻美公使梁诚领衔的《出使各国大臣会奏请宣布立宪折》进呈于慈禧太后，将模仿日本"宣示宗旨"、"布地方自治之制"和"定集会言论出版之律"视为"宪政之津髓"，而"宣示宗旨"的具体办法就是颁布"立宪大纲"，"将朝廷立宪大纲列为条款誊黄刊贴，使全国臣民奉公治事，一以宪法意义为宗不得稍有违悖"①。由此可见，在五大臣离京出洋之际，拟定宪法大纲的思想已经形成；在考察政治大臣归国之后，端方一方面致电各督抚"欧美各国政治无不以宪法为其国本"，另一方面上奏朝廷条陈"立宪大纲"。

（二）三大臣出洋考察宪法

光绪三十二年（1906年）七月十三日预备立宪上谕宣布实行预备立宪，并确定"从官制入手""先将官制分别议定"，并于七月十七日设官制编制馆于朗润园。袁世凯注意到，无论是基于改革官制的近期目标，还是基于制定大清帝国宪法的远期目标，都需要对外国宪法进行专门的考察。为此，1907年7月28日袁世凯上《直隶总督袁世凯奏请简大臣分赴德日两国考察宪法片》，其理由有三：（1）宪法为国家根本法，一经制定不能轻易修改，必须详细考察；（2）五大臣出洋非专门考察宪法，考察时间仅8个月，无暇洞悉宪法源流；（3）日本起草宪法前曾派伊藤博文考察各国宪法。

如前所述，慈禧太后在五大臣离京出洋前要求五大臣注意考察宪法，但"不能宣露"，是因为当时对立宪尚存疑虑，而在袁世凯上奏之时，预备立宪上谕已经颁布10个月，官制改革正进行得如火如荼，慈禧太后迅速接受了袁世凯的建议，并于同年9月9日正式委派汪大燮、于式枚和达寿分别出洋考察英国宪法、德国宪法和日本宪法。

慈禧太后在五大臣离京出洋前只交代了一句："务必切实考求宪政为将来实施张本"。而对于此次考察，宪政编查馆开列了十项考察要目，即宪法源流问题、君主之大权问题、皇室问题、政府问题、官吏问题、臣民问题、议院问题、财政问题、司法问题和地方自治问题。宪政编查馆开列考察要目，显然受到日本经验的影响，因为1882年3月13日日本天皇命伊藤博文考察欧洲各国宪法时罗列了29个问题。两者数量虽不同，但内容基本相同。达寿和李家驹将此十项归纳为六类，即宪政史、宪法、立法、行政、司法和财政。宪政编查馆不仅为三大臣开列考察要目，还为三大臣提供宪法资料，据1907年10月13日《申报》刊载的《宪政大臣携书起程》，"于（式枚）、汪（大燮）、达（寿）向宪政编查馆搜查各

---

① 《出使各国大臣会奏请宣布立宪折》，载《东方杂志》1906年第3卷第7期。

国宪法书籍得十数种"。

可见，从五大臣出洋考察"政治"到三大臣出洋考察"宪法"，考察"政治"馆更名为"宪政"编查馆，慈禧太后和大臣对宪法概念的认识更加清晰了。相对于五大臣出洋考察，此次三大臣出洋考察，考察国家减少了，考察事项减少了，而考察时间延长了，考察效果自然显著提高了。三大臣中对1908年宪法大纲影响最大的是达寿，因为汪大燮和于式枚的归国时间是在宪法大纲颁布之后，达寿是在宪法大纲颁布之前回国的：光绪三十四年（1908年）"二月二十一日内阁奉上谕，达寿著回京供职，改派李家驹充考察宪政大臣钦此"。

在光绪三十四年（1908年）八月初一日宪法大纲颁布之前，达寿于光绪三十四年七月十一日上《考察宪政大臣达寿奏考察日本宪政情形具陈管见折》。达寿这份奏折在上奏的第三日即全文刊载于《政治官报》。达寿在日本的考察时间约半年，其间受教于穗积八束、有贺长雄、太田峰三郎等学界名宿，归国后用数月时间撰写了这份奏折，约一万两千字，内容极其丰富。达寿的核心观点是："亟仰宸断者有二事焉，一曰政体之急宜立宪也，一曰宪法之亟当钦定也。政体取于立宪则国本固而皇室安，宪法由于钦定则国体存而主权固"。

（三）宪政编查馆和资政院共同起草宪法大纲

光绪三十三年（1907年）七月十六日《宪政编查馆大臣奕劻等拟呈宪政编查馆办事章程折》显示，宪政编查馆职权的第二项为"调查各国宪法，编订宪法草案"，简单说就是"查"和"编"，即宪政编查馆名称中的"编查"。"编"为目标，"查"为手段，要"编"则必须先"查"。然而，制定宪法和开设国会，是预备立宪的最终目标，宪政编查馆在开设之初的首要任务是官制改革，不是编订宪法草案。宪政编查馆在成立之初虽然不能编订宪法草案，但草拟一份宪法大纲是可行的。正如慈禧太后在派遣五大臣出洋考察政治的同时命令军机大臣先定立宪大纲，宪政编查馆在三大臣出洋考察宪法的同时也应当草拟一份宪法大纲。

事实上，1908年宪法大纲正是由宪政编查馆主稿。"晚清期刊全文数据库"显示，1908年标题使用"宪法大纲"的文章通常在标题中还使用"宪政编查馆"。这些文章有的在标题中也使用了"资政院"，有的在标题中虽未使用"资政院"，但使用了"会奏"或"等奏"，并在正文中提到"资政院"。这意味着，1908年宪法大纲虽由宪政编查馆主稿，但资政院亦为参与起草者。

上谕设立资政院的时间是光绪三十三年八月十三日，稍晚于上谕改考察政治馆为宪政编查馆的光绪三十三年七月初五日。光绪三十三年八月十三日上谕在设立资政院的同时，任命溥伦和孙家鼐为资政院总裁。自此，资政院展开活动，比如《申报》在1907年的报道中，有不少提及"资政院"。资政院参与起草宪法大纲还有一个重要依据，即《直隶总督袁世凯奏请简大臣分赴德日两国考察宪法片》，袁世凯在奏折中建议资政院会议宪法事项。光绪三十三年八月十三日上谕设立资政院，正是基于袁世凯奏折中的建议。关于资政院和宪政编查馆的关系，当时的议题之一是将宪政编查馆并入资政院。根据《申报》1907年11月4日刊载的《资政院官员名单》和《北洋官报》1907年第1568期刊载的《宪政编查馆奏调员分任馆务折》，资政院和宪政编查馆在人员上有重合的部分，如宝熙、汪荣宝、章宗祥、程明超等。①

光绪三十三年七月十六日《宪政编查馆大臣奕劻等拟呈宪政编查馆办事章程折》显示，宪政编查馆下设编制局和统计局，而编制局分为三科，其中第一科"掌属于宪法之事"。据此可知，"调查各国宪法，编订宪法草案"的事务主要由编制局第一科负责。根据光绪三十三年十月二十八日《宪政编查馆奏调员分任馆务折》，吴廷燮为编制局局长，章宗祥为编制局副局长，"署民政部左参议参事汪荣宝、外务部主事曹汝霖、试署学部总务司员外郎吏部主事恩华，以上三员拟派充编制局各科正科员"，胡大勋、董康等16人为编制局副科员。据此可知，正科员汪荣宝和其他五六位副科员组成编制局第一科，"掌属于宪法之事"，承担"调查各国宪法，编订宪法草案"的事务。

据1908年2月16日《申报》刊载的《宪政馆呈递宪法宗旨草案》，1908年2月15日（光绪三十四年正月十四日）宪政编查馆将《宪政宗旨草案》进呈于军机处，而宪政编查馆之所以进呈《宪政宗旨草案》，是因为吴寿全上《呈请宣示宪法规则以杜民气嚣张折》中奏请"宪政馆按照英日两国宪法妥定宗旨"。据《清末筹备立宪档案史料》，宪政编查馆大臣奕劻等代递吴寿全《呈请宣示宪法规则以杜民气嚣张折》的时间是光绪三十三年十二月十一日，即1908年1月14日。据此可知，宪政编查馆进呈《宪政宗旨草案》初稿的应为汪荣宝等人组成的编制局第一科。

在汪荣宝等人草拟《宪政宗旨草案》初稿之后和宪政编查馆提调宝熙进呈

---

① 《申报》1907年11月4日刊载的《资政院官员名单》提到，资政院总裁为溥伦和孙家鼐，10名参议官分别是宝熙、沈云沛、唐文治、顾璜、汪荣宝、曹汝霖、赵炳麟、俾寿、章宗祥、程明超，5名书记官分别是李绍烈、云书、智格、范熙壬、朱舆汾。《北洋官报》1907年第1568期刊载的《宪政编查馆奏调员分任馆务折》介绍了宪政编查馆成员，分别是王庆平、曹广桢、左孝同、吴廷燮、沈林一、华世奎、章宗祥、钱承志、荫桓、黄瑞麒、杨熊祥、于宝轩、张志潜、傅岳芬、汪荣宝、曹汝霖、恩华、延鸿、林启、陈毅、胡大勋、朱国桢、董康、胡礽泰、陈曾寿、嵇镜、富士英、章宗元、程明超、施时本、颜志庆、高种、张孝栘、熊垓、严锦荣、廉隅、文斌、吴振麟、卢静远、张国淦、夏道炳、刘泽熙、顾鳌、王建祖、嵇芩孙、陆梦熊、张鸿藻、钱应清、林蔚章、严璩、傅范初。

《宪政宗旨草案》之前，编制局副局长章宗祥、编制局局长吴廷燮和宪政编查馆提调宝熙等都会提出一定的修改意见。《宪政宗旨草案》在进呈军机处之后，尤其在达寿上《考察宪政大臣达寿奏考察日本宪政情形具陈管见折》之后，又经过反复修改，最终形成宪法大纲草案。总之，1908年宪法大纲的草拟经历了复杂的过程。

（四）宪法大纲以明治宪法为蓝本

自光绪三十四年正月十四日宪政编查馆向军机处进呈宪政宗旨草案，至同年六月二十四日宪政编查馆及资政院会奏宪法大纲，其间经历了复杂的过程。对于宪政编查馆及资政院的会奏，慈禧太后于审慎起见并未立即准奏，直到同年八月初一才批准。而达寿上《考察日本宪政情形具陈管见折》的时间是同年七月十一日，正是在此期间，慈禧太后谋定而后动，于八月初一日准《宪政编查馆资政院会奏遵拟宪法大纲暨议院选举各法并逐年应行筹备事宜折》，并命令以隆重方式颁布此宪法大纲："著该馆院将此项清单附于此次所降谕旨之后刊印誊黄，盖用御宝分发在京各衙门"。对此，《大同报（上海）》有专门报道："宪法誊黄，于初二日钤印御宝，共三百十五张，先备京师悬挂"[①]。《政治官报》于八月初二全文刊载《宪政编查馆资政院会奏遵拟宪法大纲暨议院选举各法并逐年应行筹备事宜折》。

根据《宪政编查馆资政院会奏遵拟宪法大纲暨议院选举各法并逐年应行筹备事宜折》，1908年"宪法大纲（其细目常当于宪法起草时酌定）"包括"君上大权"14条，"附臣民权利义务（其细目常当于宪法起草时酌定）"9条，"附议院法要领（其细目常当于厘订议院法时酌定）"11条，"附选举法要领（其细目常当于厘订选举法时酌定）"6条，合计40条。"臣民权利义务"、"议院法要领"和"选举法要领"，三者之前均有"附"字，而"君上大权"前无"附"字，"宪法大纲"前亦无"附"字。且"宪法大纲"、"臣民权利义务"、"议院法要领"和"选举法要领"均后附括号，而"君上大权"后未附括号。据此可知，"臣民权利义务""议院法要领""选举法要领"，此三者与"宪法大纲"处于并列关系，而"君上大权"为"宪法大纲"的内容。"臣民权利义务"和"宪法大纲"后附括号中的表述完全相同，即"其细目常当于宪法起草时酌定"，这意味着，"臣民权利义务"9条将和"君上大权"14条一起列入宪法草案，而"议院法要领"的表述是"其细目常当于厘订议院法时酌定"，"选举法要领"的表述是"其细目常当于厘订选举法时酌定"，这意味着"议院法要领"11条和"选举法要领"6条将分

[①] 《京师先悬宪法誊黄》，载《大同报（上海）》1908年第14期。

别列入议院法草案和选举法草案。

"以日为师",这是1901年梁启超《立宪法议》的基本主张,是日俄战争后中国立宪派学者的普遍看法,也是五大臣出洋考察的基本结论。在此背景下,1908年宪法大纲以明治宪法为蓝本,具有必然性和正当性。在宪法大纲颁布第三日,《北京时报》报道,北京士人"悬灯结彩,开会庆贺"。不过,宪法大纲受到欢迎的程度远低于预备立宪上谕。且苏楼《宪法大纲刍议》①一文以宪法大纲和明治宪法的高相似度为由,认为宪法大纲"悖正义""昧法理""反事实",试图彻底否定宪法大纲,其论证方式失之偏颇,过于简单化。对宪法大纲的判断和评价,应当深入挖掘其草拟过程,分析参与草拟者的思考过程,比较不同版本之间的变化。无论如何,宪法大纲列举君上大权,"列举即限制",这是在划定君主权限,显示君主权力源于宪法;宪法大纲还以"宪法者国家之根本法也"为由,要求"上自朝廷下至臣庶均守钦宪法,以期永远率循罔有逾越"。奕劻和溥伦等在奏折中强调,宪法大纲"虽兼采列邦之良规而仍不悖本国之成宪",这显示了宪法大纲草拟者在坚持开放性的同时保持了主体性,"君权首次法定,初创了中国新的立法模式,但在初创中又包含了历史传统的沉淀"②。

二、1911年宪法信条模仿英国宪法

《法政浅说报》1911年第22期刊载了《法令:宪法信条(宣统三年九月十三日颁布)》,其标题使用的是"宪法信条",正文中也未使用"十九信条"。《内阁官报》和《北洋官报》1911年刊载的奏折和谕旨使用的均为"宪法信条"。1911年宪法信条是以宣统皇帝名义颁布的,在性质上属于"钦定",和1908年宪法大纲相同。

(一)军人参与制宪

1906年预备立宪上谕受到普遍欢迎,各界各地纷纷举行专门的庆祝活动,而1908年宪法大纲在颁布后,几乎无人庆祝。对1908年宪法大纲的质疑,构成了1911年宪法信条的社会基础。张之洞编练的湖北新军和袁世凯编练的北洋新军,文化程度普遍较高,不少中高级军官有留学经历,是梁启超立宪派和孙中山革命派力图争取的对象,不少军人倾向于立宪。在1911年宪法信条草拟过程中,晚清军人发挥了决定性的作用。1911年10月10日武昌起义后,湖北军政府成立,黎元洪为都督,国号为中华民国。虽然立宪派在此过程中发挥了重要作用,

---

① 苏楼:《宪法大纲刍议》,载《民声丛报》1910年第1期。
② 陈晓枫:《更新与沉淀——〈钦定宪法大纲〉颁布百年之际的反思》,载《法学评论》2008年第6期。

但武昌起义显然属于革命，目标是推翻清朝统治。而 1911 年 10 月 27 日张绍曾等发动滦州兵谏，其目标是废除 1908 年宪法大纲，以英国宪法为蓝本重新制定宪法。"1911 年的滦州兵谏……其政治诉求与湖北新军的哗变有所不同，不是一次革命，只是要求清廷立即实行君主立宪而已"①。

滦州兵谏的基本主张集中体现于十二条政纲，十二条政纲由吕均、杨德邻、石润金、李志寯等起草。在发动兵谏当日，吕均奉张绍曾之命将十二条政纲专程送往北京上奏朝廷，并通电全国。十二条政纲第一条为"大清皇帝万世一系"，第三条规定宪法"以皇帝之名义宣布之"，这显然属于君主立宪，不同于武昌起义主张的共和革命；十二条政纲第三条规定"宪法由国会起草"，这显然不同于《宪政编查馆资政院会奏遵拟宪法大纲暨议院选举各法并逐年应行筹备事宜折》，因为其中提到"凡立宪自上之国，统治根本在于朝廷，宜使议院由宪法而生，不宜使宪法由议院而出"；十二条政纲第三条规定"皇帝不得加以修正或否认"宪法，第五条规定"皇帝统率海陆军，但对国内用兵时，必经国会议决"，第八条规定"皇族不得为国务大臣"，此种安排不同于明治宪法，而更接近英国宪法；十二条政纲第十二条规定"宪法及国会法之制定，军人有参与权"，明确规定军人有权参与制宪。

（二）资政院以英国宪法为蓝本草拟宪法信条

1908 年宪法大纲由宪政编查馆和资政院共同起草，而 1911 年宪法信条仅由资政院起草，其直接原因正是滦州兵谏和十二条政纲。朝廷收到十二条政纲后大为恐慌，因为湖北新军起义地点在武昌，距离北京有 1200 千米，而北洋新军的兵谏地点在滦州，距离北京仅有 200 千米。朝廷迫于军事压力，迅速接受了十二条政纲。十二条政纲第三条规定"宪法由国会起草"，而国会无法立即组织。资政院是国会的过渡性机构，资政院院章第一条规定"资政院钦遵谕旨以取决公论预立上下议院基础为宗旨"。

宣统三年（1911 年）九月初九日《资政院奏请颁布明诏将宪法交院协赞折》，提道："今之世万国竞争，非立宪无以立国"，"宪法为君民共守之信条"，"真正立宪惟在颁布宪法，颁布宪法而不使人民协赞，则信守之意不坚，爱护之诚不至，服从之效不笃"，"臣院集议，以为非请皇上将宪法交臣院，无以示皇上公天下之心而表见其真正立宪之据"，"愿皇上迅赐采纳颁布明诏毅然将宪法交臣院协赞"。监国摄政王载沣同日准奏，"饬将宪法交资政院协赞"，"著溥伦等敬遵钦定宪法大纲迅将宪法条文拟齐，交资政院详慎审议"。载沣在同日上谕中还承

---

① 马勇：《滦州兵谏只为逼清廷立宪》，载《侨报》2012 年 4 月 9 日，第 D03 版。

认"统制张绍曾等电奏具陈管见一折,其间颇有可采择之条",其中"统制张绍曾等电奏具陈管见一折",即吕均受张绍曾之命专程送往北京上奏朝廷的十二条政纲。

资政院认为"挽救之方约千言万语为一言仍不外视宪法良否以为关键",因起草一部宪法需要时间较长,而决定"采用最良君主立宪主义,先草拟宪法内重大信条"。资政院起草宪法信条仅用了一天时间,九月十三日监国摄政王载沣立即予以批准,《内阁官报》当日即全文刊载。资政院起草宪法信条,以十二条政纲为基础,"统制张绍曾等所陈各节均已仰蒙采纳";以英国宪法为蓝本,"东西各国君主立宪要皆以英国为母,此次自应采用英国君主立宪主义而以成文法规定之";特别注重军人意见,"臣院受命起草,兢兢致慎,不敢不广征全国军民意见以期精审","除业由臣院电告各省咨议局参与意见外,拟就现时重要事项,请并准军人暂行参与意见"①。参与起草宪法信条的汪荣宝在九月十二日日记中也提到注重军人意见,溥伦和载泽"述本日滦州军队电奏","闻禁卫军亦于滦州联合","审查情形,非将滦军要请各条立予决答,不足以救危局"②。

(三)宪法信条宣誓太庙

1911年宪法信条和1908年宪法大纲在程序上还有一项重大不同,即宣誓太庙。太庙是皇帝祭祀先祖的地方,分为大祀、中祀和群祀三个等级。宪法信条宣誓太庙采用的是大祀。宪法信条之所以宣誓太庙,是应资政院奏请。资政院在奏折开头即提到"恳请宣誓太庙布告臣民,以固邦本而维皇室"。宪法信条虽于九月十三日立即获准并刊载于《内阁官报》,但对于宣誓太庙,监国摄政王仅提到"择期宣誓",而未说明具体日期。直到九月二十八日,谭学衡奏请将宪法重大信条"早日宣誓太庙,颁布天下,以示朝廷明定国是,断无反汗之理",附议者有李家驹和梁士诒等80人。十月初一日监国摄政王载沣将宣誓太庙的时间定为十月初六日。载沣在十月初六日誓词中提道:"由资政院诸臣博采列邦君主最良之宪法,上体亲贵不与政事之成规,先撰重大信条十九条,其余未尽事宜一并归入宪法,迅速编纂,并速开国会,以符立宪政体。……内外臣工军民人等普同遵守,子孙万世罔敢或渝,以纾九庙在天之忧而慰率土苍生之望"③。至此,1911年宪法信条完成了所有法律程序。

---

① 《资政院奏采用最良君主立宪主义并先草拟宪法内重大信条恳请宣誓臣民折》,载《北洋官报》1911年第2954期。

② 汪荣宝:《汪荣宝日记》,凤凰出版社2014年版,第244页。

③ 《告庙誓词》,载《内阁官报》1911年第96期。

三、宪法大纲和宪法信条均为非宪法典

1908年宪法大纲以日本宪法为蓝本，偏重君权；而1911年宪法信条以英国宪法为蓝本，偏重国会。

（一）宪法大纲不是第一个宪法性文件

1906年预备立宪上谕和1908年宪法大纲均以上谕形式颁布，而上谕在清朝各类公文中具有最高的法律效力，皇帝谕旨是当然的法律渊源，"谕作为以皇帝名义颁发的最高一级的命令文书最早出现于明代。至清代则有上谕之名，且已逐渐成为清代皇帝发布日常政令载体的总称"①。《内阁官报》为清政府公布谕旨奏章及法律命令的机关，"凡谕旨、法令和中央各衙门通行京外的文书，一经该刊刊布，即生效力"。1908年宪法大纲由《政治官报》颁布，此时虽无《内阁官报》，但《政治官报》为《内阁官报》前身。1906年预备立宪上谕由《北洋官报》颁布，此时虽无《政治官报》，但《北洋官报》为晚清最早的官报。最关键的是，1906年预备立宪上谕和1908年宪法大纲均以上谕形式颁布，具有法律效力，均为"法令"，且均为"宪法性法令"，而1906年预备立宪上谕显然早于1908年宪法大纲，因此，不能将1908年宪法大纲称为第一部"宪法性法令"或第一部"宪法性文件"。

（二）宪法大纲不是宪法草案

民国知名宪法学者杨幼炯较早积极评价1908年宪法大纲，称之"极有研究之价值"，但其在《近代中国立法史》中将之视为宪法草案，"宪法大纲未能视为正式文书，但为吾国最初之宪法草案"，其理由是"宪法大纲只能称为立法原则，且未经公布，尤不能认为一代之法制"②。包括宪法草案在内的所有草案，之所以称为"草案"，是因为没有走完所有法律程序，没有走完法律程序的"草案"和"宪法草案"自然不能生效。1913年天坛宪草是因宪法起草委员会解散而未走完所有法律程序。1908年宪法大纲确为立法原则，"宪法大纲者吾国将来编订宪法之准则也"③，但它是以上谕形式公布的，且刊载于《政治官报》，走完了所有法律程序，是"正式文书"。

《宪政编查馆资政院会奏遵拟宪法大纲暨议院选举各法并逐年应行筹备事宜折》中，"宪法大纲"和"臣民权利义务"均后附"其细目当于宪法起草时酌

---

① 张杰：《清代上谕和上谕档的生成过程探析》，载《文教资料》2009年第25期。
② 杨幼炯：《近代中国立法史》，商务印书馆1936年版，第51页。
③ 黄赞元：《宪法大纲》，载《四川警务官报》1911年第1期、第3期。

定"。这意味着，业已完成的宪法大纲显然不同于未来的"宪法起草"，两者根本不在同一个时间阶段上。该奏折还提到，"此皆略举大要以发其凡，其中细目尚未议及，一俟奉旨裁定，臣等即当督饬在事各员按照大纲要领所列各端分别编定详细条款，但必宽以岁时从容讨论以期精密无遗，迨他日编纂告成再行进呈御览"。这意味着，业已完成的宪法大纲是未来"宪法起草"的准则，而"宪法起草"不能立即进行，必须"宽以岁时"。该奏折还附有"逐年筹备事宜清单"，共分九年，第九年需要完成的共10项，其中第一项为"宣布宪法"，而在前八年需要完成的事项中均未提及"宪法起草"。这意味着，在1908年不会启动"宪法起草"。因此，1908年宪法大纲不可能是宪法草案。

（三）宪法信条不是宪法典

和1908年宪法大纲相比，1911年宪法信条在内容上偏重国会，更接近于立宪主义。因此，民国时期宪法学著作中，称颂宪法信条者居多，直接或间接地称之为宪法典的也不少，如王世杰认为，"十九信条为有清一代曾颁布之唯一宪法，且为中国历史上之第一宪法"；潘大逵认为，"十九信条尚不失为中国破天荒的第一次宪法"；杨幼炯认为，"十九信条可视为有清一代之唯一宪法，亦我国历史上第一次宪法也"[①]。

1911年宪法信条立即获得监国摄政王载沣批准，并全文刊载于《内阁官报》。随后，《资政院奏请速开国会以符立宪政体折》重申"臣院奏信条为宪法之标准"。1911年《中国宪法基础之成立》也将之视为"宪法大纲"，"今日之宪法大纲已颁布矣"[②]。据此可见，1911年宪法信条是未来起草宪法的准则，既不是宪法草案，也不是宪法典。王世杰即便将1911年宪法信条视为宪法典，也不得不承认，"就内容言，这自然仍不过一种宪法大纲"。总之，无论从内容上还是从效力上看，都不能称1911年宪法信条为宪法典。

（四）宪法大纲和宪法信条具有法典的形式和效力

1908年宪法大纲和1911年宪法信条，虽仅有20个左右的条文，但具备了法典的形式。这是它们和1906年预备立宪上谕在形式上最大的不同，预备立宪上谕具有法律效力，虽可称为法令，但不能称为法典。因此，1908年宪法大纲和1911年宪法信条，虽不能称为宪法典，但可称为宪法性法律，此处"法律"特指具有法典形式的法令，进而可将1908年宪法大纲和1911年宪法信条分别称为中国历史上第

---

① 分别引自王世杰：《比较宪法》，武汉大学出版社2013年版，第343页；潘大逵：《中国宪法史纲要》，上海法学编译社1933年版，第9页；杨幼炯：《近代中国立法史》，商务印书馆1936年版，第56页。
② 《中国宪法基础之成立》，载《协和报》1911年第7期。

一部和第二部宪法性法律。它们既然是宪法性法律，自然具有法律效力。

1909—1911年间的不少文献证明，1908年宪法大纲具有法律效力，如1909年载沣援引宪法大纲将统率军队的权力归于皇帝，"依宪法大纲内所载，朕为大清帝国统率陆海军大元帅，以合宪法"；1910年赵尔巽援引宪法大纲将颁布法令的权力归于皇帝，"颁布法令，查照宪法大纲，原属君主之大权"；李家驹依据宪法大纲将确定皇室经费的权力归于皇帝，"按宪法大纲，皇室经费应由君上制定常额，自国库提支，议院不得置议"；1909年《广益丛报》承认宪法大纲具有法律效力，"立宪者政治也，宪法大纲者法律也"；1911年《法政杂志》承认宪法大纲具有拘束力，"宪法大纲虽不可与确定宪法同视，然在编纂宪法之际颇有拘束力"；麟章书局1910年出版《大清新法律汇编》一书，其中收录的第一个法律就是1908年宪法大纲。[1]

结　语　晚清宪法概念的历史局限性

宪法概念在中国的起源经历了萌芽、初现、政治主张以及基本国策和法典化若干阶段，既沟通了古今，又连接了中外，但同时不可避免地存在着历史局限性。

一、晚清宪法概念的传播区域限于主要城市

晚清宪法概念的最重要传播方式非报刊莫属。报刊一旦发行，理论上可传播至任何区域，而事实上其影响的主要是创刊地。传播晚清宪法概念的报刊中，创刊于上海的最多，其次是北京和天津，再次是南京、广州和武汉。此外，长沙、成都、重庆、厦门、福州、苏州、济南、烟台、杭州、宁波、金华、保定、太原、西安、安庆、南昌、昆明、兰州、吉林、奉天和开封等城市，也曾发行一些报刊。这些城市多为省会城市，省会城市之外仅苏州、厦门、宁波、金华和烟台等个别城市曾发行报刊。这些城市尽管覆盖了当时的大部分行省，但在所有城市中仅占很小的比例。此状况自然使得晚清宪法概念的传播区域限于主要城市。

而晚清宪法概念传播区域限于主要城市的主要原因在于晚清识字率较低，与同一时期的日本相比识字率要低很多。创刊于主要城市的晚清报刊及其刊载的讨

---

[1] 上述引文分别引自《上谕：监国摄政王钤章》，载《并州官报》1909年第82期；《川督电奏咨议局侵越大权》，载《广益丛报》1910年第255期；《前考察宪政大臣李家驹奏皇室财政宜谋独立片》，载《北洋官报》1911年第2686期；《反对法政驳论》，载《广益丛报》1909年第200期；楚南：《宪法大纲疑义之一》，载《法政杂志》1911年第1期。

论宪法问题的文章,只有少量传入中小城市和农村,而少量传入的报刊和文章亦因识字率较低而极少有人阅读。因此,晚清时期生活在中小城市和农村的人中,了解宪法概念的必然微乎其微,这意味着晚清宪法概念的社会基础是比较薄弱的。

二、晚清宪法概念体系化程度较低

晚清报刊刊载的标题使用"宪法"和"立宪"的文章分别有614篇和1 176篇,标题使用"国会"、"议院"和"地方自治"的文章也分别有1 152篇、1 414篇和1 705篇。可见,探讨宪法问题的文章数量是巨大的。宣传晚清宪法概念的还有一定数量的译著,其中译自日本的占绝大多数。《政治官报》1906—1907年间刊载了系列"译书提要",涉及30本译著,其中24本译自日本,6本译自英国、法国和比利时。据学者王贵松统计,1896—1911年间译自日本的法政类著作合计194部,"这些图书与宪法多有关联"①,其中专门的宪法学译著有47种,甚至不少有关英法德美等国的宪法学著作亦译自日本,如松平康国的《英国宪法史》、天野为之和石原健三的《英国宪法论》、孟德斯鸠的《万法精理》、路索的《民约论》、伯伦知理的《国家学纲领》、伊耶陵的《权利竞争论》和巴路捷斯的《政治学及比较宪法论》。尽管有严复和汪大燮等人的努力,译自英、法、德、美等国的著作全部加起来也比译自日本的少得多。

宣传晚清宪法概念的文章和译著是晚清宪法概念体系化的重要因素。不过,晚清中国学者撰写的宪法学著作乏善可陈。如前所述,在五大臣出洋考察前夕,晚清中国学者撰写的宪法学著作仅有王鸿年的《宪法法理要义》、周逵的《宪法精理》和汤寿潜的《宪法古义》等数本。事实上,晚清中国学者在1906—1911年间撰写的宪法学著作,其数量仍很有限,如天津自治研究所的《立宪纲要》、蒋智由的《宪政胚论》、李庆芳的《立宪魂》、张元济的《重订立宪国民读本》、保廷梁的《大清宪法论》和杨廷栋的《钦定宪法大纲讲义》,以及《北洋政学旬报》1910—1911年间连载的《中国立宪史》。

晚清中国学者撰写的这些宪法学著作大多篇幅短小,如天津自治研究所受袁世凯之命而编写的《立宪纲要》为1.5万字,介绍了10个宪法学基本问题,每个问题平均为1 500字;经学部审定的张元济的《重订立宪国民读本》为2.5万字,分为40课,每课平均为600字;杨廷栋的《钦定宪法大纲讲义》为3.5万字。篇幅较长的是保廷梁的《大清宪法论》和《北洋政学旬报》连载的《中国立

---

① 王贵松:《日本宪法学在清末的输入》,载《山东社会科学》2009年第5期。

宪史》。而保廷梁《大清宪法论》的标题虽含有"大清"，但其结构和理论均袭自日本；《北洋政学旬报》连载的《中国立宪史》实为史料汇编，尚不能称为严格意义上的宪法学著作。晚清京师大学堂和法政学堂虽开设宪法课程，但并无正式的宪法学教科书，所使用的宪法学教科书多译自日本，一小部分为任课教师自己编写的宪法讲义。总之，晚清中国学者撰写的宪法学著作少且篇幅不大，显示了晚清宪法概念体系化程度较低。

三、晚清宪法概念未能完成"宪法典化"

与1908年宪法大纲同日颁布的，还有九年筹备立宪事宜清单。据此清单，应在九年预备立宪的最后一年即1916年宣布宪法和举行上下议院议员选举。不过，宣统二年（1910年）十月初三日上谕将开设议院的时间提前至1913年，同时要求"迅速遵照钦定宪法大纲编订宪法条款"。为此，次日上谕"著派溥伦载泽充纂拟宪法大臣"。然而，溥伦和载泽并未立即着手起草宪法，而"以调查法为最急，议院法居其次，宪法尚可从缓"。直到宣统三年（1911年）二月二十日溥伦和载泽奏请陈邦瑞、李家驹和汪荣宝协同纂拟宪法，晚清宪法的起草工作才真正开始。

据《汪荣宝日记》，汪荣宝、李家驹和陈邦瑞协同溥伦和载泽纂拟宪法的准备工作历时三个半月，汪荣宝和李家驹动笔起草宪法又历时三个半月，直到宣统三年九月初九日上谕"著溥伦等敬遵钦定宪法大纲，迅将宪法条文拟齐，交资政院详慎审议"。据此上谕，宪法起草机关由宪政编查馆改为资政院，李家驹和汪荣宝的宪法起草工作中止。资政院虽然获得了起草宪法的权力，但仅在匆忙之间草拟了1911年宪法信条，不久之后，清帝退位，清朝终结。清朝在终结之前未能颁布一部正式的宪法典，晚清宪法概念未能实现"宪法典化"。

晚清宪法概念未能实现"宪法典化"，其主要原因在于晚清中央政府软弱，不够强大。1906年预备立宪上谕受到举国欢庆，而1908年宪法大纲遭到举国漠视，以至于供职于宪政编查馆的著名立宪派学者杨度因宪法大纲偏重大权恐受人指摘而声称："宪法大纲及预备事宜年表，鄙人未尝参与一字"[①]。事实上，1908年宪法大纲及九年筹备立宪事宜清单均是依据五大臣出洋考察和预备立宪上谕而制定出来的，是晚清立宪派学者深度参与的结果，大致符合晚清立宪派学者的主张。

---

① 《宪政公会常务员长杨度布告宪政公会文》，载《申报》1908年11月3日。

第二章

近代宪法学的发展演进

第一节 英国《大宪章》与中国宪法学源流

一、《大宪章》的当代价值

1215年颁布的《大宪章》开启了人类法治的新纪元，它所奠定的法治文明已成为人类共同分享的价值。尽管法治的内涵与功能不断变迁，法治发展道路存在多样性，但源于《大宪章》的法治核心理念并没有发生变化。王在法下，税收法定，通过法治与分权捍卫自由，限制权力滥用，是《大宪章》留给人类的宝贵精神遗产。《大宪章》缔造了现代社会制度的三个基本原则：一是以自由保障自由的原则，二是以分权保障自由的原则，三是以法治保障自由的原则。[①] 自由与法治乃这个时代人类生活的基本方式，也是保护人类生命、尊严与安全，共同塑造和平的根本保障。基于人类生存的基本逻辑，《大宪章》所体现的自由与法治的传统影响了整个人类社会法治发展进程。因此，对800年前的历史文献我们也许有不同的评价与视角，然而《大宪章》本身的价值是在学术争论中不断传播的。我们可以怀疑，也可以批判，但历史是不能重复的，对其历史文献价值的肯定也许应成为我们时代的基本共识。

二、《大宪章》在中国的传播

1215年《大宪章》颁布时，中国社会处于南宋时期（1127—1279年），社会

---

① 参见齐延平：《自由大宪章研究》，中国政法大学出版社2007年版，各章导论第1页。

经济比较发达。1846年梁廷枏的《海国四说》中最早提及《大宪章》。可以说，中国人对《大宪章》历史价值的探索开始于一百多年以前，《大宪章》的价值和理念以不同的形式影响着中国宪法学，成为中国宪法学重要的思想来源，对"人权思想、宪法学说乃至法治及立宪政治的制度发展都产生了深刻的影响"[①]。而于这种思想的形成过程中，日本学界有关英国宪法的研究，尤其是《大宪章》的日译本产生了不可忽视的影响。下面以报刊、学术著作为例说明《大宪章》思想的传播过程。

1.《大宪章》与报刊

《大宪章》首先出现于晚清报纸期刊，发表文章的时间比较集中于1903—1908年间，共计14篇。其中，3篇文章提到约翰王签署大宪章这件事，但文中未直接使用"大宪章"一词。第一篇是1899年《各国宪法异同论》，原文为"宪政之始祖者，英国是也。英人于七百年前已由专制之政体渐变为立宪之政体"[②]；第二篇是1902年《英国宪法》，原文为"一千二百十五年英国贵族迫王立法"[③]；第三篇是1903年《英国约翰王时代之民史译略》，原文为"所谓大宪法者，于是乎即成英人自由之所从出也"，"故此大章程一日遂定，毫无留难，盖约翰之意以为姑许而后背之"[④]。这14篇文章中，有1篇即1906年《英国宪法》摘译了《大宪章》63个条文中的23个，有3篇全文翻译了《大宪章》，分别是1903年《英吉利宪法史》、1906年《英国宪法正文》和1907年《欧美各国宪法志》。1906年钱应清在日本留学期间[⑤]，参考日本众议院的译本，将《大宪章》由日文转译为中文，完整地翻译了《大宪章》，在《法政杂志》发表《英国宪法正文》。[⑥]

2.《大宪章》与学术著作

《大宪章》的介绍出现于晚清学术界，目前发现的作品出版时间集中在1902—1911年间，合计14种，分别是：（1）1902年《英国宪法论》，第4页；（2）1902年《国家学原理》，第51页、第85页；（3）1902年《万国宪法志》，第15页；（4）1903年《英国政治沿革史》，第16页、第34页；（5）1903年《英国宪法史》，第59、67、72、77、82页；（6）1905年《英国国会史》，第17页；（7）1905年《法政粹编第二种：国法学》，第124页；（8）1906年《宪法》，

[①] 程梦婧：《大宪章在晚清中国的传播》，载《清华法学》2016年第2期，第116页。
[②] 梁启超译：《各国宪法异同论》，载《清议报》1899年第12期，第740页。
[③] 《英国宪法》，载《新民丛报》1902年第11期，第62页。
[④] ［英］马林译，李玉书述：《英国约翰王时代之民史译略》，载《万国公报》1903年第177期，第13页。
[⑤] 1907年钱应清担任清政府宪政编查馆统计局副科员。
[⑥] 参见《法政杂志》1906年第1卷，第1、2、5期。

第 69 页；(9) 1907 年《政治学及比较宪法论》，第 453 页；(10) 1907 年《各国宪法》，第 1 页；(11) 1907 年《国法学》，第 136 页；(12) 1908 年《比较宪法学》，第 22 页；(13) 1910 年《大清宪法论》，第 86 页；(14) 1911 年《英国宪政丛书》，第 30 页。

这 14 种学术著作中，最早的为上述第 3 项，即 1902 年《万国宪法志》。其电子书版权页显示"光绪三十二年六月初三日四版"，就是说到 1906 年出版至第 4 版，但并未显示初版的出版时间。不过，该书序言由赵必振所作，落款时间为"光绪二十八年春二月"。另外，该著作"凡例"还提到"余别有宪法精理一书，与此书相表里"。1902 年第 6 期《新民丛报》曾专门介绍湘乡周逵编著、上海广智书局印行的《宪法精理》这本书，称"此书与万国宪法志同时并著"。《宪法精理》一书的版权页显示"光绪二十八年二月初十日初版，光绪二十八年二月十五日发行，光绪二十八年七月初三日再版"。由此推测，1902 年《万国宪法志》的初版时间应为"光绪二十八年二月初十日"。而前述第 1 项 (1902 年《英国宪法论》)，版权页显示"光绪二十八年九月十五日印刷，十月初八日发行"和第 2 项 (1902 年《国家学原理》) 初版时间均晚于此。

这 14 种学术著作中，含有大宪章完整译文的有 3 种，分别是 1902 年《万国宪法志》、1907 年《政治学及比较宪法论》和 1907 年《各国宪法》。① 1907 年《政治学及比较宪法论》的原作者为美国学者巴路捷斯，其日文译者为日本学者高田早苗，将之转译为中文的译者是四川内江的刘莹泽、贵州平越的朱学曾和直隶完县的董荣光。该书"卷末附录"部分包含英国《大宪章》的序言和 63 个条文。1907 年《各国宪法》(或称为《十七国宪法正文汇编》) 由齐雨和与古翔九二人合译，是一部宪法汇编，包括 17 个国家的宪法文本，第一个国家即"英吉利"，《大宪章》为该著作的第一个宪法文本。该著作电子书部分内容缺失，第 1 页即原书的第 7 页，该页开头即《大宪章》第 26 条，不过能够确定该著作翻译了《大宪章》全文。

这 14 种学术著作中，1903 年《英国宪法史》和 1910 年《大清宪法论》还需要特别说明一下。1903 年《英国宪法史》的编著者为日本学者松平康国，译述者为顺德的麦孟华。该书用了四章的篇幅详细介绍英国《大宪章》的历史，分别是：第二章"大宪章成立之始末一"、第三章"大宪章成立之始末二"、第四章

---

① 有学者认为，在中国最早的译本是国民党政府立法院编译处 1933 年译的《英国大宪章》，被收入当年 8 月出版的《各国宪法汇编》之中。参见陈国华：《〈大宪章〉：800 年后的回顾与解读》，载光明网 2015 年 7 月 16 日。笔者认为，这里的译文是正式官方的译文，不同于学者的译文。

"大宪章成立之始末三"、第五章"大宪章成立之始末四"。相反，1910年《大清宪法论》仅在第86页提到"大宪章"一词，原文为"试取英吉利史观之，如自由大宪章"。不过，1910年《大清宪法论》是14种学术著作中唯一一部非翻译的著作。该书例言落款为"著者识"，其著者为保廷梁，留学日本7年，在日本与梁启超相识。保廷梁模仿日本宪法讲义系统研究1908年《钦定宪法大纲》而写成此书。此书对《大宪章》虽着墨不多，但标志着中国宪法学开始进入理论化阶段，成为宪法学的知识点。可以说，1910年以后中国宪法学通过《大宪章》逐步与外国宪法学展开交流，拓展宪法学研究领域，使早期的中国宪法学具有了一定的域外因素。

此外，还有一些著作中出现了"大宪章"一词，但未能看到这些著作的内容，详见表2-1。如前述，1902年《宪法精理》一书为1902年《万国宪法志》的姊妹篇。又比如1902年《万国宪法比较》目录显示了75个国家和地区，其中第三个为"英吉利"。

表2-1　　　　　晚清介绍《大宪章》的相关作品

序号	著译者	标题	版本及时间	备注
1	—	《各国宪法大纲》	作新社1902年	作者不详
2	周逵编著	《宪法精理》	广智书局1902年	
3	日本众议院译，汪有龄重译	《欧美各国宪法》	传经楼刻本1902年	
4	[日]辰巳小二郎著，戢翼翚译	《万国宪法比较》	商务印书馆1902年	
5	出洋学生编译所译述	《各国宪法略》	商务印书馆1902年	
6	[日]川泽清太郎	《各国主权宪法对照》	政治学报社1902年	译者不详
7	[美]林乐知、范祎编	《英国治法要略》	广学会1903年	
8	[英]俾芬路著，林廷玉译	《英国宪法及政治问答》	新民译印书局1903年	
9	[日]井上园了著，林廷玉译	《欧美政治记原》	新民译印书局1903年	
10	[日]末冈精一	《比较国法学》	商务印书馆1906年	译者不详
11	[日]美浓部达吉著，张孝慈等编	《比较宪法》	秀光社1907年	
12	[德]埃里捏克著，林万里等译	《各国宪法源泉三种合编三编》	中国图书公司1908年	
13	[美]李佳白讲述，王振元、严善坊编译	《欧美强国宪法汇编》	华美书局1909年	
14	[英]威克斯著，徐惟岱、莫安仁译	《英国宪政辑要》	广学会1909年	

73

据记载，1915 年 6 月，中国知识界曾举行纪念《大宪章》700 周年活动，章士钊用笔名秋桐撰写文章《说宪》，以纪念《大宪章》700 周年，其中就谈道："彼辈所谓大宪章是也，此物一出，欧洲自由之勾萌以次毕达，故号为自由之祖，一曰自由之神，及今已七百年矣。此七百年间自由之花逐年而恒开，皆此帕拉丁之所赐，此赐不独英人享之，全世界均享之"①。这一事实表明，《大宪章》对当时学术界的影响是不可忽视的，为学术界了解"世界的法治传统"提供了信息与经验。

三、《大宪章》对宪法学的影响

人类法治的历史已走过了 800 年的历程。一方面，我们生活在 21 世纪的文明社会，不断追求着幸福与理想，感受着人的尊严；另一方面，人类陷入焦虑与不安之中，伴随着经济与科技的发展，在强大的物质文明面前，人的尊严与自由容易被边缘化。

在清末新政、仿行宪政以及颁布钦定宪法大纲的背景下，英国《大宪章》频繁出现于晚清中国的报纸期刊、学术著作、法政学堂和大臣奏折中，逐渐成为中国宪法学传统的重要组成部分。《大宪章》在晚清中国翻译和传播的过程中呈现出两个特点：一是立宪派厥功甚伟，二是日本学术界的影响比较大。当今世界，我们仍然面临着社会缺乏共识的现实问题，解决之策乃通过法治凝聚共识。我们不应以旁观者的身份评述别人的历史，而应将之作为中国学术传统的一部分，追寻《大宪章》在晚清以来中国的印迹，梳理其学术遗产，以开放的心态推动法治的发展。

第二节　外国宪法典翻译

一、翻译与中国宪法学产生

翻译与介绍外国宪法书籍是中国宪法学产生和发展的重要学术资源之一。传统律学中并不包含现代意义上的宪法内容。在中国古汉语中，"宪"的最基本意义就是法律或者典章，帝王的命令有时也称为"宪"。"宪法"一词，最早出现在"县法示人曰宪法"（《周礼》）中，指的是公布法令。但是，古汉语中的"宪"

---

① 秋桐：《说宪》，载《甲寅》1915 年第 8 期，第 1 页。

"宪法"并非现代意义上的"宪政""宪法"。现代意义上的"宪政""宪法"等词汇直接来源于日语的翻译①，而日语的词汇则是翻译自西学。

中国近代宪法学起步于清末，它构成了中国传统法学与近代法学的分野。中国宪法学是通过移植西方宪法理论起步的。这一时期，宪法学理论引入与研究的途径主要是介绍与翻译外国宪法典。

19世纪末20世纪初，在中国，宪法学主要是在移植西方宪法理论的过程中形成和发展的，最初主要是对西方宪法制度和有关知识的介绍，后来发展为系统的翻译乃至论著的出版。尤其是1890年代至1911年，即戊戌变法前后至清王朝灭亡前，翻译成为宪法学在该时期主要的传播途径，出现了一定数量的、具有专门性与系统性的宪法译著。这一时期，翻译介绍的西方宪政的著作有三类：其一，民主宪政著作。主要有卢梭的《民约论》，孟德斯鸠的《万法精理》（严复译为《法意》，今译为《论法的精神》），约翰·穆勒的《自由原理》（今译为《论自由》，严复译为《群己权界论》），斯宾塞尔的《原政》《女权篇》等，伯伦知理的《国家论》《国法泛论》《国家学纲领》等。特别值得关注的是，这一时期翻译了大量日本学者的宪法学著作，如《国宪泛论》《宪法要义》《宪法法理要义》《万国宪法比较》《宪法论》《英国宪法论》等。② 其二，各国的民主革命史和重要文献。革命史有《十九世纪欧洲文明进化论》《法兰西革命史》《美国民政考》《英国宪法史》等。重要文献有《美国独立檄文》《法兰西人权宣言》。其三，对西方思想家和著名政治人物生平及学术的介绍，如梁启超撰写的《卢梭学案》《民约巨子卢梭之学说》《法理学大家孟德斯鸠之学说》《霍布斯学案》《乐利主义泰斗边沁之学说》《政治学大家伯伦知理之学说》等。为了开展合作研究、扩大影响，舆论界还组织了一些翻译机构，如译书汇编社、国学社、湖南编译社、闽学会等。西方近代宪法学说的广泛介绍，对中国的思想界产生了重要的思想启蒙作用，为中国的知识分子提供了分析社会政治问题的新视角，这些译著与文献成为

---

① 据考察，1893年郑观应的《盛世危言》一书中出现了"宪法"一词。近代意义上的宪法概念在中国的形成过程中，受到日本宪法学的广泛影响。1905年清政府派五大臣去国外考察宪政，第一站就是日本。他们考察宪政时曾写道：考宪法制定的历史，有东西各国之不同。就形式而言，有三种之区别，即钦定宪法、协定宪法、民定宪法是也。——中国制定宪法，于君主大权，无妨援列记之法，详细规定，既免将来疑问之端，也不致于开设国会时为法律所限制。此钦定可以存国体而巩主权者一也。参见《清末筹备立宪档案史料》（上），中华书局1983年版，第33页。

② 据不完整统计，在19世纪初到20世纪中叶翻译的日本学术著作约200本，其中公法书占的比重比较大，代表性的宪法著作有美浓部达吉著，欧宗佑、何作霖译：《宪法学原理》，商务印书馆（1927年）；穗积重远：《法理学大纲》与《法哲学ABC》；冈村司：《民法与社会主义》；工藤重义：《日本法制要旨》，商务印书馆（1907年）；田边庆弥编著：《日本国宪法疏证》（4卷本），政治官报局（1908年）；等等。

当时的志士仁人设计救国方案新的参照系和新的思想资料。

新中国成立后,在法学特别是宪法学研究方面,出现了两次较大规模的翻译外国宪法著作的高潮。

第一次是新中国成立后不久,以1954年宪法的制定和颁布为契机,翻译了一批外国宪法文本和理论著作,特别是苏联国家法学方面的著作。据统计,从1952年至1956年,中国翻译、出版的苏联法学教材有165种之多。1957年出版的诸多法学书籍中,苏联学者的国家法著述占了相当比例,例如,苏联学者基里钦柯的《苏维埃国家法》、法尔别洛夫等合著的《外国社会主义国家法》等。当时,中国的宪法学受到苏联的深刻影响,这在学科名称方面也得以体现,如新中国成立后,我们采用苏联的"国家与法的理论"提法,从名称上明确表明整个法学学科的研究对象包括国家理论和法律理论。

第二次较大规模的翻译高潮从20世纪90年代开始,一直持续到现在。这次高潮是在1982年宪法颁布施行,建立和发展社会主义市场经济、依法治国、建设社会主义法治国家等时代背景下出现的,并且方兴未艾。随着国外宪法学理论的合理借鉴与吸收,美国、德国、日本等国家的理论与相关判例通过翻译等形式影响了中国宪法学界,使中国宪法学研究呈现专题化、理论化与体系化的发展趋势。

翻译外文著作对于中国宪法学的发展起到了重要作用,但是也存在一些问题,其中最突出的是,在缺乏宪法文化传统的中国,我们如何将外国理论与本国经验相结合,并发展出中国化的宪法学理论体系。毕竟,"宪法"这个概念是一个舶来品,是中国法学界在继受西方法律思想和西方法律制度时引入的一个概念。我们的法律文化传统中尽管存在现代宪法的某些元素或价值片段,但总体上缺乏宪法的"人权保障"和"限权"等基本价值内涵。在中国百余年的宪法学发展中,大部分内容是中国学人对西方宪法学的引入、介绍和评说,成为"西方宪法学在中国",因而缺乏学术意义上的反思,没有根据本民族的文化传统、制度结构,独立地建立起一套系统的宪法学理论体系。这些源自西方的宪法理论和学说仅仅是西方语境下的产物,能否无条件地适用于中国社会结构,还有待于宪法实践的检验。

二、宪法典翻译在中国的演变

在百余年的中国宪法(学)发展历程中,官方或者学者曾翻译出版过若干外国宪法典。这些宪法典对中国法制发展,尤其是宪法(学)发展,产生的影响是不可忽视的。

（一）官方的宪法典翻译

自 1901 年清廷宣布实行新政以后，政治改革，特别是仿行宪政，成为清政府的头等大事。1905 年 11 月 25 日（光绪三十一年十月二十九日）颁布上谕，设立"考察政治馆"，"延揽通才，悉心研究，择各国政法之与中国治体相宜者，斟酌损益，纂订成书，随时呈进，候旨裁定"①。1906 年考察政治大臣归来后，将数百种外国政治书籍交给考察政治馆，外国的宪法书籍很多就是在这里翻译的。1907 年 8 月 13 日（光绪三十三年七月五日），为了适应预备立宪的需要，清廷决定将考察政治馆改为"宪政编查馆"，以专门从事宪政研究，并承担起草宪法草案的任务。②"从前设立考察政治馆，原为办理宪政，一切编制法规、统计政要各事项，自应派员专司其事，以重责成。著即改为宪政编查馆。""研究之要，不外编译东西洋各国宪法，以为借镜之资，调查中国各行省政俗，以为更张之渐，凡此两端，皆为至当不易，刻不容缓之事。"③ 其职责之一就是"调查各国宪法，编订宪法草案"④。仿行日本明治宪法的《钦定宪法大纲》即出自宪政编查馆汪荣宝等人之手。该机构一直工作到 1911 年 6 月 23 日才被裁撤，并入内阁。⑤

1913 年以来，宪法典的翻译与编辑成为宪法发展与宪法学研究的一个重要特色，为当时的研究提供了文本基础。其中，1933 年国民政府立法院编译处印行、为宪法起草委员会所用的 40 种各国宪法译文，即《各国宪法汇编》产生了广泛的学术影响。

在 1954 年新中国第一部宪法的制定过程中，宪法起草委员会秘书组不仅翻译了苏联宪法，而且搜集翻译了许多资本主义国家的宪法典。当时，毛泽东深入研究和比较了国内外各种类型的宪法，并在 1954 年 1 月 15 日的电文中给中央政治局委员及在京中央委员开列了五种宪法文件，要求他们抽时间阅看，为讨论宪法草案做准备。这五种文件是：（1）1936 年苏联宪法及斯大林报告；（2）1918年苏俄宪法；（3）罗马尼亚、波兰、德国、捷克等国宪法（各国宪法大同小异，

---

① 《设立考察政治馆参酌各国政法纂订成书呈进谕》，载《清末筹备立宪档案史料》（上册），中华书局 1979 年版，第 43 页。
② 宪政编查馆起草清朝宪法草案文本时"以日本宪法为蓝本"，但迄今未能找到文本的草案，无法判断明治宪法对草案的影响。目前的主要文献依据是起草者之一汪荣宝写的日记。参见《汪荣宝日记》，天津古籍出版社 1987 年影印本，第 85 页。
③ 《宪政编查馆大臣奕劻等拟呈宪政编查馆办事章程折》，载《清末筹备立宪档案史料》（上册），中华书局 1979 年版，第 49 页。
④ 《考察政治馆改为宪政编查馆》《庆亲王奕劻等奏请改考察政治馆为宪政编查馆折》，载《清末筹备立宪档案史料》（上册），中华书局 1979 年版，第 45－46 页。
⑤ 参见彭剑：《清季宪政编查馆研究》，北京大学出版社 2011 年版，第 67－68、32－33 页。

罗、波取其较新，德、捷取其较详并有特异之点）；（4）1913年天坛宪法草案，1923年曹锟统治时期的宪法，1946年蒋介石统治时期的宪法（可代表内阁制、联省自治制、总统独裁制三型）；（5）法国1946年宪法（可代表较进步、较完整的资产阶级内阁制宪法）。① 宪法起草委员会编辑的《世界各国宪法资料集》《民主主义国家宪法选辑》等参考书对了解当时代表性国家的宪法，正确把握1954年宪法的历史定位发挥了重要作用。可以说，翻译出版外国宪法典有助于比较不同的宪法制度，为制定和完善本国宪法典提供了有益的经验。

（二）民间的宪法典翻译

在中国，民间翻译宪法典的工作大致始于戊戌变法之后。1901年，近代日文翻译家沈紘翻译了伊藤博文的《日本宪法义解》一卷②，这可谓翻译宪法典之肇端。1906年12月10日，《东方杂志》完整刊行了明治宪法的新译本。③ 1907年，齐雨和、古翔九在敬慎书庄编辑发行了《各国宪法》译本，共有16个国家的宪法文本。

1913年，商务印书馆编译所编译了《世界现行宪法》，共有30个国家的宪法文本。④ 1922年，王揖唐将日本著名宪法学家美浓部达吉的《欧洲战后诸国之新宪法》转译为《世界最新之宪法》出版。自1922年起，邓毓怡从英文著作中编译了三册《欧战后各国新宪法》。⑤ 1926年，商务印书馆编译所据日译本参照英、德、法文翻译（主要由陈锡符、萨孟武完成）战后七国宪法，出版了《世界新宪法》。1944年，卢蕙君编辑了世界八国宪法，在知行出版社出版了《世界各国宪法汇编》。同年，刘东严编辑了世界21国宪法，在环球书局出版了《世界各国宪法汇纂》。1946年，中国文化服务社选编了能够代表不同宪制类型的11个国家宪法。特别值得一提的是，《日本国宪法》甫于1946年11月3日颁布，同年11月出版的《各国宪法汇编》就已将其翻译成中文。⑥

1964年，中国科学院法学研究所在法律出版社编辑出版了《世界各国宪法

---

① 参见韩大元编著：《1954年宪法与中国宪政（第二版）》，武汉大学出版社2008年版，第66-67页。

② 参见［日］伊藤博文：《日本宪法义解》，沈紘译，金粟斋1901年版。中国学界对沈紘作为翻译家的贡献研究比较少。王国维研究专家陈鸿祥先生不止一次地提道："对于他们（指王国维及其东文学社的同学樊炳清和沈紘等——引者注）的业绩，国人罕有提及。美国学者美任达说：罗振玉创办的东文学社，'的确培养了一批知名人士'。除著名的王国维以外，还有'多产的翻译家'樊炳清（译书十种以上）、沈紘（译书十五种）"。［美］美任达：《新政革命与日本——中国，1898—1912》，江苏人民出版社1998年版。

③ 参见《日本宪法全文》，载《东方杂志》第3卷第11期（1906年），第225-230页。

④ 参见商务印书馆编译所编译：《世界现行宪法》，商务印书馆1913年初版，1916年再版。

⑤ 邓毓怡：《欧战后各国新宪法》（首编、二编、三编），中华印刷局1922、1924、1926年版。

⑥ 参见《各国宪法汇编》，中国文化服务社1946年版，第355-373页。

汇编》（第一辑）。1981年，为了配合1982年宪法的修改工作，中国社会科学院法学研究所编辑出版了《宪法分解资料》，把主要国家宪法文本进行翻译后，按照主题类型化，便于读者查阅。1997年，姜士林等主编的《世界宪法大全》由青岛出版社出版。[①] 该书收入了当时世界绝大多数国家的现行宪法和宪法性文件，上卷包括中国和亚洲、欧洲各国，中卷包括美洲各国，下卷包括大洋洲各国。2012年11月由中国检察出版社出版的《世界各国宪法》，将联合国193个成员国的宪法悉数译为中文，是迄今为止内容最为全面、系统的宪法典文本汇编。

三、宪法典翻译对宪法学的影响

翻译宪法文本、研究宪法文本，对于中国的宪法建设和宪法学研究具有特别重要的意义。回顾百年来的中国宪法学研究历史，我们可以发现宪法典翻译是建立、推动宪法学研究的重要途径，也是坚持"宪法学研究以文本为基础"的基本出发点。

（一）对宪法文化的普及产生的影响

从清末立宪算起，中国宪法学已有一百多年的发展历史。在历史的长河中，一百多年只是一个片段，但中国这一百多年不同寻常。其间，由于不同的历史环境，在中国的历史舞台上君主制与共和制、总统制与议会制、集权制与分权制等不同的宪法体制纷纷亮相，出现了不同的宪法文本，也学习过不同国家的宪法文本，这些文本背后存在着不同国家的文化与传统。翻译和整理宪法文本，可以为相关研究提供客观的基础，便于读者了解世界各国宪法制度和文化的多样性，合理把握宪法的历史背景。

宪法文本是特定历史与文化的产物，对宪法制度的了解和宪法学的研究应当以文本为基本出发点。通常认为，宪法学体系包括宪法制度史、宪法思想史和宪法学说史等理论。其中，宪法制度史是从宪法发展的制度变革层面来研究宪法的发展历程；宪法思想史是从宪法发展的思想流变层面来研究宪法的变迁过程，凡与特定历史时期的宪法问题有关的观点、主张等，都可以属于这一知识体系；而宪法学说史则是从宪法发展的学术积累层面来研究宪法学产生与发展的过程，考察宪法的历史积淀，旨在探讨特定概念与范畴的体系化、整体化的过程。在特定历史阶段产生并运行的宪法，实际上是宪法制度、思想与学说以及社会主体的宪法意识等综合因素相互作用的产物。不同要素之间既相互影响，又相互推动，形成宪法文本的多样性。

[①]《世界宪法大全》（上卷）曾于1989年由中国广播电视出版社出版。

总之，宪法文化是一种综合的现象，体现在文本中的历史、文化与社会等因素也是综合的、立体的、多样的。面对193个国家多样化的宪法文本，我们需要采取历史的、客观的态度，否则会人为地割裂制度、思想以及文化之间的关联性。

（二）对本国宪法制度发展产生的影响

所谓宪法典，就是制宪者通过制宪程序把社会共同体的基本共识写入文本，形成本国的宪法。宪法文本就是用文字写下的一种宪法价值体系或者价值表达。阅读宪法文本时我们看到的是文字，而文字承载的是这个国家的基本价值观，文字背后有其历史、价值。借助宪法典，我们可以从总体上把握一国的基本制度、国家与公民、权力配置、外交政策、社会基本共识等。

如前所述，中国宪法学是西学东渐的产物，引进与移植长期以来是中国宪法学者最为主要的学术工作之一，西方宪法学知识因而成为中国宪法学理论的主要组成部分。当今时代，立宪主义早已成为现代文明国家普遍认可的价值观。而宪法价值的普遍化、宪法保障方式的多样化，也成为一个国家宪法学发展的重要趋势。同时不可否认，学习外国宪法学知识的基本目标是解释中国社会发展中存在的各种宪法现象，并提供解决实际问题的理论成果与具体对策，而这必然要关涉到中国的文化传统和制度现实。

宪法学研究应该以文本为中心，无论从实践上还是从理论上，我们都要把对文本的理解、解释作为基本内容。熟悉宪法文本，认真地对待文本，有助于发挥宪法在社会发展中的作用，丰富宪法运行机制的形式，使宪法更好地适应社会生活的变化。

（三）对比较宪法学发展产生的影响

在中国，比较宪法学是在19世纪末20世纪初移植西方宪法理论的过程中形成和发展起来的，是最早建立的宪法学分支学科之一。在20世纪30年代和40年代，"由于学术环境的相对宽松及欧美日本宪法学思想的熏陶，比较宪法研究盛极一时"[①]。经过一段时间的理论准备与宪法实践的体验，有的学者开始出版比较宪法学的著作，具有一定代表性的著作有：王世杰的《比较宪法》（1927年），程树德的《比较宪法》（1931年），丁元普的《比较宪法》（1931年），章友江的《比较宪法》（1933年），周逸云的《比较宪法》（1933年），费巩的《比较宪法》（1933年），王世杰、钱端升的《比较宪法》（1936年），马质的《比较宪法

[①] 杜钢建、范忠信：《基本权利理论与学术批判态度——王世杰、钱端升与〈比较宪法〉》，载王世杰、钱端升：《比较宪法》，中国政法大学出版社1997年版，前序部分第1页。

论》(1948年)等。在上述比较宪法学著作中，王世杰、钱端升合著的《比较宪法》最具代表性，反映了中国比较宪法学当时的学术水平。

介绍与移译西方国家宪法理论不可避免地要进行比较，而且这项活动本身就是比较方法的一种运用，并构成了比较宪法学展开的一项基础。可以说，早期的中国学者是通过比较宪法和外国宪法来研究宪法理论的，比较宪法和外国宪法的经验与认识成为学者思考中国宪法问题、中国宪法学体系的知识基础与方法论基础，而宪法文本的翻译对比较宪法的研究与教学产生了重要影响。目前，比较宪法学已经成为中国宪法学的重要方面，也是中国宪法学未来发展的思想来源之一。

(四) 对宪法理念的普及产生的影响

通过对宪法文本的翻译与研究，我们要形成尊重宪法文本的理念，普及宪法价值，实现从将尊重宪法作为一种政治正当性的形式，到将尊重宪法作为共同体生活价值的形式的转变。当前，社会生活具有复杂性、不确定性与各种偶然性因素，合宪性、合法性与社会正当性之间面临着一种紧张关系。宪法价值应当成为评价与检验社会现实要求合理性与否的基本标准。经济发展应当不断实现人的幸福与尊严，政治建设应当不断提高人的自由程度，社会和文化建设应当不断满足人的文明需要，它们都应以维护宪法权威和根本法、最高法地位为前提。

(五) 对法学教育发展产生的影响

宪法是国家的根本法，居于各部门法之首，宪法的价值直接影响部门法的制定与发展。无论在公法领域还是在私法领域，宪法所提供的价值、规则与原理均为各部门法获得体系的统一性提供依据，并构成国家法律体系与法学体系的基础。各部门法的发展客观上需要以宪法为纽带，将法理学原理与具体部门法原理结合起来，确立宪法原则的优先地位。法学教育的基本目标是培养法律人才，而法律人才首先要树立公平与正义观念，以宪法的正义观为基础，分析各种法律现象。

四、宪法典翻译与宪法文化

(一) 认识宪法文本的价值

一个国家宪法的发展首先以文本为基础，调整国家社会的根本依据是宪法文本。对于宪法文本的理解和落实，不能脱离文本背后的宪法文化。

(二) 宪法治理的基本共识

依法治国首先要依宪治国，依宪治国的重要方式是根据宪法的要求，建立、完善国家制度和各项法律。在中国，社会主义法律体系形成之后，这一任务已经凸显其紧迫性。法律体系的形成、完善和发展，应以宪法为价值指引和评判标准，体现"以宪法为依据"在法律体系中的功能和作用方式。而制度建设需要大批具有宪法学知识的专业人才。早在辛亥革命之前，一些有识之士就呼吁开设宪法学知识教育以开民智，并且要提高官员的宪法素养，否则"宪法立矣，而无行政司法之材以维持而调护之，则又徒成具文，不如无之之为愈也。故开通官智，培养吏才，实为今日急务"①。当前面临的任务不同于彼时，但完善法律体系、文明执法、公正司法同样需要大批专业人才，加强宪法教育、普遍树立宪法的权威，同样是十分必要的。

(三) 宪法文化的多样性

宪法作为一种文化表现形式，反映的是一个国家、一个民族以及一个时代的特征，是这个国家的国家意志、民族精神以及时代特征的集中体现。一个成熟的宪法文本，体现了一个国家的历史传统，体现了这个国家的经济、政治、文化等要素对宪法文化的影响，体现了特定国家的发展方向，是该国宪法文化和宪法传统的高度凝结，是对本国文化系统化、体系化的总结，是对宪法理论和宪法实践的高度概括。如果没有对该国文化传统的深刻了解，没有对立宪背景的全面把握，我们就无法全面理解宪法典背后的文化多样性。宪法典是一个国家文明传统的集中体现，作为文化表现形式的宪法典的翻译注定是一个艰辛的过程，就像严复所感慨的"一名之立，旬月踌躇"。

世界上有诸多国家，语言种类极其丰富。因此，在宪法典的翻译与研究中，我们需要在价值共识与文化多样性之间寻求合理平衡，准确理解不同文化背景下的概念的内涵。我们以宪法文本中的 citizen 和 nation 的翻译为例，说明文化多样性的意义。

"Citizen"是一个多样化的概念。法国《人权宣言》(La Déclaration des Droits de l'Homme et du Citoyen, Declaration of the Rights of Man and of the Citizen) 中的"Citizen"中文常译为"公民"，而日文则常译为"市民"。在日语中，市民除指都市的居民外，最主要的是两种含义：(1) 相当于英语中 citizen、德语中的 Bürger，即从封建主义、绝对主义中解放出来而自立、自我的个人。具有参与国家政治地位的国民、公民，泛指自律地、自发地参与形成公共性的人们。(2) 相当于法语的 bourgeoisie，即中产阶级或资产阶级，主要是商人或资本家。日文中的"市民权"可译为中文的"公民权"，"市民革命"译为"资产阶级革命"。在今天的中文中，"市民"一词一般是与"农民"相对，专指城市居民，甚至有时

---

① 觉民：《论立宪与教育之关系》，载《东方杂志》1905 年第 2 卷第 12 期，第 247 页。

还带有一定的贬义（如"小市民"）。只有在知识分子中，会用到"市民社会"一词。当然，法语 bourgeoisie 在日语中有时音译为ブルジョアジー，有时也译为"市民"，例如"市民革命"，而中文则一般将 bourgeois revolution 译为"资产阶级革命"。但"资产阶级"除在资产阶级革命中具有褒义之外，基本上被作为贬义词来使用。

在 nation 的翻译中我们同样可以看到文字背后的文化现象。Nation 也是一个多义词，有国家、国民、民族等意。法语 souveraineté nationale（National Sovereignty），日文常翻译为"国民主权"，而今天的中文常翻译为"民族主权"。类似的是，Nation State 在日文中常译为"国民国家"，而今天中文常翻译为"民族国家"。在现代汉语中，"国民"一词单独使用的并不多见，一般仅用在"国民待遇""国民经济""国民生产总值""国民收入"等短语中，但在清末其是立宪派与革命派论争的最关键的用语之一。据考察，戊戌变法后，中国人开始认为国家是由"国民"组成的，最早明确提出这一点的是梁启超。[①] 1903 年"国民"使用频率达到高峰。1905 年前后，官方文书中也经常使用"国民"一词（例如，"今后无论满人汉人，皆一律称为国民"，而舍弃了民族之分）。1915 年后这一概念使用频率有所降低。1922 年后开始增加，但常与其他词汇联用。[②] 而革命派基于革命的需要倡导民族革命，推翻满族统治。由于历史原因，在欧洲作为近代现象出现的 nation，既指民族也指国民。在近代欧洲，民族国家是国民国家的必然前提，国民国家是民族国家的必然结果。西欧国家通过提倡 nationalism，将民众改造为国家的民族，即国民；通过实现民族国家，即国民国家的形式，在个人与国家之间建立起一种权利与义务的关系，既要国家根据主权在民的原则保障国民的一系列政治权利，同时也要每个国民意识到自己是国家的一员，对国家承担一定的义务，负起一定的责任。西欧的民族主义是一种地域型的民族主义，即认为生活于同一领土内的居民，只要在统一的法律和制度下建立起一种团体意识和共同的文化，就可以成为同一民族。西欧的民族是一种政治型的民族，一种与国家领土同心圆的民族，也就是国民，而不是更重视血统等自然因素的民族型民族

---

① 梁启超最早使用的"国民"系出于《论近世国民竞争之大势及中国前途》（1899 年）（《饮冰室合集 1·文集之四》，中华书局 1989 年版，第 56 页），即"国民者，以国为人民公产之称也"，其意相当于"国家"。真正表达了近代国家意义上国民的，却是《新民说》："有国家思想，能自布政治者，谓之国民。天下未有无国民而可以成国者也。"《新民说》（1902 年），《饮冰室合集 1·专集之四》，中华书局 1989 年版，第 16 页。

② 参见金观涛、刘青峰：《观念史研究——中国现代重要政治术语的形成》，法律出版社 2009 年版，第 510-512 页。

主义。① 中国人后来基于现实情况的变化，倡导"中华民族"，使民族的内涵由单一民族走向了以国土为连接点的多民族，也就具有了"国民"的意义。

五、结语

综上所述，宪法典是宪法学研究的重要基础，也是确立宪法学知识体系的前提。研究外国宪法典和相关制度，有助于形成具有本土特点的理论体系，寻求建设本国宪法文化的理论资源。回顾百余年的中国宪法学发展历史，可以说，中国宪法学其实是始于翻译，而不是始于原创。后来的中国学者对宪法学的研究都是在翻译的基础上形成的，如果没有这些翻译和引入，中国宪法学的起源和发展实际上无从谈起。因此，我们需要在全球化背景下，继续保持中国宪法学的开放性，提升宪法学的国际性，积极发挥宪法在维护人类和平与发展中的作用，使宪法成为实现自由与维护尊严的"人类共同的语言"。

第三节　比较宪法概念在近代中国的演变

引　言

在中国，概念史研究方兴未艾②，南京大学孙江教授、北京师范大学方维规教授和中国人民大学黄兴涛教授，可谓首倡者、实践者和推广者。概念史和社会史、文化史、思想史、观念史、学术史的关系尽管尚待深入探究，到底是方法还是目的也存在学术争论，但至少是一种方法，一种反求诸己、推陈出新的方法，一种重视主体性兼顾开放性的方法。在法学领域以及宪法学研究领域，也有一些概念史的论文和著作陆续问世。③

---

① 参见王柯：《构筑"中华民族国家"——西方国民国家理论在近代中国的实践》，载《近代中国与世界——第二届近代中国与世界学术讨论会论文集》（第1卷），社会科学文献出版社2005年版，第78-80页。
② 参见李里峰：《概念史研究在中国：回顾与展望》，载《福建论坛》2012年第5期。
③ 如《民法概念史·总则》（顾祝轩，法律出版社2014年版）、《法益概念史研究》（秦一禾译，中国人民大学出版社2014年版，原著伊东研佑，日本成文堂1984年版）、《概念变迁与美国宪法》（谈丽译，华东师范大学出版社2010年版，原著主编特伦斯·鲍尔、约翰·波考克，剑桥学派概念史译丛）、《中国司法概念史研究》（周永坤，《法治研究》2011年第4期）、《一项关于近代"宪法"概念史的研究——以清末民初的若干法律辞书为考察视角》（屈文生，《贵州社会科学》2012年第7期）、《国体概念史：跨国移植与演变》（林来梵，《中国社会科学》2013年第3期）。此外，《中国宪政史上的关键词》（王人博，法律出版社2009年版）和《中国宪法学说史研究》（韩大元主编，中国人民大学出版社2012年版）采用的研究方法也接近于概念史。

同样，比较宪法是一种方法还是一门学科，是宪法学的分支学科还是比较法学的分支学科，对此也存在争议。不过，对于比较宪法是宪法学的基本概念，学界已形成共识。晚清内忧外患，加之清朝政府洋务运动的失败，日本明治维新的成功，使越来越多的中国人开始认识到，"宪法者，立国之元气"[①]。而欧美社会是宪政的先行者，要立宪，就应向欧美国家学习。因此，比较宪法在对中国宪法学的研究过程中具有不可或缺的地位，有关比较宪法概念的理解一定程度上影响了中国宪法学的历史演变。

总之，概念史要解决的是古今问题，比较宪法要处理的是中外问题。依据概念史方法研究比较宪法概念在中国的嬗变，面对的就是古今中外的复杂宪法问题。自20世纪80年代以来，有关比较宪法的著作和论文尽管问世不少[②]，但学术研究仍面临不少挑战[③]，比较宪法的概念史研究仍遗留了很大的空间。因此，我们需要系统地研究比较宪法概念的演变过程，丰富比较宪法概念的主体性内涵，梳理比较宪法概念的学术脉络。

一、1901年："比较宪法"语词的首次出现

比较宪法概念史研究首先要关注"比较宪法"语词的演变。据考证，"比较宪法"这一语词最早出现于《译书汇编》1901年第6期，该期"杂录"栏目推荐了一些有关英国国会和英国宪法史，以及德国、法国、日本行政法方面的书籍。栏目中涉及"比较宪法"的内容并不多，共有两段，内容分别如下。

> 至比较宪法之书，译出者尚无所见，本校现译巴路捷斯氏之著不久即可出版。冈松参太郎氏所译之布脱密氏之英美佛比较宪法论一书足资参考也。
>
> 近日本校出版部发行之比较行政法，系美国哥伦比亚大学教授古德脑氏所著浮田和民氏所译，是书将英美法德四国之行政制度分析而比较之，宜与

[①] 《万国宪法志》（第3卷），周逵编译，上海广智书局光绪二十八年（1902年）版。引文出自该书序言。

[②] 《中国法学》1982年第2期刊文《建立新的比较宪法学刍议》，作者何华辉认为，"比较宪法学在我国是一门亟待恢复和重新建立的学科"。此后的比较宪法著作，如龚祥瑞的《比较宪法与行政法》（法律出版社1985年版），何华辉的《比较宪法学》（武汉大学出版社1988年版），张光博的《比较宪法纲要》（辽宁大学出版社1990年版），李步云的《宪法比较研究》（法律出版社1998年版），赵树民的《比较宪法学新论》（中国社会科学出版社2000年版），沈宗灵的《比较宪法》（北京大学出版社2002年版），韩大元的《比较宪法学》（高等教育出版社2003年版）。

[③] 如"研究对象未能准确界定"、"学科特色不突出"、"轻视基本权利"，参见王广辉：《比较宪法学》，北京大学出版社2007年版，第5-9页。"严格意义的比较宪法学著作并不多见"、"没有学术界公认的学科体系"、"外国宪法学与比较宪法之间的界限并不清楚"、"以问题为中心的研究相对薄弱"、"对非西方国家宪法体制的研究缺乏必要的关注"，参见韩大元：《比较宪法学》，高等教育出版社2003年版，第10页。

巴德尔氏之比较宪法参看。

"比较宪法"语词在此共出现三次。其中后两次是作为某作者的书名而使用的，而第一次是在"类"的意义上使用的，意思是比较宪法这一类的书籍还没有发现译出的，"伯耳这斯"的比较宪法著作将很快出版。"比较宪法"语词不仅在"类"的意义上出现，而且与"比较行政法""宪法史"并列使用。

（一）"比较宪法"语词从日文翻译而来

《译书汇编》由译书汇编社于1900年12月在东京创办，被誉为"留日学生发行的杂志的始祖"。译书汇编社社长为戢翼翚，主要成员有王植善、陆世芬、雷奋、杨荫杭、杨廷栋、周祖培、金邦平、富士英、章宗祥、汪荣宝、曹汝霖、钱承鋕、吴振麟。这些成员还组成了励志会——第一个中国留日学生学术团体。《译书汇编》的宗旨是借助日文编译欧美法政名著。① 晚清民国期刊全文数据库显示《译书汇编》第4至9期均设有"杂录"栏目，介绍日本的官制、文部省、东洋学会和法政书籍。依据期刊名称、编译主体、编译地点、编译宗旨，可推知《译书汇编》1901年第6期"杂录"栏目使用的"比较宪法"语词是从日文直接翻译而来的。此栏目中有关比较宪法的原文作者均非日本学者而是欧美学者，这就意味着欧美学者使用的"比较宪法"语词是借道日本才传入中国的。②

（二）"比较宪法"语词在中国出现的时间早于"比较法"

据华东政法大学何勤华教授考证，"汉字'比较法'一词最早在中国出现是在1902年2月，该月出版的《译书汇编》上刊登了由户水宽人撰写的《法律学纲领》一文。此文的第五章，标题就是'比较法学'"③。该文中曾多次使用"比较法"语词，如，"伊太利之还苦氏，法国之孟德斯鸠氏，罗列诸国之法律，附以评论，尤极比较法学之能"，"所谓比较法学者，亦分二种"，"故比较法学，一名之下，系以两项"。目前看到《法律学纲领》一文载于《译书汇编》1902年第

---

① 《译书汇编》1900年第1期的内容是：［美］伯盖司《政治学》，［德］伯伦知理《国法汎论》，［日］鸟谷部铣太郎《政治学提纲》，［德］海留司烈《社会行政法论》，［法］孟德斯鸠《万法精理》，［日］有贺长雄《近世政治史》，［日］有贺长雄《近时外交史》，［日］酒井雄三郎《十九世纪欧洲政治史论》，［法］卢骚《民约论》，［德］伊耶陵《权利竞争论》。

② 据中国人民大学法学院王贵松教授考证，日文"比较宪法"一词是通过翻译英文著作而传到日本的，在标题中最早使用"比较宪法"的日本著作，是1893年深井英五翻译并由民友社出版的《英米佛比较宪法论》和1894年冈松参太郎翻译并由八尾书店出版的《英米佛比较宪法论》（原文作者为Boutmy, Emile Gaston, 1835—1906）。这里的《英米佛比较宪法论》和1901年第6期《译书汇编》所提到的"冈松参太郎所译之布脱密氏之英美佛比较宪法论"，虽名称稍有不同，但可能是同一本著作。此外，可能更早使用"比较宪法"一词的日文著作，有1888年辰巳小二郎翻译并由哲学书院出版的《万国宪法比较论》和1886年草间时福翻译并由日野商店出版的《英米宪法比较论》。

③ 何勤华：《比较法学史》，法律出版社2011年版，第87页。

2卷第1期。何勤华教授在《比较法学史》一书中未具体说明"比较法"语词最早出现于"1902年2月"的推理依据。《译书汇编》为月刊，最早使用"比较宪法"语词的1901年第6期《译书汇编》的出版时间大概是1901年6月前后，早于"比较法"语词的出现时间。此外，《法律学纲领》的落款时间为"明治三十四年十二月二十七日记"，即1901年12月27日，而译成中文并出版的时间是1902年2月。这意味着，该文是译者根据户水宽人的讲解翻译而成的。

(三)"伯耳这斯"即"巴路捷斯"

前述引文在第一次使用"比较宪法"语词处，提到"本校现译伯耳这斯氏之著不久即可出版"。其中的"伯耳这斯"，在读音上很接近"拔珥杰思"和"巴路捷斯"。《新译界》1906年第2期刊载了一篇译文，标题为《论英美德法宪法之成立》，署名为"美国拔珥杰思Burgess著，湖北范熙壬译述"。1907年商务印书馆出版《政治学及比较宪法论》，其原文作者为"巴路捷斯"，日文译者为高田早苗，中文译者为刘莹泽、朱学曾、董荣光。该书第一编第三卷标题为"英吉利亚、美利加合众国、德意志及法兰西宪法之成立"。书中提到"巴路捷斯"对应的英文为"J. W. Burgess"。因此可推断"拔珥杰思"和"巴路捷斯"为同一人名。

译书汇编社社长戢翼翚1896年留学日本入亦乐书院，1899年入东京专门学校学习，而东京专门学校1902年改称早稻田大学。高田早苗参与创办东京专门学校，并曾任早稻田大学校长，而且前述巴路捷斯所著《政治学及比较宪法论》的日文译者正是高田早苗，该书日文译本的出版时间是1902年。[①] 因此，"本校现译伯耳这斯氏之著不久即可出版"中的"本校"指的应该是东京专门学校，即后来的早稻田大学。鉴于当时翻译人名地名多采用音译，"伯耳这斯"和"巴路捷斯"读音很接近，研究对象均为比较宪法，再依据前述的一些事实，可推知"伯耳这斯"正是"巴路捷斯"，即将出版的比较宪法著作即《政治学及比较宪法论》。

二、晚清时期："比较宪法"从语词到概念

语词和概念的关系是涉及语言学和逻辑学的基本问题。简单地说，语词是概

---

① 此处"巴路捷斯"的另一个译法为"伯盖司"。事实上，"伯盖司"的使用范围更广，时间上也更早。此外，《比较宪法学》(韩大元，高等教育出版社2003年版)第6页谈到"1890年布戈尔（Burgess）撰写的《政治科学与比较宪法》一书是西方国家比较早的比较宪法学著作"，还谈到"其书的第三编中比较了英国、美国、德国与法国的宪法制度和具体运用过程"。从"布戈尔"对应的英文、论述的内容及其在著作中的章节位置看，此处的《政治科学与比较宪法》和1907年商务印书馆出版的《政治学及比较宪法论》为同一本书。

念的物质外壳，概念是"事物或者过程在人脑中的映像"①，而"映像"在人脑中的形成需要一个过程，一个反复使用的过程，正是在这种反复使用的过程中概念逐渐被赋予各种内涵。如前所述，"比较宪法"语词在最早的文献中连续出现三次，且是通过翻译而传到中文世界的。同时，"比较宪法"语词具有简洁明快、便于使用的特点，便于形成一种概念。事实上，"比较宪法"语词自 1901 年起反复出现于晚清时期的各种报纸期刊、学术著作和法政学堂。

"比较宪法"语词自首次出现于《译书汇编》1901 年第 6 期起，即反复出现于晚清时期的报纸期刊上，尤其多被用于介绍有关比较宪法的书籍时，其中巴路捷斯的《政治学及比较宪法论》一书出现频率最高，如《东方杂志》1909 年第 4 期"立宪国民必读"栏目和 1911 年 3 月 4 日《申报》"文官必读"栏目推荐的著作均为《政治学及比较宪法论》，《东方杂志》1911 年第 11 期刊载的文章《再论国体与政体之别》也引用了《政治学及比较宪法论》的内容；又如 1907 年 3 月 21 日《申报》"广告版"较为详细地介绍了日本学者上杉吉所著《汉译各国比较宪法论》。另外，"比较宪法"语词也出现在报纸期刊刊载的文章中，如 1908 年 8 月 23 日《申报》刊载的文章《考察宪政大臣达寿进呈书卷册数》记载进呈的书籍共五种，分别是《日本宪政史》《欧美各国宪政史略》《日本宪法论》《比较宪法》《议院说明书》。1908 年 8 月 24 日《申报》刊载的文章《达大臣奏呈书籍之要旨》进一步描述达寿进呈书籍的经过和内容，其中提到，"依宪政编查馆所开要目与日本子爵伊东已代治商订区分六类：一日本宪法历史、一比较各国宪法、一议院法、一司法、一行政、一财政"，"将奴才所讲之宪法历史、比较宪法、议院法等一手接洽"，"随后逐类分析编辑成文，首日本宪政史，所以明日本国情与其立宪之由来，次欧美宪政史，次日本宪法论，次比较宪法"。《东方杂志》1908 年第 8 期刊载的《宪政篇》（作者为孟森）也描述了达寿呈宪政书籍之事，其中提到，"所已讲者为宪法历史、比较宪法、议院法等"②。还有一篇专门论述比较宪法的文章《比较宪法学》，连载于《北洋法政学报》1908 年第 59 至 73 期，署名为"刘鸿翔编"，实为根据美浓部达吉的讲授编译而成的一篇比较宪法著作。该文开篇即提到，"美浓部博士曰比较宪法者，取各宪政国之宪法，比较其同点与异点而说明之也。由其同点可以见一般之法理而推其原则，由其异点可以见一国之特质而研其真相"③。

---

① 冯春田、梁苑、杨淑敏主编：《王力语言学词典》，山东教育出版社 1995 年版，第 199 页。
② 需要注意的是，在此处，比较宪法是和宪法历史、议院法并列使用的。
③ 刘鸿翔编：《比较宪法学》，载《北洋法政学报》1908 年第 59 期。

"比较宪法"语词也反复出现于晚清学术著作中，有些学术著作直接以"比较宪法"为题，如巴路捷斯的《政治学及比较宪法论》和美浓部达吉的《比较宪法》。《政治学及比较宪法论》是晚清和民国时期出现频率最高的比较宪法著作，在论文和著作中常常被引用，常常出现于各种报纸的广告中，且该书在当前中国也有直接的影响，多种宪法著作和论文提及该书，只是译法不同。美浓部达吉所著《比较宪法》在晚清时期就有三个中文译本。这三个译本的译者、时间和出处分别是张孝慈1906年东京秀光社，刘鸿翔1908年《北洋法政学报》，以及刘作霖1911年政法学社。晚清时期还出版有以相似语词为题的著作，如辰巳小二郎1902年的《万国宪法比较》，末冈精一1906年的《比较国法学》，刘嘉猷1907年的《中外宪法比较》，更早的有梁启超1899年的《各国宪法异同论》。除刘嘉猷1907年的《中外宪法比较》外①，其余比较宪法著作均为译本，而且全部从日文翻译而来。

　　为培养清末新政和仿行宪政所需要的法政人才，清政府根据各部大臣和各省督抚的奏请，在天津中西学堂和南洋公学的基础上陆续设置若干法政学堂。这些法政学堂通常开设宪法课程。在此基础上，1904年京师大学堂开设各国宪法课程②，而1906年北洋法政专门学堂首次开设比较宪法课程，随后1907年贵州法政学堂开设政治学及比较宪法课程③，1909年贵胄法政学堂正科课程包括比较宪法。④ 在此期间，一些地方还开办法政讲习所，部分法政讲习所开设的课程也包括比较宪法，如1906年江苏教育总会设立的法政讲习所⑤和1908年福建省法政研究所。⑥ 另外，也出现了与比较宪法词意相近的语词，如1907年浙江法政学堂开设比较国法学课程⑦，1908年宪政学堂开设万国宪法比较课程等。⑧ 1911年清政府以法令的形式颁布《学部奏改订法政学堂章程》，正式规定全国各法政学堂下设的法律门、政治学门、经济门和别科均须开设比较宪法课程。⑨

---

　　① 刘嘉猷1907年的《中外宪法比较》，笔者尚未看到原书，但张群2009年《中国近代的住宅不可侵犯权》一文的注释显示"刘嘉猷著《中外宪法比较》，上海文明书局光绪三十三年初版"。
　　② 参见王健：《中国近代的法律教育》，中国政法大学出版社2001年版，第161、175、192、200、211页。
　　③ 参见《京外学务报告：黔抚咨送贵州法政学堂试办章程》，载《学部官报》1907年第26、27期。
　　④ 参见《学制：宪政编查馆奏定贵胄法政学堂章程》，载《直隶教育官报》1909年第5期。
　　⑤ 参见《江苏教育总会附设法政讲习所广告》，载《申报》1906年12月31日："（科目）政治学、国家学、国法学、比较宪法、行政法、地方自治、法学通论、民法要论、刑法泛论、诉讼法、国际公法、国际私法、经济学、财政"。
　　⑥ 参见《法政研究所招生》，载《申报》1908年2月13日："闽省法政研究所现拟并入法政讲习所，内以郑澹庵太史为经理，另招学生入堂肄习其课程，分西洋历史、国际公法、比较宪法、国法学、经济学、法学通论、民法总则、东语焉八门，定期三年毕业"。
　　⑦ 参见《京外学务报告：浙抚咨送浙江法政学堂章程》，载《学部官报》1907年第27期。
　　⑧ 参见《别录：宪政学堂之课程（同文沪报）》，载《四川教育官报》1908年第2期。
　　⑨ 参见《学制：学部奏改订法政学堂章程》，载《浙江教育官报》1911年第52期。

如上所述，晚清时期，"比较宪法"语词的出现和反复使用多与译文有关，这一方面反映了当时中国比较宪法处于起步和模仿阶段，尚不成熟；另一方面体现了外国宪法著作和宪法文本对于中国宪法的研究具有重要意义，同时也意味着中国比较宪法研究从一开始就秉持开放的心态，接受宪法的普遍性和公共性特征，关注外国宪法著作和宪法文本的翻译。欧美是宪政的先行者，比较宪法在欧美社会有一个自然成长的过程。中国出现"比较宪法"一词时，比较宪法在日本已有较长时间的发展，已形成比较宪法学科。在晚清法律移植的过程中，比较宪法的学术成果也一并被译介到中国。通过移植比较宪法理论，逐步形成了比较宪法的中国话语，为建立具有一定共识的知识体系奠定了基础。但"概念的迻译还不等于移植的完成，成功的概念移植有待于移植对象真正融入移植国家自身相应的观念或制度之中"①。

三、民国时期：比较宪法概念的主体性

在 1912 年清帝逊位和 1928 年改旗易帜后，"比较宪法"语词并没有停止使用，反而这一时期更多的以比较宪法为题的著作陆续问世②，不少公立和私立大学开设比较宪法课程③，甚至若干省市检定考试试题将比较宪法单独作为其中的一类④，还出现了"比较宪法教授"的称呼⑤，甚至东吴法学院创办的期刊《法

---

① 林来梵：《国体概念史：跨国移植与演变》，载《中国社会科学》2013 年第 3 期。
② 如 1912 年唐士杰的《比较共和国宪法》，1912 年孙松岭的《比较宪法》，1913 年王黻炜的《比较宪法学》，1913 年王宠惠的《比较宪法》，1927 年郑毓秀的《中国比较宪法论》，1927 年王世杰的《比较宪法》，1930 年丁元普的《比较宪法》，1931 年程树德的《比较宪法》，1931 年黄公觉的《比较宪法》，1933 年章友江的《比较宪法》，1933 年吕复的《比较宪法论》，1933 年周逸云的《比较宪法》，1933 年郁嶷的《比较宪法讲义》，1933 年程树德的《宪法历史及比较研究》，1934 年汪馥炎的《比较宪法纲要》，1934 年阮毅成的《比较宪法》，1934 年费巩的《比较宪法》，1936 年沈瑞麟的《各国宪法之比较》，1936 年萨孟武的《政治学与比较宪法》，1936 年王世杰、钱端升的《比较宪法》。
③ 如 1912 年 3 月 13 日《申报》刊载《重订民国法政大学校暂行规则》，规定的课程包括比较宪法；1912 年 6 月 30 日《申报》刊载《中华律师大学校专章》，开设的课程包括比较宪法；1927 年 9 月 14 日《申报》刊载《东吴法学院之教授》："乔万选推事（比较宪法）"；1928 年 2 月 15 日《申报》刊载《大夏大学新聘教授》："巴黎大学博士毛以亨教授比较宪法及外交史"；1931 年黄公觉的《比较宪法》"编者序"："以余于上学期在北平中国大学所授比较宪法之讲稿付梓"；1931 年 10 月 6 日《申报》刊载《欧洲新民主宪法之比较的研究》："李先生译是书之主旨，原在供国立武汉大学所授'比较宪法'学程参考之用"；1933 年章友江的《比较宪法》"著者自序"："这本比较宪法是我在北平大学法学院、商学院、东北大学民国平民诸校教授本科的讲义"；1934 年 9 月 27 日《申报》刊载《中国公学开课》："汪馥炎授比较宪法"。
④ 如 1933 年 7 月 21 日《申报》刊载《苏省检定考试开始》："苏省第二届高等检定考试""计试国文、中外地理、历史、物理、教育史、比较宪法、动植物、生理卫生学等"；"本局办理高等检定考试及普通检定考试之经过：青岛市高等检定考试（第一种）：比较宪法试题（民国廿四年八月十五日）"，载《青岛教育》1935 年第 3 卷第 4 期。
⑤ 如刘勉己的《国会制度之真义》，载《法政学报》1925 年第 4 卷第 1 期："刘先生系巴黎大学法学博士，现任本校政治科比较宪法教授"。

政杂志》分上下两编开辟了"比较宪法专号",刊载于 1940 年第 11 卷第 2 期和 1941 年第 11 卷第 3 期,其中还刊载了东吴法学院图书馆馆长喻友信专门为此编辑的"比较宪法论文索引"。

民国时期的宪法学者认真研究欧美和日本宪法制度和理论,从各个方面探索中国自身宪法问题的解决之道,不断赋予比较宪法概念以新的内涵。具体的学术努力体现在以下方面。

第一,重视比较宪法理论的本土性。如前所述,晚清以比较宪法为题的著作几乎均为译著,多数译自日文。民国时期撰写比较宪法的作者均为中国学者,他们有着多元的留学背景。留学日本的有孙松龄、丁元普、程树德、吕复、郁嶷、汪馥炎、萨孟武、郑毓秀,留学法国的有郑毓秀、王世杰、阮毅成,留学美国的有王宠惠、章友江、钱端升、黄公觉[①],留学英国的有王世杰、费巩,留学德国的有王宠惠,留学苏联的有章友江等。有些作者同时留学多个国家,如王宠惠留学美国和德国,郑毓秀留学日本和法国,王世杰留学法国和英国,章友江留学美国和苏联。钱端升从哈佛大学毕业后,"借由校长洛厄尔的介绍函,漫游欧洲各国半载有余,就教于英法德奥等国一些宪法或政治学教授学者,访问各国议会议员和工作人员"[②]。兼听则明,偏听则暗。留学背景的多样化,有助于形成比较宪法知识来源的多样性。

将三民主义、五权宪法融入比较宪法研究是本土化努力的重要成果。孙中山于 1906 年正式提出五权宪法观点,在三权基础上增加两权,即考试权和监察权,是复活中国固有的"两大优良制度",将"创立各国至今所未有的政治学说,创建破天荒的政体,以使各机关能充分发挥它们的效能"。孙中山五权宪法思想本身就是比较宪法概念主体性内涵的体现,并被引入比较宪法著作。1930 年丁元普所著《比较宪法》结论部分的目录为:"结论:各国新宪法与三民五权之比较。第一,欧战后世界宪法之新趋势;第二,世界宪法——三民主义精神之体现;第三,民族主义之趋势;第四,民权主义之趋势:(1)人民权高于政府权,(2)创制复决罢免诸直接民权之应用,(3)选举制度之大革新;第五,民生主义之趋势:(1)地权之平均,(2)资本之节制,(3)劳工之保护,(4)社会生活之改善;第六,三权宪法与五权宪法。"陈和铣在为该书所作的序言中特别提到,"篇末以三民五权与各国新宪法之精神相参证,为宪政史放一大异彩"。

第二,重视宪法文本。宪法首先是法律,文本是法学的基础。宪法研究的首

[①] 黄公觉 1925 年翻译《民族主义》一书,该书"译者序"提到译者就读于美国哥伦比亚大学。
[②] 孙宏云编:《中国近代思想家文库·钱端升卷》,中国人民大学出版社 2014 年版,第 2 页。

要对象是宪法文本。郑毓秀1927年的《中国比较宪法论》"例言"第一项内容为"中国宪法至今未定，本书以已成之宪法与欧美各国之宪法，作比较之研究，故定名为中国比较宪法论"。此处"已成之宪法"指的是1923年中华民国宪法。郑毓秀并不喜欢这个宪法文本，甚至在该书"自序"中斥之为"伪宪"，但仍以之为依据。然而吕复对于"民国十二年宪典"功败"垂成"深表遗憾，其在1933年的《比较宪法论》"凡例"中也主张比较宪法研究应以宪法文本为依归，其中第一项内容为"本书虽取比较体裁，但一以中华民国十二年十月十日宣布之宪法为准以求有所归结"。

第三，以宪法问题为中心。王世杰编写比较宪法著作以问题为中心，而选择问题的标准有二：一是各国宪法上通常规定的内容，二是结合本国宪法和法律的规定。其在1927年的《比较宪法》"自序"中明确提出，"本书内容的分类，不以国别为标准，而以现代一般宪法上所规定之问题为标准：在各个问题之下，本书将摭述列国宪法上或法律上诸种不同的规定，以及学者间诸种不同的意见，即十数年来吾国中央及各省所曾颁布的宪法或法律，凡足为讨论之资者，亦当述及"。钱实甫认为王世杰的《比较宪法》"主要的改变，是以比较宪法学为其两例的原则，着眼于各种专题的比较研究"[1]。钱端升也认为王世杰的《比较宪法》"是不以国别而以宪法中的诸个问题为讨论的比较标准的。这种比较方法不但法国治宪法者多数采用，而且确实要比列国分述的方法要高明。不过中国人的比较宪法也不是完全模仿爱思曼或者狄骥的书"[2]。1934年出版的费巩编著《比较宪法》"序言"也提到，"编目以问题为单位，不以国家为单位，举一问题为题材，而以各国实例缕列其下，俾易归纳，并使比较"。1936年孙增修的《中国宪法问题》"编辑凡例"第一项就明确说明，"本书以民国二十四年国民政府立法院所通过之宪法草案为经，以各国比较宪法为纬"，其第三项重申"本书专注于中国宪法之特别问题"。

在强调宪法文本的比较时，也有学者关注知识体系的专业性问题。如黄公觉呼吁应区分比较宪法与政治学，其在1931年的《比较宪法》"自序"中提到，"余尝于国内坊间搜集关于比较宪法之中文著作。遍阅之后，深感其所论述者，多非比较宪法范围所应有之材料，非特非比较宪法范围所应有，即普通之宪法学亦不应有。其所论述者多属普通政治学之问题"；还提到，"余意'比较宪法'与'政治学'两者讨论的问题，必当严其区别。是书之编撰，即本诸此意"。

---

[1] 钱实甫：《民权论在政治学中的地位》，载《东方杂志》1948年第8期。
[2] 钱端升：《书评：王世杰氏的比较宪法》，载《现代评论》1927年第7卷第157期。

第四，将苏联宪法纳入比较宪法的研究范围。章友江于 1927 年加入美国共产党，后在莫斯科中山大学学习，1931 年受聘于国立北平大学法学院，讲比较宪法课程，将苏联宪法纳入比较宪法的研究范围。白经天先生在 1933 年章友江《比较宪法》一书的序中言："近年来研究宪法者，必首推王雪艇之比较宪法为良书。王著纲举目张，极便初学，然其取材仅限欧战后一部分之新宪法为止，苏联及意大利尚未采入。自孟德斯鸠氏倡三权分立之说以还，其说早已成为宪法学之一种原则，而苏联宪法，则蹴破从来之典型，已开一三权合一之途径矣。"章友江在"著者自序"中明白指出，"以苏联宪法和资本主义国家宪法为比较研究的对象，而旁及资本主义国家宪法之间的比较"，"对于宪法上的许多问题，不但要叙述资本主义学者的意见，还要略略介绍社会主义学者的意见"，"特别提出苏联和意大利的宪法，以便和现在欧美各国的宪法比较"。章友江还特别提醒，"本书只是一种学术上的著述，绝对不希望读者相信某种学说，某种方法论和某种宪法见解"。

第五，注重本国历史和文化。程树德于 1933 年出版《宪法历史及比较研究》，其在"例言"中指出，"欧化东渐，国人迷信西方文明已成积重难返之势。印度学者泰戈尔言之详矣，是书毁誉并陈，瑕瑜互见于彼国学者，对于其国制度之不满，必详为介绍，庶异时立法者知所去取"；"中国古称华夏，有四千余年之历史，岂得妄自菲薄。是书，凡与自国历史有关者，必略述其沿革或参论其得失，附于每编之次"。程树德 1931 年还出版了《比较宪法》一书。当年何光远曾评论该书："最近华通书局又出了《比较宪法》一书，是程树德所著。程为老年的名教授，在北平的声誉是无人不知道，生平最擅长的研究是中国法制史和比较宪法"，"因著者对中国法制史研究甚深，于中国古代于宪法之发明均有所援引，这是一般新进作者所不能望其项背"[①]。阮毅成在 1945 年的一篇文章中主张比较宪法应注重历史研究，"比较立法又正与比较宪法、比较政治制度等，同需要历史的方法，所以在纵的方面，法律史的研究，也与横的方面比较立法同等进步，相辅为用"[②]。

正如孙晓楼 1935 年所言，"我们研究比较法的目的，是希望中国法律上有所改善；我们是为改善中国法律而研究外国法的，决不是为好新立异而研究外国法的"，"必须于认识法律之外，进而推究其法律应有的态度，是否适应社会和国家

---

① 何光远：《制宪声中之比较宪法》，载《中国新书月报》1931 年第 5 期。
② 阮毅成：《现代法学的特征》，载《东方杂志》1945 年第 9 期。

的需要"①。1935年,《文化建设》杂志第1卷第4期发表了《中国本位的文化建设宣言》,该文认为"中国是中国",主张以中国传统文化为本位、为主体,建设现代国家,以增强民族自信心。该文由十位教授联合署名,其中一位是萨孟武。萨孟武长期致力于宪法学的教学和研究,1936年出版《政治学与比较宪法》,1943年出版《宪法新论》。由此可见,中国比较宪法概念的主体性内涵是在整个中国文化自觉的背景下逐步形成的,体现了本土化的特色。

第六,注重基本权利。王世杰注意到,"现代一般国家的宪法,大率有一重要部分,规定个人基本权利与基本义务"②,并以其《比较宪法》一书1/3的篇幅介绍个人的基本权利和公民团体权利问题。钱端升认为有关基本权利的论述是王世杰《比较宪法》最精彩的部分之一,"于个人的基本权利一章中,著者把个人在现代一般宪治所容之自由逐个说明,而且说得比不少的外国名著还要明白,更算是难能可贵"③。1933年章友江在《比较宪法》"著者自序"中言:"我认为比较宪法这门功课应当特别注重人民权利,所以我对于它有较详细的叙述。"章亘在有关章友江《比较宪法》的书评中也认为,"关于宪法上人民的权利,在资本主义国家里只是有名无实的,本书第二编中不仅就苏联宪法与资本主义国家宪法作了详细的比较,并罗列许多人民权利的保障办法,对于即将实行宪政的中国人民更是一种指示,这亦是本书特点之一"④。

第七,学术自由的尊重。费巩主张进行比较宪法研究应当有批评的精神,客观全面评价外国宪法制度的利弊得失,并非外国宪法各方面都好,即使好的方面也并非一定适合中国。1934年费巩在《比较宪法》"自序"中言:"近人著述多重客观之介绍,不作主观之批评,余独以为既欲取法异国,以制吾宪,所谓取人之长,去人之短,取其精华,弃其糟粕,则于其典章制度,当先为下评估,乃能知其利弊,衡其优劣。一国有一国之国情政情,不能强效人好,固不必谓他人之长,置诸吾国亦长;他人之利,置诸吾国亦利。"

学术的发展有赖于批评和反思。对于民国时期的中国来说,宪法的创制和国家的建构有赖于比较法学和比较宪法学的繁荣。在1930年后相当长一段时间,学术批评的风气盛行,比较宪法概念主体性内涵的形成也正是在这个时期。蔡元培有关1920年前后北京大学比较法研究状况的回忆,以及1934年罗文干有关比较法研究方法的批评,实际就是对当时中国的比较宪法研究的一种批评和反思,

---

① 孙晓楼:《法律教育》,商务印书馆1935年版,第89、91页。
② 王世杰:《比较宪法》,武汉大学出版社2013年版,第57页。
③ 钱端升:《书评:王世杰氏的比较宪法》,载《现代评论》1927年第7卷第157期。
④ 章亘:《新书介绍:比较宪法》,载《学习》1940年第9期。

因为其中涉及的人物均为比较宪法学专家，出版过比较宪法著作。

蔡元培1938年在一次演讲中回忆了1920年前后北大法科比较法研究和教学的情况：

> 北大旧日的法科，本最离奇，因本国尚无成文之公私法，乃讲外国法，分为三组：一曰德、日法，习德文、日文的听讲；二曰英美法，习英文的听讲；三曰法国法，习法文的听讲。我深不以为然，主张授比较法，而那时教员中能授比较法的，止有王亮畴（王宠惠）、罗钧任（罗文干）二君。二君均服务于司法部，止能任讲师，不能任教授。所以通盘改革，甚为不易，直到王雪艇（王世杰）、周鲠生诸君来任教授后，始组成正式的法科，而学生亦渐去猎官的陋习，引起求学的兴会。①

罗文干1934年3月11日在讨论"我国学法律者之责任"过程中批评了当时法学研究"数典忘祖"的现象，并提出建议：

> 予敢今日请我国法学者，于读现行法外，固应兼顾外国法，读外国法，最要能知异同得失，至中外法制之沿革，则重要之中，尤其重要，数典忘祖，不足语于学也。予固非谓尽旧法皆善，尽新法皆恶，予所冀于国人者，旧法之一存一废，新法之一采一舍，应慎重研究之，勿以为旧，便皆可弃，勿以为新，便皆可采，而弃旧取新之际，尤宜以演进方式。②

笔者以上梳理了比较宪法概念主体性内涵的形成过程。这些学者亲身经历了"中国三千年未有之大变局"，既有深厚的国学功底，又有宽广的国际视野，更重要的是主动肩负着拯救民族、伸张民权、改善民生的道义责任。在尊重学术自由的环境中，比较宪法概念的主体性内涵开始形成，直接影响了中国的制宪实践，如1936年《中华民国宪法草案》（史称"五五宪草"）和1946年《中华民国宪法》。

四、结语

新中国成立后，比较宪法概念并没有因废除"六法全书"而出现断裂。如1949年前出版的比较宪法著作仍有学术影响力，吕复和钱端升等学者还直接参与起草1954年宪法草案。据《谢觉哉日记》记载，谢觉哉阅读过王世杰的《比

---

① 蔡元培1937年12月的演讲《我在教育界的经验》，载《蔡元培选集》（下卷），浙江教育出版社1993年版，第1355-1356页。转引自王健：《中国近代的法律教育》，中国政法大学出版社2001年版，第178页。

② 罗文干：《附录二：司法行政部长罗钧任先生三月二十一日在本校法学院第十教室讲演：我国学法律者之责任》，载《社会科学论丛》1934年第1卷第2期。

较宪法》和章友江的《比较宪法》，而谢觉哉自延安时期就负责起草各种宪法性文件。民国时期的比较宪法著作对1954年宪法制定过程的影响也是不可忽视的，毛泽东1954年1月15日建议政治局委员及在京中央委员阅读的文件包括1913年天坛宪法草案、1923年曹锟宪法、1946年蒋介石宪法。① 同时，比较宪法概念在中国台湾地区延续和发展，构成两岸学术交流的重要脉络。

当然我们也不能否认，比较宪法概念的发展虽未中断，但从20世纪50年代后期开始，比较宪法概念过于意识形态化。其结果是1958年废除了宪法课程，比较宪法研究失去传播的重要平台。20世纪60、70年代，比较宪法学的教学与研究处于停滞状态，比较宪法的档案史料长期被封存，有关宪法文本的翻译整理严重匮乏。

改革开放、对外交流，为我们进行比较宪法研究开阔了视野；信息技术的发展，为我们进行比较宪法研究提供了便利；特别是党的十八届四中全会通过的《中共中央关于全面推进依法治国若干重大问题的决定》提出依宪治国、依宪执政的目标，为我们进行比较宪法研究明确了方向。中国比较宪法概念的内涵将在立足中国、放眼世界、反求诸己、推陈出新的过程中日益丰富。

---

① 参见韩大元：《1954年宪法制定过程》，法律出版社2014年版，第84页。

第三章

近代宪法文本与宪法学

第一节 概 述

宪法学研究无法脱离宪法文本,围绕宪法文本的学术探索与争鸣是一国宪法学得以繁荣与发展的重要动力。正如有学者所言:"宪法文本是一种价值与规范体系,其存在形式表现为文本之上,文本之下,文本之内,文本之外,构成完整的价值与规则体系,为宪法学体系提供了基础。"[①] 中国宪法学当然也不例外。从 1912 年中华民国成立至 1949 年新中国诞生,其间凡 38 年,有长达 34 年时间处于不断的制宪进程中,经历了无数挫折与失败。它一方面直接导致我国政治实践的动荡,另一方面在某种程度上推动了中国宪法学的发展。彼时,为了制定一部顺应时代潮流、符合中国国情的宪法,学者们争相贡献自己的学识,并就一些重要学术问题展开争鸣,形成相对宽松的学术环境。本章拟以此为线索,通过分析不同历史时期宪法学界围绕制宪文本所展开的讨论,总结其中的问题意识与争议焦点,以期梳理中国宪法学研究的发展脉络。以下将对中华民国的制宪史进行初步概述。

一、南京临时政府时期的制宪经过

1911 年 10 月 10 日,武昌起义爆发,未逾一月,湖南、江西、陕西、山西等

[①] 韩大元:《认真对待我国宪法文本》,载《清华法学》2012 年第 6 期。

省纷纷独立。11月3日，清廷为挽回人心提出《宪法重大信条十九条》，宣布将实行君主立宪政体下的责任内阁制。作为回应与对抗，江苏都督程德全、浙江都督汤寿潜联合向沪督陈其美发电，倡议各省效仿美国革命时十三州之故事，公举代表集议于上海，为联合机关进行之组织。11月20日，在十省代表陆续抵达上海后，以各省都督府代表联合会（以下简称联合会）的名义议决以武昌政府为民国中央军政府，并赴武昌组织临时政府事宜。12月2日，联合会议决先制定《临时政府组织大纲》（以下简称《组织大纲》），并选举雷奋、王正廷、马君武三人为起草员。3日，草案即获通过，并由各省代表签字确认，"是为民国第一次之根本法焉"①。

1912年1月1日，根据《组织大纲》的规定，临时政府在南京成立。临时政府成立后，作为立法机关的参议院基于两点理由认为必须修改《组织大纲》：其一，《组织大纲》规定，国会召集限期六个月，势有所不及必须延缓；其二，《组织大纲》仅为政府之组织法，人权之各条既付阙如，应即加以规定。②而以上两方面的修改使得《组织大纲》的名称有欠妥当，有参议员提议将修改后的文件命名为"临时约法"，使其得"将《组织大纲》之缺漏者增补之，窒碍者修正之"③，从而奠定中华民国宪法的基本规模。基于此，自1912年2月7日起，参议院开临时约法起草会议，由宋教仁主稿，至3月8日全案告终。3月11日，《中华民国临时约法》（以下简称《临时约法》）由临时大总统孙中山正式公布。作为中国历史上第一部资产阶级宪法性文件，《临时约法》的公布施行具有重要的历史意义。

二、北洋政府时期的制宪经过

根据《临时约法》第53条的规定，"本约法施行后限十个月内，由临时大总统召集国会。其国会之组织及选举法由参议院定之"。1912年4月，袁世凯于北京继任临时大总统，实现中华民国的南北统一，制定正式宪法随即被提上议事日程。至1912年8月10日，临时参议院陆续议定了《国会组织法》、《众议院议员选举法》与《参议院议员选举法》，并由临时大总统袁世凯公布。各省选举完成后，两院议员于1913年4月8日齐集北京，拉开了制定中华民国正式宪法的序幕。按照《国会组织法》第20条之规定，宪法案起草由两院各于议员内选出同数之委员行之。因此，在国会开幕后，两院乃先议定各选30人组成宪法起草委

---

① 陈茹玄编著：《增订中华民国宪法史》，河南人民出版社2016年版，第17页。
② 参见吴宗慈：《中华民国宪法史》，于明等点校，法律出版社2013年版，第151页；陈茹玄编著：《增订中华民国宪法史》，河南人民出版社2016年版，第29页。
③ 谷钟秀：《中华民国开国史》，上海泰东图书局1917年版，第83页。

员会（以下简称宪草会）。7月12日，宪草会成立，选举汤漪为委员长，议定半数决为议事规则，择定天坛祈年殿为开会地点。根据宪草会的决议，宪法起草分大纲起草、条文起草两步。其中，大纲起草先由孙钟、张耀曾、黄云鹏、汪荣宝等四人先行拟定，而后交付讨论。自8月2日至9月23日宪草会开会讨论18次，议定大纲共计12条，包括：领土问题是否有规定之必要，如规定用列举方法抑用概括方法；人民权利义务是否用列举之规定；国会采一院制抑或两院制；行政部之组织，采总统制抑采内阁制；等等。[①] 全案则在大纲基础上，由孙钟、张耀曾、黄云鹏、汪荣宝、李庆芳五人起草，于10月14日宪草会第24次会议开议，至10月18日第32次会议议毕，共开会9次。最终，在10月31日举行的第33次会议上，草案经宪草会三读通过，形成《中华民国宪法草案》，史称《天坛宪草》。

宪法起草过程中，对于行将制定之正式宪法，袁世凯深为忧虑，尤其是在大总统任免国务员是否须国会同意以及大总统有无国会解散权两方面，国民党主导的宪草会寸步不让。因此，在全案讨论行将结束之际，袁世凯命令国务院派施愚等八人到宪草会陈述他本人对于民国宪法的意见。宪草会委员长汤漪认为宪草会与国会性质不同，根据规则只有两院议员方可旁听，只有起草委员会委员才能发言，因此拒绝了袁世凯的要求。最终，宪草会所形成的宪法草案对于袁氏的主张均未接受。由于《天坛宪草》已在宪草会通过三读，遂于1913年11月3日提交两院共同组成的宪法会议。袁氏为阻止该草案通过，便采取了强硬手段破坏会议。11月4日，袁世凯以"二次革命"为借口下令解散国民党，撤销438名国民党议员的议员资格，致使参众两院均不满足法定人数，无法开会。12月15日，袁世凯召集政治会议作为政府唯一之咨询机关，讨论解散国会、修改临时约法两大问题。为迎合袁氏，该会议于12月29日通过了由其所提出的"救国大计咨询案"，赞成停止两院职务。1914年1月10日，袁世凯以命令解散国会，民国国会第一次常会宣告终止，《天坛宪草》亦随之废置。同时，袁世凯还向政治会议提出"约法增修咨询案"，要求进一步修改《临时约法》。政治会议呈覆认为，该会议代表性不足，不能负担修改约法之重责，乃决议另设造法机关，并于1月24日议定《约法会议组织条例》。3月18日，根据该条例选出的57名议员悉数到京，正式开会。会议推选孙毓筠、施愚为正副议长。3月24日，袁世凯提出

---

① 12条大纲具体包括：(1) 领土问题是否有规定之必要，如规定用列举方法抑用概括方法；(2) 人民权利义务是否用列举之规定；(3) 国会采一院制，抑采用两院制，附两院选举及权限；(4) 行政部之组织，采总统制抑采内阁制；(5) 大总统选举方法及权限；(6) 副总统应否设置；(7) 国务员之权限；(8) 平政院应否设置；(9) 审查法律权；(10) 解释法律权；(11) 预算决算审计院；(12) 宪法修正。

"增修约法大纲案"交约法会议审议,要求将外交大权、官制官规制定权、官吏任命权、紧急命令与紧急处分等权力全部划归总统。① 约法会议讨论审查后一致赞成,遂由议长指定施愚、程树德等8人为草案起草员,着手制定草案,并于4月13日提交大会讨论,议定新约法10章共计68条。4月29日,审议通过后的草案咨交总统府,并于5月1日由袁世凯公布,此即《中华民国约法》,史称《袁记约法》。该法公布后,《临时约法》《国会组织法》等一概宣告废止。

新约法公布后,袁世凯又推动了《大总统选举法》的修改,为其成为事实上的终身总统甚至传位后代铺平道路。然而,他仍不满足,进一步推动国体问题研究,欲帝制自为。1915年12月12日,经参政院"再三"推戴,袁世凯称帝,并着手修改宪法、更改国号年号。该举动引起举国反对,12月25日,云南首起独立,南方贵州、广西、广东、浙江各省纷纷响应,各省一致主张袁氏退位,以谢国人。鉴于形势不利,袁世凯于1916年3月22日宣告撤销帝制,复称总统。然而,南方护国军反袁的紧张气氛并未因此缓和,独立各省一致认为除袁退位之外"无术可以调停"。袁氏忧愤,于6月6日亡于新华宫。他死后,黎元洪以副总统继任大总统,并于6月29日下令恢复《临时约法》,同日申令依《临时约法》第53条继续召集国会,定于当年8月1日起继续开会,本次会议又被称为民国国会第二次常会。

国会重新开会后,两院决定组织宪法会议,以《天坛宪草》为基础继续推动制宪工作。1916年9月5日、8日及13日,两院共开宪法会议3次,由宪草会委员说明草案内容旨趣,是为草案在宪法会议的初读程序。完成初读后,草案大纲交付宪法会议进行审议。自1916年9月15日至1917年1月10日,宪法会议共开审议会24次,在大部分重大问题上均取得了一致结论②,提议增加"中华民国主权属于国民全体"等四项内容。③ 不过,议员们在孔教问题、议员兼职问题、紧急命令等五方面尚有争议。④ 审议完成后,宪法会议开始草案二读会程序,

---

① 该案共包括大纲7项:(1)对外宣战、媾和及缔结条约由总统独断,无须预得参议院之同意;(2)官制官规之制定及国务员与外交大使之任用,由总统自决,无须参议院之同意;(3)采用总统制;(4)正式宪法不由国会制定,而由国民会议制定,总统公布,其起草权亦归诸总统及参政院;(5)总统得自由褫夺或回复人民之公权;(6)总统得发与法律效力同等之紧急命令权;(7)总统有财政紧急处分权。
② 根据审议结果,赞成原案者凡八:(1)国土;(2)人民自由权;(3)两院制;(4)参议院之组织;(5)不信任国务员之决议;(6)国务总理之同意权;(7)法院受理行政诉讼;(8)财政紧急处分。
③ 提议增加之章条凡四:(1)中华民国主权属于国民全体;(2)两院对于官吏违法或失职行为,得咨请政府查办;(3)地方制度一章;(4)宪法非经修正程序,无论经何种事变,永不失其效力。
④ 尚有争议者凡五:(1)国民教育以孔子之道为大本;(2)议员兼任国务员;(3)紧急教令;(4)解散众议院;(5)审计院之组织。

即逐条审议程序。该程序从1917年1月26日至4月20日止,议决修正案各条与审议会结果稍有出入,其中引发冲突最多、辩论最烈者莫过于孔教问题与地方制度问题。尤其是对于后者,赞成与反对双方因争辩而起冲突,甚至相互斗殴。据吴宗慈称,反对派利用督军团进京调停对德宣战问题之机,运动各督军借题发挥,訾议宪法,呈请黎元洪总统解散国会。[1] 迫于督军团的军事压迫,黎元洪于6月12日下令解散参众两院,是为国会第二次解散,制宪工作亦再度陷入停滞。

国会二度解散之后,议员纷纷赴沪,谋求恢复。当时,张勋在北京复辟作乱,总统黎元洪出逃,命冯国璋以副总统代理总统,并任段祺瑞亦重新出任总理。段祺瑞平定叛乱后,谋求改造国会,致使旧国会恢复无望,于是7月19日,在西南组织护法运动的孙中山电请国会议员前往广东开会,并最终于1918年9月28日重开宪法会议。然而,由于对国会解散权问题与地方制度中省长产生方式问题始终难以达成一致,加之中间经历了南北议和、广州军政府改组等事件,至1920年1月24日,宪法会议再难重开,议长林森乃宣告暂时停止议宪,西南护法时期之议宪事业终未有所成。与之相应,北京政府由于拒绝恢复旧国会,于1918年8月开新国会,由于该国会均系依附于段祺瑞等皖系军阀的安福俱乐部成员,因而史称"安福国会"。新国会于10月选举徐世昌为总统后,在12月重新选举了宪法起草委员会,以推动制宪工作,并议决不适用《天坛宪草》。1918年12月27日至1919年8月12日,新宪草会共计开会26次,完成新宪法草案共计101条。从内容上看,除部分与《天坛宪草》有差异外,几乎完全继承了《天坛宪草》的规定。然而,新宪草起草完成后,由于直皖战争中皖系失败,安福议员多被放逐,新宪草还未提交宪法会议便被废置,由此本时期北京政府的制宪工作也以失败告终。

1922年3月,在直皖战争中取得胜利的直系与奉系军阀之间发生火并,5月直系曹锟、吴佩孚获胜,为巩固胜利成果,驱逐亲奉系的时任总统徐世昌,他们决计倡议"恢复法统"。6月11日,黎元洪恢复总统职位,并撤销1917年解散国会命令。8月1日,国会重新恢复,决议继续民国六年(1917年)制宪工作。自8月10日开始,宪法会议继续审议地方制度等1917年制宪时悬而未决的内容,并拟增加国权、生计、教育三章。然而,在接下来的半年时间里,由于国会内部意见不一致,以及驱逐总统黎元洪的政变等因素,两院议员纷纷赴沪,宪法会议流会数十次。直至1923年10月,曹锟谋总统大选,以重利诱部分议员回京,至10月4日凑足宪法会议之法定人数。是日,迫于曹锟当局的压力,宪法会议将

---

[1] 参见吴宗慈:《中华民国宪法史》,于明等点校,法律出版社2013年版,第285页。

地方制度完全通过二读,并由主席指定蓝公武等 30 人整理宪法全部条文。10 月 5 日,曹锟以贿选的方式当选中华民国大总统。为了增强自身的合法性,三日后,在教育、生计二章压搁未议的情况下,宪法全案草草通过三读,至 10 月 10 日由宪法会议公布,即中华民国第一部正式宪法《中华民国宪法》,史称"贿选宪法"。遗憾的是,这部宪法通过未久,即爆发了第二次直奉战争,奉系军阀张作霖与倒戈的直系军阀冯玉祥共同推翻曹锟政权,拥戴段祺瑞为临时执政。段氏于 1924 年 11 月就职后,发布临时执政府组织令,宣布解散旧国会,不承认《临时约法》与 1923 年《中华民国宪法》,并决定另行组织善后会议,由其推举国民代表组成国民代表会议以制定宪法。然而,国民代表会议直至 1926 年 4 月段祺瑞被吴佩孚、张作霖等逼迫出京,始终未能召开。此后,北洋政府日渐混乱,制宪工作告一段落。

三、南京国民政府时期的制宪经过

1924 年,孙中山领导的中国国民党召开第一次代表大会,实行"联俄、联共、扶助农工"政策,与中国共产党展开第一次合作,并于 1926 年共同推动了国民革命军的北伐。1927 年 6 月,北伐军占领北平,北洋政府垮台,同年 10 月,南京国民政府成立。10 月 3 日,国民党中央执行委员会政治会议通过了由胡汉民、戴季陶、王宠惠三人拟定的《国民政府组织法》作为国家运行的依据,是为"国民政府根本法之鼻祖"[①]。

然而,由于南京国民政府只制定政府组织法而未制定宪法,社会上出现了不少反对的声音,如胡适先生在《新月》杂志上接连发表《人权与约法》《我们什么时候才可以有宪法》等文章,拉开了"人权与约法"问题讨论的序幕,强调国家无约法或宪法,则人权无从保障。[②] 与此同时,国民党内也有部分人士认为中央政治有渐趋独裁之倾向,纷纷表示不满,认为"无约法则无以资约束"[③],且根据孙中山总理遗教,训政时期也应有约法之颁布。因此,1930 年秋,部分国民党党员借助阎锡山、冯玉祥的实力,在北平另行召集中央执行委员会扩大会议,以期制定约法,而使人民有行使直接民权之机会。9 月 2 日,扩大会议决议组织约法起草委员会,并推举汪精卫、张知本等九人为委员,罗文干、吕复等六人为专家,由汪精卫任主席而总其成。旋因张学良进兵平津,约法起草委员会乃

---

① 陈茹玄编著:《增订中华民国宪法史》,河南人民出版社 2016 年版,第 159 页。
② 参见胡适:《人权与约法》,载《新月》1929 年第 2 期;胡适:《我们什么时候才可以有宪法:关于建国大纲的疑问》,载《新月》1929 年第 4 期。
③ 吴经熊、黄公觉:《中国制宪史》,上海书店 1989 年版,第 78 页。

随扩大会议自北平移驻太原，最终于10月27日形成约法草案，交付扩大会议通过。本草案包含建国大纲、人民之自由权利义务、国权、中央制度、地方制度、教育、生计与附则，共计8章211条，史称《太原约法草案》。

中原大战后，该约法草案虽因阎、冯在军事上的失败而成一纸空文，但以蒋介石为首的国民党中央出于调和各方矛盾的考量，主动提出制定约法、保障民权的动议。1930年11月，国民党中央第三届第四次全体大会通过蒋介石提交的议案，决定于1931年5月5日召集国民会议，制定约法。1931年1月1日，国民政府公布《国民会议代表选举法》；3月2日，国民党中央执行委员会常务委员会（简称中常会）推定吴敬恒、王宠惠、邵元冲、于右任等11人为约法起草委员；3月9日，起草委员会第一次会议推定王宠惠、邵元冲、邵力子三人为初步起草；3月3日至4月22日，开起草会凡六次，完成草案；24日送中常会通过；5月2日经中央监察委员全体会议修正通过；5月5日国民会议开幕，蒋介石提出约法草案，大会讨论后交付约法审查会吴敬恒等审查。各代表提供书面意见的共涉及69条，审查结果对原草案增加6条，修正6条，形成8章共计89条的规模，包括总纲、人民之权利义务、训政纲领、国民生计、国民教育、中央与地方权限、政府之组织与附则。5月12日开始二读，同日接开三读会，一决通过，是为南京国民政府时期第一部宪法——《中华民国训政时期约法》。

《训政时期约法》颁布未久，九一八事变爆发，东北沦陷。为了实现团结，共同抵御外侮，社会上对于实行民主宪政的呼吁更为热烈，如熊希龄、黄炎培等知名人士组织"国难救济会"，发表宣言要求解除党禁，保障人民权利，进行制宪。[1] 在同一时期，国民党上层也有部分人士提出以实行宪政为团结内部的主要方法，如孙中山之子孙科于1932年发表《抗日救国纲领草案》，主张"集中民族力量，贯彻抗日救国之使命，于最近期间筹备宪政之开始"[2]。1932年12月15日，在国民党四届三中全会上，孙科再次提出《集中国力挽救危亡案》，经全体通过并议决责成立法院根据总理遗教，于最短时期起草宪法草案，以备国民讨论，于1935年提交国民大会正式会议议决颁布。[3]

1933年1月，就职立法院院长的孙科根据国民党四届三中全会的决议组织宪法草案委员会，负责宪法草案的起草工作，并自任委员长。此外，该委员会还

---

[1] 参见《江苏省国难救济会宣言》，载《新闻报》1932年2月6日，第4版。
[2] 孙科：《抗日救国纲领草案》，载《中华周报》1932年第26期。
[3] 参见孙科：《集中国力挽救危亡案》，载《中央周报》1932年第238期。

包括副委员长张知本、吴经熊等人。2月9日，委员会召开第一次会议，至4月20日，凡开会12次，确定了宪法草案的起草程序与时限，并在确定基本原则后，由孙科委员长指定吴经熊起草初稿试拟稿。吴氏以既定原则为依据，按照三民主义加以分编，历时一月成稿，并以私人的名义公开发表，征求国人意见。经内外讨论，宪法草案委员会对其进行了大量的修改，尤其是删去了大量冗长拉杂的内容，例如不刻意使用三民主义进行分章，删去原稿中"关于民族之维护"及"民族之培养"等虚文，删去"宪法之保障"一章，转将其涉及宪法解释的条文纳入附则等等。① 至11月30日，宪法草案委员会乃将修正完成后的初稿分章逐条加以讨论，并于1934年3月1日以委员会名义公布正式初稿，征求各方意见。3月22日，委员会派傅秉常等36人为宪法草案初稿审查委员，将各方意见分别整理成册、摘要汇编，并开全体审查会议九次，对宪法草案逐条斟酌，形成"初稿审查修正案"，共12章188条。该草案于9月14日交付立法院讨论。在王宠惠等人的努力下，草案经立法院修改为12章178条，并于12月14日呈送国民党中央四届五中全会审查后送回立法院，于1936年5月5日正式通过，分8章共计148条，史称"五五宪草"。

"五五宪草"公布后，国民党中央原定于1936年11月12日召开国民大会将其审议通过，以完成民国制宪大业，但由于地方选举事实上之困难，后宣布延期。年末，因中日关系紧张、西安事变爆发，各方有感国家统一基础之动摇，再次呼吁从速召开国民大会、制定宪法、实行宪政，以民主之路团结全国向心力。因此，1937年2月15日，国民党召开五届三中全会，决定于同年11月12日召开国民大会。然而，1937年7月7日，七七事变爆发，日本全面侵华，原定国民大会的召集计划再度作罢。抗战开始后，社会各界对于制定宪法、实施宪政的期盼非但未被磨灭，反而更为热切。当时，有关"宪政抗战"与"结束党治"的呼声此起彼伏。② 在此期间，张君劢召集的宪政期成会提出关于"五五宪草"的修正案，即所谓"期成宪草"。该草案由宪政期成会在沈钧儒等八人所提出的《我们对于五五宪草的意见》，昆明罗文干、罗隆基等所提出的《五五宪草修正案》以及董必武所提出的修正案等一系列较为完整的修正案的基础上，讨论、归纳并

---

① 参见陈茹玄编著：《增订中华民国宪法史》，河南人民出版社2016年版，第216页。
② 参见韫明：《实行宪政与抗战建国》，载《时与潮》1939年第5期；梁明：《宪政和抗战建国的关系：宪政问题座谈会第二次讨论纪要》，载《全民抗战》1939年第94期；潘大逵：《宪政与抗战》，载《成都》1940年第2期；黄其起：《实行宪政是不是结束党治》，载《民意》1939年第97期；李中山：《中山先生关于结束党治的意见》，载《大众生活》1941年第29期；等等。

整理而成。① 它着重对"五五宪草"中国民大会的职权加以明确,并设置国民大会议政会作为国大闭会期间的常设机构,使其成为国家权力机关,掌握政权,以牵制各项治权,防止专制,这在社会舆论中产生了较为广泛的影响力。② 此外,国民党内的部分民主派学者李任仁、白鹏飞、雷震等人也就"五五宪草"展开讨论,并提出了各自的修正意见,例如领土条款中应明确列举台湾以宣示主权,明文规定现役军人不得干预政治,国民大会于休会期间应设置常设机关,明确国家之预算、决算、宣战、媾和均应经国民大会复决方得成立,等等。③ 虽然国民大会在抗战期间难以召集,但1943年后,随着战事逐渐明朗,当年11月国民党在重庆召开十一中全会,明确决定"国民政府于战争结束后一年内,召集国民大会,制定宪法而颁布之"。同时,为了"发动全国人民研究中华民国宪法,以利宪政实施",最高国防委员会同意在国民参政会下设由各党派共同参加的"宪政实施协进会",负责组织宪草研究工作以及发动全国人民研讨宪草。协进会由孙科、王世杰与黄炎培为召集人。自1943年11月成立至1944年10月的一年间,协进会收到各方对"五五宪草"的意见书凡269件,后召集会议讨论,并编成《五五宪草意见整理经过及研讨结果报告书》一份,呈送政府采择。④

1945年8月抗战胜利后,中国共产党发表《对目前时局的宣言》,主张各党召开政治协商会议,解决和平建国问题。该建议在国共两党重庆谈判中被接受。1946年1月10日,政协会议正式召开,参会者有国共两党与青年党、民主同盟以及无党派社会贤达共计34人。经多方协商,政协会议于1月31日形成决议,其中包括针对"五五宪草"的十二项修改原则,内容涉及国家机构、地方制度、人民权利义务、选举、基本国策与宪法修改权等,使"五五宪草"在制度上越发接近英美民主体制。⑤ 针对上述原则,国民党于同年3月16日又通过五项决议,要求制宪应以建国大纲为基本依据,在国民大会与地方自治等方面否定了其中的部分原则。⑥ 对此,在周恩来的斡旋下,各民主党派作出让步,对相关原则进行

---

① 参见储玉坤:《中国宪法大纲》,中华书局1948年版,第123页。
② 关于《期成宪草》的讨论,参见林纪东:《"期成宪草"与"五五宪草"》,载《中华法学杂志》1941年第2期;罗鼎:《对于宪政期成会宪草修正案之法理的检讨》,载《中华法学杂志》1941年第4期;萨孟武:《评宪政期成会的五五宪草修正案》,载《三民主义半月刊》1944年第4期;等等。
③ 参见《我们对于五五宪草的意见》,载《建设研究》1944年第1期。
④ 参见陈茹玄编著:《增订中华民国宪法史》,河南人民出版社2016年版,第248页。
⑤ 参见储玉坤:《中国宪法大纲》,中华书局1948年版,第147-150页;陈茹玄编著:《增订中华民国宪法史》,河南人民出版社2016年版,第253-255页。
⑥ 参见陈茹玄编著:《增订中华民国宪法史》,河南人民出版社2016年版,第255页。

了修改。① 政协会议宪草修改原则通过后，决议组织宪草审议委员会，"根据协商会议拟定之修改原则，并参酌宪政期成会修正案，宪政实施协进会研讨结果，及各方面所提之建议，汇总整理，制成五五宪草修正案，提供国民大会采纳"②。其间，由于国共和谈僵局等诸多因素，直至11月初方形成《五五宪草修正案》，后改为《中华民国宪法修正案》，并经最高国防委员会通过后，交立法院迅速审议，于11月12日提交国民大会。由于当时国共和谈已然破裂，中国共产党与民主同盟拒绝出席伪国大，使得该大会的代表性与正当性存在极大欠缺，只是青年党等其他小党出席才勉强凑足法定人数。但无论如何，该宪法草案经审议于1946年12月25日获得通过，1947年1月1日颁布，同年12月25日正式实施，此即1947年《中华民国宪法》。

四、小结

根据上文梳理，中华民国自1912年至1949年的历史，可以制宪进程为线索划分为两个阶段，即南京临时政府与北洋政府时期，以及南京国民政府时期。之所以将南京临时政府归入第一时期，主要是因为其持续时间较短，具有过渡性质，且与北洋政府之间存在衔接关系，北洋政府的制宪总体上是以《临时约法》第53条为依据的。

综合来看，在前一时期，制宪的主导力量为北洋政府，并且，由于彼时国家初创，学界关于宪法文本的讨论十分广泛，且多数直接以西方宪法理论为依据，最终呈现为1923年《中华民国宪法》。而在后一时期，由于国民革命的爆发，国民党取得政权，制宪的主导力量转变为国民政府，并以孙中山的三民主义、五权宪法等学说为指导思想，因此，学界相关讨论除须以西方宪法理论为依据外，还须与该指导思想相吻合。换言之，本时期的相关讨论在很大程度上是针对如何实现孙中山五权宪法的理想，其最终呈现为1947年《中华民国宪法》。下文将分别对这两个时期的制宪问题展开讨论。

第二节 南京临时政府与北洋政府时期

在1912年至1924年间，学界关于制宪问题的讨论十分广泛，但争论相对集

---

① 参见陈茹玄编著：《增订中华民国宪法史》，河南人民出版社2016年版，第255页。
② 陈茹玄编著：《增订中华民国宪法史》，河南人民出版社2016年版，第264-265页。

中的核心问题包括国体问题、政体问题、省制问题、孔教问题以及宪法修改与解释等几个方面。

一、国体问题

宪法学意义上的国体概念系日本宪法学的独创，在清末传入中国后，为中国学界所普遍接受。[①] 不过，自晚清至民国以来，其内涵始终未曾统一，有学者从国家权力来源，即主权的角度理解国体，将其分为民主（共和）国体与君主国体[②]；另有学者指出共和、君主属政体之别，认为应从中央与地方关系的角度解释国体，将其分为单一国体与联邦国体两方面。[③] 以上两种见解构成了民国宪法学界对于国体概念的主要认识。为讨论便利，本书仅在主权意义上探讨国体问题在这一时期制宪过程中的学术争议，而将中央与地方关系意义上的国体问题归入省制问题的范畴。至于政体问题在本书中则进一步明确为有关国家政权组织形式的争论，主要表现为总统制与内阁制的分歧。就主权层面的国体问题而言，学术界的争议主要集中在以下两方面。

（一）主权之所在

1. 人民主权与国家主权之争

辛亥革命推翻帝制，使得共和思想深入人心，故而君主主权说在民初并无市场，《临时约法》第 2 条关于"中华民国之主权属于国民全体"的规定承认了人民主权说。但是，这并不意味着人民主权说在当时就占据了绝对的主流地位。由于民初国力孱弱，相当一部分学者继受了伯伦知理的学说，支持国家主权。如宪草会委员李庆芳强调："今宪法制定唯一难关即民权主义与国家主义之采决也。采民权主义之国，必其国家团结力已固，自治力已充，法律的信仰心已坚定，人民智识道德已精进。如是则采民权主义尤可使人民为自由的活动而补国权行使之穷。今我国果何如乎？蒙藏之争、南北之争、省界之争、新旧之争、党派之争暗潮澎湃，人民因国体初变，绝对的自由平等之误会，又嚣嚣于全国，暴民政治固已出现有日。惟采国家主义，使得全国渐趋于结合……此实为制定民国宪法惟一

[①] 参见林来梵：《国体概念史》，载《中国社会科学》2013 年第 3 期。

[②] 如梁启超在《论政府与人民之权限》一文中指出："主权或在君，或在民，或君民皆同有，以其国体之所属而生差别。"还有学者根据主权所在不同，将国体分为专制国体、民主立宪国体与君主立宪国体，其中"专制国体主权在君，君主立宪国体主权在君与国会，民主立宪国体主权在国民"。中国之新民：《论政府与人民之权限》，载《新民丛报》1902 年第 3 期；《论宪法上应明定主权属于国民》，载《独立周报》1913 年第 16－17 期。

[③] 如王宠惠在《中华民国宪法刍议》中指出："单一国宪法与联邦国宪法，以国体为区别；君主国宪法与共和国宪法，以政体为区别。"王宠惠：《中华民国宪法刍议》，载《国民》1913 年第 1 期。

之大前提也。"① 为此，该部分人士纷纷要求在制宪时放弃《临时约法》的规定，转而明确主权属于国家。康有为在其《拟中华民国宪法草案》中指出，"中国民权已极张，而邻于列强当以国权为重，故宜主权在国"②。梁启超《进步党拟中华民国宪法草案》的第 1 条也明确规定，"中华民国永远定为统一共和国，其主权以本宪法所定之各机关行使之"③。在对本条规定的说明中，梁坚持认为："无论何种国体，主权皆在国家，久成定说，无俟喋引。国体之异，则在行使国家主权之机关，有单复、专共之异耳。本宪法所规定各机关，即所以表共和之实也。"④ 此外，何震彝、席聘臣、王登乂、彭世躬、李庆芳、长兴、张保彝等学者在其立宪建议或学术论著中也均采纳了这种观点。⑤

从概念界定上看，国家主权论者巧妙地将国体问题从"主权之所在"转换为"主权行使机关之所在"，而使主权绝对地归属于国家，为国家能力的扩张开辟了道路。但与之相对，王宠惠、李超、姜廷荣、宗良等学者坚持认为新宪法应当继承《临时约法》的观点，规定主权在民。⑥ 王宠惠在其《中华民国宪法刍议》中指出："共和国之主权，当然属于国民全体。民国既为共和国，则此条本可不必加入。但主权在国民，乃共和国体最要之原理，不妨特为规定，使国民晓然于共和之所以为共和，全在此点。"⑦

不过，对于王宠惠的这一观点，署名春风的作者提出了批评。他认为："人民主权说……为十七八世纪间流行之旧说……然其立言全倾理想方面，而绝不顾历史实际，乃反动思潮之结果，而非得中之论也。故十九世纪初，伯伦知理国家主权说出，遂一扫而空之。晚近学者，力谋国权、民权之调和，亦只在国家主权之下，承认有不可侵犯之民权在……决不能不承认主权在国家……言国家之要素，则土地、人民、主权三者并列，此众之所共知者。若主权在人民，则国家要

---

① 李庆芳：《为制定宪法敬告国会会员》，载《宪法新闻》1913 年第 1 期。
② 康有为：《拟中华民国宪法草案》，载《不忍杂志汇编》1914 年初集第 2 期。
③ 梁启超：《进步党拟中华民国宪法草案》，载《庸言》1913 年第 1 期。
④ 梁启超：《进步党拟中华民国宪法草案》，载《庸言》1913 年第 1 期。
⑤ 参见何震彝：《何震彝拟宪法草案》，载《法政杂志》1913 年第 1 期；席聘臣：《席聘臣拟宪法草案》，载《法政杂志》1913 年第 1 期；王登乂：《王登乂拟中华民国宪法草案》，载《宪法新闻》1913 年第 19 期；彭世躬：《彭世躬拟中华民国宪法草案》，载《宪法新闻》1913 年第 21 期；李庆芳：《中华民国宪法草案之二》，载《大同报》1913 年第 19 期；长兴：《近世各国立宪政治之趋势与吾国宪法当采之主义》，载《宪法新闻》第 13、15 期；张保彝：《论国家之主权》，载《宪法新闻》1913 年第 16 期。
⑥ 参见王宠惠：《中华民国宪法刍议》，载《国民》1913 年第 1 期；李超：《李超宪法草案》，载《法政杂志》1913 年第 1 期；姜廷荣：《姜廷荣拟宪法草案》，载《宪法新闻》1913 年第 23 期；宗良：《民主国之主权在民说》，载《国民》1913 年第 2 期。
⑦ 王宠惠：《中华民国宪法刍议》，载《国民》1913 年第 2 期。

素只云土地、人民足矣，又何必再言主权"，新近立宪制国家如智利、巴西、葡萄牙均采国家主权说，而"今氏刍议亦一仍约法之旧曰'主权属之国民全体'，是为代表已往之学说，非今世纪应有之产物。窃以为不为主权规定则已，否则应明规定曰在国家"①。

在此基础上，吴贯因从五方面进一步指出主权在民说之谬，主要包括：第一，人民、主权均为国家之三要素之一，同为要素之人民可攘夺主权，于政治学与伦理学皆不可通。第二，谓人民仅为国家之一要素，故国家于人民之上别有其本体，国家为谋其本体之发达，往往牺牲人民之财产生命，使主权而移于人民，则国家将变为人民之附属物，于是人民可以牺牲于国家，而国家不能牺牲于人民。第三，国家自身具有法律上之人格，当然获有主权，而国民总体不具有法律上之人格，而欲以主权属之，实不可通。第四，主权在民常以国会为人民之代表，即无异于主权在于国会。然主权之为物，无时而不行，使其属于国会，则国会遇闭会时，主权不从而停止乎。第五，主权在民则举国之人皆得以主权者自命，革命之事，将相寻不绝；国会选举无论采何种制度，其国民之中必有一部分不能获有选举权。既无寻常之选举权，而谓反有最高之主权，夫天下矛盾之事，有甚于斯耶。综上五点，作者指出："主权在元首说与主权在民说，皆大反乎学理，惟主权在国家之说颠扑不磨。今殆为全世界学者所公认……若中国现在之民智则不足以语此，且主权在民之谬说，今尚未完全消灭，故本条规定在于国家，以防其弊。"②

而就吴贯因上述五点分析，陈觉是、出岫分别进行了逐条批驳：对于第一点，陈认为属前提之误，即混同了主权与统治权的观念。国家的要素为国民、领土与统治权，主权本来之意义在于最高独立，可以称为最高权。它并非国家之要素，如联邦国就不存在独立最高的主权。③ 出岫则从国家目的的角度分析指出："国家之目的，实以增进人民幸福为唯一要务，而土地与主权二者则所以辅助人民使达于幸福之域也。降至今日，人民、土地、主权虽同为组织国家之要素，然自其原始上观察，则人民为主体，土地、主权为客体。"④ 至于第二点，陈与出岫均认为，国家之所以能牺牲财产生命恰恰在于主权归属于国民，"主权在民，则事事以民意为标准，民以为可则行之，以为不可则罢之，故虽有牺牲而民不怨"⑤；"若谓

---

① 春风：《王君宠惠宪法刍议批评》，载《宪法新闻》1913年第13期。
② 吴贯因：《拟中华民国宪法草案》，载《庸言》1913年第16期。
③ 参见陈觉是：《临时约法第二条释疑》，载《民谊》1913年第7期。
④ 出岫：《主权所在论》，载《国民》1913年第1卷第2期。
⑤ 出岫：《主权所在论》，载《国民》1913年第1卷第2期。

国家能牺牲人民之财产生命，由主权之发动能使人民之服从，是则人民将屈服于国家之下，其国家必为一人之国家，而非人民之国家"①。至于第三点，陈指出，国家人格非自然具有意思者，因而需要自然具有意思的人民组织其意思成为国家之意思，换言之"国家自身非自然就有法律上之人格，必以人民之意思组织，乃具有法律上之人格"②。出岫认为，国家为抽象名词，人民为国家之本体，既然国家可为法律上之人格，则人民于实际上亦无不可为之，退一步讲，也可承认国会主权。③ 对于吴的第四点分析，二人共同指出，一方面国会闭会时，犹有国家之元首以统辖国家行政机关，则国家之生活依然存在也，不仅如此，数国闭会中亦举前会之议长及少数议员为常置委员，如此则国家之活动将无由停止之日。对于第五点，陈强调主权在民之国家，固以实行平民政治为主义者，平民政治者，谓谋多数人民之利益而非谓谋少数人民之利益，故一切政治必须合乎多数人民之意向。若非以少数人之反对而谋变置政府则非为全部多数人谋利，直以个人之私见而动摇大局耳，纵有变乱谓之暴动，而不能称为革命。出岫也指出，革命发生之故，并非人民有主权之故。对于最后一点，陈认为其谬误非从法理上讨论，无研究之价值者也。即以普通选举论，除精神丧失者、不达于一定年龄者、处刑法上之处分剥夺公权及在停止中者、禁治产者、受破产宣告债务未能完偿者之外，一切国民皆平等得有选举权。诚如所论，则只有赋予上述人选举权乃可与主权在民说不矛盾，无论采何种政体之国家，恐未有此制度。④ 并且，出岫强调，选举分属个人而主权归属国民全体，两者不可同日而论。⑤

基于上述反驳，陈觉是特别指出，国民主权说在当前阶段对于中华民国仍有提倡的价值。首先，国民主权说17世纪促进法国专制政体之改革，厥功其伟，今民国推翻清朝专制政体，人民当一律自由平等，则国民主权说之不可泯没者一也。其次，共和民主国以人民为重，政府为轻，欲巩固国家之基础，必先以巩固民权为主义。国家之法律须适合于自然法之原则，然后人类之自由平等乃有可期。主持国权说者，往往尊重国权而不知尊重民权，置国家之根本而徒灌其枝叶。再次，中华民国之创设，其目的岂仅推倒清朝之专制，将欲建设一世界最大之共和国，驾美法而上之，而为世界各国之模范、理想上之国家。民国成立虽蓄数十年之精力，然武汉一起，各省响应，不旬月而大功告成，民权主义之有以深

---

① 陈觉是：《临时约法第二条释疑》，载《民谊》1913年第7期。
② 陈觉是：《临时约法第二条释疑》，载《民谊》1913年第7期。
③ 参见出岫：《主权所在论》，载《国民》1913年第2期。
④ 参见陈觉是：《临时约法第二条释疑》，载《民谊》1913年第7期。
⑤ 参见出岫：《主权所在论》，载《国民》1913年第2期。

入人心也。最后，当前日渐发达的社会主义思潮也多以国民主权说为基础，应当继续坚持。①

经过双方多次激烈交锋，《天坛宪草》最终采纳了国家主权说，仅在第1条规定"中华民国为永远统一民主国"以明确主权之行使者为人民及其选出之代议机关，而删去了原《临时约法》第2条"中华民国主权属于国民全体"的规定。为此，不少学者撰文批评，如田解认为，"主权属民说"为共和之原理，"在主权之所在聚讼皆有未安，而以属民说为胜，宜如临时约法第二条之规定也"②。为此，在1916年宪法草案二读会时，议员秦广礼等人再度提出增加主权一章，明确中华民国主权在民。提案者认为"政治权力在于国民为民主国不可夺之原理"，无论是属于国家还是属于其他组织，均无法体现主权之最高性。③ 议员叶夏声等表示赞成，其指出："（一）君主国之宪法既是国体与主权皆有规定，则我民主国之宪法国体而外，亦应再行规定主权。（二）民主国家本系以民为主，如无精确之规定，或恐解释人民之主易生误会。（三）国家主权之说已见衰落，既为民主之国家主权即应属于人民。（四）中华民国之主权属于国民全体，在临时约法已明明规定，现于宪法上照旧加入，可借以更加巩固。（五）各国宪法如墨西哥、智利、比利时皆规定主权，事实上亦无妨碍。"④ 议员何雯等表示反对，他们认为："（一）美国宪法三权分立，并未规定主权属于何者，比、法宪法亦然，我国正宜采用。（二）草案第一条已规定中华民国为民主国，是主权之行使者已规定在国体中。（三）主权属于国民全体已为陈述。（四）主权与统治权究竟是一是二，吾国社会上之知识尚不能区别，如于宪法中规定主权一章，恐发生误会。"⑤经辩论及反证表决，秦广礼等人的提案获宪法会议通过，最终于1923年通过的《中华民国宪法》第二章第2条中得到了明确的规定，即"中华民国主权属于国民全体"⑥。

2. 君主国体的短暂复辟

1915年，基于袁世凯称帝的舆论造势需要，学术界爆发了著名的"国体之争"。当时，以袁世凯的宪法顾问古德诺以及筹安会杨度等人为代表，辅以刘师培、孙毓筠等袁氏私人，力主变更国体，实行君主制。针对这类主张，梁启超、

---

① 参见陈觉是：《临时约法第二条释疑》，载《民谊》1913年第7期。
② 田解：《异哉宪法草案不袭主权之规定》，载《宪法公言》1916年第1期。
③ 参见《秦广礼等宪法草案增加主权章之提议》，载《新闻报》1916年10月5日，第1版。
④ 吴宗慈：《中华民国宪法史》，于明等点校，法律出版社2013年版，第243页。
⑤ 吴宗慈：《中华民国宪法史》，于明等点校，法律出版社2013年版，第243页。
⑥ 《三日宪法审议会纪事增加主权修正案之讨论表决加入居多数》，载《时报》1916年11月6日；吴宗慈：《中华民国宪法史》，于明等点校，法律出版社2013年版，第52页。

谷钟秀等人纷纷撰文予以尖锐批判，进而引发了关于君主国体与共和国体更为深入且广泛的讨论。

1915年3月，杨度写成《君宪救国论》三篇，以对话体的形式阐述其"非立宪不足以救国家，非君主不足以成立宪"①的观点。文中，他将中国强国无望、富国无望乃至立宪无望都归结为"共和之弊"。其中，在强国方面，由于"共和国民习于自由平等之说"，加之我国国民教育程度低，缺乏共同的国家观念，故而军事上凝聚力不足；在富国方面，共和国家"竞争大总统之战乱，必致数年一次，战乱愈多，工商愈困"；在立宪方面，"共和政治，必须多数人民有普通之常德常识，于是以人民为主体，而……中国……多数人民不知共和为何物，亦不知法律以及自由、平等诸说为何义，骤与专制君主相离而入于共和，则以为此后无人能制我者……中央威信远不如前，散沙遍地，不可收拾"②。在他看来，"由今之道，不思所以改弦而更张之，欲为强国无望也，欲为富国无望也，欲为立宪国亦无望也，终归于亡国而已矣"③。作为救济之策，杨度明确提出应当改民主共和为君主立宪。他认为，当下中国只有世袭君主能较好处理政治继承问题，不致发生共和制下竞争总统之变乱，使国家复定于一，从而可矫正清末民初立宪的弊端。④ 同年8月，古德诺发表的《共和与君主论》也指出，一国国体"为君主或为共和，往往非由于人力，其于本国之历史习惯，与夫社会经济之情状，必有其相宜者，而国体乃定"⑤。就中国而言，由于数千年君主独裁政治之影响，"大多数之人民，智识不甚高尚……无研究政治之能力"，当前虽渐进于立宪政治，但总统继承问题尚未解决，一旦总统解除职务，或将酿成祸患，败坏中国之独立。因此，相较之下，"中国如用君主制，较共和制为宜"⑥。

两人的见解在社会上引起轩然大波。梁启超随即发表了轰动一时的雄文《异哉所谓国体问题者》，对上述主张进行了激烈批驳。梁指出，国体"为天下重器"，"可静而不可动"，其"本无绝对之美，而惟以已成之事实为其成立存在之根原，欲凭学理为主奴，而施人为的取舍于其间"，为"天下绝痴妄之事"。他强调，"在现行国体基础之上，而谋政体政象之改进"，才是政治家的唯一天职，"苟于此范围外越雷池一步，则是革命家或阴谋家之所为"⑦。至于主张变更国体

---

① 杨度：《君宪救国论（上）》，载《中华全国商会联合会会报》1915年第2卷第10期。
② 杨度：《君宪救国论（上）》，载《中华全国商会联合会会报》1915年第2卷第10期。
③ 杨度：《君宪救国论（上）》，载《中华全国商会联合会会报》1915年第2卷第10期。
④ 参见杨度：《君宪救国论（中）》，载《中华全国商会联合会会报》1915年第2卷第10期。
⑤ 古德诺：《共和与君主论》，载《东方杂志》1915年第12卷第10期。
⑥ 古德诺：《共和与君主论》，载《东方杂志》1915年第12卷第10期。
⑦ 梁启超：《异哉所谓国体问题者》，载《东方杂志》1915年第2卷第10期。

最有力之论据，亦即所谓"选举总统时，易生变乱"，梁认为新颁《大总统选举法》使中国"在事实上已成为终身总统制"，今后无论传贤传子均能较好补救共和制下总统继承的缺陷，无须变更国体。① 对此，袁氏之私人、时任约法会议议长孙毓筠撰《论国体书》一文加以批驳。作者指出，君主国宪法与共和国宪法有精神上之不同，君主国宪法政府与议会立于对峙之地，共和国宪法议会之权力超于政府之上，故凡欲立宪者，必先问其国国情适用何种宪法，而梁启超"只问政体，不问国体"的态度，申言之，只问立宪与非立宪而不问共和或不共和，则存在以君主立宪之政体而套用共和国体的矛盾。② 对此类言论，章士钊认为是对梁的误读，故作《评梁任公之国体论》一文以作澄清。文章指出，"只问政体，不问国体"，问之云者，以其事可疑而发为问也，在此点对梁文予以质疑实未明晰问与论之区别，宪法既已规定共和国体，则国体问题即为固定之事，不可有疑问也，实不当问也，非不当论也。③ 另外，亮公在其《辟君宪之谬论》中亦为梁文进行辩护，他强调：君主、共和属国体之问题，立宪与否则是政体之问题，无论何种国体，皆可以召乱，亦无论何种国体皆可以立宪，在立宪层面两者均认可国会、政党、地方自治等方面，只在元首继承上有所区别，故不应对国体与政体之间的关联性故作混淆。而就继承方面言之，若政治清明、上下安和之时，则无论共和国体、君主国体，其政权继承法律皆可平稳运行，反之，亦均可成一纸空文。换言之，该问题并非国体的优劣，而是本国政治情势的差别。④

对于古德诺的《共和与君主论》，议员谷钟秀乃至日本宪法顾问副岛义一博士均提出了批评意见。谷钟秀指出古氏立论有三大谬点：其一，在政权继承问题上强调以共和解决之不如以君主解决之，谷氏认为，只要立宪政体下《大总统选举法》能够正常运行则不会生变乱，若超乎法律范围之外，则无论共和国体抑或君主国体，均无法避免政争乱局。其二，"民众程度问题乃对外比较的，而非绝对的。故任取美法各先进共和国之国民与吾国人民比较，诚不免有高上低下之别，若于一国内对政府言之，则无所谓低下。盖一国之政府即为君主，其一般行政管理犹是拔诸人民之中。若无政治能力，即君主政治，当然亦不能有良善之结果"。其三，"古氏既认明'中国如欲保存独立不得不立宪政治'是政体问题，与国体何与，而谓立宪以君主制行之为易，以共和制行之较难"，两相矛盾。立宪政体下，"人民为国家公意志所寄"，"国家而有君主，亦以执行公意而名，非无

---

① 参见梁启超：《异哉所谓国体问题者》，载《大中华》1915年第8期。
② 参见孙毓筠：《论国体书》，载《协和报》1915年第1期。
③ 参见秋桐：《评梁任公之国体论（一）》，载《甲寅》1915年第10期。
④ 参见亮公：《辟君宪之谬论》，载《新中华》1915年第2期。

故举天下以奉一人也","若以今日之共和适成专制为言",则"知改为君主的更不能不专制"①。副岛义一亦从五方面对古德诺之国体论提出商榷:其一,古氏认为国体与历史习惯及社会经济密切相关而非出于国民之选择,但却在君主国体的优势中又指出,其"继承之法已明白规定而共同承认者也",所谓"明白规定""共同承认"已属人为之事,当然与国民选择有关,因此,国体"不能纯视为历史上之发达物也"。其二,古氏认为中国应当采取君主国体的最大原因存乎"大实力家之奋往进行,往往能建世袭的帝制",然而从他方面观之,"此等大实力家,岂既能建设帝制,而独不能建设共和乎?亦视其奋往进行之方向如何耳"。其三,古氏论美国建设共和之理由包括"无大家皇族足以肩政务之众",以及"英国赞助共和之人多移居美洲,常以共和学说灌输渐渍入于人心"两方面,而由此征诸中国之现状,"自辛亥革命,清社既屋,无复皇族之存在,而革命以前,共和思想亦已灌输渍入于人心,而南方尤盛……以上二点殆与古氏所述美洲当日之情状相似"。其四,古氏所论中南美洲脱离西班牙而建设共和"系由竭力竞争而来,乱机既萌,未能遽定,而教育未遍,民智卑下,其所习者,专制之政体而已。夫民智卑下之国,最难于建立共和"。然而,所谓教育,所谓参政,不能望之于共和,而能望之于帝制乎?若甘效中南美之所谓,实为自陷于危亡。其五,古氏认为行共和制者,其能于政权继承之问题,有解决之善法。作者通过尧舜揖让、汤武革命等历史分析,认为中国"国体虽称君主,实类于共和",它并不完全坚持万世一系的血脉传承,君位继承之法在中国亦并非金科玉律。②

本次论争使国人越发认识到了共和国体的重要意义,相关讨论虽伴随着1916年袁世凯撤销帝制而消弭,但其影响一直持续,自此之后,无人在共和国体的问题上再有疑问。

(二) 主权与统治权

《临时约法》除在第2条规定"中华民国之主权属于国民全体"以外,还在第4条规定了"中华民国以参议院、临时大总统、国务员、法院行使其统治权"。在新宪法制定时,主权与统治权两者之间的关系成为国体问题讨论中的另一重要争议焦点,它不仅关乎新宪法应否继承《临时约法》关于统治权的规定,同时还涉及对主权是否无限、能否分割以及是否需要规定主权总揽机关等有关主权性质问题的理解。

---

① 谷钟秀:《辟古德诺国体问题之邪说》,载鹤唳生编:《最近国体风云录》,1915年版,第29-33页。

② 参见〔日〕副岛义一:《评古德诺氏国体论》,余生译,载《新中华》1915年第2期。

1. 主权与统治权之关系

就主权与统治权之关系而言，当时主要有同一说、区别说与调和说三种观点。

同一说之代表为章士钊，他在《约法与统治权》一文中指出："统治权即英字 sovereignty，美儒柏哲士①所谓加之国内人民及各种机关最初绝对无限及普及之权力也。故谓之统治权……萨威棱帖（sovereignty）译作主权者亦复不少。"②此外，张东荪也认为统治权与主权殊无差别，他指出，两者"在英法仅有一字，而包蓄两义，在德始有二语，其一所谓 Souveränetät 及 Herrschaftsgewaet 是也。前者系拉丁语之变化……其语根即为 superanus，此言'最高'，不过表示国权之最高性而已。后者为德之固有语，为动词 herrschen 之变。herrschen 此言'统御'或'管辖'，盖国家为治者与被治者之关系，此语即表示治之关系，亦即所谓国权之内容是也……主权偏于国权之最高性、排他性方面，而统治权偏于国权之治内性方面。实则国权者，固兼最高性与治内性而言，盖未有一国不能自治而可以排他权之侵入者也。惟近世联邦国发生，说者谓国权之最高性实无关于国家之独立生存，然国家以单一为常轨，吾人当就单一国立论"，则统治权与主权"名词虽殊，实物则一，惟吾今偏重于治内方面，故用统治权之语也"③。

对于章士钊之观点，民立报重民与时事新报老圃两人提出主权与统治权的区别说加以反驳。重民认为，统治权在德文为 Herrschaftsrecht，权利之谓，非权力也。而萨威棱帖者，至尊无上之谓，乃国家权力所不可缺之性质，非权利，亦非权力，此其所以别于统治权也。老圃认为："主权者，国家最高之权力，不受他力之羁束者也。统治权则不必尽为最高权。在统一之国，统治权之上更无统治权，则统治权即等于最高权。然如德、美联邦国，奥匈双立君主国及瑞典、脑威④等国，则每州每邦既有每州每邦之统治权，而每州每邦之上更有中央政府之统治权，则每州每邦之统治权即不得为最高权。故所谓最高云云固非所谓统治权之要素。易言之，即无主权之国，亦不妨有统治权。盖无主权之国，其为国则一特不能谓之独立国。此统治权与主权之区别。换言之，即统一国之统治权与主权概念相同，而联邦国主权与统治权有区别。"⑤

---

① 柏哲士，今译作伯吉斯（John William Burgess，1844—1931），系美国哥伦比亚大学教授，著名政治法律学者，代表作有《政治科学与比较宪法》（Political Science and Comparative Constitutional Law）。
② 秋桐：《约法与统治权》，载《独立周报》1912年第1卷第1期。
③ 张东荪：《论统治权总揽者之有无》，载《庸言》1913年第1卷第11期。
④ 即挪威。
⑤ 以上二人观点参见秋桐：《主权与统治权》，载《独立周报》1912年第1卷第3期；陈承泽：《约法第二第四两条之评论（致独立周报记者）》，载《独立周报》1912年第1卷第3期；马质：《主权论》，载《庸言》1913年第1卷第3期。

作为回应，章士钊发表《主权与统治权》一文专门予以澄清。针对老圃的观点，章认为，"作者假定所谓国家最高权，乃英语萨威棱帖之定义，果尔则记者以主权为萨威棱帖，而统治权如在统一之国老圃君谓即等于国家最高权，果尔则以统一国为范围，与记者以统治权为萨威棱帖亦无忤。吾国统一国也，主权与统治权在他国容有区别，而在吾国则不当有何也。吾统治权之上更无所谓统治权也。如斯言则统一国之约法歧主权与统治权为二，徒予解释者以困难"①。也就是说，在统一国，老圃实际上同意了统治权与主权的同一说，而中国作为统一国，统治权与主权自当同一。至于联邦国，主权为萨威棱帖，各邦统治权应为半萨威棱帖（semi-sovereignty），章认为此"特体察萨威棱帖之眼光不同而加以两种之解释，非能于萨威棱帖之外别造一物，而求与萨威棱帖分道扬镳。老圃君所争得者，一'半'字而已，所谓主权与统治权之别，亦萨威棱帖与半萨威棱帖之别而已。而半萨威棱帖并非法学界主流"②。至于重民"统治权为权利，主权非权力亦非权利"的观点，章借用重民所引耶力芮克③的观点认为："耶氏所作公权论，有时以统治权为权利，亦有时以统治权为权力。因耶氏之书，实 Herrschaftsrecht 与 Herrschaftsgewalt 并用，权利与权力并举。"至于"萨威棱帖非权力亦非权利之说"，章引"伯伦知理所作萨威棱帖之定义曰：国家者，以国家权力范围成之人格者也。此种权力从其最高之品位及最大之强制性着想，号曰萨威棱帖。（国家学原理）由此可见，萨威棱帖乃权力也"。通过比较两者，章再次指出："主权与统治权无法使之截然离立，持论者因得一定不移之观念，盖德语之 Herrschaftsrecht 英译为 right to rule of govern，其意乃与萨威棱帖相通。"④姚肇安也认为："以主权与统治权分而为二，殊与法理不合。主权为国家最高独立之权，换言之，即国家对于内外最高无限制之权力是也。故其对于外国之独立权，曰对外主权，而其对于国内之支配权，曰对内主权，对内主权者，即统治权也。而约法第二条既采用主权，则不能采用统治权，以并接入条文之中。主权与统治权之分而为二，惟在联邦之国家有之，而单一之国家，则无区别之必要焉。今立法者误以为统治权为最高权之作用，主权为最高权之实质，致有第二条与第四条冲突之规定，盖中国为单一国，各省为地方，非似联邦制组织，何能

---

① 秋桐：《主权与统治权》，载《独立周报》1912年第1卷第3期。
② 秋桐：《主权与统治权》，载《独立周报》1912年第1卷第3期。
③ 今译作耶利内克（Georg Jellinek，1851—1911），德国著名国家法学者，长期担任海德堡大学宪法学、公法学与国际法学教授，代表作有《主观公法权利体系》（System der subjektiven öffentlichen Rechte）、《一般国家学》（Allgemeine Staatslehre）。
④ 秋桐：《主权与统治权》，载《独立周报》1912年第1卷第3期。

用主权之名词，复用统治权之名词乎？"①

综合章士钊、老圃、重民三家观点，马质提出了调和说。他认为："主权一语，今日公法上用之者，实含有三种意义，一言国权之最高性，一言国权之行使，一言国家最高之地位。"就主权与统治权概念而言，两者"固非浑然一物，亦非截然二物"，"主权云者，谓国家权力之本体，统治权云者，谓国家权力之作用"。主权为实体，主权对内作用为统治权，分为立法、行政、司法三权；对外作用为国际权。② 对于马质的调和说，张东荪提出了三方面的质疑，归纳为"三不可解"："主权原语为 Souveränetät，乃从 Superanus 而来，不过表示最高性而已，乃反以之为本体，统治权原语为 Herrschaftsgewaet，字中 gewaet 即为权力，明明有权力之字，而乃反以之为权力之作用。权力之作用犹之非权力自身也，此一不可解也。更自理性上言之，体用二者相关，必先有体而后有用，然则今日之半主权国及无主权国，又将何以说明，此二不可解也。且夫既言体用，显系有轻重，盖有体始有用，断无体不存而可见作用者……然则今日联邦国之邦国家统治权仍然无恙，而主权则移至联邦国家，与前理正得其反焉，此三不可解也。"③ 而与调和说相类者，又有黎兴殷与陈耿夫的国权、统治权与主权的三分说。两位作者认为，国权为"国家之意思力，即国家之权利能力，亦即国家得依法律所认，从自己之目的而得主张其意思之力"，主权为"意思力中之最高独立者也"，统治权为"基于意思力而国家现在所享有之权利也"④。该观点在设置了统一的国权概念之下尝试厘清主权与统治权的关联。在此基础上，刘祖章删去了国权概念，将主权概念直接界定为"综括的意思力"，与作为意思力之内容的统治权相对。⑤

2. 主权的性质

基于对主权与统治权关系的不同理解，学者们对主权的性质也产生了截然不同的认识。

在主权统治权同一说的学者看来，主权与统治权均是最高、单一、不可分割并且无限的权力。卢尚同指出："统治权之性质唯一不可分割，因国家为一独立之有人格者，其意思之发动只可有一而不可有二，若同时有数个意思之发动，即为有数个人格，不能谓一个国家。国家之不可分割，而为国家意思表征之统治权

---

① 姚肇安：《对于临时约法第二条与第四条之批评》，载《离声》1920年6月。
② 参见马质：《主权论》，载《庸言》1913年第1卷第11期。
③ 张东荪：《主权讨论之讨论》，载《庸言》1913年第1卷第14期。
④ 黎兴殷、陈耿夫：《国权统治权主权三者之区别》，载《民谊》1913年第9期。
⑤ 参见刘祖章：《原主权》，载《新国民》1917年第1期。

亦自不可分割。所可分割者，统治权之作用也。通常分统治权为立法、司法、行政三种，各设一特定之机关以行使之。"① 张东荪也从统治权之固有者与行使者的区别，强调统治权与主权的不可分割性，他认为："前者言固有此统治权之人，后者言执行此统治权之人。在君主国，君主为统治权之固有者，亦为统治权之行使者。在民主国，人民之总意为统治权之固有者，而由此总意所制定之根本法，复由此根本法而发生之各机关，如总统国会司法部等为统治权之行使者。是故在君主国，固有与行使合而为一，在民主国则分而为二……盖行使统治权者虽为多数机关，然非统治权为之分割，不过机关权限之分配。"② 章士钊对此表示赞同，并进一步指出主权的无限性，他认为："萨威棱帖始终限物而不为物限者，故曰无限也。至举宪法上之拘束以为主权无限之说，病为问先有宪法而后有国家乎？抑先有国家后有宪法乎？由柏氏之言③观之，则国家者，创造宪法者也，国家非为宪法所造也。宪法之所造者乃政府也，非国家也。由是宪法之所能规定者，政府之组织，非国家之组织也。"④

赞同主权与统治权区别说或调和说的学者，一方面承认主权属于最高权，并基于此部分认可了该权力的无限性；另一方面也明确了统治权的有限性与可分性。如陈觉是所言，所谓最高权包括"于法上而不制限之意思力"、"不受他人格制限之意思力"以及"非基于自己之意思则不受制限之意思力"三方面。⑤ 马质也指出，所谓主权即"原始的至尊无上之权"，属于"唯一不可分者也"，"独立不可抗者"，"绝对无法制限者也"以及"不能让与者也"⑥。与之相对，统治权作为主权之作用，或作为国权之下的内治权，其"不独国家有之，即地方团体亦有之。此法学界之通论也。既统治权以分属各体，是统治权可以分割者也"⑦。黎兴殷、陈耿夫的分析则较为特殊，他们认为，国权并非权力本身，而是一种"综括的意思力"，属于一种权利能力，其内容主要包括"国家自行组织之权利（组织高权）"，"国家以地球表面一定之区域为自己领土，有支配其领土及领土上一切人及物之权利（领土高权）"，以及"国家以一定之人为自国之人民，而命令强制之，有其得享有权力关系之秩序之权（人民高权）"⑧。主权指的是此种权利

---

① 卢尚同：《临时约法驳议》，载《独立周报》1912年第1卷第1期。
② 张东荪：《论统治权总揽者之有无》，载《庸言》1913年第1卷第11期。
③ 即柏哲士。
④ 秋桐：《主权无限说》，载《独立周报》1913年第3期。
⑤ 参见陈觉是：《临时约法第二条释疑》，载《民谊》1913年第7期。
⑥ 马质：《主权论》，载《庸言》1913年第1卷第11期。
⑦ 马质：《主权论》，载《庸言》1913年第1卷第11期。
⑧ 黎兴殷、陈耿夫：《国权统治权主权三者之区别》，载《民谊》1913年第9期。

能力与一般权利能力相比而言的最高性，属于国权的性质，可具体分为"国家之权利能力除自己制限外，无所不及（国权自主性）"，"国家不受以外何者反乎自己意思之制限（国权独立性）"，以及"国家之内部无论如何不能反乎自己意思而制限之（国权最高性）"。相较于国权，"统治权无国家综括的意思力（权利能力）之意味，乃国家现在享有之权利也；综括的意思力无一定之内容，国家之统治权有一定之内容也；综括的意思力若不反乎国家之目的，本来无限，苟如实力之可及者，无论如何权利皆得享有，国家之统治权则有限者也，付以一定之领土及一定之人民是矣；国家之意思力唯一不可分……国家之统治权则可分，如领土之割让……联邦国家其国内统治权之权利分配"①。

　　基于主权的性质，学界还集中讨论了主权机关问题，具体来说即统治权是否应当设立总揽者的问题。学者们虽会因其对主权与统治权关系之持论不同而从不同角度加以论证，但其得出的结论并不因其所持之论的同或不同而有相关关系。卢尚同作为主权与统治权同一说的支持者，认为应当在行使统治权的"三种机关之上又设一统治权之总揽者，以保其意思之一致"②。持区别说之老圃对此表赞同之态度，认为有必要在宪法中阐明总揽机关的性质及其识别之标准。③ 陈觉是则基于主权在民说认为应当将国会视为总揽者。然而，作为同为同一说支持者的张东荪则认为不应设置统治权的总揽机关，他认为："统治权总揽者之说总有二义，一曰与主权所在同义，此君主国以君主为主权者，吾人处于共和国之中，不有倾心此议者。二曰与国权不可分割同义。殊不知国权诚不可分割，而国权之形式不必为单一体也。""国家之统治权既应分配，其权限于各机关，若有所谓统治权总揽者出，自名学上观之，其不通固已昭昭然矣。假令不然，则各机关之正当权限，皆为之破坏。若各机关权限为总揽者所赋予，则总揽者变为统治权之固有者矣。立宪国以权限分配于各机关为原则，苟总揽之于一机关，是仍易立宪而为专制矣。藉曰，国家之意思必须统一，然亦不必由一机关为之总揽其统治权焉。须知，国家，一法人也，法人者，由人格内之各机关相联络以表示其意思者也。"不过，张亦赞同在幼稚之国，为确保各行使统治权之机关不生隔阂，应设一机关作为临时救济之手段，但其应当视为"暂时的救济的联络的机关，非统治权之总揽者，亦非强有力之政府"，在他看来，则该联络机关，应当由行政立法司法之

---

　　① 黎兴殷、陈耿夫：《国权统治权主权三者之区别》，载《民谊》1913年第9期。
　　② 卢尚同：《临时约法驳议》，载《独立周报》1912年第1卷第1期。
　　③ 关于老圃的观点，参见陈承泽：《约法第二第四两条之评论（致独立周报记者）》，载《独立周报》1912年第1卷第3期。

外的总统为之。① 很显然，该讨论中支持的理由为1914年通过的《中华民国约法》规定统治权之总揽者提供了理论基础，该约法在其第14条中明确规定"大总统为国之元首，总揽统治权"。

此外，还有学者在制宪、修宪权层面理解统治权的总揽者。孔昭焱指出："国家者，法人也。惟法人乃得为权利义务之主体。故论国家者，应以国家为主权之主体，其立于国家之下而为分掌庶职者，仅谓之机关……具有行使国家主权之能力者，谥曰主权机关。观察孰为主权机关者……即问孰有修正宪法权者，则主权机关也。"② 他认为，《临时约法》以参众两院联合为国民会议作为主权机关，总揽最高权力，可以接受。李庆芳亦曾提出相似观点，认为："以我国情势论，既欲产出强有力之政府，则国会应稍为制限，以防其专制，故最高总揽机关果否可为另行组织，应宜如何组织，例如效法以两院组织国民会议，抑效美以人民组织最高总揽机关，此实有可研究之价值。"③ 该问题在1913年3月18日召开的各政党宪法讨论会第四次会议中，曾以"宪法外之国家机关"之议题进行研讨，而姜廷荣、王登义、李庆芳等人于提出的宪法草案中亦对此进行了详细分析，并在制宪、修宪之外，认为大总统选举也应交由该总揽机关进行。

二、政体问题与省制问题

继国体问题之后，政体问题则是北京国民政府立宪时期学界又一个争议的焦点。所谓"政体者，即于国体基础上而为国家第二段复杂意思之组织也"，其"组成之性质无论如何变易，不过于国体本位土台上为各本位调剂的表现也"④。无调剂，则为无制限之政体，即专制政体；有调剂，则为有制限之政体，即立宪政体。⑤ 伴随着共和国体获得全社会的认可，立宪政体亦成为民国宪法的唯一选择，但是，在具体政权组织的形式方面，学界始终未能达成共识，相关讨论贯穿本时期之始终，主要包括以下几方面内容。

（一）政权组织形式的选择

政体问题首要在于选择何种政权组织形式，抛却君主立宪之外，当时可供我国借鉴的主要包括法制、美制与瑞制三种⑥，即内阁制、总统制与委员制。简言

---

① 参见张东荪：《论统治权总揽者之有无》，载《庸言》1913年第1卷第11期。
② 孔昭焱：《论宪法上主权机关之必须确定》，载《法政杂志（上海）》1913年第7期。
③ 李庆芳：《为制定宪法敬告国会会员》，载《宪法新闻》1913年第1期。
④ 王登义：《民国根本法阐定论》，载《宪法新闻》1913年第4期。
⑤ 参见王登义：《民国根本法阐定论》，载《宪法新闻》1913年第4期。
⑥ 参见《有贺博士之宪法演说》，载《宪法新闻》1913年第11期。

之，内阁制下，司法权属于独立法院，而立法权归属民选议会，行政权归属议会多数党组成的内阁，后两者表面分立，实际相互依存；总统制下，立法权归属民选国会，行政权归属民选总统，司法权归属法院，实行三权分立，互不侵犯；委员制下，行政部则为立法部的委员会，其形式同于一个大机关中的小机关，议行合一。① 在民初制宪前期，各方以瑞制作为直接民主形式只适合小国寡民为由，主要围绕法制与美制展开讨论。但是，由于长期相持不下，加之受1918年苏俄宪法的影响，在1922年上海国是会议期间，经章太炎等人的倡导，委员制也一度被学界所热议。

1. 内阁制与总统制之争议

在制宪之前，《组织大纲》与《临时约法》曾分别代行临时宪法。对于《组织大纲》而言，"其制度精神，似积极仿摹美国宪法。主要之点，则在采用总统制，不设国务总理，而其代表方法、投票方法又酷类美国独立时同盟议会所采用者；亦可知当时之倾向美制也"②。而《临时约法》则采用了法制。对于这一转变，议员谷钟秀指出"当革命之时，各省初相联合，实有类于美利坚十三州之联合，因其自然之势，宜建为联邦国家，故采美之总统制，自临时政府成立后，感于南北统一之必要，宜建为单一国家，如法兰西之集权政府。故采纳法之内阁制。"③ 这一解释代表了当时部分见解，不过，多数学者一如陈茹玄的观点，认为单一国家、联邦国家与总统制、内阁制并无必然关系。单一国家也有总统制，如南美诸国智利、古巴、秘鲁；联邦国家也有内阁制，如德意志、加拿大。"当日采用内阁制的目的，在于减削总统之大权，防止袁氏之专擅，俾民党多数之参议院得以监督之耳"④。不仅如此，由于因人设法的嫌疑，《临时约法》在机构设置上亦未能完全贯彻内阁制之精神，其"在总统之下，更有副总统及国务总理之设，如其采美制，则国务总理可以无需；如采法制，则副总统可以不设"⑤。此种做法招致诸多批评，成为1913年国家制定新宪法必须解决的问题。

在宪法会议起草之前，议会各主要政党相继发布政见，在政体选择上均倾向于内阁制。如共和党认为"法国制则以内阁负政治上之责任，总统居元首之地位，匪独政争不集矢于总统，且足以调和立法部与政府之意见，使政治易于进

---

① 参见李剑农：《政治学概论》，商务印书馆1935年版，第241页以下。
② 陈茹玄编著：《增订中华民国宪法史》，河南人民出版社2016年版，第18页。
③ 谷钟秀：《中华民国开国史》，上海泰东图书局1917年版，第83—84页。
④ 陈茹玄编著：《增订中华民国宪法史》，河南人民出版社2016年版，第29—30页。
⑤ 陈茹玄编著：《增订中华民国宪法史》，河南人民出版社2016年版，第32页。

行"①。国民党虽开始曾主张美制下相对的三权分立主义，但后来也明确了对国会政府主义的支持。②王宠惠在其《中华民国宪法刍议》中认为，确立内阁制（文中为议院政府制）有以下五种便利：其一，"此制以民权为根本……吾国苟能取其精神，则民权有发达而无凌替，政治有进化而无退步已"；其二，"苟能实行议院政府制，则专制之根株永绝，民权日益发达，而国家有盘石之安"；其三，"议院政府制……运用政策也，在政府；运用政府则在议院……是以议院能操纵政府而运用之，而为国务员者，有议院以策其后，不得不励精图治以求政策之进行"；其四，"采用非议院政府制者，行政首长自当政治之冲，实无调和政党政治纠纷之余地，而议院政府制则否"；其五，"议院政府制，即以行政就立法之范围，实为实施民权政治不能免之结果……能长治久安，无行政与立法之冲突，又无革命变乱之事"③。再如凤文祺、重民等人也分别从学理、国情、事实等方面比较了内阁制与总统制，认为理论上，内阁制较总统制为灵活，且令国会监督政府，永无专制之弊，总统制下若总统人选不得其人，则或导致专制复活；国情方面，中国数千年为完全统一国家，其维系全赖君主，今仍须对大总统隆其体制而不宜损其尊严，使其承担象征国家之责任，行政权则交付内阁为宜；事实方面，我国国民将任官视为权利不视为义务，总统制总统不受议会监督，难免跋扈。④

从总体上看，各党及学界主张内阁制的理由，多从杜绝君主专制的角度切入，强调"今日忧深虑远之士，非以专制再兴为最可惧之事耶，欲保专制不兴，以总统无政治上之实权为第一要义"⑤。但是，实行内阁制可否实现这一目标，而总统制是否就绝对有专制之弊害，也有较多学者对此持不同看法。针对王宠惠所提选择内阁制的五种便利，署名公剑的作者在其《读王宠惠君宪法刍议之商榷》一文中进行了逐条反驳：其一，"议院政府制与非议院政府制两两对峙，各有利害。若原文中谓非议院政府即为独裁政治，此诚趋于极端之言"，未可信也。其二，原文二利谓议院政府可以防专制之复燃而永绝其根株，就个人而言，"则元首之任期少者四五年，多亦不过六七年，即畀以行政全权而司法立法未必总揽，况众议院以弹劾盾其后，参议院以审判戢其威，虽拿破仑在世亦无所施其权力帝制自娱"，而就全国来说，我国"一般人之心理已极端倾向共和，将来民气

---

① 《各政党对于宪法最近之主张》，载《宪法新闻》1913年第3期。
② 参见《国民党宪法主张全案》，载《宪法新闻》1913年第13期；《国民党宪法讨论会对于宪法主张全案之修正》，载《宪法新闻》1913年第15期。
③ 王宠惠：《中华民国宪法刍议》，载《国民》1913年第1期。
④ 参见凤文祺：《内阁制与总统制》，载《言治》1913年第1期；重民：《总统制与内阁制》，载《独立周报》1913年第10期。
⑤ 说难：《总统制与内阁制》，载《雅言》1914年第4期。

愈盛，凌驾欧美指顾间事"，作者过虑。其三，"议院政府行之英国则良，法国师之则弊"，我国实行"较之法国即谓能得英之长而无法之短"否？"此第三利之徒付诸理想之谈也。"其四，"原文谓第四利在议院冲突时行政首长有排难解纷之效用，否则自当政治冲突云云。如谓各党冲突则何如暂行非议院政府制之为愈，俟各党人才完全学识充裕而后行议院政府制。"其五，"原文第五利谓议院政府为民权政治之必要，行政权应受立法权之指挥云云，吾不知著者之为是说也，果据何种法理，美国首长负完全行政之责，不受议院指挥，著者得谓美之民权不张乎？"① 此外，松岑还从反面指出，内阁制成立须有三大原则，即元首不负责任、政党有完备之组织，以及人民具有政治上监督别择之能力，但民国的现状与此并不符合。第一，"不以第一流人物当总统实为内阁制最要之原则，而今不幸……临时政府南北两总统皆有不可一世之概，不肯降格以就总理，而具总理之资格者，又无方驾二人之才，且不足以副中外之望……故据民国今日之现状以观，实为大好适用总统制而决不适用内阁制"；第二，政党分散，"比之一党则最多，合之三党则太少，是故正式政府无论以何党出而组织内阁，其内阁之寿命必不长，可断言矣"；第三，"欧洲国民皆生长于宪政之下，虽老农负贩无不略具有政治之常识"，而吾国之国民则否焉，致使各政党以"金钱为获得民意之手段"② 总而言之，中国之人民、政党与政治家之程度均不适用于内阁制。古德诺也较为认同中国之国情不适宜内阁制，他指出："盖用内阁制而有利者，必其国有完善之政党，而其人民又有立法之习练，此必然之理也。今中国既无完好之政党，又乏政治之经验，况今日之急务在得一稳固强硬之政府，能实行其所定之政策者。"③ 不仅如此，《协和报》进一步发文指出，内阁制下政府畏忌舆论，力弱不能任大事，无法形成强有力之政府，于开国大计多不便；相反，总统制则将行政权归诸总统一人，总统有完全择国务员之自由，国务员在总统任期中可安心办事，内阁相对稳定，国务员亦不必连带负责，一国务员之更迭不影响他国务员。④

由此可见，主张总统制者则多从民国无完备政党、无具备监督别择能力之民众两角度出发，强调内阁制下无法形成强力政府，对国家建设不利。对此，内阁制的支持者亦多有反驳。如张企贤就对松岑的三点理由表示怀疑，他指出，就第一流人才问题而言，现总统不肯降格以就总理为政制问题，此为政制迁就总统，

---

① 公剑：《读王宠惠君宪法刍议之商榷》，载《震旦》1913年第4期。
② 松岑：《总统制之主张》，载《独立周报》1913年第2卷第6期。
③ [美]古德诺：《总统制与内阁制之比较》，载《庸言》1914年第2卷第1/2期。
④ 参见《总统制条陈——论内阁制之不利不便》，载《协和报》1914年第17期；参见《总统制条陈——论总统制优于内阁制》，载《协和报》1914年第18期。

如此则总统易，政制随之更换，朝三暮四，其如尊严之宪法何；就政党组织完备而言，政党有完备之组织为责任内阁制附带之条件，今日中国政党之程度尚不足与法兰西并论，遑论英格兰，然完备二字，其标准尚难确定，且欧美之政党亦经几许挫折而始有今日之成绩也，且民主党共和党合并，两党对峙之稳定局面可期；就人民能力而言，人民缺乏政治上监督别择之能力，其弊总统制较内阁制为尤甚，盖行总统制之国，总统对人民负责任，故总统由人民直接选举，夫动员一议员以金钱之多寡为取舍，则选举总统其结果吾恐不为有不可。① 重民则直言："主张总统制者，其深恶痛绝者为政党，若行内阁制，组织内阁者全不出于政党或不尽出于政党或出于数政党则政党必故意与政府为难。排斥内阁制者非排斥内阁制也，排斥与内阁密切相关之政党，欢迎总统制者非欢迎总统制也，欢迎宜为总统之一人。"②

此外，以谷钟秀为代表，有学者坚持将政体问题与省制问题相衔接，认为"联邦之共和国适于总统制，统一之共和国适于内阁制"。因为联邦政府系二重政府，"人民之直接者为地方政府，地方政府之长官由于各州人民之选举，组织之基础甚固，无论中央政府如何行动，限于宪法范围内而地方政府不受其侵越，即人民亦不受直接之影响。斯时中央政府利用其敏活而不虑其专断，总统制以元首总揽政务，别无内阁总理之阶级，易收政治上敏活之效……若统一之共和国则中央政府为集权之政府，地方长官皆为中央所任命，随中央之指示以为步趋，时中央政府唯恐其尚独裁而不虑其运掉之不灵，内阁制使元首不负责任而国家重大事项必须经内阁之会议，非一人所能擅专，自不发生独裁之事"。以该理由为基础分析民国宪法史，作者指出，辛亥革命之初"各省联合政府时代总统制亦常嚣然于国中"，"故各省代表会在汉口宣布之临时政府组织大纲，模仿美利坚而采用总统制，南京临时政府即施行此总统制时代"。"然当时人心感南京政府无力不能强固国家，皆倾向统一，因之主张内阁制之说大盛，故临时约法又改采内阁制。"中国"今若复变为联邦国家，有二重政府"，或可"主张总统制也"，"如其不然，则挟有集权政府之势，复施行总统制，其弊不可胜言者"③。

2. 委员制之提出

北京国民政府制宪的十年里，在政体问题上，主要围绕内阁制与总统制展开。然而，"十年以来，中华民国的内阁更易数十次，政潮迭起的原故，一则因

---

① 参见张企贤：《对松岑君总统制之主张之怀疑》，载《独立周报》1913年第2卷第11期。
② 重民《总统制与内阁制》，载《独立周报》1913年第10期。
③ 谷钟秀：《论总统制》，载《正谊》1918年第2期。

为标榜似是而非的责任内阁,没有把内阁制的精神完全贯彻,并且没有真正的政党,为内阁制的根基。二则因为一方面采用总统制,一方面又不在总统制的道路上走,弄得政治日渐纷乱,没有一定的轨道"①。在部分学者看来,内阁制与总统制在中国均已破产,针对当时军人干政、军阀混战的情形,有人提出了建立委员制的建议,当时主张最力者,包括孙洪伊、章太炎、唐绍仪、徐谦、褚辅成等人。

所谓委员制,即在政权组织方面将"行政权和立法权完全合而为一","立法行政的大权往往同在一个最高的国会"的制度,"国会选出自己相信的人员,委托他们去组织行政部。这个行政部,是事事听命于国会的","关于国家行政的职权,不由一个首领行使,只由一个众人合组的合议团体行使"②。当时实行委员制而富有成效的主要包括瑞士的行政委员制以及苏俄的人民委员制。

早在1920年,时任广东军政府顾问孙洪伊即"通电主张改设委员政府,其言委员制之利,要曰:可破一人政治之迷信;可求国内各派之调和;可弭争夺总统之祸;可救内阁制之弊。元首与内阁之制,既屡试屡败,则委员制者,确为一新试验也"③。1922年5月,章太炎在其提交"国是会议"④的宪法草案中首次在整体上采用了委员制,规定立法权由参议院行使,行政权则由参议院选举产生的国政委员会行使。⑤ 章太炎指出:"现式元首以大总统莅政,势如孤注,为殉权者所必争,民国十年之间,乱事数起,皆由攘夺此为致之……此大位之召争论,实与帝王无异……不如去此职……以委员制行之,员额既多,则欲得者自有余地也,权力分散……则乱不至于猝生。"⑥ 该提议在1924年政变后得到了政界学界的进一步呼吁,如唐绍仪即明确支持委员制主张,他"认为当前应推行地方自治,由每省的各种职业团体各选出一名执行政务"⑦。国民党人徐谦亦长期主张委员制,他强调委员制为最新最良之学说,属于进步之政制,是解决党争和总统内阁之争的唯一方法。⑧ 此外,1925年的善后会议上,议员褚辅成也提出委员

---

① 梅阁:《总统制和内阁制》,载《直声周刊》1923年第10期。
② 高一涵:《委员制的性质及利弊》,载《中大季刊》1926年第2期。
③ 莫秉志:《委员制果必然实行耶》,载《孟晋》1925年第11期。
④ 该会议由全国商会联合会与全国教育联合会提议,各省区议会、教育会、农工商会、律师公会等团体代表参加,讨论国是,制定宪法。最终会议决议由张君劢、章太炎各拟宪法草案一篇。
⑤ 参见《中华民国八团体国是会议宪法草案乙种》,载《上海总商会月报》1923年第1期。
⑥ 《张君劢与章太炎讨论瑞士委员制》,载《四川筹备省宪周刊》1922年第7期。
⑦ 唐绍仪:《统治机关最好是委员制》,载《台湾民报》1924年第24期。
⑧ 参见徐谦:《中国采用委员制政府之理由》,载《蜀评杂志》1924年第1期。

制的建议，希望把各省督军网罗到中央来，作为废督的初步办法。①

综合来看，委员制的支持者所持理由主要有三：其一，总统制与内阁制相继破产，委员制可解决总统与内阁的长期冲突；其二，委员制可解决当时军人争总统之乱政，将各省督军作为委员选入中央，实现裁兵废督；其三，委员制之委员非由政党选出，乃由职业团体选出，可避免党争问题。对此，张君劢承认了委员制的优势，但同时指出，只有满足四项积极条件后，该制度方可发生效用："原选机关平心静气以七席分配于各派领袖一也；此七人能在委员会会议中互相交让，而不执一偏之见二也；各人尊重职务，不因意见政治而以不出席相抵制三也；万一竟生意见争执，则以众民投票为最后之解决方法四也。有此四者，而后委员制可行，否则总统有总统之流弊，内阁有内阁之流弊，安保委员制之必胜于总统内阁乎。"② 天生亦指出："中国采用委员制，并不足以解决中国今日之纠纷。委员会中仍有委员长，苟使今之道不变，今日竞总统，异日即可竞委员长。"③ 陈霆锐一方面对总统制及内阁制破产之说表示怀疑，另一方面，亦不认为行政委员制可救中国之政局，他指出，"中国人口繁多、幅员广阔、人民程度不高，代议制仍是大势所趋，仍不能不置政治重心于议会，故而应当采用内阁制"。委员制所适用的条件，今日之中国并不具备。④ 此外，孤桐（章士钊）更以广州军政府七总裁制之失败为借鉴，反对委员制。作者提出了五点反对理由：第一，总裁为实力之代表，明为合议，暗为约纵连横；第二，以实力为依据，七总裁之间产生依附关系，并形成数派别；第三，各派纷岐，权限不明，质似专制而政迹仍不外敷衍应付，无一事可为；第四，委员大抵不能一一躬亲，而遣代表，初时差强人意，后代者以事他去，更自竟代，代代者以事他去，更自竟代，如孙中山代表为徐谦，徐谦代表为吴山，吴山代表为司法部科员某；第五，代表之间意见不一致，事事请命，不胜其烦。⑤

针对上述疑虑，徐谦认为，苏俄委员制的成功已然证明该制度在大国实行的可行性⑥，并且"社会上无论任何团体之组织，皆已采用委员制，此制在一般人思想上，早已接受，而此制又为人民要求者也"⑦。至于委员制无法改变党争等

---

① 参见高一涵：《对于委员制的意见》，载《现代评论》1926 年第 56 期。
② 《张君劢与章太炎讨论瑞士委员制》，载《四川筹备省宪周刊》1922 年第 7 期。
③ 天生：《委员制问题》，载《国闻周报》1924 年第 18 期。
④ 参见陈霆锐：《行政委员制论》，载《法学季刊》1923 年第 7 期。
⑤ 参见孤桐：《委员制残论》，载《甲寅》1925 年第 22 期。
⑥ 参见徐谦：《中国采用委员制政府之理由》，载《蜀评杂志》1924 年第 1 期。
⑦ 莫秉志：《委员制果必然实行耶》，载《孟晋》1925 年第 11 期。

局面，高一涵通过比较瑞士与苏俄的委员制，指出两者的四点不同①，提出了我国如将采用委员制，则必须注重三方面的条件，即"首先要有委任和监督委员会的机关"；其次，"委员会只能做执行国会议决案的行政机关"；最后，"委员会只能受一个政党的支配"②。

总体上看，委员制的提出虽在本时期的制宪进程中未反映于宪法文本并产生实质性的影响，但是，它不仅丰富了学界对于政体的认识，同时也对南京国民政府时期的立宪，乃至新中国人民代表大会制度的确立产生了重要影响。

（二）省制问题

所谓省制问题，即国家结构问题，具体而言亦即中央与地方的关系问题，它在制宪过程中主要表现为单一制与联邦制的选择，以及在不同制度设计下省制是否入宪、如何入宪的问题。在北洋政府制宪时期，上述问题始终伴随着争议，学界对其的看法亦曾经历了较大的波动与改变，值得对其进行详细梳理。不仅如此，对于这些问题的不同认识还牵涉到宪法中领土条款的规定，该问题在民国初年曾一度成为学界讨论的焦点，亦有必要作出说明。

1. 单一制与联邦制

（1）民初单一制共识下的省制入宪问题

在民国初年，单一制基本成为社会各界对于中国国家结构的共识，梁启超在其发表的宪法草案第1条中规定"中华民国永远定为统一共和国"，并特别说明，"共和上加统一两字者，视别于联邦制也"③。国民党在其宪法全案中也认为，新宪法起草应采单一国主义，一方面对于中国而言"联邦之事实发达未熟，不便强造，减民国团体之力"，另一方面"联邦制束缚国权，不能圆满活动，与现实政治状态不适"④。此外，康有为从国家生存的角度进一步指出民国实行单一制的必要性。他强调："夫能提挈全国而用之者强，不能提挈其全国而用之者弱。分者必弱，合者必强。此乃自然之势，至浅之理。吾国僻处东亚，时当危弱，安有舍此不顾，而先为自裂之计者乎？故立宪法而涉于各省分立者，皆欲亡中国而万

---

① "（一）瑞士的联邦行政委员会超越党派的关系，苏俄的人民委员会却完全为共产党所独占；（二）瑞士的联邦行政委员会为事务团体，苏俄的人民委员会却是决定政策的团体；（三）瑞士的联邦行政委员会事事听命于联邦议会，苏俄的人民委员会却事事听命于共产党；（四）瑞士的行政委员会意见不必一致，苏俄的人民委员会却要一律遵守共产党的政见。"高一涵：《委员制的性质及利弊》，载《中大季刊》1926年第2期。

② 高一涵：《委员制的性质及利弊》，载《中大季刊》1926年第2期。

③ 梁启超：《进步党拟中华民国宪法草案》，载《庸言》1913年第1期。

④ 《国民党宪法主张全案》，载《宪法新闻》1913年第13期。

不可行者也。"①

基于单一制的前提，国民党在其宪法全案中进一步认为，宪法不应规定省制，只有在联邦制下才有规定省制之必要，因为"联邦国宪法必承认一种权力团体为国家所不得改废，且国家与此团体之间，各有权限，无能侵越。单一国家宪法异是，国家权力之行使悉分配给各机关，并不认有改废之权力团体。二者区别极明。我民国宪法若规定各行省并赋予一定之权限，是取联邦制之宪法也"②。王宠惠对此则并不认同，他指出："或谓既非联邦制度，则省制即无规定于宪法之必要，不知吾国各省，与政治上有莫大之关系，规定于宪法，即所以使之处乎巩固之地位，若仅以法律规定之，恐吾国政党主张不同，此党胜则存省制，彼党胜则废省制，一起一仆，而各省乃时时变动而不已，且不能保国家之巩固，此省制之所以宜规定于宪法也。"因此，他希望新宪法采加拿大之制而变通之，在宪法中明确对各省权限分三类进行列举："第一种类皆关于地方自治之事，或虽非纯然关于地方自治之事，而不能不就各省之情形听其自为举办者，中央皆不干涉之"，"第二种类虽属应由各省举办之事，但应遵照中央划一法令办理"，"第三种类亦属应由各省举办之事，但必须得中央之允许"③。就该观点，春风以单一制进一步加以反驳，认为："王氏固谓我国统一已久，纯粹联邦宪法，自无当于采用。由今观之，则王氏刍议，固与纯粹联邦宪法有间，然尚不免含有多少联邦臭味。虽其列举各省之权限，自与德美等国殊科，然顾不明云采加拿大之制乎？加拿大非联邦乎？要保全省制，则必不能行纯粹单一之治，思想趋向，自然流于联邦心理，必然之致也。"④

省制入宪问题不仅在学界引起争议，在宪草会乃至宪法会议中，制宪者们对于该问题的争论更甚。该问题于国会第一次恢复后的 1916 年 10 月 20 日进行首次审议，共开 9 次审议会，然而始终未能达成一致意见。在国会各政团中，益友社、丙辰俱乐部、韬园、平社主张省制入宪，而宪法研究会、宪法讨论会、宪法协议会与苏园则反对之。⑤ 其间，因表决问题甚至酿成极大的斗殴事件，为后来督军团干预立宪落下口实，间接导致了国会的二次解散。

在本时期的争议中，赞同省制入宪的议员多从学理、历史、政治现实等层面切入，如焦易堂认为省制入宪有四方面理由：首先，在宪法上，省制入宪有利于

---

① 康有为：《拟中华民国宪法草案发凡》，载《不忍杂志汇编》1914 年初集第 2 期。
② 《国民党宪法主张全案》，载《宪法新闻》1913 年第 13 期。
③ 王宠惠：《中华民国宪法刍议》，载《国民》1913 年第 1 期。
④ 春风：《王君宠惠宪法刍议批评》，载《宪法新闻》第 13 期。
⑤ 参见《省制入宪之波澜》，载《新青年》1917 年第 5 期。

中央与地方在权限划分方面各有遵守，避免单方面的专横；其次，在各国成例方面，无论单一国、联邦国，所有地方制度大抵加入宪法之中，所以各国有强固之保障而国家根本不至于摇动；再次，就历史而言，秦汉以后地方趋向于集权，民治不易发展，省制入宪可明确各省之权限，有利于民治发达；最后，就政治上而言，国家发展需要中央与地方协力，省制入宪可使中央稳固，地方人民亦可更好行使权力。议员张我华在历史层面指出，省在历史上来自元朝的行中书省，系代中央行使一部分政权之谓，后来演变为行政区域，至清末成为一种有人格的自治团体而兼行政区域，换言之，我国的省不同于巴拿马、洪都拉斯等单一国下附属于中央机关之无自治人格之区域，因而须规定于宪法。议员吕复在政治层面对联邦制与二重政府进行了区分，指出省制入宪以推动地方自治并不等同于将国家变为联邦制，也不意味着各省有各省之宪法，而系中央与各省共同之宪法。议员程修鲁则在事实层面强调省兼具国家行政与地方行政两种性质，因此需要在宪法中明确这两方面的权限分配，所以，在他看来省制入宪有三方面的利益：第一，中央与地方权限划清；第二，省制入宪可以避免政党潮流的改变而致使省制发生变动；第三，保障省制有助于维护国家稳定。①

反对者除从单一制的角度指出省制与其不兼容外，还有部分议员在承认省制重要性的前提下，反对将其规定于宪法，认为通过单行法加以保障更为妥当。其中，应属议员汤化龙与孙润宇提出的理由最为有力。汤化龙认为，中央与地方关系至今不明，无论任何人对于省制均无实在之把握，相关思潮仍在酝酿之中，对此可以将不同制度放到政治实践中进行试验，然而宪法为根本大法，不容试验，若宪法中规定省制未来却无法实行，恐于宪法威信有损，乃至引起政潮，对国家危害更甚。孙润宇则认为，省制在我国长期存在中央集权与地方分治的张力，系阻碍我国国家发展之政治暗礁，能规定于宪法，划清央地界限固然好，但事实上调和两方矛盾"断非数日可以告成之事"，不能因省制之争论导致宪法不能产生，以副国民希望，因此建议不规定于宪法之中，而在将来通过单行法加以规制。②

（2）联省自治背景下关于省制入宪的讨论

在民国初年，虽然单一制为全社会之基本共识，但仍有部分学者持联邦制的主张，其中最典型的如章士钊、张东荪、李剑农等。章士钊（秋桐）在1915年发表的《学理上之联邦论》一文中，在纯粹学理上探讨了联邦制在我国的可行性。他指出，政理不同于物理，因时因地而有所变迁，而对于联邦制，学界也不

---

① 参见吴宗慈：《中华民国宪法史》，于明等点校，法律出版社2013年版，第337—344页。
② 参见吴宗慈：《中华民国宪法史》，于明等点校，法律出版社2013年版，第341—342页。

能持有"先邦后国"的成见。在他看来，联邦国之各邦，较之单一国之地方区域，不过权力程序之差，并无根本之差异，由单一国转为联邦国也绝无学理上之问题，因此，待舆论成熟，则吾国各省尽可联而邦之。① 该篇论文马上引起潘力山的反驳，他在《读秋桐君学理上之联邦论》一文中指出前文中的三点问题：首先，"中国既有国而无邦，则不可于已存之国，而更析之为各邦"；其次，"邦与地方团体相较，前者之权力本所固有，后者之权力乃国家赋予"，有性质差异；最后，"一制之行，必于一国之根本制度不相背，中国既为单一国，欲变为联邦，则其必待于革命"②。张东荪则以联邦制支持者的立场，借助德国、英国之学说澄清了章士钊对联邦概念的误解。他强调，联邦国之邦乃国也，而非地方区域也，其为无最高权而有统治权之实体，邦先存于国并无问题。③ 而在1914年发表的《地方制之终极观》中，张东荪将自治精神作为解决地方制之终极问题之匙，强调省自治精神与联邦精神的同质性，并以推动自治之名而落实联邦制之实，以期最终实现人民自由自治。④ 此外，李剑农在1918年发表《民国统一问题》两篇，一方面以德国、英国之联邦制为例加以分析，试图破除国人对于联邦制所怀"恐怖之念"，以期改变当时对一切含有地方分权性质的地方制度加以排斥的社会现状；另一方面则借助熊希龄之理论，以单一制在事实层面难以调和各省军阀以实现军民分治为分析进路，指出联邦制绝非凭空之理论。⑤ 上述讨论为联邦制张目，构成了20世纪20年代民国联省自治运动的理论先导。

据学者考证，"联省自治"的概念产生于民国九年（1920年），"当时北京政府为一派北洋军阀所把持，而西南政府又不能继续维系，故西南一二省份之军人政客，思于不南不北之中，有以自固其立脚地，而联省自治之说兴"⑥。所谓联省自治，即"各省自动制宪，实行自治，然后再联合各自治省，组织省议会，制定中央宪法，取先省后国之建设程序"⑦。当时的实力派中，"如湖南之赵恒惕、浙江之卢永祥、福建之陈炯明、云南之唐继尧等均极力赞成此种运动"，纷纷主

---

① 参见秋桐：《学理上之联邦论》，载《甲寅》1915年第5期。
② 潘力山：《读秋桐君学理上之联邦论》，载《甲寅》1915年第7期。
③ 参见张东荪：《答甲寅杂志秋桐君（一）（就纯学理上讨论邦先存于国之理）》，载《中华杂志》1915年第1期。
④ 参见张东荪：《地方制之终极观》，载《中华杂志》1914年第7期。
⑤ 参见李剑农：《民国统一问题（篇一）》，载《太平洋》1918年第8期；李剑农：《民国统一问题（篇二）》，载《太平洋》1918年第9期。
⑥ 杨幼炯：《近代中国立法史》，范忠信等校勘，中国政法大学出版社2012年版，第96—97页。
⑦ 陈茹玄编著：《增订中华民国宪法史》，河南人民出版社2016年版，第117页。

张筹备各省省宪。① 在此背景之下，《东方杂志》《太平洋》《孟晋》《努力周报》等刊物相继刊发相关论文，联省自治之说在学界大倡，而联邦制在国人心中的地位亦随之水涨船高。周鲠生即指出，"今人盛倡之联省自治，实与联邦制同为一事"，联省自治之所归，即"先省宪后国宪，以为联邦之组织"②。

受此影响，1922 年国会二次恢复并接续 1917 年中断的制宪进程时，诸多议员如吕复、姚桐豫等均就地方制度案提出修正，主张应在国宪之外另制省宪方能满足当前时势之要求，并获丁佛言、张树森、陈铭鉴、林长民等人的支持。而议员蒋义明、李景苏、郭涵等人则持反对态度，仍主张省应视为单一制下的地方行政区域，要求以此为基础实现央地分权。③ 由此，省制入宪问题在本阶段之讨论由过去单一制下省制入宪与否之对立，转变为"省宪派"与"反省宪派"的对立。两派在总体上均承认省制的重要性，基本认可地方分权以及省制入宪的要求，但在各省是否有制定省宪之权限方面，两派尚有较大分歧。省宪派认为，省与联邦制之邦同位，其自治为本省固有之权限，而非中央授予，因此有制定宪法之权限。虽然有部分议员为避免"联邦"的语词造成社会不安，或试图借助省自治的名义，或强调我国之省为存于联邦制与单一制之间的特种制度，但就其本质而言，仍未完全超越联邦制之范畴。与之相对，反省宪派则强调我国盖先有国，然后有省，各省为单一国之领土，而非联邦国之小邦。作为统一国，中华民国主权在于国民而非各省，支持联省自治以及各省制定省宪有违我国国情，可能助长军阀割据的局面，有违背约法、破坏统一、引导革命之嫌。④ 两派讨论甚是激烈，中间派不得不居间协商，至 1922 年 6 月 22 日，始有结果。两派之意见在地方分权主义方面达成共识，其不同者在于，"省宪派偏重于省，认省为比较大之自治体，故应从省着手，以发展地方分权，反省宪派以为最初级之地方团体系县，如欲地方分权，应以县为单位"，最终协商结果"以省为地方最高团体，县为自治基础，关系甚是重要，故省县应与予并重"⑤。以此为基础，在 1923 年通过的《中华民国宪法》中，根据国权章与地方制度章的规定，省制得以纳入，并明确了各省制定省自治法的权限，而县制以及中央地方权限划分也规定于其中，在单一制下尽可能满足以省为单位的地方自治的要求，实现了两派之调和。

---

① 参见陈茹玄编著：《增订中华民国宪法史》，河南人民出版社 2016 年版，第 117 页。
② 周鲠生：《省宪与国宪》，载《四川筹备省宪周刊》1923 年第 16 期。
③ 参见吴宗慈：《中华民国宪法史》，于明等点校，法律出版社 2013 年版，第 787—788 页。
④ 参见吴宗慈：《中华民国宪法史》，于明等点校，法律出版社 2013 年版，第 927—1010 页。
⑤ 吴宗慈：《中华民国宪法史》，于明等点校，法律出版社 2013 年版，第 794—795 页。

2. 领土问题

省制问题之下，领土作为国家主权行使的空间范围，在制宪过程中也受到了一定的关注。关于宪法是否规定领土，以何种方式规定领土，在北京国民政府制宪时期学界亦多有讨论，主要有四种观点。

其一，主张列举主义。国民党于宪法讨论会上主张宪法应规定领土，并取列举主义："列举之法，将二十二行省名称标出，略去省字，与蒙藏并列。凡领土变更，应以法律定之。"① 其理由主要有二："蒙藏向为藩属，今全国各地平等，同为直接领土，然沿习既久，非明定之宪法，不足以一观听，一也。中国五大族虽久杂居，然大体当各有主居之地。共组一国，明定之宪法，益足以定人心而维众志，二也。夫应规定之理由如此，则当然取列举主义无疑义矣。惟约法规定，各省以二十二行省概括之，殊觉不妥。盖行省乃行政区划，随时变更，岂能定诸永久不变之宪法，而必以二十二为限乎？且宪法规定领土，乃指明其领土为某地某地，非指明其行政区划为某某也。故宜列举其地名以示各地为组成领土之成分。中国各省名称有省字则表示其行政区划，无省字则表示其地域，故略省字而列举其名可也。至于领土变更，即须修改宪法，未免烦难，故仿普荷比之例，以法律定之。"②

其二，主张概括主义。如梁启超在其宪法草案第2条中规定："中华民国领土，非经国民特会之议决，不得变更之。其区划之变更，必以法律。"他认为："各国先例，或以领土规定于宪法中，或否其规定者，或列举，或概括。今采概括规定主义。因固有之领土，久为本国即外国所公认。列举从前行政区划之名称，一病窒漏，二病繁衍，三病空漠，四则区画若有变更时，宪文立须修改，更病烦扰。故但概括规定而已足也。"③ 吴贯因也指出："领土内地方区划之名，不宜列举于宪法中，致他日欲变更地方制度，必牵动宪法。"④ 除上述学者外，康有为、何震彝、席聘臣等人亦采该主义。

其三，主张调和列举主义与概括主义，继承《临时约法》第3条"中华民国领土为二十二行省、内外蒙古、西藏、青海"的规定方式，在宪法草案中规定："中华民国以二十二行省、内外蒙古、西藏、青海为范围内部之区域，别以法律定之。"该主义一方面避免具体列举各行省的名称，而以二十二行省代之，以保证宪法之弹性；另一方面则明确列举内外蒙古、西藏、青海等未设省制地区，以

---

① 《国民党宪法讨论会对于其宪法主张全案以外之决定》，载《宪法新闻》1913年第15期。
② 《国民党宪法讨论会对于其宪法主张全案以外之决定》，载《宪法新闻》1913年第15期。
③ 梁启超：《进步党拟中华民国宪法草案》，载《庸言》1913年第1期。
④ 吴贯因：《拟中华民国宪法草案》，载《庸言》1913年第16期。

明确该地区属于我国领土范围，保障国家领土的完整、统一。在当时，主张调和主义的学者亦为数不少，如李庆芳、王宠惠、李超、彭世躬、姜廷荣等，均持该观点。

其四，主张不规定主义，如民主党朱颐锐认为："领土一项实难规定。因我国除二十二行省，尚有青海、西藏、内外蒙古等处，若采列举主义，反令蒙古、西藏、青海诸部落人睹宪法上之蒙藏等字面，而有不快之心。若采概括主义，既恐无益于事实，又难得当之语句。"共和党项骧也认为："外国宪法规定领土鲜列举，其他诸国尽多不规定者，宪法上实无规定领土之必要。且领土不无增减，倘若规定，将来一遇增减，宪法将失其效力。"此外，春风则从联邦制与单一制的区别着手，认为："凡具体规定，惟于联邦宪法见之。盖一则为其为组织国家之个体，二则为防止其将来之分裂。若统一国家，则地方行政区域无规定之必要，亦无分裂之忧，贸然效之，则徒为地方制度改良之障而已。"①

总体上看，关于领土规定问题正如王登乂所指出的那样，领土规定与否"实为至难问题。不规定无以表五族平等之确证，并无以昭示保固疆圉之目的；规定则行政上不得依时势政策为立法之自由，而灭杀宪法之伸缩力"②。经过两方面的考虑，宪草会采概括主义，在《天坛宪草》中规定"中华民国之国土依其固有之疆域"。制宪者认为，我国因系单一制国家，领土之规定于外交及军事上均有重要之关系，而外交、军事等瞬息万变，宪法制定后即不能轻易变更，故领土之规定不得不采用概括主义。该观点得议员大多数同意，最终亦规定于1923年通过的《中华民国宪法》中。

三、孔教入宪问题

孔教入宪问题发轫于宪草会完成宪法起草大纲起草之后，当时尚有委员继续提出之大纲，其中，议员陈铭鉴提出孔教应否于宪法中定为国教案，其赞成者有汪荣宝、向乃祺等人。此外又有朱兆莘"孔教为国家教化之大本"，黄赞元"中华民国以孔子之道为风化大本"等规定主张的提出。而反对者则有何雯、徐镜心、伍朝枢、王彭年、卢天游、谷钟秀。初期的表决并未通过前述主张，卒将该问题打消。然而，该问题在学术界引起了广泛的争议，由此引出了中华民国宪法史上的教争问题。③

---

① 春风：《王君宠惠宪法刍议批评》，载《宪法新闻》第13-15期。
② 王登乂：《李庆芳宪法拟案评》，载《宪法新闻》1913年第1期。
③ 参见吴宗慈：《中华民国宪法史》，于明等点校，法律出版社2013年版，第170页。

彼时，支持将孔教设为国教的有康有为、梁启超、陈焕章等人。康有为《拟中华民国宪法草案》第96条规定："凡国民苟不扰治安、不害善俗、不妨民事政事之义务者，许其信教之自由，而以孔教为国教"。他认为："孔教与中国结合二千年，人心风俗浑合为一，如晶体然。故中国不泮然而瓦解也。若无孔教之大义俗化之固结，各为他俗所变，他教所分，则中国亡之久矣……故不立孔教为国教者，是自分亡。"① 梁启超《进步党拟中华民国宪法草案》第15条规定："中华民国以孔子教为风化大本。但一切宗教不害公安者，人民得自由信奉。"他认为："以宪法规定国教，普鲁士、意大利、丹麦、瑞典、那威②、智利等国，有其先例。信教自由之规定，列国皆所从同。我国之尊孔教，久成事实，许信教之自由，亦久成事实。两皆事实，则此条之规定，本属骈枝……然比年以来，国人多误解信教自由之义，反成为毁教自由。孔教屡蒙污蔑，国人固有之信仰中坚，日以摇动削弱，其影响及于国本者非鲜。故以为既将信教自由之事实列入宪法，同时宜将崇仰孔教之事实一并列入也。"③ 康梁师徒二人均看中孔子之道两千余年之传承，有促进人心凝聚、国家整合的重要作用，将其设为国教可更好发挥其作用。

此外，梁启超亦从信教自由的角度初步对国教设立的宪法基础进行了分析。在此基础上，陈焕章进一步证立设立孔教为国教与信教自由并无违背。他指出："夫信教自由云者，非铲除原有国教之谓，谓国教虽有国教而人民于国教之外信奉异教，可以自由云尔。然其自由者何，曰人民不因信奉异教而被焚毁，不因信奉异教而不得为官吏，立其所欲立之庙，祀其所欲祀之神，诵其所欲诵之经，行其所欲行之礼，讲其所欲讲之教，皆不加以禁制。"④ 至于设孔教为国教条款之宪法效力，则日本宪法顾问有贺长雄在借鉴英国、丹麦等国之成例后，认为假使将来宪法确立以孔教为国家风教之大本，在可引发四项结果："（一）国家设立学校得以孔教为伦理教育之基础；（二）国家得将孔教学位公认以为选举及被选举之资格；（三）得以国家公款维持孔教学校；（四）得对于孔子后裔示特别之优遇。"⑤

针对支持者所持孔教可以统一人心、足以表示国民性等论点，反对者段世垣认为，孔教如今已无统一人心之具，无论是诗书、六经抑或是纲常。尊孔无法表

---

① 康有为：《拟中华民国宪法草案》，载《不忍杂志汇编》1914年初集第2期。
② 即挪威。
③ 梁启超：《进步党拟中华民国宪法草案》，载《庸言》1913年第1期。
④ 陈焕章：《明定原有之国教为国教并不碍于信教自由之新名词》，载《宗圣汇志》1913年第4期。
⑤ ［日］有贺长雄：《宪法须规定明文以孔教为国家风教之大本》，载《孔教会杂志》1913年第7期。

达国民特性，尊孔者不过为国家少数文学社会，其支配之能力不出于文学社会，至下等社会更与孔门无何等之接触者也。从各国规定来看，信教自由为必要之条文，定国教者为例外之规定。民国肇造以来，法守荡然，道德沦丧，人民误解自由之真意，动辄逸乎范围之外，因而有国教之主张，用意至堪，惟此种事业非法律问题，当让之于社会。宪法为国家根本之组织法及关于人民权利义务之规定，不宜视宪法为改良社会之具。① 曾有澜也指出，孔教入宪将带来四处弊端：其一，外人将以中国为排外也；其二，蒙藏回回必难统一也；其三，各省已固有之迷信也；其四，中国人民本为多神教之人民也。② 甚者，如章炳麟、章士钊等人对孔教作为宗教之地位也表示了怀疑，以期在根本上排除设孔教为国教之可能。两人均认为"孔子夙非教主，其言绝无教质，神所不语，鬼所不能事，性与天道不可得闻"③，"孔氏书亦时称祭典以纂前志，虽审知天鬼之诬，以不欲高世骇俗，则不暇一切弃除……故以德化非孔子所专，以宗教非孔子所崇"④。然而，张东荪、陈焕章纷纷对此表示异议。张东荪在《余之孔教观》一文中通过借鉴康德、泰洛、斯宾塞、赫胥黎等西方学者对宗教的界定，从"神"（超自然物、玄妙物、高权力）、信仰、道德与风俗以及文化四方面解释宗教，并分别证立孔教之符合性。在神之方面，张认为孔子所称之天及天道可配之；在信仰方面，孟子以降均极力排除异端可证之；在道德风俗方面，孔子毕生所述者皆道德之教训，其言实为数千年中国立国道德之大原；在文化方面，中国数千年文明之结晶即为孔教。因此作者认为，孔教不仅可为宗教，且其为宗教也复于中国有莫大之关系。⑤ 陈焕章则从英文"Religion"的解释着手，认为其大致偏重于神道，在狭义中文对应于礼字，所谓"礼者，履也，所以事神致福也"。在此基础上，作者分别从孔子为宗教家、孔教之衣冠、孔教之经典、孔教之信条等11方面证立孔教为一完整之宗教。⑥

由于陈焕章组织孔教会的持续鼓吹，孔教问题的争议并未因宪草会在国教问题上的否决而止息。二读会结束后，汪荣宝再次动议，要求在草案第19条中增加一项为第二项，规定"国民教育以孔子教义为大本"，试图退而求其次，在义务教育条款中确认孔教的优越性。对此，蓝公武、陈铭鉴、孙润宇、朱兆莘等人

---

① 参见段世垣：《再论宪法上不宜规定孔教为国教》，载《宪法新闻》1913年第21期。
② 参见曾有澜：《论中国宪法不当规定孔教》，载《宪法新闻》1913年第21期。
③ 秋桐：《孔教》，载《甲寅》1914年第1期。
④ 章太炎：《驳建立孔教议》，载《雅言》1913年第1期。
⑤ 参见张东荪：《余之孔教观》，载《庸言》1913年第15期。
⑥ 参见陈焕章：《论孔教为一宗教》，载《协和报》1913年第2期、第4期。

纷纷附和，陈铭鉴提出"国民教育以孔子之道为伦理之大本"，孙润宇则主张将"伦理之大本"改为"修身之大本"，但遭到张耀曾、吴宗慈、何雯、王彭年等人反对。由于表决数次均无结果，最终两派相互疏通让步，遂使《天坛宪草》第19条第2项中规定"国民教育，以孔子之道为修身大本"①。对于宪草的这一规定，学界批评之声不绝于耳。马君五列出宪法不宜规定"孔子之道为修身大本"的三大理由：首先，在法律层面，宪法系规定政府及人民权利者，国民教育方针不宜规定于宪法之中；其次，在政治层面，规定孔子之道为国民教育方针，则对新疆、西藏、蒙古等地之教化不利；最后，在学术方面，"今日国既垂亡矣，世界大通，学术公有，今欲巩固国基，发达民智，方当采世界之新学，师他族之所长，凡百科目皆当如是"，修身一科亦不得独以孔子之说，而应博采众长。此外，作者还指出，若宪法规定了该条款，基于孔子的观点，则或将导致三方面之后果：一者读书与做官并为一事；二者排斥农商业发展；三者可能导致君主专制死灰复燃；最后，这还可能有损于男女平等，造成歧视。②陈独秀则从现代生活角度切入，认为现代生活以经济为命脉而以个人独立为伦理之基础，传统的儒家道德所强调的强烈的人身依附关系如夫死不嫁等等，已无法指导现代人的生活方式，因此反对在教育条款中确立孔子之道为修身大本。③

1916年8月，国会第一次恢复后，对于《天坛宪草》第19条第2项之规定，以及第11条关于信教自由之规定，支持派与反对派仍然争论得难解难分，多次审议表决双方均以未达法定票数而无果。直至1917年2月2日，经多次表决后，刘恩格关于宪草第11条修正案"中华民国人民有尊崇孔子及信仰其他宗教之自由"才以反证表决之方式获得通过，并在2月9日的会议上再次获得确认。议员们之观点并未超出学界相关讨论，而二读会上之结论在1923年三读会上照原案获得通过。最终，1923年《中华民国宪法》第12条明确规定"中华民国人民，有尊崇孔子及信仰宗教之自由，非依法律，不受制限"，完成了孔教入宪。

四、宪法修改与解释问题

1913年制宪伊始，在宪草会所提交的宪法大纲中，宪法修改构成了其中一项重要问题，引发学界的讨论。同时与之密切相关的宪法解释问题，也一并成为当时学术研究的内容之一，在民国初年学者们私拟的宪法草案中多有阐发。

---

① 吴宗慈：《中华民国宪法史》，于明等点校，法律出版社2013年版，第170页。
② 参见马君五：《反对宪法草案第十九条第二项之意见书》，载《民声》1916年第3期。
③ 参见陈独秀：《孔子之道与现代生活》，载《宪法公言》1916年第3期。

（一）宪法性质

就宪法学而言，关于宪法修改与解释问题的区别，在根本上所涉及的是对宪法性质的理解。如王宠惠所言，根据英国法学巨子勃拉斯①的分析，不同宪法根据宪法修正机关与修正手续的不同，在性质上可作刚性宪法与柔性宪法之分。"凡宪法之修正，或以特别手续行之，或以特别机关行之，或以特别手续特别机关行之，与普通立法迥然不同者，谓之刚性宪法，或曰强性宪法（Rigid Constitution）。凡以普通立法手续普通立法机关行之，与普通立法无异或稍异者，谓之柔性宪法，或曰弱性宪法（Flexible Constitution）。"② 在王氏看来，刚性宪法与柔性宪法各有利弊，刚性宪法之利一曰巩固，即此项宪法修正手续繁难，使宪法立于最巩固之地位；二曰尊重，即由于刚性宪法较普通法律修改更难，处于最高法地位，易得国民尊重。与之相对，柔性宪法之利在于修改较简，易适合于时势之变迁，但是由于柔性宪法地位上与普通法律等同，故在国民之自治力未完全发达之国家，易生轻视之心。③ 根据王氏之观点，刚性宪法为当时的世界发展趋势，他指出，"今采用柔性宪法者只英吉利、匈牙利、意大利三国，其余各国无不行刚性宪法矣。且有昔属柔性宪法，因鉴于易受摇动之弊，改而从刚性宪法者矣。若夫昔属刚性宪法改而从柔性宪法者，殊属罕见"④。通过权衡两者的利弊，他认为我国新宪法应取刚性宪法。吴灼昭与王宠惠观点基本相同，他认为，自历史的方面观察，世界成文宪法之发达自美国 1787 年宪法始，西班牙、葡萄牙、挪威、比利时、普鲁士等国宪法均受其影响。自社会的方面观察，一国宪法自表面观之为巩固一国之基本，自里面观之则以维系一国之人心，一般社会心理随一国宪法之本质以为推移，弱力的宪法其本质之抵抗力既已薄弱，则国民之信仰力亦因而转微。自政治的方面观察，一国宪法以定国家权力之组织，及国家行动之大原则，弱力宪法既可以随时移动，任意变更，则国家之政治机关因以不能固定，国家之政治权力亦因无所保障。自法律方面观察，宪法其位置既比一般法律为高，其价值亦比一般法律为重，因此综合各方面的条件，则取刚性宪法为当然之结果。⑤

---

① 今又译作蒲莱士、布赖斯等（James Bryce，1888—1922），牛津大学教授，英国著名法学家、历史学家与政治学家，因提出成文宪法与不成文宪法、刚性宪法与柔性宪法等宪法分类标准而为学界所熟知，代表作有《历史与法学研究》（Studies in History and Jurisprudence）、《现代民治政体》（Modern Democracies）等。
② 王宠惠：《中华民国宪法刍议》，载《国民》1913 年第 1 期。
③ 参见王宠惠：《中华民国宪法刍议》，载《国民》1913 年第 1 期。
④ 王宠惠：《中华民国宪法刍议》，载《国民》1913 年第 1 期。
⑤ 参见吴灼昭：《宪法内容之商榷》，载《宪法新闻》1913 年第 3 期。

张东荪也基本接受刚性宪法的观点，但是他反对王宠惠从世界趋势方面进行论证，他认为："浏览世界各国宪法之成立，无不以其本国之历史国情为转移，以本国之地位民性为单位，未尝有所谓世界趋势者也。即晚近发生者如日本、葡萄牙亦莫不然。至于谓有昔属柔性而改从刚性者……如法国二次革命时代其修正宪法之手续实较今日之法国为繁难，以历史证之适得其反，且德国宪法修正仅限实践，乃处于法国之后，故日本美浓部博士谓近世宪法修正比较的趋于简易方面，而与王君之说真南辕北辙矣。"① 张氏认为，取固定性宪法（刚性宪法）之理由在于：首先，"凡易动性宪法，皆不成文宪法，其成文者，仅意大利一国为例外耳。盖不成文宪法之国，必有宪法习惯……今也中国无宪法习惯，且革命以降，人心思逞，固非有固定性之法不足以范围之"，是以中国新宪法必为成文宪法，因而必采固定性。其次，"固定性宪法之利在固定而不易变更，苟于国民自治能力不充足之国而采用之，则盲动之国民或不至于摇动国家根本之虞"②。

在彼时多数学者均主张刚性宪法的背景下，也有部分学者主张取柔性宪法的规定方式。如公剑即反驳了王宠惠的主张，认为："刚性柔性各有利弊，为吾国现在计，与其取刚性宪法而不易变化，毋宁取柔性宪法而利其活泼，使国民先得实事之益，不为缘木求鱼之谋。况柔性宪法之易于变更者，非谓无故变更之也，必确见其不适于用而以扩张国权巩固人民幸福为前提始得议及修正。若必取刚性宪法之功用，则畏手续之繁难，虑全国之纷扰，驯致不敢言轻变，无进步而只有退步，失积极而归诸消极，不与制定宪法初心大相违背耶。"③ 应当指出，虽然取柔性宪法者属少数，其理由却引起了诸多学者的关注，张东荪在其文章中也指出，当前中国宪法属草创，必不能完善，因此在制宪中应留试验之余地。不过他的选择不是推翻刚性宪法，而是在刚性宪法之下，从固定性程度出发，要求宪法修改程序不得取极端固定的途径，应根据国情，以实现两者之调和。④

作为学术界的共识，刚性宪法最终亦成为制宪者们的共识。宪草会委员长汤漪在一读会的主旨说明中借助勃拉斯之观点，得出了刚性宪法优于柔性宪法的结论，同时借助美国学者亚梅士对于畸于刚性或至于柔性之宪法的批评，在宪法修正手续上强调要择取其中。⑤

---

① 张东荪：《论宪法之性质及其形式》，载《庸言》1913年第10期。
② 张东荪：《论宪法之性质及其形式》，载《庸言》1913年第10期。
③ 公剑：《读王宠惠君宪法刍议之商榷》，载《震旦》1913年第4期。
④ 参见张东荪：《论宪法之性质及其形式》，载《庸言》1913年第10期。
⑤ 参见吴宗慈：《中华民国宪法史》，于明等点校，法律出版社2013年版，第193页。

(二) 宪法修改权问题

根据刚性宪法的共识，王宠惠提出了其所包括的四种具体修改手续：第一，由普通立法机关，以特别手续行之。所谓特别手续，如特定人数要求、距离一定时间为两次通过、两院合议制等。王宠惠认为这是刚性宪法之最柔者，所谓之特别手续，实无太大意义，特别是两院合议制，一方面，虽与两院分议在讨论方式上有所不同，其于讨论之人数则一，故以分别讨论为轻，共同讨论为重，无充足之理由也；另一方面，寻常法律案由两院分别表决，得以互为补救，无轻率通过之患。修正宪法案，若由两院合议，倘一时通过，更无别院讨论之余地，是不惟较寻常法案未见为重，反而见为轻矣。第二，由国民临时选定代表组织特别机关行之。王氏认为，该种方式属刚性宪法毗于柔者，其弊端在于：首先，特别机关，其机关虽不同，而其人数犹相若，其不足以代表多数舆论一也；其次，每经一度选举，则人心有一度骚动，而政治亦增一番影响。故选举之事，不宜烦数；最后，修正宪法之机关，待诸临时之召集，赴会之人，势难久于其事。速议则有轻率之虞，缓议则有懈弛之患。第三，由普通立法机关通过修正案后，交由各地方议会决定。该种修正方式系刚性宪法之得中者也，王氏认为它有以下五方面的优点：其一，参与其事之人，不似第一、第二两种狭窄，亦不似第四种之广泛，此其所以为得中也；其二，较第二种组织新机关主之，仍以现有常设机关，由国会普及至地方议会，与手续殊形便利，而经济上亦有节省之实益；其三，修改宪法问题，两院议决已觉需时，若令地方议会一一议决，必纷纭出错，莫衷一是，此则以赞同之法行之，全国之可否，两言而断；其四，修正案专由两院可决，手续固甚简易，然当此重大问题发生，仅取决于少数之代表，究无以集众思而广众益，此则经地方议会之赞从，即不啻征求全国之意见，自无捍格不通之弊；其五，国会及地方议会，既经选之于众，本为国民所信托，其任期又复更历四年所，则于立法上经验良多，虽议员非尽富于宪法上之学识，然使舍旧谋新，恐其学识无以远胜，而经验先缺。第四，经过种种手续后，须仍由国民全体投票决定之，以得票过半数为断。王氏认为，此种修改方式为刚性宪法之极则也。此法非不甚善，然世界共和国能行之者盖鲜。而况中国广土众民，使以宪法修正，号召大众，农商辍业，非不极至其尊重民权之意，然实际上未必有利，徒增一非常之举动而已。盖国民之智识纵能发达，亦必居少数，投票之际，其现象不是茫然无所主张，就是群然为政治家所利用。①

综观以上四种手续之利弊得失，王宠惠认为，应当取第三种之手续为吾国模

---

① 参见王宠惠：《中华民国宪法刍议》，载《国民》1913年第1期。

范。在我国，修改宪法包括为修正案之提议及修正案之议决两端。其提议也，须有两院出席议员三分之二可决而成立。其议决也，须得地方议会三分之二之赞同而议定。① 对此，张东荪表示反对，他指出："王氏分各国修正宪法之形式为四类，姑不论此四类不能概括一切，今且仅就王氏所指为宜采用之第三类而言。采用第三类者，为美利坚、墨西哥、瑞士。以历史言之，美利坚宪法成立最古，墨西哥次之，瑞士又次之。墨、瑞皆效法于美耳。且刚性宪法实美国首创，吾于前已详论之矣。盖美国立国之精神，即在联邦。联邦国之基础观念，即为统治契约（Herrschaftsvertrag）。统治契约者，由让与、委任、信托三者而见。所谓让与者，以统治权之行权让之于中央政府，而实质则保留之于各州，且附有解除条件。苟不能达其目的，则可起而诘责，并为之收回焉。委任者，谓中央政府之权，乃由委任而来。信托者，谓各州相约以统治权让付中央，其目的仍在各州之利益，故中央能尽斯职，实为一种信托行为也。美国宪法，即此种观念之实现。故其受托者之中央政府之权，常为契约当事人信托者之各州所制限。此其建国之基础学说使然。世人谓美国州权重而国权轻，良有以也。惟统治契约，在联邦国以各州为当事者、信托者，且以中央政府而为受托者。而在统一国则以人民全体为当事者、信托者，而以执政者为受托者。其与联邦制有异同耳。此观念为刚性宪法之根源，及根本法之真义也。故历史家谓美国为刚性宪法之首创，亦职是之故。由是观之，美国立国根本观念，即在联邦之统治契约，所谓以中央政府为受托者，以各州为契约当事人者是也。……王氏……欲以联邦国之宪法改正手续，施之于单一国，盖不知联邦国统治契约之意义故也。"② 张东荪本人关于修宪程序的观点更接近王宠惠的第一种修宪方式，区分修宪的起草机关与议决机关。其中，"修正之起草应别组织特别机关，其参与之人数不宜众多"；而"表决机关由国民议会即国会两院组织之"③。他指出："提案本属于国会，自无论矣。惟起草之特别机关，由两院选举，但限于院外者，居半数可耳。国民议会须直接自民间选出，地方团体不得与焉。"④ 汪馥炎则与王氏第三种修宪方式更为接近，他参合美制与法制，认为修宪的提案权交省议会，而表决权则由两院与省议会选出之特别机关，即宪法会议组织之。在他看来，该种方式较现制萃数百人于一堂以一定宪法者，名额虽少而能由国会普及至于全国之地方，具有以简驭繁之妙用。⑤

---

① 参见王宠惠：《中华民国宪法刍议》，载《国民》1913年第1期。
② 张东荪：《王氏宪法刍议之商榷》，载《庸言》1913年第17期。
③ 张东荪：《论宪法之性质及其形式》，载《庸言》1913年第10期。
④ 张东荪：《论宪法之性质及其形式》，载《庸言》1913年第10期。
⑤ 参见汪馥炎：《宪法之修正与解释》，载《新中国》1919年第2期。

此外，还有学者提出了更为调和的方案，如李庆芳认为，对于宪法修正而言，在提议阶段，国会一院提议，则另一院可决；若大总统提议，则由两院议决，通过后方可进入修正阶段，召开临时国民议会修改之。① 不仅如此，不少学者认为在宪法修改方面，民国宪法还应专门规定不可修改之条款，如共和政体、宪法主旨等等。②

宪法起草委员会在对待宪法修正问题时，也主要从发议与议决两个方面切入。就提议机关而言，宪草会根据草案第 1 条中华民国为统一民主国的规定，认为组织国家主权应属于国民，因而将提出宪法修正案的发议权交由国会而非行政部门。至于修正机关，宪草会强调，宪法既由特定机关产生，则亦由原特定机关修改，因此主张由两院组织之宪法会议为修改机关。虽然如议员伍朝枢、龚正分别在发议机关、手续以及议决机关方面有不同意见，如前者认为宪法修正案之提议应与普通法律相同，且认定大总统也具有发议权，以避免对宪法修正限制太严、阻碍进步；后者则认为国会议决后应当交全国各地方最高议会表决，以征求其同意，从而保障宪法修正案获国民普遍同意③，不过，持有不同观点的议员总体上不占优势，宪草会所提出的草案基本获得了宪法会议的同意，至 1923 年通过以前，在宪法修正方面并未有实质性的修改。

（三）宪法解释权问题

至于宪法解释，根据王宠惠的观点，主要包括大陆派与英美派两种观点。大陆派认为，抵触宪法之法律，则立法机关必不可议决之。换言之，立法机关所议决之法律而经正式公布，必其无抵触宪法者也，故宪法解释权应交由造法机关。英美派则认为，法院有权解释宪法，理由有三：其一，立法机关不宜自行解决其所规定之法律是否抵触宪法；其二，议员数年一易，恐难有划一之解释；其三，法律一经议决公布后，若果与宪法抵触而法院无权以判决之，恐无补救之余地。因此，相较之下，王宠惠倾向于英美派的观点，将宪法解释权赋予法院。④ 彭世躬也在法官职权中作出了解释宪法的规定。⑤

与之相对，议员汤漪则倾向于将解释宪法之权属诸制定宪法之机关。其主要理由有三：首先，"制定宪法既为纯粹造法机关之作用，则宪法制定后与众法所发生之冲突，自非造法机关自为之解决不可"。若使"其他机关之意思侵入其间，则宪法之根本上时虞其动摇"。其次，制宪机关与解释机关不同，则将导致宪法

---

① 参见李庆芳：《李庆芳宪法草案》，载《大同报》1913 年第 19 期。
② 参见席聘臣：《席聘臣拟宪法草案》，载《法政杂志》1913 年第 1 期。
③ 参见吴宗慈：《中华民国宪法史》，于明等点校，法律出版社 2013 年版，第 590–591 页。
④ 参见王宠惠：《中华民国宪法刍议》，载《国民》1913 年第 1 期。
⑤ 参见彭世躬：《彭世躬拟中华民国宪法草案》，载《宪法新闻》1913 年第 21 期。

"统系不明、自乱其例",或"望文生义、流于附会,而宪法之精神必将蒙受损害"。最后,若"使法院有解释宪法之权,则系以少数法官之意思而审定大多数人民代表之意思",与宪法原则未免背驰。除法理上之理由以外,汤漪还以袁世凯变更国体为例,指出"当国体变更之际,论者或以为临时约法未尝有国体不得变更之规定,则变更国体是否违宪应由最高法院决之。顾大理院提起公诉之举,卒不可得,是则法院受政府之支配,虽授以解释宪法之权而莫能举也"①。

除以上两方面之外,阎乃斌试图借鉴撒逊宪法的规定,将宪法解释权赋予由政府、两院以及最高法院分别选出之人员组织的国务法院,以期实现调和英美派与大陆派观点的效果。他认为,国务法院解释宪法,首先既能避免大陆派之意见纷杂,又能避免英美派之少数人意思解决多数人制定宪法的缺陷;其次,国务法院之设并不新增机构且符合三权平等之精神;最后,国会、法院与政府选派之人物齐聚一堂,各抒己见,从多数取决,无论何项难题发生,自不难收迎刃而解之效。② 吴贯因也倾向于将宪法解释权交由国务裁判机关,其所拟宪法中规定,"本宪法有疑义时,由国务裁判所解释之"。但是,与阎氏不同,吴氏所言之国务裁判所由最高法院及平政院选出9名法官组织之,本质上仍是司法机关,其在解释宪法外,还负有审判总统与国务员弹劾案的职权。③

在草案起草过程中,解释权层面的争议主要围绕前两种方案展开。宪草会在提交的宪法草案中,决议将宪法解释权交由作为制宪与修宪机关的宪法会议,理由主要来自上文中汤漪的三点论证。对此,议员曹玉德从两方面进行了反驳,并提出修正案要求将宪法解释权交由大理院。他认为,首先,"制定宪法与解释宪法不同,解释宪法乃就既定之宪法遇有事实发生以原有之意思而判断之,判断原有之意思正不必属于原造法机关,盖普通法律均为立法机关所制定而解释权既可委之司法机关,宪法虽为最高法律,究系法律一种,又何不可解释之"。其次,"宪法之制定机关与解释虽为同一机关,而机关之分子究不能始终不变,后人之意思岂必尽同于前人",因此所谓统系之说并不充分,相反,"解释与裁判本有相联之因果,以理论言之宪法颁布后造法机关之职务即告终了,此后解释之事当然属之司法机关","以云统系自应如此"。针对该意见,议员秦广礼认为,曹议员的论证纯从法理言之而忽视了民国国情,"大理院之司法官对于各种法理虽甚精通,而于当时宪法制定之精神实恐未必尽悉,且从解释论当注重在大理院机关能

---

① 吴宗慈:《中华民国宪法史》,于明等点校,法律出版社2013年版,第590-591页。
② 参见阎乃斌:《解释宪法机关议》,载《法律周刊》1923年第9期。
③ 参见吴贯因:《拟中华民国宪法草案》,载《庸言》1913年第16期。

否胜任一层上,不能偏重于大理院之司法官个人学术上",大理院于近一二十年内殊难脱离行政部而保持独立,而宪法上之解释关系重大,非有最强固且有势力之机关不足以堪当此任,交由宪法会议更为妥当。议员蒋义明则提醒,将解释权交由宪法会议的理由存在三方面的误点:其一,误以解释为修正,殊不知解释不可以超出宪法文义之外作根本上之变更,故不会造成宪法摇动;其二,低视大理院,以为现时大理院权力微弱不足以解释宪法,要知宪法草案已规定大理院为最高法院行使国家司法权,其与立法权、行政权实为平等而不微弱;其三,误以人数多寡为比较,以为六七人解释宪法上之疑义恐不及数百人较为清晰,不知解释疑义在有法律之专门知识不在人数多寡,人数少而有专门知识则解释易于明确。基于此,若将解释权交由宪法会议,则会产生诸多困难,如难以摆脱政党之感情、无法常年开会以及作为修宪机关其解释为终局解释,难有救济之余地。①

综合多数议员的意见,从表决结果上看,宪草会的草案得到了多数议员的尊重,"宪法有疑义时,由宪法会议解释之"的规定经二读、三读会通过后,作为第139条规定于1923年《中华民国宪法》之中。

第三节　南京国民政府时期

国民党取得政权后,由于《国民政府建国大纲》(又称《建国大纲》)的存在,中华民国的制宪进程成为孙中山"五权宪法"的实现过程,因此,学界对于制宪问题的讨论主要集中于对孙中山宪法理论的解释与适用上,主要包括"三期建国方略"与制宪问题、"三民主义共和国"的争议等。

一、孙中山"三期建国方略"与制宪问题

自同盟会成立之初,孙中山在其《革命方略》中就将中国的国家建构分为三期,即军法之治、约法之治与宪法之治,后在其1923年发表的《中国革命史》中总结为军政时期、训政时期与宪政时期。② 该方略在1924年广州《国民政府建国大纲》中得到了更为集中的阐述,并正式成为国民党的建国纲领。孙氏指出,"在军政时期,一切制度悉隶于军政之下。而政府一面用兵力扫除国内之障碍,一面宣传主义以开化全国之人心,而促进国家之统一"。"凡一省完全底定之

---

① 参见吴宗慈:《中华民国宪法史》,于明等点校,法律出版社2013年版,第591-594页。
② 参见孙中山:《中国革命史》,载《蒙古旬刊》1931年第10期。

日,则为训政开始之时,而军政停止之日"。"在训政时期,政府当派曾经训练、考试合格之员,到各县协助人民筹备自治"。"凡一省全数之县皆达完全自治者,则为宪政开始时期,国民代表会得选举省长,为本省自治之监督。至于该省内之国家行政,则省长受中央之指挥"。"全国有过半数省分达至宪政开始时期,即全省之地方自治完全成立时期,则开国民大会决定宪法而颁布之"。"宪法颁布之后,中央统治权则归于国民大会行使,即国民大会对于中央政府官吏有选举权,有罢免权;对于中央法律有创制权,有复决权"。"宪法颁布之日,即为宪政告成之时,而全国国民则依宪法施行全国大选举。国民政府则于选举完毕之后三个月解职,而授政于民选之政府,是为建国大功告成。"① 该方略作为孙中山数十年革命的最后总结,相对完备与体系化,但由于各种具体历史因素的影响,实践中仍然出现了不少偏差,引起了大量的争议。

(一)训政时期是否制定约法

根据《建国大纲》的既定方略,广州国民政府于1925年7月1日成立,开启了军政时期。1926年,国民政府出师北伐,并在中国共产党的紧密配合下相继攻克湖南、湖北、江西、福建,最终于1927年占领北京,定都南京,基本掌握了全国政权。1928年,张学良易帜,宣布效忠南京国民政府,形式上实现了中国统一。根据《建国大纲》的要求,南京国民政府于1927年宣布结束军政,进入训政时期,并相继颁布《国民政府组织法》与《训政纲领》,作为该时期国家运行的根本准则。但是,直至1930年前,国民政府始终未颁布作为训政时期根本法的约法。为此,学界在1928年至1930年期间展开了关于训政时期是否应当颁布约法的讨论。其中,影响最为深远的莫过于胡适主办的《新月》杂志所掀起的关于"人权与约法"的讨论。

1929年,胡适于《新月》杂志第2期发表《人权与约法》一文,随即引起全社会的广泛关注。文中,胡适以详细的例证指出:"人权的保障和法治的确定决不是一纸模糊命令所能办到的","在今日如果真要保障人权,如果真要确立法治基础,第一件事应该制定一个中华民国的宪法。至少,也应该制定所谓训政府时期的约法"②。对此,他以孙中山在其《革命方略》与《中国革命史》中的阐述加以证明,"凡军政府对于人民之权利义务,及人民对于军政府之权利义务,悉规定于约法"③。虽然后来的《建国大纲》未曾提起训政时期的"约法",但从

---

① 《孙中山先生手拟之国民政府建国大纲》,载《南洋周刊》1924年第2期。
② 胡适:《人权与约法》,载《新月》1929年第2期。
③ 孙中山:《中国革命史》,载《蒙古旬刊》1931年第10期。

"三期"说的形成历史与孙中山本人的言论出发，胡适强调孙中山"决不会相信统治这样一个大国可以不用一个根本大法"①。在《我们什么时候才可有宪法》一文中，他更明确指出，"没有宪法或约法，则训政只是专制，决不能训练人民走上民主的路"②。

该论断一出，引起了部分学者的反对。如方岳在《宪法与自由》一文中从法的规范性的视角指出，"宪法是法律的一种，由其存在的法律事实言，宪法之起草、议定、公布，是很不难做的，但宪法的规范性却需要比任何法律更大更强的社会力……民元的临时约法，袁世凯的约法，曹锟的宪法，都是形式的宪法；事实是存在的，规范力却是没有"，"中山先生所以在十三年（1924 年）以后，不主张造定宪法，是因为有规范力的宪法不可速定，而形式的宪法如过去之临时约法者便订定也不过是一纸空文"③。作者进一步指出，"此具有规范的作用的形式的宪法法典，中国国民党留待已能运用宪法之国民于宪政时期国民大会制定之。（建国大纲二十三条）但在此有规范力的形式的宪法制定以前，在训政与宪政开始时期，决不是没有实质的宪法。关于国家政体及政府对人民及人民对政府之权利义务，有政府组织之法……有人民政权行使之法"，"而胡先生所争最力的自由权，则中国国民党政纲对内政策第六条早已经诺许：确定人民有集会结社言论出版居住信仰之完全自由权"④。再如梅思平的《人权与宪法》一文以社会连带说为支撑，认为义务本位对于当时的中国更具有借鉴意义，在此背景之下，人权并非抽象的宪法或约法所能保障，而应在民刑法等具体法律中得到担保。⑤ 灼华的《胡适所著"人权与约法"之荒谬》一文也支持梅氏的论证，认为无约法之颁布，通过普通法律、政府公告、法院判决与一切社会上之习惯，人权亦可得到充分的保障。至于《建国大纲》中未提及训政时期约法之制定，实为训政时期又国民党实行党治背景下的"当无而无"，而非疏忽。⑥

至于支持约法制定的观点，除从人权保障进行论证之外，张国辉的《训政时期之约法问题》一文则从总理遗教、实际需要、各国先例、法治原则、本党对于国人之信约五方面系统论证制定约法的必要性：其一，孙中山在《革命方略》中已经提出训政时期应当制定约法，而所谓约法即现代法治国之所谓根本法。其

---

① 胡适：《人权与约法》，载《新月》1929 年第 2 期。
② 胡适：《我们什么时候才可有宪法：关于建国大纲的疑问》，载《新月》1929 年第 4 期。
③ 方岳：《宪法与自由》，载《新生命》1929 年第 10 期。
④ 方岳：《宪法与自由》，载《新生命》1929 年第 10 期。
⑤ 参见梅思平：《人权与宪法》，载《新生命》1929 年第 12 期。
⑥ 参见灼华：《胡适所著"人权与约法"之荒谬》，载《新光旬刊》1929 年第 26-29 期。

二，在实际方面，"训政时期首重训练人民，实行地方自治，以树五权宪法之始基，则于人民之权利义务、各级政府之组织、中央地方之权限、党与政府之关系，以及政权之发动、治权之行使，荦荦诸大端均应有明白与具系统的规定"①，以凝聚革命力量，形成并巩固全新的政治秩序。其三，法国大革命后，各国推翻帝政后均颁布根本法，国民党亦应参酌其成例，制定约法，作为本党与国民共同遵守的准则。其四，孙中山创立五权宪法之目的，"不外纳政治于法律轨道之内，俾中国成一三民主义的法治国家"②，"而所以成法治者，政府与人民共立于大法之下而受其支配。现代文明国家莫不有宪法，确定政府职权范围，规定其行使方法，以保障人民之权利义务而防止政府之专制"③，因此约法有制定之必要。其五，中国国民党"领导国民革命，行使中华民国之统治权，为'历史上赋予之任务，在事实上亦得人民之默许'，然统治者与被统治者之间，自应有一信约存在"④，在训政时期即所谓约法。与之相类，巴黎大学法学博士吴骐以《训政时期何以需要约法？》为题，从安定革命后的人心、确定革命后的国体以及确定人民与政府间担负的责任三方面指出应当制定约法。在此基础上，作者进一步对约法与法律、约法与宪法的关系加以界定，明确了约法根本大法的地位，同时也指出约法较之宪法，内容上极形简单，主要注重人权保障与国家国体的规定。⑤

(二) 训政与宪政的关系问题

按照孙中山的既定方略，宪政始于训政告成，地方自治与人民能力都有了极大提高之后。不过，如前所述，1931年以来，由于外患问题日渐严重，以孙科为代表的国民党高层与部分社会贤达力主提前颁布宪法、实施宪政，以团结全国，由此，引发了学界关于训政与宪政关系的讨论，并一直持续到1947年《中华民国宪法》颁布。主要存在以下四种观点。

第一，训政否定论。在十余年的讨论中，有部分开明学者从根本上否定训政存在的必要性与可能性，典型如王造时，他基于汪精卫、于右任等人关于不宜结束训政的言论所撰写的《对于训政与宪政的意见》一文指出，训政时期本身存在的理由就不成立。国民党确立训政的理由之一在于"中国人民程度太低，非经过国民党的训政，不能运用民主政治实行宪政"。但是，作者认为，该理由至少要建立在国民党本身健全、国民党员自身优秀以及国民党过去训政很有成绩等基础

---

① 张国辉：《训政时期之约法问题》，载《法学季刊》1931年第2期。
② 张国辉：《训政时期之约法问题》，载《法学季刊》1931年第2期。
③ 张国辉：《训政时期之约法问题》，载《法学季刊》1931年第2期。
④ 张国辉：《训政时期之约法问题》，载《法学季刊》1931年第2期。
⑤ 参见吴骐：《训政时期何以需要约法？》，载《时事月报》1931年第4期。

上，但就彼时的国民党而言，其不能也不配讲训政。甚者，即使国民党能训、配训，但既讲训政，决不能讲民主政治，则讲通过训政可以培养民权实为天方夜谭。作者还指出，中国不能直接进入宪政而须进行训政的理由在于民国初年宪政实施不佳，可是，民国初年何曾实施过宪政，若未曾真正实施宪政，又何谈宪政实施成绩不好。因此，作者认为，训政时期并无正当性，国民党应当立即结束训政、颁布宪法、施行宪政。① 张东荪同样反对训政，但强调他所反对的是国民党以训练人民、推行自治为理由的训政。在他看来，实行宪政的阻碍并不来自人民，而来自国内的特权势力。因此，他并不否定宪政实施存在先决条件，但该条件为统一军队、统一财政、打倒贪婪，而非训练人民。②

第二，训政与宪政阶段论。这种观点来自对孙中山《革命方略》《建国大纲》的一般理解，即认为训政与宪政是前后递进的两个阶段，宪政时期的开始必须符合《建国大纲》所订立的标准，亦即全国有过半数省份实现完全地方自治，后方可开国民大会，颁布宪法。基于这一认识，当时学界对于结束训政有不少反对的声浪。如袁晴晖在《宪政与训政之歧途》中反问："现在训政时期之成就如何？地方自治已完全成立之省份过半没有？"他指出，"这两个问题，是颁布宪法实行宪政的先决条件"，而在30年代，人口调查清楚、土地测量完成、人民四权训练得当的自治县还未有一个，军事上亦有内忧外患，实未到实行宪政的阶段。③ 金鸣盛也从人民的智识问题、革命基础之保持问题、地方之统一问题、政府当局之守法问题四方面对结束训政、实行宪政的主张提出疑问。④ 潘公展更以民元以来的历史教训为鉴，呼吁社会"尽可热心于宪法的讨论、宪政的期成"，但千万不要"完全抹煞了训政（完成地方自治）的主要工作，否则所谓宪政者，必终于徒成一纸具文而已"⑤。

第三，训政过渡论。这种观点将宪政视为根本目标，而训政则只是实现该目标的方法之一，强调它具有过渡性质。如陈玉祥在《训政与宪政，约法与宪法》一文中指出，训政时期实行约法之治，宪政时期实行宪法之治。所谓约法，有两层含义：一方面即统治者与人民订立的契约；另一方面，即为临时使用之便，先以简单手续为若干约言之意思。因此，约法与宪法一样具有根本性、最高性，但

---

① 参见王造时：《对于训政与宪政的意见：批评汪精卫于右任二氏的言论》，载《再生》1932年第2期。
② 参见东荪：《"国民无罪"：评国民党内的宪政论》，载《再生》1932年第8期。
③ 参见袁晴晖：《宪政与训政之歧途》，载《政治评论》1934年第109期。
④ 参见金鸣盛：《施行宪政之困难问题》，载《政治评论》1934年第110期。
⑤ 潘公展：《训政宪政与宪法：宪政问题偶谈（一）》，载《时代精神》1939年第6期。

与宪法不同的是，它还具有过渡性、临时性的特征，而训政时期本身就属于一种过渡阶段。①鉴于训政本身的过渡属性，其并非达成宪政的必要手段。在全民抗战的特殊背景下，孙科提出了结束训政，实施宪政的主张。对此，邓初民在《抗战与宪政》一文中表达了支持态度。他认为，实施宪政在抵抗日本帝国主义侵略过程中是极为有力的政治动员，有利于实现国家团结，维护抗战大局。②然而，《中华周报》对此并不认同，认为国家既然处于非常时期，便不应继续推行宪政。在该报看来，处于非常时期，即使是先进国家，也每每"将原有宪法，停止实施，例如在欧战时期，英国议会满期即不复改选，政党内阁变为军事内阁，而戒严状态下，人民之一切自由，均受剥夺。最近德国亦以时期非常，兴登堡总统即依威尔玛宪法*第四十八条行使绝对权力"③。不过，对于类似言论，张君劢在演讲中加以反驳，他认为，宪法并不仅仅是平时的依据，所谓战时并不能否认宪法效力，"大家按宪法条文的规定做去，不但不会分散抗战的理论，反而可以集中抗战的力量"④。

第四，训政与宪政的辩证论。该观点以辩证法为分析方法，认为训政与宪政"是整个有机联系的政治中之相关的一部"。如时任司法院院长、最高法院院长与中华法学会理事长的居正指出，"在训政时期，政治机构中之每一部都应该包含着宪政的因素。反之，在宪政时期，不特旧的训政因素尚有或多或少的残留，而新的训政因素又在潜植暗长"⑤。因此，在宪政实施的过程中，也难免需要通过训政达成目标。作者特别以美国、苏俄为例，认为两国的宪政史不过是一部训政史，例如，美国直到1912年全部四十八州方悉数成为自治州，苏俄1918年开始的城乡差别选举也直到1934年方才结束，可见，"宪政之施行，并不绝对排斥训政。相反地，宪政之成功，反而借助于训政因素之并存，以收其相反而相成之效果"⑥。根据该观点，则宪政实施之后，如有必要，仍可就未完成的训政问题继续实施。基于此，蒋介石就曾要求，在宪法颁布后，仍当继续进行训政未完工作。⑦

---

* 现译为《魏玛宪法》。——编辑注
① 参见陈玉祥：《训政与宪政，约法与宪法》，载《东方杂志》1943年第19期。
② 参见邓初民：《抗战与宪政》，载《文化批判》1940年第2期。
③ 《卷头言》，载《中华周报》1933年第62期。
④ 张君劢：《中国战时宪政实施及其步骤》，载《再生》1939年第32期。
⑤ 居正：《宪政与训政之关系》，载《中华法学杂志》1935年第10期。
⑥ 居正：《宪政与训政之关系》，载《中华法学杂志》1935年第10期。
⑦ 参见蒋介石：《宪法颁布后仍当继续进行训政未完工作》，载《抗卫》1940年第3期。

二、"三民主义共和国"的争议问题

1933年,《中华民国宪法草案初稿试拟稿》起草完毕后,主稿人吴经熊以私人名义发布了该草案,以寻求社会各界的批评。其中第1条"中华民国为三民主义共和国"之规定引发了巨大的争议,并一直持续到1946年《中华民国宪法》通过。

本条规定的一大特色即将国民党奉行的三民主义冠于共和国体之前,林纪东指出了其中的两点问题:其一,主义的实用性附有时间和空间的条件,一旦时过境迁,就有增缀减缩或根本废弃的必要了,不宜规定于宪法。其二,根据《建国大纲》的规定,宪法是宪政时期的产物,而宪政时期已经用不着"保姆的国民党"来行一党专政,而将实行多党政治。多党政治下一党有一党的主义,不应强使之同。① 邝震鸣在其《宪法意见书》中也提请注意,三民主义共和国的规定可能会与将来产生的民主政权相抵触。②

对此,立法院院长孙科早在宪草初稿发布后便专门作出澄清。他指出,各国宪法都是根据其政治背景和革命历史来制定的,中国的革命由孙中山发起并领导,以三民主义为指导,没有三民主义,就没有中华民国的产生,故而应在宪法中规定。至于论者担心因反对三民主义导致个人自由的限制,孙科并不认同。他认为,三民主义是救国的主义,得到中国人民的拥护,当前只有外国帝国主义者、汉奸、大资本家等会反对,因此,国人若因反对国民党而反对三民主义是不应该的。③ 作为主稿人的吴经熊也指出,将主义冠于国体的宪法,各国已有成例,如苏联宪法、西班牙1931年宪法等。这种做法来自欧战之后,原因在于,战前各国社会制度多本于资本主义,宪法之目的不过是维护少数统治者的利益,自然不愿将其标榜于宪法之中,"苏俄宪法以共产主义冠国体,乃是出于劳动阶级的要求,而我们以三民主义冠国体,则是出于大多数民众的要求"④。并且,三民主义与共产主义、法西斯主义相比,更符合中国的中庸之道与民族特性,其最终目标在于天下为公与世界大同,将之冠于国体前,有利于发扬国光。⑤

但是,孙、吴等人的辩护并未得到广大非党人士的充分接纳。由于三民主义共和国之规定在正式公布的"五五宪草"中仍未取消,社会舆论围绕该条的争论

---

① 参见林纪东:《关于"三民主义共和国"》,载《独立评论》1933年第47期。
② 参见邝震鸣:《宪法意见书》,载《宪法论文选刊》1933年第4期。
③ 参见孙科:《宪法与三民主义》,载《时事月报》1933年第2期。
④ 吴经熊、黄公觉:《中国制宪史》,上海书店1989年版,第603页。
⑤ 参见吴经熊、黄公觉:《中国制宪史》,上海书店1989年版,第607页。

越发扩大。尹思鲁在其《三民主义共和国》一文中指出，孙科将宪法视为"保障革命基础之具"，是对宪法的意义、功用与范围的误会，且将三民主义作为立国特性，也仅代表国民党人的观点，而非全国人民的观点。此外，反对将三民主义写入宪法第1条，亦不应与反对三民主义画上等号。总之，在作者看来，基于四点理由三民主义不应冠于国体前：第一，主义有时间性，与宪法的永久性冲突，将来一定使宪法的生命缩短。第二，三民主义是一党的主义，宪政是多党政治而非一党专政。第三，本条规定与人民的思想、言论、集会、结社、信仰等自由存在冲突。第四，三民主义本身存在解释分歧，随着时间推移，可能发生违宪问题。梁实秋也接连撰文加以批驳，认为"三民主义是国民党的党义，国民党以外的国民并没有信仰和奉行的义务"，宪草规定组成中华民国的是"具有中华民国国籍者"，"并不一定非信仰三民主义不可"。"国民党既然决定结束训政，还政于民"，便不应在宪法上为三民主义留下特殊的位置。①"若无这一条，则我们在宪草中找不到任何条文可以做限制他党活动的根据"，否则"在朝的国民党人很可以经由第一百三十九条的手续制定一套法规，限制人民享受第十六条的权利，禁止人民组织与'三民主义不相容'的团体"②。梁指出，可以将第1条中的"三民主义"取消，回到"训政时期约法第四条'中华民国永为统一的共和国'"，而"将民族、民权、民生的精神与实质都分别地贯注在各有关的条文里"③。此外，程经远、章友江、陆振玉、陈长蘅等人也纷纷撰文批评，或认为三民主义精神已经体现于宪法之中，无须明确规定，或认为主义与国体不宜混为一谈，总之不同意目前第1条的规定。④

直到抗战中后期，双方关于该问题的论战仍无停止的迹象，反而更为深入。马博庵在梳理了三民主义共和国国体的议定历史与论战过程的基础上，进一步从国体与政体的关系、国家的目的论、三民主义与国家建设以及大同世界的实现等四方面论证了三民主义共和国的理论正当性。他指出，国体是国家的理想与目标，政体则是达成该理想的方法，当前制定五权分立的政体模式，就是为了实现三民主义的目标。三民主义所代表的民族独立、民权平等与民生自由指导国家建设的方方面面，并非笼统无物的规定，它构成了宪法中国家建构规范体系的纲

---

① 参见梁实秋：《宪法上的一个问题》，载《自由评论》1936年第9期。
② 梁实秋：《再论宪草第一条》，载《自由评论》1936年第24期。
③ 梁实秋：《宪法上的一个问题》，载《自由评论》1936年第9期；梁实秋：《再论宪草第一条》，载《自由评论》1936年第24期。
④ 参见《关于宪草第一条之舆论一斑》，载《自由评论》1936年第24期。

领，需要被认真对待。① 余家菊则从三民主义解释权的归属问题方面对三民主义共和国的规定表示质疑。在他看来，三民主义作为国民党的主义，解释之权自在国民党；作为国家教义，则归属于宪法解释机关；作为国民信仰，则国民本身也可对其内涵与外延进行自己的理解，三方不一致的情况下将产生政党、国家与人民的冲突。② 相关争论一直持续到1946年的国民大会上，在宪法审查会各组审查报告中，负责第1条审查的张知本指出，"该条系关系国体之规定，各代表极为重视，所提各修正案计三十二案，为各发言委员之最"③。直至综合审查会上，才在协调各党派意见的基础上最终确定，将第1条规定为"中华民国基于三民主义，为民有、民治、民享之民主共和国"④。

第四节 小 结

根据本章的梳理可知，制宪工作是近代中国宪法学发展的一个重要动因。一方面，北洋政府与南京国民政府的制宪需求刺激并推动了宪法学研究的全面铺开。为了制定出符合时代潮流与中国国情的优良宪法，政学各界对宪法学研究报以极大热情，凡宪法文本所涉章节之基础理论与制度安排，均在民初以来的制宪进程中得到较为充分的研究。另一方面，不同时期制定形成的众多正式宪法文本或非正式宪法草案为我国的宪法学研究提供了丰富的对象，以它们为基础，围绕本国宪法学文本所展开的解释学研究方才在我国真正确立。

可以说，宪法学在根本上就是围绕宪法文本展开解释、分析与体系化的科学。学界围绕宪法文本所展开的研究也从侧面反映了该时期宪法学研究的现状与高度。立足于民初以来宪法学界围绕宪法文本所进行研究的发展与变迁，笔者认为，本时期宪法学研究的主要特征如下。

其一，在研究内容方面，以国家机构章节为主。虽然民初以来的宪法学界围绕制宪问题展开了广泛的研究，但其中最受关注的仍然是关于国家机构的部分。无论是北洋政府时期的国体、政体、省制等方面的争议，抑或是南京国民政府时期中西结合的五权宪法与典型欧美宪制范式之争，无一不是有关国家机构的配置问题的争端。与之相对，基本权利的研究在民国时期并不构成宪法学研究的主流。

---

① 参见马博庵：《三民主义共和国之理论分析》，载《时代精神》1942年第6期。
② 参见余家菊：《宪政与三民主义共和国》，载《民宪》1944年第2期。
③ 《宪审会各组审查意见：张知本林彬等报告》，载《新闻报》1946年12月19日，第1版。
④ 《宪草第一条维持原案综合审查会已通过》，载《新闻报》1946年12月19日，第1版。

其二，以立法思维为主导，重视基本原理的与宏观制度的建构。由于近代中国始终处于制宪的历史进程中，尤其在民国时期，某种程度上并未存在一部真正得以实施的宪法。当时宪法学的研究也主要为制宪工作服务，忽视了宪法实施层面上关于效力、保障与救济等方面的内容。这与当时我国混乱动荡的政局不无关联。正因如此，本时期的宪法研究在总体上流于空疏，缺乏实践的检验。

其三，重视英美法德等先进国家的比较法经验与世界范围内相关制度的发展趋势。由于宪法是西方的舶来品，为中国传统所无，因此，比较法构成了当时宪法学研究最为重要的论证方法。当时学界最有影响力的学者如王宠惠、张君劢等人亦均为欧美名校毕业，熟知当时宪法学研究的学术前沿。从他们的研究中也不难发现，我国宪法学研究在问题域方面几乎与西方学术界实现了接轨，但是，大量研究仅仅构成对学术流派与观点的简单移植，并未考虑中国的现状，以致当时的宪法学研究无法为当时中国实际问题的解决提供切实的帮助，而宪法文本本身最终也成了一纸空文。

第四章

近代的国家与公民教育

公民教育的内涵是在历史中逐渐发展形成的。从时间上看,直到资产阶级革命后,才逐渐发展出现代意义上的公民教育。从公民教育发源地来看,公民教育的起源地之一是法国。近代公民思想起源于 1789 年法国大革命,它以国民革命的方式瓦解了等级社会,大革命后颁布的《人权和公民权利宣言》第一次提出了"公民权利"的主张,基于对"公民"内涵的新阐释,法国率先进行了现代意义上的公民教育。公民教育的另一发源地则是德国,德国的公民教育深受民族主义和国家主义的影响,因为当时的德意志各联邦之间的关系脆弱,增强民族凝聚力以维系德意志民族生存就成为公民教育的重要内容。作为哲学家与教育家的费希特(F. C. Fichte)、施莱尔马赫(F. D. E. Schleiermacher)都是公民教育的积极倡导者。其中,费希特承载裴斯泰洛齐的教育思想,并在《敬告德意志国民书》(1807 年)中表达了希望通过教育激发和增强国民的国家精神和团结力以挽救德意志民族的意愿。费希特的思想对德国 19 世纪的教育产生了深刻的影响。后来,凯兴斯泰纳(G. Kerschensteiner)则在《德国青年之公民教育》(1905 年)及《公民教育之概念》(1911 年)两书中,对公民教育理论进行了体系性的建构。

进入 20 世纪,尤其是第一次世界大战以后,公民教育思想成为最强劲的世界性教育思潮。学者曾对公民教育思潮从思想来源和社会来源两个方面进行归纳。[①] 从思想来源来说,欧洲在文艺复兴以前,教育以培养符合国家和社会要求的人为目的;文艺复兴以后,人的主体意识觉醒,自我价值的实现在教育中开始得到尊重。19 世纪下半叶,历史科学和社会科学兴起,极端个人主义思想受到

---

① 参见雷通群:《新兴的世界教育思潮》,商务印书馆 1935 年版,第 143—148 页。

打击，比如建立了社会的教育学的德国教育家纳托普（P. Natorp），极力主张个人与社会不可分的关系。相似地，美国教育学家杜威则提出社会教育学说，其主要观点类似于纳托普。从社会来源来看，民主国家相对君主国家成为世界主流，建立民主国家的思想为社会广泛接受，社会成员的国家意识也显著增强。19世纪以来，欧美国家开始了以立宪运动、实施普选、扩大地方自治等为标志的民主进程。在立宪国家，国民有广泛的政治权利，国家利益与自身利益息息相关，即使是为了自身利益，国民也不得不积极参与政治、为国家服务。因此，公民教育成为民主立宪国家迫切的需求，没有足够多的具有现代宪政理念的公民作为基础，宪治难以为继。总之，公民教育的兴起，有社会的教育思想和国家教育思想两个重要来源。

我国的公民教育的发展和西方国家的公民教育的发展，各自有着自身鲜明的特点。我国在不断学习西方国家的过程中容纳了西方宪治理念、公民教育思想和公民训练方式，与此同时，既有的传统道德思想也被贯穿其中。特别是民国时期，在民国相对发达的教育民主决策机制下，不同的公民教育理念、方法得以在社会各个阶层进行讨论，公民教育的理念在社会中形成共识并被制定成政策最后得以实施。本章以民国时期的公民教育为主，梳理公民教育在我国的演变，总的来说，民国公民教育虽然发展曲折，但还是呈现出一条较为清晰的发展轨迹。

第一节　清末的公民教育萌芽（1902—1911年）

(一) 清末教育思想与公民教育

清末的教育思想对公民教育的萌发产生了深远的影响。这一时期具有代表性的教育思想有二：一为"中学为体，西学为用"的教育思想，二为国民教育思想。"中学为体，西学为用"的教育思想的主要支持者是张之洞，国民教育思想的主要支持者是梁启超。这两种思想促成并贯穿于公民教育的产生与发展整个过程。

1. 张之洞的"中体西用"的教育思想

张之洞本人自命为维新派人物，是"中学为体，西学为用"[①] 的教育观点的

[①] 冯桂芬所著《采西学议》一篇被认为是最早提出"中体西用"之说的论述："以中国之伦常名教为原本，辅以诸国富强之术"（冯桂芬：《采西学议》，载《冯桂芬马建忠集》，郑大华点校，辽宁人民出版社1994年版，第84页）。此后很多人都谈及"中体西用"，但是第一次系统、深刻地对其进行论述的，还是张之洞。

主要支持者。张之洞作为清廷教育领域的精英官员,他的教育思想深刻地影响了清廷相关的教育政策的制定与实施。所以,张之洞的教育思想可以较为全面地体现清廷一方"中体西用"的教育理念。①

张之洞在他的奏章和论著中反复强调并详尽阐述了"中体西用"作为教育思想的必要性和内容:

> 中学为内学,西学为外学,中学治身心,西学应世事,不必尽索之于经文,而必无悖于经义。如其心圣人之心,行圣人之行,以孝弟忠信为德,以尊主庇民为政,虽朝运汽机,夕驰铁路,无害为圣人之徒也。如其昏惰无志,空言无用,孤陋不通,傲很不改,坐使国家颠隮、圣教灭绝,则虽弟佗其冠,神襢其辞,手注疏而口性理。天下万世皆将怨之,言之曰,此尧、舜、孔、孟之罪人而已矣。②

> 以忠孝为敷教之本,以礼义为训俗之方,以练习艺能为致用治生之具。③

> 大指皆以中学为体,西学为用。既免迂陋无用之讥,亦杜离经畔道之弊。④

---

① 张之洞的官僚生涯大概可以分为四个阶段:第一阶段为学政时期,第二阶段为司业侍讲时期,第三阶段为总督时期,第四阶段为尚书时期。除总督时期外的三个阶段都是教育职务,第三阶段虽然不是担任教育职务,但在这一阶段其对于教育实施方面的贡献是最大的。

张之洞,在四川学政任内,创建尊经书院;山西巡抚任内,创办令德书院;任两广总督期间,创办水陆师学堂;任湖广总督期间,改书院,办学堂,率先设立学务处,进行大规模地方教育改革实验。他所办的书院和学堂从类型上看包括普通学堂、师范学堂、实业学堂、妇幼学堂;从等级上看包括从蒙养院到高等学堂的各个等级。参见赵俊杰:《第五章 近代中国新教育制度的建立》,载金林祥主编:《中国教育通史·清代卷(下)》,北京师范大学出版社2013年版,第291页。

张之洞的学制思想是在不断积累大量办学经验和不断学习外国学制中形成的。甲午战败,张之洞的教育观念发生转变。甲午战败以后,光绪二十一年(1895年)闰五月二十七日张之洞在《吁请修备储才折》中痛陈:"人皆知外洋各国之强由于兵,而不知外洋之强由于学。夫立国由于人才,人才出于立学,此古今中外不易之理。不蓄而求,岂可倖致。惟敌国逾强,则人才逾不易言。……应请各省悉设学堂,自各国语言文字,以及种植、制造、商务、水师、陆军、开矿、修路、律例各项专门各家之学,博延外洋名师教习,三年小成,乃择其才识较胜,遣令出洋肄业。"这是张之洞对于"中体西用"中的"西用"的最初认识。参见张之洞:《吁请修备储才折》,载赵德馨主编:《张之洞全集》(第三册),武汉出版社2008年版,第259-260页。

② 张之洞:《劝学外篇·会通》,载赵德馨主编:《张之洞全集》(第十二册),武汉出版社2008年版,第190页。

③ 张百熙、荣庆、张之洞:《学务纲要》,载舒新城编:《近代中国教育史料》(第二册),上海中华书局1928年版,第9页。

④ 张之洞:《两湖经心两书院改照学堂办法片》,载赵德馨主编:《张之洞全集》(第三册),武汉出版社2008年版,第480页。

今欲强中国，存中学，则不得不讲西学。然不先以中学固其根柢，端其识趣，则强者为乱首，弱者为人奴，其祸更烈于不通西学者矣。……今日学者必先通经，以明我中国先圣先师立教之旨；考史以识我中国历代之治乱，九州之风土；涉猎子集，以通我中国学术之文章；然后择西学之可以补吾阙者，西政之可以起吾疾者取之，斯有其利而无其害。①

至于立学宗旨，无论何等学堂，均以忠孝为本，以中国经史之学为基，俾学生心术壹归于纯正，而后以西学沦其智识，练其艺能。务期他日成才，各适实用，以仰副国家造就通才，慎防流弊之意。②

张之洞的"中体西用"教育思想在内容上大致可以概括为两点：第一，"中学"与"西学"可以同时展开，如《劝学篇》中所言："……虽朝运汽机，夕驰铁路，无害为圣人之徒也。"用"朝运汽机，夕驰铁路"指代"西学"，只要不废"中学"，学习"西学"也"无害为圣人之徒也"。第二，"中学"与"西学"有"体用之别"，即地位不同。"中学"乃"圣人"之学可"治身心"，也就是以三纲五常为主要内容的儒家道德；而"西学"指法制技艺，可"治世变"应对现实的变化。在张之洞看来，两者并不平衡，主次分明，中学为"根柢"、西学为"艺能"。

张之洞的教育所要达到的目的可以概括为"人才主义"教育③，即为清廷选拔人才维护统治。在《学务纲要》中，第一句开宗明义："京外大小文武各学堂，均应钦遵谕旨，以端正趋势，造就通才为宗旨"。从上文来看，所谓"通才"即经国济民、中西兼通之人才，所受的教育应当中西兼备并以四书五经、儒家道德为根柢。

总之，"中学为体"巩固了"道德"作为教育的中心内容，"道德"作为中国传统教育内容的总纲同样延伸到具体的各个门类之中，并构成中国日后公民教育的核心，虽然日后公民教育中"道德"的内容在不断丰富，但是儒家的伦理道德总会占据很大的比例。儒家伦理道德的内容成为民国时期公民教育区别于其他国家公民教育的显著特征。"西用"的内容虽然此时还主要集中在"法制技艺"，但是相比以往的教育内容无疑是新的开始。"西用"内容的加入成为教育内容开放的开端，为后世公民教育继续增加法制、经济等内容提供了先例。所以说，张之洞的教育思想对公民教育的萌发产生了深远的影响。

---

① 《劝学篇·循序》，载赵德馨主编：《张之洞全集》（第十二册），武汉出版社2008年版，第168页。
② 《厘订学堂章程析》，载赵德馨主编：《张之洞全集》（第四册），武汉出版社2008年版，第168页。
③ 比如张之洞的《吁请修备储才折》《变通政治人才为先折》。

2. 梁启超的国民教育思想

梁启超则是国民教育思想的主要支持和倡导者。① 国民教育思想的内容概括来说包括两点:"一、是要使全国之民皆受教育,二、是训练全国之民皆有国家思想。"② 国民教育思想由资产阶级改良派提出,清末"宪政"时期形成思潮。民主革命派将它与民族民主革命相结合,赋予新的含义。国民教育的理念与精神成为义务教育运动的思想资源,作为一种思潮则在五四新文化运动以后受民主主义的洗礼,演绎、嬗变为平民主义教育思潮流派。③

回顾国民教育思想的发展历史,作为早期资产阶级改良派的郑观应就曾批判过旧的教育制度,称其"遗其体而求其用","所以事多扞格,难臻富强"④。但是郑的批判只是较为零星地涉及"义务教育""强迫教育"的问题,不成系统。⑤

---

① 国民教育思潮的内涵很丰富,解释驳杂。一般指的是与"人才教育""专业教育"相对的概念,其基本内涵是旨在使全体国民能受到一定的教育,有一定的学识素养、文化基础知识、道德品质,具有民族国家的国民意识及国家概念。参见吴洪成:《第二章 国民教育、军国民教育思潮》,载田正平主编:《中国教育通史·中华民国卷(上)》,北京师范大学出版社2013年版,第50页。

国民教育思想又可以称为国家主义教育思想,国家主义教育思想是从政治上的国家主义产生的。政治上的国家主义发轫于斯巴达,复兴于18世纪,盛倡于19世纪。近代政治上之倡国家主义者前有德意志,后有土耳其、意大利。各国倡此种主义虽然很复杂,但有一种共同的背景,就是外侮的压迫。而国家主义教育思想也就是以内忧外患为背景,以自立自强为目的了。参见舒新城:《近代中国教育思想史》,中华书局1929年版,第323-324页。

就我国来说提倡国家教育的原因,作为民国时期国家主义教育思想的代表人物的余家菊、李璜叙进行了总结,他们同样认为清末国民教育是被内忧外患的环境激发的:我国的国势,眼见得愈趋愈下,虽其原因有在内在外两种,而结果则不外受外人宰制。考我国废科举兴学校之唯一动机,无非采所以摆脱外人之支配。当时救国救种之论,忠军尚武之说,如春笋怒发,振作人心之功颇为不小。及至民国纪元,确定教育宗旨;尤斤斤以军国民教育垂困国人,发愤图强之念,盖未稍衰。元二年以后,内讧迭起,共和之基础未固;欧战骤兴,杀伐之惨相大暴。于是有识之士,内感国体之飘摇,外应和平之趋势,遂有废弃原定教育宗旨,而提议新教育旨趣之事。新教育旨趣为:"养成健全人格,发展共和精神。"至此而教育思想为内乱所左右,致忘却吾国在国际上之地位,已昭然若揭。用教育确定国体是教育中固有之义。然而教育之功用,有更重要于此者,则是用教育以绵延国命。我们审顾内外,惧国民之将斩,特重提十年来国人因内乱而遗忘之教育救国论。先后作文以明此义。参见余家菊、李璜叙:《国家主义教育》序,载舒新城:《近代中国教育思想史》,中华书局1929年版,第325-326页。

② 陈青之:《中国教育史(下)》,商务印书馆1936年版,第641页。

③ 参见吴洪成:《国民教育、军国民教育思潮》,载田正平主编:《中国教育通史·中华民国卷(上)》,北京师范大学出版社2013年版,第51页。

④ 陈学恂:《中国近代教育文选》,人民教育出版社1983年版,第38页。

⑤ 郑观应在《学校》一文中阐述道:今泰西各国犹有古风,其学校规制大略相同,而德国犹为明显,学之大小,各有次第,乡塾散置民间,由贫家子弟而设,由地方官集资经理,无论贵贱男女自五岁后皆须入学,不入学者罪其父母。即下至聋瞽暗哑残疾之人,亦莫不有学,使习一艺以自养其天刑之躯,立学之法可谓无微不至矣。初训以幼学,间附数学入门、本国地理等书,生徒数百以内者,一师训之,百数以外至千数,则分数班,每班必有一师,此班学满,乃迁彼班,依次递升,不容躐等。参见郑观应:《学校》,载舒新城:《中国近代教育史资料》(下册),人民教育出版社1981年版,第894-895页。

明确提出国民教育思想的是康有为、梁启超、严复等人，其中梁启超关于国民教育思想的论述无论是在数量上还是在详细程度上都远超同时期的其他人，所以本书选取梁启超的国民教育思想的相关论述作为清末国民教育思想的缩影进行讨论。但梁启超学问博而杂，生涯横跨清末与民国，民国时期的思想相比清末发生了很大变化，且本节所述为清末教育思想，所以下文阐述限定于清末时期梁启超的教育思想。梁启超认为中国之所以屡遭列强欺压，因为第一教育不普及，第二中国人没有国家思想。而中国人之所以没有国家思想，一方面受客观上地理环境因素的限制，另一方面是因为传统教育中没有国家思想的内容。为此，梁启超在《新民说》一文中结合时局分析了传统教育的特点，阐述了进行国民教育的原因：

> 昔者吾中国有部民而无国民；非不能为国民也，势使然也。吾国巍巍然屹立于大东，环列皆小蛮夷，与他方大国，未一交通，故我民常视其国为天下。耳目所接触，脑筋所濡染，圣哲所训示，祖宗所遗传，皆使之有可以为一个人之资格，有可以为一家人之资格，有可以为一乡一族人之资格，有可以为天下人之资格，而独无可以为一国国民之资格。①

梁启超认为：第一，从地理环境来看，因为自古以来，中国周边都是小国，中国没有与和自己相当的大国交往的经验，所以国民往往把中国当作整个世界的中心视为"天下"，因此没有"国"的概念；第二，传统教育也倾向于教育人并使之成为合格的以家庭为基础、以血缘为纽带的社会中的一员，传统教育并没有教育人成为以现代国家的国籍为标准的"一国国民"的内容。所以，中国人没有关于国家的观念，也没有成为"一国国民"的意识。正如前文所述，国民教育即国家主义教育的逻辑是：国家内忧外患的困局，需要以该国民众具有国家思想才能解决。所以，梁启超认为现在中国的困局也是由此而生，想要解决困局即应当进行国民教育。以上便是梁启超认为的采取国民教育的原因。

对于进行国民教育希望达到的目标，梁启超在光绪二十八年（1902年）的《论教育当定宗旨》一文中有所阐述：

> 一国之有公教育也，所以养成一种特色之国民，使之结为团体，以自立竞存于优胜劣败之场也。然欲达此目的，绝非可以东涂西抹，今日学一种语言，明日设一门学科，苟且敷衍，乱杂无章，而遂可以收其功也。故有志于教育之业者，先不可不认清教育二字之界说，知其为制造国民之具。②

---

① 梁启超：《新民说·释新民之义》，载《新民丛报》1902年第1期，第27-30页。
② 梁启超：《论教育当定宗旨》，载梁启超：《饮冰室合集》（文集第四册），中华书局2015年版，第911页。

又言：

> 以故今日各国之教育宗旨，无或有学人者，亦无或有不学人者；不学人然后国乃立，学人然后国乃强。要之使其民备有人格，享有人权，能自动而非木偶，能自主而非傀儡，能自治而非土蛮，能自立而非附庸，为本国之民而非他国之民，为现今之民而非陈古之民，为世界之民而非陬谷之民，此则普天下文明国教育宗旨之所同，而吾国亦无以易之者也。①

梁启超虽然没有明确提到"国民教育"，但是认为教育"为制造国民之具"，国民应当"备有人格""享有人权"，通过教育能"自动""自主""自治""自立"成为具备人格的个体，知晓其为"本国"范围的国民，"固国家主义之精神"②。梁启超的国民教育思想的内容包括成为"国民"所需要具备的要素，并且国民教育"是要使全国之民皆受教育"。这种将教育普及的思想不同于以教育少数精英"尊主庇民"为主旨的传统教育，教育的目标不再主要是为统治者选拔人才实施统治，而是要求全面提升国民的素养，要求"皆有国家思想"。

需要说明的是，国民教育不同于公民教育，相比公民教育，国民教育的核心内容有两点：一是培养国民意识，二是普及教育。但是，第一，国民教育的实施并不要求这个国家受到立宪主义价值的约束；第二，国民教育没有具体到国民与国家的关系中国民具体权利义务的内容。从发生史来看，公民教育由国民教育发展分化而来并独立发展，许多内容一脉相承，下文将详述之。

（二）新式教育与公民教育

清末新式教育的"修身科"是公民教育的前身，民国公民教育萌发于此。从作为官方的清廷的角度来看，新式教育的发展阶段可以在维新派大臣的重要奏章、疏议中考察。新式教育溯其沿革，"倡议于光绪二十一年（1895 年）李端棻的《请推广学校折》③，复议于光绪二十四年（1898 年）康有为的《统筹全局疏》④，产生于光绪二十八年（1902 年）张百熙的《钦定学堂章程》，完成于光绪二十九年（1903 年）张之洞等人的《奏定学堂章程》。自有《奏定学堂章程》以后，本期的新教育可谓有了完全的系统，其后虽略有修改，但大要不出它的范围，就是辛亥革命以后，民国学制系统亦完全由此损益而成"⑤。新式教育的产

---

① 梁启超：《论教育当定宗旨》，载《饮冰室合集》（文集第四册），中华书局 2015 年版，第 918-919 页。
② 舒新城：《近代中国教育思想史》，中华书局 1929 年版，第 327 页。
③ 参见朱有瓛主编：《中国近代学制史料》（第一辑 下册）华东师范大学出版社 1986 年版，第 484-488 页。
④ 参见康有为：《应召统筹全局折》，载《康有为全集》，上海古籍出版社 1992 年版。
⑤ 陈青之：《中国教育史》（下册），商务印书馆 1936 年版，第 573-574 页。

生以及公民教育的萌发以《钦定学堂章程》和《奏定学堂章程》为标志。

1.《考察各国学务择要上陈折》作为教育改革的前奏

从清廷的内部视角进行考察，《考察各国学务择要上陈折》是一重要文献。光绪二十二年（1896年）八月二十六日，礼部尚书戴鸿慈、两江总督端方出国考察归来，在《考察各国学务择要上陈折》[①]中提出中国教育的问题以及仿照东洋、西洋改革中国教育的迫切性："……为教育至关重要，法意宜求精详……"[②]"窃惟强富始基归诸学术，比年以来，明诏兴学，天下风向。然办法既多参差，宗旨未能一贯，宏规未定，流弊日滋，可为深虑"[③]。

首先，就教育机构体系改革，上奏陈请光绪皇帝"请定学堂为模范办法，以端始基也"[④]，同时提出建议："臣等查东西学校之办法，重师范以裕各科教师之材，急女学以立家庭教育之本，然后有幼稚园、两等小学、中学、高等预备科、大学、专科、大学研究所，以次递行。此秩序上之模范也。"[⑤]从戴鸿慈和端方的建议中我们已经可以看到后来在"壬寅学制"中教育机构体系的雏形。

其次，就教育内容改革，上奏陈请光绪皇帝"请明定教育趋向，以维万法之本原"，建议以"道德"和"法律"为两个要素。在奏折中戴鸿慈和端方提到西方列强各有其"立国之本原"[⑥]，但无论是"英、美之民活泼而富于独立"，还是"法之民奋起而勇于有为"，抑或是"德之民精严而善于自治"[⑦]，"顾其上下一体，勠力同心，以共趋富强，而保乂国本者，则各国固有其同焉者存焉。所同者维何？则人民之道德与法律二者是矣。道德、法律者。国家以之保治安，人民以之而成人格者也"[⑧]。将法律和道德作为以富强国家为目的的教育内容，在奏折中也有清晰的体现，以法律和道德为内容的教育内容直接影响了后来"壬寅学制"的安排和公民教育内容的构成。

2.《钦定学堂章程》和《奏定学堂章程》作为教育改革的成果

如果说《考察各国学务择要上陈折》拉开了新式教育改革的序幕，那么《钦定学堂章程》和《奏定学堂章程》的制定就是以文本形式固定和呈现了新式教育

[①] 参见故宫博物院明清档案部编：《清末筹备立宪档案史料》，中华书局1979年版，第961页。
[②] 故宫博物院明清档案部编：《清末筹备立宪档案史料》，中华书局1979年版，第961页。
[③] 故宫博物院明清档案部编：《清末筹备立宪档案史料》，中华书局1979年版，第963页。
[④] 故宫博物院明清档案部编：《清末筹备立宪档案史料》，中华书局1979年版，第964页。
[⑤] 故宫博物院明清档案部编：《清末筹备立宪档案史料》，中华书局1979年版，第965页。
[⑥] 故宫博物院明清档案部编：《清末筹备立宪档案史料》，中华书局1979年版，第966页。
[⑦] 故宫博物院明清档案部编：《清末筹备立宪档案史料》，中华书局1979年版，第966页。
[⑧] 故宫博物院明清档案部编：《清末筹备立宪档案史料》，中华书局1979年版，第966页。

改革的成果。光绪二十七年十二月初一日（1901年1月10日）在重建京师大学堂的上谕中，同时任命张百熙为管学大臣，其职责是负责学堂一切事宜："着派张百熙为管学大臣，将学堂一切事宜，责成经理。"① 交于张百熙"裁定章程"的任务，在上谕最后提到"应如何裁定章程，并着悉心妥议，随时具奏"②。需要说明的是张百熙"裁定章程"的任务是其作为管学大臣的职责而非仅针对京师大学堂，也就是说其制定的章程是对全国而言的。光绪二十八年（1902年），《钦定学堂章程》共计6件经光绪皇帝审定颁布。③ 这是清廷颁布的第一个独立的较为完备的教育法规系统，标志着我国近代教育开始走向法治化。

但是，因为张百熙出任管学大臣后任命了一批新学人士，所以"蜚语寖盛，荣禄、鹿传霖、瞿鸿机在枢府皆不善百熙所为"④ 而纷纷弹劾张百熙。张百熙为了保住新学的成果与新任管学大臣荣庆上奏朝廷，要求派"当今第一通晓学务之人"⑤ 张之洞参与会商学务。于是清廷任命张之洞会同张百熙、荣庆，掌管大学堂一切事宜⑥，以求"推行无弊，造就通才，俾朝廷收得人之效"⑦。在张之洞的领导下，"一切章程，会商厘定"⑧，于光绪二十九年（1903年）制定了《奏定学堂章程》，又被称为"癸卯学制"。《奏定学堂章程》扩充到22篇⑨，较之原来的

---

① 《光绪二十七年十二月初一日谕切实举办京师大学堂并派张百熙为管学大臣》，载璩鑫圭、唐良炎编：《中国近代教育史资料汇编·学制演变》，上海教育出版社1991年版，第7页。
② 《光绪二十七年十二月初一日谕切实举办京师大学堂并派张百熙为管学大臣》，载璩鑫圭、唐良炎编：《中国近代教育史资料汇编·学制演变》，上海教育出版社1991年版，第7页。
③ 包括《京师大学堂章程》《考选入学章程》《高等学堂章程》《中学堂章程》《小学堂章程》《蒙学堂章程》。
④ 朱有瓛主编：《中国近代学制史料》（第二辑上册），华东师范大学出版社1993年版，第957页。
⑤ 《张百熙等：奏请添派重臣会商学务折》，载璩鑫圭、唐良炎编：《中国近代教育史资料汇编·学制演变》，上海教育出版社1991年版，第288页。
⑥ 三人在奏折中阐述道："数月以来，臣等互相讨论，虚衷商榷；并博考外国各项学堂课程、门目，参酌变通：择其宜者用之，其于中国不相宜者缺之，科目、名称之不可解者改之，其有过涉繁重者减之。"参见《张百熙、荣庆、张之洞：重订学堂章程折》，载璩鑫圭、唐良炎编：《中国近代教育史资料汇编·学制演变》，上海教育出版社1991年版，第289页。
⑦ 《光绪二十九年闰五月初三日光绪皇帝上谕》，载璩鑫圭、唐良炎编：《中国近代教育史资料汇编·学制演变》，上海教育出版社1991年版，第288页。
⑧ 《张百熙、荣庆、张之洞：重订学堂章程折》，载璩鑫圭、唐良炎编：《中国近代教育史资料汇编·学制演变》，上海教育出版社1991年版，第289页。
⑨ 包括《初等小学堂章程》、《高等小学堂章程》、《中学堂章程》、《高等学堂章程》、《大学堂章程》（附通儒院章程）、《蒙养院章程及家庭教育法章程》、《初级师范学堂章程》、《优级师范学堂章程》、《任用教员章程》、《议学馆章程》、《进士馆章程》、《初等农工商实业学堂章程》、《中等农工商实业学堂章程》、《高等农工商实业学堂章程》、《实业补习普通学堂章程》、《艺徒学堂章程》、《实业教员讲习所章程》、《实业学堂通则》、《各学堂管理通则》、《各学堂考试章程》、《各学堂奖励章程》、《学务纲要》。

《钦定学堂章程》"条目更加严密,课程更加完备,禁戒更加谨严",是清末教育立法的集大成者。

3. 道德教育宗旨

一方面,新式教育在"中体西用"的教育思想的指导下,教育宗旨沿袭了传统的道德教育。而民国时期的公民教育内容的公民道德教育面向,则是通过对传统道德内容的扬弃以及混合西方公民教育的内容而逐渐形成的。另一方面,"修身科"是清末学制改革中融合中国传统道德教育内容和西方学制形式的产物。"修身科"与"公民科"一脉相承,"公民科"正是由对"修身科"的批判性继承而产生的。

传统儒家伦理道德教育作为教育宗旨几乎是清季教育改革时中央与地方、民间与官方的共识。清廷政府以光绪皇帝、张之洞、袁世凯、刘坤一、王之春等人为代表。光绪二十六年(1900年)十二月初十日下诏变法,光绪皇帝认为"三纲五常"是不可变更的。① 张之洞认为中国儒家伦理如同西方宗教,西方将宗教继承下来我们也应该把儒家伦理道德继承下来。而且,相应地就需要先通中文。② 时任两江总督刘坤一同意张之洞的观点③,并在教学细节上加以讨论,他认为应该通过循序渐进的方式进行教育,有必要进行教育分级。④ 除上述官员

---

① "盖不易者三纲五常,昭然如日星之照世;可变者令甲令乙,不妨如琴瑟之改弦。"《光绪朝东华录》卷164,又见《光绪政要》卷26,载璩鑫圭、唐良炎编:《中国近代教育史资料汇编·学制演变》,上海教育出版社1991年版,第2页。

② "中国虽贫弱,而人心尚不至离散,以人诵经书,纲常名教、礼义廉耻之重浸灌人心,深固而不可摇动也。西国学堂皆有宗教一门,经书即中国之宗教也。今日略知西法,办学堂者动谓读经书为无益废时,必欲去之,百喙一谈,牢不可破,此大谬也。""中文未通,专习洋文,则不能读中国之书,明尧、舜、周、孔圣教之理,不能知中国古今事,不能办公牍,不能与平人通书札,即使谨厚无他,亦终不堪大用,况浮薄忘本势所必至乎?"《湖广总督张之洞:筹定学堂规模次第兴办折》,《张文襄公奏议》卷57,第1-22页,载璩鑫圭、唐良炎编:《中国近代教育史资料汇编·学制演变》,上海教育出版社1991年版,第107、108页。

③ 张之洞和刘坤一合奏:"总之,中华所以立教,我朝所以立国者,不过二帝三王之心法,周公孔子之学术。今宗旨则不悖经书,学业则兼通文武,特以世变日多,故多设门类以教士,取其周知四国、博学无方,正与经传所载三代教士取人之法相合,看似无事非新,实则无法非旧。"《湖广总督张之洞、两江总督刘坤一:会奏变法自强第一疏(节录)》,《光绪政要》卷27,又见《张文襄公奏议》卷52,载璩鑫圭、唐良炎编:《中国近代教育史资料汇编·学制演变》,上海教育出版社1991年版,第16页。

④ "又各学课程,以入学次序分等级,固不宜欲速而致凌猎,亦不宜求名而苦烦难,尤不宜歧视中外而有偏重。中西并课,由浅入深。无论初级、普通、专门,总应恪守谕旨,以'四书'、'五经'纲常大义为主,以历代史鉴、中外政学、艺学为辅,务使文行交修,讲求实用,仰副朝廷图治作人之至意。"《两江总督刘坤一:奏办江南各学堂大略情形折》,《皇朝政典类纂》卷227,学校15,学堂,第39-40页,载璩鑫圭、唐良炎编:《中国近代教育史资料汇编·学制演变》,上海教育出版社1991年版,第72、55页。

外，还有时任山东巡抚袁世凯和时任安徽巡抚王之春抱持类似观点。①

在民间，以罗振玉、夏偕复、高桥作卫为代表的教育家也表达了以儒家伦理道德为教育宗旨的观点。罗振玉认为："先教道德教育，国民教育之基础及人生必须之知识技能（即小学教育），驯而进之以高等普通教育（即中等教育）……守儒教主义，使学与教合一。"②时任出洋学生总监督的夏偕复也在《教育世界》上发表自己的观点："公德者，为国民之资格，忠君爱国是也。"③日本人高桥作卫认为："宜以孔道为学生修德之基。……窃谓贵邦有孔子教，此教至明至大，不落空远，不陷奇怪，而旨深理玄，诚人生良训。"④

光绪三十二年（1906年）学部奏请宣布教育宗旨更以"尚公"为言，相比于"忠君尊孔"有了清晰的转变，在学部的《奏陈教育宗旨折》中有这样的表述：

> 窃谓中国政教之所固有，而亟宜发明以距异说者有二：曰忠君，曰尊孔。中国民质之所最缺，而亟宜箴砭以图振起者有三：曰尚公，曰尚武，曰尚实。⑤

> 虽然，忠君尊孔二义，固尽人皆当知而行之矣；惟中国当列强雄视之时，必造就何等之国民，放足为图存之具，此不可不审者也。中国之大病，曰私，曰弱，曰虚，必因其病之所在而拔其根株，作其新机，则非尚公尚武

---

① 王之春认为："然一旦悉取旧制而骤更之，不独宿学耆儒咸伤废弃，且率天下而专骛于功利机巧之事，势必尽举'六经'、'四书'概置不读，即有奇材异能，而于大纲大本之地未加讲求，逞其智能勇略，设有奸徒倡为邪说，鼓惑煽诱于其间，小则启离经叛道之思，大则为犯上作乱之渐，其患何堪胜道！"《安徽巡抚王之春：复议新政疏》，载璩鑫圭、唐良炎编：《中国近代教育史资料汇编·学制演变》，上海教育出版社1991年版，第27页。袁世凯认为："但各试虽皆以经济时务为重，亦必须能明四子书大义及有宋诸大儒理蕴，方准取中，以免趋末忘本之弊。"《山东巡抚袁世凯：遵旨敬抒管见备甄择折（节录）》，《养寿园奏议辑要》卷9，又见《皇朝道咸同光奏议》卷6下，载璩鑫圭、唐良炎编：《中国近代教育史资料汇编·学制演变》，上海教育出版社1991年版，第10页。袁世凯认为："……以'四书'、'五经'为体，以历代史鉴及中外政治，艺学为用。""……总以正心术、敦品行、明伦理、知大体为主。择'四书'、'五经'及先儒性理诸要义，反复详释印证，俾诸生有以植其本而立其基，庶几成德达材，体用闳大。"《山东巡抚袁世凯：奏办山东大学堂折》，《皇朝经世文新编续集》卷5，"学校"上，载璩鑫圭、唐良炎编：《中国近代教育史资料汇编·学制演变》，上海教育出版社1991年版，第42、55页。
② 《罗振玉：学制私议》，《教育世界》第24册，壬寅年三月下，载璩鑫圭、唐良炎编：《中国近代教育史资料汇编·学制演变》，上海教育出版社1991年版，第155页。
③ 《夏偕复：学校刍言》，《教育世界》第3册，辛丑年五月上，载璩鑫圭、唐良炎编：《中国近代教育史资料汇编·学制演变》，上海教育出版社1991年版，第172页。
④ 《高桥作卫：与北京大学堂总教习吴君论清国教育书》，《教育世界》第49册，癸卯年四月上，载璩鑫圭、唐良炎编：《中国近代教育史资料汇编·学制演变》，上海教育出版社1991年版，第193页。
⑤ 《学部：奏陈教育宗旨折》，载璩鑫圭、唐良炎编：《中国近代教育史资料汇编·学制演变》，上海教育出版社1991年版，第534页。

尚实不可。

所谓尚公者何也？列强竞起，人第见其船坚炮利，财富兵雄，以为悉由英雄豪杰主持之，固国以强盛。而不知英雄豪杰，间世一出，不可常恃也。所以恃以立国者，乃全国之民之心力如潮如海如雷霆而不可遏，相亲相恤相扶助而不可解耳！其所以能致此者，皆在上者教育为之也。其学堂所诱迪皆尚信义，重亲睦，如修身、伦理、历史、地理等科，无不启合校生徒之感情，以养其协同一致之性质。故爱国合群之理，早植基于蒙养之初，是即孔子之教弟子孝弟谨信而进之以泛爱亲仁也。惟我国学风日变，古意寝失，修身齐家之事，尚多阙焉不讲。至于聚民而成国，聚人而成众，所以尽忠义亲爱之实者，则更不暇过问。群情隔阂，各为其私。通国之中，不但此省人与彼省人意存畛域，即一州一县，乃至一乡一里一家一族之中，亦各分畛域。今欲举支离涣散者而凝结之，尽自私自利者而涤除之，则必于各教科之中，于公德之旨，团体之效，条分缕析，辑为成书，总以尚公为一定不移之标准，务使人人皆能视人犹己，爱国如家。盖道德教育莫切于此。①

此文虽不曾提出公民两字，但欲"于教科书中将公德之旨、团体之效，条分缕析，以倡爱国，以提倡爱国合群之理，使人人皆能视人犹己，爱国如家"，则明明公民教育之标的也。② 除"忠君尊孔"以外，转而更强调要"尚公尚武"。在表述上更是强调"爱国合群"、"国"与"民"的关系，与以往强调"君"与"民"的关系有了很大不同。这体现了清末教育内容随着内忧外患的环境以及清末预备立宪的进程已经发生了转向。

所以，清末教育改革虽然借鉴了日本和西方国家的现代教育制度，但是儒家伦理道德作为传统教育的内核还是成为各方的共识，并被保留下来，中国传统教育与西方现代教育的结合具体表现为"中体西用"。总之，儒家伦理道德作为教育内容的主要部分也自然体现在日后的公民教育之中，成为中国公民教育区别于其他国家公民教育的鲜明的本土特征，而清末预备立宪运动对儒家伦理道德产生了重大的影响，对"尚公"和"爱国"的强调已然是道德教育宗旨内涵的重要演变。

4. "修身科"

如果说公民教育的教育宗旨始于"中体西用"思想下的儒家伦理道德，那

---

① 《学部：奏陈教育宗旨折》，载璩鑫圭、唐良炎编：《中国近代教育史资料汇编·学制演变》，上海教育出版社1991年版，第536-537页。
② 参见舒新城：《近代中国教育思想史》，中华书局1929年版，第352页。

么，公民教育的学科设置则起于清末《钦定学堂章程》"修身科"的创设。

壬寅学制改革，以张百熙的《进呈学堂章程折》为开始的标志，以一系列各级学堂章程[①]和考试章程[②]为改革成果的标志，虽然相关措施并未实施，但是壬寅学制改革的成果是后来癸卯学制改革的蓝图，也是后世民国政府学制改革的基础。公民教育应当定位为普通教育，不包括在"京师大学堂"阶段的高等教育，但是在壬寅学制改革中《钦定京师大学堂章程》第一章"全学纲领"的第一节、第二节、第三节适用于各阶段学堂的章程[③]，所以，《京师大学堂章程》的纲领实际上是整个壬寅学制改革的教育宗旨，贯穿于普通教育、专业教育和高等教育。因此，为了解"修身科"的设置，需要对壬寅学制的规定进行体系性的考察。《京师大学堂章程》第一章第一节规定"京师大学堂之设，所以激发忠爱，开通智慧，振兴实业；谨遵此次谕旨，端正趋向，造就通才，为全学之纲领"。第二节规定"中国圣经垂训，以伦常道德为先；外国学堂于知育体育之外，尤重德育，中外立教本有相同之理。今无论京外大小学堂，于修身伦理一门视他学科更宜注意，为培植人材之始基"。第三节规定"欧、美、日所以立国，国各不同，中国政教风俗亦自有所以立国之本；所有学堂人等，自教习、总办、提调、学生诸人，有明倡异说、干犯国宪及与名教纲常显相违背者，查有实据，轻则斥退，重则究办"[④]。从第一章第一节、第二节、第三节的内容可以看到，儒家"伦常道德"教育为"德育"，为一切教育内容之先，凡有"异说"者"轻则斥退，重则究办"，所以，"修身科"作为教育的"第一科"目的也是"激发忠爱"使其成为朝廷的人才，但是从上文关于清末预备立宪后清廷需要相关具有宪政知识的人

---

① 具体有《钦定京师大学堂章程》《钦定高等学堂章程》《钦定中等学堂章程》《钦定小学堂章程》《钦定蒙学堂章程》。

② 参见《钦定考选入学章程》，载璩鑫圭、唐良炎编：《中国近代教育史资料汇编·学制演变》，上海教育出版社1991年版，第261页。

③ 《钦定高等学堂章程》第一章全学纲领第二节规定：《京师大学堂章程》第一章之第一节、第二节、第三节，高等学堂一律遵守。参见璩鑫圭、唐良炎编：《中国近代教育史资料汇编·学制演变》，上海教育出版社1991年版，第256页。《钦定中学堂章程》第一章全学纲领第二节规定：《大学堂章程》第一章之第一节、第二节、第三节，中学堂一律遵循。参见璩鑫圭、唐良炎编：《中国近代教育史资料汇编·学制演变》，上海教育出版社1991年版，第263页。《钦定小学堂章程》第二节规定：《京师大学堂章程》第一章之第一节、第二节、第三节，小学堂一律遵守。参见璩鑫圭、唐良炎编：《中国近代教育史资料汇编·学制演变》，上海教育出版社1991年版，第270页。《钦定蒙学堂章程》第二节规定：《京师大学堂章程》之第一章第一节、第二节、第三节，蒙学堂教习人等一律遵守。参见璩鑫圭、唐良炎编：《中国近代教育史资料汇编·学制演变》，上海教育出版社1991年版，第81页。

④ 《钦定京师大学堂章程》，载璩鑫圭、唐良炎编：《中国近代教育史资料汇编·学制演变》，上海教育出版社1991年版，第235页。

才可知，这种教育也是为清末立宪培养人才。

在学科设置中，"修身科"、"伦理科"和"读经科"看起来相似，但是从设置目的、课程内容和课程设置的演变过程来看，"修身科"具有独特的地位，因此，只有"修身科"与日后的"公民科"有直接的关系。

"修身科"与"伦理科"相比，"修身科"自"蒙学堂"开始设立，从"小学堂"到"中学堂"均有设立，"京师大学堂"为高等教育，而"高等学堂"则为"京师大学堂"的预科，后两者不开"修身科"改开"伦理科"，但后两者已不属于公民教育机构之列，没有普遍性，不具有公民教育的特征。

"修身科"与"读经科"相比，虽然用的课本也是儒家经典，但是两者是不同的。第一，从内容上来看，"修身科"有明确的道德教育内容的要求，蒙学堂修身科要求"教以孝弟忠信、礼义廉耻、敬长尊师、忠君爱国，比附古人言行，绘图贴说，以示儿童"①。高等小学堂要求"授以性理通伦、伦常大义，宜选先哲前言往行平近切实者教之"②。高等中学堂修身科要求"当本《论语》、《孝经》之旨趣，授以人伦道德之要领"③。而且这一课程的内容在各学堂阶段内不变，规定"同上学年"④。"读经科"则以阅读儒家经典文献为主，除此之外对"读经科"没有额外的规定。⑤ 第二，从科目安排的阶段来看，"修身科"贯穿整个普通教育阶段，而蒙学堂阶段只有"修身科"没有"读经科"。所以，"修身科"有独特的地位。第三，民国时期废弃"读经科"却保留了"修身科"，也说明二者是截然有别的。

《奏定学堂章程》中的规定则有些许的区别，"蒙学堂"改名"蒙养院"，其此时已不再是普通教育的一环，不再设置"修身科"，而是类似于现代的幼儿园，

---

① 《钦定蒙学堂章程》，载璩鑫圭、唐良炎编：《中国近代教育史资料汇编·学制演变》，上海教育出版社1991年版，第283页。

② 《钦定小学堂章程》，载璩鑫圭、唐良炎编：《中国近代教育史资料汇编·学制演变》，上海教育出版社1991年版，第273页。

③ 《钦定中学堂章程》，载璩鑫圭、唐良炎编：《中国近代教育史资料汇编·学制演变》，上海教育出版社1991年版，第264页。

④ 《钦定中学堂章程》，载璩鑫圭、唐良炎编：《中国近代教育史资料汇编·学制演变》，上海教育出版社1991年版，第265页。

⑤ 《钦定中学堂章程》规定第一年读《书经》，第二年读《周礼》，第三年读《仪礼》，第四年读《周易》，载璩鑫圭、唐良炎编：《中国近代教育史资料汇编·学制演变》，上海教育出版社1991年版，第264-265页。《钦定小学堂章程》规定"寻常小学堂"第一年读《诗经》，第二年读《诗经》《礼记》，第三年也读《礼记》；"高等小学堂"第一年读《尔雅》《春秋·左传》；第二年读《春秋·左传》；第三年读《春秋·左传、公羊传、穀梁传》，载璩鑫圭、唐良炎编：《中国近代教育史资料汇编·学制演变》，上海教育出版社1991年版，第271-274页。

旨在"辅助家庭教育",以"蒙养家教合一"为宗旨。① 而且从章程可见,"修身科"的教育内容已经开始包括"个体"与"群体"之间的关系,这是公民教育的一个基本内容,即个人与共同体和共同体成员的关系。② 这无疑对应了前文所述的"尚公"和"爱国合群"的道德要求。

第二节 民国公民教育的开端（1912—1918年）

清末的伦理道德教育孕育了民国公民教育,民国公民教育则正式开端于蔡元培的"公民道德教育"。在蔡元培的"公民道德教育"成为民国官方教育宗旨之前,整个社会对于道德教育的观念已经发生了重大转变。

（一）民初关于道德教育改革的言论

辛亥革命后各类报刊纷纷创办,鼎盛时数量多达近500种。宽广的言论平台为社会讨论教育问题提供了空间。

在社会层面关于教育问题的讨论,大致可分为两个主题。一部分讨论集中于教育中传统道德伦理对人们的束缚,并寻求破除旧道德树立新道德。一些人期望把资产阶级革命后西方社会形成的观念与中国传统道德相融合,创造道德伦理的新内涵。这说明了从清末"修身"科的道德向蔡元培的"公民道德"的转变,绝非仅仅是当时某些精英人物的倡议和追求的结果,而是整个社会道德观念转变的结果。

以《克复学报》③ 所载的《论道德》一文为例:《论道德》对"道德"进行分类,分为"天然的"道德和"人为的"道德,前者是"真"道德,后者是"伪"道德。"真"道德是根于内心的自由、平等、博爱;"伪"道德就是"纲常名教"④,具体包括人民对于君主的道德、卑者对于尊者的道德、女子对于男子

---

① 参见《奏定蒙养院章程及家庭教育法章程》,载璩鑫圭、唐良炎编:《中国近代教育史资料汇编·学制演变》,上海教育出版社1991年版,第393页。

② "一在坚其敦尚伦常之心,一在鼓其奋发有为之气。尤当以一身与家族、朋类、国家、世界之关系,务须勉以实践躬行,不可言行不符。"《奏定中学堂章程》,载璩鑫圭、唐良炎编:《中国近代教育史资料汇编·学制演变》,上海教育出版社1991年版,第318页。

③ 1911年4月创办于上海的《克复学报》以批判封建道德,提倡自由、平等、博爱的新道德为宗旨。

④ 就道德的分类而言,作者认为:"有天然之道德,有人为之道德。天然之道德,根于心理,自由、平等、博爱是也。人为之道德,原于习惯,纲常名教是也。""中国数千年相传之道德皆人为之道德,非天然之道德也。皆原于习惯,纲常名教,矫揉造作之道德,非根于心理,自由、平等、博爱、真实无妄之道德也。皆伪道德也,非真道德也。"愤民:《论道德》,载《克复学报》1911年第2期。

的道德。这三种"伪"道德,"其惑世诬民,则直甚于洪水猛兽",所以"不可不排斥伪道德,盖伪道德与真道德实有不能两立之理"①。又如《女学生杂志》② 刊载的《论理》一文为例:《论理》认为,女子以前在关系中都处于"服从"的地位,如今应和男性一样纳入"家庭伦理"、"社会伦理"和"国家伦理"之中,各享有权利履行义务。③

另一部分讨论集中于教育改革的问题,特别是教育宗旨和教育内容的改革,教育宗旨的改革概括而言,就是改变教育宗旨以使民主共和国家的教育目标区别于封建专制中国的教育目标。比如1912年2月26日《越铎日报》④ 发表题为《论今日教育之急点》的"社论",该文认为,首先应当改变教育宗旨,清廷办学培养"忠君之奴隶",不准人民有"自尊自由之思想"。"提倡忠君,则称深仁厚泽;颂扬立宪,则谓尧舜无其隆。甚至指民权为邪说,称革命为莠言。""盖政治专制一时杀人民之身而已,教育专制则塞其聪,窒其明,深其奴隶根性,绝其自立思想,以令其永劫不复。"民国告成,组织共和,然而"思想犹未共和,则斯圆颅方趾庞然躯干,虽曰于共和之下,而其思想则依然专制"。因此,为保天赋人权,脱奴隶之困厄,教育宗旨的改革势在必行。其次,要改革教育的内容。民国教育与清廷教育的目的、内容应当完全不同,后者的教育目的是培养维护清朝政府封建统治的"人才",内容以"忠君"为核心,具体教授内容为儒家的"名教纲常";前者则是为了巩固共和政体,培养公民。虽然这种论述不够精细,特别是没有描摹出清末预备立宪以后基于立宪需要教育内容的复杂和变化趋势,但是总体上区分了封建道德教育和共和民主国家应该有的公民教育内容。

总之,辛亥革命后,整个社会已经开启了关于共和国家公民教育内容的有效讨论,为民国政府进一步改革和制定教育政策并实施奠定了社会基础。

---

① 就伪道德的类型而言,作者论述:"一、人民对于君主之伪道德也"。"俨然以一人肆于民上,自念威福权力,皆由强取豪夺而来,常惴焉有汲汲顾影之心。斯不得不创尊君亲上之谬说,以巩固其大宝。"而"天王圣明,臣罪当诛"是这种伪道德的集中表现。"二、卑者对于尊者之伪道德也"。"伪道德其大别有二:在国家则有尊卑贵贱之分,尊贵即官吏,卑贱即人民也。""其在家庭则有尊长卑幼之分。自子女对于父母始,充类至尽,以及其他尊长有命,卑幼不敢违。虽尊长杀卑幼,亦不罪尊长以死也。"(愤民:《论道德》,载《克复学报》1911年第2期。)"三、女子对于男子之伪道德"。其表现是男女在婚配、居住、交际、服制、刑律方面都不平等。"所谓女德、妇道者,不过使女子放弃权利,贬损人格,跧伏于男子万重压制之下,稍有逾越即刑戮随之矣!"愤民:《论道德(续)》,载《克复学报》1911年第3期。
② 创办于1910年的《女学生杂志》以抨击"三纲五常"和男尊女卑为志业。
③ 参见稚:《论理》,载《女学生杂志》1911年第2期,第82-83页。
④ 《越铎日报》1912年1月3日在绍兴创刊,由"越社"出版发行,鲁迅、宋紫佩等参与筹备。鲁迅以"黄棘"笔名在《越铎日报》创刊号上发表《"越铎"出世辞》,阐明办报宗旨:"纾自由之言议,尽个人之天权,促共和之进行,尺政治之得失,发社会之蒙复,振勇毅之精神"。民国16年(1927年)3月,《越铎日报》为国民党绍兴县党部接收,改组为《绍兴民国日报》。

(二) 蔡元培的公民道德教育观念

1. 公民道德教育的提出

1912年蔡元培发表《对于新教育之意见》①，文中提出教育的内容应包括五类，分别是"军国民主义教育"、"实利主义教育"、"德育主义教育"、"世界观教育"和"美育主义教育"。其中，"德育主义教育"又被蔡元培称为"公民道德"。关于"公民道德"教育的必要性，蔡氏认为采"军国民主义教育"和"实利主义教育"是不够的，"军国民主义教育"和"实利主义教育"虽然可能实现"强兵富国"的目标，但是这两种理念无法解决社会中弱肉强食的问题②，需要"教之以公民道德"，最终还是需要回到公民道德教育的理念。③

2. 公民道德教育的含义

蔡元培公民道德教育的含义承接清末学部提出的"尚公"这一教育理念，结合西方宪政理念和我国经典伦理道德，蔡氏进行了新的阐述。

蔡元培认为：

> （清代）有所谓钦定教育宗旨者，曰忠君，曰尊孔，曰尚公，曰尚武，曰尚实。忠君与共和政体不合，尊孔与信教自由相违（孔子之学术，与后世所谓儒教、孔教当分别论之。嗣后教育界何以处孔子，及何以处孔教，当特别讨论之，兹不赘），可以不论。尚武，即军国主义也。尚实，即实利主义也。尚公，与吾所谓公民道德，其范围或不免有广狭之异，而要为同意。④

可见，蔡元培并没有完全抛弃清时代的教育宗旨，只是因为"忠君"不合共和政体、"尊孔"不合信教自由（而且蔡元培限定在作为"纲常名教"的儒教，而不是作为一家之言的儒学）而选择抛弃，而"尚公"则与其"公民道德教育"的主张"要为同意"。蔡元培希望在清末的教育思想上进一步发展自己的"公民道德教育"的思想。

对自己所提倡的"公民道德教育"中"公民道德"的含义，蔡元培运用法国

---

① 蔡元培任民国教育总长后，发表此篇。先后刊载于《民立报》1912年2月8、9、10日，《教育杂志》第3卷第11号（1912年2月10日出版），《东方杂志》第8卷第10号（1912年4月出版）。

② "是二者，所谓强兵富国主义也。故兵可强也，然或溢而为私斗，为侵略，则奈何？国可富，然或不免知欺愚，强欺弱，而演贫富悬绝，资本家与劳动家血战之惨剧，则奈何？"《对于新教育之意见》，载高平叔编：《蔡元培教育论著选》，人民教育出版社2017年版，第2页。

③ 参见《对于新教育之意见》，载高平叔编：《蔡元培教育论著选》，人民教育出版社2017年版，第2页。

④ 《对于新教育之意见》，载高平叔编：《蔡元培教育论著选》，人民教育出版社2017年版，第7页。

大革命时提出的"自由、平等、博爱"的资产阶级宪政精神丰富,扩展了原本的中国儒家道德,使其具有共和政体下公民教育的道德内涵。

蔡元培阐述道:

> 何谓公民道德?曰法兰西之革命也,所标揭者,曰自由、平等、亲爱。① 道德之要旨,尽于是矣。孔子曰:匹夫不可夺志。孟子曰:大丈夫者,富贵不能淫,贫贱不能移,威武不能屈。自由之谓也,古者盖谓之义。孔子曰:己所不欲,勿施于人。子贡曰:我不欲人之加诸我也,吾亦欲毋加诸人。《礼记·大学》曰:所恶于前,毋以先后;所恶于后,毋以从前;所恶于右,毋以交于左;所恶于左,毋以交于右。平等谓之也,古者盖谓之恕。自由者,就主观而言之也。然我欲自由,则亦当尊人之自由,故通于客观。平等者,就客观而言之也。然我不以不平等遇人,则亦不容人以不平等遇我,故通于主观。二者相对而实相成,要皆由消极一方面言之。苟不进以积极之道德,则夫吾同胞中,固有因生禀之不齐、境遇之所迫,企自由而不遂、求与人平等而不能者。将一切恝置之,而所谓自由若平等之量,仍不能无缺陷。孟子曰:鳏寡孤独,天下之穷民而无告者也。张子曰:凡天下疲癃残疾茕独鳏寡,皆吾兄弟之颠连而无告者也。禹思天下有溺者,由己溺之。稷思天下有饥者,由己饥之。伊尹思天下之人,匹夫匹妇有不与被尧舜之泽者,若己推而纳之沟中。孔子曰:己欲立而立人,己欲达而达人。亲爱谓之也,古者盖谓之仁。三者诚一切道德之根源,而公民道德教育之所有事者也。②

蔡元培以法国大革命时提出的"自由、平等、博爱"的精神结合中国儒家道德"义""恕""仁"进行本土化的解读,认为这三者是一一对应的关系:"自由"对应"义","平等"对应"恕","亲爱"对应"仁"。所以,在中国可以实行兼具中西的公民道德教育,传统的道德伦理可以容纳西方资产阶级革命的理念。

蔡元培的其他论述进一步说明了为什么要借鉴法国的"平等、自由、博爱"的精神并与中国的"义、恕、仁"相联系来建构中国的公民道德。蔡元培于1916年3月29日在巴黎自由教育会会所举行的发起会上继续阐述。③ 首先,蔡

---

① 蔡元培在其论述中既使用"亲爱"也使用"博爱",二者表达同一意思,今意"博爱"。
② 《对于新教育之意见》,载高平叔编:《蔡元培教育论著选》,人民教育出版社2017年版,第2-3页。
③ 蔡元培于1916年3月间与吴玉章、李煜瀛、王兆铭等联同法国学者、名流发起组织"华法教育会",以"发展中法两国之交通,犹重法国科学精神之教育,图中国道德智识经济之发展"为宗旨。《华法教育会之意趣》,载高平叔编:《蔡元培教育论著选》,人民教育出版社2017年版,第54页。

元培认为法国与中国在教育上有相似的障碍，"……一曰君主，二曰教会"①。但法国通过革命"共和确定，一洗君政之遗毒"②，"一扫教会之霉菌"③，中国同样通过革命确立共和和建立新式学校，"是中国教育之不受君政、教会两障碍，固与法国为同志也"④。其次，蔡元培认为中国和法国在教育上秉持着相同的"人道主义"。"教育界之障碍既去，则所主张者，必为纯粹人道主义。法国自革命时代，既根本自由、平等、博爱三大主义，以为道德教育之中心点，至于今且益益扩张其势力之范围。"⑤ 同样的"其在中国，虽自昔有闭关之号，然教育界之所传诵，则无非人道主义"⑥。然后举古代贤人理想的大同社会为例，说明中国人也有博爱的精神，"……尤与法人所唱之博爱主义相结合。是中国以人道为教育，亦与法国为同志也"⑦。

除"自由、平等、博爱"以及相对应的"义、恕、仁"外，具体而言，蔡元培关于公民道德思想的内容的主张还有：发展"各性"⑧ 与"群性"，培养理性尊重人权，养成完整之人格等。

1915 年蔡元培在《一九〇〇年以来教育之进步》⑨ 一文向在巴拿马举行的万国教育会议分会提出的问题中，阐述了对小学教育中"极端国民教育"的反对意见，认为国民教育应当包括"群性"和"各性"，两者相辅相成。"……夫人类为社会性之动物，于其本性，即含有适应"，"群性之发展，自人道主义而达于动物之爱护"，而"群性"不是狭隘的国家主义的教育，狭义的国家主义用于小学公民教育会使国民"……养成其尊慢己国、蔑视他族、蹂躏人道、增进兽性之习惯……"⑩ 所以，"教育家而为服从公理、尊重人权起见，不可不于今日之极端国民教育加以矫正"⑪。蔡氏对于公民教育所要达到的目的的主张可以在其论述

---

① 《华法教育会之意趣》，载高平叔编：《蔡元培教育论著选》，人民教育出版社 2017 年版，第 54 页。
② 《华法教育会之意趣》，载高平叔编：《蔡元培教育论著选》，人民教育出版社 2017 年版，第 54 页。
③ 《华法教育会之意趣》，载高平叔编：《蔡元培教育论著选》，人民教育出版社 2017 年版，第 54 页。
④ 《华法教育会之意趣》，载高平叔编：《蔡元培教育论著选》，人民教育出版社 2017 年版，第 55 页。
⑤ 《华法教育会之意趣》，载高平叔编：《蔡元培教育论著选》，人民教育出版社 2017 年版，第 55 页。
⑥ 《华法教育会之意趣》，载高平叔编：《蔡元培教育论著选》，人民教育出版社 2017 年版，第 55 页。
⑦ 《华法教育会之意趣》，载高平叔编：《蔡元培教育论著选》，人民教育出版社 2017 年版，第 56 页。
⑧ 也称"个性"，见《在清华学校高等科演说词》，载高平叔编：《蔡元培教育论著选》，人民教育出版社 2017 年版，第 85 页。
⑨ 参见《华法教育会之意趣》，载高平叔编：《蔡元培教育论著选》，人民教育出版社 2017 年版，第 54 页。
⑩ 1915 年，在巴拿马举行万国教育会议，当时正在法国的蔡元培受当时教育部委托，草拟向该会议提出的问题，分为（甲）向大会提出的和（乙）向分组会提出的两部分。总的题目为《一九〇〇年以来教育之进步》。
⑪ 《一九〇〇年以来教育之进步》，载高平叔编：《蔡元培教育论著选》，人民教育出版社 2017 年版，第 50 页。

中得到体现,通过教育让国民具备理性,尊重人权。对"群性"和"各性"的理解,构成了公民教育的内容的两个组成部分,即教育公民其与国家、社会、家庭、他人的关系以及发展自己的"各性"。1917年,蔡元培认为爱国精神在于公民养成完全之人格。辛亥革命以后"……则欲副爱国之名称,其精神不在提倡革命,而在养成完全之人格"[①]。

(三) 公民道德教育宗旨

蔡元培关于"公民道德教育"的主张开始只是理论学说,但经1912年全国临时教育会议的讨论后,形成"注重道德教育,以实利教育、军国民教育辅之,更以美感教育完成其道德"[②] 的教育宗旨,其中,"公民道德教育"成为教育宗旨的核心,民国政府以国家法令的形式确定了公民道德教育的理念。

对于这一过程的考察,不得不回顾1912年的全国临时教育会议,通过对当时各方观点的考察,得知民国初年官方与社会到底为什么选择"公民道德教育"作为宗旨,以及民国的公民教育如何开始。

1. 1912年全国临时教育会议

全国教育会议是民国教育史上颇具特色的教育决策形式。全国教育会议由中央政府教育部门发起,广泛吸纳民间代表,形成"官方—民间"共同进行教育政策讨论制定的模式。考察全国教育会议,可以观察到当时参与教育政策制定的各方意见以及教育政策的民主化形成过程,从侧面展现了中国教育早期现代化的大体脉络,也是考察民国时期公民教育的可贵窗口。陈青之在《中国教育史》中肯定了全国临时教育会议的历史贡献:"……凡民国成立以来,所有教育宗旨、制度及一切革新,莫不由此会议产生……"[③] 除了陈青之,还有很多学者都或多或少地描述和讨论了全国教育会议。[④]

民国初年,清政府的专制统治结束以后,新政府希望改变清末内忧外患、社会动荡不安的现状,通过施行宪政,并从政治、经济、文化各方面进行改革以实现帝制向共和的转型。但是,大多数接受传统文化训练的士子对宪法宪政相关知识还是知之甚少,缺乏民主意识。因此,不得不通过公民教育来培养和训练具有

[①] 《在爱国女学校之演说》,载高平叔编:《蔡元培教育论著选》,人民教育出版社2017年版,第78页。

[②] 陈青之:《中国教育史》、商务印书馆1936年版,第649页。

[③] 陈青之:《中国教育史》、商务印书馆1936年版,第649页。

[④] 陈青之在《中国教育史》中提及了1928年第一次全国教育会议的影响,但是论证简单。除了陈青之,郭秉文在其所著的《中国教育制度沿革史》(商务印书馆1934年版)、丁致聘在主编的《中国近七十年教育记事》(国立编译馆1935年版)、陈宝泉在其所著的《中国近代学制变迁史》(文化学社1927年版)中,均论及全国教育会议的影响。

宪政知识的人才。振兴国家首先在于振兴教育的观念也深入人心。① 对于教育方针的确立也有学者认为很有必要、也正是时候。② 在这种氛围下 1912 年的全国临时教育会议召开了。社会各界对即将举行的教育会议反应积极，《申报》《时报》《民立报》和《教育杂志》等都专门开辟专栏进行讨论。③ 与会者具有广泛的代表性和专业性。④ 许多议员是社会名流⑤，大部分议员接受新式教育，有海外留学和考察的经历。⑥

2. 关于教育宗旨的讨论

在本次会议中，与公民教育密切相关的是开幕式中作为教育总长的蔡元培的致辞部分和关于"教育宗旨案"的讨论。

全国临时教育会议于 1912 年 7 月 10 日召开，开幕式于 10 日上午 9 点 55 分开始。蔡元培发表演说，强调了临时教育会议对民国教育发展的重要责任，分析了民国教育和封建教育的不同，提出"五育并举"的教育方针，并提出废除"读经"等主张。⑦ 7 月 13 日开谈话会，会上蔡元培请辞教育总长一职，与会者一方面讨论了教育宗旨的问题，另一方面表示将坚持既定方针。⑧

之后由范源濂作为代理教育总长进行主持。7 月 18 日教育部"教育宗旨案"

---

① "欲改革政治，不可不先改造国民之品性。而欲改造国民之品性，舍用教育之方法外其又奚由。"《论政治与教育之关系》，载《盛京时报》1912 年 3 月 2 日。"教育一事，为立宪政体不可缓之举。况共和之成立，则国民教育，尤为当务之急。"《时事小言》，载《盛京时报》1912 年 2 月 28 日。

② "专制时代，教育方针不能正确。军兴时代，教育方针，未遑讨论，惩前毖后。今日诚不能不致意于此。"庄俞：《论教育方针》，载《教育杂志》1912 年第 1 期。"今者民国成立，改建共和。教育，为根本之图。普通教育尤为根本中之根本，非加改良，何以植我国基哉。"陆费逵：《民国普通学制议》，载《民立报》1912 年 1 月 3 日。

③ 有人提出建议："教育为立国之根本问题，去岁至今，为军政时代，教育界萧条极矣。今教育部召开中央教育会，窃意今日所首宜主义者：一曰义务教育，二曰社会教育当务之急，实不可稍缓须臾之举。当局者其速注意之。"《敬告中央教育会》，载《时报》1912 年 7 月 4 日。有人强调应当关注教育政策。参见《就教育政策敬告中央教育会》，载《申报》1912 年 7 月 12 日；《就教育政策敬告中央教育会续》，载《申报》1912 年 7 月 13 日。有人强调会期较短所以要注重效率。步洲：《敬告教育会一》，载《民立报》1912 年 7 月 5 日。

④ 议员共分为四类："甲、由教育总长延请者；乙、由各行省及蒙藏各推举两人、华侨一人；丙、由教育总长于直辖学校职员中选派者；丁、由教育部咨行内务财政农林工商海陆军各派出者。"《临时教育会议章程》，中国第二历史档案馆编辑整理：载《政府公报》（影印本，第 1 册）1912 年 5 月 29 日第 29 号，上海书店出版社 1988 年版，第 551 页。对议员资格的具体要求是："以曾受师范教育、有办学三年以上经验者为合格。"《召集临时教育会之通电》，载《时事新报》1912 年 5 月 24 日。

⑤ 比如蔡元培、严复、黄炎培、陈宝泉、张伯苓等。

⑥ 据统计，一共 94 名议员中，留学或赴日本考察的 47 人、美国的 8 人、英国的 6 人、德国的 3 人、法国的 1 人、比利时的 1 人。参见于潇：《社会变革中的教育应对》，浙江大学出版社 2015 年版，第 19 页。

⑦ 参见我一：《临时教育会议日记》，载《教育杂志》1912 年第 6 期。

⑧ 参见《临时教育会议纪事》，载《民立报》1912 年 7 月 21 日。

与刘以钟和吴曾禔共同提案,侯鸿鉴、徐炯议员提出的三项"教育宗旨案"一并讨论。讨论主要围绕着蔡元培的"五育并举"方针,对于军国民主义教育、实利主义教育和公民道德教育基本上达成共识,而对于美育和世界观教育则有分歧。对于世界观教育分歧比较大,叶瀚、张伯苓、汤尔和三人赞成将世界观教育纳入教育宗旨,他们认为,国民道德之造就有赖于世界观教育,不可偏废;而刘以钟和张佐汉表示反对,他们认为世界观教育类似于宗教;而黄炎培则较折中,他也认为世界观教育类似于宗教,但是教育宗旨中可以加入"世界观念"的概念。①

值得注意的是对另一个提案的讨论,即"学校不拜孔子案"。此项提案由教育部提出,但是在7月15日的讨论中被否决了。教育部认为,晚清教育宗旨中有"尊孔"一项,教育部认为国家已经进入共和政体,不主张信仰定于一尊,希望明令禁止此前学校管理规章中需要拜孔子的规定。但是对此,与会者表达了不同的观点。萧友梅提出修正案五条,内容以信教自由为主;顾实强调孔子可作为历史纪念人物而非作为宗教家予以祭祀。对于"明令"规定"不拜孔子"的规定,议员们表示忧虑。②刘宝慈提出若不允许拜孔子恐怕会有社会的反抗;汤尔和指出拜孔子为千年来的习惯,一旦撤除于社会风潮不符;郭景岱、胡家祺、庄俞、张秀升和邵章等人表示,明令禁止学校不拜孔子不妥当,最终经投票公决,强调让学校自行安排而不必明令禁止。③这里我们可以看到,对于为什么不以明令的方式规定不拜孔子,并不是因为依然秉承"尊孔"的清末教育宗旨,而是考虑到信教自由、传统文化以及把儒学仅作为一家之言的学说来对待,将自主决定权交予各个学校,更加理性中道地处理这个问题,达成的共识是"尊孔"作为定于一尊的教育宗旨已经不适合民主共和政体。

这次会议代表着中国教育的转变。从单一模仿日本到取法欧美的教育改革趋势逐渐显现,"四育并举"的教育宗旨代替了"忠君"和"尊孔"的清末教育宗旨,强调个体的发展而废止读经科,男女同校,为教育注入了民主共和政体下对宪政的价值追求。

(四)公民道德教育内容变化与修身教科书

随着会议对学制问题的讨论的结束,《壬子学制》作为成果孕育而生。《壬子

---

① 参见《临时教育会议纪事》,载《民立报》1912年7月26日、27日。
② 曾有人反对"学校不拜孔子说"并专门发文论述这一观点,参见惜涌:《论蔡元培提议学校不拜孔子》,载《时报》1912年7月20日;《广东省高要县曾专门发电教育部反对此项提案》,载《民立报》1912年7月23日。
③ 参见《临时教育会议纪事》,载《民立报》1912年8月2日;我一:《临时教育会议日记》,载《教育杂志》1912年第6期。

学制》借鉴发展了清末的《癸卯学制》，在"四育并举"的教育宗旨下，规定了更符合民主共和国教育目标的学制安排，其具体内容不再赘述，本书只关注与公民教育相关的部分，即读经科的废除和修身科内容的发展。1916年修改《国民学校令施行细则》，规定"自第三年起兼授公民须知，示以民国组织及立法司法行政之大要"。初等小学教材内容重道德要旨以及公民须知，高等小学则于道德要旨外，兼重中国法制大意。修身科扩展了其内容。

相比来说，民国时期的修身科内容已经发生了明显的变化，特别是在对国家、社会的道德方面已经加入了现代国民素养的要求。这一点在清末修身教科书和民初修身教科书的内容变化上有比较清楚的呈现，如表4-1所示，在"对国家、社会"领域增加"自由""平等""独立""博爱""公益""自治"等道德要求。

表4-1　　　　清末与民国初期小学修身教科书道德要求的比较

书名	对个人、对家庭	对国家、对社会
《最新修身教科书》第6、7册，商务印书馆1906年版	敬祖、孝悌、互敬、贞操、笃厚、宽恕、刚直、摄生、戒浮躁、力行、缜密、自信、戒迷信、自重、果敢、辨义利、治产	忠勇、爱国、信义、责任、报国、义侠、博爱、忠义、礼让、廉耻、守法
《新制中华修身教科书》第69册，中华书局1913年版	孝行、友爱、惜时、整洁、戒迷信、勤劳、习惯、节用、自省、殖产、诚实、摄生、度量、立志、正直、谦逊、择友、礼仪、践约	自由、平等、独立、博爱、公益、秩序、公德、爱国、报国、义务、信用、抚恤、好国民、自治、尽职、勇气、权利、义务、仁慈、崇尚进步

但是，此时的修身教科书并不是以"公民"为教育而是"国民"，因为此时还未有广泛的关于"公民"的讨论，公民教育思想也未完全从国民教育思想中分化出来。辛亥革命以后为了适应新形势的需要，各大出版社都在修身教科书的编写上投入了精力。比如商务印书馆出版的《共和国修身教科书》与《新体修身教科书》，中华书局出版的《中华修身教科书》《新编修身教科书》《新制中华修身教科书》《新式修身教科书》。这些修身教科书基本上都是围绕着培养现代国民而设计的，并且在教科书中对何谓"国民"进行了解释："国家之存立，由于国民。斯国民之对于国家，必同负有重任，故凡为国民者，顾名思义，曰：我为中华民国国民，中华民国即我国民之国家也。"[1] 这里强调了国民对国家所负担的共同的责任。所以，正如有的学者所说，民国初年国民教育的兴起为公民教育思潮发生的前奏。[2]

---

[1] 缪文功编：《中华中学修身教科书》（第3册），中华书局1912年版，第33页。
[2] 参见龚启昌：《公民教育学》，中正书局1948年版，第41页。

（五）袁世凯的"尊孔复礼"

袁世凯时期，民国的公民教育发展经历了曲折，民初甚至清末新学制改革以来的成果被废弃，随着袁世凯时期的结束，民国的公民教育发展重回正轨。

1913年6月2日，袁世凯发布《注重德育整饬学风令》，污蔑当时的大学"大都敷衍荒嬉，日趋放任，甚至托于自由平等之说，侮慢师长，蔑弃学规"，提出对学生的思想行为严加限制，不许学校倡导自由、平等、民主等进步主张，规定"学生有不守学规情事，应随时斥退"①。同年10月《天坛宪法草案》经起草委员会通过，其中第19条规定："国民教育以孔子之道为修身大本。"② 1914年4月2日，袁世凯颁发《维持学校令》，对学生参加民主革命运动大加指责，认为十余年来，学校教育"于锻炼气质，尊重道德之精神教育，非徒玩弛，甚或背驰，身在学令，妄干政治，徒贻平等自由之余唾，堕失爱亲敬长之良知"③。接着教育总长汤化龙于同年5月在《上大总统言教育书》中提出，以"孔子之道""正人心而扶国本"④。袁世凯赞同汤化龙的主张，视其为"卓识伟论"，并让教育部按此办法立即修订"修身""国文"教材。于是，教育部在6月发出《饬京内外各学校中小学修身及国文教科书采取经训务以孔子之言为旨归文》，提出需要回到"尊孔复礼"的教育要求：

> 孔子之道，夫妇之愚，可以与知，其微言大义亦多散见群经之内，则于学校教科书中采取其言行之切于伦常日用者，发扬吾国民固有之秉彝而示以懿德，庶国民教育对于国民模范人物，本良知之信仰乃益显其效能。时贤而有鉴于此，盛倡尊孔之义，以维教育。用意之深，至甚敬佩。……本总长深维国民教育与国民特性之关系，不能不以数千年所奉为人伦师表者为道德之准绳。嗣后各书坊各学校教员等编纂修身及国文教科书，采取经训务以孔子之言为旨归，即或兼及他家亦必择与孔子同源之说。从前业经审定发行之本，如有违背斯文或漏未列入者，并即妥慎改订呈部审查，以重教育。⑤

袁世凯于1915年以大总统的名义相继颁布了《颁定教育要旨》和《特定教育纲要》。《颁定教育要旨》要求重视国民教育："凡一国之盛衰强弱，视民德、

---

① 《注重德育整饬学风令》，载《教育杂志》1913年第4期。
② 陈学恂：《中国近现代教育大事记》，上海教育出版社1981年版，第247页。
③ 《维持学校令》，载《教育杂志》1914年第1期。
④ 《上大总统言教育书》，载《庸言》1914年第5期。
⑤ 《饬京内外各学校中小学修身及图文教科书采取经训务以孔子之言为指归文》，载《教育杂志》1914年第5期。

民智、民力之进退为衡；而欲此三者程度日增，则必注重于国民教育。"① 而《特定教育纲要》则对袁世凯所强调的"国民教育"的内容进行说明，改变了国民教育原本的内容，变更为学习"孔孟之道"。其中"教育要言"部分强调国民教育要贯穿"尊孔尚孟"之大义，崇尚"性理""陆王"之学②；"教科书"部分则规定中小学"均加读经一科，按照经书及学校程度分别讲读"③。依照袁世凯之意，教育部于1915年7月31日公布《国民学校令》，依令将"初等小学"改为"国民学校"，把"读经"列为国民学校的必修科目，教育部编纂处相应地改订了教科书编纂纲要。④ 教育部亦屡次强调"采取经史，编入课本"，要"阐扬忠孝之精义，勒成专书"，以及通过编纂歌曲、制作图画等方式宣传"孔孟之道"，"总期于忠孝之教、节义之端，传诸民间，布在学校"⑤。

地方民间组织亦步亦趋，比如1916年4月，林传甲发起组织蒙古教育研究会，会章规定："本会以调查外蒙古状况，俾合于国民教育共同进行，以养成大仁、大智、大勇国民为宗旨。"

但是随着袁世凯的死去，公民教育又重新回到民国精英主导，延续辛亥革命以后对于公民教育的改革，时任教育总长的范源濂宣布"切实实行元年所发表的教育方针"，可见虽然袁世凯时期的"复古"道德教育对正在萌发的公民教育产生了影响，但是整个社会以及教育精英的共识并没有改变。

第三节　民国公民教育的发展（1919—1926年）

(一) 公民教育思潮

1. 对儒家道德伦理的再批判

辛亥革命以后共和的理想并没有实现，革命者不得不发动"二次革命""护法运动""护国运动"以维护共和理想。虽然对儒家道德伦理批判不少，旧的伦

---

① 袁世凯：《颁定教育要旨》，载陈学恂：《中国近代教育史教学参考资料》（中册），人民教育出版社1987年版，第233页。
② 参见袁世凯：《颁定教育要旨》，载陈学恂：《中国近代教育史教学参考资料》（中册），人民教育出版社1987年版，第233页。
③ 袁世凯：《颁定教育要旨》，载陈学恂：《中国近代教育史教学参考资料》（中册），人民教育出版社1987年版，第225-266页。
④ 参见袁世凯：《颁定教育要旨》，载陈学恂：《中国近代教育史教学参考资料》（中册），人民教育出版社1987年版，第247-248页。
⑤ 参考《教育杂志》1915年第2期，《教育杂志》1916年第1期。

理道德思想还是根深蒂固,从蔡元培对公民道德的论述中我们可见一斑,基本上还是需要从中国儒家伦理中寻求根据。正如陈青之所言:"辛亥革命以来,全国只悬了一方五色国旗,社会仍然保持着半封建时代的状态,人民仍然固守着半封建时代的思想。"① 其中,以陈独秀为代表的思想解放者将矛头指向传统伦理道德,认为传统伦理道德的影响才是造成辛亥革命以后反动的势力不断回潮的根本问题。只有伦理的觉悟,为"吾人最后之觉悟"②,"盖伦理问题不解决,则政治学术,皆枝叶问题。纵一时舍旧谋新,而根本思想,未尝变更,不旋踵而仍复旧观者,此自然必然之事也"③。他在其创立的杂志《新青年》上发表文章展开对儒家伦理的批评,倡议梳理共和政体下的新思想:

> 儒者三纲之说,为吾国伦理政治之大要,共贯同条,莫可偏废。三纲之根本意义,阶级制度是也。所谓名教,所谓礼教,皆以拥护此别尊卑明贵贱制度也。近世西洋之道德政治乃以自由平等独立之说为大原,与阶级制度极端相反,此东西文明之一大分水岭也……自西洋文明输入吾国,最初促吾人之觉悟者为学术,相形见绌,举国所知矣。其次为政治,年来政象所证明,已有不克守缺抱残之势。继今以往,国人所怀疑莫决者,当为伦理问题。此而不能觉悟,则前之所谓觉悟者,非彻底之觉悟,盖犹在惝恍迷离之境。④

> 孔子生长封建时代,所提倡之道德,封建时代之道德也;所垂示之礼教,即生活状态,封建时代之礼教,封建时代之生活状态也;所主张之政治,封建时代之政治也。封建时代之道德、礼教、生活、政治所心营目注,其范围不越少数君主贵族之权利与名誉,于多数国民之幸福无与焉。⑤

> 这腐旧思想布满中国,所以我们要诚心巩固共和国体,非将这班反对共和的伦理文学等等旧思想,完全洗得干干净净不可。⑥

陈独秀认为孔子的伦理道德是为了维护一个尊卑贵贱有别的阶级社会,这一伦理完全不适用于共和政体,共和政体适用的应当是西方自由平等独立的精神。相比蔡元培,陈独秀的观点更加激进,对于传统道德完全舍弃,另起炉灶。这种观点虽然并未得以转化为制度并真正贯彻于民国时期的公民教育,但是,无疑表达了1919年以后,人们对于旧伦理依然束缚人性、绑架公民教育的不满。

---

① 陈青之:《中国教育史》(下册),商务印书馆1936年版,第695页。
② 陈独秀:《吾人最后之觉悟》,载《青年杂志》1916年第1卷第6号。
③ 陈独秀:《宪法与孔教》,载《新青年》1916年第2卷第3号。
④ 陈独秀:《吾人最后之觉悟》,载《新青年》1916年第1卷第6号。
⑤ 陈独秀:《孔子之道与现代生活》,载《新青年》1916年第2卷第4号。
⑥ 陈独秀:《旧思想与国体问题》,载《新青年》1916年第3卷第3号。

李大钊也在《新青年》第 2 卷第 1 号上发表《青春》一文，号召国民奋勇直追，创造一个青春的国家和民族。高一涵则在《共和国家与青年之自觉》① 一文中表达了应当将建设共和国家的使命交于青年，而青年应当发展其自由独立的人格。除了陈独秀、李大钊，胡适、钱玄同也应声而起，随后发展为声势浩大的新文化运动。

2. 民治教育思想与公民教育

1919 年，杜威来华，极力主张其民治主义的教育学说，对中国公民教育产生极大影响。杜威的教育思想是关于如何培养民主社会公民的一整套教育理论。他的理论迎合了当时中国正在发生的学生自治运动的发展。当时一种普遍的看法是，共和社会与专制社会不同，专制社会需要被统治的国民，而共和社会则需要公民有自治的习惯和能力。民治教育即民主的教育或平民教育②，发源于民国元年（1912 年），大盛于民国八年（1919 年）以后。民治思想与共和政体有关，但是共和政体的教育思想未必就是民治主义。蔡元培于赴参议院宣布政见时的演说中提道，教育方针应分为二："一普通，二专门。在普通教育务顺应时势，养成共和国民健全之人格，在专门教育务养成学问神圣之风习。"③

这是民治教育的要素之一，所谓养成共和国民健全之人格，由政治思想推演而来。蔡元培在临时教育会议的演说中更加清楚地表达了这一观点：

> 民国教育与君主时代的教育其不同之点何在？君主时代之教育方针，不从受教育者本体上着想，用一个人主义或一部分主义，利用一种方法，驱使受教育者迁就他之主义。民国教育方针，应从受教育者本体着想，有如何能力，方能尽如何责任，受如何教育，始能具如何能力。从前瑞士教育家裴斯泰洛齐有言："昔之教育，使儿童受教于成人；今之教育，乃使成人受教于儿童。"成人不敢自存成见，立于儿童之地位而体验之，以定教育之方法。④

这是从受教育者本体考虑注重个性发展，是民治教育要素之二。

民国初年，为实用主义思想所抑制。民国八年（1919 年），该教育思想最为繁盛，原因有三：（1）一次世界大战，德国战败。大家都认为德国国民均受军国民主义教育思想影响，而作为战胜国的美国却十分倾向于民治主义。作为战胜国的美国倡导国际和平，这对中国产生了很大的影响。教育调查会有"养成健全人

---

① 高一涵：《共和国家与青年之自觉》，载《青年杂志》1916 年第 1 卷第 1 号。
② 参见舒新城编：《近代中国教育思想史》，中华书局 1929 年版，第 231 页。
③ 舒新城编：《近代中国教育史料》（第四册），中华书局 1928 年版，第 33 页。
④ 舒新城编：《近代中国教育史料》（第三册），中华书局 1928 年版，第 216 - 217 页。

格，发展和平精神"之教育宗旨的建议，民国九年（1920年）全国教育联合会有民治教育的设施标准的议案。（2）文学革命。在未普及白话文之前，读书人用文言，社会上的一般人用白话，社会因为语言产生了分裂。自民国六年（1917年）胡适、钱玄同等人在《新青年》上发表文学改良的论文与通信以来，分裂的两个社会因而连接在一起。当时的世界思潮尽管由文学问题引入中国，更通过白话传播到一般的民众。（3）五四运动后思想的解放。五四运动以后，共产主义、唯实主义、自由主义等思想并行。①

欧战告终，军国民主义受人诟病，民治主义盛极一时，民国八年（1919年），教育调查会"就世界教育趋势，吾国民治之根本着想"，特议定以"养成健全人格，发展共和精神"为宗旨。说明如下：

> 所谓健全人格者：（一）私德为立身之本，公德为服役社会国家之本。（二）人生所必需之知识技能。（三）强健活泼之体格。（四）优美和乐之感情。所谓共和精神者：（一）发挥平民主义，俾人人知民治为立国根本。（二）养成公民自治习惯，使人人能负国家社会之责。②

虽然内容上与"民治"二字有距离，却是近代教育史上首提"民治"二字。"民治"一词也有了更具体的含义，即公民自治并承担共同体发展的责任。

1919年杜威来华，民治主义教育思想大昌。姜琦就杜威的观点在《新教育》第1卷第4期发表《教育上德谟克拉西之研究》，对民治主义教育进行进一步的澄清：

> 教育上"德谟克拉西"者，无论在全般文化上或教育本身上，从个人方面而论，当尊重个人之权利（right）、平等（equality）、自由（liberty）。详言之：即尊重各个人之人格，与十分应享之权利，使实行其义务也。从社会方面而论，当依门户开放机会均等之原则，不许有何等之社会的秘密，社会的独占。夫社会需为各个人而开放，推而广之，及于世界，在正义人道的理想之下，组织所谓"国际的国民同盟"，以保持世界之和平，促进文化之进步也。易言之：吾人在公正、平等、自由之下，各自独立，以营社会之生活者，即"德谟克拉西"之真相也。
>
> 苟明乎此，方可与言新教育。否则徒羡"德谟克拉西"之虚名，而失其

---

① 舒新城：《近代中国教育思想史》，中华书局1929年版，第235页。
② 舒新城：《近代中国教育思想史》（第三册），中华书局1929年版，第236-237页。

真相，偶有误用，必贻大患。从来学校之骚动，多出于"威权主义"、"压迫主义"之教育，盖因威压而激成反抗也。然今后学校之生徒，万一不解教育上"德谟克拉西"之真义，辄根据政治学上之狭义的"德谟克拉西"所包含之"主权在人民"一语，下一种类比之推论，曰："主权在生徒"。谓学校内一切事物，悉当由生徒自行主持，愚恐今后教育之弊害，更有甚于前者。①

这一论述表明中国教育者对民治主义教育的思想的接受，"民治"一词的内涵得到了发展：既要对共同体负责即履行义务，又应当尊重个人的人格、权利和自由。一个现代社会中公民的形象得到了很好的描摹，而这又是民治主义教育的目标。可见，公民教育的内涵有一部分由民治主义教育的思想得到了阐发。

为了回应民治主义教育高涨的思潮，全国教育联合会议决制定公布了《民治教育设施标准案》：

> 战后教育思潮，大都趋重民治，吾国教育家近亦竭力提倡向此轨道进行，但在教育行政官厅及学校，尚与真正民治精神相差甚远。谨本公正、博爱、互助主义，谨拟三项办法如左：
>
> （甲）教育行政方面
>
> 一、用人行政，尊重舆论；二、关于行政上重要事项，须革除长官独裁之旧习；三、推广各种补习学校及工读学校；四、普及平民教育。
>
> （乙）职教员方面
>
> 一、校务之兴革，须取决于校务会议；二、学生学行成绩，凡关于学级升降等项，须由校务会议定之；三、职教员与学生共同作业；四、指导学生自治；五、兼施各种补习教育及假期讲演；六、学校得组织通俗图书馆，俾一般人民得有阅书之机会。
>
> （丙）学生方面
>
> 一、注重自动自学；二、练习公民自治；三、发展实际生活之知能；四、练习服务社会；五、注重体育；六、研究学术，扩充创造本能。②

自此而后，教育联合会每届关于学制系统的议案，都有这种思想的表达。民国十年（1921年）议决新学制系统标准七条，固完全民治主义精神：（1）适应社会进化之需要；（2）发挥平民教育精神；（3）谋个性之发展；（4）注意国民经济能力；（5）注意生活教育；（6）使教育易于普及；（7）多留各地方伸缩余地。

---

① 姜琦：《教育上德谟克拉西之研究》，载《新教育》1919年第1卷第4期。
② 《民治教育设施标准案》，载《教育杂志》1920年第12卷第12期，第10-11页。

(二)"公民"科的诞生

辛亥革命以后,国民身份实现从臣民向公民的转变。公民与国民的区别基本是明确的,但由于国内还没有明确的法律上的依据,所以有学者研究得出,最早对公民这个概念作出正式界定的,是在1939年9月19日国民政府公布的《县各级组织纲要》中,界说为:中华民国人民无论男女在县区域内居住六个月以上或有住所达一年以上,满20岁者,为县公民,有依法行使选举、罢免、创制、复决之权;但同时又规定有以下情形者,不得有公民资格:其一是褫夺公权者,其二是亏欠公款者,其三是曾因藏私处罚有案者,其四是禁治产者,其五是吸食鸦片或其代用品者。[①] 以上显然是指所谓"狭义"的公民,按照这一目标进行的教育也是"狭义的公民教育"。而教育的目标显然不是仅仅局限于政治生活技能的授予。

但在法律规范上正式规定前,关于公民教育的讨论已经展开。学者之间对于公民教育的理解也有所不同。比如有学者认为:"有公民权的国民,才是公民。公民权就是为官吏及选举和被选的权利。"[②] 这种观点受到当时美国人对于公民的理解,杜威曾对这种观点进行批评,他认为不应该将公民仅仅理解为有选举资格,公民教育不仅仅是培养会投票的人。

1. 公民教育的讨论

民国初年沿用清末以日本为标准建立起来的现代教育,首先引起了知识分子的不满。蒋梦麟论及教育时评价:"若把自日本抄来之德国式的法令,认作金科玉律,把学生一个一个地束缚起来,使个人变成机械,则便成不良的教育了。"随着1919年杜威和孟禄分别来华,民治主义教育大昌,美国的教育思想开始逐渐取代日本的教育思想。有学者后来回顾这一过程时评论道:"清末和民初,我国小学教育,受了日本的影响而事事仿效日本;民国七八年以后,则美国新式教育的余波传到我国,我国实地教育者,在厌弃日本、力求革新之余而又仿效美国……仿效日本,近乎盲目;仿效美国,则是一种自然的进步——自卢梭以来,教育逐渐革新,美国以杜威氏等的努力,差不多成立新教育的正宗。其教育方法,除因政治上的关系带有资本主义色彩外,'实验'之说、'儿童本位'之说、'教育即生活'之说……都是未可厚非的。所以,同一仿效,后者自比前者为有意义。"[③]

[①] 参见龚启昌:《公民教育学》,中正书局1948年版,第2页。
[②] 陶汇曾:《现代初中教科书公民》(第1册),商务印书馆1925年版,第13页。
[③] 吴研因、翁之达:《中国之小学教育》,商务印书馆1934年版,第25页。

民国的教育逐渐从模仿日本开始转向学习美国、欧洲国家的教育理念，比如法国的卢梭、美国的杜威。这种转向让中国的教育界人士开始注意到民治主义教育思想，并开始从中吸收学习如何培养共和政体下的具有宪政精神的公民。

进而有学者开始集中讨论怎样培养公民、公民应当具备什么素养，相比之前"民治""国民"的讨论，开始渐渐集中于"公民"这一对象。比如顾树森和潘文安在编纂中学教科书《新著公民须知（道德篇）》时，对新旧道德进行区分：

> 旧道德是保守的、束缚的、消极的；新道德是进取的、自由的、积极的。我们本着这个意思，不但要养成公民善良的习惯，还要发展公民优美的性能。尼采说过："现今时代，是一个重新评估一切价值的时代。"现在道德问题，也要重新估定一切价值才好。把完美的，保存起来，不完美的，改造或废除起来，使全社会上的人，渐渐完成高尚的人格，走到正当的轨道，大家凭着良心，依着真理去行，社会的进步，自然一日千里了。[1]

这里的公民道德已经明显区别于蔡元培提出的公民道德教育，并开始以"公民"为标题出现在教科书中。

更有学者开始直接讨论公民教育的宗旨，比如程湘帆在《公民教育之宗旨与目标》一文中这样讨论：

> 欧美学者对于此端（公民教育之意义）大概有两种主张：一是狭义的，以公民在政治上不可少之知识、习惯、技能、欣赏、观念、思想、精神为准。二是广义的，除造就政治上的资格外，并及社会、家庭、人类、职业与夫个人之修身之类。迩来，主张广义的公民日盛。比如杜威曾谓"向之训公民资格者多以狭义；如适当选举能力和奉行法律之习惯之类。其实儿童将来除为选举投票人及服从法律外，亦为家属中之一人……将操行有益社会之职业以维持其独立和尊严者；亦将为所处社会中之一分子，对于所处社会文化之进步，将有所贡献"，艾施雷亦谓："公民资格系社会性质的，非政治性质的；系普通的，非有限制的；系本自然权利的，非人意赐予的"；我国亦有公民国民之分。公民为享受法律上公权之国民。其实团体既系共和，平民政治之潮流既日见澎湃，自应无公民国民之分。惟当此过渡时代以种种关系不得不略有此阶级之制。然教育普及虽未能一时办到，却已为一般人士所注意。平民思想有日渐输入人心。故教育宜抱"德谟克拉西"主义，造就广义

---

[1] 顾树森、潘文安：《新著公民须知（道德篇）》（中等中学用），商务印书馆1923年版，第1-2页。

的公民。……公民教育之宗旨可概括之曰：以"德谟克拉西"的原则，造就为家庭、为社会、为国家、为世界人类忠勇服务的明达公民。①

程湘帆在这里的讨论已经具体，他开始为公民教育分类："狭义的公民教育"仅指训练公民具备参与政治生活的能力，比如选举；而"广义的公民教育"是除政治生活训练以外，囊括一国公民养成共和民主精神的现代人格所需的教育和训练。同时，程湘帆也为"公民"一词下了定义，"公民为享受法律上公权之国民"，并且区分于"国民"（虽然在教育上程氏并不主张这一区分）。这说明当时的教育界人士已经较清楚地意识到公民教育与前述所提及的"国民教育"的区别。

2. 修身科向公民科的转变

这样的环境中，修身科几乎成为众矢之的。"现今学校中所通行的'修身教科书'非但是蛇足，而且是大背德育原理的。更有什么记功记过之一类的把戏，那竟不是教儿童知道道德，简直是教他们放弃道德了！"②

从实践来看，当时修身科的内容大多还是儒家的道德观念，培养学生共和精神或国民道德的教育实践一直令人失望，批评纷至沓来。1916年4月，朱元善在《教育杂志》上发表观点认为："今日之国家明明已由君主易为共和，由专制而进于立宪。既为共和立宪之国，则教育之方针自当以新国家之本质为主眼，而置重于共和立宪国民之养成"，因此，今后的教育方针，"非实施公民教育不可"③。几年后，顾树森在探讨学制改革时尖锐地指出："现行学制中缺乏培养共和国民之精神"，而"各国在普通学校中，必设此公民一科，对于公民应有之常识、国家之组织、法律之大要，以及公民之责任义务皆当使之明悉无遗，且非特授以知识而已，在学校中又与以相当练习之机会……我国各种普通学校公民一科既未规定加入，而全国教育大家亦不注意此点"④。

于是较新的学校均改"修身"科为"公民"科或与"公民"科相仿的科目。更有孔德学校这样的学校直截废除了修身课程。1920年，《少年杂志》就此进行了分析：

> 这个学校所以废除修身科，并不是要毁弃道德教育；是把道德的材料附在他种教科去教授。因为修身科的内容，大概不外两种，一种是为的涵养性

---

① 程湘帆：《公民教育之宗旨与目标》，载《新教育》1922年第4卷第3号，第398页。
② 元尚仁：《译者小言》，载杜威：《德育原理》，元尚仁译，中华书局1921年版，第2页。
③ 朱元善：《今后之教育方针》，载《教育杂志》1916年第8卷第4号，第5—6页。
④ 顾树森：《对于改革现行学制之意见》，载《教育杂志》1920年第12卷第9号，第3页。

情，导之躬行实践；一种是授以儿童立身处世的知识，使之不致躬蹈悔尤。前者可以注重平时的训练，后者可以附在国语科教授；其他如乐歌图画一类的学科，都能涵养美德，何必特设干燥无味的修身科，反致流于形式呢？

1919年，受到公民教育思潮的影响，全国教育联合会议决编订公民教材案，主张各省聘请专家编制中小学教材。浙江两省教育会编订公民教育专册，分卫生、道德、法制、经济四编。公民教育内容再次扩展。1922年新学制公布，全国教育联合会拟定中小学课程标准，将从前的"修身"科改为"公民"科。1923年5月，适应新学制的一套新的课程安排也编订公布了。在这套新的课程安排中，中小学的修身科基本被新设的公民科所取代。1923年7月中华教育改进社在济南开的第一个年会中有《修身科宜改称公民科》的议案，列明了详尽的改革理由：

> 修身范围太狭，仅斤斤于个人之修养，务使个人适应社会；公民学则改良社会以适应个人。故修身不适用于共和的社会，此应改之理由一。修身注意道德之涵养，缺乏法律的观念。法治国之人民，以富有法治精神为最要。其能培养法治精神，巩固法律观念者，莫公民学若。本是而言，则修身不适用于法治的国家，此应改之理由二。修身之标准太旧，多从消极方面立言，与公民积极图谋团体幸福适相反。修身不适用于合作团体，此应改之理由三。①

值得注意的是"理由二"，"法治国家"的观念已经提出，"法治精神"已被提出并纳入公民教育的内容，这点恐怕也影响了"法制"科的开设，以及几乎各个出版社的公民教科书中也加入了法律知识，对五权宪法更是有详细的介绍。

1924年中华教育改进社年会，冯顺伯、金崇如、王仲和三人在《初中公民学教本》的说明中辨析了公民学异常于政治常识、经济常识。他们这样进行了阐述：

> 有人谓政法常识是公民学，又有人谓卫生道德政治经济是公民学，又有人谓公民学即新式的修身。我们觉得果真公民学即是上指的种种东西，学校中何不即设那些东西的科目，又何必巧立名目标出公民学呢？公民学既经特别设立，自有特殊的性质、特殊的范围、特殊的目的，遂有独立成一科目的价值了。公民学可以收集政治常识的材料，却不是政治常识。因为不是仅仅造成一种公议投票的公民。公民学可以收集卫生道德政治经济的智识，却

---

① 《修身科宜改称公民科》，载《新教育》1921年第5卷第3号，第457页。

不是把这四种材料照样分别提出纲要灌给学生的。公民学教员又何苦替应用生理学、社会学、政治学、经济学教员，费心血教四部缩影的科学呢？公民学更不是新式的修身：因为单讲个人道德，不涉及社会生活，不了解人生知识，公民还是一种不完全的公民。所以我们觉得公民学所要养成的公民，狭义言之：是中国的理想的国民；广义言之：是社会的标准人物。公民学为达到这个目的起见，在初级中学应该采取社会科学的健全的结论，以解释做理想国民、做标准人物的事实及方法。可以算是实际应用的人生哲学。这样，公民学乃今日所需的公民学。又因为初级中学学生抽象力正在发达时期，不得不从具体的事体，切近经验的现象入手训练，所以，初中公民学特别要包括学校训育了。

总括一句，初中公民学是社会科学人生哲学学校训育的结晶品，是这三种元素所构成的东西。①

从三人的论述来看，他们已经有意识地从目的、内容、教育手段上去区分公民科与其他学科，同时将如何教育一个人成为合格的公民作为一项学问提出。这种"公民科应当独立被看待"的共识，也成为在制度上公民科取代修身科的原因之一。

具体而言，小学初级小学开设社会科，设置了"公民"科，初中阶段开设公民科。总体而言，"公民科的范围比修身科广得多。修身专注个人修养；公民侧重在研究社会环境的状况，把个人修养纳做是人生适应社会的条件"②。

3. 公民科的反对者

对于公民科取代修身科也并不是所有人都同意，特别是一些受到旧学影响比较深的人。因为相比修身科，公民科更强调享有政治权利的国民应当具有的知识，而对于个人道德修养则明显弱化。比如1925年中华教育改进社第四届年会公民教育组刘鸥书提议《中等学校宜及时提倡孔道培养国民品性以遏乱源而巩国基》。在该议案中，刘鸥书认为如今中国之所以混乱乃孔道不昌盛所致，特别不满意以公民科代替修身科，列举了五种学校师生倡明孔道的办法。其中第五条就说：

修身为我国实行道德之一科，其名词复见于经传。告朔饩羊，本不应废，今既代之以舶来品之公民科，似亦不可抛弃私人道德，偏重公民知识，

---

① 冯顺伯、金崇如、王仲和：《初中公民学教本的说明》，载《新教育》1924年第9卷第1-2期，第303—304页。

② 《新学制小学学程纲要草案》，载《教育杂志》1923年第15卷第4号，"附载"，第3页。

以致流弊潜滋,不可穷诘。古来之兼善天下者,皆始于独善其身,今则自身未修,即倡言服务;不能自治,竟狂言治人。是皆未奉教于孔子也。而暗受偏激教科书之害,亦复不浅。有教人之责者,宜共思所以匡救之。①

刘鹗书以中国古代历史中的"贤人"经历为例子,认为只有先修身才能兼济天下,总的来说还是一种类似于张之洞的人才教育思想,这种教育想要达到的目的是培养一小部分精英人才,不同于公民教育所要达到的培养一国的国民具有现代人格、懂得如何参与政治生活、懂得法治精神、信仰宪法和法律的目的。现代教育中,公民教育处于普通教育的阶段,这一阶段以后,专业教育阶段可能会有类似于中国传统中的精英教育。

(三) 公民科教科书

这一阶段的公民科教科书由于没有太多规定的约束,内容上较为丰富。《小学公民课程纲要》和《初级中学公民学课程纲要》分别由杨贤江、周鲠生起草,经袁希涛、金曾澄、胡适、黄炎培和经亨颐五人组成的新学制课程标准起草委员会审核复订后,于1923年6月刊布实行。

依照公民课程纲要,整个公民课程内容大致可以划分为初级小学、高级小学和初级中学三个阶段,每个阶段都涉及家庭、学校、社团、地方、国家和国际等方面的常识知识和道德责任。三个阶段三次循环,每个阶段都是对前一个阶段的发展,后一阶段相比前一阶段更加突出社会、国家等公共方面的内容。在教学方法上,小学阶段更加强调公民习惯的训练和实践,初中阶段开始侧重知识的教授和问题的思考。

在公民教科书的内容结构上,小学教科书基本上都是遵照课程标准纲要的规定,安排有家庭、学校、社团、地方、国家和国际等几个部分,各种教科书之间差距不大。商务印书馆的《新学制公民教科书》在编辑大意中清晰说明内容包括家庭生活、学校生活、城省生活、国家生活、国际生活和社会生活等几个方面。② 中华书局出版的《新小学教科书公民课本》也有类似的内容③,这套书4册共57课,关于个人的19课、家庭的3课、学校的3课、社会的13课、国家

---

① 刘鹗书:《中等学校宜及时提倡孔道培养国民品性以遏乱源而巩国基》,载《新教育》1925年第11卷第2期,第269页。
② 参见李泽彰:《新学制高级小学公民教科书编辑大意》,载《新学制公民教科书(小学校高级用)》(第1册),商务印书馆1924年初版、1925年60版,"扉页"。
③ 参见朱文叔:《(新学制适用)新小学教科书公民课本》,中华书局,高级第1册:1923年2月发行、1925年5月24版;高级第2册:1923年2月发行、1925年11月初版;高级第3册:1923年7月发行初版、1925年11月18版;高级第4册:1923年7月发行、1926年1月15版。

的 16 课、国际的 2 课，颠覆了修身教科书内容上侧重个人和家庭私人领域的状况，大量关注公共领域的问题。

中学的公民教科书，各出版社在内容上安排不同，但是总的来说是按照公民课程纲要中规定的社会生活及其组织、宪治原则、中华民国的组织、经济问题、社会问题和国际关系 6 个部分来编写。比如中华书局 1923—1924 年初版的《（新中学教科书）初级公民课本》共 3 册，分为团体生活、政治组织、经济生活、社会问题、国家关系和道德问题 6 个部分。[①] 商务印书馆出版的《新撰初级中学教科书公民》分为道德、法制和经济 3 篇，每篇一册。[②]

第四节　民国公民教育的沉寂（1927—1932 年）

（一）党化教育思想与三民主义教育思想

孙中山认为三民主义就是救国主义，胡汉民在《三民主义的连环性》中接着推广，认为"博爱"的时期已过，现在就是应该救国，救国就要遵循三民主义。因此，教育就是为了完成革命，为了救国，所以要以三民主义为核心。更具体的要体现在党化教育思想之中。

关于三民主义教育，1926 年国民政府成立教育行政委员会时已经有人提出，初称党化教育。韦悫在《国民政府教育方针草案》中解释了党化教育就是在国民党指导下，把教育变成革命化和民众化。到 1928 年第一次全国教育会议议决，才将"党化"改为"三民主义"。

（二）三民主义教育宗旨与第一次全国教育会议

三民主义教育宗旨的确定体现了当时社会共识的变化，也体现了社会教育界人士和国民政府在教育问题上的博弈，民国的公民教育也因此发生了深刻的变化。为了观察这一过程，我们回顾一下 1928 年第一次全国教育会议对于公民教育的影响。

1928 年 5 月第一次全国教育会议所讨论的主要问题就是教育与政治的关系，会议上形成了两派观点：第一，主张教育相对独立，以大学院院长蔡元培和代表

---

① 参见舒新城：《（新中学教科书）初级公民课本》，中华书局，第 1 册：1923 年 8 月发行、1925 年 11 月 9 版；第 2 册：1923 年 8 月发行、1926 年 5 月 8 版；第 3 册：1924 年 1 月发行、1929 年 6 月 11 版。

② 参见高阳、陶汇曾、刘秉麟：《新撰初级中学教科书公民》，商务印书馆，第 1 册：1925 年初版、1929 年 53 版；第 2 册：1925 年初版、1926 年订正 14 版；第 3 册：1925 年初版、1926 年 20 版。

选出的副议长许崇清为代表;第二,主张教育完全服务于政权,以中央党部代表谭延闿、国民政府代表宋渊源和政府委员李烈钧及何应钦为代表。

蔡元培在开会致辞时强调"教育学术化"思想,主张教育的相对独立。① 蔡元培说:"当大学院成立之初,鄙人关于教育方针,曾经提出三点……提倡科学教育……养成全国人民劳动的习惯……提起全国人民对于艺术的兴趣……简言之,使教育科学化、劳动化、艺术化。"蔡元培先简述自己对于教育的观点,然后指向三民主义与教育的关系:"例如三民主义,为今日教育上训育之标准;而一方面受过激派之附会,一方面又受保守派之利用。在学校教育上,应如何按照学生程度,次第熏陶;在社会教育上,应如何按照个人地位,分别指导。此为今日所应先决之问题。"② 蔡元培还是委婉地批评了将三民主义无限扩大的倾向,指出学校、社会教育应当是个人化的、有科学规律可言的,不能用三民主义一言概括之。

而许崇清强调"教育绝非万能",国家振兴应依靠教育等各项事业的发展,而"本届会员提案虽多,然欲收实效,非得政府了解辅助不可"③。许崇清的观点较为缓和,虽然坚持教育的相对独立,但是也表达了政府作为辅助角色的重要。

相对地,政府的一些官员则主张教育应服务于政权。中央党部代表谭延闿提出教育应以三民主义为指导④,他认为"以党治国"并非"以党员治国",而是"以党义治国"。国民政府代表宋渊源提出类似观点,认为"我们的教育方针,便是三民主义的教育。刚才蔡先生讲过,教育劳动化、职业化、科学化,这些都是教育上的种种作用。我们可以说是'党化为体;以劳动化,职业化,科学化为用'"⑤。这里算是国民政府官员对教育家的一次正面回应。李烈钧与何应钦附和前者观点。⑥

与公民教育较为相关的讨论分别在:第二次会议(5月16日),决议废止"党化教育"名称,决议成立"三民主义教育"名称;第四次会议(5月18日),修改通过三民主义教育组关于"确立教育方针实行三民主义的建设以立救国大计案"审查报告;第七次会议(5月23日),讨论中华民国教育宗旨说明书,修改

---

① 参见中华民国大学院:《全国教育会议报告丁编》,商务印书馆1928年版,第1—3页。
② 中华民国大学院:《全国教育会议报告丁编》,商务印书馆1928年版,第1—2页。
③ 《全国教育会议专刊:十五日会议详讯(丙)许崇清演说词》,载《时事新报》1928年5月17日。
④ 参见中华民国大学院:《全国教育会议报告丁编》,商务印书馆1928年版,第4—5页。
⑤ 中华民国大学院:《全国教育会议报告丁编》,商务印书馆1928年版,第6页。
⑥ 参见《全国教育会议:开幕情形》,载《民国日报》1928年5月16日;《全国教育会议之第一日:上午开幕式仪式》,载《申报》1928年5月14日。

通过出版物组"奖励科学著作""改善中小学教科书""注意国耻教材""限制采用外国文读本""补充读物"等各案审查报告；第八次会议（5月24日），通过中华民国教育宗旨说明书，讨论三民主义教育组"学生自治会条例案""学生参加民众运动会标准案"；第九次会议（5月25日上午）修改通过关于两广教厅及中山大学提案"确定教育方针实行三民主义的教育建设及立救国大计案"之全部；第十次会议（5月25号下午），通过三民主义教育组"教育学须中国化"等各案审查报告。①

总结整个会议，三民主义作为教育宗旨是主要讨论的问题。会前人们对于新的教育宗旨就充满期待："凡事总须先有方针，这也不须多说的，我以为在这全国教育大会议开幕之后，第一件事，就要确定这个精神上的方针，以为今后各项的标的。"② 会议期间关于教育宗旨的提案有12件之多③，都是关于三民主义作为教育宗旨，且经过讨论后均获通过。相关的提案评价了旧的教育宗旨的弊端，肯定了颁布新教育宗旨的必要性："一个国家的教育，必须有一个具体的一贯的宗旨，才可以确立国家生存的基础，筑成国民文化向上的轨道。中华民国成立，已经十七年了，虽然也曾定过一个教育宗旨，但是很空洞的，很容易发生歧义的。换句话说，也就是无主义，实在等于没有教育。"④ 可见这种"主义"贯彻"教育"的观点恐怕是当时很多人的共识。

有趣的是，第八次会议修改通过的"中华民国教育宗旨说明书"交付国民政府审核，但是并未获得通过，而国民政府自己于1929年制定的《中华民国教育宗旨及其实施方案》几乎继承了会议通过的"说明书"。国民政府认为说明书"其所谓宗旨者，颇多支离之处"⑤。这个理由似乎是有道理的，因为"说明书"并未详细阐述三民主义教育宗旨的含义，但是它拟定了三民主义教育的实施原

---

① 参见中华民国大学院：《全国教育会议报告甲编》，商务印书馆1928年版，第36-40页。
② 陈彬和：《全国教育会议今天开幕、我所希望的几句话》，载《中央日报》1928年5月15日。
③ 分别是：（1）姜琦、陈礼江等人提议的《中华民国教育宗旨说明书案》；（2）姜琦、邱椿提议的《请大学院定三民主义为全国教育宗旨案》；（3）陈礼江提议的《确定教育宗旨提案》；（4）王世镇提议的《确定教育宗旨案》；（5）张默君提议的《请大学院速定党国教育宗旨揭橥民生社会道德标准用端国人趋向发扬吾国精神文化及固有美德俾国民知以人格救国实现三民主义以固国本案》；（6）黄统提议的《规定三民主义教育宗旨案》；（7）向楚琨提议的《各级学校应一律实施三民主义教育以养成效忠党国人才案》；（8）周启刚提议的《促进三民主义教育宜即实行训练师资案》；（9）湖南教育厅提议的《确定全国教育方针案》；（10）全国教育会议提议的《废止党化教育名称以三民主义教育案》；（11）姜琦提议的《解释党化教育案》；（12）中山大学、广东教育厅、广西教育厅提议的《确定教育方针实行三民主义的教育建议以立救国大计案》。参见中华民国大学院：《全国教育会议报告乙编》，商务印书馆1928年版，第1-63页。
④ 中华民国大学院：《全国教育会议报告乙编》，商务印书馆1928年版，第1页。
⑤ 中国第二历史档案馆编：《中华民国史档案资料汇编》第五辑，第一编教育（一），江苏古籍出版社1994年版，第1页。

则:"发扬民族的精神……提高国民道德……注重国民体力的锻炼……提倡科学的精神,推广科学的应用。"① 另一项理由是"关于中华民国教育宗旨说明书及大会宣言,于三民主义教育之真谛,既无所阐明;而在于教育与党之关系,尤乏实际联络"②。这恐怕才是真正没有通过的理由,会议结束后不久,国民党已经完全掌控了政权,为了维护其独裁统治,在教育宗旨的问题上自然也需要树立权威,所以,尽管这次会议经过大量讨论终于形成具有共识的议决案,国民政府依然选择弃之不用。但是,考察国民政府1929年4月26日公布的《中华民国教育宗旨及其实施方案》的内容我们发现,方案其实深受会议决议的影响,只是国民政府希望将这一决策权收归己有,如表4-2所示。换句话说,这次会议的讨论还是形成了将三民主义作为教育宗旨的共识,这也是民国公民教育的一个转折点。

表4-2 《中华民国教育宗旨及其实施方案》有关教育宗旨的提案、修正案及会后议案

会议提案	会议修正案	会后方案
规定三民主义教育宗旨案(黄统):教育以培养国民革命人才实行三民主义,达到世界大同为宗旨。	中华国民教育宗旨说明:发扬民族的精神、提高国民道德、注重国民体力的锻炼、提倡科学的精神、推广科学的应用。	中央训练部提案(修正版):中华民国之教育以根据三民主义发扬民主精神实现民主政治,完成社会革命而臻于世界大同为宗旨。
请大学院速定党国教育宗旨案(张默君):揭橥民生、社会道德标准,用端国人趋向,发扬吾国精神文化及固有美德,俾国民知以人格救国,实现三民主义。	废止党化教育名称代以三民主义教育案:以实现三民主义为目标,求达民族独立,民权普遍,民生发达之实际。	陈果夫提案:中华民国教育以发扬民族精神,启发民权思想,增进民生幸福,完成三民主义宗旨。
确定教育宗旨案(王世镇):本国教育以陶铸中华国民之品格与技能,完成中华民族之统一与独立。	确立教育方针实行三民主义的教育建议以立救国大计案:以实现三民主义为目标,应注重人民之生活,社会之生存,国民之生计,群众之生命。	中央执委会各部秘书审查委员会之修正案:中华民国教育根据三民主义,发扬民族精神,启发民权思想,增进民生幸福,而臻于世界大同为宗旨。

资料来源:国民政府教育部年鉴编纂委员会编:《第一次中国教育年鉴》(第一册甲编:教育总述),开明书店1934年版,第10—11页;中华民国大学院:《全国教育会议报告乙编》,商务印书馆1928年版,第1—63页;中国第二历史档案馆编:《中华民国史档案资料汇编》第五辑,第一编教育(一),江苏古籍出版社1994年版,第100—101页。

---

① 中华民国大学院:《全国教育会议报告乙编》,商务印书馆1928年版,第2页。
② 国民政府教育部年鉴编纂委员会编:《第一次中国教育年鉴》(第一册甲编:教育总述),开明书店1934年版,第10页。

国民政府最终公布的《中华民国教育宗旨及其实施方案》所载教育宗旨内容为："中华民国之教育，根据三民主义，以充实人民生活，扶植社会生存，发展国民生计，延续国民生命为目的。务期民族独立，民权普遍，民生发展，以促进世界于大同。"

虽然"党化教育"的称呼逐渐退出正式场合，代之以"三民主义教育"，但是国民党采取加强对教育监管的措施，使得三民主义教育延续了"党化教育"。1928年7月3日，国民政府中央训练部制定的《各地中小学教员讲习会增加党义课程办法》公布，内容是："a. 党义教员的课程：1. 三民主义；2. 建国大纲；3. 建国方略（包括孙文学说、实业计划、民权初步三部）；4. 中国国民党之改革及其组织；5. 中国国民党历次重要宣言及其议决案。b. 一般教员的课程：1. 三民主义；2. 民权初步；3. 本党纲领。"[①] 此案在教育内容中加入了大量的国民党的知识。7月30日，国民政府公布《各级学校增加党义课程暂行条例》，旨在使党义普及全国，内容包括三民主义、孙文学说、五权宪法和国民党重要宣言等。[②] 10月，国民党中央民众训练部制定了《党治教育实施方案》，加强党对教育的管理。国民政府教育部于1929年1月23日颁行《审查教科书共同标准》，指出："关于教材之精神者；适合党义……"1930年6月14日，《国民党中央秘书处检送审查党义教科书暂行办法函》明确规定了审查党义教科书的具体办法。[③] 国民党第三次全国代表大会政治报告《中国国民党与教育》中提到，统一于三民主义的教育宗旨之下；教育政策的原则力矫从前放任主义，而代之以干涉主义。

由此可见，国民党深度介入教育宗旨、教师培训、课程设置和教科书审查等方面，深深地影响了公民教育的内容和方向。有的学者据此认为民国公民教育到此为止，本章作者不敢苟同，在"三民主义"的教育宗旨之下，还是保留了大量公民教育的内容。

在实行三民主义的教育宗旨后，废止小学公民科，增设党义，此时公民科虽废，但实质内容大部分体现在党义与社会科、常识科中。比如1929年教育部颁布的小学课程暂行标准中，社会科的教学目标中就有相关规定。

---

① 国民政府大学院：《大学院公报》1928年第8期，第6-7页。
② 参见中国第二历史档案馆编：《中华民国史档案资料汇编》第五辑，第一编教育（一），江苏古籍出版社1994年版，第1073-1074页。
③ 参见中国第二历史档案馆编：《中华民国史档案资料汇编》第五辑，第一编教育（一），江苏古籍出版社1994年版，第1112页。

第五节　民国公民教育的复苏（1933—1945 年）

由于社会不安、内乱仍不能平息，因此有许多人主张恢复公民教育的设施。1933 年 2 月 20 日教育部颁布的小学课程中增加了"小学公民训练标准"一种，以"训练儿童以养成健全之公民"，内容相比公民科更加丰富，一定程度上可以认为是民国公民教育的复苏。

1933 年 2 月和 1934 年 8 月，国民政府教育部首次公布了《小学公民训练标准》和中学公民课程标准。[1] 要注意的是将《小学公民训练标准》、《初级中学公民课程标准》和《高级中学公民课程标准》的公布时间断定为 1932 年[2]是错误的，因为 1932 年公布中小学课程标准时并没有同时公布公民科的课程标准，公民科的课程标准是延后公布的。

这个正式的课程标准同时取消了中小学的党义科，在中学重新开设了公民科，在小学则设立公民训练科。但是，三民主义作为教育宗旨依然是各级学校全部课程和教材的编制中心和唯一标准。[3] 陶行知曾经撰文称："我们反对党化教育，反对党有、党办、党享的教育，因为党化教育是把国家的公器变成一党一派的工具"[4]。这时的公民教育教科书虽和北京政府时期的名称相似，但是因为深受党化教育的影响，呈现了不同的特点。

《小学公民训练标准》实施方案第 10 条规定："公民训练，专重实践，不用教科书"，但是又在第 3 条规定："各学校在每学期开始时，应将训练条目，分别阶段，印成小册或活页……分发儿童，使儿童明了本学期内应该注意的事项，并得反省的机会。"[5] 根据标准的要求，出版机构和学校依照第 3 条规定，首先编纂了教师公民训练用的教本或指导书，随后又配有学生用的课本。此外，1932 年以及随后多次修订的小学"社会科"的课程标准里，包含小学五、六年级教授

---

[1] 参见《教育部训令（第 1303 号二十二年二月十六日）》，载教育部秘书处：《教育部公报》第 5 卷，第 7、8 期合刊（1933 年 2 月），"命令"，第 6-7 页；《教育部训令（第 9722 号廿三年八月十日）》，载《教育部公报》第 6 卷，第 35、36 期合刊（1934 年 9 月），"命令"，第 5 页。

[2] 参见课程教材研究所编写：《20 世纪中国中小学课程标准·教学大纲汇编：思想政治卷》，人民教育出版社 1999 年版。

[3] 参见《三民主义教育实施原则》，载中国第二历史档案馆：《中华民国史档案资料汇编》第五辑，第一编教育（二），江苏古籍出版社 1994 年版，第 1032-1047 页。

[4] 陶行知：《民主教育》，载《陶行知全集》第 4 卷，四川人民出版社 1991 年版，第 590 页。

[5] 《小学公民训练标准》，载《教育部公告》第 5 卷，第 11、12 期合刊（1933 年 2 月），第 60、61 页。

和培养学生公民知识、道德和习惯的相关规定。也就是说，小学公民教科书包括两个部分：一是根据小学公民训练标准编纂的适用于公民科的教科书；二是根据小学社会科课程标准编纂的适用于小学五、六年级社会科的公民教科书。

这个时期的公民训练和公民科课程中的道德部分重新继承了清末和袁世凯时期修身科的儒家道德伦理，强调"发扬中国民族固有的道德，以忠孝仁爱信义和平为中心"①。现实问题上延续了党义科的主张，认为"中国国民党之主义纲领政策，为建国及解决社会问题唯一之途径"②。1940年7月公布的修正中学公民课程标准和1941年9月公布的六年制中学公民课程标准，都将国民党总裁蒋介石的训示与三民主义、总理孙中山的遗教并列，明确规定为公民课程的核心内容。③

第六节　代表期刊与代表文献介绍

《教育世界》杂志积极引入外国公民教育思想、理论，在政府教育政策的制定方面形成了巨大的影响。《教育世界》于第154、157号载有《欧美之道德教育》，该文系统地介绍了德、法、英、美四国学校中各种直接与间接道德教育，并对政教分离后法国中小学最为流行的德育教材"道德并国民教育之第一年"专门做了分析，这是当时法国中小学通用的公民道德教育教材。

《教育杂志》第5卷第10号发表署名为天民的文章《公民教育问题》，重点介绍和评析了德国几位著名教育家关于公民教育思想的特点，同卷第10、11、12号连载署名为志厚的文章，系统地介绍了德国著名教育学家凯善西台奈④的公民教育学说。两篇文章都阐释了德国公民道德教育的特征。此后，该杂志在1916年到1926年间刊发了不少公民教育方面的译文，如《公民教育论》《德国之公民教育》《公民的训练法》《美国公民教授之现状》《公民的训练》等。其中，《公民教育论》依据凯兴斯泰纳的公民教育学说，主要论述了公民教育中若干重要问题，包括公民教育的困难、范围、目的等，不久译者将之作为论著出版。

---

① 《小学公民训练标准》，载《教育部公报》第5卷，第7、8期合刊，"附载"，第30页。
② 《高级中学公民课程标准》，载《教育部公报》第5卷，第35、36期合刊，"附载"，第44页。
③ 参见《修正初级中学公民课程标准》《修正高级中学公民课程标准》，载课程教材研究中心编：《20世纪中国中小学课程标准·教学大纲汇编：思想政治卷》，第171、175页。
④ 即凯兴斯泰纳。

《德国之公民教育》及《美国公民教授之现状》则是对两国公民教育的介绍。《公民的训练》一文是译者根据美国学者斯托尔（G. D. Strayer）和恩格尔哈特（N. L. Englhault）合著的《课堂指导》，说明如何具体训练国民成为合格的公民。美国公民教育思想除《美国公民教授之现状》外，杜威作品的译介也是重要来源。另一位教育家斯纳藤所著《公民教育》在1922年与国人相见，该书对公民教育的目的、意义、理论基础、研究方法、学科教学等各个方面都有细致的论述。

《中华教育界》在同时期也刊载了不少与公民教育相关的文章。民国伊始，该刊就发表了庄泽定的《论民国小学宜设国民科》一文，该文将国民教育与民国的命运结合在一起，公民教育的相关内容也在本文初现端倪。第4卷第1期刊登姚大中《公民教育论》一文，主要讨论了公民教育的目的、意义、方法；公民知识与公民性格；社会的公民教育；学校的公民教育；公民教育与师范教育、家庭教育、女子教育等。该刊接着在第5卷第9、10期发表了顾树森的《公民教育论》，第6卷第6期刊有署名巽我的文章《公民教育之目的》，在第15卷、第16卷则集中刊发了国家主义公民教育的文章。此外，《新教育》《新教育评论》《国家与教育》《学灯》《小学教育月刊》《教育与职业》等，也于同时期刊发了有关公民教育的译文或论文。（见表4-3和表4-4）

表4-3　民国初年学者编著、翻译、译述的有关公民教育著作一览表[①]

著作名称	作者、译者	出版社、出版年份
《法国公民教育》	华南圭	商务印书馆1912年
《凯善西台奈氏教育说》	樊炳清、朱元善	商务印书馆1916年
《公民教育论》	朱元善	商务印书馆"教育丛书"3集9编1917年
《公民教育》	D. Snedden 著，陶履恭译	商务印书馆1922年
《现代教育思潮》第6编	樊炳清	商务印书馆1915年
《最近教育思潮》第2章	经亨颐	浙江省教育会1917年
《教育思潮大观》第9章	中岛半次郎著，郑次川译	商务印书馆1922年
《最近欧美教育思潮》附录	范锜	开明书店1925年

---

① 依据中美百万册数据库（CADAL）提供信息整理而成。

表4-4　民国初年主要教育刊物发表的部分关于公民教育文章一览表①

刊物名称	文章名称	卷/期
《教育杂志》	《公民教育问题》	第5卷第10号
	《凯善西台奈之教育说》	第5卷第10、11、12号
	《公民教育论》	第8卷第5、6号
	《德国之公民教育》	第8卷第7、8号
	《公民的训练法》	第10卷第4号
	《美国公民教授之现状》	第13卷第8号
	《小学校之公民教育》	第16卷第4号
	《公民的训练》	第16卷第9号
《中华教育界》	《论民国小学宜设国民科》	第1卷第1期
	《公民教育论》	第4卷第1期
	《人格教育说》	第5卷第7期
	《公民教育论》	第5卷第9、10期
	《公民教育之目的》	第6卷第6号
	《国家主义与公民教育》	第15卷第1期
	《公民教育问题》	第15卷第6期
	《各科中的公民教育问题》	第16卷第6期
	《公民教育之基本义》	第16卷第6期
	《公民教育的意义与问题》	第16卷第6期
	《大学公民教育实施问题》	第16卷第6期
《国家与教育》	《改造中之国民教育》	第9期
	《什么是公民 什么是公民教育》	第13期
	《国民教育与公民教育》	第15期
	《中国此时公民教育运动所应注意的几点》	第14期
	《全国公民教育运动周怎样进行》	第14期
《新教育评论》	《公民教育之一说》	第1卷第13期
	《一星期的公民教育运动》	第1卷第20期
《新教育》	《公民教育之宗旨与目标》	第1卷第20期
《教育与职业》	《学校工厂中之公民教育》	第4卷第3期
《学灯》	《公民教育之先决问题》	1921年5月13日
	《社会组织与公民教育》	1921年5月7日
	《中华民国与公民教育》	1921年10月10日
	《公民教育谈》	1921年11月19日
	《达公民教育目标的方法》	1922年9月22日

---

① 根据吴美瑶等编：《教育杂志索引》（1909—1948），心理出版社股份有限公司（台北）2006年版；邵爽秋等编：《教育论文索引》（1912—1929），广州国立中山大学教育研究所1929年版；上海图书馆编：《中国近代期刊篇目汇录》第2卷下、第3卷上，上海人民出版社1982年版。

我国的公民教育萌芽于清季，于民国初年提出，虽经历高潮也经历低谷，但是连绵不绝。从名称上而言，由修身科到公民科再到公民训练；在实质上，教育内容由单纯的个人道德修养，进而兼顾法律知识，后在其发展过程中不断扩张容纳经济、政治、体格等内容；教学手段也不断丰富，从只传授知识，到传授知识与实操训练相结合。

第五章

近代宪法学的文献研究

第一节 中国宪法学文献梳理

文献语词最早见于《论语·八佾》,即"夏礼吾能言之,杞不足征也;殷礼吾能言之,宋不足征也。文献不足故也"。朱熹在《四书章句集注》中认为,"文,典籍也;献,贤也"。文献即典籍与宿贤,文献对于人类文明和社会的进步至关重要,整理文献是从事学术研究的前提与基础,整理宪法学文献对于宪法学乃至整个法学的发展具有重要的理论价值和实践意义。一个国家的宪法学研究若不以宪法学文献为基础或者缺乏宪法学文献的系统整理,就无法获取本土宪法学说的理论支撑和资源借鉴,宪法学的体系化研究则必然成为无源之水、无本之木。

整理文献是中国历代学者治学的基本功,很多学者之所以知名正是因为在相关领域的文献整理方面作出了标志性贡献。自戊戌变法以来的120多年,是中国宪法学兴起和成长的120多年,其间宪法学文献浩如烟海,搜集和整理这些文献一直是中国宪法学研究的重大课题之一。但近代以来,宪法学界对文献整理的工作缺乏应有的重视,或许因为政治立场,或许因为文化自信不足,甚至个别学者有时片面否定来自本国的宪法学传统。自改革开放以来,文献学开始复兴,文献学的分科越来越细致,伴随着出土法律文献的增多,有关古代法律文献的研究越来越深入,法律文献学应运而生,形成了一批学术成果,如1999年张伯元的《法律文献学》、2003年李振宇的《法律文献学导论》。

专门的法律文献学研究机构陆续设立，如华东政法大学法律古籍整理研究所，华东政法大学中外法律文献中心。专门的法律文献学期刊陆续问世，如1995年中国政法大学图书馆创办的《法律文献信息与研究》，1999年中国政法大学法律古籍整理研究所创办的《中国古代法律文献研究》，2005年中国社会科学院法学研究所图书馆创办的《中外法律文献研究》。

法律文献的整理和法律文献学的发展，尤其是从1999年张伯元《法律文献学》的出版到2003年李振宇《法律文献学导论》的出版，人们对法律文献概念的理解，不再局限于法律古籍，而是扩展到各个时期有关法律的各种资料。在此过程中，有关宪法学的文献资料也陆续被整理出来，主要体现在宪法典、宪法学著作、宪法学期刊、宪法学教育、宪法学教科书、宪法学研究团体、地域性宪法学活动和制宪过程等方面，这些宪法学文献的整理工作具有重要学术意义，但仍有进一步开拓和提升的空间。

一、宪法典文献的整理

宪法典是一国宪法学文献最核心的部分，相对于其他方面，中国学术界对宪法典文献的整理工作是有进展的，如在毛泽东主席主持起草1954年宪法前，中央人民政府法制委员会根据学术界提供的材料，编辑出版了《人民民主国家宪法汇编》，并搜集到不少外国的和中国历史上的宪法典，作为制宪参考提供给宪法起草委员会秘书处；1980年代中国人民大学、北京大学、西南政法学院、中国社会科学院法学研究所等编有名称各异的宪法资料汇编或者宪法学分解资料，此处的宪法资料其实就是宪法典，如1989年中央广播电视大学出版社出版姜士林和陈玮主编的《世界宪法大全》，1994年华夏出版社出版戴学正等编的《中外宪法选编》，1997年中国民主法制出版社出版萧榕主编的《世界著名法典选编宪法卷》，以及2004年中国政法大学出版社出版夏新华等整理的《近代中国宪政历程：史料荟萃》，学术影响都比较大，尤其是2012年中国检察出版社出版孙谦和韩大元主编的《世界各国宪法》，是在已有宪法典中译本的基础上编译而成的，收录了193个联合国会员国的全部现行宪法及具有重要历史价值的宪法文件，有一千余万字。

但在宪法典的整理方面，需要做的工作仍然很多。最全的《世界各国宪法》收录的只是193个国家的现行宪法，还需要分门别类整理这些国家宪法典的其他中译本，需要弄清楚这些国家的现行宪法或者历史上的宪法是否在中国还有中译本，这些中译本是否都存在，译者又是哪些学者，可能同一学者翻译了不同的宪法典，也可能多个学者翻译了同一部宪法典，这些宪法典中译本之间是否存在差异,又该如何理解这些差异。比如,1787 年美国宪法,在中国历史上,有的将其译为章程,有的译为盟约,有的译为国章,有的译为宪法,译为宪法的有多个译者,自然有多个中译本,这个过程中形成的宪法学文献需要进一步整理。比如,法国宪法典,其特点是数量多,是全部都有中译本,还是仅部分有中译本,这些中译本都分布在哪些期刊和著作中,也需要花工夫研究。再比如,英国大宪章,2015 年是大宪章颁布 800 周年,它在中国的历史又有多长,是哪位或哪些学者引入的,怎么引入的,从开始就称为大宪章吗,最早称之为大宪章的是哪位学者。

二、宪法学著作文献的整理

宪法学著作是宪法学研究水平的集中体现,相对于其他方面,中国学术界对宪法学著作的整理工作做得是比较好的,如 1979 年中华书局出版故宫博物院明清档案部编辑的《清末筹备立宪档案史料》,1993 年书目文献出版社出版北京图书馆编辑的《民国时期总书目》法律部分收录的宪法学图书,胡锦光和韩大元 2004 年主编的《中国宪法发展研究报告 1982—2002》,夏新华 2004 年整理的《近代中国宪政历程:史料荟萃》,2006 年北京图书馆出版社出版的《清末民初宪政史料辑刊》,李贵连 2007 年和 2008 年主编的《民国北京政府制宪史料》,2009 年澳门理工学院"一国两制"研究中心出版杨允中主编的《中华人民共和国特别行政区宪法法律文献汇编》,以及华东政法大学何勤华和李秀清编辑出版的多种宪法学史料。

此外,不少出版社出版的丛书包括民国时期的宪法学著作,如中国政法大学出版社出版的"二十世纪中华法学文丛",中国政法大学出版社出版的"中国近代法学译丛",清华大学出版社出版的"汉语法学文丛",法律出版社出版的"比较法文丛",武汉大学出版社出版的"武汉大学百年名典",商务印书馆出版的"中华现代学术名著丛书",岳麓书社出版的"湖湘文库",河南人民出版社出版的"民国专题史丛书",以及法律出版社出版的"法学家书坊"。不少束之高阁尘封多年的宪法学教科书得以重见天日,如吴宗慈《中华民国宪法史》、程树德《宪法历史及比较研究》、王世杰《比较宪法》、美浓部达吉《宪法学原理》、陈茹玄《增订中国宪法史》、萧公权《宪政与民主》、谢振民《中华民国立法史》、萨孟武《政治学与比较宪法》、费巩《比较宪法》等。

三、宪法学期刊文献的整理

近代报刊对于新知识的传播作出了史无前例的贡献,作为舶来品的宪法概念和宪法制度也是借助于近代报刊逐渐为中国社会所知晓、所接受的。维新派报刊首倡宪法概念，立宪派报刊宣传宪法概念，革命派报刊欢迎宪法概念，政府官报逐渐接受宪法概念，多种力量最终促使清政府宣布预备立宪，并相继颁布《钦定宪法大纲》和《宪法重大信条十九条》。对于近代报刊中的宪法学文献，近些年有学者进行了认真整理，如1977年生活·读书·新知三联书店出版张枬、王忍之编辑的《辛亥革命前十年间时论选集》；1979年上海人民出版社出版上海图书馆编辑的《中国近代期刊篇目汇录》；2002年法律出版社出版何勤华、李秀清主编的《民国法学论文精萃 宪政法律编》，收录了62篇论文，在每篇文章之前设置"编者按"，介绍文章观点和作者情况，并有一个附录"民国时期宪政论文篇名索引"；2008年线装书局出版李贵连主编的《民国北京政府制宪史料二编》，全文收录了13种期刊，如《宪法新闻》《省宪辑览》《省宪汇刊》《宪友》《湖南筹备自治周刊》《省宪周报》等；2013年岳麓书社出版"湖湘文库"，全文收录了《湘学报》《湘报》《游学译编》《长沙大公报》《湖南政报》《湖南国民日报》等，尤其是2016年中国检察出版社出版刘彦主编的《清末民国检察文献总目——法政期刊卷》，将清末及民国法政期刊中涉及检察制度的文献分类整理并形成索引。

近代报刊是中国宪法学文献的重要来源，但近代报刊数量庞大，报道内容更是庞杂，形成浩如烟海的史料宝库，从中整理出专业性的宪法学文献，无疑是一件非常困难的事情，使命感、专业知识和专业团队都是不可或缺的条件。为此，需要进一步考证，前述期刊之外，是否还有其他的宪法学期刊，所有宪法学期刊刊载的并非全是宪法学文献，还有不少看似不属于宪法学期刊的期刊实际上也刊载了不少宪法学文献，比如维新派报刊虽然使用宪法语词的情况不太多，因为处于中国宪法学的萌芽和兴起阶段，仍然至关重要，同时因数量少且分散，难度自然较大，但不应当遗漏；在找到全部宪法学期刊和宪法学文献之后，还需要更为细致地、分门别类地整理，就像《清末民国检察文献总目——法政期刊卷》那样，而检察制度只是宪法制度中的一个制度，其他宪法制度方面的文献也需要整理。实际上，在整理宪法学文献过程中，如何分类、如何分期是需要认真考虑的大问题，分得合理，则会事半功倍；而能够分得合理，则需要深厚的宪法史学知识。

四、宪法学教育文献的整理

宪法学教育对于宪法学研究实现代际传承是毋庸置疑的，学术界对宪法学教育方面的历史文献也有一定的整理，如2001年中国政法大学出版社出版王健著的《中国近代的法律教育》；2004年北京大学出版社出版李贵连主编的《北京大学法学院院史》，其中比较详细地谈到京师大学堂时期的宪法课程开设情况，还谈到宪法学教师授课和学术交流的信息；中国政法大学出版社和商务印书馆先后出版的孙晓楼著的《法律教育》，其中比较了中国和外国若干学校的法律课程的设置情况，自然会谈到宪法课程；2007年上海教育出版社出版陈元晖主编的《中国近代教育史资料汇编》，分别编辑了学制演变、普通教育、高等教育、实业和师范教育、教育行政机构与教育团体、教育思想、留学教育分册，规模庞大，其中有涉及宪法学教育的内容；2008年中国社会科学出版社出版侯强著的《中国近代法律教育转型与社会变迁研究》；2013年上海人民出版社出版李秀清主编的"清末民国法律史料丛刊"，收录了系列朝阳法律科讲义和京师法律学堂笔记，包括若干本宪法学教科书，如冈田朝太郎《法学通论宪法行政法》、岩井尊闻《国法学》、钟庚言《宪法讲义大纲六编合订》、程树德《比较宪法》；2014年上海古籍出版社出版的百年经典学术丛刊收录了舒新城《近代中国留学史》，其中介绍了有关留学生学习宪法的情况；2015年复旦大学出版社出版王伟著的《中国近代博士教育史——以震旦大学法学博士教育为中心》等。

五、宪法学教科书文献的整理

前述宪法学教育和宪法学著作共同指向的就是宪法学教科书，宪法学教科书是从事宪法学教育的基本依据，是宪法学初学者的基本资料，实际上当前整理出版的宪法学著作主要就是宪法学教科书。但是宪法学教科书的整理工作，在两个方面存在明显的不足。

第一个方面是晚清民国时期的教科书整理出版的不少，还有若干著作专门研究近代教科书，如1996年广东教育出版社出版王建军著的《中国近代教科书发展研究》，2011年福建教育出版社出版吴小鸥著的《中国近代教科书的启蒙价值》，2013年中国社会科学出版社出版吴科达著的《臣民还是公民 教科书审定制度和思想道德教科书 1902—1949》，2016年社会科学文献出版社出版刘超著的《历史书写与认同建构——清末民国时期中国历史教科书研究》；但晚清民国时期宪法学教科书整理出来的仍然较少，且不均衡，往往集中于若干本，有时候，一本宪法学教科书由多家出版社争相整理出版，然而这些版本之间似乎并无明显的差异，导致学术资源的浪费，同时大部分宪法学教科书虽然也很有价值，却被束之高阁无人问津。

第二个方面是版本的考证工作需要加强。版本学是文献学的重要组成部分，版本学研究对于学术文化的发展具有不可低估的价值，通过广泛搜集不同版本，可以勘误纠谬，为校勘提供基础，避免谬种流传贻误后学。一本宪法学著作可能会有多个版本，版本之间必然会有差异，整理某一本宪法学教科书不是随便选择一本录入电脑就完成了，而是需要对版本之间的差异进行详细准确的考证，并在相应的位置给予简明扼要的说明。这样，阅读者不仅能看到这本宪法学教科书的大致内容，更能看到作者前后学术思想的变化过程。这样的文献整理，不仅仅是文字录入，更是另外一种形式的创作，是非常有益的。华东师范大学夏东元1982年编辑出版的《郑观应集》（上）堪称典范，其非常细致地核对了《盛世危言》的1894年五卷本、1895年十四卷本和1900年八卷本之间的差异。王世杰《比较宪法》在民国时期就有多个版本，也被多家出版社整理出版多次，如商务印书馆1927年版、商务印书馆1929年版、商务印书馆1930年版、商务印书馆1933年版、商务印书馆1935年版、商务印书馆1936年版、商务印书馆1938年版、商务印书馆1944年版、商务印书馆1946年版、商务印书馆1947年版、上海书店1989年版、中国政法大学出版社1997年版、商务印书馆1999年版、中国政法大学出版社2004年版、商务印书馆2010年版、武汉大学出版社2013年版。王世杰《比较宪法》虽然有如此多的版本，事实上却没有哪个版本把这些版本之间的差异搞清楚，以至于一些学者不得不根据后面的版本推测最初版本的内容，而这种推测有时是不准确的，事实上也有学者作出了错误的判断。因此，应将版本考证纳入整理宪法学文献的学术规范。

六、宪法学研究团体文献的整理

宪法学研究团体虽然由宪法学者组成，但并不等于宪法学者的简单相加，其成立和解散、纲领和章程、组织和规模、活动和成果、分类和分布等都反映着特定时期的宪法学研究状况及其社会影响力。目前有关宪法学研究团体的文献整理非常缺乏，可以说是空白；即使有一些，也只是简单地介绍和描述，很少从学术的角度进行系统的整理，无法有效地引用相关的学术资源。

七、地域性宪法学活动文献的整理

宪法在中国是舶来品，外国宪法对中国的确产生了影响，但对其影响应做详细史料的分析，如不同国家的宪法是如何影响中国宪法学的，在具体引进过程中先影响了哪些区域，然后从这些区域又是怎样扩散到其他区域的，进而是怎样扩散到京城的，又是怎样扩散到各个地域的。在民国时期的中国，还有一个地域很特别，就是陕甘宁边区，宪法学在那里又是如何发挥影响的呢？相信弄清楚若干地域性宪法学活动对于理解中国宪法学的历史发展轨迹，对于理解中国宪法学的历史继承传统，是很有必要的，而完成这项工作离不开对宪法学文献的认真整理。

八、不同时期制宪过程文献的整理

制宪过程是宪法影响政治的关键环节，有关制宪过程的宪法学文献是对宪法进行客观解释的基础。线装书局 2007 年出版李贵连主编的《民国北京政府制宪史料》，收录了宪法起草委员会会议录、两院会合会、宪法会议、总统选举会汇编，两院会合会、宪法会议、总统选举会续编，宪法会议公报，中华民国宪法会议经过对照表，国宪起草委员会公报等，再现了民国初年制宪活动的很多细节，可直观感受到宪法学者为制宪大业付出的智慧和努力。2014 年法律出版社出版韩大元著的《1954 年宪法制定过程》，以 1954 年宪法诞生的档案资料的实证分析为基础，以宪法社会学的方法，力求客观地展现宪法诞生的背景与制宪的具体过程，探求 1954 年宪法的历史地位与时代精神，梳理中国宪法发展脉络与内在逻辑，为客观地解释中国宪法的历史正当性提供事实与分析框架。事实上，自戊戌变法的 120 多年来，中国历史上进行了多次制宪活动，倘若都能如实整理出来，展现的将是一幅生动的画卷——学者的讨论，外国的影响，政治的作用，宪法的影响，交互作用。

总之，晚清民国时期的宪法学文献，已经对近代中国产生了实质性的影响，现在需要研究的不是是否发挥了影响，而是怎样发挥影响的。要达到这个目标，必须对浩如烟海的宪法学文献进行科学整理。而完成这个任务，就需要一个富有专业知识、具有学术使命感并具备深厚积累的学术团队。

第二节　中国宪法学文献的历史价值

学术需要传承，学术是薪火传递的事业，我们应当充分肯定在宪法学文献整理与研究工作中作出贡献的学者们的努力，要实事求是地评价其成绩与存在的问题，为进一步做好宪法学文献整理工作寻求共识。宪法学文献整理是难度比较大且付出多、见效慢的一项工作，整理文献的范围、领域、方法以及文献的类型化等方面存在着一定的局限性。

为搜集和整理中国宪法学文献，学界作出了不懈的努力，作出了宝贵的学术贡献，积累了不少可供参考的研究成果，丰富了中国宪法学理论体系的内涵，其研究成果产生了重要的理论与实践价值。

一、现有文献研究的现状

1. 宪法学文献整理成为学术发展的重要来源

在中国宪法学 120 多年来的历史演变中，不同时期的宪法学者基于不同时代的学术使命，将学术文献整理作为基本的方法，以文本、著作、论文、期刊等不同形式整理宪法学文献，一定程度上总结了当时的宪法学研究成果，奠定并形成了宪法学研究的基本方法与学术框架，同时成为宪法学在地域之间发挥学术影响力的重要载体，如大东书局1923年出版的《中华民国宪法史》，作者吴宗慈不仅整理了之前的宪法学文献，而且以国宪起草委员会书记长身份翔实地记录了1919—1924年间亲身经历的制宪过程。1920年代、1930年代和1940年代有多种宪法汇编问世，有的是私人编译，如邓毓怡在1922—1926年间编译了《欧战后各国新宪法》的一编、二编和三编；有的是官方主持编译，如1933年国民政府立法院编译处编译的《各国宪法汇编》。毛泽东曾致信吴玉章委托立法院的朋友购买《各国宪法汇编》一书，谢觉哉在其日记中也记载了在起草陕甘宁边区宪法性文件过程中参考该书的情况。

2. 宪法学文献整理推动宪法制度的变迁

近代以来为了国家建构与宪法体制的选择，学界以文献为基础，尊重前人的研究成果，通过文献所体现的文化凝聚力寻求共同体的认同。在他们看来，学术文献就是学术的记忆，学术的传承是宪法学发展的重要动力。在丰富的宪法学文献中，我们可以感悟到来自学术共同体的力量，感悟到文献承载着文化与学术的价值。如《1954年宪法制定过程》一书详细描述了毛泽东主席起草宪法过程中，广泛搜集历史上的宪法学文献并以开放心态汲取历史上积淀下来的宪法文化的过程。从某种意义上说，1954年《中华人民共和国宪法》是开国政治家和历史上宪法学者集体智慧的结晶，是历代宪法学者通过各种宪法学文献影响政治人物，推动宪法制度变迁，完善国家治理方式的典范。1954年宪法虽然从政治上阻断了1946年《中华民国宪法》的法统，但从学术上很好地承载了历代宪法学者所凝聚的学术共识。

3. 宪法学文献的基本框架

在宏观与微观、古今中外多个维度、综合与专题、理论概念与实践等方面，我国形成了较广泛的文献体系。如在制宪过程的文献方面，2007年线装书局出版李贵连主编的《民国北京政府制宪史料》，以7 000页篇幅完整记录了该时期不同阶段的制宪过程，全面收录了参与起草宪法者围绕各种宪法议题的辩论内容；2014年法律出版社出版韩大元著的《1954年宪法制定过程》，以大规模档案史料为基础，生动翔实地描述1954年《中华人民共和国宪法》的起草、审议、表决和公布的过程。在五大臣考察西方宪政方面，1979年中华书局出版故宫博物院明清档案部编辑的《清末筹备立宪档案史料》，收录了有关出洋考察的奏折和上谕，反映了统治集团内部有关宪法问题的议论；1980年代湖南人民出版社出版钟叔河主编的"走向世界丛书",收录了载泽和戴鸿慈等人的考察日记;2005年北京图书馆出版社出版厦门大学历史系编辑的《清末民国宪政史料辑刊》,以8 000页篇幅收录了宪政编查馆、预备立宪会和筹备国会事务局等编辑的第一手资料;2014年中国社会科学文献出版社出版潘崇著的《清末五大臣出洋考察》,通过考察资料、大臣日记、国外媒体的报道等资料的分析,整理出基本文献。针对宪法学文献的具体或者特定领域的问题,现有的研究成果已进行初步的研究,使研究文献具有专题化、多元化的功能。

4. 将理论预设与生活经验有机结合起来

在学界相关研究成果的推动下,在文献的记录、编排、梳理与评述方面初步形成体系,如2016年中国检察出版社出版刘彦主编的《清末民国检察文献总目——法政期刊卷》,将清末及民国法政期刊中涉及检察制度的文献分类整理并形成索引,客观反映了清末及民国时期有关检察的理论研究和制度运作情况,生动呈现了近现代以来中国检察制度萌芽、形成的历史渊源,使我们知所从来、明其所趋,为进一步深化对司法规律、检察规律的认识提供了参考借鉴;在文献的甄别方面,2004年法律出版社出版胡锦光和韩大元主编的《中国宪法发展研究报告1982—2002》,2005年以来法律出版社出版《中国宪法年刊》,2009年厦门大学出版社出版韩大元主编的《共和国六十年法学论争实录·宪法卷》,以及《中国人民大学宪法学与行政法学博士点专业主文献》,对部分宪法学的著作、宪法学家的思想以及不同时期的宪法学流派作了基本分类,为后来的宪法学研究提供了良好的基础。

二、现有文献研究中存在的问题与不足

2014年全国两会期间,习近平总书记强调文化自信的重要性,指出:体现一个国家综合实力最核心的、最高层的,还是文化软实力,这事关一个民族精气神的凝聚。我们要坚持道路自信、理论自信、制度自信,最根本的还有一个文化自信。要从弘扬优秀传统文化中寻找精气神。① 在依宪治国、全面推动依法治国的新背景下,宪法学文献整理对于实现文化自信具有重要的意义。它不仅推动学术的发展,同时也适应社会主义法治体系的新要求,总结来自中国实践的宪法学传统,提升宪法学的对话能力,扩大学术的话语权。

目前,宪法学学术综述与过去的文献整理,虽然有学术贡献,但客观上仍存

---

① 参见《"改革的集结号已经吹响"——习近平总书记同人大代表、政协委员共商国是纪实》,载《中国青年报》2014年3月13日,第3版。

在值得改进的地方。目前宪法学文献研究存在的主要不足表现为以下方面。

1. 总体研究成果缺乏全面性

目前出版的各类宪法学文献的论文集、民国时期法政汇编、重新出版的宪法学著作等，缺乏整理学术文献的总体规划和全面性。一是在宪法学学科体系方面，对制度史的文献梳理相对成熟，但对思想史与学说史的文献梳理不够全面，相应地，宪法学文献的梳理侧重于政治性表述，而其学术性不够强，对中国宪法文献学分支学科的建设问题缺乏必要的关注；二是在文献的整体性方面，往往集中于宪法学历史的某一个阶段或者某一专题，尚未形成宪法学文献长时段全方位的有机统一，缺少宪法学中国化基本精神的指引；三是出现文献整理中的"碎片化"现象，各自为政，文献整理工作缺乏长远的规划，甚至出现文献之间相互矛盾的现象，影响文献的权威性，同时存在浪费学术资源的现象。中国宪法学120余年的历史是一个有机整体，梳理和研究其文献的理念与方法也要体现整体性与全面性，避免"碎片化"的倾向。

2. 总体研究成果缺乏系统性

《礼记·学记》提出"杂施而不孙，则坏乱而不修"，意在说明系统性对于学术研究和教育教学的意义。宪法作为一套价值体系，融合了古代和近代，沟通了东方和西方，是中国人经过曲折过程并付出代价而最终作出的选择，现行各项宪法制度及其相互关系都是历史积淀和选择的结果，并非某个人的独创。因此，体系化与系统性应当是中国宪法学文献整理和研究的基本要求。120多年来宪法学界发表了大量的宪法学论文，出版了众多的宪法学著作，创办了不少的宪法学报刊，以及有关大学宪法教育的著作和文件汇编等，但对于这些成果，目前缺乏体系化的梳理，缺乏客观的历史联系，或者只是对某一种或某一区域文献的说明和阐释，无法形成全景式文献体系。对一些宪法学文献，部分学者已整理部分宪法学文献的标题、作者、出版机构和出版时间，但目前还没有统一的宪法学文献总目录，无法为学界，特别是撰写学位论文的研究生提供完整的学术文献，使学位论文中的学术综述部分缺乏应有的文献支撑。

3. 文献整理与学术研究之间缺乏有机衔接

文献整理和学术研究相辅相成，文献整理是学术研究的前提，文献整理的目的就在于学术研究，缺少文献支撑的学术研究，其结论是难以成立的。漫无目的的文献整理，其学术意义必将大打折扣，文献整理本身也是学术研究，学术研究的第一步就是撰写文献综述。要进行体系化的学术研究，就需要对收集的文献加以梳理，寻求内在的学术脉络与发展规律，为之后的学术研究提供尽可能清晰的学术演变史。在整理文献的基础上，如何为学术创新提供素材与思想是值得关注的重要问题。

对学术发展来说，有时文献整理的重要性大于研究本身，但与研究脱节的文献整理是有局限性的。如需要整理的文献多，时间跨度又大，学术文献脉络复杂时，我们需要对相关文献的历史、功能与价值作必要的分析，使文献整理具有学术研究的意义。目前一些出版社影印了不少民国时期的宪法学著作，一些学者组织学生对民国时期的宪法学著作和论文进行了点校，这些在学术上是有意义的，但仅仅这样整理宪法学文献是不够的，因为文献整理与学术评述、专题研究之间缺乏有机联系，通过文献的研究未能深入达到提炼学术脉络的程度。因此，构建全景式中国宪法学文献体系，需要实现文献整理与学术研究的融合，只有具有深厚宪法学知识积淀和历史使命感的学术团队才能完成。

4. 宪法学文献的整理缺乏跨学科视角

宪法学的专业性和跨学科的交流并不矛盾，宪法学文献的整理与研究需要跨学科的视角，走向跨学科多元化研究的路径，需要整合各类学术资源，宪法学需要与刑法学、民法学的对话，还需要与政治学、历史学的对话。在宪法学不够成熟不够发达的时代，法制史、思想史、政治学等不同领域的学者从事宪法学文献的整理与研究，也积累了一定的成果，但这些成果没有充分关注宪法学文献的专业性，有时以非专业的视角使用与评价宪法学文献，缺乏对宪法学说发展规律的深入思考。为此，当时的宪法学者强调宪法学的专业性和主体性，侧重于谈到宪法学和相关学科的区别。但现在宪法学的主体性已经毋庸置疑，需要做的是在依宪治国背景下在广阔领域发挥更大的影响力，这离不开跨学科视角。当然，不能为了跨学科而失去主体性。

事实上，在中国宪法历史上，宪法学文献与其他学科的文献相互交集，政治学、历史学、社会学与宪法学文献之间也存在着知识体系上的交叉，这为跨学科交流提供了坚实的基础。但近些年的文献研究中，宪法学与其他学科之间缺乏合作机制，学术资源整合程度不高，没有汲取多学科的研究成果，缺乏汲取其他学科成果的能力，影响了文献研究的社会效果。随着档案馆开放程度的提高，历史学界相关成果的涌现，以及数据库技术的应用，将会有更多的宪法学文献被发掘出来，因而需要在文献研究中高度重视不同专业文献之间的联系与合作。

总之，目前的宪法学文献整理工作的不足之处主要体现在：缺乏规划，文献整理内容不全面，文献整理领域过于分散，整理与研究的方法比较单一，不同学科之间缺乏合作，无法形成综合的、全面的且系统的全景式宪法学文献体系。这些不足是需要克服的，要构建全景式中国宪法学文献体系，从而大幅提高中国宪法学研究水准。

第三节　中国宪法学文献的当代意义

从戊戌变法算起，中国宪法学已有 120 多年的历史。120 多年的时间相对于世界宪法的整个历史发展进程而言也许不算太长，但对于中国而言非同寻常。宪法学文献整理的重要意义在于，面对着丰富浩瀚的宪法学文字资料，让研究者仔细地回味和认识中国宪法学的发展历程，为读者解析出宪法学的中国"味道"提供丰富的学术素材。

2016 年 5 月 17 日，习近平总书记在哲学社会科学工作座谈会上指出，中华民族有着深厚文化传统，形成了富有特色的思想体系，体现了中国人几千年来积累的知识智慧和理性思辨。这是我国的独特优势。中华文明延续着我们国家和民族的精神血脉，既需要薪火相传、代代守护，也需要与时俱进、推陈出新。要加强对中华优秀传统文化的挖掘和阐发，使中华民族最基本的文化基因与当代文化相适应、与现代社会相协调，把跨越时空、超越国界、富有永恒魅力、具有当代价值的文化精神弘扬起来。全面整理与研究中国宪法学文献，深入挖掘宪法概念的中国基因，可突出中国宪法学的历史性和继承性，展现宪法学的中国特色，并以具有说服力的文献讲出特色的道理，这对于构建宪法学中国化理论体系，对于实现道路自信、理论自信、制度自信和文化自信，是必不可少的，而且是迫在眉睫的。

在 120 多年的中国宪法学发展进程中，积累了大量的文献资料，它们是研究中国宪法史的基本素材。事实上，宪法学的所有研究工作都必须以收集、整理和分析这些文献作为基础。宪法学史从宪法发展的学术积累层面研究宪法学产生与发展的过程，考察宪法的历史积淀，旨在探讨特定概念与范畴体系化、整体化的过程。在宪法发展过程中，制度、思想与学说又保持着关联性，在互动中相互影响和促进，这在近代中国宪法学发展中得到了充分的证明。在过去的 120 年间，虽然历经社会、经济、政治环境的巨大变迁，当代中国宪法学并没有完全超越近代宪法学的时代课题，也没有跨越宪法学历史传统所积累的基本知识背景与学术命题，在一些基本的学术命题上仍在继承着传统宪法学的学术遗产与成果，延续着宪法学学术思想的脉络。如今，当代中国宪法学的发展正面临着新的挑战与机遇，为求得更完善的发展，需要于学术上及时地回顾、反思和借鉴传统宪法知识与学术资源。

一、树立中国宪法学的主体性

近代中国文化发展的突出特点是以中华民族传统文化为主导的文化格局被西方文化所打破，西方文化逐渐成为部分学者所追逐的对象，中国传统文化逐渐沦为被审视、被质疑，甚至被否定的文化对象。19世纪末20世纪初，民族文化自卑成为那个时代中国人的普遍心理。20世纪80年代的中国文化主体性又再一次迷失。中国宪法学兴起于1897年，迄今已有120余年历史。在120余年的发展与演变过程中，宪法学与政治学、经济学、社会学等不同学科之间形成了一种混合的制度体系与学术体系。在近代中国宪法发展过程中，尽管脱离宪法理性的制度与文本所占的比重比较大，但就总体学术脉络而言，历代学者所提供的宪法学知识始终保持着密切的学术关联性，为后人留下了丰富而宝贵的学术遗产。

宪法学在发展过程中形成了宪法制度史、宪法思想史和宪法学说史等知识体系。其中，宪法制度史是从宪法发展的制度变革层面来研究宪法的发展历程；宪法思想史是从宪法发展的思想流变层面来研究宪法的变迁过程，凡与特定历史时期的宪法问题有关的观点、主张等都可以属于这一知识体系，其本身的理论体系化程度并不是判断宪法思想史成果的标准；而宪法学说史则是从宪法发展的学术积累层面研究宪法学产生与发展的过程，考察宪法的历史积淀，旨在探讨特定概念与范畴体系化、整体化的过程。它既不同于宪法发展历史，也不同于特定时代宪法思想的记载，是对宪法学价值的再确认与再认识。

二、再现宪法发展的历史事实

在1908年颁布《钦定宪法大纲》前后，我们建立了初步的宪法学知识体系，但学说的历史受到深刻的政治影响。有学者在分析"清末宪法草案乙全本"的纂拟时认为，它是20世纪初中国法学界对以往学习西方宪法学、政治学的成果作出的一次全面总结，其内容涉及了宪法学的各个领域——形成了一部完善的中国早期宪法学体系以控制国家为目标的宪法，往往在国家的主导下获得宪法发展的动力。这样一来，中国宪法学说具有浓厚的"国家学说"色彩，特别是在与社会学、政治学等学科的关联性中寻求发展。由于"富国强兵"成为中国立宪的指导理念，通过学术活动论证国家的正体性与统治的合理性也成为宪法学说发展的内在动力。宪法学者们试图通过学术论证自己国家的"正体性"，即体制的历史基础与渊源。在他们看来，没有对自己历史的认识与把握，不可能产生维护正体性的信心与责任。

在120多年的中国法学发展史上，宪法学历来是最具学术影响力的学科，承载着不同时代的历史使命，无论是制宪、修宪，还是公共政策的调整，我们都可以从中看出社会生活对宪法学的需求以及宪法学发挥的社会功能。

宪法发展的主体性是指在一个国家的宪法发展过程中，应当以本国、本民族的宪法为根本，在此基础上逐步构建符合本民族文化心理、国情的宪法学说与宪法体系。在中国宪法学说的形成过程中，对国外宪法的过分倚重造成了中国宪法学外在性特征。中国宪法学外在性特征决定了中国的宪法学在形成发展过程中的主体性的缺失。从我国宪法学说发展的历史来看，在清末民国时期，中国宪法学说以西为师，主要效仿日本；在新中国成立后，又另起炉灶，转师苏联。这种对国外宪法的步步仿效导致中国宪法学说自身主体性的丧失，使得中国的宪法学说过多地依靠国外的宪法理论来予以完善；但是由于国外的宪法学说是根植于国外的宪法文化之中，以国外的宪法学说来解释中国的宪法实践，往往力有未逮，造成中国宪法学与中国宪法实践在一定范围内的脱节，使得中国宪法对社会现实的阐释力被削弱，这种实践与理论的脱节反过来又会影响宪法学主体性的形成，使得宪法学说成为宪法学者面壁虚构的一种书斋理论，缺乏实践性。离开了实践的滋养，宪法学说也难以形成自己的理论体系。

三、构建学术文献体系

如前所述，过去的宪法学文献研究缺乏文献的全面性与系统性，有些文献没有挖掘出来，有些文献缺乏辨析，甚至出现文献之间的不一致。如目前学术界对于晚清民国时期的宪法学教育文献的整理和研究严重不足，中国何时开设宪法课程，首次开设宪法课程的学校是哪一所，推动这项工作的是哪些学者或官员，之后又有哪些学校陆续开设了宪法课程，这些学校至少可分为公办学校、教会学校和私立学校三类，在这些学校中讲授宪法学课程的教师都是哪些学者，这些宪法学教师在这些学校之间是否有流动，是怎样流动的。再如这些学校之间的宪法学学术交流的情况，既包括国内宪法学者的学术讲座，也包括邀请外国宪法学者来华演讲的情况，邀请的外国宪法学者来自哪个或哪些国家，比如日本、法国、美国等；中国留学生中有哪些学生学习了宪法学，有哪些撰写了宪法学博士学位论文，在这些国家之分布情况如何。还有，各个时期的政府在设置法律课程过程中曾否围绕宪法学课程进行过有关讨论，学者围绕宪法学课程的设置和完善是否撰写有论文，发表在何处。这一连串的有关晚清民国时期宪法学教育的问题，似乎都尚未搞清楚，需要进一步整理相关文献。

又如，学界对民国时期的宪法学著作进行了整理，但宪法学者的著作统计不全，宪法学丛书中收录的部分，如萨孟武除《政治学与比较宪法》外还写有不少宪法学著作，如《宪法提要》《新国家论》《公民》《宪政的原理及其应用》《宪法新论》《各国宪法及其政府》《五权宪法》等。晚清民国时期从事宪法学研究的学者也远不止上述丛书列举的这些，如张慰慈、郑毓秀、邓毓怡、万兆芝、金鸣盛、汪馥炎、吕复、刘静文、胡经明、李楚狂、潘树藩、阮毅成、章渊若、杨廷铨、张仲实、孙增修、谢瀛洲、刘士笃、潘大逵、褚玉坤、朱采真、黄公觉、李绍吾、董霖、李毓民、章友江。这些宪法学者都为中国宪法学的发展研究作出了突出的贡献；然而，对于这些宪法学者及其著作，学界了解得并不太多。

四、构建宪法学的话语体系

面对世界范围内各种思想文化交流交融交锋的新形势，为了加快建设社会主义文化强国、增强文化软实力、提高我国在国际上的话语权，迫切需要哲学社会科学更好发挥作用。宪法作为充满"民族性"的社会共同体最高规则，始终体现着特定的文化与传统，而这一特点在宪法学的发展过程中表现得尤为突出。在经济全球化背景下，西方的宪法研究成果和理论依据固然可以成为我们参考、学习的经验，但是由于文化和制度的差异，它无法直接成为中国宪法研究的依据，不能不加论证地直接适用于中国的宪法实践。

因此，中国的宪法学要想获得真正的发展，还必须立足于中国，面向中国的宪法实践，既要避免拿来主义，又要避免留学国别主义，只推崇或相信自己曾经留学过的国家的制度和理论，而无视甚至排斥其他国家的制度和理论。在这个方面，宪法学前辈王世杰已经作出表率，他在法国师承的是自由主义法学，但其名著《比较宪法》介绍更多的是狄骥的社会连带主义法学。在历史上，虽然拿来主义很盛行，但在不同时期，仍有不少学者形成了不同的学术风格，这些不同时期学者的努力延续下来，形成了一条既各具特色又互相关联的思想脉络。这种思想史上的绵延关系就构成了中国宪法学完整的知识谱系与基本框架。因此，中国宪法学面对的是本国的宪法文本和宪法历史，必须依靠中国宪法学的本土资源和理论框架。

如果缺乏对本国宪法学历史的总体把握，我们的研究则会失去话语权，甚至还有一些研究成果仅仅单纯地把产生于西方法治发达国家特定语境中的理论、学说和制度，毫无选择不加论证地介绍、移植到中国来，使得中国的法治建设和法学研究只是简单重复西方法治的话语，容易失去学术自主性。"学术者，天下之公器也"。从某种意义上讲，一个国家的学术研究水平反映了国家的文化发展和文明发达程度，同时体现了学术共同体的责任与尊严。要成为国际上具有影响力的大国，决不能是一个学术研究上拾人牙慧、步人后尘的国家，否则在别人的话语体系中亦步亦趋，就永远不会有文化上的创新和自主性。

五、推动学术创新

创新是一个民族进步的灵魂，是一个国家兴旺发达的不竭动力。创新是哲学社会科学发展的永恒主题，也是社会发展、实践深化、历史前进对哲学社会科学的必然要求。所谓的学术创新首先建立在对已有学术成果与传统的系统梳理，要了解本学科或具体研究主题的学术渊源和历史背景。只有了解本学科、本选题、本专业过去的学术发展历史，才能站在前人的学术成果基础上设定新的研究方向、研究选题以及新的研究方法，才能提出体现时代特点的新思想，避免浪费有限的学术资源，从而使宪法学研究避免不必要的重复，少走弯路。

中国法学界，特别是宪法学界，对东西方文化的交汇中形成的中国宪法学的学术背景缺乏必要的了解，一方面是研究的空白领域仍然很多，另一方面是重复性的研究比较多。囿于学术研究中的某些实践性和功利性因素，当前的宪法学界对中国宪法学文献的整理和研究工作仍处于起步阶段。尽管从宪法制度史、宪法思想史的角度研究宪法历史的著作和文章屡见不鲜，但是真正从宪法学说的角度对120多年的宪法发展进程进行系统的学术梳理的成果少之又少，几近阙如。虽然从表现形式看，宪法制度史、宪法思想史和宪法学说史最终都表现为特定的宪法理论成果，但是，宪法学说史与宪法制度史、宪法思想史的区别决定了对宪法思想史和宪法制度史的研究代替不了宪法学说史的研究。宪法学说史是从学术传承、学术积累角度对历史上存在过的宪法学说的一种整理和归纳，而宪法制度史和宪法思想史则仅仅是从制度沿革和思想发展角度对宪法历史过程的一种描述，两者存在着不同的学术理念和价值追求。

从学术史角度看，当代社会所面临的不少学术命题我们的学术前辈们已做过系统的研究，留下了丰富的研究文献，但我们仍在进行简单的重复性研究。学术的生命力在于创新，而创新的前提是要挖掘学术文献资料，寻求新方法，新观点的"新"在于全面把握本学科的学术脉络，从丰富的学术资源中获取文化的支撑点，并进行方法论的更新。在这种意义上，注重宪法学学术背景与学术关联性的研究，有助于坚持宪法学的主体性，保持学术研究的纯洁性与自律性。

六、发展宪法学教育

整个晚清民国时期，最先开设宪法课程的是哪个学校，又有哪些学校开设宪法课程，其中私立学校、公办学校和教会学校分别是哪些，讲授宪法课程的教师都是哪些学者，是否有外国的宪法学教师，来自哪些国家，这些宪法学教师都撰写了哪些宪法学教科书，宪法学教科书在学校之间传播和流通的情况，接受宪法教育的学生又是哪些，毕业后这些学生的走向如何，学校之间是否有宪法学术交流，尤其是外国宪法学者在中国开设宪法学讲座的情况，以及中国学校向外国学校派遣的留学生学习宪法的情况，在此过程中不同时期的政府有关教育部门对设置宪法课程基本原则是什么，这些都属于宪法学教育方面的文献。整理这些文献，显然有助于理解现行的宪法学教育以及梳理宪法学教育领域的传统与历史联系。

在法学学科体系中，宪法学处于基础性地位。中国宪法是法学专业的核心课程，也是整个法学体系的基础性学科之一。要让学生懂得结合中国国情，去分析中国宪法的发展规律，深刻认识中国宪法的鲜明特点和独特优势，掌握中国特色的社会主义宪法学理论。从法的渊源的角度看，许多法学学科的基本精神和基本原则都规定在宪法中，比如刑法的罪刑法定原则、刑事诉讼法的无罪推定原则、民法的契约自由原则等。对这些精神与原则的研究，就必须回到宪法学中，厘清宪法相关规范的内涵，并获得宪法理论的支持。

同时，宪法学文献整理以及相关研究成果有助于改善宪法学与其他部门法学之间的相互关系，提升部门法宪法化的能力。在我国，许多部门法问题的研究同样以宪法学的相关知识为基础。在宪法实施过程中，会出现各种违宪现象，在解释与具体适用宪法的过程中，能否提供成熟的宪法理论是重要的问题，特别是对现实中发生的案例与事例作出分析，强调以实践中的案例与事例解决现实中的宪法问题。基于宪法文献而建立的宪法学理论，有助于建立宪法学与部门法学的对话机制，为法律解释与宪法解释提供解释的技术与方法，最终建构内容完整、逻辑严密的法学知识体系。

第四节 宪法学文献史研究主题的演变

一、文献史研究主题的把握

文献史研究的关键性问题是编制一份具有检索功能的中国宪法学文献总目录，为研究中国宪法学提供完整而具权威性的学术文献。其理由主要是：

(1) 中国120多年来的宪法学文献数量大，如在中国人民大学图书馆系统晚清民国期刊全文数据库中有选择地下载可能讨论宪法问题的文献，即达10万页，由此推测民国时期的宪法学文章若下载下来至少得有30万页，而这才只是晚清民国时期宪法学文献的一部分。1949年以来的宪法学文献更多，比如中国知网收录的自1982年至2024年9月的文章中，标题含有宪法语词的达2.18万篇。中国宪法学文献数量之大，可谓汗牛充栋。

（2）由于时代的变迁与宪法在中国社会中的特殊功能，宪法学文献比较分散，尤其是早期的宪法学信息散落在各种地理学、历史学、政治学和法律学著作中，散落在奏折、日记、笔谈和报刊中。

（3）学术发展需要传承，通过宪法学文献的整理肯定学术前辈的宪法学贡献。立德、立功、立言是历代知识分子所追求的三个标准，宪法学者撰写宪法学著作和文章正是融合了这三个标准，每一本宪法学著作、每一篇宪法学文章，都是宪法学者基于当时的时代背景根据自己的知识积淀而认真创作出来的。

（4）我们需要系统地梳理宪法学发展的历史脉络，因为早期宪法学信息分散，之后宪法学文献越来越多，绝大部分宪法学文献都具有鲜明的时代特色和明确的问题意识，整理这些文献，不是找到它们，将其堆到一起就完成了，而是应当按照一定的标准和脉络进行有条理的排列组合，揭示出中国宪法学的整体发展脉络，以方便后来的宪法学习者和研究者理解中国宪法学的历史问题和现实问题。

总之，中国宪法学文献的研究，有助于学习和研究宪法者发现和阅读文献，为中国的宪法学研究和宪法发展提供第一手的历史资料，有助于摸清"家底"，提高中国宪法学研究的整体水平，总结出中国宪法学未来所应具有的理论品格与基本的学术风格，为推动依宪治国提供理论支撑。

二、宪法文献史研究的未来方向

在"西法东渐"的历史进程中，中国的本土学者为西方宪法理论的中国化作出了自己的贡献，提出了根植于中国的具有本土特色的宪法概念和宪法学说。在学术研究中学者们努力提炼出文献中的中国宪法学传统与学术特色，建构系统容纳宪法学文献的基本学术框架与方法论体系，把研究重点放在中国宪法学文献的系统、全面而准确的梳理与整理上，以实现宪法学者的历史使命。

整理与研究中国宪法学文献并不是出于学术历史的怀旧，而是对宪法学历史的一种总结，研究宪法学文献的目的在于为现今的宪法学研究和依宪治国提供理论上的支持和借鉴。在研究过程中，将中国宪法学的研究置于宪法文化的框架内予以考察，探讨宪法学与传统文化、宪法学与民族精神之间的学术逻辑，学术传统与现代社会的关系，提升文献研究的学术水平，以彰显其自身的特色。

以宪法学说史为线索，坚持"论从史出，史论结合"的原则，充分利用近年涌现的各种数据库，深入挖掘宪法学史料，努力探求宪法学历史的主导观念，把文献整理定位在"对文献的文献研究",以避免与其他知识体系之间的简单重复,特别避免学说史的研究陷入"史料的无机的集合"。在具体研究过程中,要准确把握课题的学术命题与学术逻辑,既要重视跨学科的知识,同时也注意宪法学自身的专业特色与方法论。为此,要围绕宪法学中国化这个核心命题综合运用文献检索方法、概念史方法、版本考证方法和归纳推理方法。

在学术话语体系方面,通过宪法学文献史研究,来强化宪法学中国化的进程,并为形成中国化的宪法学理论体系提供学术资源。要遵循宪法学知识体系的发展规律,充分关注宪法的古今连接,从横向与纵向两个方面挖掘宪法学的中国话语,积极推进宪法学话语的体系化。

第六章

近代宪法学的交流互动

第一节 日本明治宪法对《钦定宪法大纲》的影响

一、问题的提出

1908年8月27日清政府颁布了"中国历史上第一部宪法性文件"——《钦定宪法大纲》。[①] 尽管学术界对《钦定宪法大纲》的性质及其在中国宪法发展历史上产生的影响有不同的评价,但对其"中国宪法发展史起点"的认识已取得基本共识。《钦定宪法大纲》颁布的意义是多方面的,可概括为历史文献意义、宪法文本意义与宪法文化意义。作为历史文献意义的《钦定宪法大纲》已成为中国宪法历史发展过程中的遗产,反映了特定的历史价值;作为宪法文本意义上的《钦定宪法大纲》已成为中国宪法发展的历史起点,宪法文本所蕴含的规范价值贯穿在宪法发展过程之中;作为宪法文化意义上的《钦定宪法大纲》以其丰富的文化传统反映着中西宪法文化的冲突与融合的过程,成为中国宪法文化传统的一部分,展现宪法性文件背后的宪政价值。

[①] 正式公布的名称是《宪法大纲》,因它是以光绪皇帝名义颁布的,清政府在尔后的行文中,也公开称之为《钦定宪法大纲》。如1910年11月4日清廷宣布提前召开国会的上谕中提到"著迅速遵照《钦定宪法大纲》,编订宪法条款……"

二、明治宪法基本理念对清末立宪的影响

(一) 明治宪法制定经过

自明治维新以后,日本应采取什么样的宪政模式,如何把欧美的立宪主义同日本的传统文化有机地结合起来,制定一部适合日本国情的宪法,是日本当时不同政治势力争论的焦点问题。不同的宪法构想反映了不同政治势力的宪法思想或思潮。据家永三郎教授在《日本近代宪法思想史研究》一书中的统计,当时官方或民间提出的宪法草案共有 50 多部,主要由自由党左派、改进党,新闻记者,反对民权运动的民间人士,政府官僚等不同政治势力提出。这些草案中有些体现立宪主义原理,有些则明显地脱离了立宪主义原理。由于对立宪主义价值的不同理解和不同观念,在宪法草案的讨论过程中产生了不可避免的矛盾和冲突。

民权派制定的"私拟宪法"反映了一定激进主义的宪法思潮。如福泽谕吉等人主张的宪法草案,确立了有关天皇权限的君民共治理念与英国式的立宪君主制体制,规定实行议院内阁制。植木技盛等人制定的"日本国国宪案"第 4 篇"日本国民及日本人民的权利与自由"中,规定了法律面前平等等广泛的权利与自由条款,在第 70 条中还规定了对政府的人民抵抗权与革命权。[①] 从总体上而言,自由民权派宪法思想的基本特征是,重视议会的作用,在尽可能的范围内规定国民的权利与自由。但值得注意的问题是,民权派所要求的权利与自由的保障目标并不是保障个人的权利价值,而是借以强化国力,即从国家主义角度审视人权问题。这一点正是自由民权派宪法思想的局限性。[②] 被誉为最激进的植木宪法草案,不仅没有否定皇帝的权限,而且具体规定了皇帝、皇族的内容,表明其宪法思想存在着明显的国家主义因素。

从日本宪政制度建立过程来看,德国宪法思想对明治宪法制定过程的影响是广泛而深刻的,从某种意义上说,德国宪法思想直接构成了明治宪法的法律与文化基础。1850 年普鲁士宪法的制定与颁布是德国型立宪君主制形成的标志。19 世纪德国立宪君主制的主要特点是,否定了基于国民主权及权力分立的英国议会主义原理,确立了"君主主义原理"(monarchische Prinzip),强调国王权力的"国王支配制"(Konigsherrchaft)以及君主的积极的中立性。简言之,当时德国宪法思想的核心是君权主义与反议会主义。德国的这一宪法思想主要通过作

[①] 参见[日]家永三郎等:《明治前期的宪法构想》,福村出版社 1967 年版,第 70－88 页。

[②] 林伯晖在《日本立宪运动的过程》一文中说:"……日本的所谓民权,和欧洲的所谓人民之权是略为不同的……欧洲的人权,是人民对君王所要求的权利,而日本的民权论,却是对于当时掌握政权的藩阀提出的。"《宪政月刊》1940 年第 1 期(创刊号)。

为明治政府法律顾问的赫尔曼·列士鲁的活动得到了具体化。赫尔曼作为法律顾问，于1878年来到日本，1893年回国。这期间，他对明治宪法的制定提出了不少建议，同时起草了一部明治宪法草案，而且在宪法颁布后对宪法的具体运用过程提出了各种建议。因此，他被学者们誉为"对明治宪法的制定及其宪法思想的形成产生直接影响的人物"。赫尔曼宪法思想的核心是反议会主义与社会的君主制。他对明治宪法制定所提出的建议，基本上反映了这种反议会主义与君权主义的思想，实际上确立了明治宪法的基本框架。

为了缓解制宪过程中出现的冲突，寻求近代国家的模型，明治政府派出宪政考察团前往欧美。据资料记载，考察团先后去了美、英、法、比、荷、德、俄、丹麦、瑞典、意大利、奥地利、瑞士等国家，历时1年零10个月，耗资达百万日元。在考察各国宪政时，他们发现东西方传统思想的不同点，认为"西洋人勉有形之理学，东洋人务无形之理学，使两洋国民的贫富不同，尤觉生于此积习"①。如大久保希望确立一种"民主政治"与"君主政治"之间的"君民共治制"，这样可以利用天皇的精神权威，巩固新政府中出身中下级武士的新官僚的统治地位。在日本"不能简单地模仿欧洲各国的君民共和制，当按照我国皇统一系的典例和人民开化程度，斟酌其得失利弊，制定法宪典章"②。重点研究欧美各国宪法的木户孝允认为，日本人民知识水平低，制定宪法要靠"君主英断"，普鲁士的情况与日本国情相似，因而断言"尤当取者，当以普鲁士为第一"③。岩仓具视在考察中留意欧美各国中封建残余势力的地位和待遇，成为皇室贵族利益的保护者。他强调日本国体的特殊性，要求建立以天皇为中心的政治体制，认为"普鲁士宪法最适于渐进主义"。在当时的欧洲，普鲁士是落后的国家，而且君主权力非常强大。考察团成员承认英法等国最为繁荣，但认为其宪政体制不适合于日本国情，同以国家主义为核心的传统文化缺乏内在的联系性，反而在促进国家统一和发展中使用军力和保持强大君权的普鲁士文化更接近于日本。明治宪法的制定者们在采用普鲁士模式时，非常重视传统文化中的国家主义，它又表现为"崇拜天皇的形式"④。

日本选择普鲁士宪政模式同普鲁士的军国主义思想有着密切的关系。1873年3月，宪法考察团会见德国首相俾斯麦时，他曾说："方今世界各国，皆以亲

---

① 伊文成、马家骏主编：《明治维新史》，辽宁教育出版社1987年版，第395-396页。
② [日]尾佐竹猛：《日本宪政史大纲》（上），宗高书房1978年版，第348页。
③ [日]芳贺彻：《明治维新和日本人》。转引自伊文成、马家骏主编：《明治维新史》，辽宁教育出版社1987年版，第395页。
④ [日]中村元：《比较思想论》，浙江人民出版社1987年版，第170页。

睦礼仪交往，然而皆属表面现象，实际乃强弱相凌，大小相侮。"19世纪末叶，普鲁士王国不是国家拥有军队，而是军队拥有国家，军队把国家当作军营来使用。在明治宪法体制中，有关军队制度基本上采用了普鲁士宪法"政权"和"军权"分庭抗礼的"二元主义"体制。根据明治宪法规定，天皇统率海陆军；对于军令权内阁不能过问，由军部控制；天皇通过军部行使军事大权。左藤功在《战后日本宪法与立法权优越的变迁》一文中论及，这种"政治宪法"与"军事宪法"的二分结构使日本走向军国主义文化，为立宪制度的崩溃埋下了隐患。明治宪法的起草班子由伊藤博文、井上毅、金子坚太郎、伊东已代治组成，他们的宪法思想对制宪过程以及明治宪法结构产生的影响是不可忽视的。

伊藤博文去欧洲考察宪法时，早已注意到普鲁士宪政模式对日本宪政可能产生的积极影响，曾征询过赫伯特·斯宾塞的意见，斯宾塞告诉伊藤："在日本传统结构中有对民族幸福无比有利的基础，因此务必加以保存和培育。对长上的传统义务，尤其是对天皇的传统义务是日本的一大良机。日本能够在其长上的领导下，踏实地向前迈进，而且还可以使日本避免那些在盛行个人主义的国家里不可避免的困难。"① 伊藤认为，制定宪法的目的在于实行"宪法政治"，通过引进立宪主义实行"立宪君治"的政治原则。与西方具有不同历史传统的日本，首先要寻找国家的机轴。"在西欧各国，宪法政治出现已经千余年，不仅人民熟悉制度，且有宗教为其机轴，人心皆归于此。然而，在日本宗教力量微弱，无一可以作为国家机轴者。"他痛感在日本没有欧洲各国基督教那种"人心归一"的宗教，认为"在我国可以成为机轴者，惟有皇室"②。按照上述宪法思想，他在说明宪法草案内容时确定"力求尊重君权并尽量不加束缚……亦即草案指望以君权为机轴，而完全不加毁损，不敢以彼欧洲分割主权的精神为据"③。

参与宪法制定的另外一个代表人物是井上毅。他在考察普鲁士宪法时，开始思考把立宪主义引进日本本土的途径。井上宪法思想的核心是儒学，反对崇尚"革命精神"的英法之学，加强"保守风气"，主张奖励"德国学"。他认为，即使宪法模式"取自西方"，并向德国学习，但要注意把普鲁士宪法的宗旨引入日本，也必须首先明确日本"国家成立之原理"。他从《古事记》中认识到，"知国治国之说法"乃日本独特的国家原理。"我国国家成立之原理，非君民之约定，

---

① [美]本尼迪克特：《菊花与刀——日本文化的诸模式》，孙志民等译，浙江人民出版社1987年版，第68页。
② [日]信夫清三郎：《日本政治史》（第3卷），周启乾等译，上海译文出版社1988年版，第200页。
③ [日]铃木安藏：《宪法制定与罗埃斯勒》，东洋经济新闻社1942年版，第98页。

乃惟一之君德也。国家之始，基于君道，此语正是日本国家学开宗明义首先应阐述之定论也"，"我国的万世一系虽恐非学术所能阐述，但能够使天皇的统治成为正统的，则是历史的根据"。通过上述分析，他得出结论说："我国宪法盖非欧洲宪法的翻版，乃远祖不成文宪法在今日之发展也。"① 最后，井上依据古典传统理论，创立了构成宪法基础的"日本国家学"。从他写的两首和歌中可以看出明治宪法的基本精神和制定过程："巧引异国千色线，织成斑斓日本锦"；"夜梦天照之故国，不忘皇祖古人心"。

（二）明治宪法的"富国强兵"理念的影响

《钦定宪法大纲》的制定首先受了明治宪法的"富国强兵"理念的影响。明治维新以后，随着西方文明传入日本，在日本的知识界出现了一个重大问题，即作为日本文化背景的东方文化与新来的西方文化之间的比较考察问题。② 在近代化与宪政模式的选择上，日本"求知识于欧美，欧化而不同化"③，在文化的冲突与融合中逐步确定了适合日本的宪政模式，并树立了以"强兵富国"为基本精神的宪政体系。日本学者松本三之介认为，我们看立宪制，不能仅仅从思想本身出发，把立宪思想视作与日本固有观念的互释，而是把立宪思想看作是幕末时期或幕末以来的日本政治状况的产物。面对西方国家的强权，日本集中了所有"应战"力量，旨在实现所谓富国强兵和殖产兴业这种新的国家目标，于是立宪制作为强有力的政治手段，从新的国家目标中脱颖而出，成为一个具有划时代意义的事物。④

清末立宪所追求的基本理念也是以国家主义为主导的"富国强兵"的思想。为什么在立宪的问题上，早期的立宪派和官方秉持的政治哲学是借立宪达到"富国强兵"的目的？在这里，所谓的立宪的理想实际上转变为一种为国家富强服务的手段或工具性价值。这种思想直接来源于明治宪法思想与精神传统的影响。1905年五大臣出洋考察宪政时，宪政考察者们对日本宪政所表现出来的国家主义和"富强"的价值理念发生了浓厚的兴趣，通过各种不同的形式寻找宪法与国家富强之间的依据。如载泽在日本与伊藤博文交谈时有一段话，载泽问：敝国考察各国政治，锐意图强，当以何者为纲领？回答：贵国欲变法自强，必以立宪为

---

① 转引自［日］信夫清三郎：《日本政治史》（第3卷），周启乾等译，上海译文出版社1988年版，第118页。
② 参见［日］中村元：《比较思想论》，浙江人民出版社1987年版，第128页。
③ 毛磊等主编：《中西500年比较》，中国工人出版社1991年版，第324页。
④ 参见［日］松本三之介：《国权与民权的变奏——日本明治精神结构》，李冬君译，东方出版社2005年版，第7页。

先务。端方和载泽等人考察回来后在奏折中反复强调,"救危亡之方,只在立宪","……专制政体不改,立宪政体不成,则富强之效将永无所望。……中国欲国富兵强,除采取立宪政体之外,盖无他术"①。对光绪皇帝和慈禧太后来说,立宪对其有吸引力的地方有三点:立宪不影响君主的权力,巩固国体,兵强国富。1906年9月4日,由光绪皇帝颁发了《宣示预备立宪先行厘定官制谕》,提出:"……各国之所以富强者,实由于实行宪法,取决公论,君民一体,呼吸相同,博采众长,明定国体,以及筹备财政……时处今日,惟有及时详析甄核,仿行宪政,大权统之朝廷,庶政公诸舆论,以立国家万年有道之基"②。可以说,在整个清末立宪中,制定宪法并没有被作为国家追求的价值目标,只是成为实现国家富强的手段或工具。这一点正好说明引自日本的立宪主义从一开始就缺乏完整的价值内涵,实际上成为工具主义的规范体系。

三、明治宪法对清末立宪模式的影响

(一)预备立宪与立宪基础

在立宪思潮的影响下,清政府开始思考立宪的具体实施方案。在考虑所谓宪政实施的途径时,清政府首先参照了日本的经验,并以此为基础预定立宪的期限。

载泽在《奏请宣布立宪密折》中说:"……日本于明治十四年宣布宪政,明治二十二年始开国会,已然之效,可仿而行也。"③ 日本立宪至少有过十年的过渡期,对此端方也给予了关注,他在强调立宪的不可避免性时认为,"中国非立宪不可,而速立宪又不可",他把"速立宪"称为"有虚名而无实益之政策"④。在分析日本立宪需要十年预备期的必要性后,他认为,当时的中国与当年的日本情势无异,立宪应该模仿日本"至良甚美之方法",最后他主张中国立宪预备期以15年至20年最为适宜。⑤ 梁启超在回答中国是否马上可以实行立宪政体时说:不能,立宪政体者,必民智稍开而后能行之。日本维新在明治初元,而宪法实施在二十年后,此其证也。中国最速亦须十年或十五年,始可以欲此。

当时,统治者内部围绕是否立宪、如何立宪等问题也存在不同的意见,如军

---

① 张晋藩:《中国宪法史》,吉林人民出版社2004年版,第79页。
② 《清末筹备立宪档案史料》(上),中华书局1979年版,第43-44页。
③ 《辛亥革命》(第4册),上海人民出版社2000年版,第28-29页。
④ 《请定国事以安大计折》,《端忠敏公奏稿》卷六,第36页。转引自张海林:《端方与清末新政》,南京大学出版社2007年版,第172页。
⑤ 参见《请定国事以安大计折》,《端忠敏公奏稿》卷六,第42页。转引自张海林:《端方与清末新政》,南京大学出版社2007年版,第172页。

机大臣奕劻认为：立宪有利无弊，符合民意，应从速宣布。反对立宪者则认为，中国情势与外国不同，实行立宪，必至执政者无权，坏人得栖息其间，为祸非小；人民不知要求立宪，授之以权，不仅不以为幸，反而以分担义务为苦；实行自治，坏人便会掌握地方命脉，非常危险。立宪派官员则认为：国民程度的高低全在政府劝导，如坐等提高，永远不能立宪，只有先事预备立宪，诱导提高国民程度；正因中外情势不同，才定为预备立宪，而不是立即实行。对实行立宪设定期限问题，杨度认为：“世界各国凡以激烈改革者，宪政必可成立，凡以和平改革者，宪政必有年限，此各国之通例。"[1] 杨度提出三年筹备期的主张，认为各国仅以宪法为民权之保障者，中国则兼以宪法为君权之保障，而除钦定宪法外，别无可以保障君主大权之物，君民权限偏轻偏重，非此时国事之所急，人民不宜于此过争。也就是说，在君民之间寻求平衡的宪法，只能通过"和平改革"，而"和平改革"则需要一定的筹备时间。载泽则极力主张仿效日本把筹备立宪时间定为九年，清政府实际上采纳了他的意见。1908年8月27日公布的《逐年筹备事宜清单》中把宪法的颁布时间定为1916年，确定以九年为期筹备立宪，整个筹备期限与程序基本照搬日本的立宪经验。

那么，为了立宪需要满足什么样的条件？端方论证了"立宪是国家安定与富强的根本"的命题，认为"中国而欲国富兵强，除采用立宪政体之外盖无他术"[2]，提出立宪所需要的五个条件：立宪政体应采取三权分立和上下分权制度，立宪政体的形式应符合本国的文化传统和民智现状，立宪应有准备期，立宪应以教育为基础，实行官制改革。这些条件基本上是以明治宪法制定经验为基础的。特别是作为立宪而进行的官制改革、宪政编查馆的设立[3]等方面，日本的经验起到了直接借鉴作用。日本在明治元年（1868年）至明治二十三年（1890年）立宪筹备过程中有过两次大改官制，一般认为日本宪政行之有效正是由于官制之改革得宜，改制后"任法而不任人"[4]。端方考察宪政回国后，把官制改革视为中国预备立宪的第一步。

（二）对日本宪法实践的考察

一般认为，1905年五大臣出洋考察宪政是清末新政的开始。在整个西方国

---

[1] 刘晴波主编：《杨度集》，湖南人民出版社1986年版，第512页。
[2] 《请定国是以安大计折》，《端忠敏公奏稿》卷六，第29-32页。转引自张海林：《端方与清末新政》，南京大学出版社2007年版，第172页。
[3] 日本曾在明治初年设立"宪法取调局"，后来内阁附设有法制、统计等局。宪政编查馆"兼有日本新旧办法"。
[4] 张海林：《端方与清末新政》，南京大学出版社2007年版，第196页。

家宪政经验的考察过程中，日本的宪政经验产生了广泛的影响。

第一次对日本宪政的考察是从1906年1月16日开始的，由载泽、尚其亨和李盛铎三位大臣负责，考察团成员包括翻译、地方官员以及随从等共88人，在日本视察了29天，主要考察内容包括视察现代设施、与各个阶层的人进行交流并听取日本宪法教授的讲授。为了接待好考察团，日本政府做了很细致的安排。考察团抵日当天，便接见了宫内大臣、总理大臣、外务大臣、陆军大臣等，并确定拜见天皇的具体日程。此次考察的重点内容之一是听日本宪法学家的宪法讲授。根据政府的安排，曾经参加过明治宪法制定过程的伊藤博文、金子坚太郎以及著名宪法学家穗积八束等承担授课任务。据文献记载，金子坚太郎详细介绍了明治宪法制定的具体过程，特别强调了日本的经验，他指出：日本宪法虽然借鉴了欧洲的经验，但比欧洲宪法更为优越，表现在：一是设定宪政预备期，弥补了欧洲宪法的缺陷，以获得较充足的研究时间；二是以日本历史上的风俗习惯为基础，合理考量欧洲政治，尽可能吸收合理之处；三是宪法是在政府主导下制定的，政府只提出基本原则和框架，没有干预具体内容的安排。[①] 穗积教授分12次系统地讲授了日本宪法，题目分别是：立宪政体、宪法、君位以及君主的大权、臣民的权利、国会制度以及贵族院的组织、众议院的组织、帝国议会的权限、国务大臣以及枢密顾问、法律与命令、预算、法权与地方制度以及中央行政各省。据载泽日记记载，穗积受内阁的命令讲解日本宪法，并悬挂一君主统治简明表于墙，指画而言。[②] 对国体与政体问题，穗积认为，日本国体，数千年相传为君主之国，人民爱戴甚深，观宪法第一条可知。明治维新，虽采用立宪制度，君主主权，初无所损。今表中所述，以君主为统治权之总纲，故首列为主权之本体，此数千年相承治体，不因宪法而移。凡统治一国之权，皆隶属于皇位，此日本宪法之本原也。

从清政府的立宪目标看，维护以君主权力为本体的君主立宪制政体是唯一选择的方式。由于考察团一直关注立宪制与君主主权之间合理平衡问题，故日本宪法的讲解者似乎看出了其知识需求。西方的立宪与清朝统治的价值追求是完全不同的，清王朝主张宪政是在立宪主义思想普及背景下被迫选择的"基本国策"，希望在君主制与立宪价值之间寻求合理的平衡。从载泽与伊藤博文的下列对话中也可以看出这一点，当时载泽问伊藤：立宪当以法何国为宜？答：各国宪政有两

[①] 参见《政治官报》，光绪三十三年（1907年）九月二十三日，第四号，第518页。转引自熊达云：《近代中国官民的日本视察》，成文堂1998年版，第132页。

[②] 参见钟叔河主编：《载泽考察政治日记》，岳麓出版社1986年版，第575页。

第六章　近代宪法学的交流互动

种，有君主立宪国，有民主立宪国。贵国数千年来为君主之国，主权在君而不在民，实与日本相同，似宜参用日本政体。问：立宪后，于君主国政体有无窒碍？答：并无窒碍，贵国为君主国，主权必集于君主，不可旁落于臣民。日本宪法第三、四条，天皇神圣不可侵犯，天皇为国之元首，总揽统治权云云，即此意也。问：君主立宪与君主国政体有何区别？答：君主立宪与君主国政体不同之处，最紧要者，立宪国的法律，必经议会协参。宪法第五、六条，凡法律之制定、改正、废止三者，必经议会之议决，呈君主裁可，然后公布。非如专制之法律，以君主一人之意见而定也……问：君主立宪国所予民言论自由诸权，与民主国有何区别？答：此自由乃法律所定，出自政府之界与，非人民所可随意自由也。伊藤特别强调：宪法中载君主之大权凡十七条。贵国如行立宪制度，大权必归君主，故于此详言之。至宪法第二章，则为臣民之权利义务而言。若夫政治学、宪法学之范围广大，非一二年不能尽解。① 伊藤向载泽赠送了他写的《皇室典范义解》和《日本帝国宪法义解》。② 伊藤作为直接领导制定明治宪法的政治家，虽然强调这些观点"只是来自于经验的主张，并不是学者研究的结果"，但实际上他对日本宪法的解释是具有权威性的，他的一些观点实际上代表了日本政府的看法，具有浓厚的政治色彩。③

据文献记载，1906年6月3日，戴鸿慈、端方、载泽、尚其亨和李家驹五大臣在比利时会面④，载泽重点介绍的日本宪政模式引起大臣们的浓厚兴趣，于是端方派遣考察团的参事官熊希龄去日本，通过驻日公使杨枢，寻找起草宪政报告的合适人选。杨枢托早稻田大学校长高田早苗帮助找起草报告的人选，有贺长雄则成为高田极力推荐的人选。有贺长雄利用两个星期时间完成了附理由书的宪政考察报告，由中国留学生连夜翻译后交给端方的随从。端方、载泽回国后向清廷提出的上奏文有可能是以有贺的报告为基础而修改的，受到清廷的称赞。1906年10月10日端方专门给有贺写信表示感谢，在信中说："备述盛情赞助、编纂

---

① 参见钟叔河主编：《载泽考察政治日记》，岳麓出版社1986年版，第579-581页。
② 《日本帝国宪法义解》的中文版有两个版本，一是丁德威翻译，由日本秀光社印。另一本是沈纮翻译，金栗斋铅印社于1901年出版，有严复写的序。序中说："……而日本维新之规，凡所以体国保民，纪纲四国，经纬万端者，具于此矣，斯大礼必简之义也义解者，所以达宪法之指，而明夫其用者也日本之立宪也，伊藤氏之曹，实杂采欧洲诸国所已行之者就之，间亦度其国势民情所能行者以为损益。故是编者，谓之日本帝国宪法可耳，若以概欧洲立宪之制，则亦有僻驰不相比附者矣。"
③ 载泽日记中记载，伊藤讲解时用英文，柏锐口译，钱承枯笔述，不像穗积那样用日语（唐宝锷口译）。据笔者查阅档案的史料，伊藤擅长德语，按一般常理应该用日语授课，但为什么用自己并不擅长的英语，笔者仍持疑问。
④ 参见钟叔河主编：《载泽考察政治日记》，岳麓出版社1986年版，第493页。

225

精详、其见影于敝国政治界为益非浅……幸蒙采纳，改为立宪政体，更订法制，正在京筹议，将来政务日繁，解释疑难之处亦日多，尚祈不吝指导……"①

第二次对日本宪政的考察是从1907年开始进行的。1907年7月28日，袁世凯奏陈说："前者载泽等奉使出洋，原考求一切政治，本非专意宪法，且往返仅八月，当无暇洞见源流。……各国政体，以德意志、日本为近似吾国，现奉召确实预备立宪，柯则具在，询度攸资。拟请特简明达治体之大臣，分赴德日两国，会同出使大臣转就宪法一门，详细调查，博访通人，详征故事，何者为入手之始，何者为收效之时，悬鉴照形，立杆取影，分别后先缓急，随时呈报政府核交资政院会议定夺，请旨施行。"② 1907年，为了研究各国宪政，政府把考察政治馆改为宪政编查馆，确定以"编订宪法草案"为主要职能，从一般性的政治制度考察进入具体宪法体制的设计，需要重点对德日的立宪制度进行具体考察。但考虑到英国是欧洲立宪之祖，也不能遗漏。9月9日，朝廷特任命外务部右侍郎汪大燮、邮传部右侍郎于式枚、学部右侍郎达寿分别出任英、德、日考察宪政大臣。为了安排好在日本的考察，达寿曾拜访日本驻清朝临时代办阿守太郎，阿守表示可以派有经验和学识的日本人当宪法顾问。对这次访问，日本政府给予高度重视，因当时伊藤被任命为韩国总督，不能参与具体接待工作，故委托给直接参与明治宪法制定过程的伊东已代治。与第一次考察不同，这次考察重点是专门的宪法问题，除参观近代设施外，系统地听取了宪法讲解。伊东已代治具体安排讲解的学者有穗积八束、有贺长雄、清水澄等。

这次考察的主要特点是：（1）重视宪法体系整体性的研究。对日本宪政考察，宪政编查馆确定的内容包括宪政史、宪法、立法、行政、司法、财政。与此相适应，日本学者的讲课基本围绕日本宪法史、比较宪法、议院法、司法和行政等问题展开，突出了考察重点。（2）在考察中重视宪法理论与学说的意义，认为，考察宪法必须要理解学说，把握事实，分析各国宪法发展的社会环境与具体条件。（3）适应国内立宪的需要，尽可能提供准确的资料，突出考察的实用性。如1907年11月13日，光绪皇帝去世后，及时把讲解内容调整为"摄政"问题等。（4）在讲解时，日本教授结合清朝当时的一些法律制度，采取讨论式的方式进行授课，便于考察者理解宪政原理和实践的意义等。（5）宪法讲授时，日本学者强调了制宪过程的秘密问题，认为当人民还没有开化时，制宪事项应对国民保密。

---

① [日]有贺长雄：《中华民国顾问应聘经过》，载《外交时报》1913年17卷207号。转引自熊达云：《近代中国官民的日本视察》，成文堂1998年版，第165页。
② 《清末筹备立宪档案史料》（上），中华书局1979年版，第202页。

根据当时有贺长雄给达寿和李家驹讲授宪法的《有贺长雄博士讲述宪政讲义》，有贺共讲了 60 次，分前 30 讲和后 30 讲，讲课时间为 1908 年 2 月到 1909 年 7 月，时间长达 1 年 6 个月。前 30 讲内容包括从明治维新到引进宪法的历史过程、宪法制定与具体实施准备阶段、日本宪法与欧洲宪法的比较。这一部分具体讲到美国、法国、德国、英国等国家宪法产生与发展的历史背景，分别讲授宪法解释、皇位、政府、议会、臣民的权利义务等问题。后 30 讲主要讲授中央官制、地方官制、中央政府与地方政府之间的关系、地方自治制度、文官制度等，重点说明官制的理论与实践问题。（见表 6-1）①

表 6-1　有贺长雄给大臣讲授宪法的题目和时间（1908 年 2 月～1909 年 7 月）

次数	时间	题目
第 1 次	1908 年 2 月 4 日	维新前后国情的要领
第 2 次	1908 年 2 月 9 日	维新后政府组织的概要及五条御誓文
第 3 次	1908 年 2 月 11 日	藩籍奉还、废藩置县及元老院的开设
第 4 次	1908 年 2 月 16 日	地方官会议的开设、地方议会的开设、政党的兴起
第 5 次	1908 年 2 月 18 日	宪法制定的准备、明治十八年（1885 年）的改革、行政各部的组织整顿、宪法制定的方法、宪法发布的仪式
第 6 次	1908 年 2 月 23 日	宪法施行的准备、宪法施行及当时的状况
第 7 次	1908 年 2 月 25 日	欧洲立宪诸国宪法之间比较概要（1）英国、美国、法国
第 8 次	1908 年 3 月 1 日	欧洲立宪诸国宪法之间比较概要（2）德国、澳大利亚
第 9 次	1908 年 3 月 3 日	欧洲立宪诸国宪法之间比较概要（3）
第 10 次	1908 年 3 月 8 日	欧洲立宪诸国宪法之间比较概要（4）1866 年以后的欧洲立宪政体状态
第 11 次	1908 年 3 月 10 日	欧洲立宪诸国宪法之间比较概要（5）日本立宪由来和他国立宪由来之间的差异及其结果（1）宪法解释
第 12 次	1908 年 3 月 15 日	欧洲立宪诸国宪法之间比较概要（6）日本立宪由来和他国立宪由来之间的差异及其结果（2）皇位及皇室的差异
第 13 次	1908 年 3 月 21 日	欧洲立宪诸国宪法之间比较概要（7）日本立宪由来和他国立宪由来之间的差异及其结果（2）皇位及皇室的差异
第 14 次	1908 年 3 月 29 日	欧洲立宪诸国宪法之间比较概要（8）日本立宪由来和他国立宪由来之间的差异及其结果（2）皇位、皇室之间的差异
第 15 次	1908 年 3 月 31 日	欧洲立宪诸国宪法之间比较概要（9）日本立宪由来和他国立宪由来之间的差异及其结果（3）天皇大权及敕令的仪式差异

① 参见《有贺长雄博士讲述宪政讲义》，早稻田大学中央图书馆藏。

续表

次数	时间	题目
第16次	1908年4月5日	欧洲立宪诸国宪法之间比较概要（10）以上制度间的差异
第17次	1908年4月7日	欧洲立宪诸国宪法之间比较概要（11）日本立宪由来和他国立宪由来之间的差异及其结果（4）政府之间的差异
第18次	1908年4月12日	欧洲立宪诸国宪法之间比较概要（12）日本立宪由来和他国立宪由之间的差异及其结果（4）政府之间的差异（英国、美国、法国）
第19次	1908年4月14日	欧洲立宪诸国宪法之间比较概要（13）日本立宪由来和他国立宪由来之间的差异及其结果（4）政府之间差异（意大利、普鲁士）
第20次	1908年4月16日	欧洲立宪诸国宪法之间比较概要（14）日本立宪由来和他国立宪由来之间的差异及其结果（5）大臣责任之间差异
第21次	1908年4月21日	欧洲立宪诸国宪法之间比较概要（15）日本立宪由来和他国立宪由来之间的差异及其结果（5）大臣责任的差异
第22次	1908年4月28日	欧洲立宪诸国宪法之间比较概要（16）日本立宪由来和他国立宪由来之间的差异及其结果（5）上述制度之间差异
第23次	1908年5月5日	欧洲立宪诸国宪法之间比较概要（17）日本立宪由来和他国立宪由来之间的差异及其结果（6）议会之间的差异（日本、英国、普鲁士、澳大利亚、匈牙利）
第24次	1908年5月10日	欧洲立宪诸国宪法之间比较概要（18）日本立宪由来和他国立宪由来之间的差异及其结果（6）议会之间的差异（德国、澳大利亚）
第25次	1908年5月12日	欧洲立宪诸国宪法之间比较概要（19）日本立宪由来和他国立宪由来之间的差异及其结果（6）同前差异
第26次	1908年5月17日	欧洲立宪诸国宪法之间比较概要（20）日本立宪由来和他国立宪由来之间的差异及其结果（6）议会的差异、（7）预算制度之间差异
第27次	1908年5月19日	欧洲立宪诸国宪法之间比较概要（21）日本立宪由来和他国立宪由来之间的差异及其结果（7）预算制度之间差异
第28次	1908年5月24日	欧洲立宪诸国宪法之间比较概要（22）日本立宪由来和他国立宪由来之间的差异及其结果（8）国家和军队之间关系的差异
第29次	1908年5月26日	欧洲立宪诸国宪法之间比较概要（23）日本立宪由来和他国立宪由来之间的差异及其结果（9）臣民的权利义务之间的差异
第30次	1908年5月31日	欧洲立宪诸国宪法之间比较概要（24）日本立宪由来和他国立宪由来之间的差异及其结果（10）强制权及非常权之间的差异

续表

次数	时间	题目
第 31 次	1908 年 11 月 8 日	讲义顺序协议
第 32 次	1908 年 11 月 13 日	官制的立宪原则
第 33 次	1908 年 11 月 22 日	官制（2）内阁官制
第 34 次	1908 年 11 月 29 日	官制（3）内阁官制的继续
第 35 次	1908 年 12 月 6 日	有关摄政问题的回答
第 36 次	1908 年 12 月 13 日	官制（4）清国官制草案批评
第 37 次	1908 年 12 月 21 日	继续 36 讲内容
第 38 次	1909 年 1 月 10 日	官制（5）外官地方官制
第 39 次	1909 年 1 月 17 日	继续
第 40 次	1909 年 1 月 24 日	官制（5）省的法律命令
第 41 次	1909 年 1 月 31 日	官制（5）中央政府的会计和地方政府的会计之间关系
第 42 次	1909 年 2 月 7 日	继续
第 43 次	1909 年 2 月 14 日	继续
第 44 次	1909 年 2 月 21 日	官制（6）自治制度
第 45 次	1909 年 2 月 28 日	继续
第 46 次	1909 年 3 月 7 日	继续、上级自治体
第 47 次	1909 年 3 月 14 日	官制（7）官吏
第 48 次	1909 年 3 月 21 日	继续
第 49 次	1909 年 3 月 28 日	官吏
第 50 次	1909 年 4 月 11 日	枢密院
第 51 次	1909 年 4 月 18 日	大权施行的形式
第 52 次	1909 年 5 月 2 日	继续
第 53 次	1909 年 5 月 9 日	大权施行的形式（军令）
第 54 次	1909 年 5 月 16 日	非常处分
第 55 次	1909 年 5 月 23 日	戒严
第 56 次	1909 年 5 月 30 日	皇帝令
第 57 次	1909 年 6 月 18 日	皇室制度部分的继续
第 58 次	1909 年 6 月 21 日	皇室财产及其财政
第 59 次	缺	缺
第 60 次	1909 年 7 月 9 日	天皇事务与清朝皇帝问题

从有贺讲课的内容和他的宪法思想看,有贺的宪法理论包括:(1) 宪政改革应从官制改革开始,宪法制定应该秘密进行。为了统一国民的认识与思想,在制定宪法时需要编写具有权威性的宪法解释书。(2) 应该采取钦定宪法的形式,实行君主立宪制,合理地协调皇室与国家、国家与军队的关系。(3) 推进议会、政府、地方制度与皇室的改革。(4) 对清朝皇室改革提出了改革建议,如减少皇族,设立宫内省,废除内务府三旗等。

(三) 对清朝统治者宪法观的影响

由于从西方考察宪政回来的大臣们一致肯定并强调日本宪政成功的意义以及模仿的必要性,光绪皇帝和慈禧太后对日本宪政状况的关注程度是比较高的,实际上接受了考察宪政大臣的建议,确立了"师法日本"的制宪指导思想。早在1901年出使日本国大臣李盛铎在条陈变法折中写道:"近鉴日本之勃兴,远惩俄国之扰乱,毅然决然,首先颁布立宪之意,明定国是";1902年会办商约大臣盛宣怀也谈道:"较量国体,惟日、德与我相同,亦惟日、德之法于我适宜而可用。"

早在1904年张謇和赵凤昌曾译刻了《日本宪法》,并送到内廷,慈禧看后很为动心,赞扬说"日本有宪法,于国家甚好"[①]。1905年日俄战争中俄国失败后,统治者大为震惊,有评论认为"彼俄之见衅于日也,非俄之败于日也,乃专制国之败于立宪国也"[②]。1905年1月9日,驻日公使杨枢奏请仿效日本实行宪政:"日本于明治维新之初岁……又宣发誓命,先定为立宪之国,然后开议会决公论一切。变法之事,皆依立宪政体而行……中国与日本地属同洲,政体、民情最为相近,若议变法之大纲,似宜仿效日本。盖法、美等国,皆以共和民主为政体,中国断不能仿效。而日本立国之极,实遵夫中国先圣之道,因见列强逼处,非变法无以自存。"[③]

结束第一次宪政考察回国后,载泽多次受到慈禧的召见,并上折奏请立宪,谓:东西各国富强,"莫不以宪法为纲领","法国、英国与中国情况不同,难以强效,惟日本"以立宪之精神,实行其中央集权之主义,施诸中国,尤属相宜。[④] 针对一些人反对立宪的议论,载泽反复强调立宪有利于皇统,无碍于君

---

① 张孝若:《南通张季直先生传记》。转引自《辛亥革命》(第4册),上海人民出版社2000年版,第159页。

② 《论立宪万事根本》,载《南方报》1905年8月23日。转引自高旺:《晚清中国的政治转型——以清末宪政改革为中心》,中国社会科学出版社2003年版,第195页。

③ 转引自[美]任达:《新政革命与日本——中国,1898—1912》,李仲贤译,江苏人民出版社1998年版,第207页。

④ 参见侯宜杰:《二十世纪初中国政治改革风潮》,人民出版社1993年版,第69页。

权,并列举了行宪之后君主享有的17条大权,如裁可法制、召集议会、发布命令、统帅海陆军、宪法改正发议权等,并概括出君主立宪的三大利:皇位永固,外患较轻,内乱可弭。第二次出洋考察大臣达寿在《奏考察日本宪政情形折》中也强调"宪法之必当钦定"之理由,认为"钦定宪法出于君主之亲裁","宪法苟非由于钦定",则君主、臣民、政府、议会、军队等"皆不免为流弊之滋"[①]。接任达寿继续考察日本宪政状况的李家驹在1909年6月24日的《考察日本官制情形请速厘定内外官制折》中,系统地阐述以日本现行制度为基础的必要性,认为"日本为君主立宪政体之国,其宪法为钦定宪法",所以日本的官制无论中央官制、地方官制都循此而定。

从光绪皇帝于去世六个月以前阅读的书目中也可以看出日本明治宪法产生的影响。据统计,1908年1月29日内务府奏事处交出光绪帝朱笔所列的40余种书中,就有《日本宪法说明书》《日本宪政略论》《比较国法学》《宪法论》《宪法研究书》《各国宪法大纲》《日本预备立宪》《日本警察讲义录》《国法学》等书籍。2月17日补进的书中有《日本宪政略论》等四部。1909年2月以后陆续呈进的日本宪法方面的书还包括《日本政治要览》《日本宪法疏证》《日本官制通览》等。[②]

曹汝霖先生在《曹汝霖一生之回忆》中,详细记载了在颐和园慈禧和光绪召见他时围绕日本宪法问题进行对话的情况。

问:日本立宪是哪一年立的?

对:日本于明治十四年颁布立宪,到明治二十三年,才开国会。

问:日本的宪法是什么宗旨?

对:他们先派伊藤博文带了随员到欧洲各国考察宪法,因德国宪法,君权比较重,故日本宪法的宗旨,是取法德国的。

问:日本国会的议员,怎样选举的?

对:他们国会分上下两议院,上议院又名贵族院,议员是按照定额,由日皇于贵族中有功于国的,及硕学通儒、大实业家中钦派的。下议院是按照各省定额,由各省人民投票选举,以得票最多的当选。

问:听说他们国会里党派时常有吵闹的事?

对:是的,因为政党政见不同,故议起事来意见不能一致。

问:他们党派哪一党为大?

---

① 《清末筹备立宪档案史料》(上),中华书局1979年版,第34-35页。
② 参见叶晓青:《光绪帝最后的阅读书目》,载《南方周末》2007年5月31日。

对:那时有政友会,是由伊藤博文领导的,又有进步党,由大限重信领导的。政友会议员人数较多,在开会时,因政见不同,时有争辩,但临到大事,朝议定后,两党即团结起来,没有争论了。臣在日本时,适逢对俄开战问题,争得很厉害,后来开御前会议,日皇决定宣战,两党即一致主战,团结起来了。

太后听了,将手轻轻地在御案上一拍,叹了一口气说:唉!咱们中国即坏在不能团结!

对:以臣愚见,若是立了宪法,开了国会,即能团结。

太后听了很诧异的神气,高声问道:怎么着!有了宪法国会,即可团结吗?

对:臣以为团结要有一个中心,立了宪,上下都应照宪法行事,这就是立法的中心。开了国会,人民有选举权,选出的议员,都是有才能为人民所信服的人,这就是领导的中心。政府总理,或由钦派,或由国会选出再钦命,都规定在宪法,总理大臣有一切行政权柄,即为行政的中心。可是总理大臣,不能做违背宪法的事,若有违宪之事,国会即可弹劾,朝廷即可罢免,另举总理。若是国会与政府的行策不能相容,政府亦可奏请解散,另行选举。所以这个办法,各国都通行,政府与国会,互相为用,只要总理得人,能得国会拥护,国会是人民代表,政府与国会和衷共济,上下即能团结一致。臣故以为立了宪,开了国会,为团结的中心,一切行政,都可顺利进行了。

太后听了,若有所思,半顷不语。

曹汝霖认为,"慈禧对于立宪,似感兴趣,更可见她思想并不顽固,可惜平时没有人以各国新政灌输上陈",在谈到戊戌变法时,他认为,"……若将各国因立宪才能兴盛之故事上陈,未必不能得太后的同意"[①]。

(四)日本"正统宪法学"的影响

据有学者考察,1895年出版的黄遵宪的《日本国志》"为近代中国输入了全新的宪政理论思想,同时也为清末的宪政改革提供了重要的借鉴"。黄遵宪作为清政府首任驻日参赞,他对日本实施明治维新后的社会变化与宪政实践进行了考察,提出了较完整的宪政理论体系,比如,通过考察自由民权运动,提出"民权"思想,认为民之权利来源有二:一曰天赋人权,二曰社会契约。其中谈道:论义理,则谓人受天地之命以生,各有自由,自主之道;论权利,则谓君民父子

---

① 曹汝霖:《曹汝霖一生之回忆》,传记文学出版社1981年版,第49-51页。

男女各同其权。①

自1889年宪法颁布后，围绕明治宪法的解释学问题，形成了日本宪法学上的"正统学派"和"立宪学派"。"正统学派"的代表是井上毅、穗积八束和上杉慎吉等，其核心宪法学思想是，把天皇作为统治权的主体，把国民和领土作为统治权的客体，强调"君主主义"价值观。② 19世纪末20世纪初日本宪法学的主流是"正统宪法学"，模仿德国公法理论，强调国家利益与天皇的地位，在"富国强兵"理念的指导下，建立了系统的宪法体制。"立宪学派"的基本观点是，伴随着宪法的颁布，日本已成为立宪制国家，因此宪法解释应借鉴西方国家立宪主义的原理，不能仅仅以国体作为前提，提倡"国家法人说"，其代表性学者是一木喜德郎和美浓部达吉等。

当时在中国主张立宪的政治家和学者大多数直接受了日本"正统宪法学"思想的影响，"立宪学派"的影响力是非常有限的。如康有为、梁启超等人在日本系统地研究和接受了西方宪法理论（而西方宪法理论又是通过日本传播的），翻译了大批外国宪法学著作，如伊藤博文《日本帝国宪法义解》（1901年）、井上毅的《各国国民公私权者》（1902年）、高田早苗的《宪法讲义》（1902年）、菊池学而的《宪政论》（1903年）、小野梓的《国宪法论》（1903年）、穗积八束的《宪法大意》（1903年）、田中次郎的《日本宪法全书》（1905年）、伊藤博文的《日本宪法要义》（1905年）等。从1901年到1911年翻译成中文的日本宪法学著作至少有60多本。

另外，明治宪法制定的主要参与者的宪法思想对早期中国宪法理论产生了重要影响。在制宪原则上，伊藤提出中国要参考明治宪法的制定原则，即"盖创制宪法的精神，第一在于限制君权，第二保护臣民的权利。因此，如果在宪法中不列举臣民的权利，就没有制定宪法的必要了"；同时，坚持"一国之权力，以君主大权为其枢轴，凡百权力皆由来于此"。在清末立宪与地方自治问题上，端方等人的思想直接受到伊藤学说的影响，如强调地方自治在宪政实现中的作用，认为"靠各国之强，莫不原于地方自治……自治精神不养成，虽宪法极善，而推行亦且无效"③。

日本宪法学对清末宪政的影响一直持续到"大清宪法草案"的制定，特别是北鬼三郎的《大清宪法案正文》产生的影响是不可忽视的。

过去介绍清末立宪历史时，学术界一般涉及《钦定宪法大纲》和《十九信

---

① 参见张锐智：《黄遵宪〈日本国志〉中的宪政思想及其影响》，载《法制与社会发展》2006年第2期。
② 参见［日］大石真：《日本宪法史》，有斐阁2005年版，第278页。
③ 《端忠敏公奏稿》卷六，第56—57页。转引自张海林：《端方与清末新政》，南京大学出版社2007年版，第212页。

条》，至于清末是否制定过宪法草案问题则没有得到必要的关注。随着清末立宪研究的深入，有学者发现了由北鬼三郎起草的《大清宪法案正文》和《清末宪法草案乙全本》。① 从目前的制宪档案看，清政府于1910年11月5日，任命溥伦、载泽为纂拟宪法大臣，起草宪法，1911年3月又任命度支部右侍郎陈邦瑞、学部右侍郎李家驹、民政部左参议汪荣宝协同纂拟。有关起草宪法的原则，军机大臣明确提出"须多采取日本宪法，并实行尊君主义"②。李家驹、汪荣宝熟悉日本的宪法制度，其宪法思想的核心是"重君主大权主义"，基本上按照政府的制宪指导思想进行起草，其内容和框架"师从日本"③。

据说，宪法起草者经常翻阅研究的宪法书是日本伊藤博文、有贺长雄、穗积八束、市村光惠、上野贞正、北鬼三郎、清水澄、美浓部达吉等人的。④ 其中就北鬼三郎的《大清宪法案正文》对宪法起草是否产生过影响的问题，学术界的评价是不同的。《汪荣宝日记》（1910年5月26日）中曾有这样的记载："……归后，阅北鬼氏大清宪法案……（下午）六时半散归，阅北鬼氏大清宪法案"。这说明，作为参与起草宪法的大臣，汪荣宝曾参考北鬼三郎专门研究清政府宪法草案的著作。据笔者对北鬼三郎的《大清宪法案正文》⑤ 的阅读，这本书对清朝宪法草案制定产生的影响是不可忽视的。主要理由是：（1）北鬼三郎是专门研究清朝宪法的学者，除出版《大清宪法案正文》著作外，还发表过《清国的中央集权问题》（《外交时报》第十三卷1910年总第14号）、《新领地统治法论》（《外交时报》第十三卷1910年总第14号）等论文。（2）从李汪宪法草案《商榷纂拟义例》与北鬼三郎的《大清宪法案正文》的比较看，体例上的相似性也是不能否认的。李汪草案共10章86条，分别是皇帝、摄政、领土、臣民、帝国议会、政府、法院、法律、会计、附则。北鬼三郎的《大清宪法案正文》共10章76条，分别是：皇帝、摄政、臣民权义、帝国议会、内阁、都察院、司法、会计、审计

---

① 1989年第1期《历史研究》发表了王晓秋《清末政坛变化的写照——宣统元年间〈汪荣宝日记〉剖析》一文，考定"李汪宪草"；俞江在《历史研究》1999年第6期发表《两种清末宪法草案稿本的发现初步研究》，说明两种宪法草案的稿本发现的情况；尚小明在《历史研究》2007年第2期发表的《两种清末宪法草案稿本质疑》一文中认为，在中国历史第一档案馆中发现的"两种宪法草案"中的甲残本是日本学者北鬼三郎的《大清宪法案》，乙全本是民间立宪派团体制定的。
② 《大公报》1911年4月1日。转引自侯宜杰：《二十世纪初中国政治改革风潮》，人民出版社1993年版，第403页。
③ 目前"李汪宪法草案"还没有发现，但从《汪荣宝日记》中可以看出基本框架和内容。
④ 参见侯宜杰：《二十世纪初中国政治改革风潮》，人民出版社1993年版，第398页。
⑤ 笔者感谢日本九州大学法学研究院洪英博士的协助，她帮助笔者复印了日本图书馆馆藏的北鬼三郎的《大清宪法案正文》（东京经世书院1909年出版）。彭剑译的北鬼三郎《大清宪法案》，由广西师范大学出版社于2023年出版。

院、附则。可见，除领土、都察院和审计院外，其他章名基本上相同，内容设计上也有大量相似之处。笔者在此提及北鬼三郎的《大清宪法案正文》一书的目的是从一个侧面说明日本宪法学不仅影响了《钦定宪法大纲》的制定，同时对依照《钦定宪法大纲》而制定的清朝宪法草案也产生过一定的影响。

四、《钦定宪法大纲》制定权的基础与争论

在日本宪法学者思想的影响下，整个《钦定宪法大纲》（以下简称《大纲》）的制定过程是在秘密状态下进行的，没有选择民主立宪的模式，而采取君主立宪模式。

（一）先开国会，还是先制定宪法

《大纲》的制定首先面临的问题是"制宪权"主体问题，即由谁行使制定权。能否借鉴明治宪法，统治者内部也存在不同的意见或分歧。如翰林院侍讲学士朱福铉对日本经验总结了五个方面可取之处与四个方面不能借鉴的问题，即政府不要在议员中树援、树敌；不要用"平庸老朽"的人员充任资政院议员；不可"摧抑"舆论；地方议会不要学日本"先行于官"，排斥人民。他反复强调，立宪取法日本，也应择善而从，不能生搬硬套。①

对制定什么样的宪法以及如何制定宪法，立宪派一直没有停止过思考，其实多数立宪派心目中所推崇的政体模式和制宪模式是英国、德国模式，在制定宪法问题上，主张限制君权"保障民权"，反对完全抄袭日本模式。他们认为，日本宪法首开钦定的恶例，民主程度极其低下，"偏重于命令权"。也有学者认为，我国的历史、国情与所处的时代均与日本不同，不能强行效法，政府若要"出其狡猾阴险之手段，假钦定之名，颁布文数十条以愚吾民"，必将造成"动摇国体而伤君民之感情"的恶果。②

中日对制宪基础问题的不同理解，具体表现在对宪法与国会关系的认识上，即先制定宪法，后开国会，还是先开国会，后制定宪法。日本明治宪法采取先制定宪法后开议会的形式。制定日本明治宪法的大体程序是：1881 年确定宪法基本原则；1882 年伊藤到西方国家考察宪政；1883 年设立宪法取调所（后改为宪法调查局）；1885 年废止太政官制；1886 年开始起草宪法；1888 年设立枢密院；1889 年公布宪法；1890 年实施宪法；1890 年实施众议院选举，该年 11 月帝国

---

① 参见《清末筹备立宪档案史料》（上），中华书局 1979 年版，第 271 页。
② 参见《论预备立宪时代之人民》，载《时报》第 2 期。转引自侯宜杰：《二十世纪初中国政治改革风潮》，人民出版社 1993 年版，第 400 页。

议会正式开会。

在制定宪法问题上，多数立宪派主张制定宪法不是君主个人的私事，而是与人民休戚相关的公事，"宪法的立法权不可不与天下人共享之"[1]。端方在《欧美政治要义》第二章"国家宪法之制定"中认为，立宪国家的政治中枢已经不在君主，而在宪法，而宪法的最终制定权在于人民的代表机构国会，强调选择世界普遍实行的"共议宪法"的形式。梁启超也强调"先立国会，让人民参与宪法的编订"，其目的是通过国会来监督政府。[2] 也有人认为，国家是由国民组成的，国民有权参预国家政事，只有"使之有协定宪法之权"，"宪法乃为有效"[3]。宪法是法律，法律"必本于多数人之同意"，"表现为宪法，宪法乃底于完全无缺点之域"。因此，当时立宪派主张先开国会，由国会行使制定宪法或议决宪法的权力。但清政府并没有采纳先开国会的建议，坚持"我国宪法既采取大权政治主义，则与议院政治绝不相容"，"无论如何，国会之成立不可不俟诸宪法制定以后"，"中国宪法必以大权钦定"[4]。

在《钦定宪法大纲》上谕中，起草者奕劻、溥伦对此解释说："……东西各国立宪政体，有成于下者，有成于上者，而莫不有宪法，莫不有议院。成于下者，始于君民之相争，而终于君民之相让，成于上者，必先制定国家统治之大权，而后赐于人民闻政之利益。各国制度，宪法则有钦定、民定之别，议会则有一院、两院之殊。今朝廷采取其长，以为施行之则，要当内审国体，下察民情，熟权利害而后出之。大凡立宪自上之国，统治根本，在于朝廷，宜使议院由宪法而生，不宜使宪法由议院而出，中国国体，自必用钦定宪法，此一定不易之理。故欲开设议院，必以编纂宪法为预备之要图，必宪法之告成先行颁布，然后乃可召集议院。而宪法乃为国家不刊之大典，一经制定，不得轻事变更，非如他项法律可以随时增删修改，故编纂之初，尤非假以时日详细研求，不足以昭慎重。"[5] 这是官方在宪法与议会问题上的基本立场，试图为先制定宪法大纲寻求理论依据。

从理论上说，制宪权产生于国家以前，其主体是人民，议会是根据宪法而产

---

[1] 吴兴让：《国会与宪法》，载《北洋法政学报》，第67册。转引自侯宜杰：《二十世纪初中国政治改革风潮》，人民出版社1993年版，第399页。
[2] 参见张朋园：《立宪派与辛亥革命》，吉林出版集团有限责任公司2007年版，第40页。
[3] 李庆芳：《中国国会议》，载《中国新报》第9期。转引自侯宜杰：《二十世纪初中国政治改革风潮》，人民出版社1993年版。
[4] 侯宜杰：《二十世纪初中国政治改革风潮》，人民出版社1993年版，第400页。
[5] 《清末筹备立宪档案史料》（上），中华书局1979年版，第54页。

生，所谓制宪议会的重要功能是审议宪法，但并不能行使制宪的决定权。清政府制定的《钦定宪法大纲》并不是严格意义上的宪法，只是为将来制定宪法而作出的"准则"①，故"钦定"宪法权属于君主符合立宪君主制原理。上谕同时说明先制定《钦定宪法大纲》后制定宪法草案的原因，即宪法作为国家之根本法，一旦制定不能轻易变动，必须采取慎重的态度，并以此作为预备立宪正当性的基础。很显然，这种制宪方式的采用，直接借鉴了日本明治宪法的经验。

(二)《钦定宪法大纲》的起草机关

清政府于1905年11月25日，设立专门政治体制研究机构"考察政治馆"，其功能是"择各国政法宜于中国治体者，斟酌损益，纂订成书，取旨裁定"，也即研究各国政治体制，为清廷的政治改革提供咨询意见。1907年根据日本制宪的经验，庆亲王奕劻奏请将"考察政治馆"更名为"宪政编查馆"，意思是当前的重点由考察全面的政治转变为考察具体的宪政。7月16日，奕劻等人以明治维新初年的"宪法取调局"的体制为模式，拟订了《宪政编查馆办事章程》，表示"立宪各国，无不以法治为主义，而欲达法治之城，非先统一法制不可"，为此宪政编查局，"掌属于宪法之事"②。在宪政编查馆的领导体制方面，奕劻等主张归军机处领导，资政院承担"主赞定"的作用。根据《宪政编查馆办事章程》的规定，其职权包括：调查各国宪法，编订宪法草案；考核法律馆所订法典草案；调查各国统计，颁成格式等。经过一个多月的工作，宪政编查馆会商资政院，起草了《宪法大纲暨议院法选举法要领》和《九年预备立宪逐年推行筹备事宜清单》，但资政院当时还没有正式召集会议，无法为起草过程提供实质性的正当性基础。因受档案资料的限制，笔者无法详细考察《钦定宪法大纲》的具体制定过程，但从宪政编查馆人员构成中可以判断日本宪法产生的影响：一是宪政编查馆网罗的人才中包括杨度等系统地受日本宪法影响的人才③；二是宪政编查馆作为起草宪法的机关，"馆内凡属技术性工作，绝大部分由留日学生负责"④；三是留日政法学生和在各类学堂担任法律课程讲授的日本法律教习对《钦定宪法大

---

① 宪政编查馆资政院会奏宪法大纲暨议院法选举法要领及逐年筹备事宜折附了两个清单：一是宪法大纲暨议院法选举法要领，二是逐年筹备事宜清单。宪法大纲暨议院法选举法要领清单说明中说：宪法大纲，其细目当于宪法起草时酌定。附臣民权利义务，其细目当于宪法起草时酌定。附议院法要领，其细目当于制定议院法时酌定。

② 张晋藩：《中国宪法史》，吉林人民出版社2004年版，第99页。

③ 据张一鹰在《古红梅阁笔记》中说，"……乃以四品京堂在宪政编查馆行走……九年预备立宪之清单，即杨所草定而通过者。"转引自刘晴波主编：《杨度集》，湖南人民出版社1986年版，第504页。

④ 张德美：《探索与抉择——晚清法律移植研究》，清华大学出版社2003年版，第192页。

纲》制定过程中的影响是不能忽视的；四是宪政编查馆的两个局中，编制局是最核心的机构，局长为民政部前右参议吴廷燮，副局长为章宗祥，三个正科员中第一位是汪荣宝，第二位是曹汝霖，第三位是恩华，这些人中除吴廷燮外都是留日出身，汪荣宝又是公认的最熟悉宪政知识的人。① 设立"宪政编查馆"和"资政院"及各省"咨议局"，其中宪政编查馆起草宪法及起草或核议各项法律、章程、制度，在立宪的推行和传播民主思想方面发挥了重要作用。

五、《钦定宪法大纲》与明治宪法文本的比较

（一）《钦定宪法大纲》的颁布过程

单从时间上看，慈禧太后的变法革新的想法早在庚子赔偿之时就已经萌动，面对泱泱大国屡屡败于"蛮夷之邦"的残酷现实，慈禧太后开始痛定思痛，励志变革，于1901年1月29日，在西安发布"变法"上谕，声称"世有万古不易之常经，无一成不变之治法"，表示要更法令、破锢习、求振作、议更张，实行"新政"。与此同时，一些谋求变革的地方实力官员和开明绅士也屡次上奏，要求实行新政，改革官制。直隶总督袁世凯、两江总督刘坤一、湖广总督张之洞不断地上奏清廷，提出诸多颇有新意同时又具有可操作性的新政措施，如，刘坤一、张之洞等建议设文武学堂、广派游历、练外国操、定律法、推行邮政、广译东西各国书等措施。从内容上看，这些建议实际上构成清政府以后改革的基本措施，为清政府的变法改革确定了基本的制度基调，在一定意义上成为清末立宪运动的先声。

1904年日俄战争，专制国沙俄惨败于立宪国日本的结果也使得立宪的主张深入人心，一时之间，"立宪救国"的口号响彻云霄、声不可遏。当时颇有影响的《大公报》也刊文指出："此战诚为创举，不知日立宪国也，俄专制国也，专制国与立宪国战，立宪国无不胜，专制国无不败。"② 越来越多的民众意识到，中国欲富国强兵、救亡图存，除需要坚船利炮之外，更需要立宪法、开国会、建议院，实行君主立宪。中国和俄国两个君主专制大国相继败于立宪国日本的事实也具体而直观地告诉国人，君主立宪政体对于国家兴亡的重要性。即使那些一贯保守、反对变革的守旧大臣也不得不承认立宪的重要性，转而支持立宪，成为立宪运动中一支不可忽视的推动力量。在报纸舆论的宣传鼓动之下，再加上立宪派

---

① 参见尚小明：《两种清末宪法草案稿本质疑》，载《历史研究》2007年第2期。
② 《大公报》1905年4月13日。转引自侯宜杰：《二十世纪初中国政治改革风潮》，人民出版社1993年版，第42页。

人士的积极推动，原本和中国没有太大关系的日俄战争却产生了意想不到的结果，使得立宪成了一种受到普遍关注、不可阻遏的全国性思潮，在某种意义上，它也成为近代中国社会中立宪思潮的导火索。

在全国社会各界人士的推动之下，1908年8月27日，清政府终于颁布了《钦定宪法大纲》。需要注意的是，当时的名称仅仅是《宪法大纲》，并没有"钦定"二字，"钦定"二字是后来的习惯称谓。对于《钦定宪法大纲》的宗旨，在宪政编查馆、资政院联合上奏的奏折中有详细体现："夫宪法者，国家之根本法也，为君民所共守，自天子以至于庶人，皆当率循，不容逾越……一言以蔽之，宪法者，所以巩固君权、兼保护臣民者也……宪法大纲一章，首列大权事项，以明君为臣纲之义，次列臣民权利义务事项，以示民为邦本之义。虽君民上下同处于法律范围之内，而大权仍统于朝廷，虽兼采列邦之良规，而仍不悖本国之成宪。"[①] 所以称其为"宪法大纲"而不是称其为"宪法"，是因为这里规定的仅仅是纲目性的要求，而不是具体的宪法条文。奕劻、溥伦在奏折中也明确申明："宪法大纲，其细目当于宪法起草时酌定。谨按君主立宪政体，君上有统治国家之大权，凡立法、行政、司法，皆归总揽。而以议院协赞立法，以政府辅弼行政，以法院遵律司法。上自朝廷，下至臣庶，均守钦定宪法，以期永远率循，罔有逾越。谨本斯义，恭拟如左。"[②] 所谓"如左"即是《钦定宪法大纲》的详细内容。

（二）《钦定宪法大纲》与日本明治宪法文本之比较

以上我们分析了《大纲》制定过程中日本明治宪法产生的影响，这些影响主要通过学术交流、五大臣的宪政考察以及民间交流等形式表现出来。而这些影响集中反映在具体的宪法文本内容上。我们可以从两种宪法文本的比较中分析其规范形态的相同性与差异性。

从文本规定上看，《钦定宪法大纲》共分为两个部分："君上大权"和"臣民权利义务"，共23条。其中"君上大权"14条，是大纲的正文主体部分；"臣民权利义务"9条，为正文的附录部分。在《钦定宪法大纲》的23个条文中，与日本明治宪法的立法精神和文本规定完全相同或者基本相同的部分，共有8个条文，即"君上大权"部分的第一、二、三、十三条和"臣民权利义务"部分的附一、二、三、七条。上述条文规定，有些和日本明治宪法的规定完全一致或者几乎完全一致，如第一条和明治宪法的第一条、第二条和明治宪法的第三条，不论

[①]《清末筹备立宪档案史料》（上），中华书局1979年版，第56页。
[②]《清末筹备立宪档案史料》（上），中华书局1979年版，第57页。

是文本规定还是其背后隐含的宪政精神，都如出一辙。即使是在文本规定不完全一致的其他条文中，其文本规定也具有高度的相似性，很明显地能看出其中的传承关系。因此，从二者高达 34.8% 的具有相同性的文本规定上，就可以看出日本明治宪法对《钦定宪法大纲》的影响，"窥一斑见全豹"，由此也能看出清廷师从日本、仿行立宪的政治逻辑。

除完全相同或者基本相同的规定模式外，在《钦定宪法大纲》中还有大量的条文，与日本明治宪法有着千丝万缕的关系。这些条文尽管在表述上和日本明治宪法有较大不同，但是，究其立法精神和思想渊源，则无一例外都是直接或者间接来源于日本明治宪法的规定或者当时的日本宪法学家的宪政思想。在《钦定宪法大纲》中，这部分内容是最多的，多达 13 个条文，即"君上大权"部分的第四、五、六、七、八、九、十、十一、十二、十四条和"臣民义务部分"的附四、五、六条，这些条文占《钦定宪法大纲》条文总数的 56.5%。足见《钦定宪法大纲》受日本明治宪法和日本宪法学影响之深。

《钦定宪法大纲》虽系模仿日本明治宪法而来，但是清廷在仿行立宪的过程中，并没有一味模仿日本明治宪法的所有规定，在立宪过程中，清廷也根据自身对宪法的理解并结合中国传统文化作了一定程度的甄别和创新。例如，有学者指出《钦定宪法大纲》虽然效仿日本明治宪法所规定的"臣民"的权利方面的内容，但并没有规定明治宪法中日本臣民所享有的移徙自由（第 22 条）、书信秘密受保护（第 26 条）、信教自由（第 28 条）及请愿权利（第 30 条），而《大纲》却规定了"臣民现完之赋税，非经新定法律更改，悉仍照旧输纳"及"臣民有遵守国家法律之义务"两条明治宪法中所没有的条文。"人们一般在论及日本明治宪法时，常会提到这一宪法在规定自由权利方面不仅范围十分有限，种类较少，而且具有不彻底性，但通过比较可以看出，《大纲》所规定的自由权利在范围和种类方面更加欠缺，所规定的义务却比明治宪法要多。"[①] 对于清廷的这种立法上的权利克减行为，尽管在价值判断上可以作多种解读，但是一个不容忽视的事实是，在《钦定宪法大纲》的制定过程中，清廷自身对日本明治宪法的某些创造性借鉴是不容置疑的，当然从整体上而言，《钦定宪法大纲》的模仿性成分要远远高于其创造性因素。

可以说，在推动立宪的过程中日本明治宪法产生了整体性与持久性的影响，而这种影响所产生的具体载体是《钦定宪法大纲》与明治宪法的文本。通过比较

---

① 李秀清：《中国宪政实践史上移植西方法的第一次尝试——清末立宪活动述评》，载《河南省政法干部管理学院学报》2001 年第 6 期。

文本可以看出，完全相同的条文 2 条，即第 1 条和第 2 条是直接翻译过来的，属于完全"照搬"，相同的条文占 34.8%，相似的条文占 56.5%，相同和相似的共占 91.3%，不同的仅占 8.7%。从文本的表述看，《钦定宪法大纲》主要参考日本明治宪法是显而易见的，但说所有条文照搬明治宪法是缺乏依据的。首先，从条文看，相同的部分只占 34.8%，相似部分仍占 56.5%，参考相关条文不能简单地说"抄袭"。其次，在条文的设计上，《钦定宪法大纲》内容与明治宪法之间也有不同点，某些相似条文实际上反映了《钦定宪法大纲》的中国宪法文化特色，如有关君权的规定，《钦定宪法大纲》比明治宪法规定的范围更大，如赋予君主筹措经费权；在有关臣民的权利方面，《钦定宪法大纲》比明治宪法显得更为保守，没有规定迁徙自由、宗教信仰自由与请愿自由等权利。最后，《钦定宪法大纲》只是未来制定正式"钦定宪法"的"准则"，不具有严格的法律效力，而明治宪法是一部完整的宪法典，所以两个文本的评价标准也存在一定的不确定性因素。

六、几点结论

总之，明治宪法对《钦定宪法大纲》产生的影响是不可忽视的，对此应采取历史与客观的态度。明治宪法中体现的立宪主义是"把近代立宪主义嫁接在源自古代世界的神政的、家长式观念上，束缚议会权力的伪装的立宪主义"[1]。日本统治者一方面主张移植西方的立宪主义，另一方面以保存传统文化为由，保留了部分封建的等级制度，使明治宪法成为立宪主义与非立宪主义混合的价值体系，在客观上推动了日本近代化的发展，但同时也使日本走上军国主义和国家主义的道路。

作为中国历史上的第一个宪法性文件，《钦定宪法大纲》宣示了宪法的合法地位，以法律文件的形式明确了权利义务，规定了皇上也要受限于法律（虽然这种限制是如此的无力），等等，其历史的意义远较其本身的内容影响来得深远。[2]

明治宪法的"外见立宪主义"思想对《钦定宪法大纲》产生的影响是多方面的，除维护皇帝大权、保护君主政体的消极影响外，客观上也产生了积极影响，主要表现为：（1）明治宪法的立宪主义思想对《钦定宪法大纲》的制定与内容产生了积极影响，《大纲》虽然在本质上是非立宪主义的，但在一定程度上部分体

---

[1] ［日］信夫清三郎：《日本政治史》（第 3 卷），周启乾等译，上海译文出版社 1988 年版，第 225 页。

[2] 参见李秀清：《中国宪政实践史上移植西方法的第一次尝试——清末立宪活动述评》，载《河南省政法干部管理学院学报》2001 年第 6 期。

现了立宪主义原理，是西方立宪主义与中国传统政治哲学结合而成的、注重中国传统的价值体系。宪政编查馆、资政院在联合上奏的奏折中言："夫宪法者，国家之根本法也，为君民所共守，自天子以至于庶人，皆当率循，不容逾越。"①(2) 作为中国历史上第一部宪法性文件，《钦定宪法大纲》在一定程度上体现了明治宪法的三权分立思想，第一次从法律上规定了限制皇权的条款。当然，维护君主主权是《钦定宪法大纲》的基本价值观与出发点，限制皇权只是在不损害皇帝主权的前提下，在非常有限的范围内存在的。(3) 虽以"附"的形式规定"臣民"的权利与义务，但毕竟在宪法性文件中第一次规定了社会成员的权利与义务，在一定范围和程度上反映了时代的历史特点。(4) 作为制定"钦定宪法草案"的"准则"，它对宪法草案的制定产生了价值引导作用。(5) 在制定《钦定宪法大纲》前后，围绕着立宪问题，学术界和民间进行了广泛的有关宪法问题的讨论，形成了比较活跃的宪法学研究的思潮和氛围，为早期中国宪法学的形成提供了良好的环境与基础。有学者认为，《清末宪法草案乙全本》的纂拟是20世纪初中国法学界对以往学习西方宪法学、政治学的成果作出的一次全面总结，其内容涉及宪法学的各个领域，形成了完善的中国早期宪法学体系。② 这部草案被认为是民间人士起草的，总论中特别提道："我中国制定宪法，其形式宜法日本，其精神宜法欧洲，盖二美并从也"③。可见，日本明治宪法不仅广泛影响了《钦定宪法大纲》的制定过程，而且对早期中国宪法学的形成产生了重要的学术影响。

第二节 苏俄宪法在中国的传播

一、引言

1917年11月7日，列宁和布尔什维克党在彼得格勒发动革命，建立了俄罗斯苏维埃联邦社会主义共和国。为贯彻"一切权力归苏维埃"的主张，列宁领导下的苏俄政府相继颁布和平法令、土地法令、消灭等级法令、教会与国家分离法令、教会与学校分离法令、废除土地私有法令。全俄第三次苏维埃代表大会先后通过由斯大林起草的《关于俄罗斯共和国联邦制度决议案》和由列宁起草的《劳

---

① 《清末筹备立宪档案史料》（上），中华书局1979年版，第56页。
② 参见俞江：《两种清末宪法草案稿本的发现及初步研究》，载《历史研究》1999年6期。
③ 中国法律史学会：《法律史论集》（第4卷），法律出版社2002年版，第448页。

动者及被剥削者权利宣言》,并委托全俄中央执行委员会起草俄罗斯联邦共和国宪法。

在此背景下,1918年4月1日全俄中央执行委员会选举产生以雅可夫·米哈伊诺维奇·斯维尔德诺夫为主席的宪法起草委员会①,5月19日宪法起草委员会通过了由斯大林起草的《苏维埃共和国宪法总则草案》,并开始以此草案为基础进行宪法起草工作。7月初苏俄共产党中央委员会成立了一个以列宁为主席的特别委员会,负责审查宪法起草委员会起草的宪法草案。7月4—10日全俄苏维埃第五次代表大会在莫斯科召开,列宁代表全俄中央执行委员会向大会提交有关宪法草案的报告,大会于7月10日正式通过了《俄罗斯苏维埃联邦共和国宪法》,史称"苏俄宪法"。苏俄宪法的"理论根源就是卓越的马克思列宁主义的杰出创作,如马克思和恩格斯的《共产党宣言》,列宁的《四月提纲》和《国家与革命》"②。这份源于马克思主义普遍原理并结合俄罗斯具体革命实践的划时代文献,标志着人类历史上第一部社会主义宪法的诞生,改变了资本主义宪法独占世界宪法体系的局面,具有重大且深远的世界意义。

苏俄政府不仅重视苏俄宪法的制定,而且重视苏俄宪法的宣传。苏俄宪法序言明确要求,所有俄罗斯学校要研究该宪法的基本原则。在政府1918年末给全军战士颁发的《红军战士手册》中,"印有苏俄宪法和人民委员会有关法令中规定的红军战士的义务和权利"③。苏俄政府还将苏俄宪法翻译成包括中文在内的多国文字,"苏俄外交人民委员会宣传局在1919年1月曾经用中文出版1 000份苏俄宪法"④。列宁于1919年11月22日非常自豪地赞扬了苏俄宪法的国际影响:"协约国作过出兵的尝试,但没有得到任何结果,因为协约国军队一碰到我们的军队,一读到译成他们本国文字的俄罗斯苏维埃宪法,就瓦解了。我们的宪法总是不断博得劳动群众的同情。苏维埃这个词现在已为大家所了解,苏维埃宪法已经用各国文字译出,每个工人都读到了。工人知道,这是劳动者的宪法,这是号召大家去战胜国际资本的劳动者的政治制度。"⑤

苏俄宪法必然会传播至作为世界大国之一且当时处于变革之中的中国。那么,这个过程在事实上是如何发生的?对中国的宪法发展有何实际影响?如何评

---

① 参见刘向文:《俄国政府与政治》,五南图书出版公司2002年版,第2页。
② [苏] 杰尼索夫:《苏维埃宪法及其历史发展》,毛天祜译,法律出版社1955年版,第18页。
③ 陈之骅主编:《苏联史纲1917—1937》,人民出版社1991年版,第113页。
④ 宁艳红:《旅俄华侨史》,人民出版社2015年版,第250页。
⑤ [苏] 基姆主编:《社会主义时期苏联史(1917—1957年)》,中国人民大学编译室等译,生活·读书·新知三联书店1960年版,第159页。

价苏俄宪法的当代意义？本节将梳理苏俄宪法影响中国宪法以及宪法学发展的历史进程。

二、苏俄宪法文本的早期翻译

宪法文本是国家意志、民族精神和时代特征的集中体现，具有历史性、时代性、正当性、保守性和实践性。若要了解一国宪法制度和研究一国宪法学，当以其宪法文本为基本出发点。若要研究苏俄宪法在中国的传播过程，首先需要考证最初的苏俄宪法译本。据笔者考证，最早完整翻译并发表1918年苏俄宪法译文的学者是张君劢。

1918年12月28日，张君劢陪同梁启超从上海启程赴欧洲观察巴黎和会。梁启超组团观察巴黎和会，旨在维护山东权益，为中国外交出力。梁启超之所以邀请张君劢陪同观察巴黎和会，原因有三：一是张君劢1907年协助梁启超组织政闻社，创办《政论》杂志，宣传立宪主张；二是1913—1915年张君劢曾游学德国，判断德国一战必败，主张中国对德宣战，在说服梁启超后，与梁启超一起游说段祺瑞等政府要人；三是1918年10月张君劢结束考察日本，向总统徐世昌提出应对巴黎和会的具体建议。在巴黎和会期间，张君劢协助梁启超拜会各国政要，忙于为中国代表团出谋划策。直到1919年6月28日巴黎和会结束之后，张君劢的心思才有机会从外交转向学术研究，特别是转向宪法学研究，"1919年8月下旬，他去瑞士途中，得到俄国新宪法文本，便抽时间把它译成了中文"[①]。

张君劢苏俄宪法译文发表于《解放与改造》第1卷第6号的"世界观"栏目，标题为《俄罗斯苏维埃联邦共和国宪法全文》，署名为"君劢"。张君劢苏俄宪法译文共有6部17章90条，第1部和第2部的标题分别译为"劳动群众权利宣言"和"俄罗斯苏维埃联邦共和国之宪法大原则"[②]。

张君劢将"soviet"译为"苏维埃"。"苏维埃"不仅出现于译文标题，还出现于每一章，共出现135次。这意味着，"苏维埃"是苏俄宪法的核心概念，是理解苏俄宪法制度的基础。张君劢在苏俄宪法译文第1条中通过注释方式专门说明了苏维埃的译法及含义："苏维埃译言会议，英译为Council，德译为Rat，然各国均用Soviet原名，故译之为苏维埃。总之，以兵工会议为直接统治机关，此会议共和国（Soviet Republic）之名所由来也。"

---

① 郑大华：《张君劢传》，中华书局1997年版，第91页。
② 中国检察出版社2012年版《世界各国宪法（欧洲卷）》分别译为"劳动人民和被剥削人民权利宣言"和"俄罗斯社会主义联邦苏维埃共和国宪法总纲"，译者为郑州大学法学院刘向文。

在张君劢苏俄宪法译文之后，附有一封张君劢致张东荪的信函。他于信中表示，虽然不完全赞同俄国的社会革命，但认识到俄国革命在欧洲具有相当的社会基础；虽然不完全赞同俄国学说，但反对以危险为由禁止输入于中国；虽然不完全赞同苏维埃制度，但服膺苏俄宪法，因为其中的"劳动为人人共有之义务""排斥欧洲列强之侵略政策"，"此二端者真人类平等之理想而斯世大同之涂辙也"①。这封信函的写作时间是1919年9月10日，而刊载张君劢苏俄宪法译文的《解放与改造》的出版时间是1919年11月15日。

1919年11月15日发表的张君劢苏俄宪法译文是否为最早的苏俄宪法中文译本？对此，张君劢自己有明确且肯定的回答。落款为"一九三三年双十节张君劢"的《史太林治下之苏俄》"自序一"中提道："一九一八年冬再作欧游，注意俄事之进展，尝取俄新宪译之。"②落款为"民国三十五年八月十五日张君劢"的《中华民国民主宪法十讲》"自序"中又提道："我自青年时代即有志于制宪事业，留学日本时，读威尔逊《国家论》，蒲来士《美国共和政治》，陆克氏《政府论》，弥儿氏《代议政治论》，与安森氏《英国宪法及其惯例》各书。迄于民初，国会或私人团体讨论或拟定宪草，我好与之往还，贡献意见。他国新宪法制成之日，我每求先睹，译而出之，供国人浏览，如苏俄第一次宪法及德国威玛宪法，皆由我介绍于国人。"③根据张君劢的自述，"苏俄第一次宪法"即1918年苏俄宪法，是由张君劢最早介绍于国人的。鉴于张嘉森字君劢，笔者在晚清民国期刊全文数据库1920年之前的文章中，发现署名"君劢"的有19篇，署名"嘉森"的有29篇，在这48篇文章中，只有《解放与改造》第1卷第6号收录的是苏俄宪法译文。

在张君劢发表苏俄宪法译文之前，有两篇专门研究苏俄宪法的文章，即1919年6月29日《每周评论》刊载的《俄国的新宪法》和1919年10月5日《太平洋》刊载的《俄国新宪法的根本原理》，作者分别是张慰慈和高一涵。这两篇文章都援引了苏俄宪法的若干条文，但其援引的仅限于苏俄宪法的部分条文，并非完整的苏俄宪法译文。此外，根据陈公博的描述，陈公博翻译苏俄宪法全文比张君劢早了三个月，但没有将其译文发表出来，后人无法了解其译文原貌。综上，最早完整翻译并发表苏俄宪法文本的学者应当是张君劢。

三、苏俄宪法在中国的传播

苏俄宪法在中国的传播需要各种条件，如苏俄宪法的对外宣传提供了外部条

---

① 《俄罗斯苏维埃联邦共和国宪法全文》，张君劢译，载《解放与改造》1919年第6期，第41页。
② 张君劢：《史太林治下之苏俄》，再生杂志社1933年版，第1页。
③ 张君劢：《中华民国民主宪法十讲》，商务印书馆1948年版，第1页。

件,张君劢翻译苏俄宪法提供了研究基础,渴望变革追求富强的中国社会提供了土壤,而其传播过程则需要借助于众多学者的持续努力才能完成。

(一)收录苏俄宪法全文

继《解放与改造》之后,《法政学报》和《政衡》也全文刊载了张君劢苏俄宪法译文。此外,《闽星》分三期刊载了署名"两极"的《俄罗斯宪法评释》。① 该文不仅高度评价俄国十月革命,认为"俄国式的革命,是十九世纪以来思想的实见,是二十世纪世运转变的动机,与全人类都有关系",而且逐条解释苏俄宪法条文,所列举的宪法条文和张君劢苏俄宪法译文完全一致。由此,该文开篇提到的"宪法的全文,经有人译成汉文",指的正是张君劢翻译苏俄宪法文本,逐条解释的也是张君劢苏俄宪法译文。

吴山在《俄罗斯宪法评释》一文的基础上进行扩充,"增多三分之二",出版了一本专著,更名为《俄宪说略》。这是中国学者专门研究苏俄宪法的第一本中文专著。吴山在序言中介绍了若干种参考资料,"多半是选择辟司(Edward R. Pease)所增订克卡朴(Thomas Kirkup)所著之社会主义史来立论,并选当代各名流对于俄宪进行的调查报告与评论"②。该书由广州永汉大马路协和公司总发行,由北京国立法政专门学校、北京新知书社、上海协和书局、天津南开大学和天津飞行杂志社等分售。这说明,张君劢苏俄宪法译文借助《俄宪说略》一书在中国已经有了广泛的传播。③

《俄罗斯宪法评释》一文还被收录于1921年出版的《世界联邦共和国宪法汇编》。这意味着张君劢苏俄宪法译文随同《俄罗斯宪法评释》一文,被纳入宪法汇编类著作,这有利于后来的学者发现和阅读苏俄宪法。《俄罗斯宪法评释》一文在该书目录上的标题和正文中的标题有所不同,目录上的标题是"俄罗斯苏维埃联邦共和国宪法附评释",正文中的标题是"俄罗斯宪法评释"。

邓毓怡1922年编译的《欧战后各国新宪法》一书也收录了苏俄宪法译文,虽然没有指明译者,但和张君劢苏俄宪法译文完全一致。邓毓怡编辑该书的基本背景是,他于1922年6月在北京发起成立宪法学会,而发起成立宪法学会的主要原因是民国北京政府决定重开国会启动制宪。邓毓怡作为梁启超负责的宪法研究会成员和众议院议员,觉得有必要让学界和政界了解一战后出现的各种新宪法。如此,张君劢苏俄宪法译文不仅可能影响到学术研究,还可能影响了民国北

---

① 参见两极:《俄罗斯宪法评释》,载《闽星》1920年第2、3、6期。
② 吴山:《俄宪说略》,广州永汉大马路协和公司1921年版,第2页。
③ 该书版权页显示"著作者,吴山;翻译者,两极",而实际译者应当是张君劢,"两极"和吴山是苏俄宪法的注释者。

京政府时期的制宪实践。

商务印书馆1922年出版的《世界新宪法》一书也收录了苏俄宪法译文。该书译者是陈锡符和萨孟武，"本书译述之劳大部分由陈锡符萨孟武二君任之"，"大部分根据日译本兼参照英德法文译成"。其所收录的和张君劢苏俄宪法译文大同小异。最大的相同点是都使用了"苏维埃"译法，不同点主要有：前者正文标题为"俄罗斯苏维埃联邦社会主义共和国基本法"，后者为"俄罗斯苏维埃联邦共和国宪法"；前者第一部的标题为"劳动阶级之权利宣言"，后者为"劳动群众权利宣言"；前者第二部的标题为"俄罗斯社会主义苏维埃联邦共和国宪法之一般原则"，后者为"俄罗斯苏维埃联邦共和国之宪法大原则"；前者第十四章的标题为"选举手续"，后者为"选举方法"。比较来看，《世界新宪法》一书收录的苏俄宪法译文应该受到了张君劢苏俄宪法译文的影响。

总之，在张君劢苏俄宪法译文发表后的两三年内，有多个期刊和多本著作完整收录了苏俄宪法译文，这有利于中国学界和政界全面地了解苏俄宪法的全貌，有利于苏俄宪法在中国的学术研究和制宪实践中产生积极的影响。此外，张冥飞1921年《劳农政府与中国》、顾树森1928年《苏俄新法典》、立法院编译处1933年《各国宪法汇编》、胡庆育1935年《苏联政府与政治》，以及1933年《中国与苏俄》杂志、1944年《中华法学会杂志》等刊物也完整地收录了苏俄宪法全文。

（二）援引苏俄宪法条文

在张君劢苏俄宪法译文发表之前，苏俄宪法条文已经出现于某些文章中，其中有两篇专门研究苏俄宪法的文章，即张慰慈的《俄国的新宪法》和高一涵的《俄国新宪法的根本原理》，分别发表于《每周评论》和《太平洋》。张慰慈文介绍了苏俄宪法"六编、十七章、九十节"的基本内容，同时高度赞扬苏俄宪法："此数种宪法之中，俄国的宪法最有研究的价值，因为此宪法根据于许多最新的政府组织法及政治哲学的最新思潮"[①]。高一涵文为避免"空口说白话"而"处处根据俄国新宪法"，援引了苏俄宪法第1、2、3、9、10、18、24、25、26、30条，还强调苏俄宪法的根本原理在于《共产党宣言》："要想明白俄国新宪法的根本原理，应该先明白马克思主义"，而《共产党宣言》"很可以代表马克思生平的主张"，俄国宪法说"'不做工的人将不吃饭'……这又和共产党宣言书中第八项强迫人人做工的意思相同"[②]。

还有一篇文章援引了苏俄宪法条文，即1919年7月21日《时事旬刊》刊载

[①] 张慰慈：《俄国的新宪法》，载《每周评论》1919年第28期，第1页。
[②] 高一涵：《俄国新宪法的根本原理》，载《太平洋》1919年第1期，第1页以下。

的《列宁政府之法令》一文，其中提到"宪法第十八条有非劳动不得饮食之规定"。该文提到"最近美国国际平和协会搜集俄国列宁政府成立以来所发布之重要法令，都为一册，公诸于世人，凡宪法、土地法、银行国有法、结婚及离婚法、八时间劳动法"。这意味着，美国和中国一样密切关注苏俄宪法，美国搜集的资料也是中国学界获取苏俄宪法知识的渠道之一。

在张君劢苏俄宪法译文发表后，有更多的文章开始援引苏俄宪法译文，其中有的文章援引的不是张君劢苏俄宪法译文中的条文，这形成了援引苏俄宪法条文的不同形式。比如，峙冰的《俄国新宪法之研究》一文，不仅介绍苏俄宪法的制定过程，还全面地介绍苏俄宪法的基本内容①；邵振青的《俄国新政府之过去现在未来》一文，全面介绍苏俄宪法第1部的内容，将"soviet"译为"劳兵农会"②，援引了苏俄宪法第64、65条；李霁初的《苏维脱共和国（Russian Soviet Republic）各方面的观察》一文，虽然也发表在《解放与改造》上，且其发表时间比张君劢苏俄宪法译文晚4个月，但是所援引的苏俄宪法第3、4、5、7、8、9、65条③，和张君劢苏俄宪法译文有所不同。峙冰文和李霁初文，都没有将"soviet"译为"苏维埃"，前者译为"苏威"，后者译为"苏维脱"。

不过，援引苏俄宪法条文的文章中，张君劢苏俄宪法译文获引频率更高。比如，梁乔山的《俄苏维埃共和宪法评论之评论》一文援引了苏俄宪法第3、4、5、9、79条④，尽管文中没有指明所援引条文的出处，但是提到"最近始有苏维埃共和宪法条文见诸报端"，经比对，和张君劢苏俄宪法译文完全一致。张慰慈的译文《俄罗斯苏维埃政府》，提醒读者"讨论这种最新的苏维埃式的政治制度，必须从这制度本身着想，万不可和布尔塞维克主义混杂"⑤，援引了张君劢苏俄宪法译文第53条的内容。张慰慈在张君劢苏俄宪法译文发表前就发表了专门研究苏俄宪法的文章，当时将"soviet"译为"劳农"，而在这篇文章中使用了张君劢的"苏维埃"译法。高一涵1922年发表的《我国宪法与欧洲新宪法之比较》一文援引苏俄宪法第3、18、49、79条⑥，与张君劢苏俄宪法译文完全一致，而他1919年发表的《俄国新宪法的根本原理》一文所援引的并不是张君劢苏俄宪法译文。这说明张君劢苏俄宪法译文直接影响了高一涵有关苏俄宪法的研究。

---

① 参见峙冰：《俄国新宪法之研究》，载《民心周报》1919年第2、4、5期。
② 邵振青：《俄国新政府之过去现在未来》，载《东方杂志》1920年第10期，第115页。
③ 参见李霁初：《苏维脱共和国（Russian Soviet Republic）各方面的观察》，载《解放与改造》1920年第6期，第62页以下。
④ 参见梁乔山：《俄苏维埃共和宪法评论之评论》，载《新群》1920年第3期，第20页。
⑤ [美]洛史、伯尔曼：《俄罗斯苏维埃政府》，张慰慈译，载《新青年》1920年第1期，第87页。
⑥ 参见高一涵：《我国宪法与欧洲新宪法之比较》，载《东方杂志》1922年第22期，第1页以下。

(三) 早期传播区域

鉴于期刊和著作均为公开发行发售，任何人均可购买和阅读，以前述期刊和著作为载体的苏俄宪法可能会在较短时期内传播至中国的不同地方。但经笔者观察，受交通条件、开放程度和文化水平的限制，苏俄宪法在中国各区域之间的传播还是有先后之别的：城市总体上早于农村；城市之中，最早是"北上广"；而"北上广"之中，最早的又是上海。

如前所述，张君劢1919年11月15日在《解放与改造》发表了苏俄宪法译文，而《解放与改造》是"研究系"的政论刊物。"研究系"得名于梁启超1916年在北京发起成立的"宪法研究会"，张君劢和张东荪均为"研究系"骨干，张东荪时任《解放与改造》主编。《解放与改造》创刊于上海。张君劢选择在创刊于上海的《解放与改造》上首先发表苏俄宪法译文，与张东荪的私人关系或许也是重要因素。

继《解放与改造》之后，有两份期刊全文刊载了张君劢苏俄宪法译文，其中之一是《政衡》，而《政衡》创刊于上海。在张君劢苏俄宪法译文发表之前，有两篇专门研究苏俄宪法的文章，其中高一涵《俄国新宪法的根本原理》一文发表于《太平洋》，而《太平洋》也是创刊于上海。发表时间稍晚于张君劢苏俄宪法译文的《俄国新宪法之研究》和《俄苏维埃共和宪法评论之评论》，分别发表于《民心周报》和《利群》，这两份期刊均创刊于上海。可以说，苏俄宪法在中国的最早传播点是上海。

根据晚清民国期刊全文数据库，早期专门研究苏俄宪法的文章是张慰慈《俄国的新宪法》一文，该文发表于《每周评论》，而《每周评论》创刊于北京，而且该文的发表时间比张君劢苏俄宪法译文早了三个半月。不过总体上，苏俄宪法在北京的传播要晚于上海，早于其他城市。继《解放与改造》之后全文刊载了张君劢苏俄宪法译文的另一份期刊是《法政学报》，《法政学报》则创刊于北京。此外，作为第一本苏俄宪法专著的《俄宪说略》虽然发行地在广州，但分售处主要是北京国立法政专门学校和北京新知书社等；较早收录张君劢苏俄宪法译文的《欧战后各国新宪法》的出版地是北京，其编译者是在北京发起成立宪法学会的邓毓怡。总之，苏俄宪法在中国的传播，起始于作为经济中心的上海和作为政治中心的北京，然后陆续传播到其他区域。

苏俄宪法在中国的早期传播过程中，闽南地区比较特殊。以福建漳州为中心的闽南地区虽有悠久的贸易传统，但和苏俄宪法似乎没有什么关系，然而，前面提到的全文收录张君劢苏俄宪法译文并进行逐条注释的《俄罗斯宪法评释》一文，所发表的期刊正是创刊于漳州的《闽星》。《闽星》"与国内同类刊物相比，介绍苏俄内容的比重是相当大的，所占的篇幅比例也比较多"①。《俄罗斯宪法评释》一文署名"两极"，而"两极"是梁冰弦的笔名，梁冰弦时任《闽星》主编。陈炯明 1918 年 5 月奉孙中山之命以援闽粤军总司令身份占领漳州附近 26 县，建立"闽南护法区"，于 1919 年 12 月 1 日创办《闽星》。陈炯明在主政漳州期间，比较重视俄国十月革命的经验和苏俄宪法的运作。陈炯明和列宁通过列宁特使互致信函，热情地称列宁为"贤师"，期望"新的中国和新的俄国将如兄弟友谊般地携手共进"，相信"布尔什维主义将会给人类带来幸福"，决心"尽一切力量推行这一制度"②。总之，处于东南一隅的闽南地区，因为陈炯明个人的因素而成为较早接触苏俄宪法和实践苏俄制度的地区之一。

（四）若干传播阶段

苏俄宪法在中国的传播是一个持续的过程，为便于学术研究，大致可划分为四个阶段，分别为 1919—1928 年、1929—1935 年、1936—1947 年、1947 年至今。这里主要介绍前三个阶段的情况。

第一阶段以 1919 年为起点，依据是苏俄宪法译文的翻译和发表。在此之前，有关苏俄宪法的信息已经零星地出现于中国，然而宪法文本在宪法学中具有突出的地位和价值，而且张君劢在翻译苏俄宪法的基础上进行了持续的研究，对于苏俄宪法在中国的传播，作出了重要贡献。第一阶段的传播特点是苏俄宪法译本被频繁地收录于多部著作③，有关苏俄宪法的论文更是不胜枚举。中国学者在此阶段关注苏俄宪法的原因主要有两个：一是苏俄宪法开创了世界宪法史的新纪元，因为"新"所以关注；二是孙中山和国民党的"联俄联共扶助农工"政策，因为政治选择所以研究。

第二阶段以 1929 年为起点。这一年，在国际上，苏联实行国民经济和社会发展的"一五计划"，资本主义经济危机爆发；而在国内，宪法学研究状况呈现出两个特点，即宪法学化和本土化。在第一阶段，有关苏俄宪法的讨论，意识形态因素所占比重过大，有的激烈批评，有的热情赞扬，甚至在局部区域搞试验。积极的方面是百家争鸣，消极的方面是有些争论严重偏离了学术轨道。针对此状

---

① 张孙彪：《福建地区传播马克思主义学说的先锋：〈闽星〉对苏维埃俄国宣传的历史价值》，载《福建论坛》2005 年第 A1 期，第 108 页。
② 肖林：《列宁致函陈炯明的动因和影响——兼与〈闽南革命史〉作者商榷》，载《福建党史月刊》1990 年第 12 期，第 20 页。
③ 按照时间顺序，分别是 1921 年《俄宪说略》、1921 年《世界联邦共和国宪法汇编》、1922 年《世界联邦共和国宪法》、1922 年《欧战后各国新宪法》、1922 年《世界新宪法》和 1928 年《苏俄新法典》。

况，朱采真在1929年《宪法新论》"自序"中呼吁"宪法学化"[①]。而要实现苏俄宪法的"宪法学化"，对苏俄宪法的介绍就必须客观、冷静、全面和细致，1929—1935年间的宪法学和政治学著作恰好满足了这些要求。有的著作用部分篇幅专门介绍苏俄宪法，如朱采真1929年《宪法新论》、李铁铮译1931年《欧洲新民主宪法之比较的研究》、潘大逵1931年《欧美各国宪法史》、田原1932年《政治学》、胡越1933年《比较政治》、张知本1933年《宪法论》、章渊若1934年《现代宪政论——中国制宪问题》、张庆泰1935年《欧洲政府》等。有的著作本身就是有关苏俄宪法的研究专著，如施伏量1929年《苏俄政治制度》、胡庆育1929年《苏俄政治之现状》、陆宗赞1929年《苏俄宪法与妇女》、郑斌1933年《社会主义的新宪法》[②]、胡庆育1935年《苏联政府与政治》、李立侠1935年《苏联政治组织纲要》等。

在第二阶段，包括苏俄宪法在内的宪法学研究在中国已经有了相当多的积淀，宪法学者辈出，宪法学著作涌现，尤其是1933—1934年间出版了相当多的比较宪法学著作。[③] 如果说第一阶段主要研究的是三民主义和列宁主义之间的关系，第二阶段则转变为主要研究五权宪法和苏俄宪法之间的关系。事实上，此期间主导制宪的是孙中山之子孙科，时任立法院院长。孙科强调三民主义的指导地位，强调五权宪法的基本架构，是情理之中的事情。不过，孙科特别重视苏俄宪法。立法院编译处1933年出版的《各国宪法汇编》同时收录了1924年苏联宪法和1918年苏俄宪法，并将两者和瑞士联邦宪法一起共同归入"委员制共和国宪法"一类，书中与"委员制共和国宪法"并列的两类分别是"元首制共和国宪法"和"君主立宪国宪法"。该书由孙科题写书名并作序。孙科的序言既强调宪法的重要地位，又强调了三民主义的主体性，还强调了苏俄宪法和五权宪法的暗合性，认为"欧战后新国家之宪法遂多社会主义之成分，总理之三民主义建国大纲已预瞩及此"[④]。

[①] "世界上有了调和社会主义和个人自由主义的德国宪法，有了代表国际主义共产主义的苏俄宪法，并且将有基于三民主义的五权宪法，这些都是二十世纪社会主义革命潮流下所产生的结晶品，然而，这些主义这些制度将如何使它们宪法学化呢？这可不是革命家的使命，这是学者的使命。"朱采真：《宪法新论》，世界书局1929年版，第1页。

[②] 在体现苏俄宪法的"宪法学化"方面，《社会主义的新宪法》一书堪称典范。该书对苏俄宪法的介绍相当全面、细致，对于苏俄宪法的理论基础、历史发展和基本制度，都有相当篇幅的论述，并常以苏俄宪法文本为根据。该书作者郑斌还于1934年出版《民主主义的新宪法》，将苏俄宪法视为不同于民主主义宪法的社会主义宪法，对两类宪法进行了多方面的比较。参见郑斌：《民主主义的新宪法》，商务印书馆1934年版，第1页。

[③] 参见韩大元：《比较宪法概念在近代中国的演变》，载《比较法研究》2015年第6期，第74页。

[④] 立法院编译处：《各国宪法汇编》，1933年版，第1页。

第三阶段以 1936 年为起点，依据是 1936 年苏联宪法。1936 年苏联宪法引起中国学界的关注和追捧，而学界和期刊对苏俄宪法的关注则呈逐年下降趋势。根据晚清民国期刊全文数据库，笔者统计了"苏俄"和"苏联"出现于 1934—1947 年间文章标题的年度次数："苏俄"1934 年出现的次数稍多于"苏联"，此后，"苏俄"每年出现的次数都少于"苏联"；"苏俄"自 1934 年至 1947 年每年出现的次数总体呈下降趋势。鉴于"苏俄"和"苏联"与其宪法的密切关系，自 1935 年起，苏联宪法在中国的传播逐渐取代了苏俄宪法。1936 年苏联宪法相对于 1924 年苏联宪法有诸多修改，1924 年苏联宪法也和 1918 年苏俄宪法有不同之处，但无论如何不同，1936 年苏联宪法仍继承了 1918 年苏俄宪法的基本精神和基本制度。[1] 换句话说，1918 年苏俄宪法在中国的传播并非被 1936 年苏联宪法取代了，仅仅是换了一种方式，即以苏联宪法为载体继续在中国传播。

四、中国共产党与苏俄宪法的传播

中国共产党不仅宣传苏俄宪法，而且积极实践苏维埃制度，将苏俄宪法精神融入 1954 年宪法，力求做到"知行合一"。苏俄宪法在中国共产党诞生之前已经在中国传播，成为中国共产党夺取政权和建设新政权的思想基础之一。

（一）苏俄宪法与中国共产党诞生

1919 年苏俄宪法译文在上海正式发表，1920 年 8 月第一个共产主义小组在上海成立，1921 年 7 月 23 日中国共产党第一次全国代表大会在上海召开。三年三件大事，均发生于上海，且均导源于 1917 年俄国十月革命和 1918 年苏俄宪法。

十月革命和苏俄宪法给了中国人新的希望。在此背景下，陈独秀 1918 年 1 月将《新青年》改版，12 月和李大钊一起创办《每周评论》。李大钊的《我的马克思主义观》一文，即发表于《新青年》1919 年第 5 期和第 6 期。

在创办报刊的基础上，各种马克思主义研究机构陆续出现，如 1920 年 3 月李大钊在北京发起马克思学说研究会，5 月陈独秀在上海发起马克思主义研究会，9 月毛泽东在长沙发起俄罗斯研究会。在此基础上，各地共产主义小组相继成立，如 1920 年 8 月陈独秀发起的上海共产主义小组，1920 年 10 月李大钊发起的北京共产主义小组，1920 年秋董必武发起的武汉共产主义小组和周佛海发起

---

[1] 对于两者的关系，田原在其《政治学》一书中的描述是："苏俄宪法与苏联宪法，实际上我们是不能把它分开的，苏联宪法是总体，苏俄宪法是构成部分，然而能把苏维埃政权之根本特质标示出来的，却是苏俄宪法"。田原：《政治学》，新时代出版社 1938 年版，第 220 页。

的东京旅日共产主义小组,1920年秋毛泽东发起的长沙新民学会等。在中国共产党成立之前,上海共产主义小组创始成员陈望道翻译的《共产党宣言》中文全译本,于1920年8月在上海出版。各地的共产主义小组为中国共产党的成立提供了组织基础。1921年7月23日中国共产党第一次全国代表大会在上海召开,7月31日《中国共产党第一个纲领》和《关于当前实际工作的决议》在嘉兴南湖通过,正式宣告中国共产党的诞生。

张君劢苏俄宪法译文一经发表于上海,即迅速传播于北京和广州,而李大钊主要活动于北京,陈独秀主要活动于上海和广州,作为学者和马克思主义者的李大钊和陈独秀密切关注和研究苏俄宪法,因为苏俄宪法是马克思主义的首次宪法实践。李大钊在《再论问题与主义》一文中提到①,曾阅读过一篇专门研究苏俄宪法的文章,即张慰慈《俄国的新宪法》。这篇最早专门研究苏俄宪法的文章发表于1919年6月29日,李大钊这篇文章发表于1919年8月17日,比张慰慈一文晚了一个半月。这表明,李大钊是最早关注和研究苏俄宪法的中国学者之一。

虽然陈独秀和李大钊没有发表专门研究苏俄宪法的文章,但中国共产党的53名创始党员中,有不少人在中国共产党成立之前就研究过苏俄宪法,如陈公博。陈公博1919年5月曾根据同年2月出版的一份外文期刊翻译了苏俄宪法。这要比张君劢翻译苏俄宪法早3个月,遗憾的是,陈公博的苏俄宪法译文并没有发表出来。陈公博发表了匈牙利宪法译文与一篇专门研究匈牙利宪法的文章《匈牙利宪法的批评》。他的译文《匈牙利苏维埃联邦共和国宪法》和张君劢苏俄宪法译文,同刊于1920年第1期《政衡》,发表时间是1920年3月1日。②

张君劢在苏俄宪法译文中创译了"苏维埃"一词,并将苏俄宪法体制概括为"苏维埃制",以区别于"巴力门制"。在中国共产党成立之前,还有不少共产主义小组成员使用"苏维埃"译法,如沈雁冰、李汉俊、胡愈之和袁振英等,这些文章大多为译文,基本上都发表于在上海创办的期刊,如《少年世界》《新青年》《东方杂志》等。沈雁冰使用"苏维埃"的时间稍晚于陈公博。沈雁冰的译文《俄国人民及苏维埃政府》发表于1920年2月10日,比陈公博《匈牙利宪法的批评》一文仅晚了半个月。这篇文章在介绍苏俄宪法时使用了"苏维埃",其中

---

① "最近有了慰慈先生在本报发表的俄国的新宪法、土地法、婚姻法等几篇论文,很可以供我们研究俄事的参考。"李大钊:《再论问题与主义》,载《太平洋》1919年第1期,第14页。

② "我去年五月,在一九一九年二月出版的Maoriland worker,译了一篇俄罗斯的宪法,十一月译了一篇匈牙利的宪法。现在俄匈内幕怎么样?大家都不甚知道。流布世界的,就只这两篇宪法……我本来很想做一篇《俄匈宪法的比较》,然而因为时间所限,并且文章太长了,恐怕登不下这个周刊。现在先把新近翻译的匈牙利宪法批评批评。诸位要研究俄国宪法,请去看第六期《解放与改造》(这篇宪法是张嘉森君翻的,我翻的因为别的障碍,还没发表),要研究匈国宪法,请去看第一期《政衡杂志》。"陈公博:《匈牙利宪法的批评》,载《北京大学学生周刊》1920年第4期,第2版。

提到,"一九一八年七月十日第五次全俄会议定一宪法,其中条文大半早经颁行,至是始加入于根本法律中","全俄有实力者,厥惟苏维埃(Soviet),以其有大多数人民谓之声援也","代表俄全体者即苏维埃会议也"①。沈雁冰1920年还有两篇译文使用了"苏维埃",分别是《游俄之感想》和《罗素论苏维埃俄罗斯》。

胡愈之的译文《劳农俄罗斯之改造状况》介绍的是列宁谈话内容,其中提到"劳农俄国宪法刊印至三百六十万册之多,分送各处,以资流传"。胡愈之的译文《罗素的新俄观》谈到"共产主义和苏维埃宪法","苏维埃制度算是新俄国的一种特点"。李汉俊的译文《俄罗斯同业组合运动》介绍的是苏维埃制度的运作,其中提到"莫斯科会议的费用是由劳农代表苏维埃会议资助的"。袁振英的译文《俄罗斯的我观》认为"俄国劳农政府很有存在的价值",《批评罗素论苏维埃俄罗斯》认为"布尔什维克主义的政治学说是苏维埃政府最重要机关的哲理"。此外,上海共产主义小组创办的以李达为主编的期刊《共产党》也发表了不少使用"苏维埃"和介绍苏俄宪法制度的文章。

总之,在中国共产党成立时的上海舆论界和共产主义小组内部,"苏维埃"和苏俄宪法之间已经建立了密切的关系,谈到"苏维埃"自然想到苏俄宪法,谈到苏俄宪法自然想到"苏维埃"制度。以此为背景,中国共产党在一大纲领中使用了"苏维埃"一词,这标志着苏俄宪法对中国共产党的诞生产生了一定的影响,也成为中国共产党宪法观的重要思想来源之一。事实上,中国共产党第一次全国代表大会所确定的中国共产党的名称、性质、奋斗目标和基本任务,均和《共产党宣言》以及苏俄宪法一脉相承。

(二)中国共产党宣传苏俄宪法

尽管苏俄宪法随"苏维埃"进入了党的"一大"重要文件,但中国共产党对于苏俄宪法的宣传并没有停止,因为国内误解苏维埃制度的文章仍然不断涌现,甚至中国共产党内部对苏俄宪法的了解严重不足。为此,党的二大、三大、四大都在其重要文件中不厌其烦地强调"苏维埃"的意义。1922年党的二大发表《中国共产党第二次全国代表大会宣言》,共3次使用"苏维埃"。1923年党的三大通过的《中国共产党纲领》有2次使用"苏维埃"。1925年党的四大通过的《中国共产党第四次全国代表大会对于列宁逝世一周年纪念宣言》有1次使用"苏维埃"。

中国共产党的事业在一大之后蓬勃发展起来,苏俄宪法和苏维埃制度的研究

---

① [美] Jerome Davis:《俄国人民及苏维埃政府》,沈雁冰译,载《东方杂志》1920年第3期,第38页。

力量也随之增加。如瞿秋白、蔡和森、陈独秀、李大钊、张闻天、恽代英、彭述之、任弼时、李达等在1922—1926年间均撰写过有关苏维埃制度和苏俄宪法的文章,很多文章发表于中国共产党创办的报刊,如《新青年》《少年世界》《先驱》《向导》《中国青年》等。这些共产党先驱中,相当部分有在苏俄长期生活的经历,瞿秋白和刘绍周等人还曾受到列宁的接见,他们的文章对于否定苏维埃制度观点的回击自然更加有力,澄清了有关苏俄宪法的一些观点,使得苏俄宪法在中国的传播更加深入。

瞿秋白在1923年6月15日《新青年》刊载的《评罗素之社会主义观》一文中,不同意罗素有关俄国国家资本主义的看法,认为"俄国的国家资本主义,决非贵族的,而是苏维埃的,如知苏维埃之意义,便可以了解此政治上的突变之价值"①。瞿秋白不同意《申报》刊载的署名"心史"的《俄国宪法上共产主义之变化》一文的观点,为此撰文《苏联宪法与共产主义》,发表于1924年3月26日《向导》。此文虽然标题使用了"苏联宪法",重点讨论的实际是"苏俄宪法",对于苏俄宪法一定程度上起到了正本清源的作用。对于心史文援引苏俄宪法译文中的若干条文,如第3、65、79条,瞿秋白的评价是"此段译文几乎完全谬误""译文太略""译文不通""何所据而云然""不通之至",然后附上自己的译文。更重要的是,瞿秋白从理论上阐述了苏俄不是无政府无法律之共产社会,"非有国家不可,非有法律不可",不能因为有了苏联宪法,就说苏俄宪法是"旧宪法","苏联之中,苏俄当然是中坚分子,然而苏俄在苏联里,也和其他各国一样,仍旧有自己的宪法,因为苏联是一个邦联的国家,各国自有对内的统治权,所以苏俄的宪法仍旧有效力,并不因为和各国订了联盟条约便取消自己的宪法,亦无所谓新宪法与旧宪法"②。

1924年8月1日《新青年》刊载陈独秀的文章《答张君劢及梁任公》。陈独秀在文中依据因果律对张君劢《人生观之论战序》和梁启超《教育与人生》两篇文章给予回应,认为"马克思科学的社会主义,预料资本主义必由发达而崩坏,崩坏后继之者必为社会主义,此乃就人类社会历史的进化一般趋向而言;至于资本主义之崩坏与夫社会主义之现实,果在何国开始及完成,又另有其特殊的因果关系";"非到共产社会实现,私有财产是不能完全废绝的,此事谈何容易,俄国劳农革命家是马克思派,不是玄学家,自始便未尝妄想一革命便能够将私有财产完全废绝";梁启超以为"列宁死了","俄罗斯革命将随之寿终",因为"他们不明白俄罗斯革命有历史的意义;他们不明白俄罗斯有农工大群众及组织坚强的党

---

① 瞿秋白:《评罗素之社会主义观》,载《新青年》1923年第1期,第153页以下。
② 瞿秋白:《苏联宪法与共产主义》,载《向导》1924年第59期,第2页以下。

为之拥护"①。陈独秀在辩论中，既论述了苏俄宪法的基本原理，又援引了苏俄宪法的条文。

高一涵在《我国宪法与欧洲新宪法之比较》一文中，比较了苏俄宪法和法美宪法的哲学基础，美国和法国的宪法"只注重个人，不甚注重社会，只注重政治，不大注重经济……只注重个人的权利和个人政治上的自由，至于社会的权利和经济上的自由，都一齐放在宪法的范围之外。简单一句话：那时的宪法只可算是个人主义的政谱"，然而"俄国的宪法是共产主义的宪法，所以劳动群众权利的宣言第二章中明定土地、森林、矿产、水道、六畜及田地附属品等，一切宣告为公产；并于宪法大原则章中（第五章）规定'……凡不劳动者不应得食'"，俄国的宪法"充满社会主义的精神，俄国宪法上明定'俄罗斯共和国为一切劳动者之社会主义的团体'……俄国的国家是由许多苏维埃（Soviet）联合而成的，所以中央苏维埃、分区苏维埃等组织和权利，都得到宪法上的保障。凡是劳动者的集会结社，都绝对的不受限制"②。高一涵在文中援引了张君劢的苏俄宪法译文。

朱枕薪在《苏维埃俄罗斯底过去与现在——观察后的简单报告》一文中提到，"作工的平民与被侵掠的权利宣言……和法国底人权宣言以及美国底独立宣言，是属同一的重要的"。蔡和森在《中国国际地位与承认苏维埃俄罗斯》一文中主张民国北京政府承认苏俄，"世界革命的先锋军和策源地——苏维埃俄罗斯"，"中国人民唯一好友——苏维埃俄罗斯"。萧子暲的《苏维埃社会主义共和国联合之研究》提到，"苏联宪法可为世界模范"。刘绍周的《苏维埃社会主义共和国大联盟》提到，"各自治共和国的宪法与俄罗斯联邦宪法相同"。恽代英的《社会主义与劳工运动》通过援引苏俄宪法规定来驳斥谣言，"试观苏俄宪法以与社会有益的劳动与生产的劳动并举，可知苏俄注重工人而藐视技术家、教师、文艺美术家，全为造谣而已"。

前述先驱中，讨论苏俄宪法所用篇幅最多的是李达，他翻译了《劳农俄国研究》，由商务印书馆1922年出版，共393页，其中有关苏俄宪法的内容约占一半，尤其是第三章"劳农制度研究"从12个方面专门介绍苏俄宪法，其中提到"《被剥削的劳动者底宣言》和《劳农共和国宪法》同成了俄国基础法底重要宣言"，"把产业的代表代替地方的代表而组织的制度，是劳农制度的根本思想"③。李达在文中援引了很多苏俄宪法的条文，但他将"soviet"译为"劳农会"，没有

---

① 陈独秀：《答张君劢及梁任公》，载《新青年》1924年第3期，第1页。
② 高一涵：《我国宪法与欧洲新宪法之比较》，载《东方杂志》1922年第22期，第8页。
③ 汪信砚主编：《李达全集》（第2卷），人民出版社2016年版，第195、221页。

使用"苏维埃"的译法。

(三) 中国共产党实践苏维埃制度

中国共产党从介绍、宣传苏俄宪法到实践苏维埃制度,其时间上的分水岭是1927年。1927年9月19日中共临时中央政治局会议决定"现在的任务不仅宣传苏维埃的思想,并且在革命斗争新的高潮中应成立苏维埃"。1927年10月20日《布尔塞维克》发表"瞿秋白亲自撰写的《布尔塞维克发刊露布》"[①],号召"下层民众直接起来行使民权,实行苏维埃的政治制度"[②]。10月31日《布尔塞维克》发表《中国共产党反对军阀战争宣言》,要求"统一中国,造成新中国——工农兵劳动贫民代表会议(苏维埃)的中国","一切政权归工农兵贫民代表会议(苏维埃)"[③]。11月7日《布尔塞维克》纪念俄国十月革命十周年,决心"建立苏维埃的劳农政府,开辟世界革命的新纪元","建立苏维埃的中国"[④]。12月26日《布尔塞维克》发表《苏维埃政权万岁》,以列宁论述为理论基础阐述了若干基本问题,如"苏维埃政权是什么""苏维埃政权是最彻底的民主政权""苏维埃政权不是按地域选举的,是按生产单位选举的""苏维埃政权是无产阶级专政的国家形式"等。[⑤]

1928年7月党的六大通过《苏维埃政权的组织问题决议案》,从21个方面对苏维埃政权组织做出部署,如"苏维埃的定义""利用苏联苏维埃建设的经验""中国的苏维埃政权的正式名义""苏维埃的组织应站在劳动群众直接选举的基础上""苏维埃代表须按期向选举人报告过去工作""苏维埃中直接的撤回权""党是苏维埃思想上的领导者"等。1928年朱德、陈毅、彭德怀、滕代远先后到达井冈山,1929年毛泽东和朱德在24个县建立了苏维埃政府,形成革命根据地。到1930年,中国共产党在9省建立了15个革命根据地。"一些革命根据地相继制定和颁布了作为未来宪法基本内容的政纲,如1929年4月《兴国县革命委员会政纲》(8条),10月《信江苏维埃政府政纲》(10条),10月《湘鄂赣边区革命委员会革命政纲》(27条),1930年5月全国苏维埃大会提出的《十大政纲》,1930年7月《湖南工农兵苏维埃革命政纲》(25条)等。"[⑥]

1930年5月,共产国际东方部书记处负责人巴威尔·亚历山大洛维奇·米

---

① 刘志靖:《布尔塞维克研究》,湘潭大学2011年博士学位论文。
② 《布尔塞维克发刊露布》,载《布尔塞维克》1927年第1期,第4页。
③ 中国共产党中央委员会、中国共产青年团中央委员会:《中国共产党反对军阀战争宣言》,载《布尔塞维克》1927年第2期,第2页以下。
④ 《十月革命万岁》,载《布尔塞维克》1927年第3期,第2页。
⑤ 参见《苏维埃政权万岁》,参见《布尔塞维克》1927年第11期,第2页以下。
⑥ 张晋藩:《中国宪法史》,吉林人民出版社2004年版,第265页。

夫在《中国的苏维埃运动和共产党的任务》一文中指出，中国共产党"应制定苏维埃宪法，这部宪法不要完全照抄我们无产阶级专政国家的宪法"，"这是共产国际东方书记处关于制定中华苏维埃共和国宪法草案最早提出的指导性意见"①。8月，共产国际东方部在《关于中国苏维埃问题决议案》中指出，"建立中国苏维埃共和国……必须通过苏维埃共和国的宪法及其他基本法律"。这不仅是共产国际东方部的意见，而且是共产国际的意见，共产国际建议中国共产党注意宪法对于国家政权的重要意义。众所周知，共产国际在当时对中国共产党有相当大的影响力，中国共产党非常重视共产国际有关苏维埃宪法的意见。因共产国际总部设在莫斯科，其主导者是苏联，共产国际提到的苏维埃宪法自然以苏联宪法为模板，而当时的苏联宪法是以1918年苏俄宪法为蓝本的。因此，共产国际成为苏俄宪法传播于中国和中国共产党的另一重要因素。

根据共产国际的意见，1930年9月中国工农兵会议第一次全国代表大会中央准备委员会通过了《中华苏维埃共和国国家根本法（宪法）大纲草案》。中华苏维埃第一次全国代表大会原定于1930年12月11日召开，地点定于中央苏区，但是因受到蒋介石的"围剿"而推迟到1931年11月7日，即十月革命纪念日。因受到蒋介石的"封锁"，位于上海的中共中央未能将《中华苏维埃共和国国家根本法（宪法）大纲草案》及时送到，只是将《宪法原则要点》通过电报发给中央苏区。中华苏维埃第一次全国代表大会主席团于11月11日成立宪法起草委员会，宪法起草委员会委托梁柏台起草宪法大纲初稿。梁柏台1922年入莫斯科东方大学学习，1924年后一直在苏联远东伯力省法院担任审判员，从事革命法律研究和司法工作。梁柏台起草的宪法大纲草案"融合'宪法原则要点'精神和革命根据地民主宪法实践经验，参考苏联宪法"②。

1931年11月16—17日宪法起草委员会讨论并修改了梁柏台起草的宪法大纲初稿，形成宪法大纲草案。11月18日中华苏维埃第一次全国代表大会听取了项英《关于宪法问题的报告》，通过了《中华苏维埃共和国宪法大纲》，选举产生中央执行委员会。12月1日中央执行委员会发布第1号布告，宣布中华苏维埃共和国成立，次日《红旗周报》全文刊载了《中华苏维埃共和国宪法大纲》。至此，苏维埃制度和苏俄宪法得以在中国局部区域实践。

《中华苏维埃共和国宪法大纲》是中国共产党领导人民制定的第一部宪法性

---

① 凌步机：《共产国际与中华工农兵苏维埃第一次全国代表大会的召开》，载《苏区研究》2015年第3期，第45页。

② 唐国军：《中华苏维埃共和国宪法大纲与马克思主义中国化的宪政落实》，载《广西社会科学》2012年第10期，第2页。

文献，是中国人民制定自己宪法的最初尝试，是人民宪法的雏形。① 它主要参考了苏俄宪法，多数条文与苏俄宪法具有相似性。《中华苏维埃共和国宪法大纲》第 1 条有关政权性质的表述，以及第 2、4、5、6、9、10、11、13 和 14 条规定工农劳动群众的基本民主权利，显然来自作为苏俄宪法第一部的"劳动群众权利宣言"。《中华苏维埃共和国宪法大纲》第 8 条规定"宣布中国民族的完全自由与独立，不承认帝国主义在华的政治上、经济上的一切特权，宣布一切反革命政府订立的不平等条约均无效，否认反革命政府的一切外债"，显示了开放性与国际性，与苏俄宪法所追求的国际主义理念是一脉相承的。

在第二次国共合作时期，中国共产党虽然主动取消了苏维埃政权，但仍然通过多种渠道多种方式继续研究和实践苏俄宪法。正如林伯渠在《由苏维埃到民主共和制度》一文中所言，"认为取消苏维埃制度即取消一切是不正确的"②。中国共产党继续研究苏俄宪法的一个生动例证是，1939 年 10 月 7 日国民参政会参政员吴玉章致函立法委员张西曼，代林伯渠向张西曼索要国民政府立法院出版的《各国宪法》等材料。张西曼堪称民国时期中苏文化交流使者，中国早期马克思主义传播者，他曾建议孙中山实行"联俄、联共、扶助农工"三大政策，是中苏文化协会和《中苏文化杂志》的创办者。吴玉章的这封信函清楚地显示，中国共产党和作为中苏文化交流使者的张西曼有密切的交往。更重要的是，张西曼本人正是研究苏俄宪法和苏联宪法的专家。他在 1936 年翻译了《苏联新宪法草案》，在 1937 年翻译了《苏联宪法》，还在 1944 年翻译了经过修改的苏俄宪法。张西曼苏俄宪法译文发表于《中华法学杂志》1944 年第 5 期，标题为《俄罗斯苏维埃联邦社会主义共和国宪法》。吴玉章信函中提到的《各国宪法》正是前文提到的立法院编译处 1933 年编译、由孙科作序的《各国宪法汇编》，其中收录了 1918 年苏俄宪法。

在宪法研究和政权建设方面，中国共产党认为，需要走"中国化"的道路，不可能照抄苏俄宪法，也不可能回到中央苏区时代。对此，毛泽东、吴玉章和谢觉哉都有类似的表述。毛泽东在 1940 年发表的《新民主主义的宪政》一文中，强调新民主主义的宪政应当合乎中国国情，不是"欧美式"的，也不是"苏联式"的，"只能是第三种形式"的。中国共产党主持起草的 1941 年《陕甘宁边区施政纲领》和 1946 年《陕甘宁边区宪法原则》，都是苏俄宪法中国化的实践。1940 年 2 月 23 日吴玉章在给马列学院做报告时认为，"今年的宪法应该是团结全

---

① 参见彭光华、杨木生、宁群：《中央苏区法制建设》，中央文献出版社 2009 年版，第 27 页。
② 林伯渠：《由苏维埃到民主共和制度》，载《解放》1937 年第 5 期，第 11 页。

国人民抗战建国的宪法,这部法像欧洲不可,像苏联也不行"①。1940年3月1日吴玉章在延安各界宪政促进会成立大会上重申,"苏联宪法虽好,我们也不能采用"②。谢觉哉是新中国法学界的先导,1933年为中华苏维埃共和国起草劳动法和土地法,1945年出任陕甘宁边区宪法委员会负责人,1946年11月28日完成《陕甘宁边区宪法草案》。谢觉哉在日记中全面阐述了宪法学中国化主张:"大陆法系、英美法系、苏联法系,初颇景仰苏宪,后又接近英美,最后决定我们是写边区的,写中国的边区的宪法,不学英美,也不学苏联。人类生活发展规律,我国和外国有许多相似,因此,研究外国宪法对我们有帮助,不吸收他们的经验,限制自己在小的时空圈子里,不能写出合适的宪法。但我们是写自己的宪法,要句句是自己的"③。

(四)苏俄宪法精神融入1954年宪法

"十月革命一声炮响,给我们送来了马克思列宁主义",毛泽东的这句名言始见于1949年6月30日《论人民民主专政》一文。在该文中,毛泽东宣布必须"倒向社会主义一边","走俄国人的路"。苏联在中华人民共和国成立次日宣布承认中华人民共和国。根据《中苏友好同盟互助条约》,苏联在资金、技术和人才方面给予了中华人民共和国大批援助。毛泽东要求以"真心真意的态度"向苏联专家学习,"应该在全国掀起一个学习苏联的高潮,来建设我们的国家"④。苏俄宪法借助苏联专家和苏联宪法学教科书,继续向中国传播。

在此背景下,苏联宪法学著作在中国大量翻译出版,"据不完全统计,从1949年到1956年共出版宪法书籍344种,其中著述206种,资料138种"⑤。仅1949年,就翻译出版了卡尔宾斯基的《苏联公民的基本权利与义务》《苏联社会国家人民》《苏联社会和国家制度》,维辛斯基的《苏联公民的基本权利和义务》《苏联最高国家权力机关》《苏联法院和检察机关》《苏联选举制度》,雷帕茨克尔的《苏联公民的财产权》,加列瓦的《苏联宪法教程》,列文的《社会民主主义的国家制度》,高里莱柯夫的《苏联的法院》,高尔谢宁的《苏联的检察制度》,伊凡诺夫的《苏联的人民法院》等。这344种宪法书籍中,专门论述苏俄宪法的,如1951年《苏维埃国家法概论》、1953年《苏维埃国家与法权基础》、1955年

---

① 吴玉章:《为争取人民的宪法和民主权利而斗争——在延安马列学院的报告》,载《吴玉章文集》,重庆出版社1987年版,第195页。
② 吴玉章:《在延安各界宪政促进会成立大会上的讲话》,载《吴玉章文集》,重庆出版社1987年版,第203页。
③ 《谢觉哉日记》(下卷),人民出版社1984年版,第1032页。
④ 沈志华:《毛泽东号召向苏联专家学习》,载《国际人才交流》2013年第9期,第60页。
⑤ 张庆福主编:《宪法学研究综述》,天津教育出版社1989年版,第79页。

《苏维埃宪法及其历史发展》、1956年《第一个苏维埃宪法》等。

苏联专家到中国讲授宪法学课程,如中国国家法、人民民主国家法、资产阶级国家法和苏维埃国家法,使用的主要是苏联宪法学教科书,如特拉伊宁的《苏联国家法教程》、法尔别洛夫的《人民民主国家法教程》、加拉宁的《资产阶级国家法提纲》。在此过程中,1950年成立的中国人民大学法律系最早开设"苏维埃宪法"课程,并系统地研究苏联宪法。① 中国人民大学法律系还派出若干名教师直接参与起草中华人民共和国宪法。据董成美回忆,为起草宪法,"编辑了三辑资料,叫《宪法参考资料》,第一辑是1918年苏俄宪法和1924年苏联宪法……这三辑资料于1953年3月以中央人民政府委员会办公厅的名称印刷后发放,发给所有宪法起草委员会的委员以及参与宪法起草工作的有关人员","当时宪法起草委员会办公室编辑组有四五十人参加整理全国送来的宪法草案修改意见,这四五十人中有来自中国人民大学、中央政法干校、国务院资料室等单位的同志"②。

对于中国制宪问题,斯大林曾三次发表意见,尤其第三次(1952年10月),斯大林以政权的合法性、正当性和安全性为理论依据进行了系统的论证:"如果你们不制定宪法,不进行选举,敌人可以用两种说法向工农群众进行宣传反对你们:一是你们的政府不是人民选举产生的;二是说你们国家没有宪法。因政协不是人民经选举的,人家就可以说你们的政权是建立在刺刀上的,是自封的。此外,《共同纲领》也不是人民选举的代表通过的,而是由一党提出,其他党派同意的东西。人家可以说你们国家没有法律。你们应从敌人(中国的和外国的敌人)那里拿掉这些武器,不给他们这些借口。"③ 斯大林的三次制宪意见包括部分理论论证和具体的选举时间安排等。此外,他还介绍了印度、阿尔巴尼亚等国家制定宪法并实行选举的情况。斯大林建议中国制宪的主要目的,是促使中共中央思考制宪的意义与时机,加快解决政权的合法性问题。斯大林的建议客观上推动了中华人民共和国的制宪进程,但最终决定制定1954年宪法是中国共产党综合各种因素后作出的重大政治决断。

1953年12月28日毛泽东带领宪法起草小组3名成员陈伯达、田家英、胡乔木到达杭州。1954年1月15日毛泽东通报了宪法起草小组的工作计划,要求中央政治局委员和在京中央委员阅读10个宪法文本,其中第二个就是1918年苏俄宪法和1936年苏联宪法。1954年7月1日毛泽东于指示阅读《苏联宪法草案的

---

① 参见刘春萍:《苏联宪法学说对中国宪法学说的影响》,载《北方法学》2012年第4期,第35页。
② 董成美:《制定我国1954年宪法若干历史情况的回忆》,载《法学》2000年第5期,第3页。
③ 转引自韩大元:《1954年宪法制定过程》,法律出版社2014年版,第66页。

全面讨论》一文时指出,"我们的宪法是属于社会主义宪法类型的。我们是以自己的经验为主,也参考了苏俄和各人民民主国家宪法中好的东西……我们所走的道路就是苏联走过的道路,要想避开这条路不走是不可能的"[①]。

1918年苏俄宪法是一部具有划时代意义的真正为劳动群众谋利益的宪法,经过张君劢、陈公博、瞿秋白、郑斌、章友江、张西曼、谢觉哉等数代学者的努力,经过中央苏区和陕甘宁边区的局部实践,形成了有关苏俄宪法的研究文献、规范和党的文件,这些成果中有些内容经宪法起草委员会秘书处整合与梳理,成为制定1954年宪法的重要参考文献,苏俄宪法所体现的社会主义理念与原则被融入中华人民共和国第一部社会主义宪法之中。1954年宪法奠定了中华人民共和国的基本政治、经济与社会制度,六十多年来宪法虽然经历多次修改,但是由1918年苏俄宪法继承而来的基本精神仍然一脉相承。

就宪法文本而言,1954年宪法和1918年苏俄宪法的相似度确实很高,经比较发现,1954年宪法至少有28个条文对应于张君劢苏俄宪法译文的31个条文。1954年宪法和苏俄宪法的相似度如此之高,有两个原因:一是苏俄宪法是世界历史上的第一部社会主义宪法,二是毛泽东和列宁将这两部宪法都定位为过渡时期的社会主义宪法。

对苏俄宪法在中国传播的研究表明,中华人民共和国宪法有着深厚的社会主义思想渊源。中国学者从事宪法学研究时不应当忽视这种浓厚的社会主义渊源。一百年前,"苏""维""埃"是相互独立的三个字,而现在成为一个妇孺皆知的词语,一个内涵确定、外延明确的词语。由三个字组成一个词语,在中国经历了复杂的过程,通过以概念史方法考察苏俄宪法的传播过程,可以直观地看到历代学者和政治人物在传播苏俄宪法的过程中所付出的努力以及所展现的智慧。

[①] 王庭科主编:《毛泽东独立自主思想的历史发展》,四川大学出版社1995年版,第366页。

第七章

中国宪法学教育的发展

第一节 近代宪法学教育的起源

宪法学教育涉及教育目标、教育对象、课程体系、教育内容与方法等不同领域，而课程是贯穿整个宪法教育的基础。本章重点讨论清末以来宪法学课程体系的起源及演变过程。

一、法政学堂的宪法课程

1. 湖南时务学堂

中国何时始开设宪法学课程？据文献记载，在中国高等教育历史上，1897年于长沙设立的湖南时务学堂最早开设了宪法课程。1897年梁启超出任湖南时务学堂中文总教习，在起草《湖南时务学堂学约十章》和《时务学堂功课详细章程》时，他提到"西学以宪法官制为归"，将公法学分为内公法和外公法，而宪法属于内公法，还列举了一批"专精之书"，如《佐治刍言》《英律全书》《英国史记》。[1] 梁启超在《佐治刍言》后用括号特别注明"此为宪法学之书，然学者宜人人共读，可先于此时读之"[2]。从名称上判断，《英律全书》和《英国史记》这两本书很可能有讨论英国《大宪章》的内容，甚至可能包含《大宪章》的完整中文译本。《湖南时务学堂学约》包含十项内容，第九项为"经世"，"细察今日

---

[1] 参见王健：《中国近代的法律教育》，中国政法大学出版社2001年版，第164页。
[2] 转引自王健：《中国近代的法律教育》，中国政法大学出版社2001年版，第165页。

天下郡国利病,知其积弱之由,及其可以图强之道,证以西国近史宪法章程之书,及各国报章以为之用,以求治今日之天下所当有事,夫然后可以言经世","今中学以经义掌故为主,西学以宪法官制为归"。《时务学堂功课详细章程(附第一年读书分月课程表)》(《湘报》1898年第102期)将宪法列入内公法,并将傅兰雅所译《佐治刍言》作为宪法学教科书,"专门学之条目有三,公法学(宪法民律刑律之类为内公法,交涉公法约章之类为外公法)。佐治刍言(治掌故学者必读宪法书乃不为古法所蔽)。佐治刍言(此为宪法之书)"①。

2. 天津中西学堂

1895年盛宣怀创办天津北洋西学学堂(亦称天津中西学堂),1896年更名为北洋大学堂,其最初的学堂章程设有各国史鉴,未包含宪法课程②,但实际教学中开设了"英国宪章"课程。这个判断的直接依据是1900年王宠惠毕业文凭。王宠惠1895年入天津中西学堂读书,1899年毕业,是该校首届毕业生,其毕业文凭编号为"钦字第一号",日期为"光绪二十六年正月",即1900年2月。王宠惠毕业文凭显示学堂开设了15门课程,这15门课程分别是英文,几何学,八线学,通商约章,律法总论,罗马律例,英国合同律,英国犯罪律,万国公法,商务律例,民间词讼律,英国宪章,田产易主律例,船政律例,听讼法则。③ 这15门课程中,专门讲英国法的有3门,分别是"英国合同律"、"英国犯罪律"和"英国宪章"。由此可推断"英国宪章"这门课程并非专门讲授英国大宪章,而应该是整个英国宪法,不过肯定会涉及英国《大宪章》。如果讲的是英国宪法,而为何使用"英国宪章"这个名称?可能的原因是,在当时,宪法一词虽然为很多人使用,但并未得到普遍接受。同样,不少人仍习惯使用"律",而不用"法",如"英国合同律"未使用"英国合同法","民间词讼律"未使用"民事诉讼法"。结合其他课程,可推断"英国宪章"这门课程并非专门讲授英国《大宪章》,而应该是讲授整个英国宪法,其中肯定会涉及英国《大宪章》的内容。如果讲的是英国宪法,那么为何使用"英国宪章"这个名称,还需要深入研究。

3. 上海南洋公学

据《南洋公学译书院所译书目》(《南洋七日报》1901年第8期),"日本法规大全,英国宪法史日本松平康国著"。据《盛宫保推广译书敬陈纲要奏》(《经济丛编》1902年第16期),壬寅九月,"南洋公学。纲要四端,一曰先章程而后

---

① 王健:《中国近代的法律教育》,中国政法大学出版社2001年版,第164页;汤志钧、陈祖恩、汤任泽编:《中国近代教育史资料汇编》(戊戌时期教育),上海教育出版社2007年版,第345-347页。
② 参见《奏设天津中西学堂章程》,载《时务报》1896年第8、11、12期。
③ 参见《北洋大学——天津大学校史》,天津大学出版社1990年版,第7页。

议论，先译日本法规，二曰审流别而定宗旨，有君主专制之政治，有君主宪法之政治，有民权共和之政治，有民权专制之政治，美民主而共和，法民主而专制，其法律议论判然，与中夏殊风，英之宪法略近尊严顾国体，亦与我不同，惟德意志自毕士马以来尊崇帝国裁抑民权，划然有整齐严肃之风，日本法之以成明治二十年以后之政绩，俄虽号君主专制之国，其法律多效自法人制度，与国体参差，较量国体，惟日德与我相同，亦惟日德之法于我适宜而可用，三曰正文字，四曰选课本"。翻译是南洋公学的课程，南洋公学翻译的宪法学著作和日本宪法典，是南洋公学译书院讲授宪法课程的重要依据。

此外，南洋公学1901年开设特班，由蔡元培主持。虽然《拟设南洋公学特班章程》没有规定宪法课程，但实际上开设了宪法课程，依据是上海交通大学在正式介绍凯原法学院时提到"开设了宪法、国际公法、行政纲要等课程"[①]。

此后，宪法课程陆续出现于学堂章程之中，如1902年京师大学堂进士馆、译学馆和仕学馆的章程规定有宪法课程。1904年落成的直隶法律学堂开设的课程包括地理学、历史学、教育学、政治学、理财学、交涉学、法律学以及宪法学。[②] 在此基础上，还出现"宪法史"课程和"比较宪法"课程。如1903年天津中西学堂（北洋大学堂）就新设"宪法史"课程，与"宪法"课程并列；1903年京师大学堂进士馆开设"各国宪法"课程。[③] 各法律学堂开设的宪法课程如下。

1905年京师法律学堂三年共开设课程22门，其中法律课18门，法律各部门比较齐全，如在1905年3月修律大臣奏定的课表中宪法安排在第二学年，3个学分。在一年半的速成课表中宪法课程为"宪法大意"，作为6学分安排在第一学期。

1905年《修订法律大臣伍廷芳为请设法律学堂事折》将"各国宪法"列为主课。

1906年直隶法政学堂正科（一年半）课程开设政治学、民法要论、刑法总论、国际公法和宪法，宪法课程安排在第一学期，2个学分。

1907年2月设立的京师法政学堂课程设置中，正科法律门（三年制）课程中，宪法是第一学年的课程，2个学分。正科政治门（三年制）课程也有专门的宪法课。

---

① 《上海交通大学凯原法学院》，载《上海交通大学学报》2015年第2期。
② 参见《奏派调查直隶学务员报告书（续）》，载《学部官报》1907年第21期，第141页；《各省教育汇志》，载《东方杂志》1905年第8期，第199页
③ 参见李贵连等编：《百年法学——北京大学法学院院史》，北京大学出版社2004年版，第23页。

1909年《宪政编查馆大臣奕劻为遵设贵胄学堂拟定章程缘由奏折》主张设置"比较宪法"课程。① 到了1909年,全国共有官立高等教育层次的学堂123所、学生22 262人,其中法政学堂47所、学生12 282人,分别占学堂总数的38%和学生总数的55%。② 法政学堂以招收官员为主要对象,它不是学历教育,而是在职文官的法律培训。这时期,法学教育出现综合性大学法律系与法政学堂并存的格局。

4. 实行统一的学堂课程

1910年清朝学部奏议改革从前的法政学堂年限、学科(分科)课程,实行统一的法政学堂课程。③ 在课程方面的主要变化是,增加了本国法律的内容,"以前定章之际各种新律均未颁布,除大清会典、大清律例以外,编无本国法令可供讲课。而今宪法大纲、法院编制法、地方自治章程等均经先后颁布,新刑律亦不日议决,奏请施行,此后法政学堂此项课程,自当以中国法律为主"。这是在法学教育历史上,第一次以官方的名义要求法科教育要以"中国法律为主",法政学堂"以养成专门法政知识,足资运用为宗旨"的人才培养目标,体现了清末法制改革所体现的"本土性"。当时,学制有两种,即四年制的正科,正科分法律、政治与经济三门,别科不分科,三年毕业。在法政学堂正科法律门(四年制)课程中,开设比较宪法及宪法大纲(4学分);在政治门(四年制)课程中设国法学(2学分)和比较宪法(4学分)课程;正科经济门(四年制)课程则设了比较宪法及宪法大纲(4学分),使宪法课程成为法律、经济与政治学科都应掌握的基本知识。将比较宪法及宪法大纲作为一门课程开设,也体现了法政学科教育的开放性,使本国宪法与世界不同国家宪法加以比较,让学生在熟悉宪法大纲内容的同时了解世界宪法基本体制。

1911年部分法政学堂开设"国法学"课程,如京师法律学堂开设的"国法学"内容包括统治机关的权力、统治作用等。"国法学"一词来自日本学者,主要指国家学。如1907年2月翻译出版的日本学者笕克彦著、陈时夏编译的《国法学》是国家统治组织及统治作用的法学理论,分国家总论、国家有形的要素、国家无形的要素等内容,作为国法学讲义,被广泛用于法政学堂。

另外,从1901年后的各学堂章程中发现,宪法课程与政治学课程并列存在,这意味着,尽管政治学课程出现较早,尽管宪法具有很强的政治性,但在中国,

---

① 参见叶志如:《清末筹办贵胄法政学堂史料选载》,载《历史档案》1987年第4期,第43、47页。
② 参见曲士培:《中国大学教育发展史》,山西教育出版社1993年版,第351页。
③ 参见汤能松等:《探索的轨迹——中国法学教育发展史略》,法律出版社1995年版,第174 - 177页。

宪法课程从一开始就具有不同于政治学课程的学术独特性。

二、宪法课程列入京师各学堂章程

1. 京师大学堂

1898年京师大学堂章程尚未规定宪法课程，1901年京师大学堂章程也没有明确规定宪法课程，《张冶秋尚书奏筹办京师大学堂大概情形折》(《集成报》1901年第31期)中记载，"分为二科，曰政科，艺科"，"经史政治法律通商理财等隶政科，声光电化农工医算等隶艺科"。不过，1902年京师大学堂章程规定仕学馆开设"国法"课程，和民法、商法并列，"仕学馆课程，刑法总论分论，行政法，刑事诉讼法，民事诉讼法，法制史，罗马法，日本法，英吉利法，法兰西法，德意志法，国法，民法，商法"①。1905年伍廷芳、沈家本奏请开设京师法律学堂，其中列举了京师大学堂法律学门所开设的课程，包括"各国宪法"，"查大学堂章程内法律学门所列科目，其主课为法律原理学、大清律例要义、中国历代刑律、中国古今历代法制考、东西各国法制比较、各国宪法、各国民法及民事诉讼法、各国刑法及刑事诉讼法、各国商法、交涉法、泰西各国法"②。这意味着，京师大学堂将宪法课程列入章程的时间是在1903—1905年间，具体时间还需要进一步考证。

2. 京师法律学堂

1905年伍廷芳、沈家本合奏在法部内专设法律学堂，对于课程设置主张模仿京师大学堂，1906年京师法律学堂章程将宪法课程列入第二年的学习科目："第二年科目，宪法，刑法，民法，商法，民事诉讼法，刑事诉讼法，裁判所编制法，国际公法，行政法，监狱学，诉讼实习，外国文，体操"，还规定速成科开设"宪法大意"课程："速成科科目，大清律例及唐明律，现行法制及历代法制沿革，法学通论，宪法大意，刑法，民法要论，商法要论，大清公司律，大清破产律，民刑诉讼法，裁判所编制法，国际法，监狱学，诉讼实习"③。

对于京师法律学堂开设宪法课程，《北洋官报》曾专门做了报道，其标题就是《京师近事：法律学堂添课宪法》，还特别说明："京师法律学堂闻现由修律大臣议定添授宪法课程，并拟奏请除法律学堂外所有各省法政学堂一律添授宪法一科，以备毕业后分别录用"④。

---

① 《政书通辑卷六(光绪二十八年)：京师大学堂章程》，载《政艺通报》1902年第16期。
② 《修订法律大臣伍、沈会奏请专设法律学堂折》，载《北洋官报》1905年第661期。
③ 《修律大臣订定法律学堂章程(附表)》，载《东方杂志》1906年第10期。
④ 《京师近事：法律学堂添课宪法》，载《北洋官报》1906年第1170期。

3. 将宪法课程列入章程的其他京师学堂

（1）贵胄法政学堂，《奏议：宪政编查馆奏遵设贵胄法政学堂拟订章程折》（《四川教育官报》1909年第4期）规定，"正科"和"听讲班"都开设宪法课程，还规定正科开设比较宪法课程。

（2）财政学堂，《财政学堂章程》（《四川教育官报》1909年第8、9期）规定"高等科"和"本科"开设宪法课程。

（3）民政部高等巡警学堂，《民政部高等巡警学堂章程》（《四川警务官报》1911年第1期）规定开设"宪法大纲"、"国法学"和"宪法"课程。

（4）京师江汉学堂，《江汉学堂法政别科招考》（《北洋官报》1911年第2703期）规定法政班开设"比较宪法及宪法大纲"课程。

三、宪法课程列入各省法政学堂章程

（1）根据晚清民国期刊全文数据库，开办法政学堂的省份有24个，分别是直隶、江苏、广东、奉天、黑龙江、吉林、甘肃、安徽、湖北、上海、河南、福建、云南、陕西、浙江、贵州、四川、山西、热河、新疆、湖南、江西、广西和山东，其中很多省份开办多家法政学堂。

（2）将宪法课程列入章程的法政学堂有直隶法政学堂、广东法政学堂、直隶法律学堂、甘肃法政学堂、湖北法政学堂、两江法政学堂、陕西法政学堂、贵州法政学堂、山西法政学堂、热河法政学堂、山东法政学堂。

（3）参照直隶法政学堂课程的法政学堂，贵州法政学堂，热河法政学堂，新疆法政学堂。

（4）开设国法课程的法政学堂有直隶法政学堂、江苏法政学堂、直隶法律学堂、浙江法政学堂、贵州法政学堂、江西法政学堂。

（5）开设比较宪法或比较国法课程的法政学堂有广东法政学堂、湖北法政学堂、浙江法政学堂、贵州法政学堂。

四、学部规定学堂开设宪法课程

《北洋官报》在1903年介绍了他国学校普及宪法教育的情况："比利时师范学校有本国宪法州郡制度及初等教育规则"，"美利坚师范学校有关系本国宪法之学科"，"澳大利匈牙利师范学校以本国宪法及政治别列一科"，"德意志巴敦小学历史一科附有宪法及制度要旨""普鲁士宪法制度"[①]。

---

① 《论小学教育》，载《北洋官报》1903年第179期。

1. 学部要求公办学堂一律开设宪法课程

1906年学部规定中学以上学堂一律添设宪法课程，据《时闻：学堂添课宪法》(《直隶教育杂志》1906年第19期)："学部以预备立宪为今日急务，拟通饬各省，凡中学以上学堂，均著一律添设宪法一科，以便各学生渐具法政思想，于实行立宪年限，亦藉可接近云"①。1907年张之洞代表学部再次要求各省各类学堂开设宪法课程："各省提学使司督率所属各项学堂于照章课程之外增设宪政一科，并延聘熟通宪政之人员充当教习，选定课本详细教授，以期各生皆能明于宪政"②。1911年学部进一步统一规定了各省法政学堂的主要课程："政治门，比较宪法及宪法大纲，国法学，政治学，比较行政法及行政法原理"③。1911年学部还专门统一规定了存古学堂的课程，其中法制门"中等科讲授法学通论及宪法民法刑法之大意，以本国已颁行法律为主，使知立宪国民应守之秩序"④。

李翰芬提出预备立宪的八条意见，其中第五条提出"宜推行宪政教育也"，其指出造就议员资格者"舍教育不为功，一国国民教育必有特别之精神，此精神有本其固有性质而发达之者，有即其最缺乏之性质而补助之者，英之殖民思想，日本之武士道皆特别精神也，三代治法周礼官制极有立宪精意，自秦汉以后君民悬隔日即陵夷，故宪法精神在吾国古时为固有，在今日为缺乏，挽回补救非学何从，前者学部通行天下实行强迫教育，迳奉明诏令各省切实研究宪政，皆于预备立宪关系至深，伏查奏定学部章程高等学堂优级师范中学堂皆有法律一科，惟仅讲授法制总论及民法，臣愚以为各学堂所有法律课程及初级师范简易师范等学堂原无法律者，宜一律加课宪法，将来教习高等小学须讲宪法大端，无使初受教育之国民咸有宪政思想，至省府州县所立之教育会本应附设宣讲所，拟由各省宪政研究所编纂宪政白话说帖，付宣讲所演之，使学堂以外之人亦晓然立宪之不容缓，其从前各省设立之法政学堂宜极力推广，以造就议员之资格，兼培养自治之人才"⑤。

2. 学部允许私立学堂专习法政

增韫等奏请允许私立法政学堂。据《浙抚请普习法政》(《丽泽随笔》1910年第12期)："学部章程系当日张文襄公所定，不准私学演习兵操研究法政"，

---

① 《学堂添课宪法》，载《直隶教育杂志》1906年第19期。
② 《预备立宪之办法》，载《直隶教育杂志》1907年第15期。
③ 《学部札行各省法政学堂正科之法律政治经济三门核定主课另表开列饬遵照文》，载《浙江教育官报》1911年第89期。
④ 《学部奏订存古学堂章程》，载《陕西教育官报》1911年第8期。
⑤ 《署桂学李翰芬奏敬陈预备施行宪政管见折》，载《北洋官报》1907年第1588、1589期。

"增韫奏立法政学堂不独官设"。另见《本署司袁批法政毕业员朱凤池禀私立法政学校请立案给戳由》(《浙江教育官报》1910年第25期)和《翰林院编修陈敬第等呈请开办私立法政学堂并呈公约学则请察核文》(《浙江官报》1910年第17期)。

对此,学部允许开办私立法政学堂。《奏议:学部奏改章私立学堂专习法政折》(《江宁学务杂志》1910年第6期),浙江巡抚增韫"请旨饬部将前定学务纲要内禁止私立学堂专习法政一条全行删去"。《学部奏酌量推广私立法政学堂片》(《浙江教育官报》1910年第44期)中记载,"浙江巡抚增韫具奏变通部章准予私立学堂专习法政折,查东湖法政学堂设于绍兴"。随后,私立法政学堂出现。

五、开办专门的宪法学堂

1. 大臣讨论创办宪法学堂

《拟饬添设宪法学堂》(《北洋官报》1907年第1124期)称,"探闻政府各大臣现咨饬各省大府添设宪法学堂以期培植真材开通民智,此亦实行立宪之预备也"。《预备立宪之办法》(《直隶教育杂志》1907年第15期)称,"创立宪政速成师范学堂,以树宪政之师资,俾可期成实行宪政之效果。闻现欲电致各省矣"。《贵胄讲求宪法》[《大同报(上海)》1907年第11期]称,"庆邸请设宪法速成学堂,选贵族子弟入堂肄业,两宫嘉纳,即饬学部议订校章"。《议设贵族宪政速成学堂》(《直隶教育杂志》1907年第15期)称,"张袁两大军机,上下议院等名称宜急早设立,资政院实为上议院或贵族院,并设宪政速成学堂"。《论政府议设三项学堂》(《现世史》1908年第7期)载,"近闻政府等议将设三项学堂,宪政学堂,税务学堂,商务学堂,至今尚毫无举动也。杨度之言曰,程度本因比较而生高低。立宪之阻力大率此辈为多。设宪政学堂,不如派遣出洋,察他国立宪之利,不立宪之害。此宪政学堂所必当讲演者也"。《政府将立宪政学堂》(《陕西官报》1908年第11期)载,"大同日报,遴选王大臣子弟,妥定章程"。

2. 宪政编查馆宪法学堂

《宪政速成学堂成立(同文沪报)》(《四川教育官报》1907年第12期)称,"北京专函云,军机大臣袁宫保近与各王大臣议决设立宪政速成学堂,讲习法政科以养成立宪之官吏,已定章程大要如下:一欲于各部设立速成学堂经费必多,故先于宪政编查馆附近设立一校;一该学堂学科如下:国际公法,中国古宪法,万国宪法比较,刑法,民法诉讼审判法,商法,军律,学律,行政法司法,日本法规,欧西法律;一学生选取京官及候补道府举贡生监四十岁以内者入学;一卒业期定二年,别设一完全科;一学费,每人月收银十两;一本堂招牌各国通人为教师"。

《宪政学堂草章纪略》(《北洋官报》1907 年第 1553 期) 称, "宪政编查馆附设宪政学堂, 现已议有规模, 所议定六事, 兹节录于下: (一) 课程, 如国际公法, 中国古昔宪政, 万国宪法比较, 刑事法全, 审判法, 日本法规, 欧西法律, 及司法行政立法之机关要素等, (二) 地基, 就本馆附近择勘, (三) 教员, 拟延订东西洋学士充当, 以新科法政进士补助, (四) 学费, 每学员每期交学费十两, (五) 学员, 凡候补候选及实缺官一律考选, (六) 年限, 二年毕业, 再议设完全科"。

3. 直隶宪法学堂

《电催设立宪政学堂》(《直隶教育杂志》1907 年第 16 期) 称, "枢府诸公会议, 现值预备立宪, 亟宜研究宪法, 经电饬各省设立宪政学堂为时已久, 报立者尚属寥寥, 再电催各督抚迅即设立此项学堂, 招考官绅士庶入堂讲求, 勿任迟延云云"。

《拟设宪政学堂》(《直隶教育杂志》1907 年第 11 期) 称, "闻直督袁宫保拟在天津设立宪政学堂一所, 专研究各国宪法及各国议院办法, 内容系分三班, 第一班为招道台知府肄业, 第二班为招知州知县肄业, 第三班为招候选等官肄业。俟办有效, 并拟在保定府再设一处云"。

4. 湖北宪法学堂

《创设宪政学堂》(《直隶教育杂志》1907 年第 13 期) 称, "汉口夏口厅何石莱司马, 以方今宪政萌芽时代, 大部已饬各省府厅县, 建设官绅会议所, 以为地方自治之基础, 是宪法为不可稍缓之物。近特传集地方绅商筹设一宪政学堂, 招生肄业, 其经费则由官商分任, 想可望其成立"。《筹议创设宪政学堂》(《北洋官报》1907 年第 1500 期) 称, "鄂省夏口厅何石莱司马以宪政为当今要图, 非专设学堂不足以资研究, 故于日前邀集各帮商董筹议经费, 拟在汉镇组织一宪政学堂, 定于中秋后开办云"。

第二节 民国时期的宪法学课程

1911 年到 1949 年是中国社会深刻变化的历史时期, 法学教育、法学研究以及法制近代化进入新的阶段。在这 38 年的民国历史中, 曾出现不少有影响力的学术著作与学者, 同时在宪法教育上也留下了宝贵的遗产。民国时期的宪法教育大体分为北京政府时期（1911—1928年）和国民政府时期（1928—1949年）。[1]

一、北京政府时期的宪法教育

1911年10月辛亥革命成功，12月3日通过《中华民国临时政府组织大纲》，1912年1月1日中华民国成立，3月11日公布《中华民国临时约法》。

这一时期，法学教育体制发生了一些变化，由政府管理法学教育的体制被打破，私立法学教育得到发展。为了因应社会的需求，北洋政府教育部对清末的高等教育体制进行了改革，大学被分为文、理、法、商、医、农、工等七科，法政大学设法律学、政治学、经济学三个专业。1915年，制定了司法官或律师须通过资格考试的规定，力求将法学教育与法律职业衔接起来。

在宪法课程方面，根据1913年1月12日的《大学规程》和1912年10月29日的《法政专门学校规程》，对公私立大学和法政专门学校的课程进行统一协调。对大学法科的科目的要求是：法律学门（计19目），其中有宪法、国法学课程；政治学门（计27目），开设宪法、国家法、国法学等课程；经济学门（计26目），设有宪法课程。对法政专门学校科目的要求是：法律科（计12目），设有宪法；政治科（计17目），设有宪法、国家法、国家学。这些课程编制主要参考当时日本大学课程经验，如当时北京大学和早稻田大学法学部都把宪法课程安排在一年级。

在宪法教育方面，随着1912年朝阳大学的创办，宪法学教育也有了新的变化。作为一所本土化的法科大学，朝阳大学在课程体系上，力求体现本土法律文化与现实需求，在课程体系中宪法学、比较宪法学是必修的课程，由名家讲授宪法学课程。

在朝阳大学，课程与教学方式主要采取大陆法系的方式，强调法律文本与法学理论的结合，课程中强调人文、理论与文本的训练。

二、国民政府时期的宪法课程

1929年8月东吴大学在教育部注册，其学制与课程等方面有了新的变化，在课程内容方面，三分之一为各国比较法，三分之二为中国现行法律。在1933—1934年法律学院的课程中，中国宪法、中国法院组织法、比较宪法为二年级必修课主课程。1943年东吴大学法学院法律系课程中二年级开设宪法课，4学分。

---

[1] 参见汤能松等：《探索的轨迹——中国法学教育发展史略》，法律出版社1995年版，第215页。

1944年8月国民政府教育部举行第二次大学课程体系会议，最终修订通过法学院共同必修课目。二年级制法院监狱官、书记官专修科必修课中第一学年开设2个学分的宪法。所有法学院法律学系必修科目中有4个学分的宪法和1个学分的法院组织法。

自20世纪30年代开始，国民政府对法学教育的质量提出要求，并适当控制规模，法科课程编制及研究指导、课程设置等都需司法院的监督或审核等。国民政府认为法学专业人数过剩，应限制法学专业招生人数。设有法学院的大学和独立法学院从1931年的29所下降到1940年的27所。[①] 至1947年，全国大专院校共有207所，在校生155 036人，其中，法学专业的学生有37 780人，占学生总数的24.4%。[②]

总之，民国时期宪法处于不断变迁中，宪法问题成为社会关注的热点，宪法教育自然成为大学教育，特别是法科教育的重要内容，无论是法学专业还是其他人文社会科学专业，宪法与比较宪法都是学生必须掌握的知识。宪法教育开始形成有自身特色的课程，培养了一批优秀的法律人才，并组织编写了各具特色的法学教科书。

这一时期在革命根据地，中国共产党建立了新兴的宪法学教育体系。1933年成立的苏维埃大学以当时苏维埃政府制定的法令法条为教材。[③] 1941年延安大学设有政法系，并设政法班与司法班，课程内容中包括三三制政权问题、现行法律研究等。从1946年5月14日开始，谢觉哉为延安大学学生讲授宪法，讲课的主要内容是宪法概论。这是革命根据地最早的宪法教育，也是正式宪法课程的开始。据《谢觉哉日记》记载，讲课内容包括三个部分，即概论，评"五五宪草"，第三、四次政协宪法原则及其实现。[④] 课程内容中，谢老对宪法概念的基本理解是，宪法是根本法，"政府据此而组织，个人与法之间的关系借此而确定"，宪法要"规定主权的划分与行使"，因此宪法的效力高于普通法律，创制与修改异于普通法律。在讲课中，他还特别区分了宪法与纲领，认为"宪法应当说已有的东西，已达到和争取到了的东西"。第二讲的"五五宪草"内容主要涉及主权概念，他认为"主权为最高权力"，有国会主权（英国）、国家主权（德）、国民主权（法），国家不是自然人，要有一个具体的人或者团体来代表。[⑤]

---

① 参见汤能松等：《探索的轨迹——中国法学教育发展史略》，法律出版社1995年版，第310页；方流芳《中国法学教育观察》，载《比较法研究》1996年第2期。
② 参见张耕主编：《中国政法教育的历史发展》，吉林人民出版社1995年版，第114页。
③ 参见汤能松等：《探索的轨迹——中国法学教育发展史略》，法律出版社1995年版，第375页。
④ 参见《谢觉哉日记》（下），人民出版社1984年版，第920页。
⑤ 参见《谢觉哉日记》（下），人民出版社1984年版，第925页。

第三节　新中国成立后宪法学教育的发展

一、宪法学教育发展的阶段

新中国成立后，随着国家建设和法制的发展需要，包括宪法学在内的法学教育课程体系逐步形成，为宪法制定、修改与实施作出了积极的贡献。

在初创阶段（1949—1957年），新中国开始法学教育建设，新设了中国政法大学、中国新法学院、政法干校等法学教育机构。1950年，建立了第一个正规的、新型的高等法学教育机构——中国人民大学法律系，借鉴苏联模式开展法学教育，其主要职能为培养高校法律系所需的师资和法学研究专家。当时宪法学课程主要参考苏联的经验，以国家法教育为基础，课程名称是"国家法"。

1952年，国家对新中国成立以前的高等院校进行了调整和改革，改私立学校为公办学校，合并和停办了部分院系，并对法学院系进行调整。通过调整，中国法学教育机构包括北京政法学院、华东政法学院、西南政法学院、中南政法学院和中国人民大学、东北人民大学、武汉大学、西北大学的法律系，形成"四院四系"的格局。1954年北京大学和复旦大学也恢复了法律系。

从1958年开始法学教育进入停滞状态，法学院系的招生基本停止。1958年，高等院校政法院系再次大规模调整，政法院系近于取消。

1966年到1976年间法学教育名存实亡。1970年，高等学校开始招生并恢复上课。1971—1976年，全国总共招收法学学士329人，占全国在校生总数不到0.1%。[①] 法律院校的基本课程体系无法维持，宪法教育完全处于停滞状态。

1978年，中共中央提出"恢复法律系，培养司法人才"的要求。1978—1979年，西南、北京、华东、西北4所政法学院和中国人民大学法律系陆续恢复招生。1979—1983年，教育部先后批准了厦门大学、南京大学、中山大学、武汉大学等80多所综合性大学设置法律系或法律专业。到20世纪80年代末，全国直属教育部的重点综合性大学和一些省级综合性大学均设立了法学院（系），宪法学教育得到恢复。

20世纪90年代以来，伴随着民主与法制成为社会迫切需要，法学教育与法学人才培养成为当务之急。最近20多年来，宪法学教育随着法学教育的发展而发展，中国过去那种法学教育结构失衡、层次欠缺、形式单一的状况有了根本性

[①] 参见朱立恒：《法治进程中的高等法学教育改革》，法律出版社2009年版，第15页。

变化：一方面，普通高等法学教育迅速发展；另一方面，成人法学教育和法律职业教育逐步形成，法学教育逐步呈现出多渠道、多形式、多层次的新特点。其中，正规学历教育已成为目前法学教育的主渠道，以北京大学法学院、中国人民大学法学院、清华大学法学院、吉林大学法学院、武汉大学法学院、复旦大学法学院等为代表的综合性大学法学院，以及由中国政法大学、中南财经政法大学、西南政法大学、华东政法大学和西北政法大学等为代表的专业性高校，以及以中国社会科学院法学研究所为代表的科研机构，每年都向社会输送大批本科毕业生和硕士、博士研究生。2003年9月底，全国设置法律院系或本科以上法律专业的普通高校发展到了350所。截至2006年年底，全国设立法学本科专业的高等院校迅速发展到603所，在校的法律专业本科生接近30万人。有法学硕士学位授予权的高等院校和科研机构达333所，有法学博士学位授予权的高等院校和科研机构29个，有13个法学教育机构设有法学博士后科研流动站。[①] 其中，第一批获批在法学一级学科设博士点的单位有6个，即中国人民大学法学院、北京大学法学院、中国政法大学、武汉大学法学院、西南政法大学、中国社会科学院法学研究所；第二批获批的法学一级学科博士点也有6个，即吉林大学法学院、中南财经政法大学法学院、华东政法大学、厦门大学法学院、南京师范大学法学院、清华大学法学院。2012年，中国开设法学专业的高等院校增加到624所。中国现有法学教育规模宏大，举办法学专业的高校有650所左右，在校生总量达70万人。[②] 同时，国家法官学院、国家检察官学院以及各地律师协会等各种非学历教育培训机构作为重要补充，在培养和培训法官、检察官、律师等在职法律人才方面也起到了积极作用。

经过多年的改革发展，目前中国法学教育已经形成多类型、多层次的法学学位体系，中国特色法学教育体系基本建立。其中，招生院校可以分为普通高等法学教育、成人高等法律职业教育、中等法律职业教育三类；根据人才培养方向，可以大体将法学院校分为研究型和教学型、理论型和应用型；从学位层次上，可分为法学学士、法学第二学士学位、法学硕士、法律专业硕士、法学博士等不同层次，其中法律专业硕士又包括全日制法学本科、全日制非法学本科、非全日制法学本科和非全日制非法学本科等多种类型；从培养类别上，可大体分为全日制学历教育（定向、非定向）、非学历法学教育（包括函授、自考、研究生课程进修班等）。在各层次和各类型的法学教育形式中，培养学生基本法律素质至关重要。法学专科教育的形式多样，主要培养法律助理和秘书等类型的人才。就现有

[①] 参见国务院新闻办公室：《中国的法治建设》白皮书，2008年2月。
[②] 参见吴汉东：《法学教育发展的历史轨迹与中国道路》，载《中国大学教育》2016年第1期。

学位体系来说，法学本科生定位于素质教育，学士学位授予具有法律专业知识的通才；法学硕士研究生直接衔接法学本科教育，定位于学术与实务并重的高级法律人才；法律硕士专业学位研究生则以实践为导向，具有明显的法律职业背景，定位于应用型、复合型高级法律人才；法学博士研究生则以培养高层次学术型科研人才为目标，主要从事法学教育与研究工作。

二、宪法学课程体系的形成

1949年10月，华北高等教育委员会发布了《各大学专科学校文法学院各系课程暂行规定》，开设了新的课程体系，包括马列主义法律理论、新民法原理、新刑法原理、宪法原理等12门课程。1950年3月教育部聘请专家组成高等学校课程改革研究会，7月28日政务院批准教育部《关于实施高等教育课程改革的决定》，制订了高等学校四年制教学计划，在法学专业课中将宪法原理改为4个学分的"国家法"。1951年6月教育部修订的《法学院和法律系课程草案》确定的必修课仍继续保留"国家法"。1953年开始增加了"人民民主国家法"，作为外国宪法，主要介绍社会主义宪法。1954年8月政法学院必修专业课中有关宪法的课程分为"苏联国家法""人民民主国家法""中华人民共和国国家法""资产阶级国家法"，第一次出现"中华人民共和国宪法"与"资产阶级国家法"课程，丰富了宪法课程体系。"中华人民共和国宪法"课程主要包含人民代表大会制度、民族区域自治、公民的权利与义务等。

到了1963年7月，教育部对政法教育的课程又做了调整，分政治理论课、专业课和工具课。[①] 1964年1月教育部和最高人民法院制定和颁布的"法律专业四年制教学方案"中，宪法被列为专业课。"文化大革命"期间，只有北京大学和吉林大学招收工农兵学员，第一学年需要学习的五门课程中有仅开课4周的"中华人民共和国宪法"，内容是"结合工农兵学习宪法与宣传宪法的战斗任务组织教学"。1978年恢复法学教育后，教育部教学方案中设有"中华人民共和国宪法"课程，1981年司法部教学方案中设有"宪法学"课程，1984年以后教育部修订的所有教学方案均将宪法课程调整为"宪法学"。

1983年5月，吴家麟教授主编的司法部统编教材《宪法学》出版。这也是改革开放后第一本宪法学教材，成为各政法院校宪法课程的教材。该书"以马克思主义关于国家和法律的学说为指导，系统地论述了宪法的本质和发展过程，介绍了各种类型宪法和各国政治制度的内容和主要特点，并根据我国一九八二年宪

---

① 参见汤能松等：《探索的轨迹——中国法学教育发展史略》，法律出版社1995年版，第502页。

法的条文和基本精神作了全面介绍和学理分析"。该书是 1982 年宪法颁布后国内发行的第一部宪法学教材,产生了重大的学术影响,而且作为全国法学院校通用教材的时间也很长,它的体系内容和编排模式成为后来各类宪法学教材的重要范本。

三、当代的宪法学课程体系

在中国,法学教育的课程分为公共必修课、专业必修课和专业选修课。公共必修课一般为全国统一的素质教育课和外语课;专业必修课为教育部高等学校法学类专业教学指导委员会统一规定的法学专业核心课程;专业选修课则由各高校根据人才培养目标和办学特色确定,灵活性比较大。

(一) 法学本科教育中的宪法课程

1999 年,根据全国高等学校法学类专业教学指导委员会的要求,中国大学统一按照一级学科招收法学本科学生,并统一设置必修的 14 门核心课程(法理学、宪法、中国法制史、刑法、民法、商法、知识产权法、经济法、刑事诉讼法、民事诉讼法、行政法与行政诉讼法、国际法、国际私法、国际经济法),其中宪法是以宪法和与宪法相关的社会关系及其变动为研究对象的一门法学学科,通常安排在一年级。

在 2021 年,为了深化法学教育改革并提升法治人才培养的质量,根据教育部高等学校法学类专业教学指导委员会的要求,高校正式引入了"1+10+X"的法学专业核心课程体系模式。"1+10+X"模式中的"1"专门指代"习近平法治思想概论"这门课程,它作为法学专业学生必修的核心课程,旨在引导学生深入理解和掌握习近平法治思想,从而为学生的法律职业发展奠定坚实的思想基础。"10"则涵盖了包括法理学、宪法学、中国法律史、刑法、民法等在内的 10 门专业必修课,这些课程构成了法学知识体系的基础框架。而"X"则代表了各高校根据自身的办学特色和市场需求,开设的不少于 5 门的其他专业必修课,如经济法、知识产权法等,以培养具有特色和专长的法治人才。宪法学仍然是法学教育的核心课程。

这些课程是一个完整的体系,是法律人才必须具备的基本知识。作为一名法律工作者,应知晓法学这门学科的一般原理,如法学的研究方法,法律包括哪些内容、其形式又是什么,法律是如何运行的、在社会中又是如何发挥效力的。这些内容是法学的基础课程——法理学需要回答的。

专业选修课是指与专业相关的一类选修课程的统称,其目的在于从深度和广度上加强对核心课程的理解和扩展。外国宪法、宪法案例与基本权利是通常开设的专业选修课。

（二）法学硕士教育中的宪法课程

在中国法学硕士教育中，一般还是以课程学习作为培养法学硕士的重要方式，通过课堂教学来让学生进一步学习法学知识。各法学院系按照二级法学学科，以专业的形式开设宪法课程，其课程体系是多样化的。

（三）法律硕士教育中的宪法课程

法律硕士研究生一般在非法学专业的本科毕业生中录取，其目的是培养实务性的法律工作者，其课程设置在满足法律基础教育的同时，更加注重实务性课程的安排。按照全国法律硕士专业学位教育指导委员会的要求，宪法课程是必需的内容，要结合专业学位的特点，强调宪法案例教学。

四、宪法课程的演变与宪法学教材

宪法学课程与宪法学教材建设具有内在联系，随着课程的变化，教材内容不断更新。在中国法学教育中，教材通常分为自编教材、多学校联合编写教材和统编教材等。教材编写要根据培养目标定位和办学特色，契合教学与人才培养的需要。学校在选用教材时，可以选择自编教材或者参编教材，也可以选择统编教材或者其他学校编写的教材。在教材选择方面，主要以教学和人才培养为本，遵循择优原则，选择教材体系和内容具有科学性的教材。

1949 年以来出版的宪法学教材数量庞大，难以完整地概述。为了从一个层面了解新中国宪法课程与宪法教材的演变，下文以许崇德教授编写的教材为脉络，概述近 70 年来宪法学教材的演变过程。

（一）许崇德教授学术贡献概述

1953 年，许崇德教授于中国人民大学研究生毕业后留校任教。1954 年，参与了宪法起草委员会秘书处的工作，见证了新中国宪法的诞生。1980 年至 1982 年，许崇德教授被借调到宪法修改委员会，作为宪法草案的主要起草人，全程参与了我国现行宪法的修改工作。许崇德教授还参与了现行宪法在 1988 年、1993 年、1999 年、2004 年的四次修改以及其他众多重要法律的制定和修改工作。许崇德教授一生笔耕不辍，在宪法学等研究领域取得了丰硕的成果，共发表论文三百余篇，出版著作七十多部。[1] 其中，他在宪法学教材建设方面作出的贡献是有目共睹的。他编著的宪法学教材，包括新中国第一本系统的全国高等学校统编宪

---

[1] 参见《许崇德教授生平》，载明德公法网，网址：http://www.calaw.cn/article/default.asp?id=9490，访问时间：2024 年 5 月 18 日。

法学教材①，以及中国第一本具有全新体系的宪法学教材。②

许崇德教授在其所有编著的宪法学教材中，参编③的有6部，独著的有4部，主编的有9部，总共有19部。本书将按照参编、独著和主编三种类别，分别对许崇德教授对于宪法学教材的学术贡献加以阐述。

(二) 参编宪法学教材的学术贡献

许崇德教授参编的宪法学教材共有六部（见表7-1）。他参编的第一部宪法学教材是1964年出版的《中华人民共和国宪法讲义》（初稿），参编的最近一部宪法学教材是2011年出版的马克思主义理论研究和建设工程重点教材《宪法学》。他参编的另外四部宪法学教材，有三部是在20世纪80年代完成的，分别是1983年的《宪法学》、1987年的《中国宪法讲义》和1989年的《宪法学》，还有一部是1995年的《宪法学》。

表7-1　　　　　　许崇德教授参编的宪法学教材一览表

序号	作者	书名	出版社	出版时间	备注
1	中国人民大学法律系国家法教研室④	中华人民共和国宪法讲义	中国人民大学出版社（校内发行）	1964年	许崇德教授参编的第一本宪法学教材
2	主编：吴家麟。副主编：许崇德、肖蔚云	宪法学	群众出版社	1983年	"文化大革命"结束后国内第一部宪法学教材
3	王向明、许崇德等	中国宪法讲义	中央广播电视大学出版社	1987年	该教材获得中国人民大学优秀成果奖
4	魏定仁、许崇德等	宪法学	北京大学出版社	1989年	全国高等教育自学考试教材（法律专业）
5	魏定仁、许崇德等	宪法学	北京大学出版社	1995年	全国高等教育自学考试教材（律师专业）
6	《宪法学》编写组⑤	宪法学	高等教育出版社、人民出版社	2011年	马克思主义理论研究和建设工程重点教材

---

① 参见胡锦光：《人大宪法学和行政法学的特色与学术贡献》，载《法学家》2010年第4期。
② 参见韩大元、胡锦光、牛文展：《新中国宪法学发展的亲历者》，载《许崇德全集》（第一卷），中国民主法制出版社2009年版，第1页。
③ 此处"参编"指狭义的参编，不包括"主编"。
④ 许崇德教授为教研室工作人员，参与了此书的编著。
⑤ 许崇德教授为编写组首席专家之一。

《中华人民共和国宪法讲义》（初稿），是许崇德教授参与编写的第一本宪法学教材，由中国人民大学出版社于 1964 年 9 月铅印出版，当时正值 1954 年第一届全国人民代表大会第一次会议全票通过五四宪法十周年。全书分为十章：第一章中华人民共和国宪法概论，第二章中华人民共和国的领导核心——中国共产党，第三章中华人民共和国国家性质，第四章中华人民共和国政治制度，第五章中华人民共和国是统一的多民族的国家，第六章中华人民共和国经济制度，第七章中华人民共和国选举制度，第八章中华人民共和国国家机构，第九章中华人民共和国公民的基本权利和义务，第十章中华人民共和国国旗、国徽、国歌和首都。该教材是中国人民大学法律系国家法教研室集体编写的第一本教材，也是一本比较系统的宪法学教材。[①] 这本教材反映了五四宪法颁布实施十年来的实践与研究成果，在一定程度上满足了教学的要求。

　　1983 年许崇德教授作为副主编参编了《宪法学》教材，该教材由群众出版社出版，是高等学校法学试用教材，主编是吴家麟，副主编为许崇德和肖蔚云。[②] 许崇德教授是该书第十三章"国家机构概述"和第十五章"国家元首"的执笔人以及第十四章"代表机关"的主要执笔人。该教材是改革开放以来的第一本统编教材，奠定了中国宪法学教材的基本框架与体系。主编和副主编都是新中国宪法学理论体系的创立者和宪法实践的参与者，其思想与理论体现在教材之中。在 1980 年到 1999 年出版的 70 多种宪法学教材中，该书应用最广、发行量最大[③]，1983 年 11 月第一次印刷便是 10.5 万册，1989 年 3 月进行了第 13 次印刷，是新中国第一本系统的全国高等学校统编宪法学教材[④]，也是一部系统的具

---

　　① 新中国第一本宪法教材是由中央政法干部学校国家法教研室编著的《中华人民共和国宪法讲义》，由法律出版社于 1957 年 10 月出版。该书的体例除导论外，共有八章：第一章中华人民共和国宪法是人民民主主义和社会主义的宪法，第二章中华人民共和国的国家性质，第三章中华人民共和国的政治制度，第四章中华人民共和国的民族关系，第五章中华人民共和国过渡时期的经济制度，第六章中华人民共和国国家机构，第七章中华人民共和国公民的基本权利和义务，第八章中华人民共和国的国旗、国徽和首都。
　　② 作者还包括王向明、皮纯协、何华辉、吴杰、张光博、廉希圣等，大多具有人大法律系的背景。
　　③ 参见童之伟：《中国 30 年来的宪法学教学与研究》，载《法律科学》2007 年第 6 期。
　　④ 该教材分为五编，18 章。第一编绪论，共三章：第一章宪法学概述，第二章宪法的概念和本质，第三章宪法的产生和发展；第二编国家制度，共四章：第四章国家阶级本质，第五章政权组织形式，第六章选举制度，第七章国家结构形式；第三编经济制度，共两章：第八章两种不同类型的经济制度，第九章中华人民共和国的经济制度和两个文明建设；第四编公民的基本权利和义务，共三章：第十章资产阶级国家公民的基本权利和义务，第十一章社会主义国家公民基本权利和义务，第十二章中华人民共和国公民的基本权利和义务；第五编国家机构，共六章：第十三章国家机构概述（执笔人：许崇德），第十四章代表机关（执笔人：许崇德、王向明），第十五章国家元首（执笔人：许崇德），第十六章最高行政机关，第十七章地方机关，第十八章审判机关和检察机关。

有广泛影响的宪法学教材。① 在 20 世纪 80 年代初,我国的宪法学研究经过十年"文化大革命",从停滞刚刚走上正轨,理论框架简单沿袭苏联宪法学,加之我国 1982 年宪法(简称八二宪法)刚刚颁布实施,有必要在教材中对现行宪法的条文和基本精神进行解释、论证与宣传,一定程度上此教材承载着在法科学生中介绍和普及我国宪法规范和宪法制度的功能。② 许崇德参编的这本《宪法学》教材中有关宪法的概念的定义③,产生了广泛且深远的影响。该教材也重视基本权利的研究,将公民的基本权利和义务设为一编,内容约占全书篇幅的 12%。④ 这本《宪法学》教材的出版在我国宪法学发展史上占有重要的历史地位,奠定了中国宪法学教科书的基本框架和体系。⑤该教材"在宪法学基本范畴、体系和方法等方面进行了有益的探索,成为体现中国宪法学学术特色的重要范本,在一定意义上创立了中国学派的宪法学体系",这样一个体系直到 20 世纪 90 年代初期以前,都成为同类宪法学教材的模板。⑥

1985 年,许崇德教授应中央广播电视大学的聘请,主讲了《宪法》课程,1987 年由中央广播电视大学出版社将录音讲稿整理,出版了《中国宪法讲义》。⑦ 该教材以 1982 年宪法为主要内容,分为九章:第一章宪法的基本原理,第二章中华人民共和国的国体,第三章中华人民共和国的政体,第四章中华人民共和国的国家结构形式,第五章中华人民共和国的社会主义经济制度,第六章社会主义精神文明建设,第七章中华人民共和国公民的基本权利和义务,第八章中华人民共和国的国家机构(该章由许崇德编写),第九章中华人民共和国的国旗、国徽和首都。该教材获得中国人民大学优秀成果奖。

除了前面讲到的校内使用的教材、全国高等学校统编教材和校外讲授的教材,许崇德教授还参加了自学考试教材的编写,分别参编了由北京大学出版社

---

① 参见胡锦光:《人大宪法学和行政法学的特色与学术贡献》,载《法学家》2010 年第 4 期。
② 参见秦前红、任丽莉:《宪法学教材建设与宪法学研究关系探微》,载《河南省政法管理干部学院学报》2010 年第 3 期。
③ 该教材将宪法的概念定义为:"宪法是国家的根本大法,是民主制度的法律化,是阶级力量对比的表现。说宪法是国家的根本大法,这是从法律特征方面着眼的;说宪法是民主制度的法律化,这是从政治内容方面着眼的;说宪法是阶级力量对比的表现,这是从阶级实质方面着眼的。宪法和其他社会现象不同之处,和其他法律部门不同之处,就在于宪法是这三者的统一体。"吴家麟主编:《宪法学》,群众出版社 1983 年版,第 46 页。
④ 参见吴家麟主编:《宪法学》,群众出版社 1983 年版。
⑤ 参见韩大元:《中国宪法学的学术使命和功能的演变——中国宪法学 30 年发展的反思》,载《北方法学》2009 年第 2 期。
⑥ 参见朱福惠、许振东:《"吴家麟宪法学思想暨宪法学发展研讨会"纪要》,载《法学》2005 年第 8 期。
⑦ 王向明、许崇德应中央广播电视大学的聘请,于 1985 年主讲了《宪法》课程。北京广播电视大学将当时的录音讲稿作为教材,以《宪法学讲义》的名称内部发行。中央广播电视大学出版社正式出版时更名为《中国宪法讲义》。(详见王向明、许崇德编著:《中国宪法讲义》,中央广播电视大学出版社,1987 年 1 月第 1 版之"写在前面的几句话"。)

1989年出版的全国高等教育自学考试教材《宪法学》（法律专业）① 和1995年出版的全国高等教育自学考试教材《宪法学》（律师专业）。②

在宪法学教材建设中许崇德教授的重大贡献是组织编写了马克思主义理论研究和建设工程重点教材《宪法学》。③ 许教授作为首席专家，负责整个教材的体系与重大理论问题的把握。本书除导论外，共分为八章：第一章宪法学基本原理，第二章宪法的历史发展，第三章宪法的指导思想和基本原则，第四章国家性质与国家形式，第五章国家基本制度，第六章公民的基本权利与义务，第七章国家机构，第八章宪法实施的监督。在体系上，许崇德教授提出把宪法的指导思想与基本原则单独列章、在国家制度中专门设文化制度与社会制度等观点，拓展了传统宪法学的研究领域。在此教材的编写过程中，他坚持学术观点，坚持宪法学专业精神，倾注了很多的心血。这本教材以中国宪法实践为基础，在教材的内容与体系上体现了最新学术观点，形成了宪法学教材的学术风格。

（三）独著宪法学教材的学术贡献

许崇德教授独著的宪法学教材共有四部（见表7-2）。他的第一部宪法学独著教材，是于现行八二宪法通过不久、1983年由浙江人民出版社出版的《新宪法讲话》，最近一部独著教材是由中共中央党校出版社在2003年6月出版的《宪法学》。另外两部独著教材是1986年由天津人民出版社出版的《中国宪法学》和1987年由北京大学出版社出版的《宪法学自学考试大纲》。

表7-2　　　　　　　许崇德教授独著的宪法学教材一览表

序号	作者	书名	出版社	出版时间
1	许崇德	新宪法讲话	浙江人民出版社	1983年2月第一版
2	许崇德	中国宪法学	天津人民出版社	1986年8月第一版
3	许崇德	宪法学自学考试大纲	北京大学出版社	1987年11月第一版
4	许崇德	宪法学	中共中央党校出版社	2003年6月第一版

许崇德教授的第一本独著宪法学教材《新宪法讲话》，由张友渔作序，全书分为八章④，当时是应八二宪法刚刚通过，学习参考之需而撰写的。许崇德教授

---

① 本书主编魏定仁，撰稿人有许崇德、阎嗣岑、张世信、魏定仁、何华辉、贵立义、肖秀梧。
② 本书主编魏定仁，由许崇德、张宝贵、魏定仁、王磊撰稿。
③ 马克思主义理论研究和建设工程《宪法学》教材编写组共设首席专家三名，包括中国人民大学法学院许崇德教授、韩大元教授，中国社会科学院法学研究所李林教授；成员共有11名，包括若干重点高等院校从事宪法学教学和研究的专家和学者。
④ 这八章分别是：第一章我国社会主义的根本大法，第二章新宪法的指导思想和国家的根本任务，第三章中华人民共和国的国体和政体，第四章社会主义经济制度，第五章建设社会主义精神文明，第六章公民的基本权利和义务，第七章国家机构，第八章学习和贯彻新宪法。

于本书"作者小记"中说道:"新宪法是一部比较完善的社会主义宪法,内容丰富,所涉深远。若要详加阐述,只得待它日写成较大的著作。现在既应学习参考之急需,故以简要的原理,择新宪法中的几个主要问题,尽可能地结合条文,顺次加以说明。"① 该教材对于及时宣传八二宪法产生了积极的影响。在同一时期,为了更好地宣传八二宪法,许崇德教授还撰写了多篇文章,被收录在《中华人民共和国宪法讲话》一书中。②

1986年,许崇德教授出版了他的第二部独著教材《中国宪法学》,该教材体例除绪言外共有十章:第一章宪法概论,第二章宪法的历史发展,第三章国家性质,第四章政权组织形式,第五章国家结构形式,第六章经济制度,第七章建设社会主义精神文明,第八章公民的基本权利和义务,第九章国家机构总则,第十章国家机构分则。这是一部比较成熟的宪法学教材,概念清楚,结构合理,体例规范,突出宪法学的中国特色,是一部理论联系实际的宪法学教材。

许崇德教授独著的宪法学教材,除上文介绍的《新宪法讲话》和《中国宪法学》外,还有为自学考试和成人高等教育而编写的宪法学教材。1987年《宪法学自学考试大纲》③ 出版,该大纲除序言外,分为十章:第一章宪法绪论,第二章宪法的历史发展,第三章国家性质,第四章国家形式,第五章公民的基本权利和义务,第六章中央国家机关,第七章地方制度,第八章司法制度,第九章选举制度,第十章,政党制度。

在《宪法学自学考试大纲》出版之后,许崇德教授独著了另外一本"既适合自学,又适合于党校、行政学院、高等院校和其他成人高等教育有关专业教学使用"④ 的教材,即2003年6月由中共中央党校出版社出版的《宪法学》⑤,之后在2005年5月和2008年5月根据需要对该教材进行了两次修订。除导言外,该

---

① 许崇德:《新宪法讲话》,浙江人民出版社1983年版,第175页。为满足宣传和学习新宪法之需要,同时期我国还出版了其他一些宪法书籍,例如,张庆福和皮纯协合作编著了《新时期的根本大法》一书,由河南人民出版社出版(1983年2月第1版)。1983年4月,法律出版社出版了由中央人民广播电台理论部编的《中华人民共和国宪法讲话》一书(1983年4月第一版)。

② 该书分为16讲,由参加八二宪法修改工作的张友渔(第一讲)、王叔文(共五讲)、肖蔚云(共五讲)、许崇德(共五讲)四位同志撰写。

③ 该大纲由中国人民大学许崇德教授负责编写,何华辉(武汉大学)、魏定仁(北京大学)同志参加了初稿的讨论,最后由张国华(北京大学)、吴祖谋(河南大学)、肖秀梧(中南政法学院)同志审定定稿。参见许崇德:《宪法学自学考试大纲》之"后记",北京大学出版社1987年版。

④ 由中共中央党校出版社2003年出版(2005年及2008年修订)的许崇德《宪法学》一书目录之前的"说明"。

⑤ 为了方便教师更好地使用此教材进行教学工作,2004年5月许崇德教授还编著了由中共中央党校函授学院内部发行的《宪法学》教学参考资料(供教师使用)。

教材共有七章：第一章宪法的基本原理，第二章宪法的产生发展，第三章中华人民共和国的国家本质，第四章中华人民共和国的国家形式，第五章社会主义经济制度和三个文明建设，第六章中华人民共和国公民的基本权利和义务，第七章中华人民共和国的国家机构。与许崇德教授所编著的高校统编教材相比，他所编著的适合自学和成人教育的教材明显要更为简单和通俗易懂。

（四）主编宪法学教材的学术贡献

许崇德教授主编的宪法学教材共有九部（见表7-3）。他主编的第一部宪法学教材是1985年由中国人民大学出版社出版的《中国宪法教学大纲》，最近出版的一部宪法学教材是2014年由中国人民大学出版社出版的《宪法》（第五版）。

表7-3 许崇德教授主编的宪法学教材一览表

序号	作者	书名	出版社	出版/再版时间（年）
1	许崇德①	中国宪法教学大纲②	中国人民大学出版社	1985
2	全国法院干部业余法律大学中国宪法教研组③	中国宪法教程④	人民法院出版社	1988、1991、1994、1998
3	中国人民大学法律系国家法教研室编著⑤	中国宪法教程	中国人民大学出版社	1988
4	许崇德	中国宪法	中国人民大学出版社	1989、1996、2006、2010
5	许崇德	宪法学（外国部分）	高等教育出版社	1996
6	许崇德	宪法	中国人民大学出版社	1999、2004、2007、2009、2014
7	许崇德	宪法学（中国部分）	高等教育出版社	2000、2005
8	许崇德	宪法学⑥	当代世界出版社	2000、2001
9	许崇德	中国宪法概论	中共中央党校出版社	2002、2005

① 许老师编写时职称为副教授，编写者有王向明、皮纯协、许崇德、董成美、魏定仁。
② 本教学大纲为高等学校法学教学大纲。
③ 许崇德教授为统稿人。
④ 本教材为全国法院干部业余法律大学教材。
⑤ 全书由王向明、许崇德审校修订。
⑥ 本教材为中共中央党校函授教材。

1985年，许崇德教授主编《中国宪法教学大纲》。本教学大纲目录，除前言外，共有十章：第一章宪法基本理论，第二章宪法的历史发展，第三章人民民主专政制度，第四章人民代表大会制度，第五章社会主义经济制度，第六章社会主义精神文明建设，第七章地方制度，第八章公民的基本权利和义务，第九章国家机构，第十章国旗、国徽、国歌和首都。该教学大纲虽然仅70多页，但内容精练且丰富，每一章都分为"教学目的""教学内容"等模块，并在每一章的最后附有"思考题"和"阅读目录"，不仅编写规范，而且具有实用性和创新性。

随后许崇德与王向明、宋仁共同编著的《中国宪法教程》由人民法院出版社于1988年4月出版。全书除前言外，分为八章：第一章宪法的基本原理，第二章中华人民共和国的国体，第三章中华人民共和国的政体，第四章中华人民共和国的国家结构形式，第五章中华人民共和国经济制度，第六章社会主义精神文明建设，第七章公民的基本权利和义务，第八章国家机构。该书分别在1991年、1994年和1998年进行了再版和重订。① 1994年进行重新修订时，作者增加了新人②，体例也有了很大变化。③ 值得一提的是，同在1988年，中国人民大学法律系国家法教研室编写出版了《中国宪法教程》，许崇德教授为该书的审校修订人之一。该书以现行宪法文本的体系为基础，共有十章，分别是宪法基本理论、历史发展、人民民主专政制度、人民代表大会制度、社会主义经济制度、社会主义精神文明建设、地方制度、公民的基本权利和义务、国家机构以及国旗、国歌和首都。在体系上，教程首次加入了宪法的历史发展部分，"从总结旧中国宪政运动的历史的经验和解放以来我国宪法发展的历史经验的角度，阐明它的继承性和创造性"④。该书还首次比较系统地加入了"地方制度"一章，后来人大法律系还专门招收地方制度方向的博士生，其立意均旨在加强对地方制度的研究。⑤

1989年，许崇德教授受国家教委委托，主编全国高校文科统编教材《中国宪法》，由中国人民大学出版社于1989年出版（1996年第2版，2006年第3版，

---

① 再版和重订时，对原书体系做了某些调整，写作班子也增加了新的力量。参见许崇德等编著：《中国宪法教程》（新编本），人民法院出版社1994年版，第4-5页之"再版说明"和"重订说明"。

② 作者除主编许崇德之外，增加了王彦君、赵建华和王亚琴。

③ 按照新的体例全书分为三编。第一编总论，共有三章：第一章引言，第二章宪法的概念和本质，第三章宪法的历史发展；第二编国家性质，包含四章：第四章中华人民共和国国体，第五章中华人民共和国经济制度，第六章社会主义精神文明建设，第七章公民的基本权利和义务；第三编国家形式，包含五章，第八章中华人民共和国政体，第九章中华人民共和国国家结构形式，第十章国家机构（上），第十一章国家机构（中），第十二章国家机构（下）。

④ 中国人民大学法律系国家法教研室编著：《中国宪法教程》，中国人民大学出版社1988年版，第2页。

⑤ 需要指出的是1988年版由中国人民大学出版社出版（由中国人民大学法律系国家法教研室编著），从1991年版开始由人民法院出版社出版（主编许崇德，编写人员也发生变化）。

2010年第4版)。该书以我国现行宪法典为基础,对传统的宪法学内容与学科体系进行了新的探索。全书共11章:第一章《中国宪法》导言,第二章宪法的基本理论,第三章宪法的历史发展,第四章国家性质,第五章国家形式,第六章中央国家机关,第七章地方制度,第八章审判制度和检察制度,第九章选举制度,第十章政党制度,第十一章公民的基本权利和义务。这本教材影响深远,先后印刷达14次之多。

1996年许崇德教授主编了《宪法学(外国部分)》,由高等教育出版社出版,韩大元教授任副主编。全书除导言外,按英、美、法、葡、朝鲜、韩国、日本、俄国八个国别相应分为八章。第四章葡萄牙宪法由许崇德教授执笔。"本书是按国别编写,而不采用打破国界按问题论述的方式。这是因为各国宪法千差万别,各有特色,很难抽象出某些问题来概全。按国别编写较有利于读者对所涉国家的宪法得到系统的完整的认识。"[①] 在随后的2000年,许崇德教授主编了与《宪法学(外国部分)》相对应的《宪法学(中国部分)》,胡锦光教授任副主编,该教材分为五编19章[②],"在结构体系上,本教材与传统的宪法学教材相比较,作了一些变化,试图通过这些变化,以使宪法学的内容在安排上更为合理,更突出宪法的科学性和法律性,也使学生更容易学习和掌握宪法学的基本知识和基本原理"[③]。许崇德教授负责第十六章国家机构的沿革和原则、第十七章中央国家机关、第十八章地方国家机关(第四节、第五节除外)的写作,并负责全书的审改定稿。

在现行宪法第三次修改后,1999年10月,许崇德教授主编的《宪法》一书由中国人民大学出版社出版。此书多次再版,发行量已达至几十万册。[④] 该教材为"十一五"国家级规划教材、21世纪法学系列教材、教育部全国普通高等学校优秀教材(一等奖),并被教育部确认为2011年普通高等教育精品教材。该教材在体例上大致延续了《中国宪法》,但有三处较大不同:其一,将政党制度纳入国家性质这一章之第二节,更名为"与国家性质相适应的政党制度";其二,

---

[①] 许崇德:《宪法学(外国部分)》,高等教育出版社1996年版,第402页,"编后记"。

[②] 第一编宪法总论,包含三章:第一章宪法学导论,第二章宪法基本原理,第三章中国宪法的产生与发展;第二编中华人民共和国的基本制度(上),包含四章:第四章人民民主专政制度,第五章共产党领导的多党合作与政治协商制度,第六章社会主义经济制度,第七章社会主义精神文明建设;第三编中华人民共和国的基本制度(下),包含五章:第八章人民代表大会制度,第九章选举制度,第十章民族区域自治制度,第十一章"一国两制",第十二章国家象征;第四编公民的基本权利和义务,包含三章:第十三章权利义务概述,第十四章公民的基本权利,第十五章公民的基本义务;第五编国家机构,包含四章:第十六章国家机构的沿革和原则,第十七章中央国家机关,第十八章地方国家机关,第十九章审判机关和检察机关。

[③] 许崇德:《宪法学(中国部分)》,高等教育出版社2000年版,第516页,"后记"。

[④] 参见韩大元、胡锦光、牛文展:《新中国宪法学发展的亲历者》,载《许崇德全集》(第一卷),中国民主法制出版社2009年版,第3—4页。

将地方制度纳入第七章国家机构的相应内容中；其三，将问题与思考题的参考答案及《中华人民共和国宪法》附在本书之后，从而更有益于读者通过本书进行学习、教学和研究。该书顺应了宪法研究的新形势，更为注重宪法的法律性和规范性、宪法规范与社会实际的关系、宪法权威和地位的保障，更为注重宪法学的学术规范性。①

在统编规划教材、精品教材之余，许老师也主编了一些比较浅显易懂的函授和成人教育教材。2000年许崇德教授主编中共中央党校函授教材《宪法学》②，由当代世界出版社出版。2002年许崇德教授主编的《中国宪法概论》，由中共中央党校出版社出版，该书分为六章：第一章中国宪法导言，第二章中国宪法发展简史，第三章中华人民共和国的国家性质，第四章中华人民共和国的国家形式，第五章中华人民共和国公民的基本权利和义务，第六章中华人民共和国的国家机构。该教材"深入浅出地阐述了我国宪法学的基本理论和基础知识。本书适合于党校、行政学院、高等院校及其他成人高等教育有关专业教学使用"③。

我国重视法学教材体系建设，满足不同层次法学教学的实际需要。1998年，教育部高教司统一组织编写了《全国高等学校法学专业核心课程教育基本要求》，集中编写了面向21世纪的统一法学核心课程教材，并将其作为普通高等教育"九五"国家级重点教材。④ 2004年中央实施马克思主义理论研究和建设工程后，由中宣部负责组织编写马工程重点教材43种（含《宪法学》）陆续由人民出版社和高等教育出版社联合出版，其中《宪法学》于2011年出版。2020年《宪法学》出版了第二版。本次修订在习近平新时代中国特色社会主义思想的指导下，融入了教材出版以来特别是党的十八届四中全会以来党和国家的立法、理论及实践成果，如十八届四中全会《中共中央关于全面推进依法治国若干重大问题的决定》、十八大报告、十九大报告以及2018年通过的宪法修正案等，使得教材更符合时代特征及教学需求。《宪法学》全面系统地介绍了宪法学的基本概念、原理和制度，反映了中国宪法学的最新研究成果和教学需求。这些教材不仅为法学专

---

① 参见胡锦光：《人大宪法学和行政法学的特色与学术贡献》，载《法学家》2010年第4期。
② 本教材包括宪法基本原理、宪法的历史发展、国家性质、国家形式、中央国家机关、地方制度、审判机关和检察机关、选举制度等内容。
③ 许崇德主编：《中国宪法概论》，中共中央党校出版社2002年版目录前的"说明"。
④ 具体说来，这套教材包括张文显主编的《法理学》、曾宪义主编的《中国法制史》、周叶中主编的《宪法》、姜明安主编的《行政法与行政诉讼法》、魏振瀛主编的《民法》、范健主编的《商法》、刘春田主编的《知识产权法》、杨紫烜主编的《经济法》、江伟主编的《民事诉讼法》、高铭暄、马克昌主编的《刑法》、陈光中主编的《刑事诉讼法》、邵津主编的《国际法》、韩德培主编的《国际私法新论》以及余劲松、吴志攀主编的《国际经济法》。

业学生和研究人员提供了宝贵的学习资源,也为宪法学的学术发展和法治实践作出了重要贡献,推动着中国宪法学知识的传播和自主知识体系的构建。

(五)结语

许崇德教授从他参与编著的第一本宪法学教材《中华人民共和国宪法讲义》(1964年出版),至2014年他编著的宪法学教材《宪法》(第五版)出版,刚好50年的时间。在这50年里,许崇德教授所编著的宪法学教材共有19部,其中在20世纪80年代编著的教材最多,有10部,60年代的1部,90年代的3部,2000年之后的有5部。书名有《宪法》《宪法学》《中国宪法》《中国宪法学》《中国宪法讲义》《中国宪法教程》等,其中以《宪法学》命名的最多,共有8部。许崇德教授所编著的宪法学教材涵盖了宪法讲义、宪法大纲、中国宪法、外国宪法、宪法统编教材、宪法自学考试教材、宪法成人教育及函授教材等,内容非常丰富。

许崇德教授作为新中国宪法学的奠基人之一,为新中国宪法学发展作出了杰出的贡献,其中在有关教材建设方面体现的思想成为"许崇德宪法学"的重要组成部分,是我们继续发扬的重要学术遗产。

自20世纪80年代以来,中国的法学教育进行了多次改革,课程体系与内容也在调整,但宪法学作为一门基础课程,在各类法学教育体制中的地位并没有发生变化,目前已形成了以中国宪法、外国宪法与比较宪法为主体的完整的宪法学课程体系。

第八章

宪法学研究团体与组织

第一节 清末到民国的宪法学研究团体[①]

有学者曾经指出[②]，近代中国立宪与法治的生命大本，常常由法学学术团体来研究、表达、宣传与承载，其在促进国家法治改革、解决重大法制问题和参加各项立法活动中发挥了无可替代的作用。因此，若要阐述中国宪法学学术史，对宪法学研究团体的研究是不可欠缺的一环。再者，通过考察早期中国宪法学研究团体的谱系，可以明晰中国宪法学发展中的本土要素，亦有助于挖掘中国宪法学在形成过程中的自主性。

学会团体属于人合组织的一种。在中国传统历史上，也有如朋党、会社等类似的人合组织。但近代意义上的学会团体概念，则是等到清末维新运动之际，才输入中土。梁启超在鼓吹维新运动的《时务报》上刊载了《变法通议》，首先指出"学会起于西乎？曰，非也，中国二千年之成法也……君子以朋友讲习……君子以文会友"，而学会消亡在于"国朝汉学家之罪"，导致"金壬有党，而君子反无党；匪类有会，而正业反无会"；他进而指出在西方"西人之为学也，有一学即有一会……有法学会……"最终结论为"预振中国在广人才，预广人才在兴学

[①] 本部分主要参考文献为蔡鸿源、徐友春主编：《民国会社党派大辞典》，黄山书社2012年版；张玉法：《清季的立宪团体》，北京大学出版社2011年版。

[②] 参见田建设：《中国当代法学社会团体及组织结构》，载《法律文献信息与研究》1999年第3期，5页。

会"。在湖南鼓吹维新运动的《湘学报》所刊登的《郴州学会禀》也指出,"窃维学会之盛,莫若泰西……学以此兴,士以此联,民以此固,国以此强。吾华地……所以不及泰西各国者,学会不兴之故也"。

1895年谭嗣同等人在湖南创办了算学会,康有为等人在北京成立了强学会。学会的普遍成立,也影响到了法学界。1898年4月,毕永年在湖南长沙发起成立了公法学会。[①] 出版于1898年4月25日的《湘报》第43号刊载了发起人之一唐才常的《公法学会叙》一文。唐文中,也记载了发起人毕永年创设公法学会的原因:"毕君永年愤然曰:素王改制之精心,吾未知其一二。惟今朝政日圮,人心日涣,与外人交涉日惊疑骇溃,以酿成种类之亡,吾耻之!吾之命悬祝宗,忽忽至今者,徒以二三豪杰,力求自拔于茫茫苦海中,而心未死耳。爰与诸君子创立公法学会,期于古今中外政法之蓄变,和战之机宜,条例约章之殽列,与中国所以不齿公法之故。——讲明而切究之,而一归诸素王改制之律意,以求转圜于后日,补救于将来。虽太平世无界无争之义,匪今日所能言,而其争自存以为无争之起点者,一虻一蚊之力,奚辞焉!"而此部分也被选出,作为毕永年所著而收入其文集。[②] 1898年4月30日出版的《湘报》第48号,刊载了毕永年撰写的公法学会章程。章程首条即指出:"此会专讲公法之学。凡自中外通商以来所立约章,以及因应诸务,何者大弊,何者小疵,何者议增,何者议改,皆须细意讲求,不可稍涉迁就,尤不可故立异同,庶为将来自强之本"。可见,该会虽名为公法学会,但其"公法"指的并非今日所理解的包括宪法、行政法在内的公法,而是指"万国公法",即国际公法。由于前所未有,该公法学会的组织以及章程存在先天不足等局限性。有学者考证指出,公法学会和同时期成立的法律学会,是中国最早建立的法学学术团体。[③]

随着维新运动以及晚清立宪运动的兴起,包括宪法学研究团体在内的法学研究团体也纷纷成立。1905年11月出版的《万国公报》第202期转载了《福建日日新闻》的一篇文章,名为《论今日中国宜有宪法研究会》,可谓是最早要求成立专门研究宪法团体的呼声。该文主张"以研究宪法为名,立一全国至大之会,专以考究各国政法之精旨宏议、详细组织机关,查其异同而比较其优劣";并指出设立的重大意义:"或者谓设会以研究宪法,此与寻常学会无异,特一讲求学术之小团体,而未有重大关系之足言。不知以寻常学会而目此会。实误视此会性

[①] 参见穆中杰:《组织法学会学术传统的形成及其贡献》,载《黄河科技大学学报》2010年第5期,116页。

[②] 参见刘泱泱编:《樊锥集 毕永年集 秦力山集》,湖南人民出版社2011年版,第115页。

[③] 参见王灏:《近代中国法学学术团体考证》,载《法学研究》2018年第3期,第169页。

质之深。盖此会者，实以讲学而监督政界者也。中国无政党，有之将自此始。此会若成，其裨益决非浅鲜……一足促政府以改革之时期也……一足以大开人民之智识也……一足保改革而后之秩序也"。1906 年《东方杂志》第 3 卷第 2 期也节录了《时报》的一篇文章《论今日宜亟设宪法研究会》，指出"然使立宪之知识，不先输入于国民之脑中，而深喻其利弊之所在，我恐政体变而国民之心理犹未能相应而与之俱变，利未得而害先见未可知也。欲避其害，非讲明其学不可，欲讲明其学，非设研究会不可，此所以有设立宪法研究会之议也"。值得注意的是，清末政府以及后来的民国政府也出台了一系列法令，虽然主观上在于控制，但客观上也使得设立社团有法可依。而恰恰是法律的规范，促进了学术团体在组织上的自我完善。

早期的宪法学研究团体虽然在具体的宗旨上有所差异，但是在聚集法律精英开展宪法研究、促进宪法实践这一点上具有一致性。

早期的宪法学研究团体具有以下几个特点。

第一，多由法科留学生发起并参与。早期的法科留学生通过留学学习法政知识，必然也较早地接触了宪法学专业知识，他们可谓是宪法学研究团体的中流砥柱。例如发起宪政研究会的雷奋，参与发起宪政讲习会的熊范舆，发起咨议局议决协赞会的沈钧儒，发起旅京安徽同乡自治制度讨论会的孙毓筠等。留学生熟悉宪法学专业知识，思想进步，通过参与创设宪法学研究团体，积极地推动了早期中国宪法学的发展。

第二，与法政界人士联系较为紧密。法政界人士，不仅担任官职，也可以参与研究团体，有的还担任了宪法学研究团体的理事。例如，袁世凯对天津地方自治会的支持，担任上海国民会议促成会主席的邵力子，担任帝国宪政实进会会长的陈宝琛，以及吉林清廷政要松毓曾任吉林地方自治会会长等。有他们的参与，宪法学研究团体在人员组成上更加丰富和多元，研究平台的公共性也日益增强。

第三，开展了专业的宪法学研究。早期的宪法学研究团体，基本目的在于开展专业的宪法学研究，对现实的政治运作进行研究总结，为民主政治的运行提供建议。这主要表现在，他们研究宪法学的基本理论，引入当时世界各国宪法理论，以期在比较方法视野下参考；同时，对现行的宪法条文进行阐释，研究条款背后的精深法理。

第四，组织上过于松散，存在时间较为短暂，即使立有团体章程，许多研究团体往往也并非按章程规定解散，而是自然解体。

早期的宪法学研究团体还发挥了以下社会功效。

第一，创办学术刊物，培养民众的宪法意识。早期宪法学研究团体并不满足于单纯的书斋研究，大都创办了刊物以表达学术观点和宪法思想。如宪政研究会创办的《宪政杂志》、预备立宪公会创办的《预备立宪公报》、女子参政同盟会创办的《女权报》、贵州自治学社创办的《贵州自治学报》等。宪法研究者们以这些刊物作为载体，大量地介绍传播宪法学研究的成果，使其成为培养民众宪法意识的重要来源。

第二，举办演讲座谈会，推动宪法知识宣传。除创办刊物发表学术观点之外，宪法学研究团体还通过举办各种各样的演讲会、座谈会，由宪法学专业人士向公众讲述宪法学专业知识，感染、启发民众对具体问题的宪法学思考，以达到宣传宪法知识的目的。例如，地方自治研究会在成立周年大会上就邀请瞿绍仪、雷奋就地方自治发表演说，此后也邀请吴馨就上海地方自治的成效发表演讲；女权运动同盟先后邀请王世杰、陈启修、李大钊、谭仲逵等名流学者演讲；在延安各界宪政促进会成立大会上，毛泽东发表了题为《新民主主义的宪政》的重要演说等。

第三，参与现实政治，为实现民主宪政而呐喊。宪法学研究团体的成员本着宪法学人的良知与学术责任，对清末以及民国时期的宪政运动提出了许多深刻的思想观点，并以实际行动参与到民主宪政运动之中。例如政闻社即向清廷发电要求召开国会，吉林地方自治会也组织了东北三省赴京请愿速开国会代表团，进京请愿；贵州自治学会还在辛亥革命中参与了贵州光复；各种女权团体要求国会重视女性权利的呼吁；第一次宪政运动期间，各地的宪政促进会或宪政期成会等团体要求国民政府召开国民大会等。

第四，解决实践问题，对中国的立宪进程产生了实质影响。在各地立宪团体要求下，清廷不得不缩短了预备立宪期间；而在民国期间的多次制宪过程中，各宪法学研究团体及其会员纷纷公开提出私拟的宪法草案，一些意见也被吸收；更有宪法学研究团体的会员当选为国会代表，如吴经熊、张君劢等人，他们亲身参与了宪法制定讨论，将所研究的宪法学成果直接反映到宪法之中。

现将新中国成立之前的代表性宪法研究团体分阶段介绍如下。

一、阶段一：清末官方宣布立宪之前

本阶段的代表性宪法研究团体为政治学会。其成立于1899年，成立地点：日本横滨。成员包括：梁启超、张惠霖、罗伯雅、梁力、李敬通、钟卓京等。以讨论议院是否亟宜开设为宗旨。

《清议报》1899年9月15日第27期上发布了题为《记政治学会开会事》的新闻：

> 皇上万寿节之明日，梁卓如君与其同志开政治学会演说，假座于横滨大同学校。盖梁君之意，以中国虽经政变，而新法他日在所必行，暇时将其后来当行之问题，合各同志，悉心研究，权其先后缓急之宜，熟其利害得失之故，既已了然明白，一旦维新复政，然后措置裕如，有条不紊，其章程已刊于《知新报》中，所以告支那之热心爱国者也。是时大同学校夏季大考，诸生进级，欲示之以讨论时事，互相诘难，为增进学识、练习言语之益，爰集同志，举行演说，以为之式。是夕，设议长、副议长、监督议员，来宾集者数十人，公拟问题二则：一问中国初变法，议院可即开否？一问中国练兵，海陆二军，何者为急？七时，摇钟就席，议长欧云樵君宣言立会大意与第一问题，令诸君辨驳，诸君特假为各执一义，以尽其是非之极致。
>
> 梁卓如君首演中国必先开议院，乃可变法。郑席儒君、梁子刚君、张惠霖君、罗伯雅君、李敬通君、梁君力君、劳伯燮君起而驳之，谓中国民智未开，遽开议院，徒增乱耳。旁听席林紫垣君介绍于议员，就议坛演说议院宜速开之义。欧云樵君续演议院可开，其意与梁卓如君略同。钟卓京君复起而阐之。议毕，议长遍问议员赞成、反对，统计赞成（以为可开）者十余人，反对者（以为不可开者）三十余人。梁卓如君乃请曰：议院不可开，地方议会可速开否，以此为问题可乎？议长以问议员，皆曰可。于是议员有谓吾中国本有地方自治之制，议会可速开者；有谓乡绅专擅无智慧，无才干，乡村如散沙，不合群，意见迭出，不能开者；有谓宜缓开者，各尽其说，务极理要，而钟鸣十一下矣。

此处所言的"政治学会"实际上名为"政学会"。上述新闻中称"其章程已刊于《知新报》中"，而查阅《知新报》在1899年9月之前的几期内容，只有出版于5月的第86期上刊载了《政学会章程》，并且这一期还刊载了入会广告："日本东京开办政学会，专讲求政治条理，如有志入会者，祈将姓名或别号居址，寄到会中，以便随时函商学业"。

本阶段的研究团体的主要特征有：

以政学会为例而言，该组织可谓是戊戌维新时期政治性会社组织的域外延伸。组织依然是以实现变法的政治诉求作为宗旨，以中国未来的政治运作走向为对象。该学会组织虽然在广义上也可纳入宪法学研究团体的范畴，但是将之视为政治学研究团体，也并非不妥。由该会的组织和运作也可看出，早期宪法学研究团体不仅缺乏专业的自觉性，在组织上也缺乏严密性。随着清廷在政治上走向立宪之路，标榜维新的政学会在此后再无声音，湮灭于历史之中。

二、阶段二：清政府官宣立宪之后至清廷覆灭（1904—1911年）

（一）地方自治研究会

成立于1906年。发起人为梅豫枨与雷奋。目的：研究地方自治。地点：上海。

根据《上海研究资料续编》所载，研究会的发起主旨节选如下。

> 吾中国二千年来，习处于专制政体之下，不复知个人与地方之有无关系；又自邑人任宰之制废，地方治理之权遂尽付之素不相谋之官吏。官吏之贤不贤，治理之善不善，徒以地方之幸不幸值之；而地方无丝毫动力。流弊所及，遂至举地方之人，而询以利弊所在，与革新所宜，瞠目结舌，而不能对者，十且八九；更安知所谓地方自治者？夫开两千年来未有之局，上以是求，而下无实力以为之备，而盾其后，坐失机会，可惜孰甚？又况一试不效，而守旧之缙绅，贪权之官吏，或且利用以遂其破坏之私，可惧尤甚？梅君问夔有鉴于此，爰发起地方自治研究会之议，同志赞成者十余人，以雷君继兴尝游学日本，精读政法学，属定会章，并任演讲，而会遂成立。梅君此举，其诸知本者欤？

此外，参加研究会的会员还有不少当时的上海商界领袖，例如大阪公司总买办王震、老公茂纱厂经理郁怀智、永慎和米行经理顾履桂、源昌源丰号主叶遂、中西大药房号主顾征锡、阜丰面粉厂经理孙多森、华通水火保险有限公司总经董李厚祚等人。

1907年4月1日的《新闻报》，刊发了题为《地方自治研究会周岁大会纪事》的新闻。文中提及：会长为上海著名士绅李平书。周岁大会上，在李平书报告去年办事情形及今年应办事件之后，"瞿绍仪君演说大意以地方自治为预备立宪之根本因，追想未有预备立宪明文以前之中国，预测已经实行立宪以后之中国，以痛论现在预备立宪时代之不可以稍忽。继言，研究地方自治应分三层，（一）理由（二）目的（三）结果。没言，地方自治不限于上海一隅，各省之人皆有此责"；会员雷奋的演说大意是"地方自治权须由国家畀于人民固也，然必人民由可以自治之实而后，国家不敢靳此权。今在上者借口人民程度未至，在下者借口政府未有明文，互相推诿，而地方自治遂永无实行之一日。故本会之意，宜由各地方酌量情形，先行试办以为国家明定地方自治制度之张本。又言立宪之实际在设国会，以人民一方面言之，现在所急者预备者，即国会议员之资格是也，而地方自治实为养成议员资格之第一妙法"等。演说结束后，大会还举行了模拟辩论会，就赞成或是反对地方自治，展开了争论：

> 辩论会之大概情形，系设为反对地方自治者数人，赞成地方自治者一人。先由反对党诘问地方自治之解说，并问地方自治后是否地方官无所事事，末假颇以筑室道谋及用夏变夷为惧。赞成者告以地方自治之界限，刑名钱谷仍为地方官应办之事，至于教育卫生警察善举桥梁道路等均应地方上人自办，又告以地方自治乃多数人公举少数人办理，不至于筑室道谋，公举之法即乡举里选，为中国古来所有，且新官制内，已有资政院章程，又非用夏变夷之比。
>
> 继又有反对党申说，中国人之习惯如惰如怯如私，均足为地方自治之阻力。赞成者答以习惯非不能改变，且因不行地方自治而造成此种种坏习惯，举行地方自治后，必能造成种种好习惯。
>
> 又有反对党言，中国人之习惯已养成奴隶性质，非鞭策不能向前。故中国之不亡，全恃压制手段，必不足以言自治。赞成者闻之，即斥为奴隶之言，并谓人之知觉最易感动，以奴隶待国人，则国人皆奴隶，不以奴隶待国人，则国人皆非奴隶。今行地方自治，即欲养成国民高贵勤能之资格。
>
> 又有反对党言，地方自治固可办，然如财政困难何？今欲国民于赋税之外，另抽地方税，实难筹集。赞成者告以向来地方上办学堂、办善举、浚河造桥并团练等事，均由地方上筹款，今复何惧？且昔日官绅多有不报销者，今办地方自治，出款入款，共建共闻，尚难筹耶？
>
> 反对党又言，中国政治法律种种不宜于地方自治，故宪政未行，则地方自治尚多窒碍，不能遽办。赞成者答以政治法律依社会之进退为变移，故地方自治愈有进步，则政治法律亦能修改愈良。若必以英国今日之政治法律加于中国，而后举办地方自治实为必无之事。今日但毅然决然举行地方自治，则一切障碍皆去，不必虑也。

《宪政杂识》1906年第1卷第1号上刊载了吴馨在地方自治研究会所发表的讲演实录，主题是地方自治实施过程中上海西区的具体状况。《宪政杂识》1906年第1卷第2号上刊载了穆湘瑶在地方自治研究会的讲演实录，就地方自治如何完备的前提条件做了报告。

(二) 宪政研究会

成立于1906年。地点：上海。发起人：马良、雷奋。

研究会章程第一条"命名"即寄托了对宪政的期许："本会定名为宪政研究

会，俟国家实行立宪，即改为宪政会。"第三条揭示了宗旨："我国现已颁布预备立宪之上谕，本会务求尽国民参与政事之天职，应在预备期内考查政俗，研究得失，以俟实行立宪后，代表国民赞助政府。总期开诚心布公道，合群策群力共谋，所以利国便民，此为本会一定之宗旨，必当彻始彻终，以力行之。"参加者包括黄炎培、雷奋、马良、夏鼎、储南强、钱在明、史良才等人，基本都是文化教育界人士。后来，不少成员还参加了预备立宪公会。

12月创办会刊《宪政杂识》，其宗旨为"考查政俗，研究得失，以俟实行立宪后，代表国民赞助政府"。但该刊物的名称似乎存在印刷错误，虽然封面为"宪政杂识"，但载于首期的刊物章程称"本报附属于宪政研究会，定名宪政杂志"。封底的发行所上也标明"上海四马路辰字廿一号宪政杂志社"。

会刊《宪政杂识》虽然只发行了两期，但也是晚清重要的宪法学专业杂志，其主要研究各种宪法之得失，评价介绍各国宪政制度，阐述中西法理政术，普及法律思想和政治思想，作为国家宪政之参考，以修法令，以立纪纲。刊有各国议院建筑物、政党首脑人物画像，各国宪政及地方自治发达之历史，政治家、法律家传记，时事与宪政有关的论述，翻译东西各报名论及重要时事，选登奏折公牍章程条约等。刊登过的主要文章有《宪法界说》（雷奋）、《论各国宪法成立之元因》（白作霖）、《中国法制原论》（夏清贻）、《论中国财政》（袁希涛）、《庶论公诸舆论释义》（罗普）、《俄国立宪史论》（陈外）、《论中国圜法之害》（龚杰）、《各国大臣责任沿革史》（王维祺）、《国法学与国际法学上之中国说》（黄守孚）、《地方自治问题》（王纳善）、《论英国地方自治》（王慕陶）、《对于立宪问题之思想》（夏清贻）、《日本立宪史略论》（戢翼翚）、《欧洲地方自治沿革略》（汤振常）等。

（三）预备立宪公会

清末成立最早、规模最大，具有一定代表性的立宪团体。由张謇、汤寿潜、郑孝胥发起，1906年12月16日成立于上海。

在成立大会上，郑孝胥发表演说呼吁："今日蒙诸公光临而皆有赞助本会之高谊，孝胥谨代全会宣告于大众曰：凡我华人有不忍苟安于腐败之时局者，可以入预备立宪公会；有不愿偷活于危险之生业者，可以入预备立宪公会；对于国政有怀责难之忠恳者，可以入预备立宪公会；对于身家有怀图存之志愿者，可以入预备立宪公会。本会之宗旨如此，天下鉴之。"伍昭宸在演说中也指出："近年民智既开，政治思想日见发达，故上有预备立宪之谕，而下岂可不以预备应之。我辈而不以国民自居也则已，我辈而欲自居于国民之列，则岂可以不急起直追，速为预备，且实行立宪之期当不在远。"

根据公会简章，第一章第一条谈的是定名："本会敬遵谕旨，使绅民明悉国政以预备立宪基础，故定名为预备立宪公会"，第二章第二条则规定了宗旨："本会敬遵谕旨，以发愤为学、合群进化为宗旨"。第三章第三条规定了入会的条件："凡本国人年在二十岁以上，与本会宗旨相合，得会员二人以上之介绍者均得入会"。第六章第十条则规定了组织机构："由全会投票公举会董十五人，由十五人中互举会长一人，副会长二人，均以一年为任期，连举连任"。第七章第十一条规定了议事："每年于九月间开常年会一次，每月第二第四星期日为职员常会之期，如有紧要事件随时开特别会"。选出首任会长郑孝胥，副会长张謇、汤寿潜，李平书等12人被推为会董。

为了使预备立宪公会获得官方认可，1907年10月，公会特地向清民政部上书备案，在禀书中写道："伏念立宪之恩命必出自宫廷，立宪之实力必望之政府，立宪之智识必责于人民。人民之智识，何由而进，则非得士农工商四民之中，撮集几许有智识之民，以发愤为学合群进化之旨，为之提倡，无以答宫廷宵旰之忧劳，无以承内外官司之训令。爰将此意，转相传播，闻者感奋，争愿为中国立宪国民之前导，因即名斯会曰预备立宪公会。期年之间，入会者计一百五十三人，皆士农工商四民之中，较有智识，有志倡导国民以仰承朝廷德意者也。前者组织未备，此百数十人，果能实力倡导与否及如何倡导之法，皆未有成规，故未敢轻渎大部，率请立案"。

而民政部的回应则是，"悉该职员等组织预备立宪公会，专任启发人民智识之责，以期宪政实行，具见热心，深堪嘉许，应即准予立案"。

1908年2月预备立宪公会在上海创办机关报《预备立宪公会报》（半月刊），1910年1月底停刊。1908年度出版了21期，1909年度出版了24期。会报主持者为孟昭常、秦瑞玠、汤一鹗。撰稿人有邵羲、孟昭常、张家镇、秦瑞玠、秦其增、汤一鹗、何棪、孟森、吴前枢等。栏目有附录、辑译、纪事、撰述、各省咨议局议案汇登，改定体例后设疏解法令类、汇登文牍类、言论类、译述书报类。

《预备立宪公会报简章》如下。

一、名称

本会敬遵谕旨，使绅民明晰国政，以为预备立宪基础，故本报定名为预备立宪公会报。

二、宗旨

本报限于宪法、行政、法律、财政、经济、国际、殖民、交通、教育、军事等诸学科，由研究理论达于实用，以供会员与非会员参考之资料。

三、体例

编纂分撰述、辑译、记录三类，撰述除由本会主任者担任外，凡会员与非会员如有自行撰述与本会宗旨相合，足堪研究之资料者，惠寄本会，亦当代为刊布。凡关于立宪国之政治行动，堪为我国预备立宪时之模范者，编入辑译类。本会记事与会员之增加及行动载入记录类。

四、发行

本报每月发行二次，以十三日、二十八日为出版期，周年出报二十二期，每期页数多寡无定。

该报所反映的政治理想，是建立君主立宪制的资产阶级国家，主张学习日本人的进取精神，但反对照抄日本的政治制度。作为立宪派的喉舌，会报以大量篇幅，考察中国的国情，论证在中国实行君主立宪制的最佳方案。其对涉及宪法、行政、法律、财政、外交、交通、教育等方面的理论问题和实际问题进行了深入的研究和讨论，对重大政治事件反应灵敏，态度鲜明，附有"章程题名表"，专登该会简章和会员录。会报刊载有《日本宪法详解序》《论宪政上切要之预备》《欧美各国议会之地位》《制定宪法刍议》等文章。

此外，预备立宪公会还出版了大量有关宪政和法律的书籍。截至1910年7月，已出版的书籍有孟昭常的《公民必读初编》《公民必读二编》《城镇乡地方自治宣讲书》，张家镇的《地方行政制度》，钱润的《地方自治纲要》，邵羲翻译的《日本宪法详解》，汤一鹗翻译的《选举法要论》，孟森的《咨议局章程讲义》，沈其昌的《议员要览》，沈尔昌、孟森的《城镇乡自治章程表》等10余种。

同时，预备立宪公会还通过《时报》《申报》等新闻媒体向社会各阶层推广这些宪政书籍，"但欲我国人皆有国民知识，可为地方自治之议员、董事"。

为了更进一步宣传立宪思想，1909年2月，公会创设了法政讲习所，并连续数日在《申报》刊载《上海预备立宪公会附设法政讲习所广告》以备招生："本会决议自本年正月始，附设法政讲习所，半年毕业，专养成厅州县城镇乡地方自治之议员、董事，并研究咨议局资政院议员应有之学识，其学科注重于宪法、行政法、财政学、地方自治制，各处士绅有志讲习者，请即至跑马厅本会事务所或酱园弄江苏教育总会报名。凡各地劝学所、教育会及上海各团体及本会会员均可介绍，以年满二十岁、不染嗜好、能笔述讲义者为合格。学费共十八元，本会会员减半。杂费二元，均于入学时预缴。此布。"2月21日的《申报》刊载了《预备立宪公会附设法政讲习所行开讲式》的新闻："昨日预备立宪公会附设之法政讲习所，在梅福里讲舍行开讲式。午后二时各职员、讲员、来宾暨听讲员均座。孟庸生、雷继兴、秦晋华三君相继演说，均言法政讲习所之不可缓。四时散会。其暂定课程单录下：宪法、行政法、地方自治制，雷继兴先生担任；民法总论、民法物权，杨翼之先生担任；民法债权，张雄伯先生担任；财政学、刑法，夏芍宾先生担任；商法公司，秦晋华先生担任；选举法，汤幼谙先生担任；咨议局章程，孟莼生先生担任；法学通论、地方行政实务，孟庸生先生担任"。7月23日的《新闻报》还刊登了《预备立宪公会法政讲习所毕业纪事》的新闻："昨日预备立宪公会附设法政讲习所行毕业式。先由孟庸生君报告成绩，旋由会长郑苏戡先生致奖勉之。词略谓学问之事，不在理想高尚，而在乎现时适用，现今时事多艰需才孔，亟以培养过渡人才为最要，诸君旧学本有根柢，而又加以法政之新知识，毕业后散布于各方面，以办理国家政治地方公益，于立宪前途必大有裨益云。随一一亲自给发文凭，并于前列优赠奖品，礼毕散会，复同至立宪公会合摄一影以留记念。计毕业者八十八人，兹将姓氏附录于左"。毕业者名单中，最优等7名为宋宝仁、王向春、潘诒曾、张仁、滕文玉、崔祖棠、钱家福，包括顾维钧在内的优等48名，包括唐恩荣等中等33名。

该会最重要的活动是发起国会请愿活动。1908年4月15日，在预备立宪公会会员常会上，郑孝胥倡设国会研究所，目的是"合有志之士共编《速成国会草案》，俟《草案》成，合各省上书进呈《草案》，请政府实行"。4月19日，董事会召开会议，根据大多数会员的意见，决定从速开办"国会研究所"，并就研究所的发起组织以及邀请各旅沪团体入所等事宜，通过了相关议案。5月13日，"国会研究所"成立，会上"公议我国开设国会不可再缓，此次研究以编订草案为目的，草案内容以拟一至简捷之办法，定一至短促之期限，而又不可与正当之法理相背，务使此简捷之国会可逐渐进步，成一至完备之国会为宗旨。然不研究各国极正当之法理、极完备之规则，必不能生出至简捷之办法，盖必以极正当、极完备者为本位，如与中国现在情势不合，则降而思其次，又不合，则又思其次，然后可得简捷之办法，然后可使简捷之办法渐进于完备"。

预备立宪公会设立北京事务所后，《预备立宪公会公报》改为《宪志日刊》，发表讨论国会问题、宪法问题和批评时政的言论，也登载咨议局、资政院有关文件及该会会务进展情况的报告。

（四）法政研究会

成立于1906年。地点：扬州。发起人：卢晋思、郑宝慈。目的：研究政法，预备地方自治。

（五）天津自治局研究所

1906年8月，袁世凯以天津为试点，派幕僚凌福彭、金邦平等草拟自治章程，创办自治局。天津自治局正式成立后，立即开展普及自治教育活动。首先，选派曾经学习法政的士绅为宣讲员，至天津府属城乡宣讲地方自治基础知识及实行自治的利益，并且每月编印《法政官话报》《白话讲义》各一册，分发各属学习与张贴，广为宣传。其次，成立自治局研究所，令津郡七属选送6至8名士绅入所学习地方自治制度、选举法、户籍法、地方财政、教育警察行政、经济学、法学通论、财政学等法政知识。学员4个月结业后，回原籍筹设自治学社，进一步向他人传授所学习的知识和心得体会。在天津自治局的努力下，自治普及教育开展得有声有色，有关自治的法理和精神已为很多人所理解和接受。于是，袁世凯便下令自治局着手进行正式试办地方自治的准备。

自治局模仿日本做法，先设立天津自治期成会，由自治局全体局员及其推举的士绅、劝学所和商会代表组成，共同讨论该局所拟的自治章程，经过19次开会讨论，最终议定了自治章程111条，接着进行有关选举人和被选举人资格的调查。调查完毕，于1907年6、7月进行初选和复选，最终选出议员30名，组成天津县议事会。8月18日，天津县议事会举行第一次会议，公举在籍度支部郎中李士铭任议长，分省补用知县王劭廉任副议长，并决定议事会设董事会，执行日常工作。至此，天津试办地方自治初步告成，袁世凯令全省以天津为模范，在三年之内一律推行自治。

天津自治局研究所规则摘录如下。

  第一条 本所附属于自治局，研究地方自治之学理法则，以普及各属实行无阻为宗旨。

  第二条 本局调集本府七属选派士绅为研究学员，法政速成毕业官绅为研究讲员，以便共同研究。

  第三条 本所研究，以四个月为一期，每期由督理于研究讲员中，选派出讲。

  第四条 本所除选派定员外，有法政专门及热心自治者，随时订请讲演。

  第五条 研究学员之外，另设旁听席，凡愿听者可先行来局报名注册存记。

  第六条 研究所科目如左：一、自治制；二、选举法；三、户籍法；四、宪法；五、地方财政论；六、教育警察行政；七、经济；八、法学通论。

  第七条 研究学员于第四月终，由督理就所研究各门出题试验，将其成绩列表禀候官保核定。其旁听学员实有心，得呈请与试者一律办理。

第八条 本所功课时刻、听讲名簿以及一切未尽事宜，由庶务员随时公布。

天津自治局研究所成立后，在《东方杂志》1906年第3卷临时增刊上，发表《立宪纲要》长文，包括十个部分：述宪法界说第一、述宪法种类第二、述立宪利益第三、述政体第四、述君权第五、述国务大臣之责任第六、述臣民之权利义务第七、述立宪预备第八、述养成议员资格第九、述选举法第十。

《东方杂志》并在1907年第4卷第1期，专门报道了天津自治局研究所改名的新闻。摘录如下。

直隶。天津自治研究所，前经官绅妥筹办理成立，既数月矣。近闻该所已改名为天津自治期成会议，定每逢单日开会集议，又以劝学。所及商会所举各绅，日间有事不能分身。故除星期日于下午二时至五时开议外，其余各日均定于晚间七时半至十时为止。

（六）宪法研究所

成立于1907年，为袁世凯执掌北洋阶段设立。《北洋官报》1907年8月24日刊载的《为设宪法研究所事札饬司道文》中指出，"若民间练习政治，而官吏漫不加察，何以临民"，加上"现当预备立宪"，因此"亟须研究各国宪法，知其大纲"。为了达成这一目标，"应设宪法研究所"。根据参与官员的级别进行了授课时间安排，"分为三班"，各班都有负责人。"逢一、四、七等日，为道府研究班"，"以提学司、运司为总长，徐道鼎康、孙道多森为副长"。"逢二、五、八等日，为厅州县研究班"，"以天津道、天津府为总长，李守映庚、朱守端为副长"。"逢三、六、九等日为佐二（辅佐官，如主簿）研究班"，"以河防同知、天津县为总长，王牧仁铎、吴令远基为副总长"。"所有候补人员，自道府以次，先查明在津人数，除本有要差驻局各员，准其届时请假外，其余均按期赴所研究宪法"。"各立书到簿。""道府班送院署标日、厅州县班送司标日、佐二班送天津道标日，均须注明出入时刻"。"副长均驻所办事，以专责成"。"各员来往车马费，由所开销，汇案请款核发"。"应如何拟议章程，规定课程，限明时刻，预算经费，即由该司等详拟呈核。"

（七）宪政讲习会

成立于1907年6月。地点：日本东京。目的：促进宪政。发起人：熊范舆、杨度。

该会后来主要在国内发展，并且最先向清廷请愿，求开国会，后更名为宪政公会。1906年9月1日，清廷下诏准备"仿行宪政"。此后，杨度与梁启超、蒋观云、徐佛苏等积极活动，以谋组织宪政党，促进国内立宪。1906年12月，为联合组织宪政党事，与熊希龄赴神户，同梁启超"熟商三日夜"，达成初步协议。新组织名为宪政会，拟先在东京行党礼后，即设本部于上海，以杨度为理事长。后因内部人事纠纷，联合组党告吹。

1907年2月9日，杨度与方表、陆鸿逵、杨德邻等在东京组织"政俗调查会"，自任会长。

7月末，政俗调查会改名"宪政讲义会"，宣布其"宗旨在于预备宪政进行之方法，以期宪政之实行"，并提出以"设立民选议院"为立宪运动的中心目标。后"宪政讲义会"又改名为"宪政公会"，以杨度为常务委员长。

12月末，杨度联络湖南乡绅谭延闿、廖名缙、黄忠绩等人，在长沙成立宪政讲习会湖南支部（旋即改名"湖南宪政公会"），以湖南全省士民之名义发起入都请愿，要求设立民选议院。

1907年11月30日，湖南宪政公会开临时会，欢迎日人犬养毅。犬养毅发表了有关中国立宪的演说。

1908年6月下旬，杨度联络清朝宗室恒钧（十丰），在北京成立"宪政公会北京支部"。

杨度以候补四品京官官衔在宪政编查馆行走，熊范舆也被召入云南任知府，不管会务，致使会务不兴，日趋停顿，不多久该组织无形解散。

(八) 政闻社

由梁启超、蒋智由、徐勤等人发起。1907年10月17日，政闻社在东京召开成立大会，为了避嫌，梁启超并未列入政闻社发起人名单，不设会长，只设总务员一名，请年近七十、有温和色彩的马相伯担任。梁启超本人虽不具名，但是实际的幕后领导者。

该社在其"宣言书"中说："专制政体不适于今日国家之生存"，其主张是"于政治上减杀君权之一部分而以公诸民"，实行国民政治；只有召开国会、君主立宪才能达此目的；并强调从事合法的活动与和平的斗争："常以秩序的行动，为正当之要求。其对于皇室，绝无干犯尊严之心；其对于国家，绝无扰紊治安之举。此今世立宪国国民所常履之迹，匪有异也。今立宪之明诏既屡降，而集会结社之自由则各国所咸认为国民公权而规定之于宪法中者也，岂其倏忽反汗，对于政治团体而能仇之。"

1908年2月，政闻社已发展成员500多人，为更好地在国内开展工作，本部迁往上海，马相伯、徐佛苏、麦孟华均回沪主持工作。在北京、四川、湖南、湖北、广西、福建，都派有专人前往进行组织建设和运动发动工作。政闻社的工作方针有两条：一是发动民间，二是联系官员。

创办《政论》月刊作为机关刊物，鼓吹立宪，反对革命。

1908年7月，政闻社以全体社员名义致电清政府的"宪政编查馆"，提出限期三年召开国会的主张。而且，自称政闻社成员和法部主事的陈景仁从南洋单独致电清廷，不仅要求三年内开国会，而且要求将主张缓行立宪的赴德国考察宪政大臣于式枚革职以谢天下。康、梁素为慈禧所恨，于是，慈禧决定拿政闻社"开刀"。7月25日，朝廷突然发一上谕，严责陈景仁和政闻社："闻政闻社内诸人良莠不齐，且多曾犯重案之人，陈景仁身为职官，竟敢附和比暱，倡率生事，殊属谬妄，若不量予惩处，恐诪张为幻，必致扰乱大局，妨害治安"，"著即行革职"。

由于清廷严禁，政闻社确已难于生存，梁启超再三考虑，决定解散，由总务员马相伯登报宣布解散。

（九）帝国宪政会

1906年12月9日，康有为与清政府的预备立宪呼应，准备将保皇会在次年改为"帝国宪政会"，并提出"上崇皇室，下扩民权"等政纲。

1907年3月，在纽约召开成立大会。申明"本会名为宪政，以君主立宪为宗旨"，宣称"救中国之沦亡，必以'君民共治、满汉不分'八字"为目的。

1908年，康有为联合世界各大洲200多名会员上书请愿早开国会。

1910年年底，改名为帝国统一党，后改名为宪政党。

（十）吉林地方自治会

1907年1月6日召开成立大会，百余人到会，推举松毓为会长，制定了《暂行章程》。吉林地方自治会成立后，在省城设立自治研究所，先后从全省各地招收学员百余人，学习宪法、自治制度与选举法，毕业后到各县办理地方自治；编辑《自治报告书》，每月出版3期，1908年8月改为《公民日报》，后又改为《吉林日报》，成为吉林省第一份公开发行的报纸；设立宣讲所，每日宣讲新学，以期开通风气。此外，自治会还联合奉天教育总会等，同年春，共同组成东北三省赴京请愿速开国会代表团，进京请愿。吉林地方自治会还编辑《中韩国界历史志》，为清政府与日本交涉中韩边界问题提供历史资料。

（十一）广东地方自治研究社

1907年11月成立于广州。梁庆桂任会长，易学清等人任副会长，并出版了《广东地方自治研究录》，普及宪政知识。辛亥革命后停止活动。

（十二）自治研究社

成立于1907年。地点：广州。目的：研究并促进地方自治。发起人：梁小山、易兰池、丘逢甲、江孔殷。

（十三）宪政研究会

1907年10月28日成立。根据《时报》1907年11月10日新闻："河南拟设宪政研究会……兹已于廿八日乘礼拜之暇，在师范学堂开会聚议……学务议长李敏修比部演说大旨，余则发言者少。盖河南风气未开，缙绅先生之徒，不知宪政为何物，故虽云研究，亦无所用其研究也"。

（十四）贵州自治学社

发起人为贵州法政学堂学生张百麟。1907年12月在贵阳召开成立大会，推选法政学堂教员张鸿藻为社长。

社章称"凡个人自治、地方自治、国家自治之学理，皆当次第研究之。同人认定个人自治为单位，务期从有道德知识，养成善良品行，造就完全人格，以赞地方自治之实行，达国家自治之希望"。

初期领导为：张鸿藻、张百麟、周培艺。

1909年6月，创设公立法政专门学堂；7月发刊机关报《西南日报》；还创办《自治学社杂志》。分会最多有47个，社员一度达到1.4万余人。

后与宪政预备会发生冲突，立场转向革命派。辛亥革命时，短暂联合宪政预备会，光复贵州。后被宪政预备会调入滇军，遭屠杀打压瓦解。

（十五）自治研究所

成立于1909年。地点：镇江。发起人：李崇甫、胡味青。附设自治宣讲所。

1909年，镇江实行地方自治，一时间，成立了不少地方自治研究所。此类研究所，大抵是以研习相关科目、演说发表观点为宗旨的。1909年5月20日出版的《民呼日报》上，有一则"地方自治研究所成立"的新闻："镇江东南门地僻人稀，工界居十之七，学界居十之三，风气素未开通，学界忧之。私塾改良会会长潘明经爱纠合同志刘陈沈三茂才，假城南学堂创办地方自治研究所，以便公同研究自治办法，以为入手，闻已拟定章程，禀请丹徒县立案矣。"

这应该是镇江成立的第一家地方自治研究所。当年12月1日出版的《江南日报》上，有一则"城内二区自治研究开办详志"，讲的是另一家自治研究所开办的详情：这家自治研究所位于志成学堂。"该所于十四日开谈话会。是日，到会者约有五十人，摇铃入会，后首由发起人完君捷三报告本所开办之理由，系因城内东南段一区及城外所设自治研究两所，均于城内二区有志研究自治各员有路远之不便，是以组织本所，以便城内二区有志研究自治各员，就近入所研究，并宣布推定县视学赵君蜀琴为本所所长。次由城内西北段二区私塾改良会会长王君笙白演说，本所殊有便于城内二区有志研究自治，各员继有讲员，何君植之演说，开课后宜始终如一，除例应停课日外，不可有一日停课，并有讲员钱君绍庭演说自治研究所虽系公益，然研究各员果皆能实心研究，则各有其益，是自治研究所仍系个人私益，然则研究各员务宜实习研究，后由各讲员认定各科目，复由完君宣布，推定马君植生为经济，熊君仙航为会计，并宣布十七日开课。谈话毕，遂鸣铃散会。迨十九日下午四时，由何君植之讲警察大意，七点钟由庄君乾甫讲现行法制大意，当日听讲各员济济一堂。该所开办之盛于此，可见一斑矣。"

除了自治研究所的相关新闻，1909年12月29日出版的《江南日报》上，还有一则"自治公所筹备处之迁设"的新闻："丹徒自治公所筹备处原议设在万寿宫多福堂内，嗣因候补知县鲍绳甫大令占住不让，故暂设城外之安仁堂前，由镇道刘观察札委丹徒县倪大令粮捕通判饶别驾押令搬让，刻已将房屋让出，该筹备处即仍照原议迁设矣。"

1910年出版的第47期《江苏自治公报》上面详细刊载了"镇江府属城自治公所员董名表"，其中包括丹徒县城议事会正议长、副议长、议员名单，以及董事会总董、名誉董事名单。

(十六) 宪友会

成立于1911年5月1日。地点：北京。目的：促进宪政。

根据1911年《时事新报月刊》第1期载，推选谢远涵为主席，李文熙为书记。以发展民权、完成宪政为宗旨，纲领有六：尊重君主立宪，督促内阁负责任，整顿厘定各行省政务，开放社会经济，讲求国民外交，提倡尚武教育。

(十七) 法政同志会

成立于1911年。地点：北京。发起人：李盛铎。目的：促进宪政。附设讲演会。

(十八) 帝国宪政实进会

成立于1911年。地点：北京。

由劳乃宣、宋育仁、喻长霖、马士杰、于邦华、陈树楷、陶葆廉等人发起，以陈宝琛为会长，于邦华、姚锡光为副会长。政纲十条：一、尊重君主立宪政体，使上下情意贯注，保持宪政之精神；二、发展地方自治能力，俾人民事业增进，巩固宪政之基础；三、体察现状，筹政治社会之改良；四、详核事实，图法律制度之完善；五、讲求经济，谋财政前途之稳固；六、振兴实业，图人民生计之发达；七、注重国民教育，以收普及之实效；八、提倡移民事业，以达拓殖之目的；九、研究外交政策，以固国际交涉之权力；十、筹划军事次第，期成完健足之武备。

帝国宪政实进会"本帝国主义,以谋宪政实力进行",设总会于京师,设分会于各省,设支会于府、厅、州、县。会员近200人,遍及20个省份及八旗人士。后自行解散。

(十九)中华共和研究会

1911年11月由夏廷桢发起,成立于上海。宗旨为"启民智,消弭专制积习"。

1912年3月改为"国民公党",由岑春煊、伍廷芳、程德全担任名誉会长,王人文为总理。

1912年8月,并入国民党。

(二十)中华共和促进会

原名共和国民会。1911年12月由沙淦、厉明度、张明远等人成立于上海,初称共和促进会。伍廷芳被推为名誉会长,陈其美为副会长。

1912年改组为政党,称"中华共和促进会"。10月,合并入民主党。

本阶段的研究团体的特征是:

时代背景:清廷宣布预备立宪。

这些宪法性研究团体,在组团起因上是为了呼应预备立宪活动,可谓是与政府保持了一致性。因此,它们的组团结社活动具有了合法性和公开性。团体章程所定的社员资格一般都较为宽泛,但实践中被接纳入社的会员,往往都是士绅名流等社会精英人士。而这些团体也认识到法治教育的重要性,纷纷开设培训机构或发行报刊,来宣传普及立宪知识,启发民智。在获得民众支持后,团体的政治影响力就彰显出来。这种政治影响力又集中表现在政治诉求上,以鼓吹立宪为目的,希望政府早开国会,同时还强调地方自治的重要性。而这两项措施一旦得到实施,则符合这些立宪派人士的政治利益。随着政治诉求集中在参政要求上,有些团体的学术研究属性逐渐褪去,开始具备了近代意义上的政党属性,或者说是准政党属性。概况而言,可以认为是清末一批有着政治抱负的精英士绅,通过举办学会,以凝聚人心,进而实现自身的政治诉求,其在客观上也促进了清末立宪活动的实质性展开,向民众切实地传播了宪法观念,为此后民国时期的立宪运动奠定了思想基础。

三、阶段三:北京国民政府时期(1912—1927年)

(一)女子参政同盟会

全称为"中华民国女子参政同盟会"。1912年2月20日在南京成立,以唐群英为代表。参加者有上海女子参政同志会、女子后援会、尚武会、金陵女子同盟会、湖南女国民会等。会长为沈佩贞。本部设于南京，各省设立支部。口号"欲弭社会革命之惨剧，必先求社会之平等；欲求社会之平等，必先求男女之平权；欲求男女之平权，非先与女子以参政权不可"。曾上书孙中山和参议院，鼓吹妇女参政和从事社会、经济、文化等活动。要求参议院补定"女子选举法"，编辑出版有《女权报》及《女子的话报》，对宣传、推进妇女解放运动起了一定的积极作用。1913年，被北京政府内务部勒令解散。

会址最初设在南京四象桥。同年10月20日，迁往北京菜市口大街丞相胡同37号亚东丛报社内。

（二）民权协进会

石万钟、张绍泉等发起。以提倡民权、发起慈善为宗旨。1912年6月10日成立，7月16日经北京政府内务部批准。

（三）中华共和宪政会（中华民国宪政党）

清宣统三年（1911年）十一月初十日，伍廷芳、唐文治、李平书等发起成立中华民国宪法预备会。二十九日，改中华共和宪政会，推李平书为会长、伍廷芳为副会长，设总务、交通、研究、编辑和宣传5部，总会设于上海小西门江苏教育总会内，扬州、镇江、泰州、杭州、宁波等地设支会。会员230余人。以博采民国宪法、确定纯粹中华共和政体为宗旨。1912年3月24日，改中华民国宪政党，伍廷芳为领袖，李平书为副领袖。编纂《共和宪政杂志》，以"讨论党政上之问题以阐法理而伸人权"，附设南洋法政学校，培养学生，扩展党势。

（四）宪政研究会

根据《时报》1913年4月24日题为"宪政研究会举定正副会长"的新闻，"国事维持会附设之宪政研究会，昨日（十七日）开会，举定孙少侯先生为会长，汤济武、黄远庸两先生为副会长"。

（五）宪法期成会

1913年12月3日由王彭年、郭同、牟琳、虞廷恺、萧晋荣、龚焕辰等人发起。以"造成完美宪法，促进成立为宗旨"。有会员30余人。设总机关于北京，总理全国会务。

（六）宪政讨论会

1915年10月成立。由关庆余、李灿、张知竞等发起创办。以阐发宪政真理用备当道采择，要求实行立宪为目的。

（七）上海地方自治研究会

1916年9月5日《时报》刊载《上海地方自治研究会之发起》。

(八）五族国民自治讲演会

1916年10月成立，10月8日由京师警察厅和北京政府内务部批准备案。由李秉中、赵贵和等发起。以联合五族国民融洽感情、注重讲演、倡导各地方自治、务使普通人民视重自家共具自治能力为宗旨。

纲要：促进种族同化，发展自治能力，改良社会风俗，研究贫民生计，注重普通教育，研究讲演辞书。本部设于北京，各地方设有分会及支会。会址设在北京左三区鼓楼东北醋胡同6号。

（九）宪法促成会

由吴兆毅创办。以促成完善之宪法为宗旨。

1916年12月成立。12月20日批准备案，吴兆毅为会长。

该会声明系暂设机关，待宪法公布即行解散。

（十）旅京广东自治促进会

陈荣新发起创办。以实行民治主义为宗旨。

1920年9月26日成立，10月23日批准备案。

董事有王宠惠、梁启超、梁士诒等22人。日常事务由全体董事轮流值班办理。

（十一）中华自治协会

长沙人连华岩发起，创设于北京。以联络中华同族感情、促进自治事业为宗旨。1920年10月20日成立。12月28日，经北京政府内务部批准备案。会长连华岩。编辑出版《中华自治日报》。

1921年3月18日创刊《中华自治公报》，以"唤起社团自治精神，藉端自治事宜之根本"为办报方针。1925年8月，该会迁至天津，并修正会章。

（十二）自治同志会

1920年12月成立于北京。宗旨为"联合同志，讨论自治制度"。主要负责人有：高一涵、徐瑾、顾名和何恩枢等人。会内设自治制度委员会，有会员50余人。1921年3月21日，获北京政府内务部批准。

（十三）湖北自治促进会

李治东发起创办。宗旨是：促进地方自治、发扬民治精神。1920年12月28日成立，1921年1月24日报批准备案。不设会长、理事长。所有会务由各部主任干事会同办理。干事包括李治东、罗灿、鲁颂等人。会员154人。

（十四）旅京安徽同乡自治制度讨论会

1921年1月10日成立。以"研究自治制度，排除自治障碍，期于实行自治"为宗旨。孙毓筠为主任，常委有俞伟铎、王源翰、叶一舟、贺廷桂等人。1921

年1月7日报京师警察厅批准备案。

(十五) 宪法学会

1922年8月1日成立。1924年出版学会杂志《宪法论丛》第1卷，邓毓怡在发刊词里提到了学会之缘起："民国成立十余年，而宪法未立；论者病之。第一届国会议员负特有之责，念未竟之业，尤恧然憪然，不能自已。毓怡亦其中之一员，奚能独异。故自国会六年解散以还，颇从事续开之运动，其呼号奔走，同人类知之，不具述。顾毓怡之意，非谓宪法成即中国治，如时贤宪法统一宪法救国诸理想云云也。徒以为有未必行，无且益坏，而自身即负此责，则心愿所在，必求以偿之而已。时会助人，国会竟复。民国十一年六月，自津旋京，备开会矣。因思天坛草案，成于数年之前，二读所通过者，亦已数岁，改弦更张，需于造法之担负力者固多，即迁就补苴，而斟酌益损，委曲以求全者，亦非可以苟且。同人虽有从事数年之经验，而或学非专门，或已就荒废，或所学渐进陈旧。今又膺此重寄；非合群智，不足以言讨究；非与专家方家研求者，交换知识，不足以得满足之结果。乃谋之国会同志，及国会外政法学者，共发起此宪法学会焉。以负制宪责任之人，与治宪法学术之人，时聚一堂，为自由之讨论，学理之商榷。而同人在宪法会议如何主张，在教授上著作上如何主张，学会皆不过问。盖止于意思之交换而已"。

根据学会简章，学会的宗旨在于，"就宪法上种种问题为学理的研究，以与国人商榷，并供制宪之参考"。学会加入的资格有限制："凡左列之人志愿入会者，均为本会会员：现有制宪任务者、平夙研究宪法者。"

学会推邓毓怡、陈启修、吕复为总务，孙几伊、郁嶷、孙文焕为文书。成员有李大钊、林长民、何恩枢、张志让等将近百人。

学会刊物为《宪法论丛》，但仅发行了此一卷。

(十六) 北京女子参政协进会

王孝英、石淑卿、周潘等发起。宗旨为"要求政府解除两性之间一切限制，还女子以完全之自由，使女子在政治社会各方面的活动与男子有同样权利"。1922年8月3日，召开成立大会，但被政府禁止成立。

(十七) 女权运动同盟

1922年8月23日，由北京女子高等师范学校学生周敏、孙继绪、陶云、张天钰等发起组织，在李大钊的热心帮助下于北京成立。周敏被选为会长。宗旨为"扩张女权，取得法律上男女平等"。创刊《女权运动号》。成立后，邀请王世杰、陈启修、李大钊、谭仲逵等名流学者演讲。9月，向国会提出请愿书，要求在宪法上规定男女平等，恢复女子一切权利。1923年11月，上海、南京等地也设立了分会。该同盟为争取妇女利益，挣脱封建束缚做出了贡献。

1947年8月在南京改组为女权运动同盟会南京市分会，会员有246人，吴泽菱被选为负责人。会址设在南京颐和路14号。

（十八）上海女权运动同盟会

1922年10月29日成立于上海。理事长沈仪彬，副理事长程婉珍。该会成立后，即向参议院、众议院提出请愿书："匪独参政公权，女子应与男子同享，而私权之被限制，亦必力求伸张"；要求在宪法上写上"中华民国无论制定何项法律，不得违背男女平等之原则"；提出政治上妇女应与其他人取得一律平等的地位。1925年4月25日，该会发表反对《国民代表会议条例》的通电，拒不承认剥夺女权的《国民代表会议条例》。

（十九）北京言论自由期成会

1922年11月10日成立。其简章规定，以"向国会请愿，废止妨害言论自由一切法规，并另立保护言论自由条例"为宗旨。蔡元培、胡适、李大钊、梁启超等60人被推为评议员。

该会成立后，即为争取言论自由等民主权利而斗争，推动了反对封建军阀专制统治的革命活动。

（二十）地方自治制度协进会

1923年11月10日，由周嘉坦、王荣光等人发起，在北京成立。宗旨为"遵守宪法，促进地方自治"。设干事若干人，组织干事会，总理本会一切事务。

（二十一）江西自治协进会

1924年11月1日在北京成立。以"联络本省同志，促成省宪，实行自治"为宗旨。黄序鹤、邱珍为干事。1925年1月15日经内务部批准。会员28人。

（二十二）上海国民会议促成会

《时报》1924年12月15日新闻刊载《国民会议促成会成立大会纪》《赴会代表之踊跃通过章程宣言及通电举定委员》。

1924年12月14日在上海成立，有143个团体参加。邵力子被推选为主席，陈广海、向警予等担任委员。该会发表宣言，宣布反对帝国主义军阀分赃的善后会议，要求建立人民政权，结束军阀统治；还提出了废除不平等条约、保障人民言论自由等要求。国民会议运动结束后，停止活动。

（二十三）上海女界国民会议促成会

1924年12月20日成立。上海妇女界出于促成国民会议召开、争取女权而设立。王立明为主席。该会宗旨包括："对内肃清军阀制度并伸张女权，以符自由平等主义"。该会还提出"废止治安警察条例及罢工刑律，保障人民集会、结社、出版、言论、罢工之无限制的自由权"等要求。1925年3月5日，该会发表通电，抗议国民会议不允许妇女代表参加，并且剥夺女性国民的选举权与被选举权。5月，该会再次发表通电，反对国民会议条例剥夺女权。该会后随国民会议运动的结束而停止活动。

(二十四) 天津妇女国民会议促进会

1924年12月21日成立，邓颖超为主席，发起人有：董瑞琴、张绍兰、陈吉西、胡淑英等。该会宣言：在国民会议中，要多容纳妇女团体参加，在政治上要有民主、自由，提出妇女要在政治、经济、教育、法律以及风俗习惯等方面获得平等地位。

1925年五卅运动爆发，该会积极响应，发电声援上海学生，并与商会商议罢市，与英日经济绝交。随着国民会议运动结束，该会也停止了活动。

(二十五) 宪政讨论会

由郭襄臣、黄策成、王光鼎等发起创办。以讨论君宪、研究学理为宗旨。1925年9月成立，11月13日报内务部批准。

会长郭襄臣（律师），会员146人。成员大多是留洋回国知识分子。

本阶段的研究团体的主要特征是：

随着清廷覆灭及中华民国的建立，国体虽然从君主制转为共和制，但宪法实施的状况并不尽如人意，表现在制宪活动的频繁性，这也导致长期缺乏一部具有稳定实效性的宪法。

在此种背景下，宪法研究团体的研究活动不可避免地受到政治现实的影响，与立宪实践紧密联系可谓是本阶段宪法研究团体的最大特征。

制宪活动的实施主体是作为国民代表的国会。但国会被多次解散，如何保证其正当性，便是问题所在。就此，即有不少团体主张召开国民会议，充分地体现民意，以解决宪法制定的正当性。

针对官拟或私拟的宪法草案，研究团体也纷纷从包括比较法在内的多种视野，提出批评和建议（如宪法学会会刊《宪法论丛》所刊载的张志让《国宪应修正之各点》、郁嶷《德国新宪法与我国宪法之比较》、刘大钧《宪法中财政划分问题》等），以求制定一部良好的宪法。

对于地方自治的研究依然是重点所在。这同样与实践有关，民国初年的各地军阀往往借地方自治旗号以实现割据，却在客观上促进了学术界对地方自治、联省自治等问题的深入探讨。

此外，经过清末立宪运动下宪法知识的普及，与民主共和观念一起传播开来的是男女平等观。大批接受了新式教育的女性在思想上觉醒，要求摆脱封建传统上附属于男性的地位，通过结社以呼吁，主张将男女平等写入宪法，并且要求有女性代表来反映民意。

四、阶段四：南京国民政府时期的宪法研究团体（1927—1949年）

（一）山西宪草研究会

1933年6月2日在山西太原省政府会议室成立。李向仁、邵修文、陈受中被推为常委。

（二）北平宪法讨论会

1937年成立。罗家衡发起，罗隆基、程希孟、张东荪等参会。

（三）宪政协进会

根据《文摘》1937年第2卷第2期刊载，1937年7月11日成立于上海。成立大会推主席为诸青来，常务理事包括张君劢、胡愈之、汪馥炎、张志让、潘大逵、艾思奇等。根据章程，其宗旨为协助宪政进行，发扬民主精神，完成中华民国之自由平等。

该会并在1937年7月15日《社会日报》上发表了宣言："我们从这宪政时期所能够期望的，至少有以下的几件事。第一，中华民国的人民，抬起头来，使中国成为真正民治、民享、民有的共和国。第二，凡是一个现代国家的人民，所应享有自由权，中国人民，都应一律享有，尤其是言论、出版、集会结社，这些最低限度的自由，应该被认为神圣不可侵犯。第三，政府与人民的关系，中央与地方的关系，永远在法治的基础上确立起来，全国真正团结一致，永远避免内部的摩擦和冲突"。

该会还在10月16日登报建议"速订中苏互助协定，建议政府实现全民抗战明令，动员全国民众，并准各地民众自由组织；实现民主政治，从速建立全国及各地民意机关；致电外蒙当局，从速出兵抗敌"。

（四）宪政座谈会

1939年10月1日成立于重庆银行公会，任务是坚持团结，协助推进民主宪政运动，修改宪法草案、国民大会组织法、选举法等。先后举行了8次座谈会会议。

11月以此为基础，成立了"宪政促进会"。负责人为张澜、沈钧儒、章伯钧、张君劢等。该会曾创办《宪政》《民主》《国论》等报刊。1944年9月支持中共提出建立联合政府主张。

(五) 妇女宪政座谈会

1939年11月到1940年3月,重庆妇女界30个团体召开了7次"宪政与妇女座谈会",讨论了宪政的理论问题和实践宪政的具体措施。1939年11月12日举行了第一次座谈会,27个妇女团体的代表200多人参加了座谈会。会议议题是"什么叫做宪政",通过了《宪政与妇女讨论大纲》。《新华日报》第二天随即发表社论,给予其高度评价和赞扬。11月26日,第二次座谈会召开,主题为"抗战与宪政"。12月10日,召开第三次座谈会,主题为"目前人民程度是否能够实行宪政"。12月24日,召开第四次座谈会,主题为"我们需要哪种宪政"。1940年2月25日,召开第五次座谈会,主题为"实行宪政与妇女解放"。3月3日,召开第六次座谈会,主题为"如何促进宪政与妇女解放"与"针对五五宪草的修改意见"。3月31日,召开第七次座谈会,重申"宪法应明确规定妇女与男子在社会各方面平等的权利"。

《妇女生活》第8卷第6期登载了新生活运动促进总会妇女指导委员会文化事业组干部夏英喆(中共秘密党员)的《重庆妇女宪政座谈会缩影》一文。

摘录如下。

(一) 重庆市廿七妇女团体赞助第四届参政会的决议

在重庆市廿七妇女团体谈话会上有人提出促进宪政是第四届参政会关于民主政治的决议,这一决议不但是中国政治走上民主和进步,也是抗战建国过程中,动员民众,参加抗战的基本条件。妇女不但为实现民主政治要积极赞助这一运动,而且为妇女自身解放,也应当切实研究和推动,因此为了宣传大众和教育自己起见,我们要制定讨论大纲,加以研究,这一意见,马上便被大家接受,过了几天大纲起草好了,便寄发各个妇女团体和妇女界名人,发出的信一共一百六十几封,成分包括有女参政员、女参议员、女立法委员、女律师、女记者、女作家、职业妇女、女学生,以及大大小小的二十七个妇女团体、妇女部门和妇女干部。

(二) 第一次妇女宪政座谈会的收获

十一月十二日,纪念中山先生诞辰,来研究如何实现中山先生的遗志——实行民主政治的宪政,是最有意义的了。这一天新运妇女指导委员会的大礼堂特别热闹,史良、刘清扬、朱纶、唐国桢、黄佩兰、韩幽桐、邓季惺、张晓梅、卢竞如、范元甄、白薇……这些先生们都一早便来了,大会主席团是每一妇女单位一位代表,计有新运妇委会、女青年会、慰劳总会和重庆分会、妇女抗建协会、东总妇女工作委员会、难民妇女服务团、陕甘宁边区妇女救国会渝驻代表团、市妇女会、妇女生活社、教育学院、重庆大学、中央大学、女子职业学校,以及大公、新华、扫荡、新蜀、时事、新民等各报女记者共有二百多人。

九点钟大会开始,主席史良先生作简单报告后,通过了宪政与妇女讨论大纲。

开始讨论后,刘清扬、韩幽桐、朱纶、范元甄、张晓梅诸先生都先后发言,以后络续发表意见的非常之多,到了十二点钟还不停止,主席只好请各人缩短说话时间,稍稍延长开会时间并且截止了讲话人的登记,结果还是十二点半钟才能作结论:关于第一节结论是:第一,宪法就是根据全国民众真正意见而制定的合乎现实社会,贯彻三民主义精神,尤其是适应抗战建国的根本大法,依照这个宪法实行全民政治,就是宪政。

第二,两年前虽已产生了国民代表大会代表,而为了补足缺额,我们还应当继续选举代表民意的代表。

第三,为了适合战时需要,遵从政府"集中全国各方人才,从事抗战建国工作,争取最后胜利"的意旨,我们要设法使一切忠于民族解放事业的人民代表都能有机会参加到国民大会里来。

在这个大会上有三点值得欣喜的现象和收获,就是一、许多人以为妇女只可以洗尿布,下厨房,不配谈政治,事实上,这次妇女代表的发言非常踊跃,并且大都以国家民族的利益为前提,这种热烈的情绪十足说明了妇女不止是热心政治,而且是推动民主政治的一支力量。二、虽然到会的成分遍及各方面,对于每一个问题多少有不同的看法,可是结论得到完全一致的意见,一致承认目前中国是迫切需要实行宪政的时候。三、促成妇女界有组织的大规模的进行宪政运动。

(三)第二次妇女宪政座谈会的进步

座谈会是每两周一次,第二次是廿六日的上午九点钟,这次参加的人和团体都较上次更多更广泛,团体方面增加了六个,个人方面增加了卅多位,一共有三百多人了。主席团是史良先生、刘静兰先生、沈慧莲先生、刘清扬先生、韩幽桐先生、冯士一先生和张玉琴先生等十余位,大会主席仍由史良先生担任,史先生首先报告关于妇女促进宪政的组织问题,在各妇女团体谈话会中已经决定了每一妇女团体有一位当然代表,参加筹备会,为了集中各方力量,使这一组织更为健全起见,再由各妇女团体各提出一位热心妇女运动,或对政治有研究之妇女名人,经卅三团体通过者,即为筹备人。其次于推动工作,重庆市妇女宪政运动应当作全国各地妇女宪政运动的模范和推动者，因此预备招待新闻界和发行特刊，以作扩大宣传。

接着正式讨论开始，这是第二节，里面包括五小节目。未讨论前韩幽桐先生提出补充上次论题的一点意见，关于选举法第三条应加以男女或不分性别的字样，因为许多国家如英法等国，宪法即不包括妇女在内，而于妇女获得参政权后才标明男女字样，又中国一般妇女无知识，一定要举行公民宣誓实为困难，希望能尽量给妇女便利，免去宣誓手续。

讨论到抗战与宪政的关系时候，起立发言的人很多，并且都带着中山先生遗著建国大纲、北上宣言和号召国民会议之演讲等文献，当场释读，引证中山先生对于宪政之主张，如北上宣言里说："其一，使时局之发展能适应于国民之需要，盖必如此，然后时局发展之利益归属于国民，一扫从前各派势力瓜分利益，及垄断权利之罪恶。"

"其二，使国民能自选择其需要，盖必如此，然后国民之需要乃得充分表现，一扫从前各派包揽把持隔绝群众之罪恶。"

又在号召国民会议之演讲上说："中国前途一线生机，就在此一举，如果这个会议能够达成，得一个圆满结果，真正和平统一，全国人民便可以享共和的幸福，我的三民主义便可以实行，中国便可以造成一个民有、民治、民享的国家。"

张志渊先生引证了中山先生的遗言，说明宪政和抗战建国的关系，关健、范元甄、刘清扬、纪清漪、刘海尼、黄佩兰、曹孟君、卢竞如、杨慧琳、李崐源诸先生也先后阐述了实行民主政治是实现三民主义的基本原则，后来尤其是新自沦陷区来的曾克女士更举出实例说明民主政治和抗战的不可分性，刘蘅静、朱纶先生也各提出实行宪政的具体方法和步骤，主席史良先生综合了大家的意见作简单的结论如下：

1. 只有实行宪政，集中各方意见，才能团结全国民众，参加抗战。

2. 实行宪政承认各方力量的存在，接受大家意见，大家都在三民主义一个目标下为民族国家努力，正是巩固了全国的统一和团结。

3. 三民主义的理想是民有民治民享的国家，实施宪政，正是实现民主政治也就是实现三民主义。

4. 既然实行宪政是三民主义的目的和理想，而三民主义又是抗战建国的最高准绳，所以实施宪政也就是增加抗战力量，促进建国成功。

这一结论博得全场的同意，散会的时候，雨还没有停，大家淋着雨点，踏着泥泞，可是情绪依然热烈，精神十分振奋，这正说明抗战以来中国妇女在政治和认识上的进步，也证明只有动员妇女参加政治抗建工作才能帮助民主政治的进展和成功。

(四) 响应六中全会的决议，组织妇女推行宪政

四届参政会对于实施宪政的意见和办法，自经全国民众热烈响应后，六中全会又更加具体并限期于"民国廿九年召集国民大会，以期早日制定宪法"，重庆妇女界已经先于全国姊妹推动这一工作了，现在应当是更具体更严密的组织和动员的时候。依照目前进行的情形，我以为：

1. 集中各方意见和力量，筹备成立妇女促进宪政的固定组织，起草组织大纲，规定工作计划。

2. 研究和召集关于宪政与宪法的各种书籍资料，系统的著文论述，出版有关的刊物，召集各团体的座谈会研究会，研究及介绍各国妇女在宪法上的地位、中国妇女对于宪法的努力。

3. 制定研究大纲，作为自我教育的材料，将历次座谈会的记录、重庆妇女推进宪政的消息，寄往各地，号召全国妇女及侨胞响应宪政运动，通过团体或个人的关系，发起促进宪政组织和团体，特别注意教育女学生、家庭妇女、农村妇女、工厂妇女和抗日军人家属等。各地乡村服务队、乡村工作者应以协助政府，促成国民大会，实施宪政为宣传教育之中心要点。

4. 以宪政运动配合各地实际环境，开展妇女组织，密切重庆本会与各地妇女组织的联系，经常交换、报告全国妇女促进宪政运动的消息和通讯。

5. 征询真正民意，商讨关于国民大会中的妇女代表的意见，并准备向国民大会提出，关于"训练妇女，俾能服务于社会事业，以增加抗战力量"之具体方案。关于"妇女儿童从事劳动者，应按其年龄及身体状态，施以特别之保护"实际办法。关于动员妇女，组织妇女实际困难之减除，关于妇女生活，保障妇女职业，优待抗日军人家属，扶植妇女社会事业等之提案及意见。

6. 征求全国妇女界意见，建议组织全国妇女促进宪政之总会，于明年十一月前召集全国妇女代表，商讨上述之提案及意见，以便贡献于国民大会。

(六) 昆明妇女宪政座谈会

1939年12月17日由中国共产党人陈瑞仪等人发起组织，在云南昆明成立。主要目的是主张增加云南妇女代表人数，由钟韶琴负责。

(七) 立煌宪政研究会

1939年12月14日在安徽省立煌县成立。主要人物有中国共产党大别山日报

社社长张白川，领导皖中、皖西各县的宪政运动。张白川等15人为理事，组成理事会。

（八）绥德各界宪政促进会

1940年2月7日成立于绥师大礼堂。选举霍子东、刘绍庭、王震等25人为理事。成立宣言指出"实施宪政是打破敌寇汉奸阴谋的有力武器，也是时局转圜的重要关键，因为抗日的新民主主义宪政乃今日中国所必须实行之宪政，亦是全民族当前之急务"。

（九）上海各界宪政促成会

《职业生活》1940年第2卷22期刊载了题为《上海各界宪政促成会成立宣言》的新闻："上海各界民众团体为忠诚拥护国民参政会与中央实施宪政之决议起见，于本年三月十二日成立本会，集合各方面领导人才，进行关于宪政之宣传与讨论，以期征集真正民意，贡献中央，协助政府，建立民治，完成抗建大业"。在上海已经成为沦陷区的情形下，仍有大批市民关注宪政运动。成立宣言指出"实施宪政与抗战建国的关系非常密切"，要约有四点："实施宪政是坚持抗战胜利到底的主要保证"，"实施宪政是坚强民族团结的有力条件"，"实施宪政是增强国防打击狄人有效办法"，"实施宪政是改善行政效率发扬民众自治的唯一道路"。宣言还针对国民政府提出了四项诉求："一、请政府实施第四次国民参政会所通过的治标办法，明令宣布（一）全国人民除汉奸外，有言论、出版、集会、结社的自由，并给与法律上的保障。（二）全国人民除汉奸外，在法律上政治地位平等。（三）承认战后成立的一切职业的学术的救亡的群众团体之合法。二、请政府修正国民大会选举法，宣布战前所选出的国民大会代表无效，依照普选制度重选。三、请政府修正国民大会组织法，扩大国民大会职权，规定国民大会为最高政权机关。四、请政府接受人民对于'五五'宪草的意见，并允许国民参政会及将召集的国民大会各有另提宪草之权。"

（十）山东宪政促进会

《解放》1940年第101期刊载《山东宪政促进会通电全国正式成立》。

1940年2月22日成立于山东。由徐向前、朱瑞、朱竹航等60余人组成执委会。

（十一）泾县宪政讨论会

1940年3月3日由新四军政治部主任袁国平发起组织，在安徽省泾县成立。主要讨论并领导泾县的宪政运动。

（十二）冀南宪政促进会

1940年3月15日在河北省景县成立。主要任务：推动冀南各行政区县的宪政运动，发表组织团体办法及研究中心工作纲领及掀起妇女参政等运动。领导冀南各县宪政运动。选举执委9人负责。

（十三）晋冀豫边区新闻界宪政期成会

1940年3月29日在太北成立。主要任务：号召华北新闻界成立总会，开展宪政宣传，帮助组织宪政团体，推动晋冀豫各界宪政运动，并在晋冀豫边区承担领导作用。何云被推为理事长，张鲁被推为副理事长。理事11人。

（十四）皖南宪政促进会

《内地通讯》1940年第50期刊登《皖南宪政促进会成立-二千余人济济一堂情绪热烈-通电全国要求实行民主宪政》。

1940年3月31日成立。项英、薛暮桥先后在成立大会上发表演说。大会还选出周子昆、陈丕显、彭柏山等26人为理事，并在成立宣言中提出了三项诉求。

（十五）苏鲁豫边区宪政促进会

1940年4月25日由苏鲁豫边区中国共产党及十八集团军所组成。成立于山东金乡。主要目的是推动各县成立分会及参政会，提出保证民主政治实施等口号，并尽量提拔妇女参政，宣言曰予人民以思想信仰、言论、出版、集会、结社之自由，实行合理负担，成立救国公债，改善人民生活等动员会，并领导苏鲁豫边区各县宪政运动。王茂陵等13人被推举为理事会常务理事，郭影秋、孟仰陶、朱德三为常务驻会。

（十六）广西宪政协进会

《全民抗战》1940年第126期刊登韬奋《广西宪政协进会成立》一文。

1940年5月28日成立，选举李任仁等29人担任理事。

（十七）民主宪政促进会

1944年1月1日，张澜在成都发起成立。主席邵从恩，副主席张澜、李璜。目的是倡导民主、促进宪法。4月，联络其他党派和民主人士讨论"五五宪草"的总统制、内阁制和国会两院制等政体问题。6月20日，召开大会，提出10项国是主张。

（十八）陕西妇女宪政研究会

1944年10月3日在西安成立。宗旨为"加强妇女对宪政之深切认识，并积极研究以健全实施宪政之基础"。设立理事会，理事长为皮以书。理事有陈建晨、赵文艺、刘宦等，监事有刘凤仪、彭素馨。会员86人。

（十九）中国宪政协会

1946年2月24日在重庆成立。在渝法学界人士旨在为研讨宪政方策，实现民主政治而成立该会。在成立大会上，公推江一平、田炯锦、杨幼炯为主席团，通过会章后并将"五五宪草"作一总的研讨,旋分七个小组分别详细研讨,以便提供国民大会采择,并选举杨幼炯、江一平、史尚宽等21人为理事,张维翰等7人为监事。

该会成立后,先后就"五五宪草"国民经济章节、其他团体的修正案等举行座谈,并先后发布决议表明意见。例如,其就制宪原则表明意见:"一、凡人民之自由权利,不妨害国家安全、社会秩序、公共利益者,均受宪法之保障。五五宪草所定'非依法律不得限制之'字样,均可删去。二、人民之自由权利,非为保障国家安全,避免紧急危难,维持社会秩序,或增进公共社会利益所必要者,不得以法律限制之。三、人民除现役军人外,非依戒严法之规定,不受军事裁判。""一、国民大会代表之产生,以区域选举为原则,但得兼采职业选举。二、国民代表任期改为四年。国民代表,得由原选举区罢免之。三、国民大会每二年自行召集一次。国民大会经国民代表五分之一以上之动议,得召集临时国民大会。总统得召集临时国民大会。""国民大会之职权如下:一、选举总统、副总统、立法、司法、考试、监察各院院长、副院长、立法委员、监察委员;二、罢免总统、副总统、立法、司法、考试、监察各院院长、副院长、立法委员、监察委员;三、创制法律;四、复决法律;五、听取政府报告;六、宪法赋予之其他职权;七、修改宪法。"

(二十)三民主义宪政同志会

1946年4月10日,由吴尚鹰等人发起组织,在四川重庆胜利大厦成立。该会目的在于"使中华民国的政治成为国父孙中山先生所倡导的三民主义与五权宪法之政治,三民主义与五权宪法为不可分离的基本原则","以阐扬三民主义,五权宪法,促进宪政及完成民主政治为主要任务"。宗旨在于"不仅要达到中华民国有三民主义的宪法,更要中华民国人民能实行这个宪法。务使这个宪法为活的宪法,在人民日常生活中表现其力量以达到孙中山先生福国利民的革命目的。凡有裨益于宪法之实施者,愿竭智力以赴之。其有侵犯宪法行为,危害国家人民福利者,尽其最大力量以去之"。该会由立法院同人发起,会员中多为立法委员。孙科被推选为名誉会长。该会理事长由吴尚鹰担任,常务理事还包括张肇元、吴蕴初等。理事包括马寅初、林彬、杨幼炯等。该会并设监事会。监事会召集人为吴经熊,常务监事有沈尹默、何遂等,监事还包括王昆仑、江一平、狄膺等。总会设于南京,并于上海、北平、广州等地设立分会,会员达上千人。

(二十一)南京地方自治协会

1946年7月成立于南京。宗旨"阐发地方自治理论,调查各地自治之推行状况,并注意史料之整理分析及各国地方自治制度之介绍比较"。理事包括:傅选清、刘月波、黄早阳。负责人：傅选清。

8月14日创办不定期刊物《市民周刊》，并在发刊词上表明"三不态度"：不迎合士大夫阶级的趣味，不做政府的应声虫，不受威迫和利诱。

（二十二）宪友社

由制宪国民大会代表王晓籁、罗衡等组成。其声称：宪法颁布后，尚有赖于全民之共同实践、力行。因发起组织宪友社，协助政府，推行宪政；并合作互助，发展社会事业。

1946年12月22日，成立于南京。

章程规定的任务：协助政府促进宪政之实施；联络各地民意机关及人民团体，宣传宪政；地方自治及社会经济文化之调查与研究；合作及协助社员经营经济文化及各种社会事业。

（二十三）南京市安徽宪政协会

1947年4月在南京召开成立大会。黄梦飞为负责人。

（二十四）五权宪法学会

1947年12月25日召开成立大会。到会80余人。上午会议通过章程。下午会议宣读论文7篇，随即通过宣言。选举理事张知本、夏勤、史尚宽等24人，监事谢瀛洲等9人。蒋介石被推选为名誉会长，孙科、居正、于右任等被推为名誉理事长，朱家骅、陈立夫等被推为名誉理事。

1948年4月25日出版的《中国青年》复刊第2卷第4期为五权宪法专号，刊载了学会成立时张知本的演说词以及成立大会时宣读的7篇论文之中的6篇《五权宪法的历史》（周曙山）、《五权宪法精义》（梁荫华）、《五权宪法的优点》（刘静文）、《五权宪法是实现三民主义的工具》（范仕宇）、《宪法中之人权与人道》（赵曙岚）、《行政机关与立法机关的关系》（郭乘桴）。《宪法底中央制度与五权宪法》（任卓宣）则发表在《地方自治》上。

本阶段的研究团体的主要特征是：

广州国民政府通过北伐，在形式上统一了全中国。根据孙中山的建国大纲，军政时期结束，进入训政时期。后因日本侵华，国民大会迟迟不能召开。直到抗战胜利后的1946年，国民党政府才制定了欠缺正当性的《中华民国宪法》。

在这种背景下，宪法学研究团体的主要政治诉求依然是要求召开国民大会，制定宪法。这种诉求反映为两次宪政运动。所谓第一次宪政运动是指，1939年9月的一届四次国会参政会上，提出了七个改良国内政治的方案。其中包括孔庚领衔59人提出的《请政府遵照中国国民党第五次全国代表大会决议案定期召开国民大会制定宪法开始宪政案》。9月16日通过《请政府定期召集国民大会实行宪政决议案》，第一次宪政运动由此拉开帷幕。一年时间内，全国各地纷纷成立座谈会、促进会等多个宪法研究团体，但后因国民党坚持一党专制，没有实行宪政的诚意，并在1940年9月宣布国民大会召集日期另行决定，取消了许下的承诺，宪政运动就此收场，各地的宪政促进会也纷纷解散。所谓第二次宪政运动则是在1944年，随着日本侵华军队在豫湘桂大举进攻，国民党军事失利，政治、经济危机加剧，国统区民主运动再度高涨，张澜等民主人士在成都发起组织民主宪政促进会，开展了第二次宪政运动。

此外，这些研究团体在抗战期间，也都强调抗战救亡与实施宪政并不相悖，对国民党试图借抗战之名行独裁之实，进行了批判。研究团体还就三民主义以及五权架构模式，从宪法层面上进行了研究和探讨。

概括而言，在南京国民政府执政期间，因为战争缘故，制宪活动未能有效实施。同时期的宪法学研究，在欠缺有效的宪法典的前提之下，自难在法教义学上展开。而1946年中华民国宪法虽然获得通过，但很快随着国民党败退入台而失去了其规范效力。解放战争胜利后，中国的宪法学研究迎来了在社会主义时期的新发展。

五、阶段五：中国共产党主导的宪法研究团体（1921—1949年）

（一）延安各界宪政促进会

延安各界宪政促进会成立的背景是抗战时第一次民主宪政运动。为了响应支持国统区的宪法运动，中国共产党领导的陕甘宁边区也开展了呼吁民主宪法的活动。1939年11月在延安，以毛泽东为首的89人发起了筹备建立宪政促进会的活动。不久，召开了有千余人参加的"延安各界宪政促进会"成立大会，老一辈无产阶级革命家吴玉章当选为理事长，毛泽东等46人当选为理事。在成立大会上，毛泽东发表了题为《新民主主义的宪政》的重要演说。

（二）延安妇女界宪政促进会

延安妇女界宪政促进会是陕甘宁边区时期中国共产党领导下的妇女群众团体。1940年1月17日在延安成立。

延安妇女界宪政促进会以协同全国各党、各派、各阶层先进妇女，帮助政府迅速实施宪政，并要求政府在政治上、经济上、教育上、法律上、社会生活上，保证给予全国妇女以真正平等之地位和一切民主权利，以达抗战必胜、建国必成的目的为宗旨。任务是研究宪政有关妇女问题及各国宪政运动历史；反映各阶层妇女对宪政的意见与要求；与全国各地妇女界宪政团体及各界宪政促进团体联系，号召与推动各地成立妇女界宪政促进会。

该会为理事会制。理事任期一年。理事会内设立常务理事会，组织、处理一切日常会务。常务理事会下设秘书处、宣传科、组织科、研究委员会。凡赞成该会宗旨，不分党派、信仰、职业教育，均可为该会会员。个人会员须经该会会员一人介绍，团体会员由其机关团体申请，经常务理事会通过，皆为该会会员。

1. 延安妇女界宪政促进会的工作是召集各种妇女群众会议，广泛宣传解释实施宪政对全国妇女的重要意义，发动并组织各阶层妇女群众参加宪政运动。会址设在延安。

2. 名誉理事包括：宋庆龄、何香凝、宋美龄、李德全、崔建华、郭德洁、邱毓芳、邓颖超、蔡畅、康克清、孟庆树、张琴秋、刘英、曹轶欧、张秀岩、廖似光、刘群仙、郭明秋、金维映、史秀云、徐明清、李建珍、危拱之、吴朝祥、夏老太太（王友梅）、史良、吴贻芳、罗衡、伍智梅、陶玄、刘王立明、沈兹九、王汝琪、路志亮、丁玲、许广平、刘清扬、胡兰畦、熊芷、陈波儿、曹孟君、刘玉霞、邓裕芝、蔡葵、张蔼□、蒋□、刘亚雄、杨崇瑞、江兆菊、彭李琳、罗琼、张晓梅、卢竞如、彭子岗、罗叔章、□洪、陆催、孙文淑。

3. 理事会名单：丁玲、张子余、李祥贞、叶群、朱琏、郭靖、林沙、苏灵扬、李丽莲、杨达、吴朝祥、苏华、林纳、刘英、惠凤莲、白曦、吴平、颜一烟、唐咏梅、江青、秦芙、于若木、张琴秋、范元甄、朱仲丽、郭明秋、李澜诗、彭克勤、周桂英、杨芝芳、周岚、路志亮、周越笔、刘昂、吴景直、赵大紫、孟庆树、魏小杰、崔明清、刘素梅、郝明珠、曹轶欧、朱仲芷、张悟真、张亚苏、萧桂芳、张秀岩。

（三）延安新闻界宪政促进会

1940年1月17日成立于延安。目的是组织新闻出版界拥护中国共产党宪政运动。

（四）中国青年新闻记者学会延安分会附属宪政促进会

1940年1月22日中国青年新闻记者学会延安分会召开第三次会员大会。到会300多人。王明到会讲话。会上，由向仲华做工作报告。选举赵毅敏、李初黎、肖向荣、丁玲、郁文等17人为理事。会议决定成立宪政促进会，由赵毅敏、周扬、李卓然等15人组成理事会。

（五）延安青年宪政促进会

1940年2月19日在延安成立。其目的是组织学校青年举行宪政座谈会，以剧团、歌咏队的形式分赴各县宣传宪政问题。

（六）陕甘宁边区工人宪政促进会

《内地通讯》1940年第49期刊载《陕甘宁边区工人宪政促进会成立》一文。

1940年3月23日成立。到会有工人代表两千余人。选出毛泽东、王明、邓发等23人为大会主席团。毛泽东、王明、邓发等到会发表演讲。

（七）豫鄂边区宪政促进会

1940年4月在豫鄂边区成立。主要领导豫鄂边区的宪政运动。李范一为主席，陶铸、向严为副主席。

（八）边区宪法研究会[①]

1945年11月，中共中央决定在边区政府成立宪法研究会，推举谢觉哉、何思敬、李木庵、李鼎铭、齐燕铭、张曙时、陈正人等7人为宪法起草人，谢为研究会负责人。任务是：一方面起草新民主主义宪法，一方面批判"五五宪草"。谢觉哉在发言中对"五五宪草"进行了本质性的批判和揭露。

1946年6月22日，在边区宪法研究会的基础上成立了中央法律问题研究委员会，由谢觉哉、林伯渠、徐特立、王明、陈伯达、张曙时、李木庵、刘景范、黄松龄、马锡五、廖鲁言、王觉民组成，谢为主任委员。任务是研究法律及试拟《陕甘宁边区宪法草案》，要求11月初步完成边区宪法草案，送交中共中央西北局。

谢觉哉对制定宪法的看法是：（1）写中国的边区的宪法，不学英美也不学苏联。人类生活发展规律我国和外国有许多相似，因此研究外国宪法对我们有帮助，不吸收他们的经验，限制自己在小的时空圈子里，不能写出合适的宪法。但我们是写自己的宪法，要句句是自己的。（2）边区宪法是根据边区已实现的东西写的，但多少也有点纲领性，即尚未做好及正待做的也写了些。不过不是理想，而是已有了经济基础和人的能动的根据，是以法律确定促人去实践。（3）抄袭、模仿不能免，但参考模仿不顶事。凡是抄外国的，总不尽合中国及边区情形。中国以前所谓宪草大部关起门写的，不合实际。一经研究，非改不可。在他是好东西，在我不定是好东西。不要以为来头大就轻于接受。（4）所谓"立法技巧"，即条文严整，字句不繁，这是要的。要考虑其内涵及将来解释不发生毛病。（5）专家的意见要尊重，因为专家晓得我们所不晓得的东西。但不是听了就得，而是考究其来源及是否合乎实际。这里非专家应向专家学，把经验提升到理论。专家应向有实际经验者学，把理论与实际结合，有助于实际，且可开展新的理

[①] 参照张希坡：《解放时期"中央法律委员会"的变迁及其工作成就》，载《法学家》2004年第6期，第108－110页。

论。(6) 集体起草最好。反过来，覆过去，讨论一次，有一次进步。可以集中意见，也可以训练自己，是做也是学。

1947年1月，在大致完成陕甘宁边区宪法草案后，中央法律问题研究委员会又受命起草全国性的宪法草案。毛泽东也对制定宪法提出了指导性意见，要求制定符合中国新民主主义社会的宪法。但因为战局变化，中央法律问题研究委员会在1947年3月转移到山西临县后甘泉村，经过几个月的工作，完成了新宪法草案的初稿。考虑到客观的战争形势，1947年11月18日，毛泽东在《给陈瑾昆的信》中说："兄及诸同志对于宪草惨淡经营，不胜佩慰。惟发表时机尚未成熟，内容亦宜从长斟酌，以工农民主专政为基本原则（即拙著《新民主主义论》及《论联合政府》中所指之基本原则），详由王谢二同志面达。"同年12月毛泽东在《在杨家沟中共中央扩大会议上的讲话》中又说："关于宪法，近期内不会颁布，过早颁布也是不利的，但目前应该着手研究。"上述宪法草案以及关于宪法理论的讨论研究，也为中华人民共和国成立以后的制宪工作提供了良好基础。

本阶段的研究团体的主要特征有：

延安时期，中国共产党所主导的宪法性研究团体通过研究活动和研究成果，集中地体现了中国共产党人对宪法、宪政、法治的独特认识观，反映为新民主主义宪政观。

在"延安各界宪政促进会"成立大会上，毛泽东对新民主主义宪政进行了详细的阐述。他首先认为宪政就是民主的政治，进而结合世界近代史上的宪政体制指出，世界上历来的宪政，不论是英国、法国、德国、或者是苏联，都是在革命成功有了民主事实之后，颁布一个根本大法，去承认它，这就是宪法。但是革命在中国并未成功，除陕甘宁边区等地以外，都还没有民主政治的事实。所以现在的宪政运动是争取尚未取得的民主，不是承认已经民主化的事实。毛泽东指出，现在需要的民主政治，既非旧式的民主，又还非社会主义的民主，而是合乎现在中国国情的新民主主义；目前准备实行的宪政，应该是新民主主义的宪政。具体内容表现为：为一般平民所共有，非少数人所得而私；几个革命阶级联合起来对于汉奸反动派的民主专政，也就是抗日统一战线的宪政。

同样在成立大会上，吴玉章也指出，既不能采取欧美的假民主宪政，也不能采用苏联式的宪法，要实行的宪政是新民主主义的宪政，是以两年半抗战中所得来的社会经济的真实基础为根据的宪政。这种新民主主义是与抗战建国相适应的。新民主主义的宪政首先必须是反帝的，即抗日民族统一战线的民主。它不为一个阶级或少数资产阶级及一个政党所专有，而是各阶级、各党派、各民族，除汉奸卖国贼而外都有平等权利的"全民性民主"。它是为了坚持团结反对分裂，以求得抗战胜利的基本条件的民主。其次它必须是反封建、反官僚、反贪污腐化、反一切黑暗势力的民主，它是为了反对倒退坚持进步以求得政治光明的民主。

延安时期的宪法学团体所展开的研究以及宪政运动，构成了中国宪政史的重要组成部分，也为新中国成立后的社会主义宪法研究奠定了理论基础。

第二节　新中国成立后的宪法学研究队伍

宪法学是一门学科，其建设、发展无不与宪法学研究队伍息息相关，甚至可以说宪法学与宪法学研究队伍水乳交融，不容剥离。1982 年宪法颁行已逾 40 年，通过梳理和描绘宪法学学术共同体形成与发展的脉络，并分析其现状，有助于新时代宪法学的进一步发展。

一、宪法学研究队伍的重要性

宪法学研究队伍是指以教学、实务工作、著书立说等方式从事宪法学研究的学术群体。这一群体由从事宪法学研究的个体汇成，其形成通常以研究客体被社会广泛认可和接受、研究成果具有较大的社会影响力作为基本标志，其存在往往是以流动着的、具有延续性的宪法学人为依托。

宪法学人与宪法学从一开始就相伴而生。当宪法观念传入中国，有了宪法学意识的萌芽，就意味着宪法学人存在，当宪法学人形成一定的群体进而产生较大的社会影响力时，我们就可以说宪法学研究队伍形成了。宪法学研究队伍是宪法学理论发展的主体和基础。没有宪法学，宪法学研究队伍就无从依附；没有宪法学研究队伍，宪法学也就无法立足。没有宪法学者的创造性的学术活动，没有一定规模的宪法学研究队伍，就难以形成宪法学研究的繁荣局面。

宪法学研究队伍的发展与宪法本身在国家的需求大小成正比例。1999 年"建设社会主义法治国家"正式入宪。众所周知，法治与人治的根本差别在于当个人意志与法律权威相冲突时，是法律权威居上还是个人意志居上。法治最首要的要求即是宪法至上。[①] 一个国家宪法学研究队伍的地位往往一定程度上反映着宪法在该国的地位。如果说对宪法的表现形态可以分为成文宪法、观念宪法和现

---

① 参见周叶中：《宪法至上：中国法治之路的灵魂》，载《法学评论》1995 年第 6 期。

实宪法①的话,那么宪法学研究队伍可能会对成文宪法的立改废产生重要影响,对宪法观念的普遍形成具有引领作用,对现实宪法也产生指导作用。宪法学研究队伍的研究成果、研究活动对于国家法治建设具有实践的推动作用。

宪法学研究队伍于宪法学、于宪法本身、于国家法治建设均具有重要意义。宪法学研究队伍通过研究直接推动宪法学发展、影响宪法的变迁,参与国家法治建设。然而一直以来,我们比较注重宪法学本身的研究,忽视对研究主体的关注,体系化的研究成果比较少。重视宪法学研究队伍是宪法学事业发展的重要基础,只有稳定的、高质量的、活跃的研究队伍才能保持绵绵不断的学术之源,只有锻造研究队伍才能整合研究资源,最大成效地发挥理论研究的魅力。

二、我国宪法学研究队伍的演变

1. 宪法学研究队伍的植根与挫折(1949—1978年)

新中国宪法学研究队伍可以说是植根于五四宪法的制定和颁布。1954年制宪之前,理论界为此做了大量的准备。五四宪法颁布后,宪法宣传和宪法研究即进入一个新的历史阶段。宪法学讲义和多种参考资料相继增多,宪法学论文和出版物也较以前增多。不仅政法院校普遍设立了4门宪法课程"资产阶级宪法""社会主义国家宪法""人民民主国家宪法""中国宪法学"等,而且师范大学的政治系也普遍开设了宪法课。② 中国宪法学开始有了自己的独立发展,但整个宪法学研究队伍全国仅有二三十人。③

1957年反右扩大化后,许多宪法课程被取消,中国宪法学的内容也被大为削减。不过"这一时期宪法学研究还没有完全处于停止状态,在某些领域取得了一定的进展"④,如1958年10月中国社会科学院法学所正式宣告建立,该所下设的第一研究组专门从事法理学、宪法学研究,从此我国有了专门研究宪法学的研究机构。"文化大革命"时期,宪法学研究队伍支离破碎。

2. 宪法学研究队伍的扩大与组织化(1978—1985年)

党的十一届三中全会解放思想,对学术研究起到很大的刺激、催化作用。宪法的全面修改赋予了中国宪法学研究者强烈的时代使命感。"从1980年到1982年,整个社会生活和学术界对于宪法问题给予高度的关注,并表现了极大的热

---

① 参见刘茂林:《中国宪法导论》,北京大学出版社2009年版,第31页。
② 参见董璠舆:《中国宪法学四十年》,载《政法论坛》1989年第5期。
③ 参见董成美:《宪法学的历史回顾》,载《法律学习与研究》1988年第3期。
④ 韩大元:《中国宪法学:20世纪的回顾与21世纪的展望》,载《宪政论丛》第1卷,法律出版社1998年版,第88页。

情,学术界对宪法问题的研究达到了高潮。1982年12月4日第五届全国人民代表大会第五次会议通过新的宪法之后,中国宪法学研究随之迎来了迅速发展的黄金时期。"①

这一阶段宪法学研究队伍呈现出如下特点:(1)宪法学研究队伍空前扩大。研究人员不仅在数量上,而且在质量上比"文化大革命"前都有明显提高。(2)研究热情被激发,但研究视野存在一定局限,宣传和解释新宪法的特色较为强烈。(3)研究队伍逐步由分散的个体研究趋向于组织化的研究。如全国政法院校都根据各自的情况,积极开展学术研究活动,召开学术讨论会,并出版文集,同时邀请国内外学者到校兼课、讲学,接待外国宪法学者访问,做学术报告,派宪法学者出国访问或参加学术讨论会。1985年10月中国法学会宪法学研究会的正式成立,则标志着宪法学人的学术共同体的形成。宪法学研究队伍趋向多元化,"部分省、市已相继成立了地方性的宪法学研究会,全国宪法学者的队伍已扩大至一二百人"②。

3. 宪法学研究队伍的稳定(1985—1993年)

中国法学会宪法学研究会在成立之初,就曾强调宪法学研究会的一大责任即"团结和组织全国从事宪法学教学、研究和实际工作的同志"③,为宪法学的理论研究和实践发展做出贡献。业已形成制度的宪法学研究会年会是研究会开展学术活动的主要形式之一,也是体现其发展脉络的重要明证。

这一时期宪法学研究队伍总体上比较稳定,但其间也有波动。1988年宪法修正案通过,正式确认土地使用权可以依法有偿转让的制度以及私营经济的合法地位,有力地推动了国家经济的迅猛发展。这一阶段也是国家经济体制转型的重要阶段,对于知识分子的影响达到空前的程度,宪法学研究队伍在改革经济大潮中也出现分流,或者说依托的职业日渐多样化。

4. 宪法学研究队伍的整合与壮大(1993年至今)

这一阶段,宪法学研究队伍源源不断注入新生力量。正是基于改革开放带来的思想变革、国家法治建设目标臻于清晰,甚或是时代使命感与责任感,越来越多的本科生、硕士生乃至当时极少的博士生投身于宪法学研究队伍,并使宪法学研究队伍开始迅速发展和壮大。

这一阶段,宪法学研究的文章数量也大幅增加。张震曾对20世纪90年代中

---

① 韩大元:《中国宪法学的学术使命与功能的演变——中国宪法学30年发展的反思》,载《北方法学》2009年第2期。
② 董成美:《宪法学的历史回顾》,载《法律学习与研究》1988年第3期。
③ 《中国法学会宪法学研究会成立大会综述》,载《中国法学》1986年第1期。

国宪法学的学术图景作出统计:"较大学术影响的法学杂志上发表的宪法文章有300余篇,其中《中国社会科学》94年—99年发表的宪法文章共2篇,《法学研究》94年—99年发表的宪法文章共15篇,《中国法学》90年—99年发表的宪法文章共36篇,《中外法学》94年—99年发表的宪法文章共22篇,《法学家》94年—99年发表的宪法文章共21篇,《法学评论》90年—99年发表的宪法文章共41篇,《现代法学》90年—99年发表的宪法文章共43篇,《法商研究》94年—99年发表的宪法文章共29篇,《法律科学》90年—99年发表的宪法文章共39篇,《政法论坛》90年—99年发表的宪法文章共20篇,《法学》90年—99年发表的宪法文章共65篇等等。"①

这一阶段,长期坚守宪法学研究阵地的宪法学研究者拓展研究领域,诸如举办了与不同学科直接对话的研讨会,如2005年4月28日"法理学与宪法学、行政法学的对话"研讨会,2005年12月10日"刑法学与宪法的对话"学术研讨会,2006年5月25日"民法学与宪法学的学术对话"研讨会,2007年12月29日"宪法学与社会法学的学术对话"研讨会,2008年4月9日"诉权入宪——宪法学与诉讼法学的对话",2008年5月24—25日在广州召开的"公共财政与宪政建设学术研讨会——宪法学与财税法学的学科对话"等。2011年9月17日召开"三大诉讼法修改中的宪法问题"学术研讨会,来自宪法学、诉讼法学和行政法学专业的40多名学者就刑事诉讼法、民事诉讼法和行政诉讼法等三大诉讼法修改中的宪法问题进行了深入的研讨。多学科的对话研讨会展现了宪法学者强大的包容性以及对法治共同问题的历史责任感。

这一阶段,宪法学研究者的反省意识觉醒,如"中国宪法学基本范畴与方法"研讨会的连续召开。由于宪法学者对宪法学的基本范畴尚存学术分歧,影响了宪法学理论体系的构建,为了扩大学术共识,宪法学界于2005年(浙江大学)、2006年(山东大学)、2007年(南京师范大学)、2008年(武汉大学)、2009年(福建平潭)、2010年(厦门大学)、2011年(云南大学)连续召开"中国宪法学基本范畴与方法"学术研讨会,对中国宪法学基本范畴问题进行持续性、系统性研究,形成了较为统一的宪法学基本范畴。"中国宪法学基本范畴与方法"研讨会是继宪法学研究会年会之后宪法学界自创的一个学术研讨会品牌。宪法学基本范畴的重要性及宪法学研究方法的重要性越发引起宪法学界的关注,越来越多的学者意识到,正确把握中国宪法学的历史方位,明确宪法学的基本范

---

① 张震:《略论20世纪90年代中国宪法学的发展脉络与学术图景》,载《宪法与行政法论坛》第4辑。

畴，并以此为基础进行研究是梳理宪法学知识体系的关键。

这一阶段，宪法学研究队伍的交流平台趋于多样化。全国性宪法学研究会年会除了增设分论坛以便更多人参与讨论，还设有大会主题发言和大会分论坛总结发言等环节，极大地满足交流需求。除全国性的年会活动外，为规范宪法学的课程设置与教材使用，为全国宪法学教学队伍提供一个资源交流与共享的平台，促进宪法学的教学与研究，中国法学会宪法学研究会于2007年经理事会研究成立了"宪法学教学研究专业委员会"，2009年成立了"两岸及港澳法制研究专业委员会"；2010年成立了"人大制度研究专业委员会"。除了由这些专业性委员会举办交流会议，宪法学会还组织各种专题性讨论会。

特别是，自2011年10月选举产生中国法学会宪法学研究会第一届理事会以来[1]，研究会在宪法人才的培养、学术会议的组织、宪法学理论创新以及宪法学交流和沟通上，发挥着重要的组织作用。

三、宪法学研究队伍的类型与基本特点

1. 类型

张庆福研究员曾对我国宪法学研究、教学机构作出系统描述，他认为基本上有这样三大系统：（1）专门研究机关，为中国社会科学院法学所和各省、自治区、直辖市的社会科学院法学研究所的宪法教研室等；（2）教学单位，为全国高等院校的法律系的宪法教研室；（3）群众性自治组织，为中国法学会宪法学研究会和各省、自治区、直辖市的法学会的宪法学研究会等。[2] 这种划分前面两类基本上针对具有单位附属性的研究人员，而群众性自治的学术团体则具有自治团体的性质，但其中的人员往往与前述两类研究人员交叉。

如果从年龄来分，可以分为老一辈宪法学人、少壮宪法学人、青年宪法学人。理论研究总是同理论研究对象的实践发展分不开的。在中国，老一辈宪法学人主要是1954年宪法制定前后进入宪法学研究的人员，一是五四宪法出台之际国家急需宪法学人才（有不少老先生回忆当初是被分配、安排从事宪法学教学与研究的），二是国家政权的建设也离不开宪法理论的指导。少壮宪法学人则主要是1982年宪法出台前后开始展开宪法学研究并保持持续性研究的人员，应该说1978年党的十一届三中全会后全面修改宪法的工作开始以来，宪法学就成为当

---

[1] 参见《中国法学会宪法学研究会2011年工作总结及2012年工作重点》，参见中国法学会网站 http://www.calaw.cn/article/default.asp? id=6483, 2012-01-11。

[2] 参见张庆福：《宪法学研究述略》，天津教育出版社1989年版，第258页。

时的显学,吸引部分青年投身宪法学的研究。青年宪法学人主要是指在我国现行宪法修改前提下开始从事宪法学研究并表现其锐意创新的人员,应该说在1993年左右宪法学研究队伍的发展出现了明显扩大的趋势。

如果按照萌芽状态的流派来分,则宪法学研究队伍又有政治宪法学、规范宪法学、宪法解释学、宪法社会学之分①,也有学者以研究取向来分,认为新中国的宪法学是从一种可以称之为"政治教义宪法学"的新传统开始出发的,并在最近十年分别演化出三大不同的研究取向,即由"科学性"分化出了"宪法社会科学/宪法社会学";由"解说性"发展出了"宪法解释学/规范宪法学";由"政治性"演变出了"政治哲学式的宪法学"②。当然这里我们使用"流派的萌芽"而不是"流派"本身,因为学术流派是指"在一门学问中由于学说师承不同,由学术观点相同或基本相同的一批科学家所形成的派别",具有学说、共同体和带头人三个要素。③ 或者采用徐锦堂的说法:"学术流派是在某一学科领域内有相同或相近的比较系统的理论预设、研究进路和基本观点的学术共同体。"④ 一种成熟的流派需要代表性人物、鲜明独特的学术主张、稳定的传承体系。对于宪法学而言,流派可能并未形成,这种分类更准确地说是根据研究方法的不同而进行的。

总之,宪法学研究队伍并不是确定的、静止不变的,而是持续流动着的、不断延续着的一个队伍,且每一种不同类型的研究者中都有其代表性学者,并深深地带着时代的烙印。

2. 基本特点

(1) 宪法学研究队伍不断壮大。一方面,随着国家法治建设的目标被明确,具体制度的建构与完善任务迫在眼前,许多制度研究或者宗旨定位均需要从宪法中追本溯源,因而转向宪法学研究的人增多;另一方面法治建设的历史使命感激发着部分才俊加入宪法学研究队伍,甘愿做"绿原上啃枯草的动物"⑤,同时随着宪法问题的社会化以及宪法研究的专业化,原来留守在宪法学研究的人员继续发挥着建设宪法学术共同体的引领作用。

---

① 参见高全喜、田飞龙:《政治宪法学的问题、定位与方法》,载《苏州大学学报(哲学社会科学版)》2011年第3期。
② 林来梵:《中国宪法学的现状与展望》,载《法学研究》2011年第6期。
③ 参见《哲学大词典》(马克思主义哲学卷),上海辞书出版社1990年版,第720-721页。
④ 徐锦堂:《创建和发展中国学术流派的几点思考》,载李双元主编:《国际法与比较法论丛》(第18辑),中国检察出版社2010年版,第133页。
⑤ "借用黑格尔描述哲学(家)的说法,可以说宪法学也是一种'在绿原上啃枯草的动物'"。参见林来梵:《论宪法学的根本方法——兼从法理学方面的追究》,载《法学文稿》2001年第2期。

（2）宪法学研究队伍的结构趋于合理。这种合理体现在如下几个方面：一是年龄结构，老中青宪法学人不乏领军人物和骨干力量，从每年宪法学研究会年会的与会人员情况可知，既有 70 岁以上高龄的学术前辈，也有刚到 30 岁的讲师、博士。二是研究人员的分布较为广泛，从过去的北京、上海、武汉等学术重镇开始辐射到全国各个地区，几乎每个省、自治区、直辖市都有代表。三是从研究队伍成员的学缘背景来看，更多成员拥有一年以上的海外留学背景。当然我们只是说趋于合理，并非完全合理——在宪法学研究队伍中，实务部门的研究队伍就没有呈现相应的扩大趋势。

（3）宪法学研究视域拓展，研究内容更加务实。这种拓展和务实体现在研究范围不仅包括基本理论，也包括具体宪法制度；不仅包括中国宪法理论，而且包括国外具体制度，甚至是宪法的具体条款的解读；不仅研究中国宪法观念的现状与养成，也研究宪法观念养成的影响因素；不仅针对制度本身，而且针对公务行为；不仅解读法学经典著作，也对国家政策、党的全国代表大会的报告、国家重大决定等行为进行宪法学的解读；甚至还超前研究合宪性审查的技术方案和宪法司法适用的具体程序。宪法学者在重视传统的宏大叙事的宪法研究的同时，也探索具体的宪法制度运行过程，从事专题化的研究就是一大证明。

（4）宪法学的研究方法传统与创新并存。宪法学学术共同体在探讨中国特色宪法学理论体系的过程中，关注到方法论在宪法学体系中发挥的重要学术功能，有意识地开展了方法论的讨论。经过多年的研究积累，目前学界在宪法学方法论上取得了基本共识，初步形成了宪法解释学、规范宪法学、宪法社会学、宪法政策学、宪法经济学等方法论体系。

（5）宪法学研究队伍保持着积极活跃的研究状态。一方面，宪法学人通过积极撰写文章、著书立说，传递专业学术思想；另一方面，宪法学人通过各种不同形式加强相互交流，积极深入研究某些专题，促使一定领域的理论成熟。无论是国家立法、行政执法、宪法诉愿、公民权益维护的公共事件，司法解释的出台，刑法修正案、刑诉法的修改，还是学术会议、专家论证、电视讲座，都活跃着宪法学人的身影。宪法学研究队伍中一种新的年轻力量正在蓬勃发展，他们积极吸收不同学科知识，博采众长，以独特的方式激活宪法学的研究。

（6）宪法学者践行宪法精神，扩大了宪法学的学术影响。宪法已经内化为宪法学者的生活模式，宪法学者的重要社会使命之一是以其言行传播和宣传宪法，推行宪法生活模式，影响周围公民的宪法追求。更有一批学者在实践中积极推动宪法案件的出现，催化宪法适用的条件，等等。这些活动均有利于树立宪法学者的公益形象。同时宪法学者又是不同层次宪法观念的调和力量，针对不同利益团体之间的利益表达与协调,宪法学者在解读、梳理和传播中整合宪法观念。①

基于宪法学研究队伍自身的努力,以及宽松的外部环境,宪法学的学术影响力不断加强,如对法学领域的影响,通过主动对话,寻求共识,展现宪法的价值观与理念;又如在决策领域,宪法学队伍中个人学术影响力以及宪法学团队的影响力都在加大,决策领域更加注重听取宪法学界的意见;又如在时事点评、宪法事例的研讨会和新闻发布会上,已越来越受到实务部门和决策部门的重视;同时宪法学者的学术地位越来越受到重视。

四、宪法学研究队伍的功能

每种不同类型的研究人员因研究角度的不同、研究内容的侧重不同而发挥作用各异,或直接唤醒民众的宪法意识,或直接向决策阶层呼吁制度改革,或著书立说发展宪法理论、传播宪法文化,或教书育人培养社会主义法治人才。

1. 建构理论体系

宪法学是反映宪法理论体系的学科,而由宪法学人撰写的宪法学教材和书籍则较为直接地体现了宪法学研究队伍在理论上的成就。1982年宪法颁布后全国统一使用的教材是1983年出版的由吴家麟先生主编的高等学校法学试用教材《宪法学》。② 此后,各种教材纷至沓来,除了司法部规划教材、教育部规划教材、自学考试统一教材、成人教育指定教材,高校或研究机构的自编教材也陆续出现。由此可见,宪法学人在宪法学理论体系的建构和完善上所做的积极努力。当然,"过分地依赖1982年宪法所确立的宪法结构并以之为主流的宪法结构会使得宪法教材和宪法著作内容上的严重同质化、模型化,使得众多的宪法学教材出现了大同小异、如出一炉的问题"③。所以后来也有一些局部的变化,出现结合案例的教材,出现阶梯教学用书,如《宪法学原理与案例教程》《宪法学导论》等。

2. 培养宪法学人才

宪法教学人员是宪法学研究队伍中相对稳定的组成部分,人数较多,且在研究宪法上具有长期性和稳定性。即使存在人才流失的事实,也因不断有新人加入,宪法学教学队伍总体上不断壮大并形成了一定的规模。目前,宪法学是法学专业十六门核心课程之一,几乎每所设有法学专业的院校均设置了宪法学课程。

---

① 参见胡弘弘:《论宪法学者当下的使命》,载《法商研究》2007年第3期。
② 吴家麟主编:《宪法学》,群众出版社1983年版。
③ 韩大元:《中国宪法学研究三十年:1978—2008》,载《湖南社会科学》2008年第4期。

如果说宪法论文、著作是以书面的方式传达宪法观念,那么课堂教学则是以口头的方式传播宪法知识,弘扬宪法精神,引导学生建立完整的法学知识体系。理论研究和课堂教学共同为培养符合法治理念的法学人才做出了贡献。

3. 提供理论支持

宪法学研究队伍并不是为研究而研究,而是兼顾专业领域和公共事务。[1] 费希特说:"学者阶层的真正使命:高度注视人类一般的实际发展进程,并经常促进这种发展进程。"[2]

一是参与重大决策的制定与执行,从宪法学的角度提供了理论支持。宪法学人以其与时俱进的态度,关注民主政治与法制发展的进程,研究和解决时代命题的论证,回答改革开放和现代化建设进程中亟待解决、人民群众普遍关心的重大理论和现实问题,为中国特色社会主义经济建设、政治建设、文化建设、社会建设提供法学理论支持和法律对策支持。宪法学研究队伍中不乏积极参与国家和地方立法活动的学者,他们有的受委托起草法律、行政法规、地方性法规、地方政府规章等专家稿,有的则针对立法活动提出了许多具有学术价值的立法建议和研究报告。

二是解读和研判宪法事例,既可以为"司法实践与学术研究提供宪法法理之养料"[3],又为进一步践行宪法精神与原则、构建宪法实施的具体制度提供了契机。自2005年起,法律出版社连续出版《中国宪法事例研究》;自2006年起,年度宪法事例评选活动持续至今,为强化宪法意识和推进法治实践提供了重要的思路,从重要宪法事例与制度创新之关系[4]可窥见一斑,如2003年的孙志刚案,涉及人身自由权的保护,最终使收容审查制度被废除、使社会救助制度得以确立;"乙肝歧视案"涉及公民的平等权,最终促成了公务员招考体检标准的改革。

4. 传播宪法理念

宪法学研究队伍的成员还积极通过电视、广播、报纸、互联网等大众媒体普及宪法知识,宣扬宪法信仰。如宪法学者在《焦点访谈》上的对话,在《东方之子》接受的访谈,以及学者们在《人民日报》《光明日报》《法治日报》《南方周末》等报刊上发表的文章,都在很大程度上宣传了宪法知识,传播了宪法思想。而实践中公民不断发现宪法问题、追问宪法现象,试图启动宪法审查程序等等,

---

[1] 参见胡弘弘:《论宪法学者当下的使命》,载《法商研究》2007年第3期。
[2] [德]费希特:《论学者的使命》,梁志学、沈真译,商务印书馆1980年版,第37页。
[3] 范进学:《宪法事例评析》,载《山东社会科学》2007年第11期。
[4] 参见韩大元:《1982年宪法的人文精神》,载《法商研究》2012年第3期。

都说明宪法学的大众化正在取得效果。同时宪法学知名教授也经常被邀请参加从中央到地方举办的各种形式的法制讲座，弘扬了法治精神，扩展了宪法思维。

五、宪法学与学术共同体

宪法学研究队伍在长期的发展、更替中形成了一个学术共同体，"有自己的组织机构，有自己的规则，有自己的权威，这些权威通过自己的成就按照普遍承认与接受的标准而发生作用，并不需要强迫"[①]。宪法学学术共同体应有所作为，发挥宪法学的价值以担负时代使命。

1. 尊重个体的学术自由

宪法学人是宪法学研究队伍中的一员，同时也是个体追求学术理想之人。我们说宪法学者也是知识分子，那么知识分子首先具有知识，其次他是分子，思想具有独立性。知识分子思想不独立，他（她）的知识就容易受他人的支配、控制。只有尊重其"独立之精神，自由之思想"，才有可能激发其创造力，才有可能形成"百花齐放，百家争鸣"的学术氛围。

尊重学者独立的学术精神，既需要彼此尊重，也需要社会尊重，更需要宪法学者有主体意识。这种主体意识是指宪法学者具有主动改造社会、改造世界的认识，懂得借助知识和精神的力量，传播公共良知并积极参与社会改造进步。作为独立主体，宪法学者不仅可以对宪法学理论进行独立的学术研究，而且可以对当下的客观现实形成主观反映并予以多元化研究，还可以对客观对象的发展规律作出前瞻性研究，同时这些研究均基于主体自身的独立意志而开展。一味地被动迎合则会失去主体的本来意义。研究领域的相对独立与自治是宪法学的立身之本，也是值得宪法学者坚持的基本原则。

2. 推动宪法学的专业化

宪法学研究虽然具有法学研究的共性，但是仍具有自身研究的独特性。宪法学研究人员不仅在主观上要养成专业敬业精神，而且应该具备熟练运用本专业知识观察、分析甚或解决相关社会现象和问题的能力。马克斯·韦伯在《以学术为志业》一文中指出，一个学者要想取得传之久远的成就，无论就表面还是本质而言，个人只有通过最彻底的专业化，才可能具备信心在知识领域取得一些完美的成就。[②] 为了体现本学科专业知识在法学研究中的独特视角与贡献，宪法学界需

[①] 刘珺珺：《科学社会学》，上海人民出版社 1990 年版，第 169 页。
[②] 参见 [美] 马克斯·韦伯：《学术与政治》，冯克利译，生活·读书·新知三联书店 1998 年版，第 17-48 页。

要确立由明确的内涵所构成的概念、范畴、体系以及特有的语言系统,使之成为体现本专业特色的基本元素,也就是所谓的"专业槽"。当然,学术研究不应拘泥于自己的"专业槽",而应接纳不同专业知识的融通,知识的融通与彼此相长才能凸显专业精神的价值。

专业研究并非限于专业的受众,宪法学研究应该注重公共效应,使专业精神能够普照各个领域,促成整个社会观念宪法的形成。有学者认为,在专业的狭小范围内思考专业问题,视野就会受到局限,方法会遇到障碍,解决问题的有效性会相应降低。现代知识分子必须以自己对公共事务的关注与解释,来显示自己的社会存在价值。[1] 不过,我们也必须承认,知识分子实际发挥的两种作用,受制于社会给予知识分子的空间大小和他们利用公共媒介的自觉程度。

3. 建立"中国宪法学"理论体系

就整个法治话语体系而言,西方国家对我国的影响是不可忽视的。由于法治的后生后发,学术研究中"言必称某国"的情形时有耳闻,无论是制度研究还是理论研究,通常不可避免地出现借鉴他国的情形。但是若忽视我国本土资源,学术研究的成果则难以实现创造性转化,难以在我国落地生根。故宪法学研究应该围绕着一个共同的目的——推动宪法学中国化的进程,以中国自身的法治经验与国际领域中的宪法普遍性原理为基础建立"中国宪法学",使宪法学成为能够合理地解释本国宪法现象的学术体系与学术取向。[2]

因此,我们必须正确处理借鉴域外宪法学资源与保持本土宪法学资源之间的关系,走出一条既不同于欧美等西方国家宪法学的发展道路,又不同于其他非西方国家宪法学的发展道路,也可以说走出一条"立足于中国、以中国问题的解决为基本学术使命、为未来的社会发展给予理论回报"的发展道路。实质上,中国问题意识使我们的宪法学更有生命力,使我们的宪法学研究队伍的生命力更加旺盛。

4. 鼓励研究方法的多元性

随着政治、经济、社会与文化的发展,新的社会现象层出不穷。长期以来宪法学所采用的阶级分析方法面对社会转型期间并不稳定与明确的社会各阶层,似乎无法作出具有说服力的分析;绝对价值的分析方法似乎也无法应对制度本身的评价;静态的分析方法尚无法针对利益诉求的变化作出前瞻性的指导;而纯粹理

---

[1] 参见任剑涛:《专业与公共:转型社会知识分子的志业抉择》,载《世纪周刊》2003年1月11日。
[2] 参见韩大元:《论社会转型时期的中国宪法学研究(1982——2002)》,载《法学家》2002年第6期。

论分析仍然存在宪法自身实践出现的制度缺失的追问;宪法学自身的逻辑体系无法应对成文宪法的评价以及各种立法关系的调整的要求。①

当传统的宪法学研究方法无法诠释新的社会现象,无法适应新时期对宪法规则的要求时,我们不仅要保持对研究方法进行反思、创新的自觉意识,更要学会尊重多元的研究方法,容纳不同的研究路径,因为"任何严肃的学术讨论和学术争鸣,失去的只是偏见和不足,得到的却是理论的改善和进步"②。同时,我们还应有破有立,加强对宪法学研究方法的研究,促使多元研究方法的出现。其最佳途径就是倡导争鸣,并参与争鸣,在争鸣中获得完善,最终形成综合性的自洽的宪法学方法论体系。

5. 强化宪法学的实践功能

面对社会转型,"宪法学在理论、方法和关注焦点上发生相应的转变"。宪法学者与其他的人文社科学者一样需要调整思路,为社会转型提供专业知识与理论支持,进行合理的宪法分析,特别是要具有问题意识,针对本国急需解决的理论和实践问题作出对策性分析。

如果基于现实宪法产生的宪法要求不能上升为制度宪法,而因制度宪法产生的宪法评价又不能作用于现实宪法的循环过程,那么必然影响现实宪法、观念宪法与制度宪法三者的关系,从而影响宪法秩序的实现。宪法学者是宪法秩序实现过程中的重要因素,他们一方面推动观念宪法的普遍形成,另一方面积极解释成文法以达到宣传之成效,并不断在现实宪法中践行宪法精神,最终促成成文宪法、观念宪法、现实宪法之间的良性运转。宪法学者"应当用更多和更大的精力去关注中国的社会实践问题,用宪法学原理去说明、分析、阐释社会实践中所发生的各种事件,以宪法理念为指导去关怀我们这个社会共同体中的所有人和一切事"③。

6. 继续发扬学术传统

人才培养是宪法学研究队伍保持持续生命力的一大要素,也是提高学术共同体意识的基本路径。在人才培养上,要建构一套培养宪法学人的基本体系,进一步发挥高校的主导作用、中国社会科学院系统的优势作用,以及实务部门的实际训练效果,培养新人接受专业训练并不断储备知识,为建设社会主义法治国家不断输送更多的宪法学人才。

---

① 参见胡弘弘:《论宪法学者当下的使命》,载《法商研究》2007年第3期。
② 俞可平:《政府:不应当做什么,应当做什么——自由主义与社群主义的最新争论》,载《政治学研究》1998年第1期,第72页。
③ 胡锦光、陈雄:《关于中国宪法学研究方法的思考》,载《浙江学刊》2005年第4期。

第三节　中国宪法学研究会组织建设与发展

1949年以后，宪法学者们积极参与、组织学术团体，通过各种学术活动推动宪法学研究，为国家宪法实务的开展与宪法学术的繁荣贡献了力量。在不同时期具有代表性的学术团体包括1949年以后的新法学研究会与中国政治法律学会，1985年以后的各级宪法学研究会，特别是中国法学会宪法学研究会。

1949年6月26日，新法学研究会筹委会在北平（北京）召开，沈钧儒、林伯渠、许德珩、周新民、陈瑾昆、王昆仑、钱端升、沙千里、李克农、李木庵、李达、董必武、邓颖超、谢觉哉、罗瑞卿、严景耀等41人展开了"反对旧法学，提倡新法学"的主题研讨。其中，沈钧儒认为需要"号召一切从事法律工作的人们，尤其是学过反动的六法全书的人们，认真地学习马列主义与毛泽东思想的社会观、国家观与法律观，认真地研究新法学，批判旧法学，以便改造自己的思想，为人民服务"。董必武也表示："旧的反动法律和新民主主义的中国社会格格不入，今天，我们宣布了废除国民党的六法全书，但要在思想上完全粉碎旧法律的思想体系，则还须加以彻底的批判，只有这样，才能完全消灭它的影响。"①

经过一年筹备，1953年4月22日中国政治法律学会正式成立，董必武当选为学会主席，沈钧儒、谢觉哉、王昆仑、柯柏年、张志让、钱端升当选为副主席，史良等38人当选为理事，并于1954年6月29日召开了中国政治法律学会第一届理事会第五次会议。大会首先听取了我国出席国际民主法律工作者协会理事会会议代表朱其文的报告，随后讨论了中华人民共和国宪法草案。沈钧儒表示，从清朝末年起，"中国人民就曾经不断地向反动统治阶级进行斗争，要有一个人民的宪法；但是，从光绪皇帝到蒋介石匪帮，他们所立出来的'宪法'都是挂羊头卖狗肉的骗人把戏。五六十年来，我梦寐以求的大愿望之一，就是能够看到中国人民自己制定出来一部由人民自己当家作主的宪法。在今天，我终于亲眼看到了这个宪法草案的公布，并且还曾经荣幸地在中国共产党和毛主席的领导下，参加了这个宪法草案的起草工作"。他又说："我国人民有了自己国家的根本大法之后，在我们从事法律科学研究的学术工作者面前，提出了很多新的重大课题，需要我们在马克思列宁主义理论的指导下，百倍地努力来研究和阐扬我们人

---

① 《中国政治法律学会诞生记》，民主与法制网，http：//www.mzyfz.com/html/1308/2019-03-15/content-1387483.html，2020年1月20日访问。

民宪法的原理和原则,从理论上总结我国在建立和健全人民民主法制方面的丰富经验,以便对于我国今后日益发展的立法工作、司法工作和政法教学研究工作,提供有益的贡献"。他最后说:"根据宪法草案的精神,向全世界爱好和平民主的人民和从事法律工作的国际朋友们,阐扬我国人民民主制度的优越性,阐扬我国人民在国际事务中坚定不移地'为世界和平和人类进步的崇高目的而努力'的坚强意志,是十分必要的。"[1]

1956年3月,中国政治法律学会举行了第二次会员大会,决议董必武为会长,沈钧儒、张志让、谢觉哉、王昆仑、吴德峰、张友渔、包尔汉、钱端升为副会长,吴德峰兼秘书长,郭纶、雷洁琼、陈体强为副秘书长,史良、许德珩、周鲠生等115人为理事。同时此次大会讨论并通过了学会理事朱其文作的《中国政治法律学会工作报告》以及新的《中国政治法律学会章程》。该工作报告表明:"学会今后工作应该进一步团结和推动全国政治法律工作者向法律科学进军;进一步配合和支持法律为和平服务的国际活动,开展我国同世界各国法学界的学术交流。"

1958年8月20—21日,中国政治法律学会在北京举行了第三次会员大会。大会内容包括听取副会长兼秘书长吴德峰代理事会所作的工作报告,通过了如何进行法学研究工作和加强国际法律界的友好合作以及如何贯彻年会的决议,与此同时通过了新的《中国政治法律学会章程》并选举了学会的领导机构。此次会议选举董必武为会长,沈钧儒、谢觉哉、包尔汉、吴德峰、张志让、张友渔为副会长,吴德峰为书记处第一书记,张友渔、张志让、李士英、姚仲明、赵石生为书记处书记,欧阳景荣、郭纶为书记处候补书记。吴德峰在工作报告中说:一年多来,学会在党的领导下,积极地参加了整风运动和反右派斗争,系统地揭发和批判了政法界中一些右派分子的反动言行;依据党和国家的方针政策,积极地开展了法学研究活动,改进了编辑出版工作,发展了我国法律界同各国法律界的友好联系,推动了学会工作的迅速前进。吴德峰指出:"法律科学是阶级性极为强烈的科学,是进行阶级斗争的科学,在我们从事法学研究工作的时候,几乎随时都遇到工人阶级和资产阶级两条道路、两种思想体系的斗争。法学工作者必须站稳工人阶级立场,学习马克思列宁主义理论和毛泽东同志的著作,系统地研究和总结我国三十多年来创建人民民主制度和革命法制的经验,在我国建立以马克思列宁主义,以毛泽东同志的学说为指导思想的崭新的社会主义法律科学。必须坚

---

[1] 沈钧儒:《我国法律工作者当前的光荣任务——在中国政治法律学会第一届理事会第五次会议上的讲话》,载《政法研究》1954年第2期,第24页。

决破除迷信,向旧法观点、修正主义等资产阶级政治法律思想进行不调和的斗争。"吴德峰说:"政法学会是一个学术团体,它应当在组织法学研究工作的大协作方面,努力贡献自己的力量,动员和组织广大会员和政法工作者参加法学研究活动,开展学术讨论,使法学研究工作为当前的阶级斗争,为社会主义建设的大跃进服务。"

而在两次会员大会之间,即1957年中国政治法律学会也组织召开了许多政法研究的座谈会,具体内容包括探讨法律、法学的阶级性与继承性,对人民代表大会制度以及法律制度的意见,对立法工作进度的意见,反对以资产阶级的观点来看我国的政治制度。

1964年10月8日,中国政治法律学会举行了第四次会员大会。大会通过了中国政治法律学会章程修改案和吴德峰做的工作报告,决议董必武、谢觉哉为名誉会长,吴德峰为会长,包尔汉、张志让、张友渔、张苏、武新宇为副会长,吴德峰为书记处第一书记,张友渔、韩幽桐、郭纶、杨化南、甘野陶、王慎之、王良为书记处书记。1965年增补王吉仁为副会长、书记处书记。吴德峰报告中首先指出学会坚持反对帝国主义、反对现代修正主义,其次汇报了法学研究活动和编辑出版工作的情况,最后指出学会在进行国际活动时存在的缺点。[①]

中国法学会宪法学研究会成立于1985年。1985年10月12日至17日在贵阳召开成立大会,产生了中国法学会宪法学研究会第一届干事会(第五届改称理事会),至2011年止,一共产生了六届理事会。2011年,中国法学会要求"已组建并开展活动的研究会依法到民政部注册登记,其中宪法学研究会作为第一批注册登记的单位"。在这个背景下,宪法学研究会进行了提前换届,并将学会名称改为"中国宪法学研究会"。由此,中国宪法学研究会第一届理事会产生。

一、中国法学会宪法学研究会的活动

(一)中国法学会宪法学研究会成立暨第一届干事会

宪法学研究会属中国法学会第一批成立的学科研究会,根据中国法学会的决定,早在1984年就成立了中国法学会宪法学研究会筹备组,由著名宪法学家王叔文担任筹备组组长,肖蔚云、许崇德、廉希圣和吴杰等担任筹备组成员。1985年10月12日至17日,中国法学会宪法学研究会在贵阳市召开成立大会,全国宪法学界和实际部门的专家、学者共112人出席了会议。"全国除西藏、宁夏、台湾外,其他各省市、自治区都有代表参加。代表中既有专门从事宪法学研究教

---

① 参见《中国政治法律学会举行第四届会员大会》,载《政法研究》1964年第4期,第31页。

学的专家、学者，也有来自人民代表大会和政法机关的同志。"① 大会经过充分酝酿，选举产生了 48 人组成的宪法学研究会干事会②，王叔文当选为总干事；肖蔚云、许崇德、于浩成、吴家麟、浦增元、何华辉当选为副总干事；廉希圣任秘书长；罗耀培、魏定仁任副秘书长；焦洪昌被聘为学术秘书。研究会还聘请了潘大逵（四川省政协副主席）、谢飞（中国人民公安大学顾问）、龚祥瑞（北京大学教授）、李宪周（民政部司长）及魏泽同（中国法学会研究部副主任）担任研究会顾问。从此，全国从事宪法学研究的专家、学者们有了学术交流、互动的平台。

从第一届干事会组成人员的情况看，在 53 名干事会成员中，来自教学和研究部门的干事有 45 人，来自人大等实际部门的干事有 8 人，平均年龄 53.1 岁，男性 48 人，女性 5 人。他们中的有些学者早在中华人民共和国成立初期就开始研究宪法学并参加了 1954 年宪法的制定和宣传工作，在现行宪法的制定过程中，又参与了制定宪法的具体工作，并积极撰写著作和文章宣传现行宪法，同时对宪法实施过程中的重要理论问题进行深入的研究和探讨，具有很高的学术造诣，基本代表了当时宪法学研究队伍的最高水平，在引领宪法学教学研究和培养人才方面发挥了重要的作用。

关于宪法学研究会和宪法学者的任务，王叔文同志在成立大会讲话中指出："就在于加强马克思主义宪法学理论的研究，对现行宪法的各项基本原则和条文规定，做出正确的阐释和进行广泛的宣传，大力开展全国社会主义现代化建设中有关宪法的重大理论和实际问题的研究，为加强社会主义民主和法制建设服务，为推进社会主义的物质文明和精神文明建设服务，为建设具有中国特色的社会主义服务。具体来说，当前迫切需要我们去做的，主要有以下两方面的任务：其一，如何进一步保证宪法的实施；其二，如何使宪法学为经济体制改革服务。"③

第一届干事会共召开了三次年会：

1985 年成立大会上主要围绕"宪法的实施"以及"宪法如何为经济体制改革服务"两个主题进行了研讨，具体涉及的内容为：完善宪法保障制度，如考虑在全国人大常委会中设立宪法监督委员会，建立我国的宪法诉讼制度，并且对"违宪"概念问题、个体经济的发展问题、宪法规范问题、宪法效力问题以及宪

---

① 张卫华：《中国法学会宪法学研究会成立》，载《法学评论》1985 年第 6 期。
② 成立时选出干事 48 人，后增加 5 人，第一届干事会共有干事 53 人。
③ 王叔文：《我国宪法学者面临的光荣任务》，载《宪法与改革》，群众出版社 1986 年版，第 3 - 4 页。

法调整对象问题等进行研讨。①

1986年年会在广东省汕头市召开，120余人参加了会议。会议围绕"地方国家权力机关如何决定重大事项、人民代表大会行使监督权、地方性法规的制定、地方人大的自身建设"等问题进行了学术研讨。

1987年年会在河南省郑州市召开，140余人参加了会议。会议围绕"社会主义初级阶段与宪法的实施、宪法与深化经济体制改革、宪法与政治体制改革，建设社会主义民主政治、马克思主义宪法理论的发展趋势"等学术问题进行了讨论。

第一届干事会出版了《宪法与改革》论文集。

(二) 中国法学会宪法学研究会第二届干事会

1988年，中国法学会宪法学研究会在哈尔滨举行了换届暨学术研讨会，来自全国宪法学界和实际部门的专家、学者共100余人出席了会议。经过与会代表的无记名投票，选举产生了75名干事组成的中国法学会宪法学研究会第二届干事会：王叔文连任总干事；肖蔚云、许崇德、吴家麟、何华辉、浦增元、张光博、吴杰当选为副总干事；秘书长由吴杰兼任；徐秀义被聘为副秘书长；干事会聘请谢飞、龚祥瑞、潘大逵、魏泽同、齐一飞（时任北京市人大常委会副秘书长）为顾问。

和第一届干事会相比，第二届干事会不仅增加了干事的人数，而且吸收了一批年轻有为的青年学者，从事教学研究和实际工作部门的干事比例也更加合理。在75名干事会成员中，来自教学一线的教师和研究部门的专家学者55人，占干事总数的73.3%，来自人大系统、民政机关、司法机关等实际工作部门的同志有20人，占干事总数的26.7%，平均年龄50.1岁，男性67人，女性8人。

第二届干事会共召开了三次年会：

1988年年会除换届外，围绕"宪法实施保障"问题进行了学术研讨。

1989年没有召开年会，当年8月31日，在北京举行了坚持四项基本原则为主题的座谈会。会议由中国法学会宪法学研究会总干事王叔文同志主持。中国法学会名誉会长张友渔、中国法学会常务副会长朱剑明、副会长陈为典等同志和在京的宪法学会的20多名专家、教授参加了座谈会。②

1990年4月10日至14日，宪法学年会在陕西省西安市召开，会议由中国法

---

① 参见《中国法学会宪法学研究会成立大会综述》，载《中国法学》1986年第1期，第57-59页。
② 参见吴新平整理：《坚持四项基本原则是宪法的根本指导思想——中国法学会宪法学研究会座谈会综述》，载《中国法学》1989年第6期，第124页。

学会宪法学研究会和陕西省法学会、西北政法学院共同主办，90余名代表参加了会议。会议的主题是"坚持和完善人民代表大会制度"。

1991年11月17日至21日，宪法学年会在广东省中山市召开，近百名代表参加了会议。与会代表围绕"保障公民基本权利与维护社会稳定的关系、权利和义务的关系、关于公民权利立法的问题"进行了讨论。

第二届干事会出版了《保障公民权利与维护社会稳定》论文集。

（三）中国法学会宪法学研究会第三届干事会

1992年6月6日至10日，中国法学会宪法学研究会在山东省济南市举行了换届年会暨学术研讨会，会议由中国法学会宪法学研究会和山东省人大共同主办，来自全国宪法学界和实际部门的专家、学者98人出席了会议。经过与会代表的无记名投票，选举产生了82名干事组成的中国法学会宪法学研究会第三届干事会：王叔文连任总干事；肖蔚云、许崇德、吴家麟、何华辉、浦增元、张光博、吴杰、刘政、廉希圣、张春生、张庆福、王珍行当选为副总干事；秘书长由吴杰兼任；徐秀义和吴新平被聘为副秘书长；干事会聘请谢飞、齐一飞、陈延庆、谭泉、王向明、赵树民担任学会顾问。

和第二届干事会相比，第三届干事会规模略有扩大，来自实际工作部门的干事比例也有提高，在82名干事会成员中，来自教学一线的教师和研究部门的专家学者57人，占干事总数的69.5%，来自实际工作部门的同志有25人，占干事总数的30.5%，平均年龄52岁，男性77人，女性5人。

第三届干事会共召开了四次年会：

1992年会除换届外，围绕认真学习和贯彻邓小平同志南方重要谈话精神、强化宪法权威和作用、保证宪法的实施、关于地方立法问题等进行了学术研讨。

1993年12月13日至17日，宪法学年会在海南省海口市召开，会议由中国法学会宪法学研究会和海南省人大共同主办，80余名代表参加了会议。年会讨论的主题是"宪法与改革开放"，与会代表围绕"宪法与改革开放的关系、经济特区的立法、宪法学研究的新任务和具体方向"等具体问题进行了研讨。

1994年9月16日至20日，宪法学年会在四川省成都市召开，会议由中国法学会宪法学研究会和四川省人大共同主办，70余名代表参加了会议。会议围绕"人民代表大会制度的理论和实践、完善人大制度中的代表制度、完善人大制度中的权力机关组织制度、落实加强权力机关的职权问题"进行了研讨。

1995年11月27日至12月1日，宪法学年会在河北省石家庄市召开，会议由中国法学会宪法学研究会、全国人大常委会办公厅及河北省人大共同主办，130余名代表参加了会议。会议围绕"人民代表大会制度理论、宪法和法律的有效实施"问题进行了研讨。

第三届干事会出版了《宪法的权威与地方立法》《人民代表大会制度的理论与实践》两本论文集。

(四) 中国法学会宪法学研究会第四届干事会

1997年8月25日至27日，中国法学会宪法学研究会年会在山东省济南市召开，会议由山东省人大承办，来自全国宪法学界和实际部门的专家、学者近百人出席了会议。会议除进行学术研讨外，还举行了换届活动，经过与会代表的无记名投票，选举产生了88名干事组成的中国法学会宪法学研究会第四届干事会，王叔文连任总干事；肖蔚云、许崇德、吴家麟、浦增元、张光博、吴杰、程湘清、张春生、廉希圣、张庆福、王珍行、徐秀义、周叶中当选为副总干事；韩大元当选为秘书长；齐小力和莫纪宏被聘为副秘书长；干事会聘请谢飞、陈延庆、谭泉、赵树民担任学会顾问。

第四届干事会较之第三届规模略有扩大，从82人增加到88人，教学研究部门和实际部门之比与第三届大体相当，在88名干事中，来自教学和研究部门的干事62人，占总数的70.5%，来自实际工作部门的干事有26人，占总数的29.5%，平均年龄49.9岁，男性83人，女性5人。

第四届干事会期间共召开了五次年会：

1997年在山东省济南市召开年会，除换届外，以"依法治国与宪法监督"为主题进行了学术研讨活动。

1998年10月20日至23日，宪法学年会在浙江省杭州市召开，会议由中国法学会宪法学研究会和浙江大学共同主办，200余名代表参加了会议。会议的主题是"宪法与国家机构改革"，具体讨论题目包括"宪法与国家机构改革之间的关系、国家机构改革的主要方面、国家机构改革在依法治国中的重要作用"。

1999年9月，宪法学年会在广东省东莞市虎门镇举行，会议由中国法学会宪法学研究会和广东商学院、广州大学共同主办，虎门镇政府承办，150余名代表参加了会议。会议的主题是"宪法与依法治国"，具体讨论题目包括"宪法修正案的意义、宪法在依法治国中的地位与作用、如何进一步保证宪法实施"。

2000年10月23日，宪法学年会在北京市召开，会议由中国法学会宪法学研究会、北京市司法局、北京市法学会共同主办，80余名代表参加了会议。会议主题是"21世纪中国宪法学的发展趋势"，与会代表围绕"20世纪中国宪法学的发展特点与基本经验、两个人权公约与我国人权保障制度的完善、加入世贸组织与宪法学研究的新课题、人民代表大会制度的发展趋势及立法制度"等具体问题进行了研讨。

2001年10月18日至21日,宪法学年会在苏州举行,会议由中国法学会宪法学研究会和苏州大学共同主办,110余名代表参加了会议。会议围绕"宪法学理论创新问题、宪法与人权、宪法与司法体制改革、依法治国与宪法"等重要问题进行了讨论。

第四届干事会出版了《宪法与国家机构改革》《依法治国,建设法治国家》《宪法研究》(第一卷)三本论文集。

从2000年开始,中国法学会宪法学研究会开始进行中青年宪法学者优秀科研成果评奖活动。

(五)中国法学会宪法学研究会第五届理事会

2002年10月15日至18日,中国法学会宪法学研究会年会在湖北省武汉市召开,会议由中国法学会宪法学研究会和中南财经政法大学共同主办,来自全国宪法学界和实际部门的专家、学者150余人出席了会议。会议除进行学术研讨外,还举行了换届活动,经过与会代表的无记名投票,选举产生了由91名理事组成的中国法学会宪法学研究会第五届理事会:张庆福当选为会长;韩大元当选为常务副会长;王珍行、周叶中、莫纪宏、焦洪昌、刘茂林、方向、童之伟、林来梵、董和平等当选为副会长;齐小力当选为秘书长;王振民、王磊、丛文胜、吴新平、吴家清、杨泉明、杨临萍、陈斯喜、胡锦光、甄树清、李树忠、秦前红、任进、朱福惠、廖克林、苗连营、徐祥民、张盛国当选为常务理事;理事会聘请谢飞、陈延庆、谭泉、赵树民、浦增元、张光博、程湘清、张春生、廉希圣、孙丙珠、陈宝音、郑九浩、董成美、蒋碧昆、魏定仁担任学会顾问。

和前几届相比,这届理事会发生了几方面的变化:一是干事会改称为理事会,总干事、副总干事、干事分别改称为会长、副会长和理事;二是开始增设常务副会长,协助会长主持工作;三是增设常务理事,由会长、常务副会长、副会长、秘书长、常务理事组成常务理事会。

第五届理事会规模与第四届相比,略有扩大,共有理事91人,实际工作部门的理事较之第四届有所减少,在91名理事中,来自教学和研究部门的有74人,占总数的81.3%,来自实际工作部门的有17人,占总数的18.7%,平均年龄43.4岁,男性74人,女性17人。

第五届理事会期间共召开了五次年会:

2002年年会除换届外,会议围绕"回顾与展望:纪念现行宪法颁布实施20周年"的主题进行了讨论。

2003年11月17日至18日,宪法学年会在上海举行,会议由中国法学会宪法学研究会和上海交通大学共同主办,130余名代表参加了会议。会议的主题是:"十六大后中国宪政制度发展展望",与会专家围绕"宪法与政治文明、宪法与公民基本权利保护、宪法与司法体制改革、如何完善和启动我国违宪审查程序"问题进行了研讨。

2004年10月23日至25日,宪法学年会在江苏省南京市举行,会议由中国法学会宪法学研究会和南京师范大学共同主办,近200名代表参加了研讨会。会议主题是"回顾与展望:新中国宪法发展五十年",与会代表围绕"五四宪法的历史地位以及对新中国宪政的影响、人民代表大会制度50年、司法与人权保障、中国宪法学研究50年"问题进行了交流与探讨。

2005年10月22日至23日,宪法学年会在山东省济南市举行,会议由中国法学会宪法学研究会和山东大学共同主办,200余名代表参加了会议。会议的主题是"人权的宪法保障",与会代表围绕"人权与公民权、人权的立法保障、人权的司法保障、人权入宪与依宪执政、人权公约的实施机制"等问题展开讨论。

2006年11月13日至14日,宪法学年会在广州举行,会议由中国法学会宪法学研究会和广东商学院共同主办,250余名学者专家参加了本次大会。本次年会的主题是"宪法与社会主义新农村建设",与会代表围绕"城市化进程中的农民平等权保障、农地的征用补偿与公共利益、村民自治中的宪法问题、基层政权建设的宪法保障"问题进行了研讨。

第五届干事会出版了《公民受教育权的法律保护》、《宪法与社会主义新农村建设》以及《中国宪法年刊》(2005、2006)共四本文集。

(六)中国法学会宪法学研究会第六届理事会

2007年10月20日至21日,中国法学会宪法学研究会年会在福建省厦门市召开,会议由中国法学会宪法学研究会和厦门大学共同主办,来自全国宪法学界和实际部门的专家、学者300余人出席了会议。会议除进行学术研讨外,还举行了换届活动,经过与会代表的无记名投票,选举产生了由157名理事组成的中国法学会宪法学研究会第六届理事会:韩大元当选为会长;莫纪宏当选为常务副会长;周叶中、焦洪昌、刘茂林、童之伟、林来梵、董和平、胡锦光、朱福惠、吴家清、陈斯喜、王振民、苗连营等当选为副会长①;齐小力当选为秘书长,聘请张翔、胡弘弘、任喜荣、谢维雁为副秘书长;吴新平、李树忠、秦前红、王磊、丛文胜、杨临萍、甄树青、任进、张盛国、王人博、马岭、王广辉、许安标、刘松山、刘旺红、刘嗣元、汪进元、周伟、范进学、郑贤君、胡肖华、游劝荣、崔伟、董茂云、穆红玉、熊文钊、殷啸虎当选为常务理事;理事会推选许崇德、吴

---

① 第六届理事会期间,增补王磊、李树忠、秦前红担任副会长。

家麟、张庆福为名誉会长；聘请谢飞、陈延庆、谭泉、浦增元、张光博、程湘清、张春生、廉希圣、孙丙珠、陈宝音、郑九浩、董成美、蒋碧昆、魏定仁、王珍行、方向、俞子清、文正邦、田军、廖克林、陈云生、刘向文、罗耀培、杨泉明担任学会顾问。理事会还产生了以许崇德教授为主任的学术委员会。

和以前几届相比，第六届理事会的组成发生了较大的变化：一是理事人数大大增加，由过去的不足百名增加到157名[①]；二是来自实际工作部门的理事所占比例进一步降低，由最多占总数的30%下降到不足8%；三是设置名誉会长，成立了学术委员会；四是成立了"宪法学教学研究专业委员会""人民代表大会制度研究专业委员会""两岸及港澳法制研究专业委员会"，充分发挥宪法学研究会在引领学术研究方面的作用，使宪法学研究更加趋向专业化、精细化。

第六届理事会共召开了四次年会：

2007年年会除换届选举外，还以"社会转型时期的宪法课题"为主题进行了学术研讨，与会代表围绕"宪法文本的变迁、宪法与民生问题、宪法与部门法的关系、中央与地方关系的法治化"进行了讨论。

2008年10月25日至26日，宪法学年会在四川省成都市举行，会议由中国法学会宪法学研究会和四川大学共同主办，230余名代表出席了会议。会议的主题是"共和国六十年：公民基本权利保障的变迁"，与会代表围绕"从依法执政到依宪执政、国家机构改革的宪法基础、规范性文件的审查机制、实践中的基本权利"问题进行了讨论。

2009年8月23日至24日，宪法学年会在黑龙江省哈尔滨市举行，会议由中国法学会宪法学研究会和黑龙江大学共同主办，210余名代表参加了会议。会议的主题是"改革开放三十年与中国宪法：回顾与展望"，与会代表围绕"从《共同纲领》到'人权条款'、公民参与与政治权利、社会经济权利及其国家责任、自由权的限制及其标准"等问题进行了讨论。

2010年8月27日至29日，宪法学年会在河南省郑州市举行，会议由中国法学会宪法学研究会和郑州大学共同主办，230余名代表参加了会议。会议的主题是"宪法与法律体系"，与会代表围绕"宪法与中国特色社会主义法律体系、宪法与法律体系的基本原理、宪法与部门法、宪法与地方立法、宪法与法律体系：中外比较"等问题进行了讨论。

第六届理事会出版了《社会转型时期的宪法课题》《中国宪法学基本范畴与方法 2004—2009》，《宪法研究》第十、十一、十二卷，《中国宪法年刊》（2007、

---

① 根据换届时数据统计，以后有增补。

2008、2009、2010) 共九本文集。

二、中国宪法学研究会第一届理事会

2011年，根据中国法学会"已组建并开展活动的研究会依法到民政部注册登记"的要求，作为第一批注册登记的单位，为配合注册登记，中国法学会宪法学研究会进行了提前换届。2011年10月22日至23日在西安召开了年会，会议由中国法学会宪法学研究会和西北政法大学共同主办，来自全国的300余位专家、学者参加了会议。这次会议上对中国法学会宪法学研究会进行了提前换届，并将学会名称改为"中国宪法学研究会"，以便为到民政部注册做好准备。经过与会代表的投票选举，选出了拟任中国宪法学研究会的负责人，其中拟任会长为韩大元；拟任副会长为莫纪宏、周叶中、焦洪昌、刘茂林、童之伟、林来梵、董和平、胡锦光、朱福惠、吴家清、陈斯喜、王振民、苗连营、王磊、李树忠、秦前红等；拟任秘书长为齐小力。

中国宪法学会第一届理事会理事人数有了进一步增加，由上届的157名发展到187名；第一届理事会期间成立了国防与军事法律制度研究专业委员会，这是中国宪法学研究会继宪法学教学研究专业委员会、人民代表大会制度研究委员会、两岸及港澳法制研究专业委员会之后成立的第四个专业委员会。

中国宪法学研究会第一届理事会共召开了五次年会：

2011年年会除换届外，还进行了学术研讨活动，会议讨论的主题是"中国社会变迁与宪法"，具体研究题目包括：社会转型、社会管理创新与宪法，中央与地方关系，宪法与国家权力的结构与运作，财政立宪主义与社会保障，宪法与刑法关系。

2012年8月25日至26日，宪法学年会在北京举行，由中国宪法学研究会和北京大学法学院、清华大学法学院、中国人民大学法学院、中国政法大学法学院、中国社会科学院法学所共同主办，200多位代表参加了会议。会议讨论的主题是："八二宪法实施三十年：回顾与展望"，具体研究内容是：30年来基本权利保障和国家机构的法治化、宪法与文化建设和社会建设、宪法学的发展等。

2013年10月26日至27日，宪法学年会在重庆市召开，由中国宪法学研究会和西南政法大学法学院共同主办，200余名代表参加了会议。会议讨论的主题是"法治国家建设与宪法实施"，具体研讨题目包括："社会主义法治国家"的规范内涵、法治思维与宪法实施、宪法权威与宪法共识、宪法实践与宪法学的体系化。

2014年10月18日至19日，宪法学年会在江西省南昌市召开，会议由中国法学会宪法学研究会和江西财经大学共同主办，200多位代表参加了会议。会议讨论的主题是"宪法与国家治理体系现代化"，具体研讨题目包括：宪法与全面深化改革，人民代表大会制度的发展完善，宪法实施监督机制和程序的完善，宪法与立法法、行政诉讼法的修改，宪法与司法体制改革，国家治理与人权保障。

2015年10月24日至25日，宪法学年会在贵州贵阳举行，共300余人参加，提交论文160余篇。大会中心主题是宪法监督：理论构建与制度完善。具体内容包括依宪治国、依宪执政与宪法监督、宪法解释程序机制的完善、《立法法》修改与法规备案审查制度、宪法监督的启动机制、各国家机关在宪法实施中的作用以及法律保留与基本权利保障。除学术研讨以外，此次大会决定授予吴家麟教授"中国宪法学发展终身成就奖"；授予张庆福等19位教授"中国宪法学发展特殊贡献奖"。研究会还组织出版了《当代中国宪法学家》《中国宪法学三十年：1985—2015》两本著作，以志纪念。

中国宪法学研究会第一届理事会出版了《宪法研究》第十三、十四卷，《中国宪法年刊》（2011、2012、2013、2014）共六本文集。

为迎接现行宪法公布施行30周年，中国宪法学研究会和中国检察出版社组织编译了《世界各国宪法》，于2012年正式出版，收录了联合国193个成员国现行宪法的中译本，总字数约1 044万。这是中国宪法学百余年发展历程中首次完整翻译世界各国宪法文本，是迄今为止内容最为全面、系统的宪法文本汇编，填补了此前我国无一套系统汇集世界各国最新宪法资料的空白。

2014年，学会网站被中国法学会评为法学会系统优秀网站。

三、中国宪法学研究会第二届理事会

2016年10月22日至23日，中国宪法学研究会第二届会员代表大会暨2016年年会在河北保定举行，近300人参加。大会中心主题是法律体系的合宪性控制。具体内容包括立法权的合宪性控制、宪法与部门法的关系、宪法与法律的"立改废释"以及"重点领域立法"的宪法基础。在会上，廉希圣教授、陈云生教授、林来梵教授、秦前红教授、李忠夏教授先后做大会主题发言。同时会员代表大会选举产生了中国宪法学研究会第二届理事会成员：韩大元当选为会长，莫纪宏当选为常务副会长，胡锦光当选为学术委员会主席，周叶中、焦洪昌、刘茂林、童之伟、林来梵、董和平、胡锦光、朱福惠、吴家清、苗连营、王磊、李树忠、秦前红、武增、齐小力、郑贤君、马岭、周伟等当选为副会长，张翔为秘书长，上官丕亮、王人博、王广辉、王世涛、王德志、王锴、丛文胜、任进、刘松山、刘嗣元、刘连泰、刘志刚、任喜荣、江国华、汪进元、汪太贤、张翔、李

忠、杜承铭、邹平学、范进学、周刚志、胡肖华、胡弘弘、殷啸虎、游劝荣、董茂云、谢维雁、熊文钊、翟国强、薛小建为常务理事。会议期间，还分别举行了研究会宪法学教学研究专业委员会、人民代表大会制度研究专业委员会、国防与军事法律制度研究专业委员会的学术研讨会。

2017年8月26日至27日，中国宪法学研究会年会在吉林长春举行，共200多人参加，提交论文125篇。大会中心主题是宪法与人民代表大会制度的发展。具体内容包括人民代表大会制度规范的宪法解释、监察体制改革的宪法基础、宪法与选举制度改革、全面深化改革与宪法修改以及议会制度的未来走向。在会上，中国政法大学法学院廉希圣教授、中国人民大学法学院胡锦光教授、吉林大学法学院任喜荣教授、武汉大学法学院秦前红教授、厦门大学法学院王建学副教授依次进行了主题发言。

2018年9月14日至16日，中国宪法学研究会年会在江苏南京举行，大会中心主题是改革开放40年与推进合宪性审查。具体内容包括改革开放与中国宪法学发展，推进合宪性审查：原理、机制与程序，宪法和法律委员会的功能，改革开放与宪法修改以及宪法与刑法：法解释学的视角。在会上，中国政法大学法学院廉希圣教授以宪法与改革为主题，就我国八二宪法制定的历史背景、时代潮流进行了详细阐释。中国社会科学院大学政法学院马岭教授谈了两个问题：第一个是1980年代的违宪审查与今天的合宪性审查之间的区别；第二个是合宪性审查与合法性审查之间的区别。深圳大学港澳基本法研究中心主任邹平学教授就《四十年（1978—2018）基本法研究的回顾与前瞻》作了大会主题发言。山东大学法学院李忠夏教授作了题为"改革开放40年与宪法变迁"的发言。在特邀演讲环节中，清华大学法学院张明楷教授就"宪法与刑法的解释循环"发表了演讲。

2019年12月7日至8日，中国宪法学研究会年会在广东广州举行，共200多人参加，提交论文150余篇。大会中心主题是"新中国七十年：宪法与国家治理"。具体内容包括党的领导与依宪执政、国家建构的宪法基础、国家权力的宪法规范、宪法实施与合宪性审查以及"一国两制"与粤港澳大湾区建设。在会上，韩大元会长指出，我国宪法对国家的建构、发展和改革发挥了重要作用，可以概括为：通过宪法提供国家制度的正当性与合法性；明确国家指导思想与发展目标，树立国家主流价值观；维护社会正义，通过人权理念凝聚社会共识；宪法与时俱进，不断回应民众的关切，增强国家核心竞争力。对于当前在国家治理方面遇到的问题，从宪法的角度，一方面要加强宪法治理体系和治理能力建设，另一方面要加强宪法学理论研究，为保证全面实施宪法提供理论依据。全社会要认真对待宪法，进一步凝聚宪法共识，充分发挥宪法在国家治理体系和治理能力现代化中的保障作用。中国法学会党组成员、副会长王其江代表中国法学会对研究会工作提出了三点希望：一是要坚持党的领导，坚持正确的政治方向；二是要深入学习领会贯彻习近平总书记关于宪法的系列重要论述，坚持发展中国特色社会主义宪法理论；三是紧紧围绕党和国家中心工作，进一步发挥宪法学研究会的"国家队"智库作用，为推进我国宪法事业发展作出新的贡献。在全体会议上，武汉大学副校长周叶中教授、清华大学法学院王振民教授、北京航空航天大学法学院王锴教授、中国社会科学院法学所翟国强研究员分别做了题为"'中国之治'根源于'宪法之治'""澳门回归二十年与'一国两制'"的主题演讲和题为"合宪性审查与国家治理体系和治理能力现代化""从《共同纲领》到五四宪法"的主题报告。在特邀演讲环节，中国法学会行政法学研究会副会长、华南师范大学法学院薛刚凌教授就"国家治理现代化与行政法的改革转型"发表了演讲。

2020年10月24日至25日，中国法学会宪法学研究会年会在湖北武汉举行，100余人参会，提交论文76篇，会议采取线上与线下相结合的模式，线上观看人数达2万余人次。大会中心主题是宪法与国家制度建设。具体内容包括：宪法与疫情防控、紧急状态规制，宪法与数据安全保障、个人信息保护，宪法与国家安全，国家制度的宪法基础，百年大变局中的宪法课题。在会上，韩大元教授围绕对自由与秩序、自由与生命、基本权利限制与比例原则以及国家保护义务等问题，探讨了宪法学者的学术使命和专业精神，为完善国家治理提供智力支持的时代使命。张文显教授重点围绕"习近平总书记的制度理论和制度思维""国家制度与宪法法律制度的关系"两个主题探讨了新时代中国社会主义制度体系的五个核心命题。与会专家总体认为，国家制度与宪法法律制度、中国特色社会主义制度体系与中国特色社会主义法律体系是一体两面，因而要坚持从我国国情出发，继续加强制度创新。

2021年10月23日至24日，中国宪法学研究会2021年年会暨会员代表大会在广东深圳举行，近200人参加。大会中心主题是中国共产党与中国特色社会主义宪法道路。此次学术研讨会共设有三个分论坛，具体内容包括习近平总书记关于依宪治国、依宪执政的重要论述，宪法实施与"十四五"规划的落实，新科技发展的宪法回应，中国特色合宪性审查制度，人民代表大会制度的组织和程序，宪法与法治中国建设规划，宪法与国家安全法律制度，完善"一国两制"制度体系与大湾区建设。会员代表大会选举产生了中国宪法学研究会第九届理事会成员：郑淑娜当选为会长，莫纪宏当选为常务副会长，周叶中等9人当选为副会长，张翔当选为秘书长。会议推举韩大元为中国法学会宪法学研究会名誉会长。

2022年11月26日至27日，中国法学会宪法学研究会年会以线上形式召开，近 300 人在线与会，大会中心主题是"八二宪法四十年：成就、经验与展望"。具体内容包括：习近平法治思想与宪法，现行宪法 40 周年的成就与经验，人民代表大会制度的实践与创新，备案审查制度的新发展，宪法与部门法，宪法实施前沿问题，数字时代的宪法学。会上胡锦光教授详细阐释了宪法监督体制机制的讨论与发展情况。林来梵教授提出"宪法精神"在用语的意涵上具有多歧性，但从规范宪法学的角度来看，应可理解为贯穿于宪法规范体系或其主要结构之中的核心价值取向，一般寄寓于实定宪法上的数个概括性条款之中，构成宪法的基本原则。李树忠教授详细阐释了宪法与改革之间的关系。任喜荣教授归纳了宪法与改革的互动表现，认为现行宪法要始终紧随时代脉搏而发展变化，为中国式现代化发展提供重要的制度保障。韩大元教授发言高度认同宪法学对中国社会发展的作用与贡献，同时指出，在当今百年未有之大变局下，人类怎样在保持尊严与自由的背景下获得发展，需要宪法学发挥基础性、战略性和前瞻性的重要作用。要在传承宪法学传统的同时创新理论，为全人类的发展提供新的理论成果，使我们所分享的制度更具合理预期。

2023 年 10 月 21 日至 22 日，中国法学会宪法学研究会年会在海南海口举行，近 300 人参会，提交论文 170 余篇。大会中心主题是健全保证宪法全面实施的制度体系。具体内容包括：坚持和加强党对宪法工作的全面领导，完善以宪法为核心的中国特色社会主义法律体系，宪法监督的规范化、程序化，提高合宪性审查、备案审查能力和质量，中国宪法学科体系、学术体系、话语体系，中国宪法理论在法治教育中的指导地位，宪法与部门法学的实践互动，依宪立法与重大领域、新兴领域、涉外领域立法，海南自由贸易港、浦东新区、粤港澳大湾区法治建设中的宪法问题。年会期间，举行了中国法学会宪法学研究会会员大会、理事会会议。通过选举，决定增补任喜荣、张翔（兼任秘书长）、翟国强为副会长，决定增补陈征等 16 人为常务理事、邓剑光等 10 人为理事。

四、完善宪法学研究会组织队伍建设

经过 30 多年的发展，宪法学研究会为我国的法治建设和宪法学的发展作出了重要的学术贡献，在引领学科发展等方面的作用日益凸显。

（一）研究会在组织建设方面取得的成就

1. 经过 30 多年的发展，宪法学研究会理事人数和参会人数都有大量增加，从最初的 53 名理事发展到如今的 187 名，而且理事分布地区越来越广泛，全国除台湾和宁夏外，各地区都有理事参加，覆盖的学校和研究单位达到了 100 多所。和建会之初相比，近年来参加年会的人数也增加了一倍以上，影响力越来越大。

2. 不断加强组织建设，积极拓展研究会的发展空间。随着学术委员会和各专业研究会的设立，宪法学研究会的学术活动越来越规范，研究领域不断拓宽，而且逐渐向着专业化研究的方向发展。中国宪法学研究会现已成立了宪法学教学研究专业委员会、人民代表大会制度研究专业委员会、两岸及港澳法制研究专业委员会、国防与军事法律制度研究专业委员会四个专业委员会。

3. 规章制度逐渐完善。在宪法学研究会工作中，严格按照学会章程的要求开展各种学术活动，尊重学术规则，在规则面前人人平等。为此，研究会制定了《宪法学研究会年会主题确定规则》《宪法学研究会年会论文提交与评议规则》《宪法学研究会年会全体会议发言遴选办法》《宪法学研究会年会报到登记工作办法》《宪法学研究会换届选举规则》等规章制度。研究会注重规范常务理事会工作，坚持会议制度，每年固定在暑期、年会举行前、当年底或春节前召开三次常务理事会议。注重加强研究会信息公开，每次年会召开的相关信息、常务理事会会议纪要、研究会举办的各种学术活动以及推选的各类评奖活动等，均在本会网站公示。

4. 健全了各种学术会议制度。从每年的年会到各种专题研讨会，形成了较成熟的会议制度。

第一，科学规范、优质高效地办好年会。年会是一个研究会学术水平的集中体现，宪法学研究会秉承学术为本、平等参与、规范高效的宗旨和理念，形成了规范的开会流程，从年会的主题征集到论文集的出版都严格按照学术规则进行，年会的主要流程如表8-1所示。

表8-1　　　　　　　中国宪法学研究会年会工作主要流程

步骤	主要工作内容	时间段	工作依据
第一步	主题征集	召开前9个月，一般是当年1月～3月	研究会常务理事会决定
第二步	主题发布、会议通知公布及邮寄	召开前6个月，一般是当年3月～4月	研究会常务理事会决定
第三步	论文提交与初步编辑	截止到召开前45日前提交	《宪法学研究会年会论文提交与评议规则》
第四步	发言论文遴选与评议	召开前45日内进行	《宪法学研究会年会论文提交与评议规则》《宪法学研究会年会全体会议发言遴选办法》

续表

步骤	主要工作内容	时间段	工作依据
第五步	会议材料准备、日程编排	召开前两周内	
第六步	报到、住宿安排		《宪法学研究会年会报到登记工作办法》
第七步	综述、新闻报道	召开后3天内	
第八步	优秀论文遴选收入《中国宪法年刊》	召开后3个月内	

第二，精心设计和组织专题研讨活动。专题研讨具有主题集中、方式灵活的特点，宪法学研究会开展了多种形式的专题学术研讨活动，有些系列专题研讨活动已经形成了品牌：如"中国宪法学基本范畴与方法"研讨会已经成功举办19届；全国公法学博士生论坛已经成功举办18届；海峡两岸公法学论坛已成功举办11届。除此之外，一是根据国家与社会发展的实际，有针对性地发起和组织对中国宪法实践中的热点、难点问题的专题讨论。如2011年召开"三大诉讼法修改中的宪法问题""预算法治与宪法""中央与地方关系法治化""宪法与国防法治建设""宪法与死刑制度"等诸多专题会议。二是积极推进跨学科研究。如先后与行政法学研究会、刑法学研究会、民法学研究会以及诉讼法学研究会共同举办"双边"学术研讨会，提倡以问题为导向的跨学科研究方法，拓展了宪法学研究领域。三是以专业委员会为主体举办专题性讨论会。各专业委员会每年举办一次专题性的讨论会，对实践中的重大问题进行研讨。

第三，积极开展对外学术交流。通过"东亚公法学的现状与发展趋势国际学术研讨会""亚洲宪法论坛""中英公法论坛""中法公法论坛""中国—奥地利宪法论坛"等形式不断加强与各国宪法学界的学术联系。

（二）研究会的未来发展

1. 进一步加强组织队伍建设。经过30多年的发展，宪法学研究会理事人数有了成倍数的增加，从最初的53人发展到187人，但我国现有600多所高校设置法学院系，加上相关研究机构和实际部门，保守估计也有一两千人在从事宪法学教学和相关研究工作。与这样一支数量庞大的队伍相比，理事队伍的力量显得还不够，应进一步加强组织队伍建设。

第一，应进一步扩大理事会的规模，特别是没有理事的地区应重点加强。

第二，逐步改变理事结构不合理的状况：一是适当增加实际工作部门理事的数量。在中国法学会宪法学研究会期间，第三届和第四届理事会中实际工作部门的理事曾占到30%左右,但近年来由于一些原因,实际工作部门理事的数量有所减少,应加大来自权力机关、审判机关与检察机关等实际工作部门的理事比例。二是吸收更多的优秀青年学者到理事队伍中来。青年学者是国家的未来和希望,培养青年学者是为宪法学的未来发展储备力量,实现宪法学研究可持续发展的重要举措。近年来由于到民政部注册的原因,没有开展理事的增补工作,一批优秀的青年学者没有能够加入宪法学理事会,换届时应有所考虑。

第三,探讨实行会员制度,吸收在本研究会学科领域内具有一定影响的学者入会,作为宪法学研究会的会员,会员享有参加本会学术活动的权利并作为理事的后备人选。

2. 树立规则意识,培养研究会成员的共同责任感。一方面,当下研究会成员中,一些学术研究尚存在浮躁之气,不顾学术规律,求新变异;某些研究则丧失了基本学术规范,影响了共同体的形象和声誉。另一方面,个别研究会成员缺乏维护宪法学研究会运行的自觉意识、自律意识,如有的理事长期不到会,并不"理事"。学会曾经尝试采取措施,如成立相应的监督机构督促理事履行义务,但是效果并不显著。需要进一步完善规章制度,培养宪法学研究会成员的规则意识和共同责任感,保证在章程和制度面前人人平等。

3. 不断提高研究会的整合能力,展现研究会的学术合力。宪法学研究会作为学术共同体,在未来的发展中需要进一步提高自身的专业协调能力。30多年来,我国出现过多次宪法领域的热点事件,也有过宪法学创新的契机,但尚缺乏多元的学术交流语境,导致在宪法学体系中基本范畴的共识还未普遍形成。学术研究队伍虽然不断扩大,但整体的专业化水平还有待于进一步提高;在研究内容上,研究会研究成果的前瞻性还不够,难以很好地引领未来的学术发展,导致学术力量的浮离状态;在研究方法上缺乏创新,导致问题研究无法冲出藩篱、达到新的研究高度。基于这些可自省的不足,研究会将有针对性地加以改进,提高宪法学整体的理论水平,协调各种关系并进一步整合资源,展现研究会的学术合力。

第九章

宪法学研究方法与范畴的演变

第一节 清末的宪法学方法论

宪法学方法论作为宪法学的一个基本范畴,主要可以从两个意义上去理解:其一,宪法学研究以及宪法解释、宪法适用中各种方法的运用状况;其二,对前者的方法要素与背后的哲学立场进行概括总结、哲学反思所形成的理论。后者可称之为有意识的宪法学方法论,在严格意义上,后者才可称为宪法学方法论;而前者只是宪法方法论关注的素材,而并未成"论"。但在宽泛的意义上,前者所形成的方法风格,也可以在宪法学方法论的范畴中进行研究,可对应地称之为无意识的宪法学方法论,作为考察中国百年宪法学说的一个专题范畴,这个研究视角是重要的。

一、清末时期宪法学方法

中国宪法学起步于清末,宪法作为传统律学所不包含的内容,它的起步构成了"中国传统法学与中国近代法学的根本分野"[①]。若以1899年梁启超替五大臣起草的奏疏《各国宪法异同论》作为中国宪法学起步的标志,在清末最后十几年时间里,中国学者对宪法现象的关注,主要借助比较的方法,通过翻译与介绍等方式引进西方国家宪法学的知识体系,其中,移译西方国家宪法理论本身就是比

---

① 范忠信:《认识法学家梁启超》,载《政治与法律》1998年第6期。

较宪法学方法运用的一个基础性工作和重要方面。

戊戌变法前后至辛亥革命前,在翻译方面出现了一定数量的著述。例如,周逵根据日本天野为之等的译本转译的《英国宪法论》(1895年),章宗之译的《美国宪法》(1902年),邓国瑿译日本穗积八束著的《宪法大意》(1903年),袁希濂译日本美浓部达吉著的《宪法泛论》(1905年),卢弼、黄炳言译日本清水澄著的《宪法》(1906年),莫安仁译英国维克师著的《英国宪法辑要》(1909年)、陈文中译日本法曹阁编纂的《宪法论纲》(群益书社1910年),作新社从日本转译的《各国宪法大纲》,收辑了英、法、德、日等国关于宪法、君主立宪等方面的内容,蔡文森根据日本元老院的《欧美各国议院典例要略》译本编译的《十六国议院典例》,收集了英、美、德、法、意、奥、比、丹、荷、日、葡、西、瑞等16国的议院组织情况。①

在中国宪法学起步的初期,中国学者从整体上尚不具备自主编撰宪法学著作所应有的知识积累与方法积累,但相关文献表明,少量中国学者撰写的宪法学著作与文章已经出现,且都较全面地运用了比较宪法学的方法,例如,袁嘉猷的《中外宪法比较》(1907年),保廷梁撰写的《大清宪法论》(1910年),后者以日本宪法学为参照,从国权总论、国权主体、国权机关、国权作用、国权基础等方面对清朝宪法进行了论述。

梁启超的宪法学著述在清末占有主导性地位,并对后来中国宪法学的发展影响深远,任公在这个时期的著述包括:《各国宪法异同论》(1899年)、《立宪法议》(1901年)、《论立法权》(1902年)、《开明专制论》(1905年)、《宪政浅说》(1910年)、《立宪政体与政治道德》(1910年)、《中国国会制度私议》(1910年)、《责任内阁释义》(1911年)、《宪法之三大精神》(1912年),等等。这些著述在方法上,无不是在引介、比较西方宪政制度基础上展开对于立宪的阐述。

从前引的各项著述中可知,比较方法在清末宪法学研究中一枝独秀。宪法解释方法赖以展开的文本基础或宪法惯例在这个时期的大部分时间内尚不存在,能勉强充当宪法文本的1908年《钦定宪法大纲》、1911年《宪法重大信条十九条》出台不久,尚来不及展开并过渡为《钦定宪法》,就随着清政府被推翻而灰飞烟灭,于是宪法解释学没有展开的平台;其他方法也因为宪法历史尚无或尚短以及学术积累尚浅而未能展开。在比较宪法学方法的运用中,前述著述都形成于内忧外患、救亡图存的窘迫形势下,没有太多的时间对各项比较法素材进行全面透彻

---

① 以上参见姚琦:《晚清西方法学的传入及其影响》,载《青海师范大学学报(哲学社会科学版)》2005年第1期。

的把握，并在此基础上展开评价和提炼，比较法方法的运用还停留在对外国法的简单介绍和直接参照的较低层次上。同样由于这种过于急切的外在目的，对宪法学方法论有意识的关注以及多种方法的全面运用，也就自然地退居次要地位。

二、民国时期宪法学方法

民国时期前后延续38年，内忧外患的总体形势虽然没有改变，但诸部宪法文本或草案的颁布与讨论，为宪法学研究提供了文本对象，而民国后的学术环境相对趋于宽松，三十余年的时间又使这个时期的宪法学研究在时间上有了较大的回旋余地。在这样的总体背景下，民国时期的宪法学研究在清末移译与引介之成果的基础上，继续向前发展，宪法学方法的运用出现了相对丰富的面貌，关于宪法解释学、比较宪法学、宪法史学三类方法的运用，均出现了丰富的成果。

1. 宪法解释学

法学本质上是一种解释学的技艺，其他诸般方法的运用最后要化约到对文本的解释过程中去，宪法学也概莫能外。随着民国时期共和政体的确立，法律创制工作全面展开，宪法与宪法相关的法律是民国时期不同阶段的执政者在其执政期间的立法重点，从1912年《中华民国临时约法》到1946年《中华民国宪法》，先后出现的多部宪法文本或草案虽然更迭频繁，但毕竟为宪法解释学的展开提供了文本对象，围绕不同时期的宪法文本，出现了以运用宪法解释学方法为主的诸多成果。

民国初期至1920年代末的宪法学研究，主要围绕1912年《临时约法》和孙中山的五权宪法思想展开，出版的著作主要有：范迪吉等编的《宪法精义》(1912年)、王宠惠的《中华民国宪法刍议》(1913年)，谢瀛洲的《五权宪法大纲》(1926年)、萨孟武的《五权宪法》(1930年)，等等。此外，也有对其他宪法文本或草案进行论述的著述，例如，万兆芝的《中华宪法平议》(1919年)对1913年《天坛宪草》进行了阐释。这些著述初步形成围绕《临时约法》文本的五权宪法理论体系，扩大了孙中山民主宪政思想的影响。

1930年代、1940年代的研究，主要是对北洋政府和国民政府的约法、宪章、宪法等进行说明、探讨以至质疑、批判，其中以围绕1936年"五五宪草"和1946年《中华民国宪法》的论著居多。例如，张知本的《宪法论》(1933年)，吴经熊与金鸣盛的《中华民国训政时期约法释义》(1937年)，刘静文的《中国新宪法论》(1940年)，张友渔的《中国宪政论》(1944年)，张仲实的《中国宪政研究》(1944年)，耿文田的《中华民国宪法释义及表解》(1947年)，李楚狂的《中华民国宪法释义》(1947年)，谢瀛洲的《中华民国宪法论》(1947年)，段林合的

《中华民国宪法释义》(1948年)。①

这些解释性的作品在阐述的重点上主要分为三个方面：一是对于法律中的一些名词术语的解释，二是对法律条文进行直接的解释，三是对照条文进行法理解释，也有学者直接将后两种解释模式混合使用，既解释法条，又阐述法理。② 严格说来，这个时期的宪法学著述所展开的注解与评议，只是在说明性层面上运用着宪法解释学，如耿文田在写作《中华民国宪法释义及表解》时文字力求简洁明了，注重阐述而不重视理论。③ 由于宪法话语对于一般民众来说尚属陌生，宪法解释学在这个意义上的运用，对于宣扬宪法精神、普及国民对宪法的认识，具有积极意义。通过围绕宪法文本运用宪法解释方法，这些宪法著述以宪法文本的内容结构为基础形成了较为统一的宪法学知识体系。

2. 比较宪法学

与清末的宪法学引入时期一样，比较宪法学的方法也是民国时期宪法学研究中广泛运用的方法。清末时期比较宪法学的运用旨在较纯粹地引介西方宪法内容与宪法制度，民国时期则在引介的同时，以外国宪法的经验与认识为基础，解释并评价本国的宪法文本与宪政实践，开始思考并基本形成了比较宪法学体系。

在民国时期丰富的比较宪法学著述中，较有代表性的著作有：王世杰的《比较宪法》(1927年)，程树德的《比较宪法》(1931年)，汪馥炎的《比较宪法》(1931年)，周逸云的《比较宪法》(1933年)，张知本的《宪法论》(1933年)，王世杰、钱端升的《比较宪法》(1936年)，沈瑞麟的《各国宪法之比较》(1936年)，萨孟武的《各国宪法及其政府》(1943年)，马质的《比较宪法论》(1948年)，等等。

除专著之外，民国时期先后出现了四百余种外国法学译著④，从数量上看，民国时期法学界对法学移译的重视稳中有升。其中有代表性的译著有：美国芮恩施著的《平民政治的基本原理》(罗家伦译)，日本美浓部达吉著的《公法与私法》(黄冯明译)，《宪法学原理》(欧宗佑、何作霖译)，《议会制度论》(邹敬芳译)，美国豪古德著的《现代宪法新论》(龙大均译)，日本森口繁治著的《选举制度论》(刘光华译)，英国布勒德著的《英国宪政史谭》(陈世第译)，美国温泽

---

① 参见上海地方志办公室："法学专业志"，来源：http://www.shtong.gov.cn/node2/node2245/node74288/node74296/node74417/node74419/userobject1ai90459.html，访问时间：2008年5月17日。
② 参见韩秀桃：《民国时期法律家群体的历史影响》，载《榆林学院学报》2004年第2期。
③ 参见耿文田：《中华民国宪法释义及表解》，商务书馆1947年版。
④ 这个数字包含了清末的译著，但主要出现在民国时期。参见何勤华主编：《中国近代法学译丛》，中国政法大学出版社，"总序"。

尔著的《美法英德四国宪政比较》(杨锦森、张莘农译)，英国黑德兰莫黎著的《欧洲新民主宪法的比较》(黄公觉译)，等等。从原著和原作者的挑选来看，这个时期在翻译对象的鉴别能力上有所提高，这也在一定程度上表明比较宪法学方法运用水平的提高。

比较宪法学方法的运用并不限于这些比较宪法专论与译著中，对当时宪法进行解释的前述著述，均不同程度地对西方国家的相关宪法制度进行了比较。

这些系统运用比较方法形成的比较宪法学专著中，影响最大的是钱端升、王世杰合著的《比较宪法》，它被认为是20世纪上半期"对西方宪政理论进行了最全面客观介绍的著作"[1]。该书在比较宪法学方法的运用中，进行了诸多有意义的尝试：作者打破了以国别为标准的比较方法，而采取了以"现代宪法上规定的问题为标准，在各个问题之下，介绍各种不同的规定和不同的意见"；在篇章结构的安排上，作者把比较宪法学内容分为绪论、个人的基本权利及义务、公民团体、国家机关及其职权、宪法修改、中国现行史略与现行政制六篇，在比较宪法学理论中合理地处理了国家、社会与个体的关系，对个人的基本权利问题进行了较系统的研究与介绍，表明了作者的基本权利理念。[2]

在民国时期，比较宪法学成果最辉煌的时代是1930年代和1940年代，这是中国与世界的交流非常开放的时期，学术环境相对宽松，在欧美及日本宪法学思想的熏陶下所进行的积累已经形成一定基础。前面列举的比较宪法学的诸多代表性作品中，绝大部分集中出现于这两个年代，此时的比较宪法学研究可谓"盛极一时"[3]。

3. 法史学方法

基于一定时期的宪法史展开与宪法学积累，法史学的关注进路也在这个时期的宪法学研究中开始运用，出现了诸多关于民国宪法史料的编辑以及关于民国宪法史的论述。例如，吴宗慈的《中华民国宪法史》(1924年)，陈茹玄的《民国宪法及政治史》(1928年)，潘大逵的《中国宪法史纲要》(1933年)，陈茹玄的《中国宪法史》(1933年)，潘树藩的《中华民国宪法史》(1935年)，黄公觉的《中国制宪史》(1937年)，平心的《中国民主宪政运动史》(1937年)，钱端升主编的

---

[1] 杜钢建、范忠信：《基本权利理论与学术批判态度》，载王世杰、钱端升：《比较宪法》，中国政法大学出版社1997年版，"序言"，第1页。

[2] 参见韩大元：《当代比较宪法学基本问题探讨》，载《河南省政法管理干部学院学报》2003年第4期。

[3] 杜钢建、范忠信：《基本权利理论与学术批判态度》，载王世杰、钱端升：《比较宪法》，中国政法大学出版社1997年版，"序言"。

《民国政制史》(1939年)，周异斌、罗志渊的《中国宪政发展史》(1947年)，陈茹玄的《中国宪法史》(1947年)，曾资生的《中国五权宪法制度之史的发展与批评》(1948年)。除了对自身宪法史的关注，民国时期也出现了一些关于西方各国宪法史的著述与翻译作品，例如，曾友豪的《英国宪法政治小史》(1931年)，潘大逵的《欧美各国宪法史》(上海大东书局1931年版)，赵南柔、周伊武编辑的《日本制宪史》(1933年)，英国布勒德著的《英国宪政史谭》(陈世第译，1936年)。

这些关于宪法史的作品在法史学方法的运用过程中主要沿着两个径路展开：一是对民国以来的制宪史和行宪史进行梳理和评价，这个过程中，法史学的方法与宪法解释学的方法通常结合在一起使用；二是在比较研究过程中，对西方比较法素材进行法史学的研究，将比较宪法学的方法与法史学的方法结合在一起。这两点体现出民国时期宪法学对于多种宪法学方法的综合运用。

由上可知，民国宪法学研究在方法运用上，呈现出三方法并立的格局，这一格局体现出如下几个特色：首先，在政权频繁更迭的民国时期，各种政治力量均打着宪法、宪政的旗号争相登上政治舞台，宪法、宪政作为政权合法性来源的角色得到了高度的强调。这也影响到宪法学关注的视角，更多是从民主、宪政的宏观层面进行关注，论述中有较浓的政治哲学色彩。其次，从传统向近代国家转型的过程中，如何嫁接传统与舶来的宪法制度、使宪法制度植根于当时的社会现状，宪法社会学方法本应发挥其重要的作用。然而，该方法的运用在民国时期从整体上看，在宪法学研究中是失语的。最后，民国时期没有出现关于宪法学方法论的专门研究，当然，其他部门法方法论的研究也没有。与之最相近的，出现了两部关于法学方法论的专论：李祖荫的《法律学方法论》(1944年完稿)、高承元的《正负法论：辩证法的法律学方法论》(1948年版)；与之形成对比的是，相关学科关于方法论的书籍并不少见，尤其是思想方法论、科学方法论、经济学方法论和社会学方法论等领域的研究文献颇多。宪法学研究缺乏对方法论的自觉与反思，也是其不能克服或缓解宪法学研究中政治伦理色彩过浓、对宪法社会学方法的忽视等倾向的原因之一。这些状况，对于关注新中国成立后的宪法学发展，提供了一个重要的反思的视角和比较的参照。

第二节　20世纪80年代以来宪法学研究方法的演变

1982年《宪法》颁布施行以来，我国宪法学研究，无论从宪法学体系、基本制度与基本权利,还是从宪法学实践功能等方面都有了一些新的进展。可以说,宪法学的发展为1982年《宪法》的实施,特别是达成宪法共识提供了知识基础与有力的理论支撑,其中方法论的更新构成了宪法学的重要学术特色与趋势。

一、方法论理念的更新

由于历史的原因,我国宪法学研究过多地受到政治影响,规范的专业性没有得到有效维护,有时无法以规范的力量控制政治的非规范行为。1982年《宪法》颁布以来,在方法论的探讨中,学术界首先克服了"以阶级斗争为纲"的方法论,把宪法规范还原到专业和规则,强调"宪法学的科学性",更新方法论的理念基础。

40余年来发表的方法论方面的一些论文体现出中国学者对中国宪法现象的一种体系化的思考。有学者指出,由于宪法文本的不确定性,宪法解释中纳入政治的考虑是不可避免的,同样的宪法条款,在不同的政治理论引导下,会得出完全不同的解释结果。为了确保法的安定性价值,宪法解释必须根植于本国的制宪历史、规范环境和宪法文本,去容纳政治理论论证的观点。[①] 宪法学者们遵循宪法自身的规律和逻辑,开始从单一的研究方法走向多样化的研究方法;从以阶级关系和阶级斗争为传统的政治逻辑转向了以宪法本体论为基础的法律逻辑,实现了以宪法现象和宪法逻辑为主体的一种方法论的转变。最为典型的是规范宪法学与宪法解释学的基本方法论的提出。

二、方法论的体系化

40余年来,在宪法问题的研究中学者们一直努力建构一种综合的宪法学,力求在部门法中发现宪法问题,在宪法中发现部门法问题,使宪法学方法论框架能够吸收多元的知识体系;不仅强调方法论本身的逻辑,而且提高方法论的研究面向中国社会现实,拥有实践理性的能力,强调方法论的解释能力与解决问题的能力。

在宪法学的发展中,宪法学者基于建构知识共同体的社会责任感,在历来强调专业界限的中国法学界,率先同刑法学、民法学、法理学、诉讼法学、劳动法学、税法学、行政法学、国际法学等学科进行学术对话,为建构"以问题为导向

[①] 参见张翔:《祛魅与自足:政治理论对宪法解释的影响及其限度》,载《政法论坛》2007年第4期。

的法学体系"进行了有益的学术尝试，拓展了研究方法的运用领域，其学术努力得到了学界普遍的认可，推动了法学知识体系的转型。学者们认为，作为一门学科体系，宪法学固然需要树立自身独立的知识体系，但社会现实的复杂多样性，决定了宪法学研究走向综合化的必要性与可能性。

40余年来，宪法学方法论上呈现出多样化趋势，伴随着宪法学分支学科的发展，研究方法日益多样化，出现了宪法社会学、宪法人类学、宪法哲学、宪法政治学、宪法经济学、规范宪法学、政治宪法学、宪法政策学、宪法解释学，等等。其中宪法解释学、规范宪法学与政治宪法学的学术之争引起了学术界的广泛关注。

三、方法论中的事实与价值

40余年来，宪法学在方法论上面临的最大挑战，是如何处理宪法规范和社会现实的冲突；如何合理消解价值与事实之间的张力；如何处理宪法与政治的相互关系，使中国宪法获得历史的正当性与合法性。围绕这些问题，形成了三种不同的研究视角与方法论。

一是强调规范的价值。即使规范是不完善的、保守的，既然已经确定为一种规范体系，为了保证国家宪法秩序的统一和宪法规范中社会共同体价值的实现，也仍然要以保守的规范来制约政治现实。

二是基于政治现实的考虑，以政治现实的需求为基础，片面主张适应现实，让规范作出让步。当发生规范和现实之间的冲突时，也有学者强调政治现实本身的价值，默认现实对规范价值的冲击。

三是为了合理地处理规范和现实的冲突，尽可能采取平衡的方式，既要满足规范的公平性、合理性，也要考虑宪法和社会的关系，让不断变革的社会能够在宪法规范中获得它所需要的一种合法性，尽可能对两者进行协调；既要强调规范价值，也要关注社会现实，在规范体系中吸纳社会的变革。

尽管在方法论的具体学术命题的论证上，学者们表现出不同的方法论的研究风格，但强调规范的价值成为学术界的主流观点，认为基于中国宪法特殊的历史背景以及当前中国的政治结构，在改革和社会变革中，需要优先考量宪法规范的价值。虽然规范具有一定的滞后性，但这种保守性背后包含着理性精神，如果在社会变革中规范的保守性得不到信任，社会共同体的信任和共识就会出现问题。

在事实与价值的关系上，学者们努力寻求宪法解释的内在逻辑，力求通过解释与现实的互动关系建立宪法学方法论体系。在方法论上能否完全否定价值？从学术讨论的情况看，无论是对规范还是对文本的研究，都不完全排斥价值考虑，但价值的考量应在规范约束的范围内，不能夸大价值功能。有学者在考察宪法规范的价值判断何以正当的追问下，就如何消解事实与价值之间的张力，寻求理论的基点以及在中国语境下程序性商谈理论的运用问题进行了有意义的研究。①

四、方法论的类型化

宪法学方法首先来自理论基础，只有建立在扎实的理论基础上才有可能把握方法本身的意义。宪法学要在开放和交流中逐步推进宪法学研究的综合化，同时在规范和解释中加强宪法学的规范化。

方法是针对问题而提出的，学者们在方法论的探索中，注意发现方法论的不同进路，力求从道德与法律的关系中揭示方法的不同内涵，提出类型化的思考，即从不同的视角解释与解决实践中的宪法问题，寻求推动宪法制度发展的动力来源与价值标准，通过宪法制度的发展满足社会主体的需求，通过社会个体价值的确立与弘扬，我们选择了"个案先导，四种力量合力推进"①的中国宪法发展模式，使社会改革与变迁能够在合理消解内部冲突的基础上，稳步地向前推进。在社会生活中有争议的个案、公众关注的社会热点以及公权力与私权利的冲突中，宪法学方法体现了理性、包容与客观的学术理念，表现出方法论的人文价值。

五、方法论的实践功能

40余年来，随着社会变迁，中国社会出现了大量的宪法问题，例如：群体性事件、矿难事故、自杀、器官移植中的人权保护、死刑复核制度改革带来的生命权保护等，引起了宪法学界的广泛关注。从宪法学方法论角度分析人的价值与宪法地位，成为宪法学研究的重要特色与亮点。例如：有学者运用历史解释和文义解释的方法对宪法文本中的"人"进行解释，认为以人为本的人主要不是指自然和生理意义上的人，而是指具有权利和自由的人；作为人的基本权利和自由是历史的、发展的。② 对于人性尊严，学者们结合现实中发生的具体事例进行分析。例如：有学者通过文义解释对人的尊严和人格尊严进行比较解释，以此对我国《宪法》第38条人格尊严条款进行合理的文本解读，认为人格权内涵最显著的特征的应当是其"概括性"，它以保护人格自主发展为主轴，特别是保护隐私

---

① 参见林来梵、翟国强：《宪法学思考中的事实与价值——有关宪法学的一个哲学话题》，载《四川大学学报》2007年第3期。
② 参见胡锦光：《论以人为本的人》，载《法商研究》2008年第1期。

权、名誉权和自我决定权，为了更好地保护人格权，有必要确立人格权范围理论和多重审查基准，为人格权的保护和限制划定相对明确的界线。①

六、回归宪法文本

基于对规范价值的维护，学者们强调必须尊重宪法文本，信任宪法文本。遇到宪法问题的时候，不要在宪法文本之外寻找依据，而是在宪法文本中寻找依据。如果宪法规范条文本身不确定或者落后于社会现实，则可以通过方法论把"不可能的条文变成可能"。比如，积极运用宪法解释技术，可以把在别人看来不可行或者必须修改才能符合社会现实的条文，通过解释转化为可行的条文，以适应社会生活。当宪法解释功能达到界限，无法用解释的方式来化解规范和现实之间的冲突时，可以采用宪法修改的方式，但不能习惯于先修改后解释的思维方式。这是维护宪法文本的重要原则。既然强调宪法文本的重要性，就必须让宪法文本具有权威性。维护宪法权威，首先从维护宪法文本开始，如果不信任文本就会损害宪法的规则与价值。

以宪法文本为基础分析宪法问题，成为宪法学界普遍的研究方法。例如，有学者从理论上对文本中的人权条款进行宪法意义上的分析，认为其在宪法层面的确立，意味着确认了人权保障的宪法原则，不仅在法解释学上具有丰富的内涵，在规范层面也具有重要意义，同时该条款的制定也加剧了人权条款与其他个别人权条款之间的紧张关系和张力，建立违宪审查制度也就成为紧迫课题②；还有学者认为，人权条款存在的重要意义在于明确了我国宪法的正当性，深化了权利理念，为公民权利救济和保障提供了宪法支持，设定了国家权力的最高道德，确立了国家的基本义务。③ 多篇文章运用文义解释对人权条款进行规范解读，例如：认为公民是人权条款的权利主体，而国家是尊重和保障人权的义务主体，人权主体具有普遍性和多样性，国家尊重人权的义务和保障人权的义务是两种性质不同的义务。④ 有学者结合人权条款，对人权与宪法上未列举权利之间的关系，以及人权条款与国家的保护义务进行论述。⑤ 有学者通过对人权与公民基本权利概念的区分，就如何理解人权条款中的"国家""尊重""保障"等词语的含义，展开

---

① 参见林来梵：《人的尊严与人格尊严——兼论中国宪法第38条的解释方案》，载《浙江社会科学》2008年第3期。
② 参见林来梵：《人权作为原则的意义》，载《法商研究》2005年第4期。
③ 参见严海良：《国家尊重保障人权的规范意蕴》，载《法学杂志》2006年第4期。
④ 参见于沛霖：《国家尊重保障人权之法律关系解读》，载《法学杂志》2007年第6期。
⑤ 参见韩大元：《宪法文本中人权条款的规范分析》，载《法学家》2004年第4期。

对人权条款的探讨，认为人权保障条款对人权保障功能的实现有赖于完善的宪法体制的建立。

七、方法论的本土化

长期以来，在方法论研究中我们缺乏对方法本身的学术梳理，过多地依赖国外的宪法学理论，影响了宪法学学术主体性的发展。与其他学科相比，宪法学在学术的思想性、纯粹性和前沿性方面有待进一步提升，有些研究成果仅仅把产生于西方法治发达国家特定语境中的理论、学说和制度，不加理性选择和分析而介绍、移植到中国来，使得宪法学方法呈现缺乏学术研究应有的学术性和创新性的状况。学术自主性不足，也一定程度上导致法治建设毫无甄别地简单重复西方法治路径。学者们认为，在方法论的研究中，我们需要追求学术的主体性，不能拾人牙慧、步人后尘。在他人的话语体系中亦步亦趋，永远不会有方法论上的创新和自主性。在百余年的宪法学发展中，不同时期的宪法学人呕心沥血、殚精竭虑，为宪法学发展建言献策，为中国的法治建设付出了艰辛努力。他们的学术观点和理论，特别是方法论方面取得的成就，需要我们认真探讨和梳理。

宪法学说是宪法学体系的重要内容之一，是宪法学学科发展不可或缺的组成部分。尤其是在经济全球化的背景下，如何既保持本土宪法文化的自主性，又保持宪法文化的开放性，是我们要关注的一大现实问题。如果我们在西方宪法学话语占据主导优势的背景下保持自身法律文化的主体性，就必须深刻认识自身法律文化，尤其是宪法文化的现代价值，而揭示这种价值的结构与功能，需要从对中国宪法学说的梳理和体系化研究开始。

在西法东渐的进程中，中国学者为西方宪法理论的本土化作出了卓有成效的努力，其中方法论方面的研究成果对我们了解宪法学发展的历史进程，创建具有中国特色的宪法文化具有重要的参考价值。因此，将宪法学方法论研究置于宪法文化的框架内考察，充分彰显其隐含的学术价值与社会价值，有助于为宪法学中国化提供理论资源和学术动力。

第三节　宪法学基本范畴的演变

一、宪法学基本范畴研究概述

有学者提出，新中国宪法学的恢复与发展，始于改革开放，40多年来与改革开放同步进行，不仅承担了为社会转型提供合法性基础的使命，同时努力在改革进程中形成自身知识体系的客观性与自主性。[1] 互动于改革与学术之间的宪法学，学科独立性的形成与宪法学知识转型成了两个共时性展开的过程。这里，有两样东西，对于学科的形成或建立、成熟以及转型，发挥了"定海神针"式的基础性作用和确定性作用，对于这个时代的宪法学尤其显著——它们一个是基本范畴，一个是方法论。[2] 21世纪以来，中国宪法学的积累与发展持续提速，这与宪法学者关于两者的共识程度的提高以及共识人群的扩大密切相关。正是出于这样的认识和担当，宪法学者有意识地通过聚焦中国宪法学的"基本范畴"和"方法"，来推动中国宪法学的体系化和发展，自2004年始的"中国宪法学基本范畴与方法学术研讨会"（以下简称"宪法范畴会议"），正是其中的标志性平台。

至2014年，伴随着1954年宪法从通过五十周年到六十周年，宪法范畴会议已悄然举办至第十届，完成了会议发起者原初设想的两个五年周期。与发起初衷一致，这是一个定位于"宪法学"领域内的、理论性的、专题性的系列研讨会。从持续时间和持续届数看，十年十届的宪法范畴会议，是积累中的中国法学界持续性最强的专题性系列研讨会。统计十届会议投稿论文情况，尽管会议起初定位于小规模，但已有来自54个高校、研究机构的约132名学者向会议投稿255篇论文，与会规模总体上不断扩大，说明基本范畴与方法进路的研究在宪法学者中受到越来越多的关注，形成越来越广泛的共识。

十届会议的研究状况及其变迁情况，正是中国宪法学十年研究的一个典型样本。（见图9-1）中国宪法学近年来在一定程度上实现了的研究进路的多元化、话语表述的去政治化、问题意识的中国化、研究主题的细小化以及诸问题[3]，多在宪法范畴会议上集中地体现出来。因此，以十届宪法范畴会议的研究状况本身为研究对象，以呈现十届会议的总体样态、大体趋势为主要目的，就具有了"宪法学学"意义上的重要意义。申言之，十年来的宪法范畴会议研究了哪些范畴，各类范畴的结构分布及其变迁情况如何，运用了或讨论了哪些研究方法，方法运用的比例分布及其变迁情况如何，对诸如此类问题进行统计和总结，不仅能够有效总结宪法范畴会议的成就与不足，更能为考察同期整个中国宪法学的研究状况

---

[1] 这里讲的恢复，既包括对1950年代宪法学传统的恢复，也包括对1949年以前建立的宪法学说的学术遗产的恢复。参见韩大元：《中国宪法学的学术使命与功能的演变——中国宪法学30年发展的反思》，载《北方法学》2009年第2期。

[2] 参见韩大元：《建构中国宪法学的学术话语体系》，载韩大元、林来梵、郑磊主编：《中国宪法学基本范畴与方法：2004—2009》，法律出版社2010年版，第1页。

[3] 参见林来梵：《中国宪法学的现状与展望》，载《法学研究》2011年第6期，第20页。

提供范本和深加工的标本。

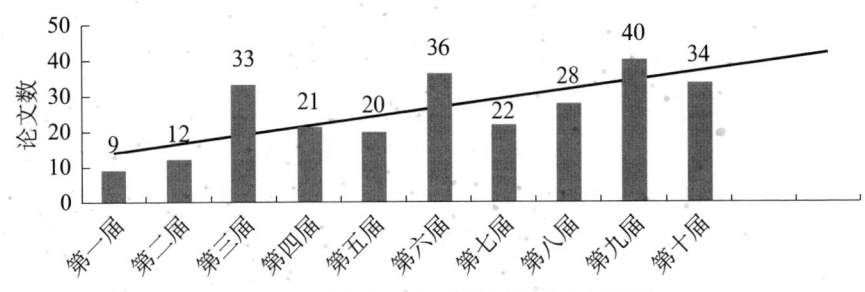

图 9-1　历届与会论文数及线性趋势预测

笔者以十届会议的与会论文、邀请函主题设置、议程设计、全程录音整理、会议综述为一手素材,"一分数据一分判断",通过统计分析来比较和概括这里的研究概貌和发展图景。对此相对闭合、但数量较大的素材群,笔者按不同要素进行分类统计和汇总统计,形成各类基础表格和汇总表格共计 58 个。[①] 鉴于前述研究对象和研究方法,笔者沿用"基本范畴"和"方法"的会议主题设置和表格分类依据,作为本研究的基本结构和两大基本线索,先从这两大主题分别对十届会议的研究状况进行比较和概括,进而从已有的收获与应有的收获两方面进行总体性的总结和展望,以此为宪法范畴会议平台的进一步发展,乃至中国宪法学研究的发展提供参照。

二、主导与偏颇：宪法学"基本范畴"研究的十届会议状况

"基本范畴"是"宪法范畴会议"的第一主题,以会议论文的题目与关键词为主要依据,参照论文内容,可统计得出十届会议中的"基本范畴"类论文有 206 篇。[②] 统计各类范畴的论文数量与比例,是考察宪法范畴会议研究重点的分布及其变化的依据和风向标。

当然,这一功能的发挥,需要一项前提性工作:对宪法范畴进行科学、合理

[①] 58 个表格中,按照各届会议的"基本范畴"内容分布、"方法"内容分布、各类范畴、各项方法运用的历届变化等不同要素、不同角度进行纵横统计,形成基础表格四类 33 个;在此基础上,区分"基本范畴"类论文、"方法运用及方法理论"类论文,并单列范畴类论文范畴词频结构、比较宪法学方法运用论文、各届会议单元设置等情况,形成汇总表格五类 23 个。限于篇幅,58 个表格无法全部呈现在本书中。然而,每个表格乃至每个统计数据,对于考察宪法范畴会议十届情状,乃至中国宪法学十年发展历程均具有其实证意义。为使这些素材及其意义不致流失,笔者将全部表格制作成《"中国宪法学基本范畴与方法学术研讨会"十届会议统计表格全数据》文档,已经于第十九届会议做了口头和书面报告,期待这项基础工作的价值能够得到深入挖掘。

[②] "基本范畴"论文总数不计重复论文,但小结比例中的基数则计有重复论文数,"方法"论文的计算亦同。

的分类,以此作为相关论文归类统计的框架。根据相关范畴与宪法文本的关系及其在宪法文本结构中所处的位置,论文所关注的宪法范畴,被划分为如下三大类五小类:(1)宪法文本相关范畴,这一大类再按照宪法结构分为三部分:基本制度、基本权利、国家机构。相关论文的选择,相对宽泛地根据该论文的主题范畴,是否是这三者所"相关"的范畴,而不是严格局限于宪法文本概念。(2)文本外范畴,论文的主题范畴属于不能归入宪法文本相关范畴的宪法学其他范畴的,列入此类。(3)宪法学范畴理论。由此,形成汇总样态,基于此,十届会议中"基本范畴"的研究大致呈现出如下特征(见表9-1)。

表9-1 "基本范畴"各类论文数量与占本届"基本范畴"类论文部分比例历届情况汇总表[①]

宪法范畴名称	基本制度相关范畴		国家机构相关范畴		基本权利相关范畴		文本外范畴		宪法学范畴理论	
届别	论文数量	比例[②]	论文数量	比例	论文数量	比例	论文数量	比例	论文数量	比例
第一届	—	—	—	—	3	43%	1	14%	3	43%
第二届	—	—	1	17%	1	17%	3	50%	1	17%
第三届	1	3%	3	10%	17	57%	7	23%	2	7%
第四届	3	19%	1	6%	4	25%	5	31%	3	19%
第五届	1	7%	3	21%	6	43%	1	7%	3	21%
第六届	8	28%	15	52%	2	7%	4	14%	—	—
第七届	2	12%	5	29%	5	29%	4	24%	1	6%
第八届	3	13%	7	29%	4	17%	10	42%	—	—
第九届	4	10%	4	10%	8	20%	25	63%	—	—
第十届	4	17%	4	17%	9	38%	6	25%	1	4%
小结	26	12%	43	21%	59	28%	66	32%	14	7%

(一)范畴类研究相对于方法论研究的主导地位

"宪法范畴会议"的举办初衷在于:通过聚焦"基本范畴"和"方法",来凝聚和积累中国宪法学研究的基本共识。在十届会议255篇论文中,"基本范畴"类论文206篇、"方法"类论文223篇。从这里的数字可见,"基本范畴"类论文与"方法"类论文的统计分类并非采用非此即彼的排他标准,大部分论文在两者的归类上存在重叠;也因此,仅就这两个数字或比例之间的对照,不能反映出两类论文的相对比重。然而,在两大主题之间,"基本范畴"的主导地位仍然是明显的,这至少可以从两方面显现出来。

---

① 在小结栏中,"占本届'基本范畴'类论文部分比例"条目对应的比例是:这类范畴相关论文占十届会议范畴类论文总数的比例。

② 本表所称"比例"系指该类范畴论文数在本届基本范畴类论文部分所占的比例。

首先，从会议名称看，"基本范畴"居前、"方法"居后的排列，显现了两者基本并列、略有主次的先后关系。这个排列顺序的形成，经历了第一届会议上会议发起者本身的一个商议与磨合的过程，并自此之后贯通于历届会议。第一届会议打出的名称横幅是"宪法学的方法与基本范畴"，该届主办者林来梵教授在主持开幕式时也是这样来排列两项主题的："我们就在杭州的秋天里思考宪法学的两个专业性很强的课题：一个是方法，一个是基本范畴。"① 然而，会议的另一位发起者韩大元教授对"基本范畴"第一主题地位的强调是一贯的，他在第一届开幕式上如是说："现在应当回到我们宪法学的这个最基本的问题——中国宪法学的基本范畴。"② 但在第一届会议上，与会者就两大主题的主次关系很快达成了共识，如林来梵教授在第一届会议第一单元"方法与传统"主持时如此调和道："本次研讨会的中心主题是：中国宪法学的基本范畴。但考虑到临渊羡鱼，不如退而结网，首先我们可来讨论一下宪法学的方法问题，因为我们知道确定哪些概念为宪法学的基本范畴，一定程度上依赖于宪法学的方法意识和态度。"③

其次，从十届会议的单元设置上看，以范畴命名的单元专题占明显的主导地位。较之于以与会论文为素材的分析，以单元专题设置为素材的分析提供了更为宏观的概括性视角。如表9-2所示，总体而言，"基本范畴"在专题设置层面明显居于宪法范畴会议主导性主题的地位。从各届会议具体的单元专题设置对比关系看，半数会议（第三、六、八、九、十届）没有在专题设置上体现出对方法的专门关注，尽管"方法"内容曾经受到过同等关注（第二、五届）④，但从第八届开始，"方法"在单元专题设置中淡出，不再有直接关于方法问题的单元专题。

表9-2　　　　专题设置中的"基本范畴"和"方法"的占比

届别	第一届	第二届	第三届	第四届	第五届	第六届	第七届	第八届	第九届	第十届
基本范畴	75%	50%	100%	75%*	50%	100%	75%	100%	—	100%
方法	25%	50%	0	25%	50%	0	25%	0	—	0

---

① 韩大元、林来梵、郑磊主编：《中国宪法学基本范畴与方法：2004—2009》，法律出版社2010年版，第256页。

② 韩大元、林来梵、郑磊主编：《中国宪法学基本范畴与方法：2004—2009》，法律出版社2010年版，第256页。

③ 韩大元、林来梵、郑磊主编：《中国宪法学基本范畴与方法：2004—2009》，法律出版社2010年版，第257页。

④ 第二届济南会议的第三、四单元为宪法学基本方法（一）（二）；第五届平潭会议的主题即为宪法解释与宪法学方法，第一、二专题体现对方法运用与研究的侧重，分别设置为宪法解释理论、宪法规范的适用。

需要指出的是，与会论文涉及"方法"内容的论文，包括方法运用与方法研究。方法类单元，主要是为专门关于方法或方法论研究的论文而设置的，因而准确地说，范畴类单元专题悬殊的主导地位，是相对于方法论研究类论文而言的，大量的范畴类论文同时也是方法运用类论文，于是有了对255篇十届会议论文总数中"基本范畴"类论文206篇、"方法"类论文223篇之间174篇（占全部论文的68%）的重合幅度，这表明"基本范畴"研究同"方法"运用与研究之间的密切关联：范畴类研究有助于促成方法论自觉，方法上的思考在范畴类研究中发挥着"防腐消毒"的功能。

（二）范畴研究格局以围绕宪法文本范畴的具体研究为主导

进入范畴类论文内部的研究主题分布格局，根据宪法文本相关范畴、文本外范畴、宪法学范畴理论三大类别的分类统计、细分与比较，范畴类与会论文的研究体现出对范畴的具体研究占主导、以宪法文本相关范畴研究为核心、文本内各类范畴基本均衡的特点（见图9-2）。

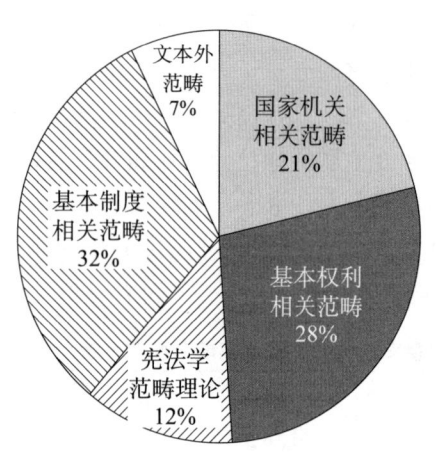

图9-2 各类宪法范畴研究比重示意图

第一，从对各类宪法学范畴的具体研究同宪法学范畴理论的对比关系中看，前者占明显的主导地位。从表9-1、图9-2可见，十届会议中宪法学范畴理论文章，占206篇范畴类论文的比例不到一成（7%）；而且，14篇论文中有12篇是来自前五届。可见，就宪法学范畴本身理论的研究在十届会议中的变化脉络是：在前五届会议受到稳定关注，尤其是首届会议上关注度较高（第一届占范畴类论文的43%，第二、四、五届基本维持在二成左右），到后五届会议基本式微（第七、十届分别有1篇，第六、八、九届均无此类论文）。这显现了范畴类研究中重具体研究一个个的范畴，轻抽象论述纯粹的范畴理论的格局和趋势。

第二，在关于具体范畴的研究中，宪法文本相关范畴的研究居于核心地位。

从表9-1统计数据和图9-2比重看，尽管文本外范畴有的比三类单个的宪法文本相关范畴要高，但宪法文本相关范畴三小类作为一个整体，其数量和比重，不仅远远高于文本外范畴，而且超过后者与宪法学范畴理论的总和。具体到各届会议，文本外范畴的非核心地位在其中八届是明显的，例外的仅有第二届、第九届。在各届会议的常态分布下，文本外范畴出现词频较高的主要体现为宪法范畴/宪法概念、民主、宪法变迁、宪法秩序、制宪权等等。① 而且，随着研究的进展，文本外范畴的研究也越来越多地结合到文本相关范畴的研究中。由是观之，"围绕文本""围绕规范"的研究立场，总体上已经较明显地体现在宪法范畴研究中。

第三，在宪法文本相关范畴内的三个子类型之间，研究比重基本均衡。

基本制度相关范畴、国家机构相关范畴、基本权利相关范畴的论文之间，一方面大致呈现出1∶2∶3的对比关系，其中后两者分别占十届会议范畴类论文21%、28%的比例（见表9-1），没有出现某一类范畴缺位或独大的非均衡结构；另一方面，涉及三类宪法文本相关范畴在数量上分别是26、43、59，也基本同前述比例接近。因此，关于中国宪法学对国家机构研究重视不够、相对薄弱的直观判断，在宪法范畴会议的平台上并没有显现出来。国家机构研究的数量虽然仍不及基本权利，但在宪法文本相关范畴的研究中基本上已经具有次重心地位。

然而，有关国家机构的研究，虽然从广度上涉及人大制度、国务院、中央军委、国家主席、司法等各方面，但从分布比例来看，主要还是集中在立法、宪法实施、宪法解释、违宪审查、宪法监督等人大职权类的范畴上，涉及的其他国家机构相关范畴，一来类型不多，二来相关论文数量很少（见表9-3）②，没有形成群稿讨论的态势，而只是个体性的初始研究。因此，国家机构研究的内部结构中，偏颇现象严重。如果考虑到这一点，十届会议的研究对于整体、全面的国家机构研究而言，仍然是薄弱的。

（三）"基本范畴"仍需填充的偏颇结构：基本权利—宪法监督—宪制

具体到一个个范畴的层面，统计十届会议涉及的约47个宪法学范畴的相关与会论文数量，并据此排序，可以发现，这些具体范畴的分布结构，在集中程度上较为偏颇，在分布广度上较为分散。

如下文表9-3所示，47项宪法学范畴中，前十位高词频的范畴依次是：宪制和"立宪主义"等相关范畴、"基本权利、宪法权利"、"宪法范畴、宪法概念"、

---

① 参见表9-3。
② 参见表9-1。

"立法"、"宪法实施"、"民主"、"政党、党的领导"、"财产权"、"宪法解释"、"违宪审查、宪法审查、司法审查、备案审查"。这十项范畴涉及论文103篇，占范畴类论文的50%。其中，前三位的范畴在涉及的论文数量上和第四位范畴几乎形成断档，可以说是超高词频的范畴，共涉及论文61篇，占范畴类论文的29.7%。

与十项高词频范畴形成悬殊对比的是，相关论文不超过两篇的低词频范畴有22个（占47个所涉范畴总数的46.8%）。具体而言，十届会议仅有2篇论文涉及的范畴有5项，占10.6%，它们是：人大监督、审查基准/审查标准、社会权/福利权、言论自由、基本义务。只有1篇论文涉及的范畴有17项，占36.2%，它们是：人民民主专政、基本国策、国防权、文化、重大事项决定权、法治国家、法律保留、首都、公民、个人、环境权、基本法、自由、艺术自由、集会自由、宗教信仰自由、共和主义。

两者之间的中词频范畴的数量也是居中的，共15个。其中，十届会议有3篇论文涉及的范畴有11项，占23.4%，它们是：社会主义、国家主席、领土、人权、劳动权、平等、住宅不受侵犯的权利、未列举权利、宪法秩序、国家结构、制宪权。有4篇论文涉及的范畴有4项，占8.5%，它们是：人民代表大会/人大/人大制度、宪法监督/监督宪法的实施、人格尊严/尊严、宪法变迁。

以"基本范畴"为主题的会议上，词频越高的范畴通常是与会者确认其"基本范畴"地位共识越高的范畴。据此，在上述对词频统计的三层次分类中，前三位范畴宪制和"立宪主义"等相关范畴、"基本权利、宪法权利"、"宪法范畴、宪法概念"具有显赫的超高词频地位。然而除"基本权利、宪法权利"之外，另两者成就超高词频均另有原因。就宪制相关范畴而言，第九届会议贡献24篇，这与其所处年份相关，但除去此届，其他6篇论文难以成就其超高词频的地位。而对于"宪法范畴、宪法概念"范畴，多为对于会议主题"基本范畴"本身及其相关的何为宪法范畴、如何区分其与宪法概念等问题的探讨所推高。三者中，唯有"基本权利、宪法权利"并非基于外在原因成为焦点，而较纯粹地体现了与会者关于其"基本范畴"地位的共识。三者之外，还有一个隐性的超高词频"基本范畴"，即"宪法实施""宪法解释""违宪审查、宪法审查、司法审查、备案审查""宪法监督/监督宪法的实施"四者具有高度相关性乃至重合性，若以同一口径统计之（"宪法监督"、"宪法解释"或"违宪审查"等均可），则其将成为又一超高频范畴，相关与会论文共计18篇（占38.3%，扣除分成四个范畴统计时重复统计的3篇）。若相关论文以每届均1篇、共计10篇为标准来统计是否属于在十届会议上就"基本范畴"地位获得共识的范畴，或许只有"基本权利、宪法权利""宪法监督、宪法解释、违宪审查"两者入列，刨除推高宪制和"立宪主义"

第九章 宪法学研究方法与范畴的演变

表 9-3 "基本范畴"类论文所涉范畴词频 TOP10 排序表

范畴名称	宪制、立宪主义等相关范畴	基本权利、宪法权利	宪法范畴、宪法概念	立法	宪法实施	民主	政党、党的领导	财产权	宪法解释	违宪审查、宪法审查、司法审查、备案审查
数量	30	17	14	7	7	6	6	6	5	5
占范畴类论文比例	14.6%	8.3%	6.8%	3.4%	3.4%	2.9%	2.9%	2.9%	2.4%	2.4%
各届相关范畴数量及占各届范畴类论文比例	一届 1 篇（14.3%）；二届 1 篇（16.7%）；三届 2 篇（6.7%）；四届 1 篇（6.3%）；六届 1 篇（3.4%）；九届 24 篇（62.5%）	二届 1 篇（16.7%）；三届 7 篇（23.3%）；四届 1 篇（6.3%）；五届 1 篇（7.1%）；八届 2 篇（8.3%）；九届 3 篇（7.5%）；十届 2 篇（8.3%）	一届 3 篇（42.9%）；三届 1 篇（16.7%）；四届 2 篇（6.7%）；四届 3 篇（18.8%）；五届 3 篇（21.4%）；七届 1 篇（6.3%）；十届 1 篇（4.2%）	三届 1 篇（3.3%）；六届 2 篇（6.9%）；七届 1 篇（6.3%）；九届 2 篇（5%）；十届 1 篇（4.2%）	六届 1 篇（3.4%）；七届 1 篇（6.3%）；八届 3 篇（12.5%）；九届 2 篇（占 5%）	二届 1 篇（16.7%）；三届 1 篇（3.3%）；八届 3 篇（7.5%）；十届 1 篇（4.2%）	三届 1 篇（3.3%）；四届 1 篇（6.3%）；八届 2 篇（8.3%）；九届 2 篇（5%）	五届 1 篇（7.1%）；六届 1 篇（3.4%）；七届 2 篇（12.5%）；八届 1 篇（4.2%）；九届 1 篇（2.5%）	五届 2 篇（14.3%）；六届 2 篇（6.9%）；七届 1 篇（6.3%）	三届 2 篇（6.7%）；五届 2 篇（14.3%）；八届 1 篇（4.2%）

373

等相关范畴词频的偶然因素,该范畴也可入列。这三项基本范畴,涵盖了宪法价值核心的名与实及其保障方式。但是,相对于一个完整、成熟的中国宪法学基本范畴体系来说,无论从数量上还是从体系性上看,这三者只是形成了仍有待进一步填充其他范畴类型的偏颇结构;尤其"基本范畴"的"中国"属性,仅从这三者中难以体现。

与有限的"基础范畴"数量形成反差的,是近五成的低词频范畴。低词频范畴的高比例意味着所涉及的范畴的数量较大,这既可以说明所涉范畴覆盖全面,也可以说明其分布分散。在基本范畴体系尚未形成的背景下,低词频范畴较大数量通常与其零散的分布格局相关联;而且,仅涉及 1 篇或 2 篇与会论文的低词频范畴的出现,在某种意义上,是具有偶然性的。但是,这些范畴中不乏具有中国宪法学基本范畴潜质者,例如,人民民主专政、法治国家。

(四)"基本范畴"共识达成途径的归纳式转向

前五届会议中,均有一定比例的与会论文抽象关注宪法学范畴理论本身,相关论文共 12 篇,尤其第一届占论文 43% 的与会论文(3 篇,见表 9-1)在讨论范畴理论。这些论述大致包含三方面的内涵:第一,将基本范畴问题讨论的功能定位于,建立科学的宪法学基本范畴是中国宪法学走向成熟的重要标志。① 第二,将"基础范畴"置于具有层级性的、结构严整的中国宪法范畴体系之中,是其中具有"基础性"地位的范畴。第三,以关系对子的形式来列举"基本范畴",例如,韩大元教授认为,构成中国宪法学基本范畴(基石范畴)的要素主要包括:国家—社会;宪法—法律;立宪主义—民主主义;人权—基本权利;主权—国际社会,其中,最核心的范畴是人权—基本权利②,刘旺洪教授则提出核心范畴、基本范畴和一般范畴的体系层次,认为宪法学的核心范畴是人权,全部宪法问题都是围绕着人权保障来展开的;根据社会关系领域和法律关系的性质,宪法保障人权以三对基本范畴为中心展开,即基本权利与国家权力、职权与职责、基本权利与基本义务。③ 范进学教授则把当代中国宪法学基本范畴概括为 7 组 14 个范畴,即民主与共和、宪法与法治、基本权利(人权)与国家权力、宪法职权与

---

① 参见韩大元:《对 20 世纪 50 年代中国宪法学基本范畴的分析与反思》,载《当代法学》2005 年第 3 期,第 12 页。

② 参见表 9-1。

③ 参见刘旺洪:《论宪法学的核心范畴和基本范畴》,载《第三届"宪法范畴会议"论文集》。另一相关论文参见刘旺洪、张智灵:《论法理学的核心范畴和基本范畴——兼与童之伟教授商榷》,载《南京大学法律评论》2000 年第 1 期,第 149 页。

宪法责任、宪法规范与宪法效力、宪法救济与宪法诉讼、宪法概念与宪法解释。①

这种抽象构建的理论努力，从与会论文看，并没有在后五届会议延续下去，后五届会议仅有 2 篇论文涉及范畴理论问题。② 诚然在会议发言中，新加入到会议的学者会不时就什么是范畴、哪些范畴构成"基本范畴"等关于基本范畴本身的问题进行提问、阐发或者质疑。总体而言，十届会议中后期的范畴类论文，主要是各自根据其研究领域或近期思考来选择宪法文本中相关范畴。成为研究主题的宪法范畴，或集中或分散，呈自发的分布状态。这是除具体范畴研究较之宪法学范畴理论具有主导地位之外的另一项结构特征。

对于宪法学范畴理论研究式微的变化过程，与其说是背离了会议发起者试图在中国宪法学范畴体系中通过有意识的建构途径凝练出"基础范畴"的初衷，不如说显现出中国宪法学"基础范畴"共识的路径，除直接进行这类建构式的范畴理论研究之外，还包括归纳式的具体范畴研究。归纳式进路的研究，大致由两阶段构成：在围绕各类宪法范畴的研究实践中，自然积累关于中国宪法学范畴的研究共识；在此基础上水到渠成，解析出宪法范畴群中的"基本"范畴。对照这一点，十届会议的积累主要还是在自发式研究具体范畴的前半阶段展开，"基本范畴"的自然析出或自觉归纳的后半阶段的到来，还有待更厚实的进一步积累。

三、共识与多元：宪法学研究"方法"运用的十届会议状况

任何学科的发展轨迹均显示：方法确定个性，或者说方法形成了学问的特质。这对于中国宪法学同样适用③，宪法范畴会议正是基于这样的问题意识而设置，并将"方法"作为其两大主题之一。

255 篇十届会议论文中，223 篇论文显现出某项"方法"的运用或者是关于方法论的讨论，而且大部分论文都综合运用了多种方法，而非单纯一种方法。根据与会论文方法运用中比较明显现出的具体方法或方法意识，笔者对此 223 篇论文进行了分类统计，形成了表 9-4 的"方法运用及方法理论"论文分布汇总统计。表中条目的设置，分为三个层次：(1) 根据法学方法发展的轨迹，笔者首

---

① 参见范进学、杨阿妮：《中国宪法学基本范畴体系新论》，载《四川大学学报（哲学社会科学版）》2009 年第 6 期，第 134 页。

② 这两篇论文是：仇永胜、李文瀚、顾莎莎：《宪法学范畴研究》，载《第七届"宪法范畴会议"论文集》；郑磊：《范畴与方法进路的中国宪法学学术积累进路》，载《第十届"宪法范畴会议"论文集》。严格说来，除去后一篇论文是总结十届会议的概述性文章，后五届会议中涉及宪法学范畴理论的仅有前者一篇。

③ 参见林来梵、郑磊：《所谓"围绕规范"——续谈方法论意义上的规范宪法学》，载《浙江学刊》2005 年第 4 期，第 138 页。

先区分了宪法解释学、宪法社会学（广义）、宪法哲学三个条目；（2）同时兼顾宪法范畴会议上方法运用的其他特征，单列出比较宪法学、文献梳理与比较；（3）此外，还包括抽象的方法论研究以及具体的宪法事案评析。

表9-4 "方法运用及方法理论"论文数量与占本届方法类论文部分比例历届汇总表[1]

届别	宪法解释学 论文数量	比例[2]	宪法社会学（广义） 论文数量	比例	宪法哲学 论文数量	比例	比较宪法学 论文数量	比例	文献梳理与比较 论文数量	比例	方法论研究或方法研究 论文数量	比例	事案评析 论文数量	比例
第一届	2	33%	—	—	—	—	1	17%	1	17%	2	33%	1	17%
第二届	1	8%	—	—	1	8%	3	25%	3	25%	6	50%	—	—
第三届	11	73%	4	15%	—	—	8	31%	1	4%	1	4%	1	4%
第四届	8	53%	2	13%	—	—	3	21%	2	13%	3	20%	—	—
第五届	6	33%	—	—	—	—	8	40%	—	—	7	39%	—	—
第六届	17	50%	7	21%	—	—	9	27%	—	—	2	6%	—	—
第七届	9	43%	2	13%	—	—	4	26%	4	19%	4	19%	2	13%
第八届	12	57%	—	—	—	—	4	17%	3	13%	6	26%	—	—
第九届	6	21%	18	55%	—	—	7	18%	6	18%	3	9%	—	—
第十届	11	32%	3	9%	—	—	10	29%	2	6%	4	12%	4	12%
小结	83	34%	36	15%	1	0.4%	57	24%	22	9%	38	17%	8	3%

（一）宪法解释学的核心地位在宪法范畴会议平台内已达成稳固共识

"围绕文本""围绕规范"，是作为法学的宪法学安身立命之处，也是宪法范畴会议的问题意识之一，经历十届会议，关于这一方法论立场的学术共识在此会议平台上已经形成并进而获得巩固、强化乃至拓展。宪法解释学方法运用的论文占34%，对比其他方法条目具有悬殊的领先性。从十届会议的时间轴来看，在会议初期的第一、二届，与会论文较多分布于方法论的讨论、比较宪法学的纯粹运用、文献的梳理与比较，并没有显现出宪法解释学的优势地位。自第三届会议之后，宪法解释学相关论文比例基本上处于领先地位，作为例外的第五届、第九届则有特殊原因，第五届因为诸多论文聚焦合宪性解释的方法研究和比较研究，拔高了对应的方法论研究、比较宪法学条目比例；第九届则是围绕宪制相关范畴

---

[1] 对于表9-4，需要说明三点：（1）统计入某项方法条目的论文，并非指该文仅仅运用了这一种方法，而是其运用此项方法的意识或迹象最为明显。（2）部分论文明显地体现出两种或两种以上方法的运用，则对应统计如多个方法条目，因而存在一定的重复统计。（3）对于没有明确体现出某种方法运用或方法意识的论文，未统计入表9-4的223篇论文中。

[2] 本表所指"比例"系指该类方法论文数量占本届方法类论文部分的比例。

的高密度讨论，其中大多数论文采用的是宪法社会学的方法。①

"宪法社会学"条目，是在广义上使用的，包含狭义法社会学、法政治学、法经济学、法史学等。作为与宪法解释学对应的方法类型，该类方法相关论文的比例与宪法解释学的领先地位相差悬殊，十届会议运用该方法的论文占15%，这个差距在各届会议上都显现出来（第九届会议例外）。但是，如果调整统计口径，将"比较宪法学"归入，在更广泛的意义上使用"宪法社会学"，其相关论文的比例则与宪法解释学的论文比例基本持平，历届会议中两者的比例也是不相伯仲。因此，前述宪法解释学的比例领先性，是否具有明显性和唯一性，也取决于统计口径的变换、其针对的对比对象。

而"宪法社会学"条目不同统计口径的变换，是具有理论意义的。因为基于中国宪法学所处的时代相位，宪法社会学方法对于方法论格局的形成在不同的方向上发挥着双重功能：一方面，在"解释宪法""监督宪法的实施"等保障机制的实效性有待激活、宪法解释学学术积累仍有待持续夯实的背景下，若关于解释学为核心的方法论格局没有妥帖的定位，"宪法社会学"运用的统治地位，会危及至少是冲击共识初现、但仍有待夯实的文本意识或规范意识。另一方面，转型时期，法与时转，依宪治国的进程包含着宪法规范内涵自身的变动，通过宪法社会学方法从转型实践中凝练和萃取规范性内涵，在宪法解释活动中是必不可少的。在前一种意义上，从表9-4左边两列的对比中可以看出，单纯套用意识形态话语的解说性宪法学、甚嚣尘上的政治宪法学等倾向性使用宪法社会学方法的讨论或思潮，已经不再能动摇或者没有冲击到宪法解释学方法在宪法范畴会议平台上的主导地位。在后一种意义上，释宪机制的激活、转型时期宪法规范内涵的与时俱进，都有赖于包括比较宪法学在内的广义宪法社会学的跨学科方法运用成果的滋养。

"宪法哲学"单列条目，基于两个考虑：一来，在释宪机制有待激活的背景下，宪法或宪法学，在普通民众的观感中，更多是其形而上的抽象形象；在学科归类中，常常被归入理论法学群落，宪法哲学正好契合这种形象。二来，居于法律体系金字塔顶端的宪法，与法体系外的价值主张、道德诉求、政治争议的确具有更近的物理距离，这是其展开哲学思考的便利之处。于是，2003年，已有论者指出中国宪法学在方法运用上三种明显的"个性化趋向"：宪法解释学、规范

---

① 联系表9-1的范畴类论文汇总表，可以发现一个单向的对应关系：宪法解释方法论文占比居高的届别，宪法文本相关范畴论文占比也是居高的；但反过来未必成立，宪法文本相关范畴论文占比居高，其主要运用的方法也可能是比较宪法学，但宪法解释学论文占比基本也是相应居高的；然而，文本外范畴论文占比居高的届别，宪法解释学论文占比通常不会居高。

宪法学、宪法哲学。① 然而，关于宪法哲学的讨论，主要在第一届会议发言中有较多的展开，但在之后会议的讨论中鲜有论及；从相关论文看，除第二届的1篇论文之外，十届会议再无专注于此方法的论文。回到前述两项考虑，对于第一项考虑，宪法学"空对空"的形象误区，在宪法学范畴会议平台上显然是不成立的；对于第二项考虑，通过宪法哲学方法来保持宪法的开放性以实现转型时期的宪法发展，在这个意义上，宪法哲学方法比例及其功用的发掘，尚有空间，或者这项方法的运用需吸收入宪法解释学的运用中同时展开。

(二) 宪法解释学共识对宪法范畴会议平台外方法论争鸣应对有限

进入21世纪，中国宪法学至少已经展开了三场与宪法学方法论相关的论争，它们分别是：宪法解释学与规范宪法学的对话、政治宪法学与规范宪法学的争鸣、宪制大讨论。三场论争恰好均发生在十届会议期间，但会议平台上三波论争的体现程度是完全不同的。

宪法解释学与规范宪法学的对话，在21世纪初逐渐成为宪法学研究的一个热点现象，是中国宪法学研究多元化的一个典型体现。这场讨论受到了宪法范畴会议足够的重视，或者说，这个系列会议的开始几届本身也成为这场讨论的主要平台之一，2004年第一届杭州会议、2006年第二届济南会议前后以及与其相关的论文密集发表、杂志组稿等衍生讨论，是这场讨论之高潮的时空结点。例如，2004年第一届7篇与会论文中，有2篇论文是关于解释学方法论立场的直白阐述②；2006年第二届会议14篇与会论文中，有6篇直接探讨方法论问题③，是十届会议中方法论探讨密度最高的一届（见表9-4），也达到了十届会议中方法问题在单元专题设置中所占的最高比例（50%，见表9-2）。这场讨论成为宪法范畴会议之初方法讨论的焦点的原因，首先在于会议的发起者和拥趸者主要来自这场讨论中有代表性的中青年宪法学者；其次，会议开始的时间点也恰逢或正被安排在这场讨论持续升温之际。

政治宪法学对规范宪法学、宪法解释学的挑战性争鸣，在宪法范畴会议平台

---

① 参见林来梵、郑磊：《所谓"围绕规范"——续谈规范宪法学的方法论》，载《浙江学刊》2005年第4期。

② 第一届会议2篇阐述宪法解释学立场的论文是：《〈中国宪法文本研究〉课题之基本思路》（韩大元、张翔）、《宪政与方法：走向宪法文本自身的解释——宪法解释学之意义分析》（范进学）。

③ 2006年第二届会议14篇与会论文中直接探讨方法论问题的6篇论文如下：《对话商谈与方法多元——论中国宪法学研究方法》（范进学）、《宪法学为什么要以宪法文本为中心?》（张翔）、《宪法学的方法问题》（刘松山）、《战后德国政治法学方法的三大流派略论》（李道刚）、《宪法研究的新方法——"社会—国家关系分析方法"》（任万兴、张东华）、《宪法的哲学之维》（刘志刚）。其中，尤其是前两篇，是当时这场对话中的标志性文献。

上却没有受到太多的关注和回应。即使在政治宪法学密集推出著述、影响日隆的年度里，会议上也只有4篇与会论文涉及此问题，分别是2011年第七届的2篇和2012年第八届会议、2013年第九届会议各1篇①，并且一边倒地持"不可期待"的批评立场。这个关注度或回应度，既与前一波方法论的对话热度相差悬殊，又和这波讨论自2008年以来逐渐升温并延续至今、构成中国宪法学界持续焦点的地位不相符合。个中原因，首先仍然与宪法范畴会议与会学者的方法论倾向密切相关，如前所述，这个会议的发起者和参与者中具解释学倾向的学者占据主导，换言之，解释学的方法共识在与会学者中是牢固的。其次，这个关注度基本上也是这一波方法论讨论中政治宪法学一方立论多、挑战多而规范宪法学或宪法解释学回应少的总体样态的一个缩影。对此，可能需要从两方面来解读：一方面，一定范围内的解释学方法共识的不断牢固，是中国宪法学发展所必需的，也是宪法范畴会议的初衷和主要贡献；另一方面，在解释学倾向的学者之间进行内部对话来巩固解释学共识是有局限性的，在多元方法之间通过外部对话来拓展和完善解释学方法的共识，也是不容忽视的重要方面。

对于宪制概念大讨论，宪法范畴会议的反应，仅仅在举办这场最为热烈的讨论的2013年的第九届会议上昙花一现，密集地出现了22篇关于该范畴的论文；其他各届，只有第一、二、三、四、六届各有1篇或2篇，共6篇论文涉及（见表9-3）。这场讨论主题的学术内涵是常识性的，但这场讨论在这个专题性会议上受到关注的程度超过了前一波政治宪法学的挑战性争鸣。然而，宪制问题讨论的焦灼化仅在第九届会议上来去如风，这本身也是十届会议中宪法解释学核心地位的体现。

（三）比较宪法学方法的次核心地位

比较宪法学方法的运用，在十届会议中持续占据较高比例，时而接近（第一、九、十届，见表9-4）乃至超过（第二、五届）宪法解释学相关论文的比例，在各种具体方法中，具有次核心的地位。这体现了我们所处的国际交流常态化的时代背景和法治后发国家的研究相位。由此，笔者不仅在表9-4中将比较宪法学作为单列条目，而且根据比较研究对象的国别制作了表9-5来专门考察该方法运用的状况。

---

① 回应政治宪法学的4篇与会论文分别是：《我们处于什么时代——简析规范宪法学与政治宪法学之根本分歧》（郑磊）、《政治宪法学：一种并非值得期待的理论宣言》（王旭）、《例外状态在中国——反思中国政治宪法学对"例外状态"的运用》（王奇才）、《共和主义宪政观的当代困境——对于政治宪法学的超方法论批评》（杨陈）。

表 9-5　"比较宪法学"历届论文数量与占本届方法研究论文部分比例情况汇总表

届别	涉德国 论文数量	比例①	涉美国 论文数量	比例	涉日本 论文数量	比例	涉英国 论文数量	比例	涉法国 论文数量	比例	涉其他国家 论文数量	比例
第一届	—	—	—	—	1	100%	—	—	—	—	—	—
第二届	2	67%	—	—	—	—	—	—	—	—	1	33%
第三届	3	38%	4	50%	—	—	—	—	—	—	1	13%
第四届	—	—	—	—	—	—	1	33%	—	—	2	66%
第五届	1	13%	3	38%	—	—	—	—	1	13%	3	38%
第六届	2	22%	4	44%	—	—	1	11%	—	—	2	22%
第七届	1	25%	1	25%	1	25%	—	—	1	25%	1	25%
第八届	1	25%	2	50%	—	—	—	—	1	25%	—	—
第九届	1	3%	—	—	—	—	—	—	1	3%	5	83%
第十届	4	14%	3	43%	—	—	1	14%	1	14%	1	14%
小结	15	26%	17	30%	2	4%	3	5%	5	9%	16	28%

　　表 9-5 所直接传递的信息，是比较宪法学方法内部不同国别之间的比例。单列条目的五个国家，是相关论文比例最高的五者，这与整个中国宪法学的比较国别的重点也是基本对应的②，关于美国宪法、德国宪法的比较研究的优势地位是明显的，分别占比较法研究的 30%、26%，换言之，过半论文的比较法研究以美、德两国为对象。其中原因，首先与两国良好的宪法实践及其良好的国际形象相关，或者说，比较宪法学中的高比例研究与两者在比较宪法学中的两大典范地位互为因果。其次，这同与会学者中有美、德两国学术背景者或者会操用这两国官方语言者的比例居高有直接相关。

　　具体而言，英语作为最为普遍的第一外语的地位，既促成并巩固了美国成为第一比较国别的地位，在历届会议中论文比重相对稳定；又使得 17 篇涉及美国的比较宪法学研究论文来自 14 位作者，从而使作者结构呈现出不同于其他国别比较研究的分散状态。2010 年后，诸多与会青年学者充实了德国访学的学术经历，或者在德国取得法学学位的学者参与到会议中，形成与会论文中德国比较宪法学论文的稳定作者群，这一态势在第十届会议上明显地体现出来，德国比较研究论文在该届跃升至 4 篇。

　　除美、德两国之外，其他国别的比较宪法学研究的分布基本是分散的，既没

---

　　① 本表所指"比例"均指该条目论文数占本届比较宪法学论文部分的比例。
　　② 进一步来说，五者对应整个中国宪法学的比较国别的比重，美、德的遥遥领先地位是相同的，但法国、英国、日本为第二梯队也是相同的，但三者之间的序列则未必相同。

有超过一成比例的第三个国别的比较研究，又在兜底包含五国之外的比较研究的"其他国家"具有28%的不低比例。法国比较宪法学论文占比居第三，是高于有此学缘的学者比例的，但作者数量与此比例是相符的：5篇论文，平均分布于自五届始除第六届之外的历届会议，每届均1篇，却集中来自2位作者。明显体现出日本宪法比较研究的论文仅第一届与第七届各有1篇，这与其在中国宪法学的整体研究中的比例是不相称的，也同与会者中多位发起者不仅具有日本学缘而且是日本宪法比较研究之旗手的状况不相称。

关于比较宪法学的运用状况，常常成为会议中讨论的议题。偶尔有学者批评单纯的比较法介绍，也有学者概括了"留学国别主义"的倾向。笔者认为，这两种概括性评价是笼统的，均可进一步分类视之。在介绍性的比较法研究中，如果是缺乏问题意识的照搬式研究，固然会因为中空的问题指向显得盲目；但更多的情况是，选择何种比较法素材本身是蕴含着问题意识的，尽管这常常没有、也没有必要以直白的文字赘述于论文中，而需要读者去品味和生发共鸣。关于"留学国别主义"的概括中，无原则的"言必称"或者爱屋及乌倾向、论证缺位的"两张皮"现象，的确会干扰法解释学的展开，这固然值得警惕，但发挥各人学缘或学识的长处形成比较宪法学研究的合理分工格局，促成准确、可信、扎实的学术积累，不仅是必要的，而且是高效的。公允地说，就比较宪法学研究满足宪法学研究与宪法实践的比较法需求的程度而言，精致的比较法研究，尤其是对外国法纯正、系统的研究，不是多了，而是少了。比较宪法学研究中值得戒备的倾向可能恰恰是：短路的中国意识。在尚不具备准确、系统的外国法梳理的情况下，过快过急地与中国问题对接，这样为了中国而中国的连接常常是短路的，其危害至少有以下几方面：其一，欲速则不达，即使表面上建构出某种分析框架，通常也是片面的、未中要害的；其二，废其器，短路的对接会荒废准确、系统的比较法素材积累，而后者对于充实解决中国问题所需要的武器库具有基础性意义；其三，废其事，急切的中国意识常常形成于比较过程之中，急切的中国意识常常是不准确的。

（四）寓方法于用的倾向偏颇渐显

与会论文中抽象、纯粹讨论宪法学方法论问题的论文比例，总体上呈不断减少的趋势。"方法论研究或方法研究"条目的比例总体占17%，前五届平均在三成（29.2%），后五届则平均低于二成（17.8%）（见表9-4）。宪法解释学、宪法社会学、比较宪法学、文献梳理与比较等方法的具体运用比例，较之于方法论研究比例的优势，在第三届之后已经日渐明显而且稳定。这并不说明与会学者不再重视方法论问题，而是说明，就方法谈方法的风格式微，方法是拿来用的，而不仅仅是用来说的。

在方法运用类论文或条目中，文献梳理与比较类论文，在十届会议中的9%的比例虽不显赫，但22篇的论文数已较为可观，且这种梳理方法同会议的"基本范畴"主题有一定的契合性，因此，尽管它同表9-4中宪法解释学等左边的方法条目名并不对应，但仍列为一个专门的条目。这里的梳理性研究主要包括两类，其一，关于某项范畴的关键词式研究，例如，《中国宪法学视野下基本权利概念的起源与演变（上）》（韩大元，第三届）、《"国体"概念简史》（林来梵，第七届）；其二，关于某个人物的某种思想考论式的梳理和比较。这类方法在十届会议中的比例是高于其在中国宪法学整体研究中的比例的，尤其当某个特定范畴被确定为会议主题时，围绕这个特定范畴的关键词研究或文献梳理就会较为集中地出现。该方法运用占第九届方法类论文的18%，也是十届会议该方法9%总比例的两倍。由此可以获得的启示是：一方面，促成某项范畴聚焦式的研究，离不开文献梳理与比较方法的运用；另一方面，这类方法的运用，比较有助于确认某个范畴是否具有基础地位，以及深入对这项范畴的研究。

寓方法于用倾向于"用"，具体而言，包括宪法学研究之用和宪法实践之用，表9-4左4列项目体现的主要是研究之用，而"事案评析"是实践之用的主要体现。[1] 可见，寓方法于用的倾向主要指的是研究之用，两类运用之间本身相差是悬殊的："事案评析"类论文仅占3%的微弱比例，远低于除宪法哲学之外的各类单项方法运用的比例。个中原因，包括两个层次：初阶原因包括两个方面，其一，这基本上是过去十年里中国宪法学方法运用格局的一个缩影；其二，会议发起者设定的会议主题中，本身就体现出侧重于中国宪法"学"的基本范畴和方法讨论，会议基调是一个理论研究型的会议。这两点本身是由一个深阶原因所致，即"解释宪法""监督宪法的实施"的实践尚待激活，由此，从学术素材以及学术成果的实践演练来看，宪法学研究在具有实效性的宪法裁决意义上面临无米之炊、无的放矢的窘境，研究活动仿佛是沙场练兵式的，给人屠龙之术的外观；从学术积累角度看，案例素材的匮乏对于有待夯实的学术积累无疑是增加了不利因素，此时，中国宪法学的研究就有必要首先收缩到理论研究层面来构筑稳固的"专业槽"。然而，转型中国的社会实践充斥着丰盈的宪法问题，其中不乏满足案件性要素的大量宪法事件[2]，对之展开宪法学分析同宪法案件的分析，在

---

[1] 需要说明的是，方法的实践之用，并不仅仅体现为"事案评析"，也能体现在宪法解释学运用的诸多论文之中。但"事案评析"类论文的微弱比例，足以体现实践之用的薄弱。

[2] 关于宪法问题、宪法事件、宪法案件、案件性等问题的探讨，详见郑磊：《宪法审查的启动要件》，法律出版社2009年版，第5页以下。

原理上是相通的。宪法研究之用与宪法实践之用之间，也不存在本质性的差异；恰恰是有待激活的释宪实践，更需要理论研究未雨绸缪地积累分析工具，以避免释宪实践展开之时却因为学术积累的缺失而再度被延误。基于这样的担当逐渐形成的共识，从纵向时间轴考察，将后五届和前五届的事案分析条目进行对比，虽然比例上变化不大，但论文篇数、作者人数的增加是明显的：从前五届的2篇增加到后五届的6篇，从2位作者增加到5位作者；尤其值得关注的是，后五届的事案评析论文在方法运用上均较明显地体现出方法论意识，例如，第十届会议的两篇论文《论民法任意性规范的合宪性解释——以余丽诉新浪网公司案为切入点》（杜强强）、《宪法价值视域中的涉户犯罪——基于法教义学的体系化重构》（白斌）是这方面的典型，在事案分析的过程中充分体现出合宪性解释、法教义学方法运用的自觉，同时也堪称是这两类方法运用的典范。

四、代结语：已有的收获和应有的收获空间

上文通过统计数据量化分析，分别概括性描述了宪法范畴会议在"基本范畴"与"方法"这两大主题板块中显现的特征，并从数据间分析其原因，提炼应对性的启示。两大板块相关内容之间有着对应性或交互性，至此，可合并考虑，十年间，我们在宪法范畴会议平台上有所收获，恰恰与中国宪法学的发展有着高度相似的轨迹；接下去，我们应当继续去收获什么，又似指引着未来的学科发展方向。

（一）主要收获

十届会议中的收获可以简要概括为相互关联的四个方面：围绕文本的规范共识和中国意识、比较宪法学的丰富视野、中国宪法学的实践性品格、青蓝相接的学术共同体。

第一，宪法范畴会议形成了关于宪法解释学核心地位的共识，确立了方法上的自主性；通过在此平台巩固宪法学的方法论自觉，促进着中国宪法学在方法论意义上的觉醒。

宪法解释学在十届会议中逐渐明显的核心地位，不仅直接体现在宪法解释学运用的相关论文较之其他方法悬殊领先的比重，宪法范畴会议对政治宪法学等方法论挑战的低密度回应，在一定意义上也是解释学共识自信的侧面体现；这还间接地体现在范畴类研究中宪法文本相关范畴的主导地位上，与会学者较为稳定地将宪法文本范畴或相关范畴确定为主要研究精力分布的阵地，宪法解释学方法的运用也由此与宪法范畴实体内容的研究呈现出良性互动。当然，与会学者间的共识及其稳定程度，同整个中国宪法学界关于此的共识状况并不完全相同，但"宪

法范畴会议对后者发挥了一定的带动作用"。

法解释学的共识也使得宪法学的中国意识逐渐全面和明确。通常所讲的中国意识，是指将学术素材和方法运用于解释中国现象、解决中国问题，这是法社会学意义上的中国意识；这虽然也是法解释学意义上的中国意识的内容，但不是它的全部内容。法解释学的中国意识，首先体现为规范意义上的中国意识，即围绕中国的实定宪法形成思想。在这个意义上，宪法解释学和中国意识必然是相通的，宪法解释学是有祖国的，它必然带有作为其解释对象和思考依托实定法文本所在政治共同体的本位意识。

第二，比较宪法学的发展更为全面地拓展了中国宪法学的视野。

自第五届会议之后的比较宪法学论文，不仅数量上有明显的增加，更重要的是，比较国别的分布更加全面（见表9-5）。较之前四届各届比较法国别分布偏重个别国家（第三届涉及两个国家外，其他均仅涉及一个国家1至2篇论文）的不均匀性、不确定性相比，第五届会议之后的比较宪法学论文稳定地呈现出多国（三个或三个以上国家）分布结构。

比较宪法学对于中国宪法学的学术功能，通过外在功能和内在功能体现出来。外在的资料功能，是比较宪法学最基础的功能，十届会议中比较宪法学的发展，扩充了中国宪法学"解决办法的仓库"，并且提供了找到或创新出"更好的解决办法"的机会。[①] 内在功能至少包括两个方面：其一，具有推动认识自己、消除偏见、趋于谦卑的认识功能，十届会议发言中独断式表态发言不断减少与此具有相关性。其二，促进着中国宪法学基本范畴共识的形成、中国宪法学理论的构建，宪法文本相关范畴所涉论文的研究中，绝大多数非但没有绝缘于比较法素材的运用，而且中国宪法学基本范畴的发掘、分析框架的形成，常常来自比较宪法学的启发。

第三，中国宪法学研究的实践性品格逐渐显现。

在范畴研究方面，对具体范畴的研究较之范畴理论的抽象研究具有悬殊优势（见表9-1）；在方法运用与研究方面，各项方法的运用较之方法论研究同样具有悬殊优势（见表9-4）。在会议持续举办的时间轴里，两个悬殊优势均不断地趋于明显和稳定。

这也体现了关于学术自主之自信的增强。在开始的几届会议中，中国宪法学的独立性问题，是与会者发言中念兹在兹的内容，例如，在第一届会议上，学者们频频提道：学科的自主性，使宪法学带上科学性的品格，宪法学的"专业槽"

[①] 参见韩大元、林来梵、郑贤君：《宪法学专题研究》，中国人民大学出版社2004年版，第2页。

第九章　宪法学研究方法与范畴的演变

等话语。此等内容作为一种言说，在后来的会议中渐渐淡去；但作为一种行动，在具体范畴的研究和各项方法的运用中不断彰显。

第四，中国宪法学研究的学术共同体得到了可持续的发展。

基于前述学术共识形成的学术合作与学术积累，是学术共同体的实质。而人员规模与梯队结构，则是学术共同体持续发展的人力载体。宪法范畴会议吸引了132位学者递交与会论文，以及更多数量的学者与会交流。随着会议影响力的扩大，越来越多学者的出现或持续加入会议中来，初始的小规模会议已经扩容到稳定的中规模会议。

与会学者结构在十届会议间不断趋于梯队合理、学缘丰富。会议之初的与会群体，是一个"60后"学者为主体的小规模群体；历届会议之间，"70后"为主体的新生代学者持续加入会议中来并不断成长，已经成为会议的主角。在这个意义上，宪法范畴会议成为与会青年宪法学者学术成长过程中进行学术训练、获取学术批评的平台之一，也成为"60后"学者与"70后"学者这两个年龄段的群体之间持续交流的固定平台。由此形成的学术共同体，自然是跨越多个年龄段的青蓝相接结构，这既有利于在学术积累过程中长幼合作以发挥不同年龄层学者经验或智识上各自优势，又有利于通过年龄间的传承实现可持续的长足积累。

（二）学术反思

"最好的球是下一个球"，比收获更重要的或许是对不足的反思，这将成为下一步收获的目标。就此而言，于中国宪法学范畴的体系化、宪法解释学的有效开放化、实践性的全面化与实效化、各届会议的聚焦与前后积累等方面，仍存在诸多尚待提升的空间。

第一，范畴研究的分布零散，中国宪法学范畴体系的形成及其"基本范畴"的确立，仍任重道远。

十届会议206篇范畴类论文涉及宪法学范畴约47个，但分布零散而不全面。关于中国宪法学范畴体系的共识，仍然没有形成。随着范畴理论相关论文从前五届具有稳定的一定比例到后五届式微，具体范畴的研究自发地以宪法文本相关范畴为核心，但关于作为会议两大主题之一的"基本范畴"的共识有限。47个范畴中的高词频分布的偏颇结构，体现出具体范畴研究的零散化状况和倾向。作为会议的首要主题，形成以基本范畴为基础与核心的中国宪法学范畴体系，仍然是一个有待后一阶段的会议去实现的宏愿。

第二，宪法解释学的理想只实现了一半[①]，以之为基础的方法多元性与开放

---

① 此语出自林来梵教授于第十会议闭幕式阶段的总结发言。

性仍需砥砺。

在宪法范畴会议平台内已形成关于宪法解释学核心地位的稳固共识，在会议后期，一些青年学者也提出了关于宪法教义学的诸多阐述。这些方法在认识层面已经能够被理解与接受，也被积极运用于不同作者的研究中，但未必能称之为善用。会议平台上的宪法解释学共识，还需要从三个方面去加强与完善：（1）以宪法解释学为基础，但并不拘泥于传统法律实证主义的封闭窠臼，彰显宪法规范的开放性，综合运用宪法社会学、比较宪法学等各类方法，围绕规范、博采众长，同时避免这些方法对宪法解释学的核心地位反客为主，尤其防止比较宪法学的粗放作业对宪法解释学运用的干扰。这可能是一个至难的问题，它其实也是中国法学整体所面临的，一旦实现了超越，中国宪法学的前途将不可限量。（2）积极回应各类方法论上的挑战，破中有立，在讨论争鸣中夯实和拓展宪法解释学的核心地位。（3）于宪法范畴会议平台之外，拓展宪法解释学共识，在整个中国宪法学界从观念到运用，稳固地确立围绕文本的规范意识。

第三，中国宪法学的实践性品格有待全面化和实效化。

所谓全面化，如前所述，方法的运用，包括理论之用和实践之用，自第三届以来的方法类论文中，轻"论"重"用"的状况已经明显而且稳定，但此"用"具有偏重理论之用的偏在结构，更接近实践之用的"事案评析"类论文仍仅占3％的微弱比例。宪法学研究与宪法实践本身是无法割裂的，二者密切关联，虽然理论之用的论文也未必没有实践之用的问题意识，但是，关注实践之用的问题意识如何更充分地体现出来，中国宪法学实践性品格双重之用如何呈现出合理比重，则是值得进一步关注和有意识努力的。所幸的是，后五届的事案评析论文均明显体现出方法论的自觉，且多篇可视为相关方法运用的典范，这充分展示出方法的理论之用和实践之用有效结合的良好态势，有利于疏通理论之用推动实践之用的渠道。

所谓实效化，既指中国宪法规范的实效化，也指中国宪法研究的实效化。由于理论之用与实践之用具有相通性，前述强调中国宪法学双重实践品格，自然包含偏重各项方法之理论运用的思考的实效化。理论储备与实践之用，是一体两面，这一点在具有实效性的宪法审查有待激活的闷局中，宪法学者需要不断自我醒示。党的十八届四中全会延续三中全会的宪法关照，重申"完善全国人大及其常委会宪法监督制度"，强调"健全宪法解释程序机制"，增加了打破这一闷局的有利因素。如何在治国安邦的顶层理论和定分止争的制度细节上系统提供经世致用的学理储备与学术方案，则应从一种担当意识更多地转化为切实的研究行为。

第四，各届会议的聚焦、争鸣、导引作用以及历届会议之间前后相承的总结与积累，还可挖掘。

如何通过完善会议形式来促进会议功能的发挥，是附随考虑的问题。范畴研究的零散性，方法运用的交锋争鸣不够、实践性品格有待拓展等前述反思点，均可从会议形式中找到因素和应对之策。例如，范畴研究的零散性状况，同与会学者具体范畴研究基本采用"沙中淘金"[①]的粗放式作业方式、个体合作、缺乏宏观聚焦是相关的，相互之间的聚焦乃至交锋的出现，具有偶然性。

有关会议形式的完善，可以从这些角度来思考：各届会议主题是否设置、如何设置，各届会议主办、承办单位如何确定会议主题，通过主题来宏观调控和聚焦与会论文讨论的主题与内容的分布，引导理论之用、实践之用合理分布的实践属性的彰显；会议单元设置，是事后、被动依赖与会论文进行内容类别的简单归类，还是根据讨论主题或基本范畴的总体规划事前、主动设定，并以此为招募单元主题发言人的依据；主题发言或导引发言人合适人数的确定，评议人的配置，如何在讨论主体和内容上实现聚焦，促成争鸣；与会学者的方法论倾向上是否打破同道而谋的结构，并有意识、有计划地实现更大的多元化；如何对前届或前几届会议展开充分的回顾和反思，以前届发现的问题、遗漏的问题、意犹未尽的问题等，作为下届会议安排的起点，促成前后会议之间的连续性，实现连续的积累。

从第十一届到第十九届，中国宪法范畴会议逐步调整议题、议程等方面的设置推动研讨朝着主体更加聚焦、范畴更加基本、讨论更加深入、学理更加系统、前后会议衔接更加融贯的方向发展。总体来看，晚近宪法范畴会议紧扣宪法文本，从文本中发掘基本范畴，深入探讨宪法原理，并且始终要求明确方法论意识和方法自觉。不过，会议议题尚未体现出从基本权利教义学向国家机构教学转向的趋势，会议在国家机构教义学方向仍有较大的延展空间。

走过十年，中国宪法学在基本范畴与方法进路上获得了一定的积累，也收获了更多的问题，这些积累蕴含着产生这些问题的原因以及解决这些问题的部分素材，也为新一轮积累提供了起点。

[①] 此语出自林来梵教授于第十届会议闭幕式阶段的总结性发言。

第十章

基本权利理论的演变

基本权利是宪法学的基本范畴之一，在世界范围内，关于它的历史和学术遗产集中体现一个国家宪法学的传统与学术品格，反映了探求宪法价值的共同经验和文化特性。在很大程度上，基本权利的理论研究与实践程度标志着一个国家宪法的发展程度。本章拟对19世纪至今中国宪法学中的基本权利研究进行梳理，探究基本权利概念的形成以及基本权利理论在不同历史时期的发展演变。

第一节 晚清民国时期基本权利概念的形成与发展

一、权利概念的引介

为了便于说明基本权利概念的产生过程，首先需要说明权利概念在中国文化语境下的起源与演变。对此，部分学者已经进行了有价值的研究。[①] 根据学者们的研究成果，在中国，包括权利、自由在内的一些术语与西方宪政文化背景下形成的概念之间存在着差异，不仅概念表述有区别，在价值内涵上也表现出多样性。在立宪主义与民主主义价值的紧张关系中，中国的基本权利概念选择不同于西方宪政的道路。如"权利"一词在古文中主要指权势和利益，当作动词用时，是指权衡利害，与西方right具有正确、理应等价值判断大不相同。故在20世纪初熟悉西方思想的严复就不同意用"权利"译rights，而主张用具有道德含义的

[①] 如王人博：《宪政文化与近代中国》，法律出版社1997年版；夏勇：《中国民权哲学》，生活·读书·新知三联书店2005年版等。

"民直"和"天直"来表示。这表明 rights 传入中国和 democracy 传入中国类似，都是用一个中文里原有但意义和西方观念极不同的词来表达现代西方新观念的。①

早在 1830 年传教士编的《东西洋考每月统记传》中，传教士用一个词组"人人自主之理"来表达 rights，但该用法在相当长时间内没有被中国士大夫们所接受。到了 1864 年出版的《万国公法》，书中出现了"权""权利""人民之权利""人之权利""私权""人民之私权""自然之权"等不同的词汇。其中，对"权利"的解释是："凡一国，自主自立者，皆有权，准外人入籍，并可以土著之权利授之"②。对人民之权利的解释是："各国在己之疆内，按律行事，在疆外各处，其事亦为坚固，唯不得与各国人民之权利，有所妨碍，此各国之友谊也"。一般认为，从此"权利"一词才和西方 rights 观念明确对应起来。③ 当然，《万国公法》中"权利"一词的意义主要指国家的合法权力和利益，力求在国家的关联性中挖掘基本权利的价值内涵，并没有直接地与个人自主性、自由价值联系起来，体现了基本权利的"国家观念"或国家主义的立场。

根据目前的文献记载，权利观念从一开始传入中国时就已经偏离 right 的主要含义，是用中国传统"权利"观对西方现代观念进行"格义"的结果。④ 据统计，从 1900 年到 1915 年，自主性的理念适用范围从国家（群体）拓展到个人，权利的意义比较接近西方文化中的原有含义。⑤ 于是，到 1919 年后权利出现了某些"技术化"的趋势。权利内涵的演变，从一个侧面说明中国宪法学语境下的"基本权利"观念的起源与演变有着不同于西方的社会背景。因此，语义演变的分析既需要考察词义学上的变化，同时也要考察语义背后价值内涵的变迁过程。

---

① 参见金观涛、刘青峰：《中国近现代观念起源研究和数据库方法》，载《史学月刊》2005 年第 5 期。这种情况也出现在日本移植西方立宪主义理论的过程中。如权利一词还不能表达拉丁语 ius、英语 right、德语 recht、法语 droit 中包含的"正"和"直"的基本内涵。对荷兰语 regt 的翻译过程进行详细探讨的熊谷开作认为，日本翻译权利一词时，遗漏了"诚实""正直""裁判所"等基本概念。见［日］青木人志：《西洋法与日本人》，光文社 2005 年版，第 117 页。

② 王健：《沟通两个世界的法律意义：晚清西方法的输入与法律新词初探》，中国政法大学出版社 2001 年版，第 164 页。

③ 参见金观涛、刘青峰：《中国近现代观念起源研究和数据库方法》，载《史学月刊》2005 年第 5 期。

④ 参见金观涛、刘青峰：《中国近现代观念起源研究和数据库方法》，载《史学月刊》2005 年第 5 期。

⑤ 参见金观涛、刘青峰：《近代中国"权利"观念的意义演变——从晚清到〈新青年〉》，载《近代史研究所集刊》第三十二期，1999 年 12 月。

二、基本权利概念在中国的产生

在中国宪法学历史上,何时出现基本权利一词是需要考证的学术命题。[①] 有学者认为,"基本权利历史悠久,但却无法确定基本权利起源何时,也无法确定哪一个基本权利为最先产生的基本权利"[②]。据作者的初步考察,早在清末新政时,端方等人考察西方国家宪政后出版的《欧美政治要义》和《列国政要》(1907年)中,对各国宪法中的权利与自由的内容进行了"中国式"的解读。如端方介绍欧美政治中"义务"与"权利"这对概念时,谈道:"凡所享人权及公民权不因信仰他教而至被侵夺,其所负公民及国家之义务亦不因信仰他教而得弛负担"[③]。在谈到西方的通信自由时,他还提道:"吾国人而欲享宪法之权利乎?"[④] 这时已出现"人权""公民权""宪法之权利"等词汇,虽存在内涵与价值的不确定性,但词义上具有与"基本权"相接近的某些因素。

到了20世纪初,一些社会新闻和政论文章中出现了"基本权利"等概念。如1915年周作人在《新村的精神》中写了一句话:"人人有生存的权利,所以应该无代价的取得衣食住。但现实生活中,人的基本权利完全可能由于出身、经济状况等条件的制约而达不到。如果把权利等同于道德,对于贫穷的人来说,个人权利毫无意义,即权利是不可欲的"[⑤]。《晨报》副刊1919年劳动节专号发表过"渊泉"的《人类三大基本的权利》一文,文章提出人类三大基本的权利是"劳工的生存权、劳工的劳动权和劳工的劳动全收权";该文还提出"要保障人类三大基本的权利,非使我们的劳动者在政治上、社会上、经济上占得中心的地位"[⑥]。不过,基本权利概念在我国宪法学中的广泛使用应在1919年颁布的魏玛宪法传入之后。作为现代宪法的代表,该部宪法第二编明确使用了"基本权利"

[①] 分析基本权利一词有两种基本方法:一是从形式意义上分析基本权利演变的过程;二是从实质意义上进行分析,即虽然没有出现"基本权利"表述,但实质内容具有基本权利的性质。因文献的限制,本节采用以形式意义的分析为主、实质意义的分析为补充的分析方法,旨在梳理基本权利发展的历史过程。

[②] 法治斌、董保城:《宪法新论》,三民书局2003年版,第94页。要解释基本权利的具体产生过程是一件学术难题,涉及不同的学术领域,需要系统地梳理各种文献知识,但为了分析基本权利与文化的关系,起源问题的研究又是不可回避的。

[③] 张海林:《端方与清末新政》,南京大学出版社2007年版,第164页。

[④] 张海林:《端方与清末新政》,南京大学出版社2007年版,第170页。1946年吴拨征在《论宪法的目的与功用》一文中论证公私法区别没有意义时特别提出:在自由主义国家所认为民法上的权利,在共产主义或社会主义国家却以之为"宪法上的权利"。参见何勤华、李秀清:《民国法学论文精萃》,法律出版社2002年版,第59页。

[⑤] 转引自金观涛、刘青峰:《中国近现代观念起源研究和数据库方法》,载《史学月刊》2005年第5期。

[⑥] 转引自庄福龄:《中国马克思主义哲学传播史》,中国人民大学出版社1988年版,第69页。

(Grundrecht)一词，用以界定宪法规定的德国人民的权利。最初，张君劢将之译作"根本权利"①，后在陈锡符和萨孟武的《世界新宪法》以及邓毓怡的《欧战后各国新宪法》中被正式译作"基本权利"②。正是从20世纪20年代开始，受到魏玛宪法的影响，我国宪法学界与实务界开始大量使用基本权利语词，方才使得这一概念在中国宪法学中流行开来。

（一）学术文献中关于基本权利的表述

我国学术界最早围绕基本权利展开学理分析的文献应属早期学界关于魏玛宪法的述评。例如，王世杰在其《学术书籍之绍介与批评：Heinrich Oppenheimer：The Constitution of the German Republic》一文中指出，"近年国中谈宪之士，以及从事于中央与各省制宪事业的人，往往援引德国新宪法条文以为他们的论据，或采取德国新宪法条文以入他们的宪法"，"德宪将国民基本权利与义务独开一章，条文极形繁细"，"欧氏以为德宪关于国民基本权利与义务之规定，性质至为不一，而有以次诸类"③。再如，张卓立、欧宗祐与何作霖合译之布伦迺特《德国新宪法论》从基本权利的分类、地位、形成、性质、历史渊源、效力、救济、限制、地方分权作为基本权利的一种以及德国基本权利观等十方面进一步阐释了德国的基本权利理论。④ 此外，署名向英的作者在其《德意志新宪法之教育思潮》一文中，专门从基本权利的视角展开对教育方针与教育权的分析。他指出，魏玛宪法"为贯彻统一教育的方针起见，于第二篇德意志人民之基本权利及基本义务中第二章第百二十条痛快的规定'养育子女完成其精神的及社会的能力为两亲最高之义务，且为自然之权利，对于其实行，国与各邦及公共团体皆负监督之责'"⑤。

在此基础上，王世杰、钱端升于1927年出版的《比较宪法》一书中对基本权利概念进行了较系统的分析。该书第二编的标题是"个人的基本权利及义务"，将国家机关及其职权的内容安排在"个人基本权利和公民团体"的编章之后。在该书中，作者认为在现代国家的宪法中，规定个人基本权利义务的条文，大都成一重要部分。"基本权利"及基本义务尚非一般宪法所习用的名词。我们称用"基本"二字，无非要表示这些权利，是各国制宪者所以为个人必不可缺少的权利。作者认为，"何种权利应认为是个人的基本权利，这自然随着时代的思潮与

---

① 张君劢：《德意志国宪法》，载《解放与改造》1920年第2卷第8号。
② 陈锡符、萨孟武：《世界新宪法》，商务印书馆1922年版，第37页；邓毓怡：《欧战后各国新宪法》，中华印刷局1922年版，第63页。
③ 王世杰：《学术书籍之绍介与批评：Heinrich Oppenheimer：The Constitution of the German Republic》，载《国立北京大学社会科学季刊》1925年第2期。
④ 参见[德]布伦迺特：《德国新宪法论》，张卓立等译，商务印书馆1926年版，第220页以下。
⑤ 向英：《德意志新宪法之教育思潮》，载《教育丛刊》1923年第7/8期。

各国制宪者的见解而异"①。以这种基本权利的理念为基础,作者把基本权利分为消极的基本权利、积极的基本权利和参政权。这是中国宪法学者对基本权利的内涵所进行的比较系统的理论阐述,对后来基本权利理论的发展产生了重要学术影响。虽然上述学术命题仍存在一些不确定的内容,但其分析中蕴含着国家与个人之间的关系,学者所认为的基本权利是"制宪者所以为个人必不可缺少的权利",反映了基本权利所具有的一些特征。

此后,基本权利概念开始频繁出现在中国宪法学著作中。余群宗于1929年4月15日在《社会科学论丛》第1卷发表了一篇论文,题目是《基本权的法律观》。② 张知本于1933年出版的《宪法论》中概括了当时比较有代表性的宪法学基本范畴。该书的基本范畴主要有:宪法与国家;权利与义务;国家机关组织与职权;地方制度等。其中,人民的权利与义务是构成本书基本理论框架的基本要素,可称之为核心概念。1935年尹斯如编著的《宪法学大纲》也把人民的权利义务作为宪法学上的基本概念来把握。朱采真的《宪法新论》(1929年)第二编是民权论,作者详细讨论了"宪法上的基本权利"问题等。1933年吴经熊在《宪法中人民之权利及义务》一文中重点说明了人民作为权利和义务主体在宪法体系中的地位与作用,强调权利作为历史的产物所具有的社会性和时代性,并认为"权利的社会性和时代性是权利来源",但论文中并没有涉及权利的"基本性质",也没有具体区分人民和公民之间的异同。同年章友江出版的《比较宪法》第二编是"人民基本权利和义务"③。1944年伍启元的《宪政与经济》中分别谈到了"人民之基本权利"。1933年,在评论张君劢先生提出的"人民基本权利三项之保障之建议"案时,张友渔提出"人民基本民主权利的保障"的概念,积极评价"人民基本权利"的意义。"人民基本权利"包括人身自由、结社集会自由、言论出版自由。他认为,这三项人民基本权利,虽然并不包括全部民主权利,却已经涉及重要的三项;并提出"一个国家是否民主,必须以此三项为重要的标帜"④。

可以说,到了20世纪30年代,学术界开始区分人权、权利与基本权利,并试图解释基本权利所体现的要素。如对人权概念,丘汉平认为,所谓人权,就是与生俱来的自然权利,换言之,没有这种权利,人是不能生存的。⑤ 他认为,

---

① 王世杰、钱端升:《比较宪法》,中国政法大学出版社1997年版,第61页。
② 参见何勤华、李秀清:《民国法学论文精萃》,法律出版社2002年版,附录。
③ 何勤华、李秀清:《民国法学论文精萃》,法律出版社2002年版,第629页。
④ 张友渔:《宪政论丛》(上册),群众出版社1986年版,第150页。
⑤ 参见丘汉平:《宪法上关于人民之权利规定之商榷》,载《丘汉平法学文集》,中国政法大学出版社2004年版,第311页。

《大宪章》一方面是规定几种基本权利，一方面却是人民与英王订定的契约。[1] 在说明人权与权利的关系时，他说：宪法中的人权是列举的。就是说人民之权利，宪法明白承认之。这种意思，无异是说人民的权利是宪法所给予的。没有宪法就没有人权，要有人权就要有宪法。这是很不通的，很矛盾的。因为人之生存权利是先宪法而存在；矛盾的，因为既然承认人权是与生俱来的，那么宪法的规定是不必的。[2] 这种认识基于他对宪法功能的基本认识，即"制宪的目的在于限制统治者的权力以达到人权的保障"。在分析保障人权的方式时，他认为：就是把人民认为应享的基本权利，先去迫令统治阶级的承认，后来便一一规定在宪法。倘若有任何人违背宪法的规定，就依照宪法的规定制裁。而在张君劢先生的论文中，人权与基本权利或权利并没有严格的区分，他对人权的解释基本上接近于基本权利的部分价值内涵。如在《人权为宪政基本》一文中，他认为，国家对于人民，无论权力怎么强大，总要划定一个范围，说这是你的命，这是你的财产，这是你的思想和你的行动范围。在这范围内，便是各个人民天生的与不能移让的权利。在这个范围内，国家是不能随便干涉强制的。在这个范围内，各个人享有的权利，便叫人权。[3] 他在引用Wattel的一句话时说："所以这叫人权或人民之基本权利"[4]。

（二）宪法草案与文本中的基本权利表述

20世纪20年代以来，关于基本权利的讨论不仅停留于学理层面，更对当时的制宪实践产生了重要的影响。从相关史料中不难发现，在北洋政府宪法起草委员会的会议上，基本权利概念亦开始被广泛提及。

1922年8月29日至9月16日召开的宪法会议中，议员骆继汉提出关于"国民经济一章修正案"，要求模仿德宪第151条先例，"将国民经济秩序之基础建筑在正义原则上，以谋袪个人主义之自由诸流弊"，采收益权、生存权与劳动权为国民经济秩序之基本权利。[5] 1923年1月11日，在宪法起草委员会第54次会议讨论"生计章"草案时，宪法会议成员林长民也提到了"基本权"和"基本权利"的概念。他指出，国家必须设法限制个人的财产权和经济自由权，"盖能破坏人生来基本权者，一为财产，一为营业，一为私人自由买卖交易。如对此等不

---

[1] 参见丘汉平：《宪法上关于人民之权利规定之商榷》，载《丘汉平法学文集》，中国政法大学出版社2004年版，第311页。
[2] 参见丘汉平：《宪法上关于人民之权利规定之商榷》，载《丘汉平法学文集》，中国政法大学出版社2004年版，第312页。
[3] 参见张君劢：《宪政之道》，清华大学出版社2006年版，第156页以下。
[4] 张君劢：《宪政之道》，清华大学出版社2006年版，第157页。
[5] 参见李贵连：《民国北京政府制宪史料》（第十三册），线装书局2007年版，第13-152页。

加以注意,势必造成资本阶级,足以破坏人生基本权利"①。1923年4月17日,宪法起草委员会通过"生计章"草案,在草案说明书中,林长民再一次提到了"基本权利"的概念,并提出生存权是"人生基本权利"②。

在20世纪30年代后出现的一些民间宪法草案中也出现了不同形式和意义上的"基本权利"的表述,如薛毓津所拟的"中华民国宪法草案"第一编的名称是"中华民国人民之基本权基本权利与经济权利",在第三章人民之基本权利中具体规定了个人权利、家庭、集会结社、公权与公职、宗教、教育、幼权等。王宠惠的"中华民国宪法草案"第二章是国民,在列举国民行使的基本权利后,他特别提到了"规定"这些内容的意义,认为"本条将国民最重要及最易受行政侵犯,或为立法机关摇动之自由,载诸宪法,以为民权之保障,此为成文宪法之通例"③。

在20世纪40年代革命根据地的宪法性文件中,值得关注的一个事实是,在1946年10月制定的《中华民国陕甘宁边区宪法草案》(第六稿)第16条中规定:"本宪法的列举及未列举之人民自由权利,均受宪法之保障,不得以法律或命令侵犯之"④。这也许是中国宪法性文件中规定"未列举权利"保护问题的最早的表述。

三、基本权利形成过程中的外国法影响

从历史发展的脉络看,1949年以前基本权利概念的内涵是不确定的,与同一时期的外国宪法学中的基本权利概念相比,缺乏文化的主体性与价值内涵的完整性。在基本权利形成过程中,中国的社会结构和文化背景为基本权利的"中国化"提供了必要的思想资源,但外国基本权利理论所起的知识铺垫作用是不可忽视的。

中国宪法学的历史起点是19世纪末20世纪初⑤,旧中国宪法学经历了宪法学的"输入"与文化冲突(1902—1911年)、宪法学的形成期(1911—1930年)、宪法学的成长期(1930—1949年)三个不同的阶段。在不同的历史发展时期,宪法学体系中的基本权利在中西文化的冲突与融合中选择了"中国化"的途径。外国宪法的理论提供了一定的价值上的参照,但并没有起到建构价值内涵的作用。对中国基本权利形成过程产生重要影响的国家主要有德国、日本、法国、美国等,其中产生直接影响的国家是日本。其表现是:在清末立宪时,日本宪政体

---

① 《宪法起草委员会第54次会议录》,第14页。
② 林长民:《增加生计章之理由》,见国宪起草委员会事务处:《草宪便览》,1925年8月,第108页。
③ 夏新华等整理:《近代中国宪政历程:史料荟萃》,中国政法大学出版社2004年版,第290页。
④ 《谢觉哉日记》,人民出版社1981年版,第1001页。
⑤ 参见韩大元:《中国宪法学:20世纪的回顾与21世纪展望》,载张庆福主编:《宪政论丛》(第一卷),法律出版社1998年版,第67页。

制是清末立宪的主要参照系，明治宪法所体现的宪法理念成为《钦定宪法大纲》的基础；当时主张立宪的政治家和学者中多数人直接受了日本宪法思想的影响，如康有为、梁启超等人在日本系统地研究和介绍了宪法理论，而西方宪法理论又是通过日本传播的；早期中国宪法学形成过程中的宪法学著作大部分是日本的宪法学著作，如井上毅的《各国国民公私权考》(1902年)、高田早苗的《宪法讲义》(1902年)、菊池学而的《宪政论》(1903年)、小野幸的《国宪泛论》(1903年)、穗积八束的《宪法大意》(1903年)、田中次郎的《日本宪法全书》(1905年)、伊藤博文的《日本宪法要义》(1905年)等；明治宪法制定的主要参与者与国体宪法学学者的宪法思想对早期中国宪法理论产生了重要影响。20世纪二三十年代日本宪法学的主流是"国体宪法学"，模仿德国公法理论，强调国家利益与天皇的地位，在"富国强兵"理念的指导下，建立宪法体制。

据学者考察，1895年出版的黄遵宪的《日本国志》为近代中国输入了全新的宪政理论思想，同时也为清末的宪政改革提供了重要的借鉴。① 作为清政府首任驻日参赞，黄遵宪对日本实施明治维新后的社会变化与宪政实践进行了考察，提出了较完整的宪政理论体系，比如，通过考察自由民权运动，提出"民权"思想，认为民之权利来源有二：一曰天赋人权；二曰社会契约。其在《日本国志》中谈道：论义理，则谓人受天地之命以生，各有自由，自主之道；论权利，则谓君民父子男女各同其权。② 同时，他系统地提出民权的基本范畴③，认为自由权、平等权、参政权与结社权是民权的基本内容。从光绪皇帝最后阅读的书目中也可以看出日本宪法的影响。据统计，1908年1月29日内务部向光绪皇帝呈送的40余种书中，就有《日本宪法说明书》《日本宪政略论》《比较国法学》《宪法论》《宪法研究书》《各国宪法大纲》等书籍；2月17日补进的书中有《日本宪政略论》等。这些书籍大部分涉及立宪方面的内容，而日本宪法方面的书籍又占据主流。④ 以日本的经验为参照系而提出的权利理论，对于中国早期的基本权利理论

---

① 参见张锐智：《黄遵宪〈日本国志〉中的宪政思想及其影响》，载《法制与社会发展》2006年第2期。
② 参见张锐智：《黄遵宪〈日本国志〉中的宪政思想及其影响》，载《法制与社会发展》2006年第2期。
③ 民权在中西方具有不同的文化内涵与传统。有学者认为，民权在西方，非指个体意义上的权利，仅为促成国家法律对群体利益的关注与认同，特别是少数民族、妇女等法律上的权利，是平等价值向国家法律层面进一步渗透的体现。在我国，"民"也始终是一个"群"的概念，既与西方个体意义上的自主权利相去甚远，也不能涵括所有宪法上的基本权利。参见郑贤君：《基本权利的宪法构成及其实证化》，载《法学研究》2002年第2期。
④ 参见叶晓青：《光绪帝最后的阅读书目》，载《南方周末》2007年5月31日。

产生了重要影响。

自 20 世纪 30 年代后，出现了有关研究新民主主义宪政理论的成果，这些成果进一步丰富了中国宪法学体系。从 20 世纪 30 年代开始，一些进步学者介绍和研究苏联宪法上的基本权利理论，出版了一批苏联宪法的著作，如丁奇夫的《苏维埃宪法浅说》（1930 年）、梁孔译的《苏联宪法解说》（1930 年）、郑斌编著的《社会主义新宪法》、张仲实的《苏联宪法教程》等。到了 40 年代，部分学者又引进了美国、法国等国的基本权利理论。如 40 年代哈佛大学法学院院长庞德作为南京国民政府司法行政部顾问，通过发表演讲、发表论文等形式，系统地介绍了美国的宪政理念与基本权思想；1947 年在全国司法行政检讨会上发表"近代司法的问题"，以及发表《法律教育第一次报告书》（1946 年）、《论中国宪法》（1946 年）、《比较法及历史在中国法制上应有之地位》（1947 年）等。[①] 在《论中国宪法》一文中，庞德专门谈到人民权利之保障问题，讨论了"个人之权利与政府之职权应如何划分，其界限因时因地而不同，考历史所昭示于吾人者殊不一致，对于人民权利之规定实非易事"。他主张，中国宪法能否规定"个人对于违宪之法律向法院请求救济的权利，应视中国之环境而定"[②]。可以看出，1949 年以前的中国基本权利概念与体系受到了中国传统文化与外国宪法的综合影响，体现了中国基本权利文化的多样性与综合性。

第二节　新中国成立初期的基本权利研究

一、基本权利概念在 1954 年宪法文本上的确立

1949 年 9 月 29 日通过的《中国人民政治协商会议共同纲领》是新中国第一部具有新民主主义性质的宪法性文件，起了临时宪法的作用。《共同纲领》没有专章规定公民的基本权利，而是在第一章总纲中规定了公民的基本权利，主要有：选举权和被选举权；思想、言论、出版、集会、结社、通讯、人身、居住、迁徙、宗教信仰及示威游行的自由权。从规定的内容看，《共同纲领》虽然在文本上没有直接采用"基本权利"一词，但所规定的权利都属于基本权利范畴，集中反映了政治权利与自由的基本内容。

在制定 1954 年宪法时，如何规定基本权利与义务是大家比较关注的问题之

---

① 参见杨兆龙：《杨兆龙法学文集》，法律出版社 2005 年版，第 449 页以下。
② 杨兆龙：《杨兆龙法学文集》，法律出版社 2005 年版，第 547 页。

一。首先，1954年宪法调整了《共同纲领》的结构，即把基本权利主体由"国民"改为公民，并专章规定公民的基本权利与义务。其次，把基本权利列为第三章，置于第二章国家机构的后面。① 再次，1953年中共中央办公厅发布的"中华人民共和国宪法草案初稿"（第一部分）和1954年宪法草案中都以"基本权利"的形式规定宪法典中的权利与义务部分。这种体例一直延续到现行宪法文本，成为中国宪法典的基本结构与特色。在1954年宪法文本中直接采用"基本权利"一词的主要原因是：（1）制宪过程中主要参考了一些人民民主国家宪法典，如苏联宪法、朝鲜宪法、蒙古宪法、罗马尼亚宪法、保加利亚宪法等，其中苏联宪法产生的影响是比较大的；（2）通过《共同纲领》的实施，社会与国家关系得到了必要的调整，需要从国家与公民关系角度，明确公民的宪法地位；（3）从宪法学的规范意义上看，从1949年以前开始出现的"权利""自由""宪法上的权利"等词汇，无法包括基本权利的基本内涵，需要以新的用语反映权利实践的要求；（4）学术界积累的有关基本权利的研究成果客观上提供了一定的可能性。

在基本权利的类型上，1954年宪法保留了《共同纲领》关于基本权利方面的规定，同时根据五年来社会发展变化的实际，增加了基本权利的内容与类型。有些条文是新增加的，如宪法规定的劳动权、劳动者的物质帮助权、休息权等。有些条文虽在《共同纲领》中有规定，但1954年宪法的表述更为规范。

二、20世纪50年代基本权利概念

基本权利在宪法文本上确立后，学术界以文本为基础进行了基本权利概念体系化的研究工作。通过对20世纪50年代出版的专门论述基本权利的学术著作的

---

① 关于这种结构的安排是否合理，当时制宪过程中争论是比较大的。在全国政协宪法草案分组联席会上，第四组、第八组讨论中有些人提出公民基本权利第三章与第二章应该对调，主要理由是先有人民的权利，然后产生国家机关。在说明宪法草案宪法结构时田家英说："宪法各国有各国的形式。我个人看法，章节次序不是原则问题。原来起草时为了把各个概念概括起来，使人看得清楚，所以分了这些章节。每一章是一个概念，四章是四个概念。第一部分总纲，是国家的根本制度、国家的总任务和国家的根本政策。第二部分国家组织系统。国家是阶级专政的工具、机器。这部分就是说，国家机器有这么一些东西。至于标题，还可以考虑。第三部分公民的基本权利和义务。一方面，它是政治制度的一个部分；另一方面，它规定了国家机关的权力来源及公民在国家中的政治地位。第四部分国旗、国徽、首都。这是国家主权以及国家根本的政治思想的象征。关于第二章与第三章是否对调，各国宪法写法不一致。我曾说过，我们的宪法和阿尔巴尼亚的宪法很相似。但这一点上却不同，阿尔巴尼亚的宪法是把公民的权利和义务放在总纲里。我们所以把公民的权利和义务放在后面，是因为公民的权利是在政治制度中产生的，并且前边已经讲过，国家的一切权力属于人民，把公民的权利放在后边，并不会贬低公民的地位。"这个说明实际上反映了当时制宪者和学术界对公民权利与国家权力相互关系的基本理解；但没有充分认识到国家、社会与个人之间的合理关系，过分强调了国家权力对公民权利形成与实现过程中的作用。当然，结构上的前后顺序问题，在当时看来也许只是一种"形式"问题，并不具有实质性意义。参见韩大元编著：《1954年宪法与新中国宪政》，湖南人民出版社2004年版，第437页。

分析，我们可以看出，基本权利一词成为学术界普遍采用的概念，初步确立了与当时历史发展实际相适应的基本权利体系，为建立中国宪法学基本权利体系奠定了基础。

在基本权利概念的表述上，有的学者试图以权利内容和重要性程度为标准，区分权利与基本权利的界限。如吴德峰认为："宪法上所规定的权利是我国公民的基本权利，也就是最主要和最根本的权利，它是我国公民各种权利的法律基础。至于一般的权利，则由各种法律根据宪法所制定的原则来规定。"[1]在这里，他实际上提出了判断基本权利的标准，即对公民个人来说"最主要和最根本的权利"，但具体如何确定"最主要和最根本的"标准，书中并没有具体说明。

在基本权利属性的研究上，值得关注的一个问题是权利的主观性与客观性。根据50年代的权利理论，权利意味着公民可以而且能够采取某种行为来获得自己的利益，这种行为的可能性包括主观可能性与客观可能性因素。从主观可能性的角度看，主体要有实现利益的主观条件，而主观性价值的实现要与客观条件相结合，要通过国家的作用，特别是国家所提供的物质条件得到实现。把基本权利的价值形态分为主观与客观两个方面，并从客观条件来判断权利实现的社会效果是分析基本权利的一般理念，反映了宪法文本与基本权利实践之间存在的冲突。

与基本权利概念相关的另一个重要问题是，如何理解基本权利的性质。学者们的基本看法是：基本权利是国家赋予的一种权利，"是中国人民长期进行英勇奋斗的革命斗争的结果"，是革命的胜利和中国人民解放的标志。[2] 有学者说得更为明确：我国宪法规定的人民权利，不是"天赋"的，而是人民革命斗争的果实。[3] 也有学者认为，"我国宪法关于公民的基本权利和义务的规定，就是用立法形式记载了人民争得的各种权利和自由，并做出了一些具体规定，来保证公民真正享受这些权利和自由"[4]。对宪法上规定基本权利的意义，有学者认为，"我国宪法上规定的公民的基本权利和义务，对每个公民都有特别重要的意义。这些权利和义务的规定，就确定了每个公民在社会生活、国家社会中的地位"[5]。辛光明确指出：我国宪法确定了我国公民的法律地位，其地位的重要标志就是规定

---

[1] 吴德峰等：《中华人民共和国宪法讲话》，湖北人民出版社1954年版，第103页。
[2] 参见李光灿：《我国公民的基本权利与义务》，人民出版社1956年版，第6页。
[3] 参见辛光：《中华人民共和国公民的基本权利和义务》，湖北人民出版社1955年版，第7页。
[4] 李光灿：《我国公民的基本权利与义务》，人民出版社1956年版，第2页。
[5] 杨化南：《中华人民共和国公民的基本权利和义务》，中国青年出版社1955年版，第105页。

了公民的基本权利和义务。①

　　这种对基本权利来源的认识从根本上否认了基本权利的"天赋性",只能在合法性范畴内解释基本权利,从性质上否定权利的应有状态与实有状态分类,把基本权利纳入整体阶级性的范畴之内,肯定国家政权对基本权利性质的决定性作用。这一点区别于西方国家基本权利发展过程,反映了不同的文化与政治哲学。

　　在哪些权利可以成为基本权利的问题上,学者们主要借鉴了苏联基本权利理论,主张以国家与个人的关系和现实生活中的重要性程度来判断基本权利问题。中国学者们通常以个人在社会生活中体现价值的程度来认识基本权利的功能,并对其进行分类。

三、对20世纪50年代基本权利概念的评价

　　在制宪过程中如何规定基本权利概念与当时的学术研究环境有着密切的关系。在整个20世纪50年代的宪法学界,以阶级性为基本出发点分析宪法现象是基本学术倾向与学术风格。在当时的历史条件下,学者们在初创宪法学基本范畴的过程中,缺乏可借鉴的模式,在很大程度上受到了苏联宪法的基本权利范畴的影响。可以说,新中国宪法学基本范畴的理论源流是苏联宪法学,学术界主要是在苏联宪法学理论体系的中国化方面做了必要的努力。

　　苏联宪法学的影响主要表现在:在学术概念上,基本上接受了苏联宪法学上的权利和基本权利概念的影响,以阶级性作为宪法分析的基本认识工具;在基本权利性质与功能上,彻底否定了基本权利的价值多样性,以国家性来代替社会价值体系,使基本权利价值限定在国家意识形态之内,突出了国家的功能;在基本权利分类上,当时的分类虽不完全照搬苏联的经验,但基本理念上仍受其影响。苏联对基本权利采取了分类研究方法,把公民基本权利分为社会经济权利、政治权利和人身权利,并根据基本权利存在的具体领域具体分为社会经济生活领域内的基本权利、文化领域内的基本权利、国家社会领域内的基本权利、社会政治生活领域内的基本权利、个人生活领域内和人身权利领域内的基本权利等②;在基本权利的具体解释上,苏联宪法学对基本权利理论产生的影响也是不可忽视的。

　　那么,如何评价苏联宪法学的影响?笔者认为,应采取历史的、客观的态度。从历史主义的眼光看,苏联宪法学的影响以及20世纪50年代建立的基本权利理论存在着一定的客观基础与合理性。当时的中国宪法学基本权利与西方的基

---

① 参见辛光:《中华人民共和国公民的基本权利和义务》,湖北人民出版社1955年版,第1页。
② 参见陈宝音:《国外社会主义宪法论》,中国人民公安大学出版社1997年版,第143页。

本权利观念既存在区别，也存在着一定程度上的价值联系。区别点主要表现在：首先，基本权利形成的社会生态不同于西方社会，不能简单地以西方的基本权利价值来衡量中国宪法体制中的基本权利价值。西方社会的基本权利以个人为出发点，而20世纪50年代学者们思考基本权利时，往往以国家、集体为基本出发点，反映了各自的社会结构。其次，基本权利价值内涵有所区别。西方社会的基本权利主要存在于个体对抗国家权力的结构之中，具有明显的防御性质，遵循着西方社会的政治哲学。而在苏联和20世纪50年代的中国，基本权利并不是以个体与国家权力之间的对抗为主要特征的，而是体现了相互合作、协调的价值趋向，是一种在国家主义体制下，以"和谐与共存"为目标的概念体系。最后，在西方的基本权利概念中，国家作为实现基本权利的义务主体是明确和具体的，而在20世纪50年代的中国宪法文本和基本权利理论中，实现主体是比较模糊的，社会个体缺乏对基本权利价值的切身感受和对国家履行保护义务的监督。

当然，20世纪50年代形成的基本权利价值形态与基本权利普遍性价值之间也存在着一定程度的共同点：首先，从义务主体看，当时的学术界虽然没有明确提出"基本权利实现的义务主体是国家"的命题，但从强调基本权利实现的条件，特别是物质条件的情况看，实际存在着国家（社会）在基本权利实现过程中的责任与方式；其次，当时虽然采用了"和谐—合作"的基本权利哲学，但在具体基本权利的解释和相互关系的说明中，也在一定程度上关注了因利益不一致可能出现的矛盾（对抗），并给予了一定的理论说明；最后，从"国民"—"公民"—"人民"概念的变化看，当时的基本权利概念并没有完全放弃基本权利应具有的个体性，而是力求在反映政治共同体价值的"人民"与反映个体价值的"公民"之间寻求合理的价值平衡，以实现个体的利益。

第三节　改革开放以来基本权利理论的新发展

由于1957年后出现的社会政治环境的变化，20世纪50年代形成的基本权利概念与体系受到政治意识形态的深刻影响，失去了进一步发展的社会基础与环境。在长达20多年的中国社会发展中，基本权利只作为宪法文本上的概念而存在，并没有转化为现实的利益关系。直至"文化大革命"结束以后，伴随着国家工作重心的转移、改革开放的深入以及1978年宪法与1982年宪法的相继颁布施行，我国宪法学研究得到恢复，并迅速蓬勃发展。作为学术概念的基本权利再度回到我国宪法学者的视野之中，而在"权利意识觉醒"的社会大背景下，基本权利研究在宪法学学术体系中的地位日益上升。在改革开放的时代背景下，经过40多年的发展，基本权利研究已形成一定的体系与框架，并转化到实践命题，推进中国法治的发展。以下对1978年以来宪法学界的基本权利研究进行初步梳理，考其脉络、察其特色，并进行简单的总结评价，以期对我国未来的基本权利的理论与实践有所展望。

一、发展阶段

1978年以来的宪法学发展中，基本权利研究经历了从沉寂的学术边缘逐步成为学术焦点、成为重要学术潮流的历程。其中，2001年的"齐玉苓案"和2004年的人权入宪，是值得特别关注的两项具有里程碑意义的事件，笔者以此为节点，将我国基本权利研究的发展历程大致划分为以下三个阶段。

1. 第一阶段：1978年宪法颁行到"齐玉苓案"之前

这一阶段从1978年宪法颁布施行至2001年"齐玉苓案"发生之前，跨越23年。1978年3月5日五届全国人大一次会议通过了1978年宪法，它正式确认了"文化大革命"的结束，并宣布"我国社会主义革命和社会主义建设进入了新的发展时期"[①]。以此为契机，我国宪法学研究重新起步，并在1982年宪法全面修改后逐步升温。但这一时期，基本权利研究并未受到学术界的足够重视。比如，当时发行量最大的宪法学教材——1983年出版由吴家麟教授主编的《宪法学》[②]，将公民基本权利和义务设为一编，但内容只占全书篇幅的12%。[③] 20世纪80年代初期，教科书在学界理论研究中的重要性远超今日，从其内容设置、体例编排中可以窥见当时理论研究的重点与方向。[④] 当时，学术界普遍认为，"宪法是国

---

① 1978年宪法序言第4自然段规定：第一次"无产阶级文化大革命"的胜利结束，使我国社会主义革命和社会主义建设进入了新的发展时期。根据中国共产党在整个社会主义历史阶段的基本路线，全国人民在新时期的总任务是：坚持无产阶级专政下的继续革命，开展阶级斗争、生产斗争和科学实验三大革命运动，在本世纪内把我国建设成为农业、工业、国防和科学技术现代化的伟大的社会主义强国。

② 参见吴家麟主编：《宪法学》，群众出版社1983年版。

③ 童之伟教授曾对我国具有代表性的宪法学教科书和相关著作中有关公民基本权利和义务的内容所占比例进行梳理，借以分析基本权利理论在我国宪法学教学研究中的发展趋势，他指出：1996年许崇德教授主编的《中国宪法》（中国人民大学出版社1996年版）将公民的基本权利和义务设为一编，内容约占全书篇幅的9%；2002年肖蔚云教授主编的《宪法学概论》（北京大学出版社2002年版）将公民的基本权利和义务分上下两章设为一编内容，约占全书篇幅的12%；2004年许崇德教授主编的《宪法》（中国人民大学出版社2004年版）将公民的基本权利和义务设为一编，内容约占全书篇幅的19.5%；2004年胡锦光、韩大元教授合著的《中国宪法》（法律出版社2004年版）分为总论、公民的基本权利和基本义务和国家机构三编，基本权利部分约占全书的30%。参见童之伟：《中国30年来宪法学教学与研究》，载《法律科学》2007年第6期。

④ 除吴家麟教授主编的《宪法学》以外，20世纪80年代比较重要的宪法学教科书还包括：肖蔚云、魏定仁、宝音胡日雅克琪编著：《宪法学概论》，北京大学出版社1982年版；许崇德：《中国宪法学》，天津人民出版社1986年版；张光博主编：《宪法学》，吉林大学出版社1983年版；廉希圣主编：《宪法学教程》，中国政法大学出版社1988年版；等等。

家的'总纲领、总章程',强调其在经济发展、社会进步中的工具性价值,因此,在研究上也主要集中于宪法总论、国家制度等方面,而忽略了其在人权保障方面的终极性价值"①。当然,除以上观念因素以外,宪法学科的研究力量也是导致这一状况产生的重要因素。宪法学研究恢复之初,研究力量较为有限,相较于建构国家基本制度、稳定改革开放的法律基础等更为紧迫的研究工作,基本权利研究一时未成为宪法学界的关注重点。

在整个20世纪80年代,学术界对于基本权利的研究主要集中在概念说明上,即结合现行宪法中公民基本权利和义务的制定历史,围绕《中华人民共和国宪法》第二章的结构与内容,对相应的基本权利条款进行简单说明。②其论述重点在于阐明现行宪法在基本权利设置上的现实性。③例如,对宪法未规定"迁徙自由""罢工自由"的现实考虑进行说明④,以及结合"文化大革命"的惨痛教训,说明宪法规定"人身自由""人格尊严"条款的原因与意义。⑤有学者指出,"这一时期的宪法学对于基本权利的简单解说,并非严格意义上的学术研究,而是用主流政治话语体系中的概念来界定基本权利"⑥。这一评价基本公允。应该看到,这一时期的研究尚未在理论研究层面充分展开,而对1982年宪法的制定过程以及我国制宪历史的描述与说明才是重点,这是任何国家宪法制定之初相关学术研究的普遍现象。这些条文解说在学术史上的价值,也主要在于为将来研究提供原始材料而非推进理论向纵深展开。

但不可否认的是,以上工作在促进整个社会基本权利意识的提高、形成尊重和保护基本权利的宪法观念、型塑国家和社会的意识形态等方面都有着不可低估的重大意义。⑦例如,对新出现在宪法中的"人格尊严"条款以及对人身自由强化司法程序保护的历史背景的说明,对于理解1982年宪法的精神非常有价值。

值得注意的是,我国宪法学界对于基本权利理论较为深入的研究,开始出现于20世纪90年代的港澳基本法制定过程中。基于处理港澳居民的权利义务问题的现实需求,宪法学界开始对基本权利展开相比之前更为深入的理论研究。⑧这

---

① 韩大元:《基本权利概念在中国的起源与演变》,载《中国法学》2009年第6期。
② 相关论述参见吴家麟:《论公民的基本权利和义务》,载《法学杂志》1982年第4期;许崇德:《我国宪法公民基本权利和义务规定的发展变化》,载《中学政治课教学》1983年第1期;陈云生:《公民基本权利和义务的法律特征》,载《政治与法律》1985年第6期。
③ 参见王向阳:《公民基本权利的现实性》,载《政治与法律丛刊》1983年第1期。
④ 参见肖蔚云:《我国现行宪法的诞生》,北京大学出版社1986年版,第46-48页。
⑤ 参见肖蔚云:《我国现行宪法的诞生》,北京大学出版社1986年版,第137-139页。
⑥ 翟国强:《"82宪法"实施以来基本权利理论的发展趋势》,载《法学论坛》2012年第6期。
⑦ 参见翟国强:《"82宪法"实施以来基本权利理论的发展趋势》,载《法学论坛》2012年第6期。
⑧ 如王叔文:《论香港特别行政区居民的权利和义务》,载《法律科学》1990年第5期;王爱华:《香港特别行政区居民基本权利和义务的特点》,载《暨南学报》1992年第4期;肖蔚云:《香港特别行政区居民权利和自由的保障》,载《中国法律》1996年第3期;周珂:《国外和澳门地区基本权利的保护上诉》,载《法学家》1997年第4期。

也说明，作为实践科学的法学，对于其学术研究的展开，实践问题的引导往往比纯粹学术倡导更加有力。这一时期，学者亦开始对基本权利的内涵、外延、性质、特征等概念性问题进行初步界定，并就基本权利的效力、冲突、保障等方面展开分析①，有些成果颇具开辟荆棘之意义。② 这些著述对后来的研究影响颇为深远。

2. 第二阶段："齐玉苓案"到 2004 年宪法修改

本阶段自 2001 年"齐玉苓案"至 2004 年宪法修改，虽只短短四年，却发生了基本权利研究的重要转折。

承继 20 世纪 90 年代后期对于基本权利基础理论的初步探讨，进入 2000 年，学界相关研究日渐深入，逐步有专题化、理论化的发展趋势。加之与基本权利相关之实践争议频出③，接连引发学界热议，迅速奠定了基本权利理论的学术焦点地位。

这一趋势发端于 2001 年的"齐玉苓案"。针对最高人民法院就该案所作司法解释中折射出的基本权利在私法中的效力、基本权利的国家义务、宪法司法化、宪法私法化等诸多命题，宪法学界展开了广泛的探讨。④ 正是借助本案的热点效应，基本权利首次成为学界研究的理论焦点，并在其后几年持续受到各方关注，形成了一系列专题研究成果⑤，并开启了基本权利理论研究的繁荣局面。

"齐玉苓案"之后，2004 年的宪法修改对于基本权利研究也有重大推动意义。此次修宪中，基本权利是重中之重。"人权条款"入宪，使基本权利在更多层面上

---

① 如徐显明：《"基本权利"析》，载《中国法学》1991 年第 6 期；童之伟：《公民权利国家权力对立统一关系论纲》，载《中国法学》1995 年第 6 期；[韩]权宁星：《基本权利的竞合与冲突》，韩大元译，载《外国法译评》1996 年第 4 期。

② 其中如周永坤教授《论宪法基本权利的直接效力》一文，于未兆之际，率先注意到了基本权利直接效力问题，对后来引起高度关注的"齐玉苓案"批复的学界讨论及相关理论化研究，产生了重要影响。参见周永坤：《论宪法基本权利的直接效力》，载《中国法学》1997 年第 1 期。

③ 以实践中"案例"或者"事例"为对象的研究，在这一时期成为热点。具有代表性的是，从 2006 年开始，中国人民大学宪政与行政法治研究中心每年发布该年度的"十大宪法事例"。其中涉及基本权利的案例或事例所占比例甚高。并以此类"事例""案例"为分析对象，分别形成了系列出版物：韩大元教授主编的《中国宪法事例研究》(法律出版社)和胡锦光教授主编的"十大宪法事例评析"(法律出版社)丛书。

④ 在下文基本权利研究中的学术热点部分将对"齐玉苓案"着重探讨，除此部分将涉及的论文外，相关论述还包括费善诚：《我国公民基本权利的宪法诉讼制度探析》，载《浙江大学学报（人文社会科学版）》2001 年第 4 期；朱福惠：《公民基本权利宪法保护观解析》，载《中国法学》2002 年第 6 期；韩大元：《论社会变革时期的基本权利效力问题》，载《中国法学》2002 年第 6 期；徐振东：《宪法基本权利的民法效力》，载《法商研究》2002 年第 6 期；邓世豹：《论公民基本权利的司法适用性》，载《法学评论》2003 年第 1 期；殷啸虎：《公民基本权利司法保障的宪法学分析》，载《法学论坛》2003 年第 2 期。

⑤ 如《中国社会科学》曾发表系列文章，包括王磊：《宪法实施的新探索——齐玉苓案的几个宪法问题》，载《中国社会科学》2003 年第 2 期；强世功：《宪法司法化的悖论——兼论法学家在推动宪政中的困境》，载《中国社会科学》2003 年第 2 期；蔡定剑：《中国宪法实施的私法化之路》，载《中国社会科学》2004 年第 2 期。

获得了开放性,加上私有财产权条款以及社会保障条款在本次修宪中亦得以明确,再一次激发了学术界对于该领域的研究热情。此次修宪前后,相关讨论极为热烈。①

此外,2002年发生的"延安黄碟案"和2003年的"张先著诉芜湖人事局乙肝歧视案""孙志刚收容遣送案"等社会热点事件,也使得基本权利研究越发受到学界重视并逐步迈上正轨。而以实践热点为导向的研究方式也是这一时期基本权利研究的重要形态。

同时,学界对于基本权利研究的理论化亦在本时期初见端倪。从总论中对基本权利的价值理念、宪法构成、法律保障的理论论述,到各论中对人性尊严、表达自由、知情权等权利的具体分析,相应的理论化研究渐次展开,为后来基本权利理论体系的建构奠定了基础。

3. 第三阶段:2004年宪法修改之后

经历了21世纪初几次重要的专题性讨论,基本权利作为宪法学研究的焦点领域的地位日益凸显。2005年以后,以《基本权利的双重性质》等系列论文②为代表,众多学者致力于对基本权利理论的相关基础性问题进行深入、细致、全面的分析思考,其内容涵盖了基本权利的性质与功能③、冲突与竞合④、效力与限

---

① 相关著述除在后文有关人权条款、私人财产权等部分有所论及以外,还包括马岭:《对宪法"公民的基本权利和义务"一章的修改建议》,载《国家行政学院学报》2003年第5期;杨海坤:《公民基本权利修宪应作精良设计》,载《法学论坛》2003年第4期;上官丕亮:《生命权应当首先入宪》,载《法学论坛》2003年第4期。

② 参见张翔:《基本权利的双重性质》,载《法学研究》2005年第3期;张翔:《论基本权利的防御权功能》,载《法学家》2005年第2期;张翔:《基本权利的受益权功能与国家的给付义务——从基本权利分析框架的革新开始》,载《中国法学》2006年第1期。

③ 有学者借鉴德国理论,通过对基本权利具有"主观权利"和"客观的法"的双重性质进行分析,思考如何强化基本权利效力问题。有学者则从基本权利积极属性与消极属性"双重属性"的角度对基本权利的性质展开讨论。部分学者从基本权利的功能体系角度出发,以基本权利的防御权、受益权、客观价值秩序等功能与国家相应的义务为分析框架,对基本权利进行深入的法理分析。参见张翔:《基本权利的双重性质》,载《法学研究》2005年第3期;张翔:《论基本权利的防御权功能》,载《法学家》2005年第2期;张翔:《基本权利的受益权功能与国家的给付义务——从基本权利分析框架的革新开始》,载《中国法学》2006年第1期;陈征:《基本权利的国家保护义务》,载《法学研究》2008年第1期。

④ 权利冲突与竞合方面的问题长期以来被认为是法理、民法学者的研究领域,宪法学者则游离其外。2005年后,就权利冲突而言,从宪法学角度进行研究的成果不断涌现,并引发了学术争鸣。相关研究将其探讨的权利冲突范围限定在宪法领域,并对一般法律权利的冲突和宪法上的基本权利冲突进行了相应区分,致力于从宪法学上寻求相应的解决方案。关于基本权利的竞合问题,亦有学者从一般法学方法的角度加以分析,并提出了特别规范优先规则、核心接近规则等若干适用原则加以解决。参见张翔:《基本权利冲突的规范结构与解决模式》,载《法商研究》2006年第4期;马岭:《宪法权利冲突与法律权利冲突之区别——兼与张翔博士商榷》,载《法商研究》2006年第6期;徐振东:《基本权利冲突认识的几个误区——兼与张翔博士、马岭教授商榷》,载《法商研究》2007年第6期;林来梵、翟国强:《论基本权利的竞合》,载《法学家》2006年第5期。

制[①]、与相关权利概念的关系[②]等总论内容[③]，以及人性尊严、生命权、政治自由、选举权、财产权、社会权等各论方向[④]，产生了一系列颇具影响的成果。[⑤] 在以社会热点为导向的研究范式之外，学者们建构基本权利理论体系的学术自觉开始展现，相关研究的政策面向也开始朝着理论面向转变，高水平的理论研究由此勃兴并渐趋成熟。

[①] 基本权利的限制问题，特别是从"公共利益"角度展开的相关研究在学界备受关注，后有详述。相关研究的文献还有秦前红：《论我国宪法关于公民基本权利的限制规定》，载《河南政法管理干部学院学报》2005年第2期；何永红：《基本权利限制的宪法审查——以审查基准及其类型化为焦点》，法律出版社2009年版等。

[②] 相关研究如夏正林：《从基本权利到宪法权利》，载《法学研究》2007年第6期；蒋德海：《基本权利与法律权利关系之探讨——以基本权利的性质为切入点》，载《政法论坛》2009年第2期；张翔：《论人权与基本权利的关系——以德国法与一般法学理论为背景》，载《法学家》2010年第6期。

[③] 总论部分其他研究参见韩大元：《国家人权保护义务与国家人权机构的功能》，载《法学论坛》2005年第6期；刘志刚：《限制抑或形成：论关涉基本权利法律之功能的二元性》，载《河南省政法管理干部学院学报》2005年第6期；郑贤君：《公法价值向私法领域的再渗透——基本权利水平效力与契约自由原则》，载《浙江学刊》2007年第1期；于飞：《基本权利与民事权利的区分及宪法对民法的影响》，载《法学研究》2008年第5期；宦吉娥：《宪法基本权利规范在刑事法中的效力研究》，武汉大学2009届博士学位论文；王鸿鸣：《人权保障中的限制问题研究》，中国社会科学院2009届博士学位论文；杜强强：《论法人的基本权利主体地位》，载《法学家》2009年第2期；龚向和：《"理想与现实"基本权利可诉性程度研究》，载《法商研究》2009年第4期；张红：《基本权利与私法》，中国政法大学2009届博士学位论文。

[④] 各论相关重点领域研究后将论及，其他文献可参考焦洪昌：《从王春立案看选举权的司法救济》，载《法学》2005年第6期；刘素华：《论通信自由的宪法保护》，载《法学家》2005年第3期；王锴：《安乐死的宪法学思考》，载《法律与医学杂志》2006年第2期；徐振东：《社会基本权理论体系的建构》，载《法律科学》2006年第3期；周伟：《论禁止歧视》，载《现代法学》2006年第5期；上官丕亮：《究竟什么是生存权》，载《江苏警官学院学报》2006年第6期；王贵松：《价值体系中的堕胎规制——生命权与自我决定权、国家利益的宪法考量》，载《法制与社会发展》2007年第1期；牛文展：《论表达自由的宪法保障：一种规范的模式研究》，中国人民大学2007届博士学位论文；凌维慈：《住宅的公法保障——以日本经验为焦点的比较法考察》，浙江大学2007届博士学位论文；胡锦光：《论以人为本的"人"》，载《法商研究》2008年第1期；章剑生：《知情权及其保障——以〈政府信息公开条例〉为例》，载《中国法学》2008年第4期；王锴：《论我国宪法上的劳动权与劳动义务》，载《法学家》2008年第4期；沈岿：《反歧视：有知和无知之间的信念选择：从乙肝病毒携带者受教育歧视切入》，载《清华法学》2008年第5期；苏力：《弱者保护与法律面前人人平等：从孕妇李丽云死亡事件切入》，载《北京大学学报》2008年第6期；张红：《论一般人格权作为基本权利之保护手段——以对"齐玉苓案"的再检讨为中心》，载《法商研究》2009年第4期；秦强：《我国宪法人权条款研究》，中国人民大学2009届博士学位论文；焦洪昌：《论作为基本权利的健康权》，载《中国政法大学学报》2010年第1期；蒋劲松：《被选举权、竞选正当性与竞选权》，载《法学》2010年第2期；王旭：《劳动"政治承认与国家伦理"——对我国〈宪法〉劳动权规范的一种阐释》，载《中国法学》2010年第3期；月月明：《公民监督权体系及其价值实现》，载《华东政法大学学报》2010年第3期；赵宏：《社会国与公民的社会基本权——基本权利在社会国下的拓展与限定》，载《比较法研究》2010年第5期；夏泽祥：《我国宪法人权条款之实施——从美国宪法"保留权利条款"生效方式说起》，载《法学》2010年第12期；杨盛达：《人之尊严的构造保障——以现代宪法比较为中心》，中南财经政法大学2010届博士学位论文；梁洪霞：《公民基本义务原理、规范与运用》，西南政法大学2010届博士学位论文。

[⑤] 如周伟：《宪法基本权利原理·规范·应用》，法律出版社2006年版；郑贤君：《基本权利研究》，中国民主法制出版社2007年版；郑贤君：《基本权利原理》，法律出版社2008年版；张翔：《基本权利规范建构》，高等教育出版社2008年版；李秀群：《宪法基本权利水平效力研究》，中国政法大学出版社2009年版；马岭：《宪法权利解读》，中国人民公安大学出版社2010年版；等等。

2010年以来，我国的基本权利理论研究日臻精深完善。学界继续就相关基础性问题展开深入研究，推动了中国宪法下基本权利理论体系的建构[1]；与此同时，在各论上紧贴社会热点，不断拓展学术前沿，高质量、高水平的研究成果层出不穷[2]，多元化研究的态势已然形成。

---

[1] 相关文献包括陈征：《国家从事经济活动的宪法界限——以私营企业家的基本权利为视角》，载《中国法学》2011年第1期；刘志刚：《立法缺位状态下的基本权利》，载《法学评论》2011年第6期；马岭：《国家权力与人的尊严》，载《河北法学》2012年第1期；夏正林：《论基本权利的一般性和特殊性》，载《法学评论》2012年第5期；陈征：《宪法自由权与平等权冲突的解决途径》，载《浙江社会科学》2014年第12期；刘连泰、左迪：《宪法权利间接水平效力的类型》，载《厦门大学学报（哲学社会科学版）》2013年第5期；白斌：《宪法价值视域中的涉户犯罪——基于法教义学的体系化重构》，载《法学研究》2013年第6期；秦小建：《宪法为何列举权利？——中国宪法权利的规范内涵》，载《法制与社会发展》2014年第1期；郑贤君：《基本义务的宪法界限：法律保留之适用》，载《长白学刊》2014年第3期；谢立斌：《论基本权利的立法保障水平》，载《比较法研究》2014年第4期；李忠夏：《基本权利的社会功能》，载《法学家》2014年第5期；高慧铭：《论基本权利的滥用禁止》，载《清华法学》2015年第1期；郑毅：《论同一主体的基本权利冲突》，载《政治与法律》2015年第2期；杨登杰：《执中行权的宪法比例原则》，载《中外法学》2015年第2期；李海平：《基本权利间接效力理论批判》，载《当代法学》2016年第4期；陈鹏：《论立法对基本权利的多元效应》，载《法律科学》2016年第6期；周林刚：《从基本权利的角度解释美国的联邦集权》，载《学术月刊》2017年第1期；许瑞超：《德国基本权利第三人效力的整全性解读》，载《苏州大学学报（法学版）》2017年第1期；黎敏：《"宪法体系化"再思考——限权宪法原理下的限权原则体系与宪法价值秩序》，载《政法论坛》2017年第2期；胡玉鸿：《论我国宪法中基本权利的"级差"与"殊相"》，载《法律科学》2017年第4期；柳建龙：《论基本权利竞合》，载《法学家》2018年第1期；王锴：《论德国法上的基本权利丧失》，载《环球法律评论》2018年第2期；黄宇骁：《论宪法基本权利对第三人无效力》，载《清华法学》2018年第3期；等等。

[2] 各论相关文献包括杜强强：《基本权利的规范领域和保护程度——对我国宪法第35条和第41条的规范比较》，载《法学研究》2011年第1期；王贵松：《我国优生法制的合宪性调整》，载《法商研究》2011年第2期；汪进元：《人身自由的构成与限制》，载《华东政法大学学报》2011年第2期；张卓明：《论选举权的规范内涵》，载《华东政法大学学报》2011年第3期；韩大元：《论安乐死立法的宪法界限》，载《清华法学》2011年第5期；孟凡壮：《立法禁止克隆人的合宪性之争》，载《云南大学学报（法学版）》2011年第5期；张翔：《学术自由的组织保障》，载《环球法律评论》2012年第4期；陈斯彬：《论良心自由作为现代宪政的基石——一种康德主义的进路》，载《清华法学》2012年第6期；王锴：《婚姻、家庭的宪法保障——以我国宪法第49条为中心》，载《法学评论》2013年第2期；杜强强：《宪法上的艺术自由及其限制——以"敏感地带"行为艺术案为切入点》，载《法商研究》2013年第6期；陈征：《论宪法出版自由的保护范围》，载《当代法学》2014年第4期；丁晓东：《探寻反歧视与平等保护的法律标准——从"差别性影响标准"切入》，载《中外法学》2014年第4期；蓝寿荣：《休息何以成为权利——劳动者休息权的属性与价值探析》，载《法学评论》2014年第4期；谢立斌：《宪法社会权的体系性保障——以中德比较为视角》，载《浙江社会科学》2014年第5期；余军：《正当程序：作为概括性人权保障条款——基于美国联邦最高法院司法史的考察》，载《浙江学刊》2014年第6期；张翔：《大学章程、大学组织与基本权利保障》，载《浙江社会科学》2014年第12期；张震：《宪法上住宅社会权的意义及其实现》，载《法学评论》2015年第1期；陈海嵩：《宪法环境权的规范解释》，载《河南大学学报（社会科学版）》2015年第3期；姜峰：《言论的两种类型及其边界》，载《清华法学》2016年第1期；孙平：《系统构筑个人信息保护立法的基本权利模式》，载《法学》2016年第4期；聂鑫：《"刚柔相济"：近代中国制宪史上的社会权规定》，载《政法论坛》2016年第4期；余军：《生育自由的保障与规制——美国与德国宪法对中国的启示》，载《武汉大学学报（哲学社会科学版）》2016年第5期；聂鑫：《财产权宪法化与近代中国社会本位立法》，载《中国社会科学》2016年第6期；陈明辉：《言论自由条款仅保障政治言论自由吗》，载《政治与法律》2016年第7期；石肖雪：《以财产权保障条款为依托的损失补偿机理——功利主义与自由主义的辩证统一》，载《浙江学刊》2017年第1期；胡彦涛：《自媒体时代表达自由法律限制的论证方法》，载《政治与法律》2017年第3期；王理万：《迁徙自由的规范结构与宪法保障》，载《政治与法律》2017年第4期；等等。

二、学术热点

(一) 公民基本权利和义务的关系

公民的基本权利和义务的关系，是我国宪法学界特别关注的问题，也是我国宪法基本权利理论中颇具独特性的内容。理解这一问题的相关理论争议，对于理解我国宪法中基本权利的内涵甚有意义。对于这一理论问题的研究上承20世纪50年代，吴家麟教授首次提出基本权利和义务具有一致性的观点①，后为1982年宪法所接受并成为学界通说。但在后来的研究中，开始出现了不同观点乃至反对的声音。

我国《宪法》第33条第4款规定："任何公民享有宪法和法律规定的权利，同时必须履行宪法和法律规定的义务"，这是对我国公民基本权利与义务关系的集中规定。对该条款中"权利与义务"关系的理解，中国宪法学界目前主要有三种观点。

其一，权利与义务的一致性。

该观点承继自苏联宪法学，是我国现行宪法在公民的基本权利和义务一章制定过程中贯彻始终的指导思想。② 权利与义务的一致性是指：对于个体自身而言，当一个人主张或者行使某一权利时，意味着负有一定的义务；对于他人而言，某一个体的权利须伴随着他人的义务。③ 其核心在于强调社会主义国家的国家利益与个人利益的一致性，以及公民享有权利和履行义务的一致性。根据此观点的一个自然的推论是，公民的基本权利与义务具有价值上的同等地位，这种观点体现在术语上就是与基本权利相对应的"基本义务"④。

其二，基本权利与义务的不对等性。

该观点在承认基本权利的享有主体与义务的承担主体具有同一性的同时，认为两者在内容上是不对等的。公民的某项基本权利并不必然意味着必须履行某种相应的基本义务，如受国家平等保护的权利、人格尊严不受侵犯的权利等。⑤ 有学者在此基础上进行补强，强调"宪法"第二章章名为"公民的基本权利和义

---

① 参见吴家麟：《宪法基本知识讲话》，中国青年出版社1954年版，第96页。
② 参见肖蔚云：《我国现行宪法的诞生》，北京大学出版社1986年版，第54页；张友渔：《宪政论丛》(下册)，群众出版社1986年版，第212页以下。
③ 参见郑贤君：《权利义务相一致原理的宪法释义——以社会基本权为例》，载《首都师范大学学报(社会科学版)》2007年第5期。
④ 张翔：《基本权利的体系思维》，载《清华法学》2012年第4期。
⑤ 参见林来梵：《从宪法规范到规范宪法——规范宪法学的一种前言》，法律出版社2001年版，第247页以下。

务",并没有使用"基本义务"的概念,学界却普遍接受了"基本义务"的术语,缺乏学术反思。相较于公民的基本权利可以直接约束国家公权力,义务则必须经过法律具体化后方可约束公民。① 因此,有部分学者认为公民的宪法义务本质上就是对基本权利的限制与干预,不具备基本权利在宪法上的价值核心的地位。②

其三,宪法是否规定公民义务。

依据该观点,规定公民义务是普通法律的任务,宪法的目的是防止这些法律过分侵犯任何理性公民都不可能同意放弃的基本权利,因而没有为义务条款留下任何余地。此外,宪法有关公民义务的规定大都是多余、含糊和难以实施的,它们容许任意的扩大化解释,从而更加背离了宪法保障权利的基本目的。因此,规定公民义务是法律的事情,宪法不应该规定公民义务。

值得注意的是,2015年前后有学者开始跳出前述三种理论的窠臼来探讨宪法中公民的权利与义务的关系问题,重构了基本义务的规范内涵,并在宪法规范体系中确认了它独立的规范地位。③ 不过,尽管存在诸多质疑与批评,当前学界的通说观点仍然是"权利与义务的一致性"④,对公民基本权利与义务的关系的理解,仍然是未来我国基本权利基础理论建构中的关键问题。

(二)"私有财产权"

财产权问题研究开启于20世纪90年代。彼时,由于经济体制改革和对外开放进程不断加快,法学界以国家建设"社会主义市场经济"的决策为契机,提出了"市场经济是权利经济的命题"⑤,宪法学界对此也有所注意。⑥ 而产权问题作为经济体制改革的重点内容之一,在1988年、1993年与1999年的宪法修改中受到相当重视,加之20世纪90年代末到21世纪初,在土地征收、房屋拆迁过程

---

① 参见张翔:《基本权利的体系思维》,载《清华法学》2012年第4期。
② 当前,如郑贤君、冯家亮、姜峰、陈征等学者均在其论著中持有类似观点。参见韩大元、冯家亮:《中国宪法文本中纳税义务条款的规范分析》,载《兰州大学学报(哲学社会科学版)》2008年第6期;姜峰:《宪法公民义务条款的理论基础问题——一个反思的视角》,载《中外法学》2013年第2期;郑贤君:《基本义务的宪法界限:法律保留之适用》,载《长白学刊》2014年第3期;陈征:《国家权力与公民权利的宪法界限》,清华大学出版社2015年版,第23页。
③ 参见王晖:《法律中的团结观与基本义务》,载《清华法学》2015年第3期;王锴:《为公民基本义务辩护——基于德国学说的梳理》,载《政治与法律》2015年第10期;姜秉曦:《我国宪法中公民基本义务的规范分析》,载《法学评论》2018年第2期。
④ 梁洪霞:《公民基本义务原理——规范与运用》,西南政法大学2010届博士学位论文。
⑤ 张文显:《市场经济与现代法的精神论略》,载《中国法学》1994年第6期。
⑥ 参见韩大元:《市场经济与宪法学的繁荣》,载《法学家》1993年第3期。

中出现的公民权利诉求，共同促使宪法财产权问题成为研究热点。① 相关研究主要以"私有财产权"为概念载体。②

1. 推动财产权入宪

早在20世纪90年代初，胡锦光教授就提出市场经济的前提和基础在于保障市场主体的财产权，其中包括承认和保障个人财产。而当时《宪法》第13条"国家保护公民的合法的收入、储蓄、房屋和其他合法财产的所有权"的规定，从其保护范围、保护强度以及救济方式而言已无法满足社会现实的需要，故而应当推动私人财产权入宪。③ 林来梵教授亦运用规范分析的方法，从保障对象的限定性、规范体系的不完整性、规范含义的不确定性、保障制度的倾斜性四方面，论证了我国《宪法》对私人财产保障的内在局限性，并由此提出了修宪建议，将私人财产权纳入其中。④ 此外，还有学者从私人财产权在国家法律文化构建中的重要意义、我国与西方立宪国家财产权设置比较法分析等角度，论证私人财产权入宪的必要性。⑤

2004年，经宪法修正案第22条修正，我国《宪法》第13条规定："公民的合法的私有财产不受侵犯"，从而将保护公民合法的私有财产权明确写入宪法。这一修改为学界研究财产权提供了新的法律支持，也进一步推动了学术界对私有财产权的研究与重视。⑥

2. 财产权的基本内涵

对财产权的界定，首先来自发展更早的民法学，因此，宪法财产权的内涵的确定，往往需要借助民法层面的观察。⑦ 结合民法对财产权的规定，学界主流观点认为，宪法上的私人财产权是指"公民个人通过劳动或其他合法的方式取得财产和占有、使用、处分财产的权利"⑧。

---

① 如赵世义：《论财产权的宪法保障与制约》，载《法学评论》1999年第3期；李累：《论法律对财产权的限制——兼论我国宪法财产权规范体系的缺陷及其克服》，载《法制与社会发展》2002年第2期；黄竹胜：《论私有财产权》，载杨海坤主编：《宪法基本权利新论》，北京大学出版社2004年版，第466页。
② 参见姜明安主编：《公法理论研究与公法教学》，北京大学出版社2009年版，第165页。
③ 参见胡锦光：《市场经济与个人财产权的宪法保障》，载《法学家》1993年第3期。
④ 参见林来梵：《私人财产权的宪法保障》，载《法学》1999年第3期。
⑤ 参见殷啸虎：《私人财产权宪法保障的法文化思考》，载《华东政法学院学报》2000年第1期；林来梵：《针对国家享有的财产权——从比较法角度的一个考察》，载《法商研究》2003年第1期；上官丕亮、秦策栋：《私有财产权修宪问题研究》，载《政治与法律》2003年第2期。
⑥ 参见张庆福、任毅：《论公民财产权宪法保障制度》，载《法学家》2004年第4期。
⑦ 就该观点王涌教授、张翔教授论文皆有论及，参见王涌：《自然资源国家所有权三层结构说》，载《法学研究》2013年第4期；张翔：《机动车限行、财产权限制与比例原则》，载《法学》2015年第2期。
⑧ 胡锦光、韩大元：《中国宪法》，法律出版社2007年版，第287页。

基于对宪法上财产权与民法上财产权紧密关系的认识，有学者专门对其进行了区分，认为宪法上的财产权是公民针对国家而享有的一种权利，直接地反映了公民与国家权力之间在宪法秩序中的关系；而民法上的财产权则主要属于公民对抗公民的一种权利，由此形成了作为平等主体的私人之间的财产关系，并得出宪法上的财产权与民法上的财产权的区别，既不在于财产权的客体，也不在于财产权的主体，而在于反映在同一客体上的不同主体之间的关系。①

3. 财产权的限制

任何一项权利都不是绝对的，财产权的社会性决定了其存在界限。就我国而言，学界对于财产权的研究在强调保护私有财产权的同时，也认同对其的限制。然而，由于长期以来，我国对私有财产权保障存在不足，因而在财产权研究中，学界更为注重国家权力限制私人财产权的界限问题，即"对私有财产权限制的限制"。

对此，有学者总结外国研究经验，将财产权限制条件概括为：显然是必须的法定公共需要，公正合理的补偿，必须经过正当法律程序。② 也有学者对我国宪法第 20 条修正案"国家为了公共利益的需要，可以依照法律规定对土地实行征收或者征用并给予补偿"进行宪法解释，论述我国限制私人财产权的主要条件，包括：符合法定要件，出于"公共利益"需要，及时、充分、合理的补偿。③ 更多学者则从"公共利益"本身出发，主张将国家对私人财产权进行的限制严格限定在特定情况之下。公共利益因其抽象性和不确定性，若对其不加以具体界定，很容易导致在实践中被滥用。基于此，诸多学者摆脱传统下定义的固有基本模式转而对"公共利益"的界定展开具体分析。其中有学者借鉴美国司法判例，认为"公共利益"的界定可据"政府行为是否引起了对私人财产的侵犯、是否规范了私人财产"等一整套标准构成进行判断。④ 亦有学者提出将"以宪法统领公益，假立法规范公益，由程序形成公益，仰程序救济公益"四大方面作为识别公共利益的途径。⑤

此后，学术界对于财产权限制的研究更为广泛、深入。有学者从财产权的社会义务角度进行分析，认为在对财产权的限制中，不仅存在给予补偿的征收征用

---

① 参见林来梵：《针对国家享有的财产权——从比较法角度的一个考察》，载《法商研究》2003 年第 1 期。
② 参见范毅：《论公民财产权的宪法地位》，载《法学家》2000 年第 2 期。
③ 参见胡锦光、韩大元：《中国宪法》，法律出版社 2024 年版，第 240-241 页。
④ 参见郑贤君：《公共利益的界定是一个宪法分权问题——从 Eminent Domain 的主权属性谈起》，载《法学论坛》2005 年第 1 期。
⑤ 参见沈桥林：《公共利益的界定与识别》，载《行政与法》2006 年第 1 期。

问题，还存在"不予补偿的单纯限制问题"，即财产权的社会义务①，并将其作为分析工具，分析"单双号限行"等社会问题。② 还有学者对"国家实行征收后使第三人成为新财产所有者并将实现公共利益的任务转交给这一受益私人"的问题进行了探讨，着重就"公共利益"能否由私人实现、征收能否令第三人受益等问题展开分析，并构建第三人受益征收的相应原则。③

4. 财产权的保障

对于财产权的保障问题，学界主要就保障制度的不足展开分析。除前文林来梵教授在 2004 年宪法修改之前对当时私人财产保障体系的缺陷所加评述外，2004 年修宪后，亦有学者从宪法内在逻辑结构的角度考察私有财产权保障制度，指出：在我国，国家、集体财产权与公民私人财产权地位依然不平等，着重突出公共财产的局限性仍未改变；公民私人财产权的宪法地位仍不明晰，将保护公民财产权的职责转移给了普通法律；公民财产权设置于第一章总纲而非第二章公民的基本权利和义务部分，条文设置存在冲突；未规定"合理补偿"或"适当补偿"标准以及"正当程序"，以对私人财产征收征用等限制手段加以限制，保障水平不够充分。④

相应地，有学者从规范财产权限制的角度提出了保护私有财产权的措施，认为：对私有财产权的限制必须由法律明文规定，必须是基于公共使用和公共利益，必须适当补偿、保证最低水平和发展生产力，必须平衡政府权力和个人权利。⑤ 也有学者从比较法的角度，借鉴《德意志联邦共和国基本法》与《澳门特别行政区基本法》，对我国宪法规范内涵进行深入挖掘，提出以比例原则控制立法，规范财产权限制，以保障私人财产权。⑥

5. 具体财产权研究

鉴于房屋和土地征收与私人财产之间越发突出的矛盾，私有财产权研究对房屋、土地征收方面着力较多。有学者从补偿的角度，提出引入"公正补偿"的标准，借助立法与司法渠道，提高征收成本，以严格限制国家征收，充分保障私人财产权。有学者提出借鉴美国、日本房屋征收制度中公共利益的界定经验，以公共利益的明确化并辅之以调解、协议确认、和解等特别程序，缓和社会矛盾，缓

---

① 参见张翔：《财产权的社会义务》，载《中国社会科学》2012 年第 9 期。
② 参见张翔：《机动车限行、财产权限制与比例原则》，载《法学》2015 年第 2 期。
③ 参见陈征：《私有财产征收中的第三人受益》，载《浙江社会科学》2014 年第 9 期。
④ 参见陈新：《财产权的宪法地位评析》，载《政法论坛》2004 年第 3 期。
⑤ 参见莫纪宏：《实践中的宪法学原理》，中国人民大学出版社 2007 年版，第 306－312 页。
⑥ 参见张青波：《试论宪法对私有财产权的保障》，载《澳门法学》2013 年第 8 期。

解国家与私人之间的冲突张力。①

随着对私人财产权研究的日益深入,学界的研究目光开始逐步转向国家所有权领域,以保障并实现财产权充分利用为视角切入并展开分析。有学者对自然资源国家所有权进行探讨,认为将国家对于自然资源所有权规定为纯粹的国家占有自然资源的"占有模式"有其不可突破的局限,而应以宪法规制的形式使所有权相对化,使国家所有权成为防止垄断的措施而非与民争利的工具,确保社会成员持续性共享自然资源。②有学者则就我国《宪法》第10条第1款"城市的土地属于国家所有"的规定,从解释学的角度对国家的城市土地所有权展开分析,认为第10条第1款存在着解释为"城市的土地可以属于国家所有,也可以不属于国家所有"的空间,进而得出"如果国家决定基于公共利益的需要行使征收权,那么这项权力的行使除了要符合公共利益要件以外,还应当依照法律的规定对相关土地实行征收或者征用并给予补偿,而不能通过制定规范性文件或者城市规划的方式将非国有土地所有权'概括国有化'"③ 的结论。还有学者着力分析"风光"所有权的归属问题,强调人们长期对公有权、私有权和国有权这三类所有权存在认识上的误区。公有权与国有权之间存在严格意义上的界分。风、太阳光等自然资源属于公物,由全民享有所有权,但是通过信托由国家来管理。④ 这些研究相互间争论激烈,难于形成共识,说明该当领域的基础理论建构尚未完成,有待继续努力。⑤

(三)"齐玉苓案"与"宪法司法化""宪法私法化"

以案例为导向的专题化研究是我国基本权利理论研究的一项重要方式,它通过对具体的基本权利案件的宪法学分析来展示基本权利理论的应用价值。如田永诉北京科技大学案、北京民族饭店选举权诉讼案、赵C姓名权案等典型案例,引发了宪法学界对于基本权利保障与宪法审查的强烈关注,为基本权利理论的研究提供了现实的分析样本。⑥ 而其中影响最为深远的当属2001年发生的"齐玉苓案"。

---

① 参见林来梵、陈丹:《城市房屋拆迁中的公共利益界定——中美"钉子户"案件的比较》,载《法学》2007年第8期;朱芒:《日本房屋征收制度的基本状况》,载《法学》2007年第8期。
② 参见王旭:《论自然资源国家所有权的宪法规制功能》,载《中国法学》2013年第6期。
③ 程雪阳:《论"城市的土地属于国家所有"的宪法解释》,载《法制与社会发展》2014年第1期。
④ 参见侯宇:《"风光"所有权归属之宪法学辨析——以〈黑龙江省气候资源探测与保护条例〉为例》,载《中共浙江省委党校学报》2013年第4期。
⑤ 参见瞿灵敏:《如何理解"国家所有"?——基于对宪法第9、10条为研究对象的文献评析》,载《法制与社会发展》2016年第5期。
⑥ 参见翟国强:《"82宪法"实施以来基本权利理论的发展趋势》,载《法学论坛》2012年第6期。

2001年8月,山东省高级人民法院就"齐玉苓案"①中由姓名权纠纷引发的受教育权问题造成的适用法律疑难报请最高人民法院解释。②最高院批示回复:"根据本案事实,陈晓琪等以侵犯姓名权的手段,侵犯了齐玉苓依据宪法规定所享有的受教育的基本权利,并造成了具体的损害后果,应承担相应的民事责任"③。山东省高院据此判决,被告陈晓琪及其父亲陈克政必须赔偿原告因受教育权被侵犯而蒙受的相关直接与间接损失,其他被告负相应连带责任。④据此,山东省高院直接援引《宪法》中公民享有受教育的基本权利条款,判决原告胜诉,因而被称为"宪法司法化第一案",由此引发了宪法学界的高度关注与热烈讨论。学界在肯定了其积极意义的同时,提出了诸多质疑。其中,备受学界关注的是以下两个层面的问题。

1. 宪法司法化

宪法司法化,即宪法条款能否在个案中由法院直接适用的问题。有学者认为宪法学界所用的"司法化"一词有欲将宪法典的适用权完全让法院包揽并排斥立法机关等主体适用的意思,故而直接采用"宪法的司法适用"的表述更为合适。⑤

对于该问题的探讨,20世纪90年代已有先声。胡锦光教授在《中国宪法的司法适用性探讨》一文中认为,宪法的司法适用性是宪法发展趋势之一,受宪法的法律特性及司法机关的性质、活动方式所决定,中国应当着力研究宪法司法适用的可能性,逐步促进宪法的司法适用。⑥对此周永坤教授亦有专文论述,他从基本权利直接效力的角度出发,认为直接效力是落实基本权利的必然产物,是维护人民主权、建设法治国家的客观需要,而我国现在已基本具备了实现宪法基本权利直接效力的主客观条件,应当从修改宪法、建立健全释宪和司宪制度等方面加以推动。⑦该文在对"齐玉苓案"的讨论中被多次援引。

---

① 案情详见《冒名上学事件引发宪法司法化第一案》,载《南方周末》2001年8月16日。
② 参见《关于齐玉苓与陈晓琪、陈克政、山东省济宁市商业学校、山东省滕州市第八中学、山东省滕州市教育委员会姓名权纠纷一案的请示》,1999鲁民终字第258号。
③ 《最高人民法院关于以侵犯姓名权的手段侵犯宪法保护的公民受教育的基本权利是否应承担民事责任的批复》,法释〔2001〕25号。
④ 参见《齐玉苓诉陈晓琪等以侵犯姓名权的手段侵犯宪法保护的公民受教育的基本权利纠纷案》,载《中华人民共和国最高人民法院公报》2001年第5期。
⑤ 参见童之伟:《宪法司法适用研究中的几个问题》,载《法学》2001年第11期。胡锦光教授是"宪法司法化"术语的最早使用者,但之后他放弃了这一术语,其理由与童之伟教授观点类似,参见胡锦光:《宪法司法化的必然性与可行性探讨》,载《法学家》1993年第1期。
⑥ 参见胡锦光:《中国宪法的司法适用性探讨》,载《中国人民大学学报》1997年第5期。
⑦ 参见周永坤:《论宪法基本权利的直接效力》,载《中国法学》1997年第1期。

回到案件本身，有学者从以下四方面论证了宪法处理"齐玉苓案"的合法性与合理性，即认为该案引用宪法符合宪法法律关系；该案引用宪法符合直接适用条件；引用宪法条文处理该案不必然破坏私法自治原则；适用宪法解决该案有利于宪法权威的提高。[①] 也有学者强调，宪法是审判工作的根本法律依据，在无普通法律作具体规定而宪法有原则规定时，民事、行政诉讼案件中可以适用宪法原则，引用宪法条文，最高人民法院该批复可以说是对1955年新疆省高级人民法院的批复[②]的澄清，因而是值得欢迎的，但须在如何适用及其程序上作进一步研究与规定。[③]

有学者则认为，最高人民法院在该案的批复中，没有区分宪法权利的侵权责任与民事权利的侵权责任之间的价值内涵，致使为了使齐玉苓获得事实上的救济，而全然不顾法理的严肃性，采取带有"强迫逻辑"色彩的法理推理，法理设计比较粗糙，相比之下，通过行政诉讼或者国家赔偿的途径更为适当。[④]

还有不少学者就该案能否直接引用宪法条文进行判决等相关问题提出疑问。有学者指出，"宪法司法化"语意不清晰，表述内容欠妥，在《宪法》已经规定了全国人大及其常委会解释宪法，监督宪法实施的情况下，当前的任务是如何更好更快地去促进这种发展，而不是要偏离它，另用最高人民法院行使违宪审查权的美国式体制去取代它。[⑤] 有学者认为我国的宪法适用应当依循宪法本身规定的路径，也就是走最高国家权力机关立法适用和监督适用的路径，而宪法适用"司法化"的路径背离现行宪法，是行不通的。[⑥]

2. 宪法私法化

宪法私法化，有学者强调它是不同于前面提到的宪法司法化的另一个概念，其含义是作为公法的宪法在私法领域的直接适用。[⑦]

对于宪法私法化，有学者认为我国宪法实施由两种纠纷解决机制组成：一是宪法中的国家权力纠纷和国家权力侵害纠纷，它通过违宪审查机制实施；二是宪法中公民基本权利受到国家权力以外的侵犯或两种公民宪法权利相冲突的私权纠

---

① 参见朱应平：《适用宪法处理齐玉苓案并无不当》，载《华东政法学院学报》2001年第6期。
② 参见《最高人民法院关于在刑事判决中不宜援引宪法作论罪科刑的依据的复函》，研字第11298号。
③ 参见肖蔚云：《宪法是审判工作的根本法律依据》，载《法学杂志》2002年第3期。
④ 参见莫纪宏：《受教育权宪法保护的内涵》，载《法学家》2003年第3期。
⑤ 参见许崇德：《"宪法司法化"质疑》，载《中国人大》2006年第11期。
⑥ 参见童之伟：《宪法适用应依循宪法本身规定的路径》，载《中国法学》2008年第6期。
⑦ 参见《齐玉苓案：学者的回应——记一次北京大学法学院宪法与行政法学者的讨论》，载《法制日报》2001年9月16日。

纷，它通过宪法私法化的宪法诉讼方式实施。基于此，为保障宪法实施，我国应当探索宪法私法化的司法化之路。① 有学者从公私法的划分与宪法规定内容出发，明确宪法是公法，但它并非不能调整私法关系，因此对最高人民法院的批复持赞成态度。② 还有学者虽认同"基本权利的效力可以扩及私人领域"这一判断的正确性，但同时认为，本案中最高人民法院在这种效力的实现方式上是越权和违宪的，因为最高人民法院的批复事实上代行了专属于全国人大常委会的宪法解释权，相比于此，宪法与民法的"科际整合"与法学方法的综合运用方是该问题的解决之道。③

不过，也有相当学者对此持批评态度。有学者指出，该案所折射出的司法政策与理论，"犹如把以往绑在栏厩里的宪法放了缰，任其纵横驰骋于社会各个领域"，若承认宪法私法化，则有将宪法权利规范所调整的范围无限泛化，以致公权对私人社会全面干预的风险。④ 有学者从历史的合理性和现实的积极意义两个角度分析宪法的公法性质，强调以宪法的司法适用为借口，让宪法全面介入纯属公民私域的民事争议，隐含着巨大的社会风险。⑤ 有学者对比美、德宪法效力界定的模式，根据宪法的公法性质、平衡作用、稳定性以及宪法审查机构对议会立法民主合法性的尊重等四方面论证，认为宪法主要在公法领域发挥作用，在私法领域内仅限于间接效力，不宜被直接适用。而在"齐玉苓案"中，将宪法适用于私人被告，不当扩大了宪法适用的范围。

总体而言，"齐玉苓案"为我国宪法基本权利理论研究提供了生动的素材，虽然2008年最高院废止了该案批复的效力⑥，但该案所带来的影响仍然深远持久。随着2018年宪法第44条修正案的通过，学界对于宪法实施的体制与方式的理论分歧逐渐被弭平，由新设立的全国人大"宪法和法律委员会"承担合宪性审查职能成为各方共识，如何通过合理的制度建构更好地保障公民基本权利成为下

---

① 参见蔡定剑：《中国宪法实施的私法化之路》，载《中国社会科学》2004年第2期。
② 参见王磊：《宪法实施的新探索——齐玉苓案的几个宪法问题》，载《中国社会科学》2003年第2期。
③ 参见张翔：《基本权利在私法上效力的展开——以当代中国为背景》，载《中外法学》2003年第5期。
④ 参见沈岿：《宪法统治时代的开始？——"宪法第一案"存疑》，载北大公法网 http://www.publiclaw.cn/? c=news&m=view&id=713，访问日期：2020年2月4日。
⑤ 参见秦前红：《关于"宪法司法化第一案"的几点法理思考》，载《法商研究》2002年第1期。
⑥ 参见《最高人民法院关于废止2007年底以前发布的有关司法解释（第七批）的决定》，法释〔2008〕15号。

一阶段宪法学界共同的使命。①

(四) 基本权利理论体系建构

严耕望先生对于历史研究曾有一点论述，认为其根本方法无他，唯以"深锲精细为基础，而致意于组织系统化"②。笔者深以为然，不仅治史如是，法学亦然。组织系统化，不仅是理论研究方法，也是理论研究目标，更是理论研究发展渐趋成熟的重要标志。20世纪90年代，已经出现了一些具有较高学术品质的基本权利基础理论方面的论文。③ 进入21世纪以后，宪法学者筚路蓝缕、共同推动，基本权利理论研究日渐深入。我国基本权利理论研究的体系化水平已有较大提高，一个以中国宪法的基本权利规范体系为基础，具有内在逻辑性以及自我完结性的宪法权利理论体系粗具规模。④

2001年，林来梵教授就已明确指出，随着我国改革开放的不断深入以及社会主义市场经济的形成与发展，公民的权利意识在不断提高，宪法权利规范的体系与内涵也在日趋完善。与此相应，致力于构建一套能够适应时代要求的宪法权利规范理论体系，业已成为当下我国宪法学所直面的一个重要课题。⑤ 基于该判断，林来梵教授从规范宪法学的角度，以现行的宪法规范为核心，将宪法权利理论框架初步建构为宪法权利的内涵、基本性质、享有主体、类型、保障、界限以及宪法权利规范的效力七大部分⑥，从而构成了一个较为完整的基本权利理论框架，在此之下不断充实基本权利的基础理论研究。

2005年后，随着各具体基本权利理论研究的深入，相关研究之"破碎"的弊端亦逐渐显现⑦，越来越多的学者认识到了基本权利理论研究体系化的重要性，并致力于推动相关研究的开展。有学者进行了非常细致的框架体系的搭建，从基本权利的法律与文本地位、规范与结构、分类、主体与效力、限制、冲突与

---

① 当前较为重要的研究文献包括秦前红：《合宪性审查的意义、原则及推进》，载《比较法研究》2018年第2期；林来梵：《合宪性审查的宪法政策论思考》，载《法律科学》2018年第1期；韩大元：《关于推进合宪性审查工作的几点思考》，载《法律科学》2018年第1期；孙煜华、童之伟：《让中国合宪性审查制形成特色并行之有效》，载《法律科学》2018年第1期；胡锦光：《论推进合宪性审查工作的体系化》，载《法律科学》2018年第1期；等等。

② 严耕望：《怎样学历史——严耕望的治史三书》，辽宁教育出版社2006年版，第5页。

③ 例如徐显明：《"基本权利"析》，载《中国法学》1991年第6期；周永坤：《论宪法基本权利的直接效力》，载《中国法学》1997年第1期。

④ 参见翟国强：《"82宪法"实施以来基本权利理论的发展趋势》，载《法学论坛》2012年第6期。

⑤ 参见林来梵：《从宪法规范到规范宪法——规范宪法学的一种前言》，法律出版社2001年版，第73页。

⑥ 参见林来梵：《从宪法规范到规范宪法——规范宪法学的一种前言》，法律出版社2001年版，第75-105页。

⑦ 所谓"破碎"，参见张翔：《基本权利的体系思维》，载《清华法学》2012年第4期。

竞合、国家保护义务、救济等八个方面入手，从纯粹法学方法的角度系统地分析了基本权利的各项原理和规范体系。[1] 有学者则从基本权利的生成逻辑角度出发建构基本权利基础理论体系，主要包括基本权利的概念和分类、核心价值及其导向功能、功能和国家保护义务、主体和效力、生成与限制、位阶竞合与冲突。[2] 还有学者在现行宪法基本权利规范的层面上，将基本权利划分为人的生命与尊严、平等权、参政权、表达自由、人身自由、宗教信仰自由、文化教育权利、社会经济权利、监督权与请求权共九大类，其中每一项基本权利又具体分为若干不同的权利形态，构成完整的权利体系。[3]

同时，另有学者借鉴德国基本权利教义学体系，对我国《宪法》第二章及其中与基本权利相关的条款进行整体性的把握与建构，设计出一个从整体上理解我国基本权利的解释方案。该方案通过对《宪法》第33条与第51条进行解释，认为《宪法》第33条包含着基本权利主体、国家义务、基本权利的功能体系、基本权利体系的开放性等重要内容；而第51条则蕴含对于基本权利的限制、对于基本权利限制的限制等关键因素，两者共同构成了基本权利理论体系。[4]

对于以上基本权利理论体系建构，有学者认为其论述基本上都是将基本权利理论体系视为一种宪法文本上的基本权利和基本义务的分类体系或一种理想状态的基本权利分类体系，无助于把握宪法权利现实运行的复杂情境，因此，从宪法权利运行的过程与原理出发，应将宪法权利体系视为"宪法权利价值体系"、"宪法权利规范体系"、"宪法义务体系"与"宪法权利运行体系"四者的有机构成。[5]

此外，还有学者在比较法的基础上，从现行宪法的文本出发，对我国现行宪法的基本权利体系既有缺陷进行分析，认为其整体结构相对松散，内涵不明确、表述不规范，权利体系与权利规范结构不完整，缺乏必要性条款，并由此对我国基本权利体系进行了重构，将其划分为四个部分，即"个人基本权利和自由""政治权利""经济、社会、文化权利""基本权利的保障"[6]。

除从基本权利的理论框架、规范框架入手建构基本权利理论体系之外，还有学者着重研究并尝试建立基本权利理论的分析框架，以厘清宪法中基本权利条款

---

[1] 参见郑贤君：《基本权利原理》，法律出版社2010年版。
[2] 参见汪进元：《基本权利的保护范围——构成、限制及其合宪性》，法律出版社2013年版，第10-81页。
[3] 参见韩大元：《中国宪法学上的基本权利体系》，载《江汉大学学报》2008年第1期。
[4] 参见张翔：《基本权利的体系思维》，载《清华法学》2012年第4期。
[5] 参见刘茂林、秦小建：《论宪法权利体系及其构成》，载《法制与社会发展》2013年第1期。
[6] 秦奥蕾：《基本权利体系研究》，山东人民出版社2009年版，第143-260页。

的规范内涵和规范结构,使之在技术层面上成为可以适用的规范。① 为此,基于"社会权—自由权"二分法之相对化的现实,有学者以基本权利的功能体系为分析工具,通过基本权利的防御权功能、受益权功能、客观价值秩序功能及相对应的国家义务的体系化,将其建成严密精微的分析系统,从而为基本权利研究确立一套严格的规范与逻辑体系。②

从理论框架、规范框架到分析框架,我国基本权利的理论体系逐步证成,然而总体上,这一体系仍然是初步的、相对分散的,其与中国宪法文本之契合亦有不足,仍需进一步完善。对此,除对体系本身的深入研究并自我完善以外,对基本权利体系背后的基本权利理论的探寻以及借助实践对体系自身的检验与调适亦不可或缺。③

(五)"人的尊严"问题

现代宪法学首先要回答什么是宪法意义上的人,人为什么必须有尊严,宪法如何保护人的尊严等基本问题。在宪法的世界里,人的尊严是不可缺少的人的本质要素,是人类享有的最根本的权利,是构成法治社会的理性与道德基础。④ 因此,它也成为基本权利理论的重点研究对象。

1. 基本内涵

宪法上"人的尊严"研究的开展,首先要在概念上解决"谁的尊严""何为尊严""尊严的约束对象"三个问题。⑤

就第一个问题,多数学者赞成"人的尊严"主体是生物学上的人、普遍意义上的人⑥;有学者则进一步指出,"人的尊严"意义上的人,既非全体主义国家中作为受令者而存在的个人,亦非"国家与市民社会"二元对抗结构之上那种"古典自由主义"的个人,而是在共同体中为了形成"亲自承担责任"的生活而拥有的"人格",即一种"人格主义"意义上的人。⑦ 此外,就该问题,还有一些在学界一时难以达成共识的争议主体存在,如未出生的胎儿、克隆人、无法恢复自我实现状态的植物人等,尚待继续研究。⑧

---

① 参见张翔:《基本权利的双重性质》,载《法学研究》2005年第3期。
② 参见张翔:《基本权利的规范建构》,高等教育出版社2008年版,第37-142页。
③ 参见张翔:《基本权利的体系思维》,载《清华法学》2012年第4期。
④ 参见韩大元:《生命权的宪法逻辑》,译林出版社2012年版,第1页。
⑤ 参见李累:《宪法上"人的尊严"》,载《中山大学学报(社会科学版)》2002年第2期。
⑥ 参见李累:《宪法上"人的尊严"》,载《中山大学学报(社会科学版)》2002年第2期。
⑦ 参见林来梵:《从宪法规范到规范宪法——规范宪法学的一种前言》,法律出版社2001年版,第174页。
⑧ 参见李累:《宪法上"人的尊严"》,载《中山大学学报(社会科学版)》2002年第2期;李海平:《宪法上人的尊严规范分析》,载《当代法学》2011年第6期;韩大元:《生命权的宪法逻辑》,法律出版社2010年版,第68-150页。

就第二个问题而言，对于"尊严"的界定，学界亦有诸多不同见解。有学者从正面将其定义为"之所以形成人格者"、"人的固有价值、独立性、本质"或者"人格的核心"等。[1] 不过，也有学者出于对"人格"内涵的不同理解，指出"人的尊严并不是对人外在的天赋、成就、贡献、能力的褒奖，而只是对人人具有平等身份的法律宣示"[2]。有学者则从反面加以规定，认为"凡是具体的个人被贬为客体、纯粹的手段或是可任意替代的数值时，便是人性尊严受到侵犯"[3]。此外，还有学者从正反不同层面界定尊严，认为从"人本身即是目的"这一道德律令出发，人的尊严即是指人的自主、自治；当一个人被矮化为客体、物体或数值时，便落入了他治、他决的框架之下，从而丧失了尊严。[4] 由于从价值意涵上，宪法上"人的尊严"是其他权利与自由的源泉，既作为自然法的原则，也作为实定法原则而受到承认，因此，以消极的方式表现其价值更符合"人的尊严"的内在属性。[5]

对于第三个问题，有学者认为，宪法作为公法，宪法上的"人的尊严"所约束的首先是国家公权力，国家对个人负有尊重、保护、促进的义务。[6] 还有学者在赞成上述观点的基础上，指出应当把社会公权力也纳入人的尊严的约束对象范围。当然，社会公权力毕竟不是国家公权力，人的尊严对其的保护义务范围是有限的，仅限于自由、自主、平等的范围内。[7]

2. "人格尊严"条款研究

为了找到保障"人的尊严"的宪法规范基础，有学者注意到我国《宪法》第38条"人格尊严"条款与"人的尊严"概念的相似性，试图从"人格尊严"中获得"人的尊严"的规范依据。这种观点认为，该条前段的"公民的人格尊严不受侵犯"，可理解为一个相对独立的规范性语句，表达了类似于人的尊严这样的具有基础性价值的原理，作为我国宪法基本权利体系的出发点或基础的宪法价值。[8] 有学者对前述论证进行了补充完善，认为《宪法》第38条在形式上体现

---

[1] 参见蔡维音：《德国基本法第一条人性尊严规定之探讨》，载《宪政时代》1992年第1期。转引自李海平：《宪法上人的尊严规范分析》，载《当代法学》2011年第6期。
[2] 胡玉鸿：《人的尊严的法律属性辨析》，载《中国社会科学》2016年第5期。
[3] 黄桂兴：《浅论行政法上的人性尊严理念》，载城仲模主编：《行政法治一般法律原则》（一），三民书局1999年版，第10-11页。转引自韩大元：《生命权的宪法逻辑》，译林出版社2012年版，第107页。
[4] 参见李震山：《人性尊严与人权保障》，元照出版公司2001年版，第14页。
[5] 参见韩大元：《生命权的宪法逻辑》，译林出版社2012年版，第107页。
[6] 参见李累：《宪法上"人的尊严"》，载《中山大学学报（社会科学版）》2002年第2期。
[7] 参见李海平：《宪法上人的尊严规范分析》，载《当代法学》2011年第6期。
[8] 参见林来梵：《人的尊严与人格尊严——简论中国宪法第38条的解释方案》，载《浙江社会科学》2008年第3期。

为"内部统摄与外部相互构成的规范地位"。它既可以在最小的范围，即第 38 条内，以前句统摄后句，形成原则对规则的拘束；也可以越出第 38 条，在较小范围内与人身自由规范体系的其他条款互相构成；还可以越出"人身自由规范体系"，在更大的范围与平等权、政治自由等基本权利发生价值关联和构成。① 还有学者采纳康德关于人作为道德主体的观点，对人格尊严作出了和人的尊严相类似的解释，从而认可了第 38 条有进一步发展成为整个基本权利基础的潜能。但是，该学者同时指出，它无法通过宪法解释的方案完成，只能通过将来修改宪法来实现。②

然而，也有学者认为，《宪法》第 38 条从文义解释、体系解释的角度，难以将"人格尊严"解释成为"人的尊严"，只有通过目的解释，在试图针对法条作出符合时代发展和变迁之目的的解释的基础上，方有可能。但是，目的解释主观性强，其运用受到严格限制。在一般情况下，文义解释、体系解释等客观性解释方法与之相比优先适用。因此，以"人格尊严"涵盖"人的尊严"的期望虽好，但这一解释既超出了文义范围又脱离了解释文本，其可接受性值得怀疑。③ 此外，还有学者强调，我国《宪法》第 38 条"人格尊严"的哲学基础不同于其他国家的"人是目的、人格发展、交往理论"，而是着重于个人的名誉与荣誉保护；宪法的文本表述并非"人的尊严""人性尊严"，而是"人格尊严"，且该条既未规定在总纲中，亦未置于"公民的基本权利和义务"一章之首，即使与"国家尊重和保护人权"一款结合起来理解，亦无法取得与其他国家宪法上"人的尊严"的规范地位。④

综上所述，有学者指出"人的尊严"在我国的制度化存在三大难题：其作为前实定法基础的概念内涵界定困难，作为主观权利的性质存在争议，作为客观规范如何实现实定法化仍有疑问⑤，这些值得学界进一步深思。

3."生命权"研究

生命权作为人之为人存在的逻辑前提，集中体现人的价值与尊严⑥，是学界关于"人的尊严"理论研究的重要领域之一。

所谓生命权，有学者指出，该权利就是"活的权利"或"生命安全的权利"，

---

① 参见王旭：《宪法上的尊严理论及其体系化》，载《法学研究》2016 年第 1 期。
② 参见谢立斌：《中德比较宪法视野下的人格尊严——兼与林来梵教授商榷》，载《政法论坛》2010 年第 4 期。
③ 参见李海平：《宪法上人的尊严规范分析》，载《当代法学》2011 年第 6 期。
④ 参见郑贤君：《宪法"人格尊严"条款的规范地位之辨》，载《中国法学》2012 年第 2 期。
⑤ 参见王晖：《人之尊严的理念与制度化》，载《中国法学》2014 年第 4 期。
⑥ 参见韩大元：《中国宪法学应当关注生命权问题的研究》，载《深圳大学学报》2004 年第 1 期。

它是人的生命受法律保护，不被任意剥夺的权利[1]；有学者从生命权演变的视角出发，认为随着现代医学、科技的发展，生命权的内涵已不仅仅止于保障生命免受潜在侵害，而开始涉及如何以一系列规则调整人们如何对待和影响生命等积极层面[2]；有学者从社会具体现实立论，强调生命权的内容与范围并非先验的、本质的存在，而是在制度性的论证管道中被逐渐塑造的[3]；当然，还有学者强调，生命权有其理论所能容纳的界限，它只能是一种克制性的权利，而不应主动干预新兴生命伦理争议，我国宪法生命权的形式与内容应当限制在合理的界限内。[4]

生命权虽具根本价值属性，但是多数学者已然承认在实然的宪法世界，生命权的价值也表现为相对性。为了公共利益的需要，为了保护他人的生命，不得不对特定主体的生命进行限制，如胎儿生命权的限制、死刑制度的存在、部分国家"安乐死"的合法化以及诸如警察使用武器致人死亡、军人作战夺取敌人生命等。[5]

就我国而言，由于宪法未直接规定生命权，学者们多从宪法学一般原理与体系论证出发，综合《宪法》第 37 条"人身自由"、第 38 条"人格尊严"条款，推定生命权在我国的基本权利属性。[6] 2004 年"人权入宪"后，基于《宪法》第 33 条第 3 款"国家尊重和保障人权"内涵的开放性，生命权在我国有了更为坚实的宪法基础与解释空间。但是，以上诸说仍是学理解释，生命权要真正成为一项宪法上的基本权利，必须由宪法解释机关作出明确的解释，或者由宪法修改机关通过修改宪法，将生命权明确写入宪法。[7] 有学者再三强调，基于生命权的现代价值与 21 世纪人权发展的趋势，应当在我国宪法中直接规定生命权。[8]

（六）"人权入宪"

2004 年通过的宪法第 24 条修正案规定："宪法第三十三条增加一款，作为第三款：'国家尊重和保障人权。'"该条款被学界称为"人权条款"。"人权条款"被写入宪法，一方面以其自身的开放性为基本权利理论开拓了新的研究领域，同

---

[1] 参见上官丕亮：《生命权的全球化与中国公民生命权入宪研究》，载《金陵法律评论》2004 年春季卷。
[2] 参见韩大元：《生命权的宪法逻辑》，译林出版社 2012 年版，第 10 页。
[3] 参见易军：《生命权：藉论证而型塑》，载《华东政法大学学报》2012 年第 1 期。
[4] 参见刘泽刚：《宪法生命权的界限》，载《华东政法大学学报》2013 年第 5 期。
[5] 参见韩大元：《生命权的宪法逻辑》，译林出版社 2012 年版，第 29 页；上官丕亮：《论生命权的限制标准》，载《江汉大学学报（社会科学版）》2012 年第 2 期。
[6] 参见韩大元：《生命权的宪法逻辑》，译林出版社 2012 年版，第 14 页。
[7] 参见上官丕亮：《论宪法上的生命权》，载《当代法学》2007 年第 1 期。
[8] 参见上官丕亮：《宪法与生命——生命权的宪法保障研究》，法律出版社 2010 年版，第 100 页；上官丕亮：《生命权应当首先入宪》，载《法学论坛》2003 年第 4 期；等等。

时也为"人的尊严"等宪法价值找到了新的解释空间。因此，该条款受到了学界的广泛认可与高度重视。

1. 人权的内涵

对于人权的内涵，从一般理论角度出发，它是指作为人应当享有的自由和资格[①]；从规范的层面解释，则可认为它是人作为人的基本权利[②]，虽表述各异，但就其核心理念，学界已达成共识：人权的本质在于"尊重人作为人所具有的尊严"[③]。

2. 人权与基本权利

随着"人权条款"入宪，并作为《宪法》第二章"公民的基本权利和义务"的第一个条文即第33条第3款的内容，人权与基本权利之间的关系究竟如何，成了学界必须厘清的重要问题。

对此，有学者从两者的关联出发，指出基本权利是实定化的人权，是因其"根本性、基础性与决定性，并在权利体系中所处的核心地位"而为宪法所纳入保护范围的那一部分人权，即基本人权。人权是公民权利产生的源泉，是其合理性的基础，公民基本权利来源于人权，公民基本权利也就是规定在宪法中的人权，是人权中"法定形态"的一部分。[④]

有学者则从区别的角度从六方面对人权与基本权利进行精细比较[⑤]：（1）人权是自然权利、道德权利，而基本权利是实定权利；（2）人权具有永久的价值上的效力，而基本权利是法律和制度保障的权利，效力和领域有限制；（3）人权来源于自然法，而基本权利来源于人权；（4）人权是抽象的道德权利，基本权利是具体的法律权利；（5）人权的主体是抽象的人，具有普遍性，是所有人；基本权利的主体则是一国公民；（6）人权的范围具有较强的开放性，基本权利的体系则相对封闭。还有学者从德国法与一般法学理论的角度，强调人权肯定是指先于或外于国家的权利，而基本权利则是指宪法上规定的权利，它与国家权力相伴生，前者不受国家权力的制约，并能引导国家权力，后者则和国家权力是一种相伴生的构成性关系。[⑥]

---

① 参见韩大元：《宪法文本中"人权条款"的规范分析》，载《法学家》2004年第4期。
② 参见林来梵、季彦敏：《人权保障：作为原则的意义》，载《法商研究》2005年第4期。
③ [日]大沼保昭：《人权、国家与文明》，王志安译，生活·读书·新知三联书店2003年版，第212页。
④ 参见焦洪昌：《"国家尊重和保障人权"的宪法分析》，载《中国法学》2004年第3期。
⑤ 参见韩大元主编：《宪法学》，高等教育出版社2006年版，第135页。
⑥ 参见张翔：《论人权与基本权利的关系——以德国法和一般法学理论为背景》，载《法学家》2010年第6期。

从中不难发现，对于人权与基本权利之间的关联关系，学界至少在以下方面基本达成了共识，即人权与基本权利存在一定的区别与紧张关系，但基本权利是人权的实定化。

3. "人权条款"的功能

对于被写入宪法的"人权条款"到底能够发挥怎样的功能，学界也存在许多不同的观点与看法。

有学者将该款视作"概括性条款"，与《德国基本法》第1条、第2条、第19条相似，可以通过解释起到框架搭建的作用。在该条款中，包含着基本权利的主体、基本权利对国家的拘束力、国家对基本权利的义务类型、公民的基本权利与义务的关系等关键因素，以此条文的解释为中心，可以从价值上和规范的内在联系上统摄整合各个基本权利条款。[1] 有学者则从该条款中"人权"一词所蕴含的本质价值中，为"人的尊严"找到了新的解释空间，使之得以摆脱《宪法》第38条的解释困境。在此基础上，对相应的规范依据进行重构，以将《宪法》第33条第3款的概括性人权保障条款、宪法列举权利体系和作为宪法渊源的国际人权法上"人的尊严"的规定作为我国宪法中"人的尊严"的规范依据。[2] 还有学者从"人权条款"开放性的角度出发，结合该条款在宪法规范体系中所处的位置以及中国法文化背景与当前时代条件，强调"人权条款"为宪法未列举权利提供了"安身之所"[3]。

当然，有学者亦作提醒，人权与基本权利之间存在价值上互换的空间和多种形式，对此需要适当限制人权条款的内涵，使之保持概括性条款的性质[4]，不应赋予其太多实质性的内容，以防止该条款的滥用。

不难看出，"人权条款"入宪，承载了学界的很多期待，学者们虽从不同角度对此加以解读，差异颇大，但指向的目标是同一的，即建立一个更加完善的人权保障体系，以更好地实现宪法的核心价值。

(七) 基本权利的限制问题

有学者认为，所谓基本权利限制，是指依据宪法和法律明确规定对权利主体的行为和法益的限定和制止，广义的限制还包括对于基本权利的剥夺和禁止。[5] 学界对于基本权利限制的理论研究，遵循了以下脉络——是否需要限制？何种情

---

[1] 参见张翔：《基本权利的体系思维》，载《清华法学》2012年第4期。
[2] 参见李海平：《宪法上人的尊严规范分析》，载《当代法学》2011年第6期。
[3] 张薇薇：《"人权条款"：宪法未列举权利的"安身之所"》，载《法学评论》2011年第1期。
[4] 参见胡锦光、韩大元：《中国宪法》，法律出版社2007年版，第172页。
[5] 参见汪进元：《基本权利的保护范围——构成、限制及其合宪性》，法律出版社2013年版，第47页。

况下需要限制？如何限制？①

1. 基本权利为何要受到限制

对于为何基本权利要受到限制，现代宪法理论认为，个人并非独立存在的个体，而是生活在共同体之下，是与他人有着密切关联的个体，从而"为使共同体下的每个人都能获得良善的生活，基本权利并非不得限制"②。因此，对于基本权利的限制，有其存在的必然性与正当性。对此，有学者从性恶论的法哲学基础以及"双重制约理论"的理论依据两方面出发，为基本权利的限制提供理论依据。③除此之外，就基本权利限制的功能和意义而言，亦有学者强调，对于基本权利的合理限制是基本权利保障的重要组成部分④，是义务和责任的要求、是权利秩序的要求、是权力良性运行的要求。⑤

2. 基本权利限制的理由

考察各国基本权利的限制条款，其目的或理由常常表述为"维护公共利益"，公共利益实质上规定了基本权利限制的界限。由此，何为公共利益、如何界定公共利益，成为学界关注的研究重点。

长久以来，学术界多数学者因公共利益的高度的抽象性，认为它作为一项宪法原则是不可定义的。⑥然而，随着2004年修宪，我国《宪法》将"公共利益"纳入其范畴，加之在土地征用和城市房屋拆迁过程中引发了社会上对于"公共利益"事件的重视，如何把握公共利益的内涵与外延日益成为学术界亟待解决的问题。

对此，有学者从公共利益受益对象的不特定性与受益对象的多数人的特点来理解公共利益⑦；有学者则分别从"公共"和"利益"两方面进行分析，强调公共利益是相对公共体内的少数人而言的，对它的理解关键不在于共同体的不确定性，而在于谁来主张公共利益⑧；有学者认为公共利益界定是一个宪法分权问

---

① 参见姜明安主编：《公法理论研究与公法教学》，北京大学出版社2009年版，第181页。
② Peter Badura/Horst Dreier 主编：《德国联邦宪法法院五十周年纪念论文集》（下册），苏永钦等译注，第17页。转引自赵宏：《限制的限制：德国基本权利限制模式的内在机理》，载《法学家》2011年第2期。
③ 参见胡肖华、徐靖：《论公民基本权利限制的正当性与限制原则》，载《法学评论》2005年第6期。
④ 参见石文龙：《论我国基本权利限制制度的发展》，载《比较法研究》2014年第5期。
⑤ 参见周叶中、李德龙：《论公民权利保障和限制的对立统一》，载《华东政法学院学报》2003年第1期。
⑥ 参见范进学：《定义"公共利益"的方法论及概念诠释》，载《法学论坛》2005年第1期。
⑦ 参见汪进元：《基本权利的保护范围——构成、限制及其合宪性》，法律出版社2013年版，第47-48页。
⑧ 参见胡锦光、王锴：《我国宪法中"公共利益的界定"》，载《中国法学》2005年第1期。

题，立法机关、行政机关、司法机关共同参与，相互之间有一定制约，其中立法机关确定概括标准，行政机关确定具体标准，司法机关在争议时介入纠纷解决[①]；有学者则运用反向解释，明确将政府自身的利益、商业利益、特定利益集团的利益排除在公共利益之外。[②] 此外，还有学者从我国宪法文本出发，认为宪法文本中的公共利益是社会共同体的利益整合，其内容以公共秩序与社会秩序为基本价值取向，并与国家利益、社会利益相区别。[③] 在对公共利益加以界定的基础上，有学者就其之所以能够成为限制基本权利的理由展开分析，并从基本权利"外在限制说"的角度认定，公共利益构成了对基本权利的外在限制；但也同时明确，在这个层面上，应当对公共利益作出严格的限定。[④]

除"公共利益"外，有学者还认为，公共秩序、国家安全、紧急状态、他人的权利和自由也能构成限制基本权利的理由。[⑤]

3. 基本权利限制的方式

学界通常认为，基本权利限制的主要方式包括宪法限制、法律限制两种。宪法限制即宪法在规定了公民基本权利的同时，通过一定的方式明确基本权利的界限，其主要表现为宪法的公共利益条款。[⑥] 法律限制是指立法机关的限制，亦可称之为法律保留，有学者将之分别归纳为一般法律保留与个别法律保留，前者适用于所有基本权利，后者则根据法律具体条文对基本权利加以限制。[⑦] 此外，行政机关限制、特别权力机关限制亦有学者有所论及。[⑧]

4. 基本权利限制的限制

基于基本权利对于公民的极端重要性，学界普遍认同对于基本权利的限制应当受到更为严格的限制，因为如果对基本权利的限制处置不当，它很容易就会成为公权力机关践踏人权的"合法武器"[⑨]。如何对基本权利的限制进行有效规制，学者们各有见解。

有学者从基本权利限制的基本原则出发，认为对公民基本权利的限制应遵循

[①] 参见郑贤君：《公共利益的界定是一个宪法分权问题——从 Eminent Domain 的主权属性谈起》，载《法学论坛》2005 年第 1 期。
[②] 参见刘连泰：《"公共利益"的解释困境及其突围》，载《文史哲》2006 年第 2 期。
[③] 参见韩大元：《宪法文本中"公共利益"的规范分析》，载《法学论坛》2005 年第 1 期。
[④] 参见张翔：《公共利益限制基本权利的逻辑》，载《法学论坛》2005 年第 1 期。
[⑤] 参见郑贤君：《基本权利原理》，法律出版社 2010 年版，第 210-211 页。
[⑥] 参见郑贤君：《基本权利原理》，法律出版社 2010 年版，第 214 页。
[⑦] 参见董和平、韩大元、李树忠：《宪法学》，法律出版社 2000 年版，第 329-330 页。
[⑧] 参见郑贤君：《基本权利原理》，法律出版社 2010 年版，第 215 页；汪进元：《基本权利的保护范围——构成、限制及其合宪性》，法律出版社 2013 年版，第 52-54 页。
[⑨] 赵宏：《限制的限制：德国基本权利限制模式的内在机理》，载《法学家》2011 年第 2 期。

"不损害基本权利本身原则""法律保留原则""明确化原则""司法审查原则"①。有学者结合基本权利限制合宪性理论,从形式合宪性与实质合宪性两方面进行考量,认为对于基本权利的限制,在形式部分应当符合法律保留、个案法律禁止及正当法律程序等考量要素,在实质部分则应包括比例原则、本质内容不得侵犯和三重审查基准。② 在此基础上,又引出了如何对基本权利限制合宪性进行判断的问题。对此,有学者提出了"三层次"的分析框架,将个案中对基本权利限制的分析大致分为三个步骤:首先,确定基本权利的保障范围和基本权利主体,明确所涉及的基本权利;其次,确定国家对基本权利限制的认定标准,分析该基本权利是否受到了限制;最后,确定该限制行为是否有违宪阻却事由的存在,并依此作出该限制行为合宪或违宪的判断。③ 比例原则已成为学界研究基本权利限制及其限制的限制的基本分析工具,并为相关部门法所借鉴,促使基本权利研究朝着更为精细化的方向发展。④

（八）基本权利与部门法研究

随着我国法律体系日益健全、法治实践日益发达,部门法研究中开始遇到宪法问题,宪法研究也逐渐深入部门法,由此使得宪法与部门法关系成为法学理论研究的热点。这一现象在基本权利研究领域表现得尤为明显。因此,以处理宪法与部门法关系为目标的"基本权利在私法关系中的效力""宪法对部门法的辐射作用""部门法中的基本权利冲突"等理论装置被学界迅速引入,并形成了相当丰厚的学术积累。

1. 基本权利与民法研究

自2005年《物权法》草案至今,宪法与民法之间一直保持着较为充分的学术互动,促使相关领域的研究越发深入。有学者通过乌木案探讨了宪法中的国家所有和私法中的国家所有权之间的一致性问题,认为后者是前者所具有的国家内容实现义务功能的展开方式之一,同时要受到前者的约束。⑤ 有学者对采矿权的

---

① 唐忠民、王继春:《论公民基本权利限制的基本原则》,载《西南大学学报》2007年第2期。
② 参见王新胜:《基本权利限制的合宪性考量》,载《西部法学评论》2010年第6期。
③ 参见张翔:《基本权利限制问题的思考框架》,载《法学家》2008年第1期。
④ 参见杜强强:《入户犯罪、牵连犯处断与比例原则——兼论合宪性解释对刑法释义学命题的尊重》,载《首都师范大学学报（社会科学版）》2016年第1期;杨登峰:《从合理原则走向统一的比例原则》,载《中国法学》2016年第3期;吴昱江:《试论比例原则在国家安全与言论自由平衡下的使用——以美国司法判例为鉴》,载《政法论丛》2016年第3期;陈璇:《正当防卫与比例原则——刑法条文合宪性解释的尝试》,载《环球法律评论》2016年第6期;陈景辉:《比例原则的普遍化与基本权利的性质》,载《中国法学》2017年第5期。
⑤ 参见朱虎:《国家所有和国家所有权——以乌木所有权归属为中心》,载《华东政法大学学报》2016年第1期。

非征收限制进行了探讨,指出:"采矿权作为民法上财产权的一种特殊类型,具有高经济价值和高社会关联性,落入宪法财产权的保护范围。立法为了公共利益,可以对采矿权施加非征收性限制,但这些限制必须符合比例原则,且不能导致采矿权人基于采矿权而享有的核心利益的丧失。"[1] 另外,还有学者就基本权利对民事法律行为的效力与限度展开探讨,指出对于民事法律行为效力的影响是基本权利进入民法场域的重要管道。但是,这种影响不是通过基本权利对民事法律行为的直接适用实现的,而是需要通过公法性强制规范和公序良俗原则发挥作用。因此,法官在适用公序良俗原则判断民事法律行为效力的时候必须借助基本权利对其进行客观化塑造,但必须对注入私法场域的基本权利进行流量控制。[2]

2. 基本权利与刑事法研究

在刑事法领域,有学者结合诽谤等犯罪相关司法解释与《中华人民共和国刑法修正案(九)》有关规定,从此类犯罪的一般性构造与诉讼条件出发,对网络领域信息发布、传播的合法边界展开基于宪法视角的解释。该学者认为,网络时代此类犯罪的构造与诉讼问题涉及宪法言论自由的边界划定问题。基于刑法谦抑的精神,犯罪的处罚应限制在迫不得已的必要限度以内,故此类犯罪的认定,理应在惩罚犯罪以保护相关法益的基础上,适当对言论更为宽容。[3] 对于言论自由的话题,还有刑法学者认为,根据宪法与刑法的关系、言论自由的价值与刑法的具体规定,言论自由与刑事犯罪可以从"宪法不保护且刑法所禁止的言论"、"刑法不禁止且宪法所保护的言论"、"宪法不保护但刑法未禁止的言论"与"需要具体判断宪法是否保护及刑法是否禁止的言论"四方面进行讨论。该学者指出,刑法规定了七种具体的煽动罪,但对于煽动罪的认定不能过于形式化,必须充分考虑言论自由的宪法价值,尽可能保护利益主体的诉求表达。

有学者基于基本权利保障的比例原则审查模式,分析了死刑的合宪性问题。他认为,死刑制度本身并不一定涉及人的尊严,但却剥夺了犯罪人的生命。虽然比例原则需要给立法者留出决策空间,但对于死刑这一项最严酷的刑罚,则应采取严格审查标准。在适用比例原则分析死刑的宪法正当性时,仅应考虑死刑的主观目的,其客观功能至多在适用狭义比例原则审查时才予以考量。在这一基础上,死刑制度是否符合比例原则是值得怀疑的。[4]

有学者以刑法剥夺政治权利为切入探讨了法律保留与基本权利限制的关系问

---

[1] 宦吉娥:《法律对采矿权的非征收性限制》,载《华东政法大学学报》2016年第1期。
[2] 参见刘志刚:《基本权利对民事法律行为效力的影响及其限度》,载《中国法学》2017年第2期。
[3] 参见刘艳红:《网络时代言论自由的刑法边界》,载《中国社会科学》2016年第10期。
[4] 参见陈征:《从宪法视角探讨死刑制度的存废》,载《华东政法大学学报》2016年第1期。

题，认为我国《宪法》第 34 条虽然规定了"依照法律被剥夺政治权利"，但并未对政治权利的内容进行界定。《刑法》第 54 条虽然将"政治权利"界定为包含了选举权和被选举权，言论、出版、结社、集会、游行、示威自由等基本权利在内的四大权利，但是这一规定仍存在三方面合宪性的疑虑：(1) 刑法对宪法上规定的政治权利进行内容形成，只限于那些必须依赖国家或法律秩序才能行使的权利，选举权和被选举权属之，但言论、出版、结社、集会、游行、示威自由并不属之；(2) 根据《宪法》第 34 条，政治权利属于需要法律保留的基本权利，但根据《宪法》第 35 条，言论、出版、结社、集会、游行、示威自由属于无法律保留的基本权利，两者性质不同、限制方式不同，不能等同；(3) 即使可以限制罪犯的言论、出版、结社、集会、游行、示威自由，那也是基于特别权力关系的需要，而无法简单地用"剥夺政治权利"来涵盖。[①]

还有学者从基本权利冲突的视角，专门就《刑事诉讼法》（2012 年修正）第 188 条第 1 款所规定的近亲属证人免于强制出庭制度展开研究，认为该条款体现了刑诉法对宪法的具体化，但在对《宪法》（2004 年修正）第 125 条"被告人有权获得辩护"以及《宪法》第 49 条"婚姻、家庭……受国家的保护"这两项基本权利的保障上存在不足，有待法律解释之完善。基于法律的合宪性解释以及个案中的法益衡量，如果出现婚姻家庭法益已非常淡漠的具体情境，则可以对该但书条款进行"目的性限缩"，从而得强制近亲属证人出庭质证。[②]

3. 基本权利与环境法研究

在环境法领域，推动环境权入宪一直是学界研究的重点。早在 2002 年，就有学者指出，随着经济社会的发展与生态环境的恶化，环境权入宪将会是社会发展的基本趋势。[③] 在这一时期，学者们纷纷从环境权作为基本权利的内涵、架构、功能等方面进行阐发，强调了环境权入宪对于环境权保障和环境立法、执法和司法的发展均具有重要意义。[④]

在此基础上，为了给我国环境权入宪提供形式参考，对于世界各国环境权入宪的实证研究、比较研究也越发受到关注。有学者通过从各国环境权入宪的时

[①] 王锴：《论法律保留与基本权利限制的关系——以〈刑法〉第 54 条的剥夺政治权利为例》，载《师大法学》2017 年第 2 辑，法律出版社 2018 年版。

[②] 参见张翔：《"近亲属证人免于强制出庭"之合宪性限缩》，载《华东政法大学学报》2016 年第 1 期。

[③] 参见张力刚、沈晓蕾：《公民环境权的宪法学考察》，载《政治与法律》2002 年第 1 期。

[④] 参见吴卫星：《生态危机的宪法回应》，载《法商研究》2006 年第 5 期；吴卫星：《生态文明建设进程中环境权入宪的功能》，载《环境保护》2008 年第 3 期；张一粟、陈奇伟：《论我国环境权入宪的基本架构》，载《法学论坛》2008 年第 4 期；陈伯礼、余俊：《权利的语境变迁及其对环境权入宪的影响》，载《法律科学》2009 年第 6 期。

间、地域、类型、宪法位置等四个方面进行比较研究，发现20世纪90年代以来环境权入宪已经成为当代宪法发展的一般规律，环境权正逐渐成为超越地域、法系、国家性质和国家发展水平的普遍性权利。① 有学者专门就法国的环境宪章进行了分析，认为环境法在传统上基于环境公益而强调国家环保职责，这种偏颇由于环境人权的宪法化而得到纠正。从总体上看，环境宪章通过多样化实施促进了环境法的完善与环保实践的优化。② 还有学者对非洲国家宪法中的环境权条款进行研究，认为非洲国家环境权入宪甚为显著，多数国家将其规定在权利法案部分，并允许公民依据宪法环境权条款提起环境公益诉讼。③ 此外，有学者探讨了美国、日本等国拒斥环境权概念的原因，并对于环境权的内涵本身是否具有独立的规范内涵与价值基础提出了疑问。④ 对此，国内也有学者特别指出，目前学界所探讨的是一种人类整体意义上的环境权概念，而在环境的整体利益和综合利益之下发生的人类个体的单独的、分配性的利益关系是财产关系、人身关系等，与之相联系的权利是财产权、人身权，而不是环境权。⑤

为了澄清环境权的基本权利地位，学界对于环境权的规范研究逐渐加深。有学者分析了环境权的规范效力，认为环境权在规范上具有可诉性效力与具体化效力两个层面，鉴于目前我国环境立法较为系统，在可诉性效力方面缺乏构造的必要性。⑥ 对此，有学者明确指出，宪法环境权之规定并非可"独立实施"的条款，不具有直接司法适用的效力，是一种具有"宪法委托"性质的宣示性权利，其实现主要不是通过司法方式予以救济，而是建立在具体立法的基础上。⑦ 还有学者根据《宪法》第26条的规定，对环境权保障的国家义务进行了分析，认为环境权国家保护义务须遵循"环境品质"和"不足禁止"之下限基准，以及"国家能力"和"法益衡平"之上限基准。⑧

从总体上看，经过十余年的讨论，环境法学界对于环境权的基本权利属性及

---

① 参见吴卫星：《环境权入宪之实证研究》，载《法学评论》2008年第1期；吴卫星：《环境权入宪的比较研究》，载《法商研究》2017年第4期。
② 参见王建学：《法国的环境保护宪法化及其启示——以环境公益与环境人权的关系为主线》，载《暨南学报（哲学社会科学版）》2018年第5期。
③ 参见张敏纯、张宝：《非洲环境权入宪的实践及其启示》，载《求索》2011年第4期。
④ 参见王曦、谢海波：《论环境权法定化在美国的冷遇及其原因》，载《上海交通大学学报（哲学社会科学版）》2014年第4期；徐祥民、宋宁而：《日本环境权说的困境及其原因》，载《法学论坛》2013年第3期。
⑤ 参见徐祥民：《对"公民环境权论"的几点疑问》，载《中国法学》2004年第2期。
⑥ 参见胡静：《环境权的规范效力：可诉性和具体化》，载《中国法学》2017年第5期。
⑦ 参见陈海嵩：《环境权实证效力之考察：以宪法环境权为中心》，载《中国地质大学学报（社会科学版）》2016年第4期。
⑧ 参见韩敬：《国家保护义务视域中环境权之宪法保障》，载《河北法学》2018年第8期。

其入宪的重要意义已基本达成共识。在实践层面，学者们指出，目前宪法环境权的中国生成有两种路径选择：一是通过对宪法相关条款的解释引申出环境权，二是通过宪法修改方式增加一个独立的环境权条款。①

三、评价与展望

晚清民国以来，我国的基本权利理论研究迅速发展，从宪法理论的学术边缘逐步走向核心领域，在理论深度、研究视野以及对现实的回应能力等方面都取得了长足的进步。以理论框架、规范框架与分析框架为主干的基本权利理论体系初步建构并渐趋成熟，而各单项基本权利的分析研究亦呈多元化、精细化趋势发展。同时，基本权利研究逐渐摆脱了抽象论说的"纯学术"形象，而开始与部门法相结合并尝试以基本权利理论对现实问题加以分析回应，所取得的成绩不可谓不显著。

当前基本权利研究领域取得的成就，既是改革背景之下关注现实、积极回应、锱铢积累的结果，也是开放潮流之中不断向外国学习，大胆吸收借鉴的结果，更是在历史进程中继承传统并不断创新的结果。在理论研究中也有学者观察到，若未经辨析而直接引入西方理论，易致南橘北枳的"稗贩"② 弊端。因此，如何把握理论外的社会背景之差异，实现西方理论的一般原理与中国实际的对接，并在目前已初步构建且趋完善的基本权利的理论与分析框架基础上，真正形成一套对中国实践具有解释力的基本权利理论体系以实现基本权利理论的本土化，真正落实以本国实定法为对象的法教义学的任务，应当成为学界下一阶段重要的努力方向。

基本权利理论本土化的不足对其进一步体系化、精细化也产生了制约。正如前述，我国的基本权利理论体系仍是初步的、分散的，比较法借鉴较多，基本权利理论与我国宪法之间契合度尚有不足，相对粗糙的理论体系尚不足以有效理顺我国宪法中各项基本权利间的关系，解决与之相关的冲突、竞合等诸多实际问题，从而导致与实践的脱节。总体上看，我国基本权利的研究，与最终形成以我国宪法文本为基础、具有内在逻辑性以及自我完结性的理论体系③之间尚有距离。

此外，很多学者认为，作为宪法学研究"显学"的基本权利理论，在现阶段

---

① 参见吴卫星：《环境权入宪的比较研究》，载《法商研究》2017年第4期；吕忠梅：《环境权入宪的理路与设想》，载《法学评论》2018年第1期。

② 对于基本权利研究中"稗贩"弊端的批评，参见张翔：《基本权利的体系思维》，载《清华法学》2012年第4期。

③ 参见翟国强：《"82宪法"实施以来基本权利理论的发展趋势》，载《法学论坛》2012年第6期。

还存在着限制其进一步发展的瓶颈,即欠缺具有实效性的违宪审查制度的因素。对于基本权利理论的研究,学者们往往会不自觉地预设一个依据基本权利规范进行合宪性审查的语境,从而,如果合宪性审查制度得不到有效运行,基本权利理论最终只能沦为纸上谈兵。① 基于这种认识,学界对于 2018 年宪法修改后我国合宪性审查制度的发展怀有热切期待,希望能够尽快完善相应制度,使得宪法学的理论研究,也包括基本权利理论,能够得到迅速发展的机遇。

但是,我们也需要看到,合宪性审查制度的建构是一个相对长期的过程,不可能一蹴而就,学界在着力推动制度建构的同时,也不能忽视基本权利理论在实践层面发挥作用的其他方式。在普通司法中对法律的合宪性解释②,就是基本权利理论得以发挥作用的重要领域。③ 例如关于"寻衅滋事""扰乱公共秩序"等罪名的适用,就存在着合宪性控制的必要。④ 此外,在法律与公共政策的制定过程中,也存在大量与基本权利相关的争议,这也应该是基本权利理论研究所致力的领域。⑤

总之,宪法学界当面对实践,脚踏实地,完成宪法学作为规范科学所应承担的理论任务。⑥

---

① 参见翟国强:《"82 宪法"实施以来基本权利理论的发展趋势》,载《法学论坛》2012 年第 6 期。
② 参见张翔:《两种宪法案件:从合宪性解释看宪法对司法的可能影响》,载《中国法学》2008 年第 3 期。
③ 近年来,合宪性解释已逐渐为学界所接受,并运用于相关研究之中,取得了较为理想的成绩。参见黄明涛:《两种"宪法解释"的概念分野与合宪性解释的可能性》,载《中国法学》2014 年第 6 期;苏永生:《刑法合宪性解释的意义重构与关系重建——一个罪刑法定主义的理论逻辑》,载《现代法学》2015 年第 3 期;杜强强:《合宪性解释在我国法院的实践》,载《法学研究》2016 年第 6 期;夏正林:《"合宪性解释"理论辨析及其可能前景》,载《中国法学》2017 年第 1 期。
④ 类似的研究,如张翔、田伟:《"副教授聚众淫乱案"判决的合宪性分析》,载《判解研究》2011 年第 2 辑。
⑤ 类似的研究,如张翔:《机动车限行、财产权限制与比例原则》,载《法学》2015 年第 2 期。
⑥ 关于宪法学应以法教义学为其"学科根本"的观点,参见张翔:《宪法教义学初阶》,载《中外法学》2013 年第 5 期;白斌:《宪法教义学》,北京大学出版社 2014 年版。

第十一章

国家机构理论的演变

第一节 北京政府时期关于国家机构的讨论

民国时期宪法学研究具有鲜明的时代特色。因为内忧外患的缘故,民国时期始终处于宪法秩序的剧烈变动之中。这一方面促使国家机构研究在宪法的制定与修改过程中得到了较为充分的发展;另一方面造成宪法学研究与政治学研究交叉甚多,难分彼此。鉴于有关政体的宏观讨论在前文已经介绍,本节仅就这一时期关于国家机构的具体争论略做讨论。

一、行政部的具体争议

民初制宪中的政体之争,除总体意义上总统制、内阁制与委员制的争议之外,更多体现在对于行政、立法与司法等具体部门的制度安排上。从《临时约法》《天坛宪草》直至1923年《中华民国宪法》,南京临时政府与北京国民政府时期的宪法文本及其草案在政体选择方面主要采纳了倾向于责任内阁制的混合政体,规定有总统、国会、内阁、法院等机构,对它们不同的权限划分将直接影响国家的政体结构,因此,相关问题在我国宪法史上也曾引发诸多争议。就行政部内部而言,主要包括总统选举、副总统设置、内阁的责任制等三方面。

(一) 总统选举

在行政部的具体争议中,总统选举问题亦是北京国民政府制宪过程中不可回避的焦点问题,主要包括是否应将总统选举写入宪法,若写入宪法,则应采取何种选举方式，以及制定宪法与选举总统的先后问题等。

首先，就总统选举问题是否入宪而言，根据共和党之研究，主张不规定于宪法而以特别法规定的主要有三方面的理由："（一）共和国之选举总统，亦如君主国之皇位继承，日本之皇室典范，作为特别法，则选举总统亦可不定入宪法。（二）宪法一成而不可，而选举方法则当应情势而变迁，此时宜由间接选举，后此数年或当用直接选举，故不如将选举方法定为特别法，较易更改。（三）现在中国情势急待正式总统出现，若选举方法定之宪法，则必俟宪法议决而后可选总统，至速亦须数月之期间，故不如另定特别法，早日公布，即可选出正式总统。"①

支持者则认为："（第一）选举总统不得比之皇位继承，盖皇位继承仅限于皇室之范围，仅有先后次序之定，至选举总统，则用何种之方法，即能得到何种之人才，相去至为悬绝。故美国之大统领、瑞士联邦行政会长，其选举方法，俱于宪法中定其大纲，未尝另订为特别法律。（第二）凡法律皆应情势而变迁，即宪法亦未尝绝对的不可修正，特仅有比较的可动不可动之分。以选举总统方法而论，其变迁之必要，亦不如他种法律之远，故与其列为可动的法律，毋宁列为不可动的法律也。（第三）中国现在情状，急待正式总统，此仅指第一次总统而言，法律为永久的物，不能因一时的现象，遂委曲迁应也。"② 在历史上，该问题并未产生太大的争议，根据当时社会对于宪法的认识，多数政党、学者均认为应当在宪法中写入国家元首选举的方式，这也与《临时政府组织大纲》与《临时约法》所奠定的宪法基本架构相吻合。

其次，就选举方式而言，学界的主要分歧在选举机关的选择方面，具体可从直接选举与间接选举两方面切入。其中，直接选举即将有选举权之国民全体作为机关选举总统，该法主要借鉴自巴西，议员刘恩格、孙润宇、张国溶、吴宗慈等人基于人民主权原理的内涵，均对其表示赞同，或至少支持将其视为未来努力的"百年之计"③。但王宠惠指出，彼时"全国人民之智识恐不足以应政治上之需要"，并且我国幅员辽阔，全国人民"于一国实际上之状况或多未能了了，使之共举一贤能之人堪为全国之代表者，几属不可能之事，只增全国之纷扰而已"④。此外，国民党还从巩固内阁制的层面考虑反对直接选举，其认为："直接选举，则大总统之发生，直接根据于人民，为总统者将以对民负责为口实，倚人民为后

---

① 《共和党之宪法议案补志》，载《宪法新闻》1913年第6期。
② 《共和党之宪法议案补志》，载《宪法新闻》1913年第6期。
③ 吴宗慈：《中华民国宪法史》，于明等点校，法律出版社2013年版，第309-312页。
④ 王宠惠：《中华民国宪法刍议》，载《国民》1913年第1期。

盾，以陵抗国会，总统之权失之过强。且以俄国广土众民，民德未纯，国会议员既未能取直接选举，自无论总统矣。"①

至于间接选举，则主要包括四种方式：其一，由国会两院组织选举，如梁启超在其宪法草案中拟以参众两院组织"国民特会"负责总统选举，汪荣宝亦主张由"两院议员联合组织选举会"选举总统。此种办法仿行法制，较为便利，但如王宠惠所言，该种选举方式缺乏代表性，且易使人民之观念趋于淡忘，难以发挥共和精神。②而康有为也指出，在该制之下"总统但为国会举大受挟制之弊，未必公也，且亦未必得才德之人也。于是权归国会失立法行政对峙之平，甚未善也"③。其二，由国会两院与地方议会共同组织选举会选举总统。如康有为在其草案中主张由"参议院、众议院、地方各议会会合而成之国民议会"负责总统选举，再如李庆芳主张由参众两院以及地方最高议会组成的"临时国民会议"选举总统等。④其三系议员黄云鹏提出，主张由"地方最高议会投票选出候补大总统汇集于参议院，由参议院合同众议院开会掣票，以得票前三名为确定候补大总统，然后由两院所组织之选举会决选之"⑤。其四，如王宠惠、议员段世垣等人认为应当由各省省议会单独作为选举机构负责总统。⑥后三种方式不同程度地将各地方议会纳入总统选举之中，一方面避免了直接选举的烦琐，另一方面避免了参众两院选举代表性不足的问题。但是，对于将地方议会纳入是否合适，有学者表示怀疑。翟富文指出："选举总统乃选举一国之首长，宜以代表国民者为之，而不宜以代表地方者为之。使加入地方议员，恐其囿于地方之见，而不能选出一国中心之人物"；"就令选举总统须参酌地方团体之意思，然参议院大部分之议员由省议会选出，是即可以代表地方之意思"⑦。此外，由于中华民国作为单一国系民国初年全社会的基本共识，春风忧虑将地方议会作为总统选举机关可能违背单一国的原理，致使国家落入联邦制的窠臼。⑧

最后，由于国会成立后新宪法迟迟未能制定，无法根据新宪法选举正式总统并成立正式政府，因而社会上形成了先选总统后定宪法的提议。根据笔名狮严的

---

① 《国民党宪法主张全案》，载《宪法新闻》1913年第13期。
② 参见王宠惠：《中华民国宪法刍议》，载《国民》1913年第1期。
③ 康有为：《拟中华民国宪法草案》，载《不忍杂志汇编》1914年初集第2期。
④ 参见《李庆芳拟宪法草案》，载《宪法新闻》1913年第1期。
⑤ 吴宗慈：《中华民国宪法史》，于明等点校，法律出版社2013年版，第307页。
⑥ 参见王宠惠：《中华民国宪法刍议》，载《国民》1913年第1期；吴宗慈：《中华民国宪法史》，于明等点校，法律出版社2013年版，第308－309页。
⑦ 翟富文：《关于总统及国会问题之意见》，载《宪法新闻》1913年第6期。
⑧ 参见春风：《王君宠惠宪法刍议批评》，载《宪法新闻》第13、14、15期。

作者的研究，当时对于该问题的研究主要分为六派。"第一派之主张，先定宪法中选举总统之一部，期速成立，即行选举总统。而援法奥等国陆续颁布之先例，以为论据，汤君继武诸人主张最力。第二派之主张，先将宪法全部完成颁布后，再选举总统。援普通先例以为论据者，国民党之一部分主张暴力。第三派主张，另设特别机关为宪法起草，成后经国会通过。可以省时日，而达早选总统之目的。援美国先例为论据，前时江苏都督程雪楼及梁君任公诸人主张最力，政府亦倾于此方向，但因参议院之反对，遂以顿挫。第四派之主张，据临时约法二十八条、二十九条、五十三条等规定解释上，以正式国会成立，应当先选总统，国会先选总统为分内应有之事，否则不免违宪。但此派主张甚少，故似无势力。第五派之主张，修正临时约法，先将总统选出，积以长日月之时间研究宪法，使选举总统与制定宪法两问题各不相混。章君行严诸人主张最有力。第六派之主张，先定现行条例，选出总统，而后徐徐制定宪法。援美国未颁宪法时制定同盟条例之先例为论据。"① 根据作者分析，第一派之主张最要之问题，总统选举机关不可仓促决定，不可为一时一人而设，且宪法有整体性，条条均有连贯，非彼此毫无关系也；第二派主张理论之正当毋庸赘说，惟实与事实相反，故亦不能赞同，是说着多为一方政策便利而发，并非以国家为前提也；第三派之主张理论上亦有一部之可取，惟阻力太大，恐办不到，且能办到时所拟条文不过为议会一有力参考；第四派似嫌曲解。第五、第六两派，二者主论不外——不欲使选举总统之故而急于宪法成立；不欲使宪法成立迟缓之故而使正式政府不能早期成立。②

对该问题1913年9月5日众议院经议决，所得结论为："中华民国总统不能俟诸全部宪法制定之后，应现行选举"。8日，参议院同意了众议院的议案，由此确定了先制定《总统选举法》作为宪法之一部，完成总统选举，再行制定宪法的步骤。10月4日，《大总统选举法》通过。10月6日，根据该选举法袁世凯当选为中华民国正式总统，并于10月10日正式就职。

(二) 副总统设置

关于副总统是否设置问题，虽《临时政府组织大纲》与《临时约法》均作出规定，但新宪法起草时，关于该问题仍一度争议不休。反对者有吴贯因、何震彝、席聘臣等人。其中，吴贯因主张不设副总统之理由有三："第一，副总统并无职务而能中选者，其声望虽下于总统，然亦属一国优等之人才。以一国优等之人才而置之闲散之职，未免可惜。第二，副总统既无职务，必不能使之常驻京

---

① 狮严：《总统选举先后问题》，载《宪法新闻》1913年第2期。
② 参见狮严：《总统选举先后问题》，载《宪法新闻》1913年第2期。

师，故遇总统有故障时，欲使之入都以摄总统之职，必需时日，则政治上将生种种之障碍。第三，总统有故障时，以副总统代理其职，设副总统亦有故障，又将以何人代理之？……故本章规定总统有故障时，以国务总理代理其事，盖总理常有其人，则遇总统有故障时，即随时有代理之人。且总理娴熟于政事，以之代理总统，于性质上亦复相宜。"① 支持者则包括梁启超、康有为、王宠惠、王登义等人，如梁启超指出，"或以副总统并无职务，议不设置。然细察中国今日之国情，此职务终不可少：一大总统有故时，其继承者苟无副总统，则必以委国务总揆。总揆摄职时，或不足以资镇服。二以副总统为养成次任大总统资望之阶梯，据现在国中情形，良非得已。故从美制，仍设斯职。"② 王宠惠则将副总统设置与否归结于总统选举手续之难易，认为："选举之手续易者，则可无副总统。故法国无之。选举之手续难者，则不可无副总统，以为总统临时缺席或不能视事之代理人而已，可无事于研究也。"③

除了上述支持与反对之理由，在《天坛宪草》起草时，诸议员也提出了各自的考虑。反对者中，史咸泽议员强调民国既采内阁制，则副总统一职法理上无设置之理由，事实上无设置之必要。若设副总统，则将有三重弊害：其一，与大总统以卸责地步；其二，大总统执行职务上之障碍；其三，靡费公款。至于总统缺位时，则可仿法制由内阁组织政治会议代行总统职务。④ 伍朝枢议员则从因人设法的角度予以反对，他认为当前主张设副总统者更多是为保障某些开国伟人之地位，然而开国伟人不止一二人，无法满足所有伟人，不如不设。并且，副总统鲜有重权而接近大总统，恐起觊觎总统之心，反致有碍国家秩序。⑤ 至于支持者如王彭年议员则特别指出，民国非设副总统不可："因我国土地广大交通不便，设遇大总统有故障及出缺时正在国会闭会期间，则召集不易，若以内阁全体代行总统职务既无国会之监督又无总统之统率，则内阁之权漫无限制危险甚多。况一国有一国之精神，我国自共和成立以来，即设有副总统，不但行之无弊且国家获益甚多，我等立法者并无发现何种危害，何能将开国首创之制遽加更改"⑥。

根据上述观点，姚成瀚就彼时应否设置副总统的主要理由分别进行了总结归纳，其中，不应设副总统之理由有五：其一，采责任内阁制，总统本处于端拱无

---

① 吴贯因：《拟中华民国宪法草案》，载《庸言》1913年第16期。
② 梁启超：《进步党拟中华民国宪法草案》，载《庸言》1913年第18期。
③ 王宠惠：《中华民国宪法刍议》，载《国民》1913年第1期。
④ 参见吴宗慈：《中华民国宪法史》，于明等点校，法律出版社2013年版，第515-516页。
⑤ 参见吴宗慈：《中华民国宪法史》，于明等点校，法律出版社2013年版，第516-517页。
⑥ 吴宗慈：《中华民国宪法史》，于明等点校，法律出版社2013年版，第517页。

为之地位，若总统缺位，可即由内阁代理之，一面召集选举新总统，无须设置副总统；其二，即令设有副总统，若与总统同时缺位，或于新总统选举以前缺位，则终必由内阁代理以召集选举，何必多设此机关；其三，总统由国会选举，手续甚简，无预储副总统之必要；其四，若设有副总统，恐野心家将利用其地位作间接之觊觎，以不利于大总统；其五，若设副总统，恐为党会所利用，从中挑拨是非，酿起恶感。而应设副总统之理由有四：其一，国家不可一日无元首，此说深入人心，总统一旦缺位而无副总统摄行其职，人民观念未改，恐肇祸变；其二，中国交通不便，召集国会需时甚久，不有副总统何以维治安而定人心；其三，中国人才消乏，适于总统者能有几人，设副总统正所以积其资格，养其威望，受中外之信仰以为他日大总统之选；其四，副总统可以调和大总统与各方面之冲突。①

通过民国初年的辩论，制宪者们在应当设置副总统方面达成了基本共识，该结论自宪草会提出，至一读会、二读会，直至1923年通过，均未更动。《中华民国宪法》（《贿选宪法》）第76条规定："大总统缺位时，由副总统继任至本任大总统期满之日止。大总统因故不能执行职务时，以副总统代理之。副总统同时缺位，由国务院摄行其职务。同时国会议员于三个月内自行集会组织总统选举会，行次任大总统之选举。"对于该共识的取得，杨幼炯认为主要出于以下三方面的原因：其一，中国数千年君主一跃而为民主国，国家不可一日无元首之观念，犹深中于人心，一旦总统缺位，骤以国务员代理之，不足以系社会之视听。其二，选举机关由国会，固为简单，然考不设副总统如法、如葡，总统出缺或由各部总长或由国务会议代理时，其宪法必规定两院即日合会选举总统。我国土地广大、交通梗塞，无法做到即日合会选举。其三，责任内阁制国家，因总统在政治潮流之外，无须考虑同党异党的关系，副总统代理、继任总统不需多虑。②

(三) 内阁责任制

所谓内阁责任制的问题，即内阁中政治责任分配的问题，包括单独制与合议制两种形式。所谓单独制，即内阁中只有国务总理作为国务员，遇不信任投票时，总理一人负责；合议制则认为，内阁中总理与各部部长均为国务员，所有国务员共负责任。

各政党宪法讨论会第四次与第五次会议曾专门就该问题进行研议，国民党、民主党、统一党均赞成合议制。其中，国民党议员伍朝枢从形式与事实两个层面

---

① 参见姚成瀚：《论副总统制度》，载《法政学报》1913年第1期。
② 参见杨幼炯：《近代中国立法史》，范忠信等校勘，中国政法大学出版社2012年版，第96—97页。

证明合议制的正当性。在形式上,"所谓内阁,必合多数人组织,总理一人,何得名之内阁,顾名思义,不能不用合议制也。国务员之名为甚高,在行政方面,舍总统即国务员,若仅总理为国务员,而各部总长不为国务员,则总长尊严比损,而信用必弱"。在事实上,"所谓内阁者,又必当时责任内阁,而责任内阁最要之关键,则在国务员之连带负责。譬如总理推倒,全内阁当然同时而倒。若仅总理一人负责,则内阁推倒时,必只总理一人推倒,各总长如故也。试问政党内阁之精神何在,责任又何在?"① 民主党议员孙洪伊也指出:"若采用单独制,不独政党内阁之精神全失,其结果必至总理推倒时,而各部总长依然不动,尽失责任内阁之义。"② 王登义、吴贯因等学者也对合议制表示赞成,纷纷在其发表的宪法草案中规定"国务总理与各部总长,均称为国务员"。

与之相对,共和党项骧则尝试区分了决策上的单独制与合议制,以及责任承担上的单独责任与连带责任,认为我国应参照英国取总理制,即由"内阁总理组织各部,各部大臣均为总理之僚属。一国之大政方针由总理一人定之,故惟总理一人对于国会负责任。若国政有失,总理被推倒,各部大臣即随之而倒也"③。共和党认为:"夫议院政治时代之内阁,以阁员连带责任,及服从国务总理之政见,二者为其专美。虽为合议制之形式,实具独任制之精神。……若我国制定宪法,采用独任内阁之制,其利有三:一可免内阁时兆分类之弊,二收行政整齐划一之效,三足以举责任内阁制精神。至合议制,以集思广益为其最大之优点。然独任制之内阁,亦可由国务总理征求各行政首长之意见,以备其采择。虽无阁议之名,仍得阁议之实。"④ 对于以上两主张,民初制宪者们最终选择了合议制的立场,确定总理和各部总长均为国务员,共同负责。

二、立法部的具体争议

立法部内部的具体争议,主要集中于国会构成、议员兼职问题等。

(一)一院制与两院制

就国会究竟选择一院制,抑或两院制,民初时曾引起较大争议。所谓两院制,即国会由参、众两院构成,其中众议院代表全体民意,而参议院则代表国家中的特殊分子的利益,如英国上院代表贵族利益,美国参议院代表各州的利益等。而一院制,即国会仅由单一的代表民意的众议院组成。

---

① 夏新华等整理:《近代中国制宪历程:史料荟萃》,中国政法大学出版社2000年版,第213-214页。
② 夏新华等整理:《近代中国制宪历程:史料荟萃》,中国政法大学出版社2000年版,第214页。
③ 夏新华等整理:《近代中国制宪历程:史料荟萃》,中国政法大学出版社2000年版,第215页。
④ 《各政党对于宪法最近之主张》,载《宪法新闻》1913年第3期。

彼时，梁启超、康有为、王宠惠等国内多数学者均力主两院制。他们主要从事实方面切入，认为一院制太过轻躁冒进，不如两院制之调和。康有为指出："夫一院之制，简直速敏，民气发舒，布加利亚治功之速成赖此也。其弊也，少年狷狂，进取太速，恐急激太过而至于颠仆也。野蛮小国行之或可，若施之于古旧大国则扫除更张太甚，尤为不宜。议院创于英人，而有二院之制，一以急激而猛进，一以老成而镇守。"① 陶保霖基于国体、政治与事实三方面观察，分别指出两院制的优越性。首先，在国体方面，"吾国体已确定为共和矣，然非若美国等为运用共和政治已经熟练之国，乃聚由专制政治剧变而来。夫数千年专制政治，深中于人心，则全国人民专制之心理，决非一时所能洗涤净尽。故今后之政治，或行政专制或立法专制，盖有相互倚伏，迭为起蹶之患……如有术焉，能剂行政、立法两部之平，纵世界各国无有行之者，亦将特为吾国现状救急之计而行之。夫上院之职务，最重要者，非为调和行政与立法之意见耶？故就国体上观察，而吾国不可骤行一院制也"②。其次，在政治方面，"就事实言，各省人士省界之见既深，军兴以来，都督之权尤重……从政治上观察，而不可无代表各省政府之机关也"③。最后，从近事上观察，"吾国未试行议会政治，故无所谓经验……议会政治之精神在合多数人而常为自由竞争，利用其党派政见之不同，因而发生郑重之调查，破坏之批评，而真理乃愈出。二院制者，于党派之外，又加以院见……颇合于竞争则真理愈出之精神"④。不过，在两院制主张内部，就参议院的性质问题，仍有分歧。在世界范围内，两院制之参议院所采主义，或取英制，代表阶级主义，或采美制，代表地方主义。就我国而言，国民党提出的宪法全案即采阶级主义立场，从社会上的特殊势力出发，认为参议院应容纳者，"首为地方团体，次为职业团体，又次为学术团体"⑤。而梁启超、王宠惠等人则以倾向于地方主义，以各省议会为参议员的产生主体。

王登义、宾玉瓒等少数学者则主张一院制。王登义认为，世界各国采两院制的原因主要有五："（一）因于历史；（二）因其中一院可任政府议会调和之职；（三）因其中一院代表特别阶级；（四）因补足宪制多数决之缺点；（五）因慎重立法之手续。"对中国而言，"（一）无历史之基础；（二）两院组织既难强为重大之差异，则无可得政府议会调和之效力；（三）既无重大之差异，则无所谓特别

---

① 康有为：《拟中华民国宪法草案》，载《不忍杂志汇编》1914年初集第2期。
② 陶保霖：《一院制与二院制之研究》，载《法政杂志》1912年第11期。
③ 陶保霖：《一院制与二院制之研究》，载《法政杂志》1912年第11期。
④ 陶保霖：《一院制与二院制之研究》，载《法政杂志》1912年第11期。
⑤ 《国民党宪法主张全案》，载《宪法新闻》1913年第13期。

阶级代表之可言；（四）因二三两理由，故所谓补救多数决专横之缺点，根本上不能成立；（五）立法手续尚有他处可为节制，亦不必须两院之议决。又加以两院制每遇一案，涩滞不能早决，在我国尤受其害。且前之资政院、后之参议院，已稍稍有一院制历史之惯习，故本案一面将国会职权之一部分之于国民会及参政院，所余者则以国会总其全。如此实于选举上、议事上、财政上有种种之方便，而无其危险。况德意志犹其采一院制之卓卓大国，而可为模范者乎"①。

宾玉瓒作为坚定的一院制支持者，全面驳斥了各种支持两院制的理由。② 首先，在历史方面，两院制主要类型发源于英、美、法三国。作者认为，英国阶级主义的两院制所被效仿者，与该国历史上遗传之贵族势力剔除未尽有关，我国贵族势力自秦以来几经淘汰，已一洗而空，难以适用；而以美、德为代表的两院制建立在联邦主义之上，上院代表各邦，非如我国之单一制国家所能学步；至于法国为单一制国，其国会设两院制，上院由地方间接选举产生，下院由普通人民直接选举产生，此为大革命以来纯以扩张民权为主义，仿各国之成例而利用之结果，致使成为暴民据以相互倾轧之具。其次，就权限方面而言，两院制亦有诸多弊病。一是在立法权方面，"两院之立法权法律上虽同等而事实上不同等，必有一焉立于无用之地位"。二是在监督权方面，若使国会之监督权为两院所有，则政府所持之政策有一反对，即不能见诸施行，而地位且将不保。故政府之责任宜对一院负之，各国国会监督权悉规定专属下院。如使政府之责任仅对下院负之，则一院足矣，何必两院，且既有两院，欲使政府只对下院负责，在势亦有所不能。三是在责任制方面，两院之间必有一院不负责任，若两院皆负责任反足以引起争议，如英国1671年砂糖税率案中，两院在财政案先议权上就产生了较大争议，若非英国立宪基础已成，该争端或将引起极大宪法危机。四是在解散权方面，由于政府对下院负责，故解散权应尽及于下院，然解散下院终究不能免于上院与政府之冲突，而元首解散下院必得上院同意，与下院弹劾政府仍归上院裁判同一比例，其不合适于法理。再次，就选举制度而言，选举与被选举人之间并非代表关系，被选举人以议员资格发表意思绝非当初选举人之意思，国会代表各方势力为两院之根据不攻自破。最后，对于反对一院制、主张两院制主要观点，即两院制调和说、一院制专制说以及一院制轻率说，作者也一一作出反驳：其一，调和说认为，两院制下一院与政府冲突，他院尚可立于调和之地位。然而。若两院同时与政府冲突，又谁为之调和，是两院之设非特不能收调和之效，反致冲突之端。③ 其二，专制说认为国会一院必流于专制，非两院不足以遏抑之也。夫专

---

① 《王登乂拟中华民国宪法草案》，载《宪法新闻》1913年第19期。
② 参见宾玉瓒：《改良国会制度议》，载《庸言》1913年第22期。
③ 参见宾玉瓒：《改良国会制度议》，载《庸言》1913年第22期。

制乃政治上之权力集中于一人或少数人，经由对国会权限明确规定以及元首解散权可防止国会专制发生。准此以谈，国会之能否专制，视其权力之过大与否，及有无他种权力之制限以为标准，若使权力过大则无论一院两院必流于专制，而两院之专制更甚于一院。① 其三，轻率说认为，所有案件漫不加察即行议决之谓，果使国会出于轻率，则其流弊岂复堪问。防止国会轻率，必先将议事手续规定完密，使之慎重，如凡政府提案非经委员会审查不得议决，法律案财政案非经三读不得议决。如此犹虑其轻率则议决之后而谋所以救济之者固大有机会在。国会议决之案能轻率否，原不因所设机关之多寡而有异同。② 另外，作者还认为，两院制可能出现机关不统一、违反多数决原则以及经费上的浪费等问题，因而主张一院制。

杨幼炯总结两方面的观点与理由，认为支持一院制的理由主要有：两院制之发生本于阶级制度，我国为共和国，无设两院制必要；每一议案，两院分议之，徒使事事纷扰，令立法机关失国民信任；两院互相牵制，以致国会冲突；两院议员同在党派旋涡中，难以一致。而赞成两院制的理由则主要包括四点：其一，我国虽无阶级之分，但有中央地方之分，一院制必导致极端趋于中央集权或集权趋于地方分权，两院制可调和两方；其二，两院分议，虽有迟缓之弊，但有慎重之利，与其失之草率，毋宁失之迟缓；其三，两院制可能造成两院间冲突，殊不知一院制可能造成立法与行政冲突，两院制可起调和之用；其四，一院制议员也可能造成意见冲突，殊不知，两院制中，甲院多数一派明知乙院为少数，必不敢十分伸张其意见，以招致否决，反之亦然，两相退让，乃得其平。③

最终，宪草会以调和说为主要依据，采纳了两院制。起草委员孙钟指出，两院制相较一院制，优点甚多，如运用两种组织方式与选举方式，代表全体国民庶几无所遗漏；再如决策手续上更为慎重，两院相互监督，不易招致议院专制之弊。此外，近世诸国，除脑威（挪威）等数小国外，多数国家均采两院制，无论是采联邦主义之美国，抑或是采单一主义的法国，再或者有贵族传统之英国，以及非代表贵族的比利时。因此，以贵族政治与联邦主义驳斥两院制不适用于我国的论调皆不成立。④

（二）议员兼职问题

在北京国民政府的制宪进程中，议员不得兼任一般文武官吏是学术界的基本

---

① 参见宾玉瓒：《改良国会制度议》，载《庸言》1913年第22期。
② 参见宾玉瓒：《改良国会制度议》，载《庸言》1913年第22期。
③ 参见杨幼炯：《近代中国立法史》，范忠信等校勘，中国政法大学出版社2012年版，第95-96页。
④ 参见吴宗慈：《中华民国宪法史》，于明等点校，法律出版社2013年版，第216-217页。

共识,但是,一般的官吏是否包括国务员,学术界存在较大的分歧。反对者以坚持三权分立原则、防止立法与行政两部混淆与冲突为主要理由。姚成瀚从十方面论证议员兼任国务员的弊端,包括:其一,议院内阁合为一体,不令行政部隶属于立法部不止,借调和冲突之美名而破三权分立之原则;其二,立法行政性质不同,长于立法者未必长于行政,使不适当之人滥竽充数,则适当之人即缘之而无由进;其三,国会议员其职务不仅在制定法律,并须监督政府,使议员而兼任国务员则以一人而兼为宾主,必不能举监督政府之实;其四,既为议员又为国务员,于职务上必有妨碍,勤于此者必怠于彼,卒致两疲;其五,内阁可以解散议院,议院亦可以不信任内阁,一方竭力攻击,他方必竭力拥护,交相倾轧;其六,使议员为国务员,本意欲调和冲突,孰知反以挑恶感;其七,同一政党内,议员党员将挤占非议员党员的施展抱负的空间,破坏政党团结;其八,导致议员争相钻营;其九,引发金钱选举;其十,导致议会腐败等问题。① 康有为、松岑等学者也持反对态度,理由相类。

与之相对,支持者则多以责任内阁制、沟通行政与立法方面立论。如王宠惠指出:"因采用议院政府制,议院与政府既属沟通,有时为人才起见,众议院议员中有长于政治者,自可兼任国务员,以资展布"②。至于反对者提出的最为关键的理由,即三权分立说,章士钊、汤漪、韩玉辰等人均认为不可对其作绝对化的解释:"20世纪之三权分立学说单指形式而言,实际上为了便宜计,则分立之中又有不可不合者在也……所以立法行政互相维系之说反最为有力"③。不过,对于支持说强调的行政立法沟通论,反对者则认为:"议会政治之国家在多数党之握政权,不在乎沟通之形式。即以形式论,国务员出席发言而已,绝无不可沟通之虑,断无辞去议席即形隔阂,虚存议席即可沟通之理。"④

制宪者对于本项议题的态度在北京国民政府制宪过程中曾出现转变,起初,宪草会多数支持议员可兼任国务员,在宪法草案第26条中规定:"两院议员不得兼任文武官吏,但国务员不在此列。"制宪者认为,议员兼任国务员是议员政治的基本样态,"欲操纵议会内阁政治,即非另两院议员兼为国务员不可"⑤。但是,实践中议员兼职导致议员热衷政治活动、具有猎官行径,引发舆论抨击,到了二读会时,议员张国淦、孟昭汉、杜树勋等人遂提出修正案,要求删去但书,

---

① 参见姚成瀚:《评议员兼任国务员之弊》,载《宪法新闻》1913年第19期。
② 王宠惠:《中华民国宪法刍议(续)》,载《国民》1913年第2期。
③ 吴宗慈:《中华民国宪法史》,于明等点校,法律出版社2013年版,第466页。
④ 《国务员可兼任议员耶》,载《宪法新闻》1913年第21期。
⑤ 吴宗慈:《中华民国宪法史》,于明等点校,法律出版社2013年版,第219页。

并获通过。1923 年《中华民国宪法》第 45 条明确规定"两院议员不得兼任文武官吏"。

三、司法部的具体争议

司法部之核心在于强调自身的独立地位，其无论在内阁制抑或总统制下均无异议，唯一存在的争论在于是否承认行政诉讼独立于民事、刑事诉讼以及应否设立独立的行政裁判机构受理行政诉讼。对于该问题，《临时约法》持承认态度，其第 10 条规定"人民对于官吏违法损害权利之行为，有陈诉于平政院之权"，第 49 条亦规定"法院依法律审判民事诉讼及刑事诉讼；但关于行政诉讼及其他特别诉讼，别以法律定之"。1914 年 3 月 31 日，《平政院编制令》颁布，在规范上正式确立平政院为行政诉讼的审判机关。

然而，相对于平政院在实践中的正常运行，制宪者们对于是否承认独立的行政审判机构，甚至是否承认行政裁判的独立性还是存在疑问。宪草会在宪法草案起草大纲第 8 项专门将"平政院是否设置"提出讨论，其提交的宪法草案第 86 条亦规定："法院以法律受理民事、刑事、行政及其他一切诉讼；宪法及法律有特别规定者，不在此限。"根据这一规定，宪草会无疑否认了设立独立的行政审判机构的必要性，但其是否进一步否认了行政裁判的特殊性，仍存在较大的解释空间。对此，《大共和日报》曾指出，若仅是不设平政院，而以行政裁判属之司法机关并另设定行政裁判法以规范之，则在实质上承认了行政诉讼的独立性，仍属于大陆派，否则即属于英美派。①

对此，支持者如天顽认为行政审判与一般审判存在重要区别：首先，行政审判之法律关系为公法上之关系，法律依据为公法。此二点之故，行政审判必当离司法审判而独立，特设平政院以匡救官吏违法行政处分之机关。英美法无公私法之分，所有法律关系一律受普通法之支配，不设平政院无所不便，若他国则公法私法严为区分，秩序井然，不容混乱。近世法学愈益进步，法律之分科愈益繁密，行政审判与司法审判性质决然不同，行政审判必富有行政上之经验学识者方能胜任，若专从事于民刑诉讼之司法审判官司其事，有错引误解之嫌。且行政审判不仅宣告法规适用，且须有自由裁量之余地，以司法审判官之仅有法律上眼光，安能望其审判之公平。且我国数年前专制，人民权利观念向来薄弱而官吏违法侵权时有耳闻，若不设平政院而明定之，人民之权利无由申诉。② 反对者如王

---

① 参见《不设平政院之疑问》，载《宪法新闻》1913 年第 20 期。
② 参见天顽：《评行政诉讼不设平政院之弊》，载《宪法新闻》1913 年第 19 期。

宠惠则认为，普通法派符合民治之精神，与之相对，行政法派之下，关于行政诉讼的范围殊难确定，学理上亦无分类之准则，在此之下，如德法则均有权限法院之设，我国参照则将致使法院系统越发复杂。因此，作者指出，设立平政院则有四大弊病："国家因而增多无益之繁费，人民亦苦于诉讼手续之烦难，此其弊一也。行政法院既为行政便利而设，则其审判已有偏袒行政之虞……此其弊二也。……且因权限审判而普通法院之审判权，或移于行政法院，是以人民对于普通法院，既有轻视之心，对于行政法院又怀疑惧之念，殊非所以尊重司法之道，此其弊三也。官吏既有特别之保护，国民势难与之抵抗。而国民权利致有被蹂躏之虞，且行政法院与行政既有密切之关系，即使其判断公平，而国民亦难满意，此其弊四也。""总之，实行民权之国，其人民与官吏于法律上为平等，即应受同一法律之支配，乃宪法上之一原则。而凡反乎此原则者，皆应排斥之。"①

对于以上两方面之对立，议员蒋举清在《天坛宪草》总说明书部分指出，是否承认行政裁判之特殊性，其分歧在于承认者亦即承认行政机关及其成员与公民之间的不对等性，而否认者则"以法律原则首在平等，一国之中无论何种阶级在法律眼光下均为平等，不宜歧视"。蒋强调："民国新造，首宜崇尚法治，法治之要以在生息于同一领土上之人民受同一法律之支配。故中国欲勉为完全法治之国家，宜先勉为法律平等之国家，因而推定中国不宜特设行政裁判机关，因而断定宪法上不应规定此种机关。"② 从宪草会到宪法会议，该观点为制宪者们所始终坚持，最终照原案规定于《中华民国宪法》中。在另一个层面上，这也造成了宪法规范与制度实践的脱节。

四、立法部与行政部之间的关系问题

学界的讨论除涉及立法、行政、司法各部内部有关机构设置、权限划分等问题之外，争议最多的仍是各部之间的关系问题，特别是立法部与行政部之间的关系问题，其中最为典型的莫过于国会的任官同意权、不信任权与弹劾权以及总统的解散权与紧急命令权等问题。由于制宪会议对于上述问题一度难以达成一致意见，甚至在讨论时议员大打出手，直接影响了北京国民政府的制宪进程。

（一）任官同意权

任官同意权，即总统在任命官吏时，须经国会的同意。该权力在我国最早出

---

① 王宠惠：《中华民国宪法刍议》，载《国民》1913 年第 1 期。
② 吴宗慈：《中华民国宪法史》，于明等点校，法律出版社 2013 年版，第 195 - 196 页。

现于《临时约法》第34条，该条规定："临时大总统任免文武职员，但任命国务员及外交大使公使须得参议院之同意。"对于该条规定的渊源，学术界普遍承认源自《美国宪法》第2条第2款第2项之规定，但就其在我国是否适用的问题仍有颇多争议。

支持者如王宠惠，认为应当继承《临时约法》的规定，并根据他所主张的议院政府体制，提出"国务总理由众议院自行选定，由大总统任命"；"各部总长由国务总理推定，由大总统任命"；"大总统……任命最高法院法官、审计院院长及外交特使、大使、公使，须得参议院之同意"的主张。他认为，"众议院议员纯为国民之代表，政策之能行与否，宜以国民代表之信任与否为准则……故吾国组织国务院之问题，应属于众议院"[①]。至于"派遣使节问题，宜觇之外交上之状态，未可纯由内政方面决之。是故派遣使节之同意，宜专属之参议院。盖使节之派遣，非专从国民代表之意向所能取决也"。"最高法院之法官，用非其人，则对于法律及命令之解释，可以上下其手。审判之阶级至此已穷，补救之既属不能，干涉之又复不可，其为害实非浅鲜。法律学者谓保障民权惟法官，然能保障者，亦能侵害焉，可不重视乎？故最高法院法官之任命，亦应得参议院之同意，此亦宪法所宜特为规定者也。"[②]梁启超认为，"用此制度，可以防总统之专擅，而良政府随而出现"[③]。但是，随着参议院的任官同意权在实践运用中出现越来越多的障碍，部分支持任官同意权的学者也开始要求缩小国会同意的范围。比如，周鲠生即对于外交使节任命须国会同意颇为反感。他指出，该项同意权"究为多此一举，且有窒碍难行之处"：其一，既然国务员实际经议会投票产生，对议会负责任，而外交事务内阁负其全责，外交使节得力与否，国会别有督励之权，何必干涉其用人；其二，"国务员之任命须经国会同意以其为政务官对议会负责，须得议会信任之人也，外交大使、公使者，事务官也，只对行政长官负责，而与国会没交涉也"；其三，"外交使节有时需要有特殊技能，其人之适否，有为长官所察知，而难为数百人之议场道者"；其四，"国际通例，对手国仅有拒绝使者之权，故凡任命外交使节，无论使命若何，必先以其人物通知对手国政府，得其同意，使得正式委派。今于此项外国政府同意之外再加一重本国议会同意权之限制，人选困难，手续繁重，外交行政运用殊不灵敏也"[④]。于是，"有同意权行使限于众议院、同意权范围限于国务总理之说。以视临时约法，其束缚驰骤之程

---

① 王宠惠：《中华民国宪法刍议》，载《国民》1913年第1期。
② 王宠惠：《中华民国宪法刍议》，载《国民》1913年第1期。
③ 梁启超：《进步党拟中华民国宪法草案》，载《庸言》1913年第18期。
④ 周鲠生：《外交使节与国会同意权》，载《太平洋》1917年第3期。

度，盖稍杀矣"①。如国民党在其提出的宪法全案中即"将同意权极力缩小，除任命国务总理须经众议院同意外，不必再设同意之规定"②。

对于同意权持否定态度的学者则有春风、梁启超、康有为、吴贯因、毕葛德等人。其中，春风主要对王宠惠的观点进行了驳斥，认为任命总理须下议院之同意在法理上存在三方面的矛盾："（一）则议院国会制，下院必有弹劾权。同一机关也，既选举于先，又弹劾于后，翻云覆雨，机关之尊严奚存。（二）元首为行政首长，只可于某行政事项中，或加以条件限制（如攻战、缔约），而决不可夺其行政之权，以与他机关用人权，当然属于行政权之主要部分。若以下院选举内阁，是直似立法部夺取行政首长之行政权，较之同意权尤为违背法理。（三）元首命令既以内阁副署而行，内阁总理又由下院选出，是则行政主长直一最无用之机关，然则国家设此无用之官胡为？在世袭行政主长之国犹可强完其说，在选举行政主长之国则最不可通者也。夫临时约法，与参议院以同意权，以法兰西之形骸，衡押以美利坚之鳞爪，已属不驴不马，然同属一院，犹有美国死法可援。今王君以内阁属众议院选举，以公使属参议院同意。公使岂非外务部属官，宁不秉承内阁之政策，而顾以分属两院，讵非法理之最歧者乎？得无曰外交重视乎？则吾见外务部长尤重，王君只委之总理推荐，未尝求永远同意也。王君既主张政党政治，昔曰同意权犹惧为政党内阁之碍，而不惜倡为选举总理之奇议，以求行政之统一。"③梁启超也将责任内阁制下国会的弹劾权作为否认同意权的依据，他指出："同意权与弹劾权不相容。国会无同意权者，政府由元首自由任命，其有违法失政，则国会得弹劾之，采责任内阁之国行焉。国会有同意权，元首不能以单独意思任命政府，必须得国会之意思赞助其间，既得赞助以行任命，则其人已为双方所信任，而不容复有弹劾以随其后采无责任内阁之国行焉。……用责任内阁，则国会当然有弹劾权，即同时不得有同意权。……同意权之作用，惟在小党分立之国，稍足资党人营私之凭借，以此为牵掣游击之师。……故法理上同意权既与责任内阁相抵牾，在政治上更有百害而无一利，将来宪法上决不容有此陋制之存在可断然也。"④康有为则指出，"欧日各国选用国务员皆无求国会之同意者，此法惟美有之，然亦仅施于上院，其实则未尝试用，不过存此具文耳。盖美无责任内阁，则国会无监督行政之权，故立上院同意权以稍示国会监督之意。……盖责任内阁，必国会多数党者为之，否则必不肯组织内阁，故同意权之

---

① 梁启超：《进步党拟中华民国宪法草案》，载《庸言》1913年第18期。
② 《国民党宪法主张全案》，载《宪法新闻》1913年第13期。
③ 春风：《王君宠惠宪法刍议批评（续）》，载《宪法新闻》第13–15期。
④ 《梁启超君论同意权与解散权》，载《宪法新闻》1913年第2期。

制无自而发生也。……责任内阁与同意权不相容也"，因此他在所拟宪法草案中建议，"大总统简任国务院总揆一人，由总揆选同志充国务员，请大总统简放"①。吴贯因也认为，同意权有百害而无一利。他认为，众议院并非常设，闭会期间总理出缺，国家将陷于无政府状态，若依现在之惯习由总统派人署理，则同意权实已被破坏。且此不利于吸引人才。起草者议定此条不外对于现在之总统存猜忌之意，因人设法。责任内阁制，置总统于无责任之地位，不知此非共和国之所能行也。束缚元首使其毫无权力，此惟君主立宪国乃能为之，若民主国之总统，其对于国会之责任虽可使内阁代为负担，而政治上之权力终不能全行剥夺。② 毕葛德则从正面坚持应将任命国务员之权完全归于总统，其理由如下：首先，若任命国务员之权不完全属于总统，则或者由总统举荐于国会，以待国会同意，或由国会任命。欲讨论此二种办法，当先讨论中国之程度是否能行政党政府。政党政府非经由制造而成，乃经许久之预备而来，须待时机既熟之后始能发现焉。现在政党政府的局势并不存在。而政党政府，最要者对政治上之重要问题，国务员当有相同相近之意见。但若总统任命国务员，必先举荐于国会以待同意，或迳由国会任命之，则国务员对于重要问题自难相同或相近。其理由有三：(1) 大政党一日不出，则国会对于国务员之选举一日不定，小政党中之强弱兴衰时有变迁。(2) 若大党出现，则其势足以左右总统国务员之选荐，而总统亦必欣然受之，政党政府萌芽于是。然今日之中国尚无若是大力之政党，如果有大政党能左右国会之选举，则其对于政府当然有种种权利也。(3) 国会若有同意权，则其闭会时若国务员有缺将生纷扰。因以上三理由，任命国务员之二种办法俱不利于政府机关之使行。且由宪法各方面观之，国务员之任命理应完全操诸总统之手。盖国务员者，无论就理想上观之，或就事实上观之，系总统之国务员，故当对总统负其责任。国务员对于总统负责任，其对于全国亦负责任。③

在宪法起草过程中，宪草会综合各方意见，承认了国会的任官同意权，但将该同意权仅限于国务总理，在草案第80条规定"国务总理之任命，须经众议院之同意。国务总理于国会闭会期内出缺时，大总统经国会委员会之同意，得为署理之任命"。在审议该草案期间，议员中主要存在三种态度：其一，如议员王玉树、童杭时、龚政、居正等人，主张国务员全体须经众议院同意；其二，

---

① 康有为：《拟中华民国宪法草案》，载《不忍杂志汇编》1914年初集第2期。
② 参见吴贯因：《评宪法起草委员会之议定任命总理须经众议院同意》，载《宪法新闻》1913年第17期。
③ 参见[英]毕葛德：《宪法上之要纲》，载《宪法新闻》1913年第3期。

议员程莹芳、李春荣、刘恩格等人赞成草案;其三,议员孙钟主张总理任命,亦不须同意。最终,除国会委员会因未获议员多数支持被删去之外,宪草会提出的原案基本得到了保留。①1923 年通过的《中华民国宪法》第 94 条规定,"国务总理之任命,须经众议院之同意。国务总理于国会闭会期内出缺时,大总统得为署理之任命;但继任之国务总理,须予次期国会开会后七日内,提出众议院同意"。

(二)不信任权与弹劾权

不信任权与弹劾权系立法部实现对行政部监督的重要权限,其中,不信任权是指责任内阁制下国会通过不信任投票推倒内阁的方式,它往往出于政治上之理由,并与行政部的解散权相对待,不信任投票成功则或者内阁辞职,或者国会解散重新选举。而弹劾权则是国会对于总统或国务员是否违法的问题进行的表决,它属于法律问题的判断,既可以行之于责任内阁制国家,也可行之于总统制国家,一旦弹劾成功则相应行政部成员将被免职并移送审判。

对于这两项权力,在民国初年的制宪进程中,学界曾一度存在混淆。《临时约法》第 19 条中规定了参议院有针对临时大总统谋叛行为的弹劾权以及针对国务员失职或违法行为的弹劾权。同时,第 41 条与第 47 条还分别规定,"临时大总统受参议院弹劾后,由最高法院全院审判官互选九人组织特别法庭审判之","国务员受参议院弹劾后,临时大总统应免其职"。从内容上看,参议院对于临时大总统的弹劾权涉及谋叛行为,系法律问题,属于弹劾权的范畴;而对于国务员的弹劾权则既包括与违法有关的法律问题,也包括与失职有关的政治问题,在某种程度上将弹劾权与不信任权相混杂。为此,如吴贯因在早期就曾认为,"立法部对于行政部之课责,无论其关于政治或者法律,概以弹劾该之"②。芬圃针对《临时约法》的这一规定提出了批评,认为"弹劾性质乃详为剖分之所谓 MFEACHMENT* 者,乃法律上之问题,非政治上之问题。议会有弹劾权则不可无特别之裁判机关,今我国弹劾之结果不过大总统免国务员之原职,且得交议会复议一次,是纯为政治问题而忽入法律上之用语,性质至不明了"③。杨幼炯曾就此专门批评《临时约法》,认为其"虽具有责任内阁制之精神……但……无从体用"④。为此,王宠惠、梁启超等人提出要对不信任权与弹劾权相加区分。

---

* 疑为 impeachment。——引者注

① 参见吴宗慈:《中华民国宪法史》,于明等点校,法律出版社 2013 年版,第 241、272 页。
② 李钊:《弹劾用语之解纷》,载《言治》1913 年第 1 期。
③ 芬圃:《临时约法上之弹劾问题》,载《宪法新闻》1913 年第 2 期。
④ 杨幼炯:《近代中国立法史》,范忠信等校勘,中国政法大学出版社 2012 年版,第 63 页。

王氏认为:"如不信用,国务员应自行辞职。辞职之后,未尝不可再为国务员或其他官吏。而弹劾之法,乃关于国务员犯罪问题,如判决其为有罪,则国务员应罢职,或并褫夺其官吏资格。二者关系不同,未可并为一谈也。"① 随着学术界对于不信任权与弹劾权认识的逐渐深化,学者们开始分别探讨两者是否应当入宪以及在宪法中如何规定的问题。

就不信任权而言,反对者主张:"制定宪法,须内阁与国会权限立于平等地位,设发生国会专制之患,则国家非常危险;不信任投票仅以过半数之表决,如轻易行使,必致养成一般敷衍之国务员,国家尚安望其发展;政府之政策如为不良,国会但不与通过预算,其政策即不能行,何必更为不信任之决议,徒换得一解散国会之机会。"② 如有贺长雄认为,"无大政党之国,势不得不纠合数小党以谋院内之多数……偶与一小党之主义背驰,其多数联合立就瓦解,政府地位遂居少数","惟有不信任投票之制,政府地位绝无强固之望",且其"内部之弱点,往往影响于外交"③。另外,也有学者从不信任权与同意权相矛盾,不信任权属于历史惯例而非法律成规等角度,论证不信任权无规定之必要。④ 针对有贺长雄的论断,储亚心从不信任投票与责任内阁制的关联性的角度予以反驳,认为,该评论"前提既误,斯其结论亦不自得而正之",前提"即责任内阁制是也,夫不信任投票与责任内阁制,二者关系极为密切……欲决不信任投票应采用与否之问题,必先决责任内阁应采用与否之问题。"⑤ 有贺长雄曾指出立宪应当注重国民心理,苟国民心理以为不公平,虽宪法成立亦难持久。对此,作者认为,通过论争,总统制最终失败,而一致承认责任内阁制,代表了吾国国民心理。选定责任内阁制,则不能不规定不信任投票。前者为体,后者为用,唯有体用兼备,方能收圆满之效。责任内阁制之特色在以内阁为沟通行政立法两部之邮,而构成此特色之要素,不信任投票与解散权是已。不信任投票者,国会恃以课责任内阁制利器,内阁政策不良则一次而促其辞职。不信任投票有其限度,即内阁政策为不良,妨害国利民福,逾此限度不但行之无效,且反召国会解散之结果。是故,政府苟有完全之解散权,则不信任投票绝无滥用之虞。⑥ 在支持者看来,议会对于内阁的不信任权纯系责任内阁制的精神所在,正如梁启超所言,"欲使国务员对

---

① 王宠惠:《中华民国宪法刍议》,载《国民》1913 年第 1 期。
② 杨幼炯:《近代中国立法史》,范忠信等校勘,中国政法大学出版社 2012 年版,第 98 页。
③ [日]有贺长雄:《评不信任投票制之危险》,载《宪法新闻》1913 年第 23 期。
④ 参见上海神州日报:《宪法规定不信任投票之谬》,载《宪法新闻》1913 年第 23 期;黄钟日报:《同意权与不信任投票矛盾》,载《宪法新闻》1913 年第 23 期;等等。
⑤ 储亚心:《论不信任投票与责任内阁制之关系》,载《庸言》1913 年第 21 期。
⑥ 参见储亚心:《论不信任投票与责任内阁制之关系》,载《庸言》1913 年第 21 期。

众议院负责任发生确实之效力,则将不信任权明定于宪法,为益匪细"①。总体上看,赞同在宪法中设定不信任权的学者处于多数地位,如梁启超、王宠惠、何震彝、席聘臣等人均持支持立场,宪草会亦在草案第 43 条中规定"众议院对于国务员得为不信任之决议",虽然审议期间如议员李庆芳等人也曾提出删去不信任案之提议,但该条仍顺利通过了二读会与三读会,最终照原案通过,列为《中华民国宪法》第 62 条。

至于弹劾权,虽也有学者以历史上交由御史行使,而现今政府亦设有肃政史,反对将之赋予国会以免权限冲突云云②,但多数学者承认国会弹劾权对于监督行政具有重要意义。天啸指出:"议院之应有弹劾权,证之各国成例,参以吾国国情,实为颠扑不破之主张,无攻击之余地。诚以议会既有监督之责任,政府不能无违法事件之发生,不能不以弹劾权与之议院,以保持其监督之实力。"③王宠惠、梁启超、汪荣宝、李庆芳等人亦在各自提出草案中对弹劾权作出了明确的规定。需要指出的是,对于弹劾权问题,彼时争议最多的并非有无,而是弹劾的范围以及弹劾成功后的审判机关的设置。

所谓弹劾的范围,即弹劾权所针对的违法问题的内容。如《临时约法》中,参议院对于临时大总统的弹劾仅限于谋叛,而针对国务员的弹劾则包括一般违法。宪草会在起草宪法草案时,也基本承袭了这一观点。对此,议员吕复虽基本同意,但在弹劾大总统方面,由于"谋叛"一词并不规范,存在较大解释空间,对于后续审判不利,他认为应当将之修改为符合刑律的规范用语,如"关于内乱外患之犯罪"更为合适。④ 与之相对,国民党宪法讨论会认为《临时约法》下大总统惟谋逆罪始能弹劾,未免失之太狭,建议对总统的弹劾以"重大犯罪"为限。⑤ 至于国务员,国民党认为"其作为公民及官吏,自应根据普通程序承担民事、刑事、行政责任,所成为宪法上之问题者,则国务员违反宪法之责任是也。在国会权力发达尚稚之时,行政之权滥用最易,动辄越乎宪法范围外。故对于掌握行政权者之违宪行为,非严重纠责,不足以杜专横",因此建议对国务员的弹劾以违宪为限。⑥ 1923 年《中华民国宪法》最终采纳了宪草会的规定,将总统、副总统的弹劾事项定为谋叛,而国务员的弹劾事项定为违法。

---

① 梁启超:《进步党拟中华民国宪法草案》,载《庸言》1913 年第 18 期。
② 参见《国会无弹劾权》,载《生活日报》1914 年 5 月 1 日,第 7 版。
③ 天啸:《议会之弹劾权与审判权》,载《上海法曹杂志》1913 年第 15 期。
④ 参见吴宗慈:《中华民国宪法史》,于明等点校,法律出版社 2013 年版,第 479-480 页。
⑤ 参见《国民党宪法主张全案》,载《宪法新闻》1913 年第 13 期。
⑥ 参见《国民党宪法主张全案》,载《宪法新闻》1913 年第 13 期。

由于弹劾系针对行政部违法问题，因此，弹劾成功后势必涉及裁判。对于判决机关，时人主要有三种观点：其一，属之最高司法机关，如《临时约法》第41条规定"大总统受弹劾后，由最高法院全院审判官互选九人组织特别法庭审判之"。此外，吴贯因也持该观点，认为应当由最高法院及平政院选出九名之法官组织国务审判所审判。[1] 但是，有学者指出："司法机关，虽属独立，然决非在行政、立法两机关之上。若使审判此两者之争议，是破坏其平等对立之秩制也。"[2] 其二，属之参议院，美法即为此制，康有为、汪荣宝、李庆芳等人亦对此表示支持。但也有人指出："参议院审判违宪行为，其弊有二：国务员若与参议院串通，可以任意蹂躏宪法，一也；参议院亦一种政治机关，难以严密之法律眼光，下正当之解释，二也。"[3] 其三，由国会与法院另行组织独立的审判机关，如国民党宪法讨论会建议由参议员互选8人，最高法院推事中互选7人，组织一国务审判所。[4] 但也有学者认为该种组织方式下占多数者为参议员，其既弹劾又审判，且就事实上言之，则议院与政府常立于反对之地位，审判政府之有罪与否常易激于感情。[5] 对此，在制宪过程中，制宪者们着重讨论了审判与处刑的问题，最终提出由参议院判决有罪或违法，由最高法院定罪处刑的裁判方式。

（三）解散权

总统有无解散议会的权力构成了制宪过程中有关行政立法关系议题的争议焦点，彼时学界主要有三种观点，即极端反对、极端赞成并不须加何种条件以及赞成有条件之解散权。

其中，国民党在早期持坚定的反对意见，并在理论上与政治上提出了五点理由：其一，国会政府制，国会为政府制之根源，政府拥有解散国会的权力，为自绝根源；其二，有人认为解散权系国民解决行政立法两部争端的手续，但是，苟有诉与国民之必要，应以两部相争之点，求国民之判决，如烈非林董者（referendum公投）可也，何得取消一方，而用程序烦难用意旨不明之选举以征求国民之意耶；其三，解散权非防制立法专横之法，乃摧挫立法之道也；其四，专制初更，政习未革，凡抑制民权之权，最易滥用，果解散频繁国会将削弱不堪，即设而不用，而议员时虑解散，真正民意，亦将不能尽情发抒，民主政治难举其实；其五，国民政治趣味发达尚浅，使选举频繁，将启人民厌恶政治之渐。[6] 王宠惠在其所作的《中华民国宪法刍议》中也对总统解散权持否定态度。他指出："至解

---

[1] 参见吴贯因：《拟中华民国宪法草案》，载《庸言》1913年第16期。
[2] 《国民党宪法主张全案》，载《宪法新闻》1913年第14期。
[3] 《国民党宪法主张全案》，载《宪法新闻》1913年第14期。
[4] 参见《国民党宪法主张全案》，载《宪法新闻》1913年第13期。
[5] 参见翟富文：《关于总统及国会问题之意见》，载《宪法新闻》1913年第6期。
[6] 参见《国民党宪法讨论会对于其宪法主张全案以外之决定》，载《宪法新闻》1913年第15期。

散众议院之法，亦颇有主张者，然此法在吾国恐属难行。因吾国幅员如此之辽阔，而交通又如此之阻碍，实属特别情形，若采用解散之法，必须重行召集，而此期间内，全国增一番之纷扰。一切事业均受影响，且再行开会之期，因交通不便，致难确定。种种议案，均为搁置。"① 总体上，反对者提出的理由主要有二：责任内阁制下内阁对国会负责之原理；以及我国土地辽阔、交通不便，不宜频繁选举的事实。

针对上述论断中国民党宪法讨论会的观点，国民党党员翟富文逐条予以商榷，认为，国民党纲领不许总统有解散国会之权，实违反内阁制之原则：第一，共和之国国会，固为人民之代表，总统亦为人民之代表，固不能谓孰与人民近而孰与人民疏。乃国会许其有弹劾政府之权，不许总统其有解散国会之权。于理不平。解散云者，非蔑视民意也，盖将诉之于国民而求其判断，使第二次选出之新议员仍反对政府则国务员当然辞职。如曰国会虽不解散，可行以烈非林董，殊不知中国人口之众多、领土之辽阔、行政机关之不完备，欲办理正当之烈非林董非一年以上不能为功。第二，三权分立此为立宪政治之原则，故国会当保持有独立之地位，不能谓自政府而发生，政府亦当保持有独立之地位，不能谓自国会而发生。本党宪法纲领谓国会为政府之根源，全世界法学家未有作是等之主张。第三，本党宪法纲领谓解散国会非防制专横之法，乃挫立法之道，不知解散之后使举出之新议员仍执前一轮，则政府必服从民意。反之，若总统无解散国会之权，则政府必事事仰国会之鼻息，政府直为国会之奴隶。第四，本党宪法纲领又谓使总统有解散国会之权，则议员顾虑解散，真正民意亦将不能发，不知因顾虑解散而不敢代表民意，则此等议员直奴隶的议员而已。第五，本党宪法纲领又谓使选举频繁将启人民厌恶政治之渐，不知政府非有大不得已，必不敢解散国会，盖解散之后，使选出之新议员仍持前议，则政府将不能保持其地位。其必为政治上之重大问题，亦可因此唤起国民之责任心。② 而对于王宠惠从事实层面所论证的反对态度，春风也进行了一定的批评，他认为："夫政府与国会，同为直接独立之机关，必互相对峙，然后政治上得其平衡，而立宪之真精神乃出，若一机关常为他机关之所措置，而无相对抗之权力，则势必至流为他机关之奴隶，而尽失其独立之位置。是明背三权独立之原则，而立宪政体之效用，遂归无何有之乡矣。是以美洲法系之国，则使议院政府分离而不相犯，议院不能以政治问题弹劾政府，政府亦不能解散议院，无非保存两机关之独立也。欧洲法系之国，则使议院、政

---

① 王宠惠：《中华民国宪法刍议》，载《国民》1913年第1期。
② 参见翟富文：《关于总统及国会问题之意见》，载《宪法新闻》1913年第6期。

府相和合而相节制。议院可以弹劾内阁，而政府亦可以解散议院，亦无非保存两机关之独立也。然行责任内阁制之国，具两机关间节制调和之枢纽，则常以元首当之，即因议院之弹劾，而使行其任用内阁权，因内阁之陈请，而行使其解散议院权是也。……今王氏既夺除总统解散权，则从美洲法，系采非议院政府制，然后乃能保持两机关之独立。今又采取议院政府制，是不惜牺牲政府之独立，而使为议院之隶属也。"①梁启超则将解散权的必要性界定于其与弹劾权（或更确切说系不信任权）相对待上，他认为，"政府对议会如失多数之赞成，则弹劾之事起，如欲恢复多数之赞成，则解散之事起，如是政府与国会各得其平，而无偏压。幼稚之民权论者既欲揽弹劾政府之权于国会，而又欲斩解散国会权于政府，是直以立法部压倒行政部，其专制之弊与行政部压倒立法部正复相同。况解散权之必要，其理由正自在有"：其一，国会无法成为民意之缩影；其二，国会任期横亘数年，此期间民意之变迁至剧，选举时之民意与任期中之民意岂必一致；其三，国家大计可以乐成，难以图始，谓一时多数之民意必遂为国家福利之所归，其理亦难置信。故解散权与法理、政治两方面观察，有必须存在之理由。② 此外，刘馥、饶寓庸等人也从各自角度提出了对设置解散权的支持态度。刘氏认为解散权有五点优势：其一，可以制立法部之专横；其二，可以保全行政部之独立；其三，可以征国民意见之变迁也；其四，可以防政府之操纵也；其五，可以贯彻政府非常之政策也。③ 饶氏则点明，"解散权非干涉立法部也，亦非扩张行政部也，所以调和斯民之意见也，所以融洽政党之交迁也，所以萦络社会之潮流也"④。总体上看，解散权的赞成者多从分权与制衡的角度论证解散权的必要性。杨幼炯总结认为："立法精意，三权分立，贵得其平，解散权本属行政部之一种行政策略，不能以自身系立法部之意愿，即想将立法部之权预为加重；国会为人民代表，设不称职，自宜诉之于全国国民，待最后之判决；如仅许众议院有不信任投票权，而不许大总统有解散权，则政府终无保障。"⑤

而在赞成者中，持极端赞成态度的有姚成瀚。他提出了为总统解散权附加参议院同意的五项弊端，包括："解散不成，众议院将益肆其骄横而故与政府为难，其弊一；同意之权较解散之权为强有力，使众议院而顾虑参议院之同意，则必遵事事苟合于参议院之主张者，其弊二；参议院之设立原所以调和众议院与行政部

---

① 春风：《王君宠惠宪法刍议批评》，载《宪法新闻》第 14 期。
② 参见《梁启超君论同意权与解散权》，载《宪法新闻》1913 年第 2 期。
③ 参见刘馥：《论解散权》，载《宪法新闻》1913 年第 12 期。
④ 饶寓庸：《说解散权》，载《宪法新闻》1913 年第 13 期。
⑤ 杨幼炯：《近代中国立法史》，范忠信等校勘，中国政法大学出版社 2012 年版，第 98-99 页。

之冲突者也,若政府欲解散众议院而参议院不同意,则政府与众议院冲突之外更益以政府与参议院之恶感,其弊三;政府惮于参议院之难得同意,虽与众议院有冲突,亦惟有甘受立法部之压制而不敢振作,与无解散权等,其弊四;政府必欲解散众议院,则必思种种方法用种种手段以求参议院之同意,如贿买一事即在所不免,其弊五"①。刘馥也指出,解散权行使之程式即宜总统单独行使,因为以参议院同意为先例之理由不过效仿法德先例与限制总统滥用,然则:其一,德国为联邦国,德国之主权在联邦参议院也,法元老院为全国老成耆硕,我国参议院何有焉,故无规仿德法先例之理由;其二,解散议会为政府最后之手段,苟新选举而政府仍不能得议会之信任则政府遂不得不出于辞职也,况我国参议院亦为党派所支配。②《民视报》则指出国外上议院与国内的性质差异:"考各国元首解散下议院必须得上议院同意,而上议院之议员大抵或为勋戚,或为有经验之官吏,或为有年德之人,若吾国参议院之性质殆与众议院无异,若解散众议院须得参议院同意,恐将与不规定此条无异。为事实计,应予元首以直接解散之权。"③

与之相对,以宪草会的多数成员为代表的附条件赞成说成为彼时关于解散权讨论中相对多数的观点,并最终被写入《天坛宪草》第 75 条的规定中。该说认为,国会对于国务员可以弹劾,可以投不信任票,而议决预算又为国会最重要之职权,假如立法部行使上述种种职权时而不予行政部伸缩之余地,恐酿成议会之专横,故不能不让行政部以解散之权。然又不能不加以条件,以防止行政专横,故借鉴法制,以参议院之同意为解散权行使之条件。④ 该限制在二读会与三读会上得到保留,并最终规定于《中华民国宪法》第 89 条。

除此之外,彼时学界在解散权的讨论中,还曾就解散对象为一院抑或两院发生争议。如梁启超所拟宪草中即规定,"大总统经国家顾问院之同意,得解散国会两院或一院"⑤。他认为,解散权不及于上院,源自英国上院所具有的贵族院性质,而我国参众两院分子,根本上无特异之点,按诸理论,已觉难通。况政治问题以外,其立法问题,亦足使上院与政府起冲突。若无解散权,何由救济。因此梁提出借鉴比利时宪法,允许国家元首解散两院,且许个别行之。⑥ 与之相对,刘馥、广州《国华报》则认为解散权只可及于下院,一方面解散两院手续烦

---

① 姚成瀚:《评起草委员会议定解散众议院须得参议院之同意》,载《宪法新闻》1913 年第 18 期。
② 参见刘馥:《论解散权》,载《宪法新闻》1913 年第 17 期。
③ 《舆论一束》,载《宪法新闻》1913 年第 3 期。
④ 参见吴宗慈:《中华民国宪法史》,于明等点校,法律出版社 2013 年版,第 223-224 页。
⑤ 梁启超:《进步党拟中华民国宪法草案》,载《庸言》1913 年第 1 期。
⑥ 参见梁启超:《进步党拟中华民国宪法草案》,载《庸言》1913 年第 18 期。

第二节　南京政府时期关于五权体制的争议问题

在三民主义国体之外，由于南京国民政府采行孙中山首创的五权分立的政权体制，学界在制宪期间对于如何合理地创制五权宪法的框架，以实现宪法结构、权力配置的最优化，关注颇多。

根据孙中山的理论，五权宪法的前提为权能分治，所谓权，即人民管理政事的权力，所谓能即政府管理政事的能力。孙中山将国家政治权力一分为二，政权归属人民，人民有选举、罢免、创制、复决四权，直接或通过国民大会间接行使；治权归属政府，分为立法、行政、司法、考试、监察五权，由中央政府以五院制的模式实施，从而将全民政治与专家政治相结合，以实现"人民有权，政府有能"，完成中华民国的国家建构。此种体制自《建国大纲》开始便被纳入国民党国家建构的基本纲领之中，并在1927年《国民政府组织法》中首次运用于实践，而后的《训政时期约法》、《五五宪草》与《中华民国宪法》也均围绕五权体制进行具体设计。其中，学界争议最大的主要有三方面：一者，作为治权部分行使主体的国民大会的基本界定，如其性质、组成、是否设置常设机关、职权等；二者，作为政权部分行使主体的五院体制的相关争议，如五院制之上是否还需设置国民政府，五权之间的关系采总统制抑或内阁制等；三者，政权与治权之间，国民大会与五院之间的关系，特别是与立法院之间的关系。

一、政权部分：国民大会的基本界定

（一）国民大会的性质

根据对五权宪法理论的一般理解，国民大会在性质上可以被界定为"代表全国人民行使政权的机关"[②]。但是，究竟应如何理解国民大会的代表性，根据金鸣盛的归纳，南京国民政府时期主要有四种认识。其一，直接民权制。"此制认民权不能派代表代行，否则选举权即成间接选举权。罢免权即成国会之不信任权。创制权，变而为普通提议法案权。复决权亦变为批准权。故民权如代表代

[①] 参见刘馥：《论解散权》，载《宪法新闻》1913年第17期；《舆论一束》，载《宪法新闻》1913年第6期。

[②] 张知本：《怎样才是五权宪法》，载《东方杂志》1934年第8期。

行，即非直接民权……因之该派主张国民大会并非国民所选出之代表大会，而系全国人民之总投票，可以不设机关"。1946年政协决议的十二项宪草原则即采此种观点，主张"无形国大"，其一项原则规定，"全国选民行使四权，名之曰国民大会。（即无须成立全国性国民大会机构之意）"①。崔书琴通过分析也指出，国民大会在理论上无设置的必要，实践中无实施的可能，不如不设，由人民直接行使四权。② 其二，代议一权制。"此制认人民行使直接民权一时尚难办到，故只可选任代表，组成国民大会，并全权委托大会行监制政府之职。国民大会所有之权，并非代民行使之直接民权，而系受民委托之中央统治权，故国民大会为最高权力之所寄，对于中央政府各院，具有最后决策并判断纠纷之实权，其会议虽非常开，其机关则须确立。此称国民大会，其性质与苏俄之全国代表大会或英国之万能议会相仿佛。"如刘琦在其《国民大会的性质》一文中就批驳了将国民大会作为全国人民举行投票的机关或欧美议会的观点，指出国民大会是代表人民全体的最高权力机关。③ 其三，代表民权制。"主张此制者，以为直接民权制不易实行，而代议一权制又属百弊丛生，无已则惟有委托代表行民权，并限制国民大会只有政权而无治权耳。"贾宗复即持该观点，主张国民大会一方面在形式上类似代议机关，有代表国民的性质；另一方面，基于权能分治的理论，其代表性质以及与政府关系等方面具有特殊性。④ 其四，为作者所主张，认为国民大会，其性质似应作为人民与政府之间联系机关，职在辅助人民行使政权，而非代替人民行使政权，至于政府各种治权，自尤无侵越之余地。⑤

上述分歧主要针对五权宪法中的国民大会性质，而在实践中，国民大会在组织上还须被充任制宪机关，因此学界又产生了关于国民大会作为制宪机关与政权行使机关两种性质的关系的争议。其中，"五五宪草"第146条曾规定"第一届国民大会之职权，由制定宪法之国民大会行之"。换言之，即认为第一届国民大会在性质上既是制宪机关，又是行使政权的机关。不过，根据1937年4月22日国民党中央第四十二次常会的决议，立法院于4月30日受命删除了本条，并在《国民大会组织法》中明确要求"国民大会制定宪法，并决定施行日期"，其"会期完毕，任务终了"，另根据新宪法组织"行宪的国民大会"。换言之，在国民党后来的认识中，首次召开的国民大会仅负责制宪，并非五权宪法意义上的国民大会。

---

① 陈茹玄编著：《增订中华民国宪法史》，河南人民出版社2016年版，第253页。
② 参见崔书琴：《国民大会能否成为常设民权机关之检讨》，载《东方杂志》1946年第1期。
③ 参见刘琦：《国民大会的性质》，载《中央周刊》1940年第40期。
④ 参见贾宗复：《国民大会的性质与职权论》，载《新政治》1946年第1期。
⑤ 参见金鸣盛：《五权宪法内国民大会性质之研究》，载《社会建设》1933年第2期。

对于这一修改，多数学者持赞成态度，承认制宪国民大会与行宪国民大会之间的独立关系。但也有部分学者提出了质疑，如戴文葆在其《关于国民大会的二三问题》中指出："第一届国民大会既有权自己制定宪法，自然也可以有权规定自己是否就可执行宪法赋与国民大会之职权。是故最低限度，国民大会的职权还是应该加以扩大，虽不能行使宪法所赋予的全部特权，也应该容许国民代表讨论国家大计与施政原则。"[①] 此外，还有学者在赞同将制宪国民大会与行宪国民大会分立的基础上，指出第一次召开的国民大会不应单纯作为制宪机关，还应讨论国家的某些大政方针。如张友渔在《国民大会的性质和任务》一文中认为，孙中山一生提出过三种类型的国民大会。"第一种，是建国大纲第二十四条所规定：'宪法颁布之后，中央统治权，则归于国民大会行使之'的国民大会，也就是五权宪法讲演，所列治国机关系统图中的国民大会。它是在宪法制定后，依据宪法规定，行使四种民权，即'对于中央政府官员有选举权，有罢免权；对于中央法律，有创制权，有复决权'的国民大会。第二种，是建国大纲第二十三条所规定：'全国有过半数省分，达至宪政开始时期，即全省之地方自治，完全成立时期，则开国民大会，决定宪法而颁布之'的国民大会。它是……颁布宪法的国民大会。第三种，是北上宣言所号召'召集国民会议，以谋中国之统一与建设'的国民会议。它是在宪法未制定前，以会议解决全国大事的国民大会。"[②] 而在宪法制定之前，应当召开的自然是后两种国民大会。在他看来，即将召开的国民大会既不是单纯的"制宪机关"，也不能完全漠视"制宪"的任务，因此，他综合了后两种国民大会的性质特征，认为第一届国民大会应当具有"制宪"和"解决实际问题"两种性质。[③]

(二) 国民代表选举

关于国民代表选举的讨论，学界主要关注两点。

第一，选民资格问题。根据"五五宪草"的规定，国民大会的选民主体为年满20周岁的全体公民，除年龄外并无任何资格限制。诸多精英学者们纷纷对此规定表示疑问。费巩指出，"宪法草案第二十八条规定国民代表之选举以普通、平等、直接、无记名投票之方法行之。绎释'普通'二字之义，盖凡属公民，不论性别、贫富、智慧，年满二十岁者（依据二十九条之规定），概有选举权，且同时以平等直接与秘密票柜之方法出之……然吾所欲问者，中国选民之程度，之

[①] 戴文葆：《关于国民大会的二三问题》，载《东方杂志》1944年第20期。
[②] 张友渔：《国民大会的性质和任务》，载《全民抗战》1939年第98期。
[③] 参见张友渔：《国民大会的性质和任务》，载《全民抗战》1939年第98期。

政治的经验,果能无悉于此庞大民权之行使否乎。以全国文盲之多,人民智识之低,乡间风气之闭塞,人民对于选举之缺乏经验与兴趣,而令各县市之人民,年满二十以上,无论男女,一律投票,不待深论,可断言其为不能胜任之事。勉为之,不为政客操纵,即为土豪利用,作伪制造,弊端百出"①。张佛泉也指出,民治主义乃一种风气的养成,因此,"选举权不必丝毫无限制","凡有了相当自治能力的,方能享受自治权利"②。

第二,选举方式问题。选举方式一般有区域选举制、职业选举制与特种选举制等几种典型方法,早期根据孙中山的理论,学界普遍认为国民大会应采地域选举制,每县选举代表一名。张知本在《怎样才是五权宪法》一文中就指出,国民大会代表的产生方法应采行地方代表制,放弃职业代表制,后者违背了全民政治的精神,将导致人民在选举中出现有的只有一个选举权,有的却有数个选举权的不平等现象。③但是,1936年《国民大会代表选举法》最终在选举方式的配置上,采取了三种选举方式相结合的方式,其第2条规定:"国民大会代表……一,依区域选举方法选出者六百六十五名。二,依职业选举方法选出者三百八十名。三,依特种选举方法选出者一百五十五名。"④ 对此,李雄在其《对于国民大会代表选举法的研究》中对选举法所设定的选举方式进行了辩护。他认为,中华民国国民大会的性质既与三权宪法制度的国家不同,也与苏维埃制的国家有异,还与负责立法工作的立法院存在本质区别,因此,国民大会的选举方法无法采用单纯的选举方式,而需兼采不同代表制的长处,使其得以完整地代表人民行使一部分政权。⑤钱万镒则从孙中山提出国民大会选举所采地域代表制的历史背景切入,认为选举法所采不同选举制度相结合的方式主要是出于实际考量。"总理所以主张采用'区域代表制'",在于他预计"六年训政完成之时,尔时户口既已清查,人民四权之训练,当已成熟,尽可采用地域的普选制"。但是,此时的情况,"六年训政虽已过,各省户口或已清查,而人民四权之行使,则多未训练,对于政治之兴趣,亦未浓厚,若单行'区域代表制',恐蹈过去选举之覆辙",并且孙中山曾就国民会议选举方式主张过"职业代表制",其理由也主要在于训政时期人民程度不足与各省户口不清,因此,作者认为选举法在选举方式的规定上符合

---

① 费巩:《评国民大会之选举法》,载《国闻周报》1936年第44期。
② 张佛泉:《关于国民大会》,载《国闻周报》1936年第15期。
③ 参见张知本:《怎样才是五权宪法》,载《东方杂志》1934年第8期。
④ 《国民大会代表选举法》,载《警察月刊》1936年第12期。
⑤ 参见李雄:《对于国民大会代表选举法的研究》,载《福建党务月刊》1936年第6期。

中华民国当时的具体情况。① 不过，罗努生指出，目前中国人民缺乏集会结社自由，所谓职业团体除少数都市中有此项名称外，中国又何尝有真实的职业组织，且相关成员有组织机关人员推选，中央政府圈定，难以具有代表性。此外，职业代表人数分配农会、工会、商会均超过 100 名，而教育系统总共 18 名，名额比例有欠斟酌，因而他对于职业代表制等选举方式在实践中所能发挥的作用表示怀疑。②

(三) 国民大会能否设立常设机构

在"五五宪草"制定的过程中，张知本于 1934 年所拟之初稿曾主张在国民大会闭会期间设立"国民大会执行委员会"作为国民大会的常设机构，立法院公布之宪草初稿亦有"国民委员会"的设置，虽然该规定在后来的审查中被删除，但仍有不少学者主张应当设置。于是，在《期成宪草》中再度出现了设置"国民大会议政会"的主张。由此可见，围绕国民大会究竟能否设立常设机构，支持与反对两派的观点可谓针锋相对。

支持者认为，"国民大会既有一定的会期，而关于政权方面的种种事务，又是常常继续不断的发生的。那么，在它的闭会期内，自然非有一个常设机关来执行不可。如果没有这样一个常设机关，除掉大会的会期以外，所有人民的政权，在很长的闭会期间，便没有人来行使了"，不符合孙中山权能分治的本旨。宪政期成会在其草案说明中也指出，"五五宪草最大的缺点，即政权运用不灵。立法院既非政权机关，而国民大会又三年集会一次，因此政权无从行使"，因而提出设国民议政会以为补救。③ "况且，各国宪法（如德国及捷克）也多规定议会于闭会或解散期内，可选定议员若干人组织议员委员会，以行使其间的政府的职责，而我们这个代表人民行使政权的国民大会，较之别国的议会，其地位更形重要"，没有反不设置的理由。④

但是，反对者则强调：国民大会闭会期间的常设机构将导致国民大会职权被削弱，控制政府的民意变得间接又间接。且职权方面，常设机构若职权过大，将造成太上政府，影响分立制度与五院分工，如果职权过小，如孙科所谓是"被动、无权"的机构，则无设立之必要。此外，从孙中山的遗教中也找不出设立常

---

① 参见钱万镒：《国民大会代表选举制度之研究》，载《晨光周刊》1936 年第 34、35 期。
② 参见罗努生：《国民大会的组织法与选举法》，载《自由评论》1936 年第 23 期。
③ 参见《国民参政会、宪政期成会提出中华民国宪法草案修正草案说明书》，载《中华法学杂志》1946 年第 2、3 期。
④ 参见张知本：《怎样才是五权宪法》，载《东方杂志》1934 年第 8 期。另外还可参见张民权：《对于五五宪草之意见》，载《新认识》1940 年第 5 期；潘大逵：《如何调整五权宪草中之权与能》，载《大学月刊》1946 年第 2、3、4 期。

设机构的理由，反而有诸多反对的言论。如孙中山曾指出，"各国自实行了民权以后，政府的能力便行退化。这个理由就是人民怕政府有了能力，人民不能管理政府"，换言之孙中山主张万能政府，不赞成为了防范政府，设立常设的政权机关。五权制度的基本精神也恰恰在于创立一种定期授权政府以执行公务的政治制度，其中，人民本于政权作用，定期形成国民大会委任政府官员，分别行使五种治权，除有例外情形发生，国民大会得行使罢免、创制、复决诸大权外，政府得在法定期间内，充分发挥其治权作用，而不虞任何干涉代之。① 总之，国民大会闭会期间常设机构之设立，"一方面妨害人民政权之运用，一方面妨害五权之分立，抑且违害权能分离之原则"，实无设置之必要。②

（四）国民大会的基本职权

关于国民大会的职权问题，根据五权宪法的一般理论，主要包括选举权、罢免权、创制权与复决权四项。根据张知本的理解，选举权与罢免权系国民大会代表人民委任并监督中央公务员的权力，不仅以总统和五院院长为限，还应包括立法委员、最高法院司法官、典试委员、监察委员和审计委员，因为后者在职务时同样具有重要性。创制权与复决权则是造法与批准法律的权利。"大凡一国政事的治理，一方面须有治人，同时又须有治法。前面所说的选举权和罢免权，系为国家求得治人的方法，而创制权和下述的复决权，便是为国家求得治法的方法"③。"五五宪草"所规定的国民大会职权基本符合张知本的上述解释，只是在选举权与罢免权的范围上进行了一定限缩，排除了考试院、司法院正副院长及其成员，而将这部分人员的任命与罢免权交付予总统。对此，学界有批评声认为，此种规定未能匹配国民大会作为行使政权民意机关的地位，且有违孙中山关于五权相互独立的精神，强调应当扩张国民大会的职权范围。④

此后，关于国民大会职权的设置问题，学界出现了扩张与限缩两种倾向。扩张说以宪法期成会制定的《期成宪草》为代表，通过闭会期间国民大会议政会的设置，重新将国民大会职权扩张至议决戒严、大赦、宣战、媾和、条约各案，复决立法院所议决之预算和决算案，创制立法原则并复决立法院法律案，受理监察

---

① 参见苏秋宝：《"五五宪草"与国民参政会宪政期成会修正案之比较研究》，载《中华法学杂志》1944年第5期。
② 参见金祖懋：《宪草上国民委员会之设立对于政权治权行使之影响》，载《政治评论》1936年第96期。另外还可参见高一涵：《对于国民大会职权规定之商榷》，载《时事月报》1934年第4期；楼桐孙：《辟"议政会"之谬说》，载《时事类编》1940年第25期；邓公玄：《国民大会中岂容有太上国民大会乎》，载《时事类编》1940年第53期。
③ 张知本：《怎样才是五权宪法》，载《东方杂志》1934年第8期。
④ 参见戴文葆：《关于国民大会的二三问题》，载《东方杂志》1944年第20期。

院之弹劾案，对行政院院长、各部部长、各委员会委员长提出不信任案，接受人民请愿等，意在回到"五五宪草"的初稿所定之国民委员会，将国民大会打造为事实上的西方的国会。[1]宪政期成会认为："国民所以监督政府者，在乎通过预算、决算、质询行政方针、参与和战大计，与提出对行政当局的信任与不信任，此等事项，国人或有将列为治权者，实则欧美各国，均认此为政权，若此政权人民不能行使，虽谓国民之政权完全落空，固无不可，因此昆明若干参政员所提修正草案，乃有在国民大会闭会期中设国民议政会之规定。"[2]

对此，罗鼎、萨孟武等学者提出批评。罗鼎强调，国民大会之行使统治权以四权为限，其他方式之统治权当委之于治权机关行使。治权机关之首长由国民大会选举与罢免，作为治权机关运行依据之法律由国民大会创制与复决，不必担心其不受控制。并且议政会由国民大会选举产生，与治权机关处于同等位阶，赋予前者不信任等权有违民主精神。[3]萨孟武指出，"议政会是附属国民大会，于国民大会闭会期间，行使国民大会职权的"机构，在明确国民大会行使四权的基础上，将预算、决算、不信任等权赋予其附属机构，于学理不合。为此，有学者着力推动对国民大会职权的限缩，其代表即旧政协形成的《政协宪草》，并最终体现在了1946年《中华民国宪法》中。在该宪法文本中，国民大会的职权被进一步限制在选举和罢免总统、副总统，修改宪法，以及创制权与复决权之上，不仅选举和罢免五院的权力被剥夺，甚至创制与复决的权力被设置了极高的门槛，即只能在全国有半数县市行使创制、复决两项政权的前提下方才能够行使，事实上已然将国民大会的权力冻结并虚化。[4]

二、治权部分：五权体制的相关争议

（一）是否应在五院之上设置统一的国民政府机关

关于五院之上是否必须另设一个国民政府机关以统摄之，学界主张并不一致。实践中，1927年的《国民政府组织法》与1931年的《训政时期约法》便设置了国民政府，统辖五院。对此，张知本表示反对。在他看来，这一做法只是过渡时期的办法，并未计及是否合乎政治原理，也没有计及是否适合五权宪法的精神。他认为，首先，孙中山关于五权宪法的演讲中虽在五院之上列有"政府"二

---

[1] 参见陈茹玄编著：《增订中华民国宪法史》，河南人民出版社2016年版，第249-251页。
[2] 《国民参政会、宪政期成会提出中华民国宪法草案修正草案说明书》，载《中华法学杂志》1946年新编第2、3期。
[3] 参见罗鼎：《对于宪政期成会宪草修正案之法理的检讨》，载《中华法学杂志》1946年第18期。
[4] 参见陈茹玄编著：《增订中华民国宪法史》，河南人民出版社2016年版，第268-270页。

字，但其只是一个抽象的名词，意为五院为政府，并不表示五院之上，必须另设一个具体的国民政府的机关。其次，"政府"一词在狭义上构成最高行政机关的代称，如德国宪法规定联邦政府以联邦行政院院长与各部部长组成之，若是我国将五院都包括在国民政府之中，则政府不是最高行政机关的专称，毋乃与一般国家所谓政府的实例不合。最后，在五院之上设置国民政府，将使得作为该机关主脑的大总统总揽行政、立法、司法、考试与监察五权，与五权分立的精神不合。① 然而，从宪草初稿开始直至《中华民国宪法》通过，这一观点始终未被接纳，相关草案创设了一个超然于五院之上，且负有行政实权的中央政府，并将总统作为其代表。如林家端指出，根据宪草初稿规定，五院之上存在国民政府，由总统与五院共同组织之。其中，总统并非行政部之首领，而是国民政府之首领，五院则是国民政府的隶属机关。② 立足于此，罗隆基批评认为，五权分立与制衡的原则在"五五宪草"中将无法得到落实。③

对此，刘仁德明确承认"五五宪草"并非典型的"五权分立的宪法，而是行政独立的一权宪法"，因为"所谓分权，是说国家的治权，由政府中几个独立且平等的机关行使"，"不能被吸收于其他权力之中"，但他同时指出，"我们不可拘于五权宪法的形式，硬要把五权严格的划分，与其为了形式的拘束，而使适用上发生很多困难"，换言之，对于五权之上以总统为元首的国民政府的设置，应当从当时的时代需要与国情出发。④ 周鲠生亦指出，增重行政集权之倾向对于中国而言并非不好的事。在内忧外患交迫之严重局势下，为达到运用灵敏、集中国力之目的，不应制定一个复杂的五权宪法架构。⑤ 在五权之上设置统一的国民政府有助于"行政之统一、组织之完整、效率之加强、事权之一贯"⑥。

（二）五权宪法的政体选择

除五权之上是否应当设置统一的国民政府机关以外，五权之间的相互关系也颇受学界的关注。而这个问题在根本上可以解释为，五权体制下的中华民国究竟采行的是哪种政体模式。

一方面，南京国民政府时期的部分学者们仍习惯于使用总统制、内阁制或委员制的框架分析宪法草案中的政权体制。例如《大公报》对于立法院所修正的吴

---

① 参见张知本：《怎样才是五权宪法》，载《东方杂志》1934年第8期。
② 参见林家端：《宪法初稿中关于政制问题之商榷》，载《东方杂志》1934年第8期。
③ 参见罗隆基：《五权宪法？一权宪法》，载《益世报》1936年5月19日。
④ 参见刘仁德：《宪法草案上的几个问题》，载《国闻周报》1936年第40期。
⑤ 参见周鲠生：《中华民国宪法草案评》，载《国立武汉大学社会科学季刊》1936年第4期。
⑥ 张民权：《对于五五宪草之意见》，载《新认识》1940年第5期。

经熊宪法草案初稿试拟稿提出的评论指出,在该修正案中,既有总统制的因素,如"总统任免行政院长及政务委员二十人;总统提交复议之法律案,立法院于复议后,经出席委员三分之二以上之决议,总统不即应公布之"等;也有内阁制的因素,如"最高行政领袖由国民代表机构产生;国家政策,或行政措施,立法机关认为不当时,得提出质问,并得依法决定最高行政领袖之去留"等。该报认为,修正案融合了总统制与内阁制的方法,但质疑此种混合政体的可行性,并借鉴国际上采行总统制与内阁制国家之现状与国内情势,提出应当改为较纯的内阁制为宜。① 此前,潘大逵通过对比总统制、委员制与内阁制的优劣,也得出根据国民政府的五权宪法应采内阁制的结论。他指出:"总统制的基础,建立在三权分立上面;但是要想三权绝对分立,在事实上万不可能;纵使可能,亦万不可行。所以创此制的美国,不得不用'制衡'的方法来调剂",善用该制"须顺应民意,而同时又须有效率",因此要求国民有较高的政治素养,在总统选举时能够选得其人。而中国作为新共和国,离开专制未久,最忌有一权威甚大的行政首领。"一方面,国会没有监督总统的实力,而他方面人民又没有监督政府的觉悟。"② 至于委员制,训政时期国民政府即采行该政体,然而由于委员设置过多,事实上多数委员不预政事,不负责任,难擅中华民国之治权。相较之下,内阁制在理论上既可调和立法与行政,又能表现民治之精神;在实践中既可防止复辟专制,又能避免国内战事,基于中国国情,应当优先考量内阁制。③ 不过,也有学者如赵戴君支持采用总统制,其理由有三:第一,"依据国父遗教,政府组织应当是总统制。国父发明五权宪法,对五权分工合作、互相牵制之理论,有透彻的说明,但五院鼎立,均是总统的僚属,在总统之下,互相牵制,其共同目的则在协助总统。故五权宪法中关于治权的精神,其一在付予总统以全权处理政务,总统对国民大会负责,其二则在于总统之下成立五院,分工合作,以协助总统"。第二,"我国地大人多,国民教育程度普遍低落","如采行内阁制,必致阁潮迭起",而中国国情,"需要国家有一个中心,才能稳定全局,团结民心"。第三,随着美国的崛起,"总统在国会的若干约束下,负实际行政责任,已将成为世界政治的主潮"④。

另一方面,还有一大部分学者则认为现有的政体模式不足以解释五权宪法所设计的政体模式,试图根据孙中山的宪法理论,将相应的政体模式命名为"五权制"或"中山制"。如金鸣盛指出,"我们需要的政制,是一种三民主义原则下的

---

① 参见《修正宪稿中行政体制问题》,载《大公报》1934年7月28日,第2版。
② 潘大逵:《总统制?委员制?内阁制?》,载《自由评论》1933年第8期。
③ 参见潘大逵:《总统制?委员制?内阁制?》,载《自由评论》1933年第8期。
④ 赵戴君:《论我国宪法应采总统制》,载《公务员》1946年第3期。

五权政制",虽然"免不了外国制度的成分掺和在内,却决不是东鳞西爪凑成一章的一个东西。五权制度自有五权制度的立场,有五权制度的政治枢纽"。在作者看来,五权制主要有四方面的特征:"(一)政府五种治权,由五个并立的'院'去掌管;(二)政府五院制分工,设有一个国民大会,代表人民综合监督五院政府,国民大会与五院不处于对等的地位;(三)立院权亦为治权之一,离人民代表机关而独立;(四)五院各对国民大会或人民负责,行政院不对立法院或监察院负责。"在五权制中,五院各自独立,共同对国民大会负责;设虚位总统代表国家,在形式上统领五院,既与总统制与内阁制有相似处,又与两者有本质不同,应构成一种独立政体模式。① 宪草初稿修正案公布后,面对舆论界关于总统制与内阁制的讨论,宪法起草委员黄公觉也指出,宪法草案既未采内阁制,也未采极端的实权元首制,而是开创了一种新的政制。② 王斐荪以"五五宪草"为蓝本,通过将其中的政制设计与英国内阁制、美国总统制与苏联委员制相比较,从"国民大会行使政权"、"五权分治彼此独立"、"总统行使任命权非常自由"、"总统无解散代表机关的对抗权"以及"地方自治植基县市"五方面总结其特色,并将之命名为"中山制"③。

相关争议一直持续到了综合审查阶段,而随着政协宪草及其修正案相继通过,到了最后国民大会表决时,宪法草案呈现的政体形式不仅与总统制、内阁制不同,甚至远非典型的五权制,如张君劢所言,在该制度下,"行政要对立法负责,行政于立法不是相互制衡的,故非总统制";"总统无解散立法院之权,立法院对行政院亦无不信任投票权,行政与立法不是融成一体的,故非内阁制";"国民大会形同虚设,无权管制政府,人民亦不能直接监督政府,故非五权制";"立法院是独院,所立法律,人民不能复决,国民大会亦不能复决,故其权孤立独大,高于一切。如此制度只能说是'立法独裁制'"④。

从 1946 年《中华民国宪法》规定上看,该宪法通过虚化国民大会的地位、消解国民大会的职权,基本放弃了孙中山的"权能分治"理论,事实上回到了代议制的轨道。根据聂鑫教授的总结,在该部宪法的框架下,一方面,"行政院院长人选由总统提名、立法院表决通过,行政院对立法院负责,这就建立了内阁制的中央政府运作模式"⑤。另一方面,其与典型的内阁制有三点不同:"其一是立

---

① 参见金鸣盛:《五权政制和总统制及内阁制的分析》,载《社会建设》1933 年第 3 期。
② 参见黄公觉:《内阁制乎?总统制乎?》,载《政治评论》1934 年第 110 期。
③ 王斐荪:《五五宪草与英美苏现行政治之比较》,载《正气》1944 年第 20 期。
④ 陈茹玄编著:《增订中华民国宪法史》,河南人民出版社 2016 年版,第 279 - 280 页。
⑤ 聂鑫:《中华民国(南京)宪法研究》,香港城市大学出版社 2017 年版,第 19 页。

法院对行政院没有倒阁权,行政院对立法院没有解散权,而代之以总统制下的复议制度,以解决行政、立法两权冲突引发的政治僵局";"其二是没有要求行政院负连带责任(内阁集体负责)";"其三是没有要求行政院院长、副院长及部会首长必须为议员"①。"以上三点'修正'很大程度上赋予了总统相对于内阁制下国家元首更大的权力,这是政协原则与国民党意见折衷的产物","一方面保留了行政对立法负责这一内阁制的精髓,以避免总统完全控制行政以行独裁之实;一方面照顾稳定政局、避免国会频频解散或倒阁的现实需要",甚至还兼顾了"政治强人(蒋介石)对于名(总统大位)与实(权)的要求"②,在今天看来,可以称之为"有限度之责任内阁制"③。

第三节 新中国的国家机构研究及其教义学转向

"国家机构研究相对薄弱"的判断,同时也是中国宪法学界关于开拓国家机构教义学研究的宣言。在教义学范式下对宪法国家机构条款进行规范释义和体系建构,既是在完善中国宪法学的知识体系,也是在回应"国家治理现代化"的改革目标和"依宪治国"的时代主题。

宪法首先是机构法、组织法或者结构法。这从西文"Constitution"一词的本义就可以看出:宪法是关于国家组织结构的法。国家机构的法学原理也从来都是宪法学当然的组成部分。"世界各国普遍采用的宪法学体系是宪法学原理、基本权利保障和国家机构三部分。"④ 但就当下中国的宪法学而言,学界一个普遍的共识是:与基本权利研究相比,中国宪法学关于国家机构的研究相对薄弱。⑤

这一状况已经不能适应我国法治实践发展的需要。我国全面深化改革的总目标是"完善和发展中国特色社会主义制度,推进国家治理体系和治理能力现代化"。国家治理的现代化,包含着国家治理的法治化,要求运用法治思维去分析和处理国家机构的问题。我国当前与国家机构相关的众多实践,如司法体制改革、中央地方关系的法治化以及监察体制改革等,都对从宪法文本开始的规范性

---

① 聂鑫:《中华民国(南京)宪法研究》,香港城市大学出版社2017年版,第19页。
② 聂鑫:《中华民国(南京)宪法研究》,香港城市大学出版社2017年版,第19-20页。
③ 聂鑫:《中华民国(南京)宪法研究》,香港城市大学出版社2017年版,第19页。
④ 胡锦光、韩大元:《中国宪法(第三版)》,法律出版社2017年版,第9页。
⑤ 例如,秦前红教授、马岭教授分别在中国宪法学研究会2017年年会(2017年8月26日,长春)和首届中国宪法学青年论坛(2017年12月1日,武汉)上表达了类似的看法。

研究有越来越高的需求。宪法学对于国家机构的研究，必须回应以法律规范来规制社会生活的法治命题。通过以宪法为核心的国家组织法的规范解释与理论体系化，中国宪法学要为相关领域的实践问题的解决提出方案。

本节尝试从学术史背景的回顾开始，探究"国家机构研究薄弱"的判断之由来，进而探讨中国国家机构教义学（释义学）的可能进路和需要考量的因素。

一、学术史背景：从"国家学"到宪法学

尽管"关于国家机构的研究薄弱"是宪法学界的共识，但"薄弱"并不体现在论文数量这一指标上。2015年，中国宪法学研究会为纪念成立三十周年，编辑了《中国宪法学三十年（1985—2015）》[1]一书。在该书的引论部分，韩大元教授根据中国知网对宪法学论文进行了统计。在所有106 829篇宪法学论文中，"国家机构"主题下的论文有32 930篇，占比30.8%〔此项统计的另一个主题"国家制度"（18 071篇，占比16.9%）下所包含的"基层群众自治制度""特别行政区制度""民族区域自治制度"等内容，其中也有很大的比例是与"国家机构"相关的论文〕。而相比之下，被看作是过去若干年的"显学"的"基本权利"主题下的论文有28 601篇，占比26.8%（另外，"宪法学基本理论"论文27 227篇，占比25.5%）。从论文的绝对数量上看，更"薄弱"的并非国家机构研究，反而是基本权利研究。那么，宪法学界对"国家机构研究相对薄弱"的印象从何而来？

这里需要做一点学术史的回顾。一个初步的结论是：中国宪法学经历了重要的范式和方法论转向，而国家机构研究并未充分"预流"[2]。

在现行1982年宪法公布施行之初，对"政权组织"的研究实际上是中国宪法学的重心。在针对新宪法的初步解说性作品中，国家机构都占据相对其他部分更多的篇幅。[3] 而更为深入的理论研究也更重视国家机构的宪法原理[4]，而非基本权利理论。这一时期，教材在宪法学研究中具有重要引领作用，我们可以从中做一点观察。1983年由吴家麟教授主编的《宪法学》是当时发行量最大的宪法学教材，这本教材的第四编"公民基本权利和义务"只占全书篇幅的12%，而

---

[1] 中国宪法学研究会编：《中国宪法学三十年（1985—2015）》，法律出版社2016年版。

[2] "预流"一词出自陈寅恪："一时代之学术，必有其新材料与新问题。取用此材料，以研求问题，则为此时代学术之新潮流。治学之士，得预此潮流者，谓之预流。其未得预者，谓之不入流。此古今学术之通义。非彼闭门造车之徒，所能同喻者也。敦煌学者，今日世界学术之新潮流也。"陈寅恪：《陈垣敦煌劫余录序》，载陈寅恪：《金明馆丛稿二编》（第3版），生活·读书·新知三联书店2015年版，第266页。

[3] 参见人民日报出版社编：《〈中华人民共和国宪法〉讲话》，人民日报出版社1983年版；吴杰、廉希圣、魏定仁编著：《中华人民共和国宪法释义》，法律出版社1984年版。

[4] 例如，有着非常广泛影响的著作，蔡定剑：《中国人民代表大会制度》，法律出版社1992年版。

第五编"国家机构"占全书32%。此外,第二编"国家制度"部分中与国家机构直接相关的"政权组织形式""选举制度""国家结构形式"等内容占全书篇幅的19%。也就是说,与国家机构直接相关的内容占比达到51%,不可谓少。① 在相当长的时间里,"人民代表大会制度的新发展"②"议行合一"③"国家元首"④等与国家机构相关的议题,是宪法学研究的热点。

但在20世纪八九十年代,宪法学界对于国家机构问题的研究,还处在与政治学、组织学、行政学等学科共享话语系统的状态中。举例来说,在80年代,有两本讨论分权理论的非常有影响力的著作:一本是何华辉、许崇德两位先生于1986年出版的《分权学说》⑤,另一本是朱光磊于1987年出版的《以权力制约权力》。⑥ 阅读之后,我们会发现,两本著作在知识资源上都在引述亚里士多德、洛克、孟德斯鸠等人的学说,而具体内容都在于梳理分权的思想源流和制度现实,整体观感和学术气质颇为类似。我们知道,许崇德与何华辉两位先生,被公认为新中国宪法学的奠基人,而朱光磊则被归入政治学者。笔者用两本书的简单对比来说明问题只是管窥蠡测,但学界大体上应该同意这样的判断:中国宪法学在相当长的时期,与政治学存在知识、方法和话语上的纠缠。例如,林来梵教授曾深刻批判"政治学和法理学等其他社会学科即使以'粗放型'的宪法问题研究也就足以轻易地替代了宪法学的劳作"的状况,认为这是一个"宪法学之悲哀"的情势。⑦

这似乎也是宪法学发展所必然经历的阶段,很多国家的宪法学都经历过与政治学、历史学以及其他学科分离前的混沌状态。例如,法律史学者米歇尔·施托莱斯对德国三月革命前的宪法学作了这样的描述:"这段时期典型的是,激烈的政治问题发展成了宪法问题,这不可避免地导致国家法讨论的政治化。政治理性和法律理性之间的界限常常不明显。"⑧ 可以说,我国也存在过类似德国"一般国家学"的学术状态,表现为不区分"存在"(Sein)与"当为"(Sollen),不区分经

---

① 参见吴家麟主编:《宪法学》,群众出版社1983年版。
② 如王叔文、周延瑞:《人民代表大会制度的新发展》,载《法学研究》1982年第3期;何华辉、许崇德:《人民代表大会制度的新发展》,载《政治与法律丛刊》1982年第1期。
③ 如许崇德、何华辉:《三权分立与议行合一的比较研究》,载《法学评论》1987年第5期;吴家麟:《"议行"不宜"合一"》,载《中国法学》1992年第5期;童之伟:《"议行合一"说不宜继续沿用》,载《法学研究》2000年第6期。
④ 如许崇德:《国家元首》,人民出版社1982年版。
⑤ 何华辉、许崇德:《分权学说》,人民出版社1986年版。
⑥ 朱光磊:《以权力制约权力》,四川人民出版社1987年版。
⑦ 参见林来梵:《从宪法规范到规范宪法——规范宪法学的一种前言》,法律出版社2001年版,第3页。
⑧ [德]米歇尔·施托莱斯:《德国公法史(1800—1914)》,雷勇译,法律出版社2007年版,第96页。

验与规范，不区分描述与批判，整全但混沌的"国家理论"或者"宪法理论"①。

对此种学科定位不明确、"政治化"的状况，中国宪法学界也有集体性的反思。韩大元教授指出："在30年的发展中，学者普遍认识到单纯'政治化'的宪法学与法治国家的建设目标之间存在冲突，认为这种过于'政治化'的宪法学不利于宪法学自身的发展，也不利于法治国家的建设。"② 此种"去政治化"反思的一个重要表现是宪法学界对于违宪审查制度研究的热情。关于"违宪审查"，学者们还使用"宪法监督""合宪性审查"乃至"宪法司法化"等不同的概念，但其中蕴含的逻辑是一样的：只有将宪法当作法，让宪法像其他法一样可以作为针对具体实践问题作出规范性判断的依据，宪法才会最终具有法律属性。

宪法学界以巨大热情投入研究违宪审查制度的潮流中，2001年"齐玉苓案"的发生，最终刺激了中国宪法学在方法和研究范式上的转向。"齐玉苓案"及之后发生的若干法治实践中的具体争议，向中国宪法学界提出了重大的挑战。面对法治实践中真实出现的案件，一直在努力走向"司法化"的宪法学，必须能够提供知识和方法论支持。具体而言，就是宪法学必须为依据宪法规范解决实践争议提供教义学方案。在"宪法解释学""规范宪法学"的主张下，中国宪法学开启了法教义学的转向。法教义学是"对于法律素材的科学体系化的预备"③，或者"对给定的法律素材的体系性建（重）构"④。法教义学提供对实定法的论证，给出法律问题的解决模式。⑤ 宪法学界开始努力完成法教义学的一般任务：通过对实定法的解释，将复杂的规范进行类型化，建构统一的知识体系和思考框架，并设定分析案件的典范论证步骤，法教义学为法规范的适用、为实践问题的解决预先作出准备。⑥

这一转向仍然以老一辈宪法学家的奠基性研究为重要基础。例如，肖蔚云先生的《我国现行宪法的诞生》⑦ 和许崇德先生的《中华人民共和国宪法史》⑧ 为这场法教义学转向提供了重要的文本原旨和历史解释的资源。但在学术薪火的传承中，中青两代宪法学者确实表现出在方法论上的明显转变，其基本特征就是"去政治化"和对"规范性"的重视，强调宪法学作为法学的学术品格。这一过

---

① [德] 齐佩利乌斯：《德国国家学》，赵宏译，法律出版社2011年版，第1—2页。
② 中国宪法学研究会编：《中国宪法学三十年（1985—2015）》，法律出版社2016年版，第6页。
③ Uwe Volkmann, Veränderung der Grundrechtsdogmatik, JZ2005, S. 261（262）.
④ Wolfram Cremer, Freiheitsgrundrechte: Funktionen und Strukturen, 2003, S. 17f.
⑤ 参见[德] 魏德士：《法理学》，丁晓春、吴越译，法律出版社2005年版，第137页。
⑥ Robert Alexy, Theorie der juristischen Argumentation, 1991, S. 308f.
⑦ 肖蔚云：《我国现行宪法的诞生》，北京大学出版社1986年版。
⑧ 许崇德：《中华人民共和国宪法史》，福建人民出版社2003年版。

程，是自觉地走出混沌的"国家学"，走向规范性的"宪法学"的过程。①

但是，中国宪法学的范式与方法论转向的论题载体，主要是基本权利。通过在比较法上参考借鉴"基本权利的双重性质""基本权利限制的三阶层分析"等教义学框架，主要针对宪法中的基本权利条款，学界展开了以宪法文本为中心的、规范导向的研究。经过十余年的发展，中国宪法教义学的基本权利部分，基础性的概念抽象和体系搭建已初步完成，其理论的精细化和对实践问题的解释力都在不断加强。与之形成鲜明对比的，是国家机构研究的裹足不前。尽管国家机构研究的论文绝对数量并不少，但其中以"规范分析—概念抽象—体系建构—实践运用"为基本特点的教义学研究并未充分展开。在一些教材中，国家机构部分的内容甚至主要是简单照抄、复述宪法和组织法的条文，缺乏主动运用文义、体系、历史、目的解释方法对宪法国家机构规范的解释和进一步体系化的自觉意识。一些较具学术水准的研究，又经常借助政治学、社会学、组织学、行政学、经济学乃至历史学、财政学的范式，法学内在视角的规范分析往往单薄乃至缺位。对人大监督、央地关系、司法体制改革等实践问题，宪法学所能提供的教义学预备也明显不足。

中国宪法学逐步摆脱政治话语的纠缠，从"国家学"走向了"宪法学"，在法教义学的总体方向上确立了学科属性。但中国宪法教义学的内部发展是不平衡的，基本权利教义学的繁荣反衬出了国家机构教义学发展的迟滞。国家机构研究未能在方法和范式上充分融入法教义学的洪流，并产出在质量和数量上能够回应法学规范命题和实践命题的成果，这才是学界形成"国家机构研究相对薄弱"印象的根源。

二、意识形态、事实描述与规范阐释

国家机构教义学的起步迟缓，当然与国家机构规范和基本权利规范在"可教

---

① 这里想顺带对由王旭教授引发的"国家学"的话题作一点批评。在笔者看来，预设一个独立于法秩序的"国家"并整全性地观察国家，是具有德国独特历史背景和文化背景的理论，并且在当代学科分化的背景下已经走向消亡。宪法学就是当代的国家法学。已经不存在现在的学科体系下不能作出有效回答而需要国家学"再生"的议题。正如田伟博士所评议的，当代德国残存的一点"一般国家学"的价值仅仅"在于建立一个跨学科交流的平台，作为一门辅助科学，为政治学、政治哲学、社会学、经济学和法学的合作研究提供契机"。（张翔、田伟：《国家法学需要再生吗？——对王旭教授"中国国家法学的死亡与再生"讲座的评议》，载明德公法网：http://www.calaw.cn/article/default.asp? id=12473，2018年1月12日访问。）整全性的国家学已经不再必要。而且，国家学话语背后所挥之不去的国家主义魅影，可能导致构成立宪主义反题的理论后果，必须极为谨慎地对待。参见［德］弗里德里希·迈内克：《德国的浩劫》，何兆武译，天津人民出版社2014年版，第63页；［德］米歇尔·施托莱斯：《德意志公法史导论》，王韵茹、李君韬译，元照出版有限公司2016年版，第110-111页。

义学化"程度上的差异有关。我们知道,欧陆法学传统中宪法学的教义化①,与民法学的教义方法的引入直接相关。其基本内容是,将源自民法学的"建构的法学方法"运用于公法研究,相应地排除掉政治、哲学和历史观点,通过对教义的基本概念更详细具体的阐明,创立具有统一性的科学体系。②民法教义学的重要方法乃探寻私人关系中个人的请求权基础并将之体系化,此种方法对于基本权利教义学的建构具有直接的可参考性,例如,德国第二次世界大战后就在模仿民法请求权体系的基础上,提出了基本权利作为"价值与请求权体系"的教义学方案,并在此基础上进一步形成了"基本权利的功能体系"这一教义学架构。③此外,在建立了合宪性审查机制的国家,个人基于基本权利而提起的大量诉请,又会不断为宪法解释机关创造释宪机会,相应地基本权利教义学发展也就自然会繁荣。而国家机构方面的争议解决,经常会诉诸政治过程,相对(基本权利规范)较少进入合宪性审查程序。尽管政治过程中的争议各方也会援引并解释宪法来形成论证,但较之合宪性审查中更具司法性的解释,其被解释和体系化的强度、精细度都较弱。更为重要的是,相对于基本权利规范,国家机构规范具有更强的意识形态性和政治现实关联性,这也增加了其教义学化的难度。

宪法具有很强的意识形态性,它产生和存在于复杂的历史和社会环境中,理解一国的宪法,当然需要历史的、政治的和社会的视角。但是,宪法学的研究也一定"不要混淆对象的政治性与方法的政治性"④,避免因为政治性而歪曲宪法的规范性。笔者曾主张区分作为法律系统"自我观察"的"宪法学"和法律系统之外的、来自其他学科视角的"对宪法的研究"⑤。在此意义上,规范导向的宪法教义学研究在相当程度上是要"去意识形态"的。也就是说,即使宪法规范本身是意识形态的表达,我们也应该将其作为法律去分析建构其规范内涵,而非总是追问规范背后的特定政治诉求和价值判断。这一点对于国家机构教义学的研究尤其重要。在传统的政治话语下,国家被看作是阶级统治的工具,国家机构的问题被看作是阶级国家的政权组织问题,相比更具普遍性的人权规范,国家机构规范具有强意识形态性。然而,如果宪法学研究总是停留在这个层次,就会导致对法规范作科学建构的任务无法实现。

---

① 参见李忠夏:《宪法学的教义化——德国国家法学方法论的发展》,载《法学家》2009年第5期。
② 参见[德]米歇尔·施托莱斯:《德国公法史(1800—1914)》,雷勇译,法律出版社2007年版,第439页。
③ 参见张翔:《基本权利的体系思维》,载《清华法学》2012年第4期。
④ [日]芦部信喜:《制宪权》,王贵松译,中国政法大学出版社2012年版,序言第1页。
⑤ 张翔:《基本权利的规范建构》,高等教育出版社2008年版,第6页。

以国家机构理论中具有根本性的权力的分立或混合问题为例。这一问题在宪法学上的讨论长期是意识形态化的解读。在近代的启蒙运动和资产阶级革命中,分权学说是自由主义学说的组成部分,是"自由"这一价值目标在政体问题上的自然推演。对自由(特别是消极自由)价值的高扬,使西方政制思想的主流从历史久远的"混合政制"一变而为"三权分立",并延续至今。自由构成了分权的正义准则。"在若干世纪中,分权学说是主要的政体理论,主张是以分权与否来区分自由社会和非自由社会的制度结构。"① 而"议行合一"说走向另外一个极端:强调权力的"统一",并且赋予其与三权分立对立的强烈意识形态色彩。"'议行合一'原则是社会主义宪法原则……改变国家权力的运用形式,废弃分权原则,施行议行合一的原则,就是马克思主义关于打碎旧的国家机器原理的具体表现之一。"②"三权分立和议行合一是资本主义国家和社会主义国家各自确立其国家机关组织与活动的指导原则。""三权分立与议行合一分属于两个对立的思想体系。其理论基础和立论目的迥然不同。"③ 在意识形态和组织方式上,将三权分立和议行合一根本性地对立,将权力的分合问题与"自由/非自由"或者"资本主义/社会主义"的评价相勾连,是简单的政治化、意识形态化的思考方式。这本身并非错误,但这种思考方式无法有效解释分权制宪法下的权力混合问题,或者民主集中制下的实质分权问题。

美国学者皮尔斯在对行政权的研究中指出,反对权力混合的三权分立学说经常被用来支持下列论断:"行政机关不能裁决重大的政治争议,发布具有拘束力的行为规则,裁决涉及私人权利的纠纷,或者裁决私人个体之间的纠纷。"④ 然而,现实是"行政机关作出大多数重大的政策决定","行政机关制定绝大多数的规则","行政机关裁决绝大多数的纠纷","各种职能经常混合在一家行政机关"……⑤面对类似的实践争议,简单的"分权能够保卫自由"的意识形态教条并不能给出任何有力的解释。同样,运用"权力要统一行使"这样的教条,也无法说明我国现行宪法下实际存在的权力分工。

回应的方案可以是经验科学进路的,也就是,通过对政治生活的事实、国家

---

① M. J. C. Vile, Constitutionalism and the Separation of Powers(2nd ed.)(Indianapolis, Liberty Fund 1998), pp. 9 - 10.
② 许崇德主编:《中国宪法》,中国人民大学出版社 1996 年版,第 52 页。
③ 许崇德、何华辉:《三权分立与议行合一的比较研究》,载《法学评论》1987 年第 5 期。
④ [美]理查德·J. 皮尔斯:《行政法(第五版)》(第一卷),苏苗罕译,中国人民大学出版社 2016 年版,第 39 页。
⑤ [美]理查德·J. 皮尔斯:《行政法(第五版)》(第一卷),苏苗罕译,中国人民大学出版社 2016 年版,第 42 页以下。

机构设立、运作和相互关系的事实状态进行描述，达致对经验事实的清晰认识。这种政治科学或者政治社会学的研究，有助于我们理解国家机构的真实状态，当然这是对国家机构进行科学研究的重要进路。实际上，整全但混沌的国家学的分化方向之一，就是走向经验科学的政治学。也正因如此，魏玛时代的国家法学巨擘赫尔曼·黑勒被看作德国"政治学之父"①。但是，学科分化是因为科学研究任务的分化，经验科学的进路无法回应法学的规范性命题：根据宪法以及其他组织法，国家的权力究竟应该如何配置，国家机构应该如何设立和运作。这里的"应该"，是法律规范性意义上的"应该"，而不是正当性或者现实合理性上的。林来梵教授曾指出，我国"法学的国家观极为不足"，从法学上对于国家的认识和把握严重匮乏。他认为，再以"空洞的、具体内容不明的政治话语"去解说我国的国家机构是不行的，而一定要有"更具有规范性的陈述"，"这种陈述必须是法学性"的。② 也就是说，宪法学应该在不同于意识形态性的政治性解读和经验描述性的社会科学解读之外，发展教义学属性的规范阐释。

三、关键条款、体系建构与历史解释

国家机构教义学的展开，需要对宪法中国家机构规范的整体把握，也需要将宪法与其他国家组织法的规范进行总体的循环诠释。这是一个系统工程，需要一些初步的框架搭建工作。在笔者看来，将宪法中一些关键条款置于整个国家机构规范体系中进行解释和理论建构，是首先需要展开的工作。

例如，《宪法》第3条规定的"中华人民共和国的国家机构实行民主集中制的原则"。作为国家机构的原则规范，必须能够得到充分的阐释，以规范性地说明宪法对国家的权力进行了怎样的分工，何种权力应由何种机关承担，不同机关的组织方式和活动方式，各机关的相互关系，等等。然而，现有对于民主集中制原则的解释，除强调权力的民主性、权力行使的最终统一性这种政治性内涵外，几乎不具备任何规范性内涵。但在笔者看来，这一原则并非不可做宪法解释。彭真在关于1982年宪法草案的报告中已经说明："根据这一原则（指民主集中制）和我国三十多年来政权建设经验，草案对国家机构做了许多重要的新规定，主要有以下几个方面。"③ 这一表述意味着，对民主集中制的理解应该是在实践经验

---

① ［德］赫尔曼·黑勒：《国家学的危机社会主义与民族》，刘刚译，中国法制出版社2010年版，译者序，第13页。
② 参见林来梵：《宪法学讲义（第二版）》，法律出版社2015年版，第176、234页。
③ 彭真：《关于中华人民共和国宪法修改草案的报告》，载《人民代表大会制度重要文献选编》（二），中国民主法制出版社、中央文献出版社2015年版，第568-570页。

基础上的，是新的。1982年宪法将全国人大部分职权交由全国人大常委会行使，扩大全国人大常委会的职权、加强全国人大常委会的组织，在国务院实行并非民主集中制原初意义上的"总理负责制"，以及不再规定法院和检察院向人大报告工作，等等，都蕴含了对民主集中制原则作新的规范性建构的可能。彭真阐述的国家机构新规定"所遵循的方向和所体现的要求"有三个方面："第一，使全体人民能够更好地行使国家权力"；"第二，使国家机关能够更有效地领导和组织社会主义建设事业"；"第三，使各个国家机关更好地分工合作、相互配合"[①]，这些更是为民主集中制原则的实质内涵提出了解释上的新方向。王旭对这三点进行了学理诠释，认为可以分别概括为"民主制约原理""机构效能原理""机构耦合原理"[②]。这就是对民主集中制原则内容的新的教义学建构。此外，针对《宪法》第3条第4款关于中央和地方国家机构职权划分"遵循在中央的统一领导下，充分发挥地方的主动性、积极性的原则"的规定，也需要在教义学上阐明"中央""地方""统一领导""主动性""积极性"等关键概念的前提下进行建构，以形成我国中央地方关系的宪法规范基础。

又如，国家机构职权的兜底条款。我们知道，兜底条款往往是进行教义学体系建构的重要依据，极具技术难度和理论魅力，国家机构教义学的展开应当重视对这些兜底性条款的解释。例如，1982年《宪法》第62条第15项（现为第16项）规定了全国人大的"兜底职权"，表述为"应当由最高国家权力机关行使的其他职权"，这一表述不同于1954年宪法的"全国人民代表大会认为应当由它行使的其他职权"。从"认为应当"到"应当"，其中实际上蕴含着1982年宪法对国家权力进行"合理分工"的新思想，同时宪法还规定"最高行政机关""最高人民法院""最高人民检察院"，如何理解这些"最高"，是理解我国人大制度下各机关关系的关键所在，也有待宪法教义学的充分展开。

国家机构规范的解释与教义学体系建构，在相当程度上需要回到制宪史背景中寻求历史解释的资源。在笔者看来，从1982年宪法起草前后的历史文献，包括中国共产党的十一届三中全会公报、邓小平《党和国家领导制度的改革》报告以及《关于建国以来党的若干历史问题的决议》等，都是重要的制宪史材料，从中可以了解当时的人们，特别是重要的"宪法工程师们"对于宪法国家机构部分的认识。对于国家机构规范的解释，经常需要进行此种历史的回溯，了解制宪当

[①] 彭真：《关于中华人民共和国宪法修改草案的报告》，载《人民代表大会制度重要文献选编》（二），中国民主法制出版社、中央文献出版社2015年版，第568-570页。

[②] 王旭：《国家监察机构设置的宪法学思考》，载《中国政法大学学报》2017年第5期。

时的观念。例如,研究我国宪法的国家机构规范不可回避党政关系问题。这就必须回溯到 1982 年宪法起草当时,理解何以"中国共产党的领导"只规定在序言中,并且主要是在历史叙述中,而不进入正文的规范陈述。[1] 此外,《宪法》第 5 条还规定:"一切国家机关和武装力量、各政党和各社会团体、各企业事业组织都必须遵守宪法和法律",这也是对我国政党与国家关系的规范陈述。肖蔚云教授指出:"写各政党和各社会团体必须守法,实际上主要是指执政党。执政党不以身作则遵守法律,法制就很难健全。"[2] 我们对于宪法文本下党的领导与国家机构的法律基础的理解,需要此种历史解释的进路。

四、与总纲、基本权利条款的关联

还需要注意的是,国家机构教义学的展开不能局限于宪法第三章"国家机构"部分,要注意其与总纲、基本权利乃至序言的关系。

我国宪法的总纲中,有若干重要的国家机构关联性条款。比如《宪法》第 2 条规定一切权力属于人民和人民行使国家权力的途径。又如,《宪法》第 27 条规定:"一切国家机关实行精简的原则,实行工作责任制,实行工作人员的培训和考核制度,不断提高工作质量和工作效率,反对官僚主义。一切国家机关和国家工作人员必须依靠人民的支持,经常保持同人民的密切联系,倾听人民的意见和建议,接受人民的监督,努力为人民服务。"这是对国家机构的编制、工作原则、人员、监督等的全面规定,从中可以概括出若干国家机构教义学的原则。此外,总纲中,还有大量关于国家目标的规定,主要表述"国家发展"各类事业,这些规范构成对国家机构工作目标的设定,需要与国家机构规范作体系化的解释。

另外,宪法中的基本权利条款,在特定意义上也是国家机构条款。在国家权力的配置中应当考虑基本权利的因素,是现代立宪主义固有的观念。即使是卡尔·施米特也会认为,公民自由的观念导出了"分配原则"和"组织原则"这两个法治国的基本原则,前者是指个人自由的"先国家性"和原则上不受限制性,后者是指"国家权力由几个机构共同分享,并被纳入一个受限定的权限系统中",为了保障个人自由而原则上受限制,是国家机构设置的基本前提。[3] 基本权利对

---

[1] 彭真主张把党的领导写入"序言",而不在正文中作强制性规定,来源于他对"党的领导"原则的理解。他对工作人员说:党对国家的领导,不是组织上的,而是思想政治领导,方针政策领导。党的领导不能靠法律来强制,而是要靠自己的路线、方针、政策正确,靠自己的意见正确,自己的主张代表最大多数人的最大利益。参见《彭真传》编写组:《彭真传》(第四卷),中央文献出版社 2012 年版,第 1451 页。

[2] 肖蔚云:《我国现行宪法的诞生》,北京大学出版社 1986 年版,第 108 页。

[3] Carl Schmitt, Verfassungslehre, 8. Aufl, 1993, S. 126.

于宪法的国家机构部分具有明确的限制功能。这不仅意味着，在国家机构建立后，其职权行使不得不当干预个人自由，还意味着，在国家机构设立和国家权力配置时就应考虑如何有助于实现自由。

在此意义上，基本权利是国家权力配置的消极规范（negative Kompetenznormen）。① 也就是，设置国家机关、配置国家权力、解释国家机构规范，都必须将基本权利作为考量因素，避免国家机构及其职权的设置，直接导致损害基本权利的后果。这里体现的是基本权利的"客观价值秩序功能"②。"个人基本权利的空间同时也是国家权限的界限，该界限客观存在，并不取决于个人是否确实行使了自由或提出了相关请求。"③ 如果说，国家机构规范直接规定国家机构的设置、职权和相互关系，是在积极形成国家机构，那么基本权利就是起到消极的边界作用，也就是要求立法机关在制定组织法时，不能不当设置机构和职权，导致该机关特别容易损害基本权利。宪法中的国家机构规范对国家组织法的立法具有正向的形成功能，而基本权利规范具有反向的限制功能。在此意义上，基本权利规范就是消极性的国家机构规范。

宪法中的基本权利规范，有的会直接规定与国家机关行使职权有关的内容，例如，我国《宪法》第37条第2款规定"任何公民，非经人民检察院批准或者决定或者人民法院决定，并由公安机关执行，不受逮捕"，《宪法》第40条规定对通信的检查只能"因国家安全或者追查刑事犯罪的需要""由公安机关或者检察机关依照法律规定的程序"进行。这些基本权利规范中的表述，是对国家机关的权限及其行使程序的直接规定，在主体、程序等方面对国家机构的权力配置设定边界，构成对国家机关及其职权配置的限制性规范。此外，还有一些基本权利条款中并没有关于国家机构及其职权的直接规定，但在具体的组织建构时，仍要考量基本权利因素，避免机构设置造成危害基本权利的可能。例如，宗教管理机构的设置必须避免不当干预宗教自由的可能，并落实《宪法》第36条第3款"国家保护正常的宗教活动"所课以国家的保护义务；此外，职业自由之于劳动就业管理机构，通信自由之于邮政、电信、互联网管理机构，艺术自由之于文化管理机构，诉讼权利之于司法机关，都是国家权力配置的消极规范。

五、面向实践

法学是规范科学，同时也是实践科学。通过对宪法文本的规范性描述，为实

---

① Pieroth/Schlink, Grundrechte. Staatsrecht Ⅱ, 25. Aufl, 2009, S. 25f.
② Vgl. Pieroth/Schlink, a. a. O, S. 25. 参见张翔：《基本权利的双重性质》，载《法学研究》2005年第3期。
③ 陈征：《国家从事经济活动的宪法界限——以私营企业家的基本权利为视角》，载《中国法学》2011年第1期。

践争议问题提供解决建议，是宪法教义学的基本工作。① 国家机构教义学必须面向实践。国家机构研究的教义学化，在当下也有其明显的实践空间。

首先，各国家机构组织法的制定与修改。中共中央《关于全面推进依法治国若干重大问题的决定》要求"使每一项立法都符合宪法精神"，国家机构组织法的制定与修改也当然要以宪法为依据。宪法学对于国家机构规范的解释，必须回应国家机构组织法制定与修改中的争议问题。举例来说，在《人民法院组织法》的修订中，是否要对法院向人大报告工作的制度作出改革，是争议点之一。而这一问题的解决，有赖于对1982年宪法删除之前三部宪法中"报告工作"的规范变迁的解释，并说明既有的法院组织法和人大议事规则中相关规范与宪法的不一致状态。② 党的十九大报告提出要"深化机构和行政体制改革。统筹考虑各类机构设置，科学配置党政部门及内设机构权力、明确职责……完善国家机构组织法"。在这一进程中，国家机构教义学不能缺席。

其次，在司法体制改革、中央地方关系等众多领域，国家机构教义学都是必要的学术准备。例如，针对中央地方的事权划分这一改革的重大问题，王建学提出了基于《宪法》第107条规定的"县级以上地方各级人民政府依照法律规定的权限，管理本行政区域内的经济、教育、科学、文化、卫生、体育事业、城乡建设事业和财政、民政、公安、民族事务、司法行政、计划生育等行政工作，发布决定和命令，任免、培训、考核和奖惩行政工作人员"的划分标准。在王建学看来，其中这个非常突兀的"和"字其实是该款前半部分"地方政府自主事权"和后半部分"中央委托事权"的区分界线。③ 这种解释是否成立，可以讨论，但其基本方向就是在落实宪法教义学的实践功能。

总之，"国家机构研究相对薄弱"的判断，同时也是中国宪法学界关于开拓国家机构教义学研究的宣言。实际上，在教义学范式下对宪法国家机构条款进行规范释义和体系建构的成果正在不断出现。这一学术愿景，既是在完善中国宪法学的知识体系，也是在回应"国家治理现代化"的改革目标和"依宪治国"的时代主题。

---

① Robert Alexy, Theorie der juristischen Argumentation, 1991, S. 308f.
② 参见张翔：《"应有的独立性"、报告工作与制度变革的宪法空间——关于〈人民法院组织法（修订草案）〉第11条的修改意见》，载《中国法律评论》2017年第6期。
③ 参见王建学：《论地方政府事权的法理基础与宪法结构》，载《中国法学》2017年第4期。

第十二章

地方制度研究的发展

本章主要考察近代中国宪法学说中关于地方制度研究的发展，特别是地方自治观在中国形成和确立的过程。在时间上，这主要是清末以来才发生的转变，但也具有中国传统社会的特定思想渊源。如果从清末起算，那么地方制度研究主要以地方自治学说的形式经过了清末、民初以及民国中后期等不同阶段，并且在内容上主要经历了从传统的政治意义上的自治到法律意义上的团体自治的变化。笔者首先考察我国传统社会的地方制度讨论，即封建制和郡县制之争，特别是历史上以封建制为基本背景的地方自治观念及其特质；其次研究清末民初时期中国传统社会的地方自治观在西方地方自治观的冲击下所发生的从政治意义上的自治到法律意义上的自治的学术嬗变；最后分析民国中后期发达的地方自治法学说，特别是法律意义上的团体自治的演变，其间短暂穿插联省自治这种地方自治的特殊形态。

第一节 中国传统社会的地方自治观

一、地方制度论争的"史前史"：封建制与郡县制

如果说"宪法"本身是中国自近代以来从西方所引进的"舶来品"，那么关于地方制度的讨论体现了本土历史和地方生活的连续性。国家的宪法或政制可能随着革命在一夜之间发生更迭，但地方制度常常能够在变革中幸存下来，通常在历史的长河中表现出极其坚韧的连续性。

在近代立宪运动以前，我国学术界一直存在关于地方制度的讨论，甚至以学

术论战的方式展现出来,其核心争论是围绕封建制和郡县制而展开的。众所周知,我国传统社会的地方制度在秦汉之际经历过一次重大转变。在此次转变以前,我国的国家结构形式在夏、商、周时期主要采取封建制或分封制,即所谓"封国土,建诸侯",天子大规模地将封地连同居民分赏给王室子弟和功臣,后者作为诸侯在其封国内享有世袭统治权,虽然承担服从天子命令、定期朝贡、提供军赋和力役等义务,但各诸侯国具有高度的独立性和自治权。封建制往往会演化出诸侯尾大不掉的弊端,因此,秦王嬴政在统一六国后采纳李斯的建议改行郡县制,从而避免列侯骄盈、天下乖戾,并实现权自君出、法令一统。与封建制不同,郡县制中由中央政府任命的地方官员对地方进行治理,地方官员是由中央直接任免的具有任期的流官,不具有诸侯那样的独立性和世袭性,由此中央集权和国家统一得到加强。其实在封建制当中,无论是天子畿内还是诸侯国中,其纵向治理结构原本就大多接近郡县制,只不过天子与诸侯的法律关系较为松散,因此秦汉的郡县之变并不是对地方治理形式的根本创新。

汉初在一定程度上回归了封建制,采取郡国并立的结构,对诸侯的分封最终引发了"七国之乱",因此自从景帝削藩和平定"七国之乱"后,郡县制就一直被认为是理想的地方制度形态,它增强了中央的权威,避免了地方叛乱,也稳定了社会秩序。一直到中唐前期,郡县制一直被公认为比封建制更为可靠的制度形态。但从中唐时期开始,藩镇割据愈演愈烈,理论上开始出现反对郡县制中央集权的声音,并主张恢复商周时期的封建制度。为了彻底批判封建论主张,柳宗元在永贞革新失败、被贬永州之后写下了著名的《封建论》,该文成为近代地方制度讨论中援引率最高的短篇政论之一。柳宗元认为,郡县制取代封建制是历史的必然,即"势也"。"唐兴,制州邑,立守宰,此其所以为宜也。然犹桀猾时起,虐害方域者,失不在于州而在于兵,时则有叛将而无叛州。州县之设,固不可革也。"柳宗元精辟地指出封建制和郡县制在周、秦、汉等不同时代所发挥的作用,认为周朝败在诸侯分治造成"天下乖戾,无君君之心",秦亡在"亟役万人,暴其威刑","咎在人怨,非郡邑之制失也",汉朝"封建之始,郡国居半,时则有叛国而无叛郡,秦制之得亦以明矣。继汉而帝者,虽百代可知也"。

由此,柳宗元重新构建了郡县制的理论优势。自柳宗元以降,郡县制取代封建制成为压倒性共识。就地方制度实践而言,直到清末为止,中国传统社会的国家结构形式和地方制度形态一直是郡县制,只有在特定的边疆少数民族地区才实行具有封建制色彩的土司制度等。郡县制融合了中央集权、单一制、官僚制、帝制等一系列中国传统政制的本质要件,并且在唐宋以后,随着专制帝制一起逐渐走向没落和腐朽。在明末清初,顾炎武、黄宗羲等思想家对郡县制所造成的官僚专制统治的弊端作出了一定程度上的反思，但这些反思在官僚帝制的历史长河中只是极为短暂地泛起微微涟漪。实际上，直到清末立宪运动的地方自治思想启蒙，从早期的冯桂芬，到后来的梁启超等才开始对其进行系统批判。封建制和郡县制也成为清末立宪思想家讨论地方制度的基本思想来源之一。

二、清末地方自治理论的本土思想渊源

从清末立宪开始，立宪思想家在中西对比中逐渐深刻认识到郡县制官僚体制的弊端，比如较有代表性的说法是，"以地方之人，行地方之事，故条规严密，而民不嫌苛，以地方之财，供地方之用，故征敛繁多，而民不生怨"[①]。因此，清末开始，政学两界最终形成的关于地方制度的最基本共识就是，立宪必须以实行地方自治为根本要件。因而，此一时期的地方制度研究也基本上是关于地方自治的研究。对于清末和民国时期地方自治理论的思想渊源，学界总体上认为其是从西方政治思想中移植而来的。汪太贤教授在追溯近世中国地方自治思想的起源时曾作出这样的判断："近世中国的地方自治思想，萌生于19世纪60年代至90年代中期。就总体而言，促成其萌生的外在原因是西方政治文明的启示和中西国力强烈对比的刺激，其供给的途径既包括西方思想的引入，也包括外来势力的入侵。"[②] 这种认识非常具有代表性，是学术界的普遍看法。换言之，中国传统社会不存在地方自治的观念，近代的西化构成了我国宪法学说史中的地方自治学说的历史起点。

但实际上，在本土话语中也能找到指称地方自治的术语和符号。"自治"是传统汉语中较早采用的一个词语，在古代典籍中，其最常见的含义是自我管理或者处理，比如"诸将徇地，至，令之不是者，系而罪之，以苛察为忠。其所不善者，弗下吏，辄自治之"，"得王之地不足以为大，得王之财不足以为富，服领以南，王自治之"，"离为数十部，酋各自治"[③]。此外，自治也用来指修养自身的德性或自然安然，如"道可以自治，而不可以使人乱"，"法用则反道，道用则无为而自治"[④]。最早的地方自治观念是清末立宪运动中由开明的官员士绅和进步思想家在接触西学后提出的宪政改革的一种目标、内容或措施，比如通常认为冯

[①]《出使各国考察政治大臣载泽等奏在英考察大概情形暨赴法日期折》，载故宫博物院明清档案部编:《清末筹备立宪档案史料》(上册)，中华书局1979年版，第11页。
[②] 汪太贤:《近世中国地方自治主张的最初提出及其表达》，载《西南民族大学学报（人文社科版）》2004年第5期，第97页。
[③]《史记·陈涉世家》《汉书·南粤传》《新唐书·北狄传》。
[④]《淮南子·诠言训》《尹文子·大道上》。

桂芬是清末提倡地方自治之第一人，他在 1861 年的《校邠庐抗议》中最早提出了地方自治思想。① 但冯氏在《校邠庐抗议》中的论述丝毫未提及西方的地方自治学说或制度，反而援引中国传统社会关于封建制和郡县制的讨论，特别是顾炎武对郡县制的反思。尽管这可能是一种论证策略的考虑——避免提及西方可以减少受众的质疑或反感，而援引传统中国观念更易被接受，但这也提醒我们注意，从中国传统社会的中央集权到近代地方制度的地方自治转变，确有思想史上的延续性值得注意。

冯氏是在《校邠庐抗议》一书的《复乡职议》篇中提出地方自治主张的。但该章的文字论述，并不能表明冯氏的地方自治主张受到了西方地方自治思想的影响，因为他没有引用任何西方的政治理论，也没有提到西方的地方自治制度，相反，他是通过引用、修改和发扬中国古制和固有学说来论证其地方自治主张的。冯氏在该章中首先引用柳宗元"有里胥而后有县大夫，有县大夫而后有诸侯，有诸侯而后有方伯连帅，有方伯连帅而后有天子"的说法和顾炎武"大官多者其世衰，小官多者其世盛"的论述，并以此为起点来提出自己的地方自治主张，即"折衷周汉之法"，恢复乡亭之职，其由当地人公举，"真能亲民，真能治民"，从而达到"风俗日新""教化日上"的目的。② 因此，该章内容基本上沿袭了我国传统社会中有关地方制度的主张，不能将之看作受西方影响的产物。③

柳宗元当然不是主张地方自治的，他主张的是郡县制，反对"封国土、建诸侯"的封建制。柳氏经常被引用的这句"先有里胥后有天子"的话往往给人以地方中心论或地方自治论的印象，实际上，他的政治权力起源观的确是地方起点论的，即政权是从小范围（个人和地方）到大范围（君主和国家）进行的合治，只有通过层层的联合与合并，才能使人获得生存的外部凭借，预防和纠正相互之间的纷争。但他的政治权力的结构观是"君主（或中央）中心论"的，即认为，非通过郡县制使君主直接统治天下，无以防止"列侯骄盈""黩货事戎""天下乖戾"④，或者用萧公权的说法，是"明智有力者运强权以行公理"⑤。值得注意的

---

① 参见汪太贤：《近世中国地方自治主张的最初提出及其表达》，载《西南民族大学学报（人文社科版）》2004 年第 5 期，第 98 页。

② 参见冯桂芬：《校邠庐抗议》，《复乡职议》篇，载谢俊美主编：《醒狮丛书》，中州古籍出版社 1998 年版，第 92、93 页。

③ 当然，不可否认的是，冯桂芬之所以提出地方自治思想显然是由于受到了西方政情和政治理论的刺激。冯氏属于较了解西方政情的开明士大夫，有史料证明西方的地方自治是他积极了解的对象之一，但这也只能说明西学的刺激是冯氏提出地方自治主张的外因，而不是其地方自治思想的来源。

④ ［唐］柳宗元：《封建论》。

⑤ 萧公权：《中国政治思想史》，辽宁教育出版社 1998 年版，380 页。

是，柳宗元的政治权力起源观与近代欧美一些公法学家的绝对国家中心主义形成了鲜明的对比。

与此相比，顾炎武的政治思想则更重基层和地方，他的"寓封建之意于郡县之中"①的观念是尽人皆知的。有趣的是，顾氏在《日知录》中也引用了柳宗元在《封建论》中对政治权力起源的论述，然而，顾氏则比柳宗元走得更远。在《日知录》的《乡亭之职》篇中，顾氏提出："天下之治，始于里胥，终于天子，其灼然者矣。故自古及今，小官多者其世盛，大官多者其世衰。兴亡之涂，罔不由此。"② 因此，除了认同柳宗元的政治权力地方起点论，顾炎武的政治权力运行观也是以地方为中心的，易言之，欲使天下安定，应当首先从完善乡里基层组织开始。顾氏在以《日知录》为主的各种论著中具体构想了地方制度的框架，基本上也是恢复古乡亭之职，建立自足的地方自治组织，可见冯桂芬的主张大体上是延续了顾炎武的说法。秋风曾将顾氏的建议解读为两个主张：第一个主张即社会自治，使乡里基础组织发挥社会组织和伦理维系作用；第二个主张即分权给地方，实现地方政府自治。③ 在顾氏看来，治官之官的"大官"多，则中央政权庞大；而治民之官的"小官"多，则官员多服务于基层，能直接与民众接触，体察民情。其蕴含的意义是，政权的运行尽可能贴近民众和地方，才会产生"人民乐业""国家富足"的结果。在《日知录》的"省官"篇，顾氏更明确地表达了政治运作应当以基层民众为中心的想法。顾氏引用了晋代名臣荀勖的说法，"省官不如省事，省事不如清心"④。也就是说，精简官员不如精简事务，精简事务不如保持清静的心境。只有政治权力的运行能够保持清静，使民自为治，与民休息，才能避免官员别出心裁和节外生枝地谋求私利。在顾氏来看，这正是治道的"探本之言"。可见，顾氏的政治主张是极倾向于地方自治的。⑤

从顾氏的以上论断出发，笔者认为，又可以向前回溯到春秋时代老子所提倡的"清静无为"的政治主张。老子在《道德经》第29章中说："将欲取天下而为之，吾见其不得已。天下神器，不可为也。为者败之，执者失之。"这显然是告诫人们，天下乃自然的"神器"，非人力（或者毋宁说是"君主"或"中央政府"）所能左右，言外之意，中央无为，而地方自治。在第57章中，他以更为明

---

① 顾炎武：《顾亭林诗文集》，中华书局1983年版，第12页。
② 顾炎武撰，黄汝成集释：《日知录集释》，花山文艺出版社1990年版，第363页。
③ 参见秋风：《封建制与郡县制》，载《21世纪经济报道》2006年11月23日。
④ 顾炎武撰，黄汝成集释：《日知录集释》，花山文艺出版社1990年版，第378、379页。
⑤ 值得注意的是，在明清之际持类似观念或主张的并不限于顾炎武一人，只是相比较而言，顾氏的主张最为明确和清晰。该时期的思想家，如黄宗羲（梨洲）等，都有类似的地方观念。黄宗羲的地方自治思想，可参阅其《明夷待访录》的"方镇"篇。

确的措辞再次表达了类似的思想:"故圣人云:'我无为,而民自化;我好静,而民自正;我无事,而民自富;我无欲,而民自朴'",也就是说,政府无为,百姓自治("自化"、"自正"、"自富"和"自朴")。至于为何要提倡自治,老子在第49章中解释道,"圣人无常心,以百姓心为心。……百姓皆注其耳目,圣人皆孩之"。因此,老子治国安邦的核心思想概括起来就是"无为而治",以当代的话语而述之,地方自治、人民自治、市民自由显然处在老子的"无为而治"观念的核心范畴内。

前文对中国传统社会中地方自治观演变的考察在时间上是采取了倒叙的方法。归而言之,中国传统社会的黄老之说,以及明清之际顾炎武等人的地方论,都包含着地方自治的思想和理念,这些思想构成了一贯的思想体系。之所以称其为"一贯"的思想体系,不仅是因为后世的论者在提出自己的论述时往往引用前世论者的话语与主张,更因为这些不同时代的论者所坚持的核心思想具有同质性。

中国传统社会的地方自治思想至少构成了近世中国在西方政治思想的刺激下重新提出地方自治的前见和基础,它们甚至在相当长的时期内一直是清末论者提出地方自治观念所采取的基本形式。据此,笔者认为,西方的地方自治思想是中国传统社会地方自治思想被重新激发的外因,并不构成中国宪法学说的地方自治思想的渊源。我国清末和民国时期的地方自治著作虽然数量相当可观,但多以考察实践中的制度演变史为主,极少涉及地方自治的概念和学说的演变史,例如,民国时期各种地方自治的论著,往往从周制(甚至黄帝时期)开始追述我国地方自治制度的演变史。[①] 当然,也有一些著作对地方自治学说史进行了简单的考证,如陈天海先生在《中国地方自治》一书中以极短的篇幅追溯了"古代地方自治之思想",其中列举了老子、孔子、孟子、管子、柳宗元等人的有关言论。[②] 造成这种现象的可能原因是,当时的学者们仅专注于将地方自治问题作为研究对象加以讨论,而缺乏从学术共同体的立场对学说本身的关注。然而缺乏对学说的研究并不等于学说本身不存在,这是不应当混淆的。

三、中西方地方自治观念的主要差异

中国传统社会既然已经存在系统的地方自治思想,清末立宪运动又开始在中

[①] 例如,黄哲真:《地方自治纲要》,中华书局1935年版;何炳贤:《地方自治问题》,北新书局1930年版,第87页等。

[②] 参见陈天海:《中国地方自治》,镜台书屋1932年版,第4-5页。

国提倡西学，引进西方的地方自治思想，因此，可以预见的是，中国的传统地方自治学说自清末起必然在中西方观念的冲突与夹击之下有所变化，而且必然是一种深刻和巨大的变革。考察清末以及以后中国的地方自治学说之演变应该是本部分的重要问题之一。但在讨论此问题之前，有必要首先明晰中国传统社会的地方自治观念与西方社会的地方自治观念的差别，只有先识其差异，才能知道其冲突的结果和变化的原因。笔者尝试着从地方自治观产生的社会环境、地方自治观的实质内容、地方自治观的形式以及地方自治的内部结构四个方面，来说明中西地方自治思想的差异。

(一) 乡村的自治观与城市的自治观

乡村自治观与城市自治观所体现的差别是指两者在其产生的社会环境与社会基础上的不同，或者毋宁说是基于乡村（环境）的自治观与基于城市（环境）的自治观。

众所周知，中国传统社会的主体是农业社会。人们生活的重点或主要范围是在农村，而不在城市。费孝通先生在《乡土中国》中写道："无论出于什么原因，中国乡土社会的单位是村落，从三家村起可以到几千户的大村……乡土社会的生活是富于地方性的。地方性是指他们活动范围有地域上的限制，在区域间接触少，生活隔离，各自保持着孤立的社会圈子。乡土社会在地方性的限制下成为生于斯、死于斯的社会。"[1] 在以村落为单位而富于地方性的乡土社会中，人们习惯于悠闲的生活方式，因此，逍遥自由、清静无为的政治观是极有市场的，按照老子的叙述方式，"小国寡民。使有什伯之器而不用；使民重死而不远徙。虽有舟舆，无所乘之；虽有甲兵，无所陈之。使民复结绳而用之。甘其食，美其服，安其居，乐其俗。邻国相望，鸡犬之声相闻，民至老死，不相往来"[2]。我国历朝历代，在其鼎盛的时候，在政事的治理上，都有一个共同的秘诀，简言之，就是"内用黄老，外示儒术"[3]。所谓"内用黄老"，当然是政府在统治上追求无为、自我约束，以使民间自由发展。

受乡村式的社会环境的影响，中国传统社会的地方自治观念是一种极为安逸和闲散的田园式自治观，它讲究的是政府的清静无为，个人的修身养性。这种地方自治观因其安逸而缺乏为争取自治而斗争的动力，遂不以官治或中央政府的他治为对抗之对象，因其闲散而缺乏自治共同体的组织力与凝聚力。

---

[1] 费孝通：《乡土中国》，生活·读书·新知三联书店1985年版，第4页。
[2] 《道德经》第80章。
[3] 南怀瑾：《老子他说》，复旦大学出版社2002年版，第4页。

但与此不同的是，西方社会的地方自治则为城市自治。从其产生的地理环境来看，近代西方的地方自治制度[①]产生于商品经济高度发达的欧洲城市，它是城市为争取其经济利益和市政管理上的自主权，与君主的专制王权进行对抗的产物。城市原本是君主的领土并处于君权的统治之下，但随着手工业、商业的发展，城市中的市民阶层力量增强，有些商业交通上特别重要的城市通过市民阶层的斗争，成为自由市。[②] 而其获得自治的手段不仅包括金钱的赎买，还有各种形式的武力斗争和政治博弈。在这种特定的地理、政治与经济背景下产生和发展的西方近代的地方自治思想，必然会具有自身的特殊之处。笔者认为，其特殊之处在于，这种地方自治观念具有积极的目标和突出的组织能力，非以积极的目标灌输于地方自治观，城市中的商业利益及市民自由就无法在专制的君主领地上得到伸张；非以突出的组织能力和凝聚力，则不足以在对抗王权的政治斗争和武力斗争中取得胜利。

（二）安逸的自治观与战斗的自治观

安逸的自治观与战斗的自治观的差别是指两者在自治的内容或实质方面的不同。

在中国传统社会中，以乡里为主要存在形态的地方不可能由于商业利益而像西方的城市那样与中央政府（或君主）形成激烈的对峙，而且事实上，中央政府多奉行"重农抑商"的政策，通过这种方式早已经预防了任何可能的经济对峙的出现，因此，其地方自治观总以追求安逸的乡村生活为内容。在清末地方自治学说普及的过程中，很多人批评中国传统民风失之闲散，例如，黄遵宪曾认为，中国传统社会的广大民众，"对于政府不知有权利，对于人群不知有义务……以如此至愚极陋之民，欲望其作新民，以新吾国，其可得乎！"[③] 此种情形不外是长期生活于安逸观念中的结果。

但在西方地方自治制度出现的过程中，由于城市是商业和贸易高度发达的区域，人口、空间、文化和非农业活动又都高度集中，市民阶层为获得商业贸易等方面的自由发展，不仅有脱离原属专制王权的企图，也有争取自由的动力和条件，其在自治活动遭遇君主的否定以后，就会自然而然地采取一种武力、经济或政治上对峙的姿态。

中国早期政治思想中所流露出来的地方自治观，多带有非常明显的田园式

[①] 正是在这种背景下产生的地方制度及其蕴含的自治思想对近代中国产生了影响。
[②] 参见黄继忠、夏任凡：《城市学概论》，沈阳出版社1990年版，第10页。
[③] 黄遵宪：《黄遵宪致梁启超书》第35号，载《中国哲学》（第8辑），生活·读书·新知三联书店1982年版，第385页。

的风格，在老子所用的"小国寡民"的措辞中就足以证明这一点，中国传统社会的地方自治观是以修身养性为目标的。而在西方政治思想中，既然地方自治需要以防御君主专制为目标，也就不可避免地带有斗争的色彩。总而言之，修身养性，所以潜在的法则是安逸；防御和抵抗君主专制，所以潜在的法则是战斗。

(三) 闲散的自治观与组织的自治观

闲散的自治观与组织的自治观的差别主要是指两者所主张的自治在形式上的不同。

中国传统社会的地方自治观是闲散而缺乏组织力的，这是由以乡村为主的社会环境所决定的，同时与安逸的内容也不无关系。梁漱溟先生曾鲜明地指出："地方自治之不易推行于中国，其困难即在组织能力。团体生活，为中国社会素所未有。"① 在《中国文化要义》中，他更详细地描述了团体观念缺乏对中国传统社会的自治主义的影响："地方自治体欠明确欠坚实，与官治有时相混。此谓其有时似属自治，有时又代以官治，一时一代兴废无定。且其组织、权限与区划，亦变更无常。即以民国以来言之，县以下基层组织忽而并大，忽而划小。制度纷更，几于朝令而夕改；单是名色，不知换了多少次。"② 这种现象不仅与古代中国的政治实践，而且与近代中国的政治实践，当然也包括1949年以来的政治实践，是相当吻合的。

而西方的地方自治观念极为强调组织的自治，也就是要形成一个自治团体，以自治团体作为主体来争取自治权。在爱德华一世统治时期（1272—1307年），城市就首次呈现出"法人团体的特征"，由于特定的社会环境，西方城市逐渐"转变成一个具有自律性与自治性的（虽然程度各有不同）、机构化的团体，一个能动的地域团体"③。这也是与他们的生活环境相关的，城市中的各种资源相对乡村更为集中，人们的联系当然也就更为密切，易于结成聚集体。考察欧洲近现代的地方学说，学说上往往将地方自治划分为两个方面，一为住民自治，一为团体自治。所谓"团体自治"，是指"将地方自治委之于独立于国家的团体，由团体在自身的意思与责任之下进行自治的这一自由主义性质的、地方分权性质的要素"④。这种团体自治的观念正是组织化的地方自治观的表现。

---

① 梁漱溟：《梁漱溟全集》(第5卷)，山东人民出版社1992年版，第321页。
② 梁漱溟：《中国文化要义》，上海人民出版社2003年版，第86页。
③ ［德］马克思·韦伯：《非正当性的支配——城市的类型学》，康乐、简惠美译，广西师范大学出版社2005年版，第56、58页。
④ ［日］芦部信喜：《宪法》，林来梵等译，北京大学出版社2006年版，第320页。

(四) 乡绅自治与市民自治

在中国传统社会的地方自治思想中，乡绅和宗族的地位是非常重要的，尤其是在晚期的地方自治思想中尤其如此。从顾亭林论述地方自治思想时开始，人们就以恢复周和汉两代的乡亭之职为理想。当然，这里的恢复乡亭制度并不是完全照搬周制和汉制，而是有所改变。其设想大体上是发挥乡绅在自治活动中的影响力，一方面处理自治之事务，另一方面也接受官府的考核。如，顾亭林在主张当地人主治以外，还强调"三年，称职，为真；又三者，称职，封父母；又三年，称职，玺书劳问；又三年，称职，进阶益禄，任之终身"①。冯桂芬后来也说："其有异绩殊誉功德在闾者，许人荐举，有违过者随时黜之。"② 在实践中，除汉代仿行周代的乡亭式自治以外，其他时期乡绅都受到官府较为严格的控制。因此，后世的学者多有对此种自治持批评态度的："不过这种自治，用现代政治理论观分析之，实际上是官治的延伸，与其说是自我管理，不如说是政府政治控制和行政管理的一种技巧。士绅治理，不是来自民众的委托，而是政府的委托，作为政府治理民众的工具，秉承政府政令，管理乡村事务。这是集权行政下的一种土著自治。"③ 这种现象的出现，与前述几个特征有着直接联系，正是由于其松散、缺乏组织化，官治得以乡绅为媒介而介入基层自治的过程。

然而，西方地方自治思想较注重市民在自治过程中的作用。这多是与在其自治制度最初产生时，城市中的市民阶层较为强大并且常常是自治运动的中坚力量有关。若再往深处而言，这种情形还有助于在地方自治中培育近代西方的民主观念。在近现代西方地方自治学说中，通说将地方自治分为两个层面——住（居）民自治与团体自治，市民自治的内在结构孕育了住民自治的民主观念，而组织化形态则孕育了团体自治的自由和分权观。而韦伯的考察说明，使西方城市成为"团体"的两个因素——"'共同体'性格"与"'市民'身份资格"，在东方城市中则付之阙如。④ 因此，中国古代的自治观，虽为自治，但绝无西方式的自由或民主因素。

以上是中国传统社会的地方自治思想与西方地方自治观的差异。对于以上种种差异，笔者认为，其并不存在优劣之别，只是不同的社会与经济条件使然。那么，

---

① 顾炎武：《顾亭林诗文集》，中华书局 1983 年版，第 13 页。
② 冯桂芬：《校邠庐抗议》，《复乡职议》篇，载谢俊美主编：《醒狮丛书》，中州古籍出版社 1998 年版，第 93 页。
③ 郭宝平、朱国斌：《探寻宪政之路：从现代化的视角检讨中国 20 世纪上半叶的宪政试验》，山东人民出版社 2005 年版，第 175 页。
④ 参见［德］马克思·韦伯：《非正当性的支配——城市的类型学》，康乐、简惠美译，广西师范大学出版社 2005 年版，第 22 页。

在西学传入中国以后，中国传统社会的地方自治观念在西方观念的冲击之下，将会发生怎么样的变化？其演变的形式如何？笔者接下来对这些问题展开讨论。

第二节　清末时期的地方自治叙述

在追溯了中国传统社会的地方自治观之后，本节重新回到近代中国首次主张地方自治的冯桂芬，以及与他处在同一时期的主张地方自治的维新派人士，如郑观应、王韬、薛福成、马建忠、汤震、何启、胡礼垣、陈虬、陈炽、黄遵宪、梁启超等，他们的地方自治思想基本上代表了此一时期的学说与观念。

一、地方自治的内容

在西学的冲击之下，开明的士绅官员与进步的思想家展开了地方自治的介绍和研究。尽管清末民初这段时间内，地方自治观一直处在逐渐变迁的过程中，但总体上能够呈现出相对稳定的和达成共识的基本内容，这些内容主要包括以下几个方面。

（一）提倡乡董自治

乡董自治的观点大体上是以中国古制为依据的。清末时期最早提出乡董自治者为冯桂芬，他在《复乡职议》中对地方自治的最重要的建议就是恢复周汉时期的乡亭之职，并且他还提出了自己的具体设想，即："县留一丞，或簿为副。驻城各图，满百家公举一副董，满千家公举一正董，里中人各以片楮书姓名保举一人，交公所汇核，择其得举最多者用之。皆以诸生以下为限，不为官，不立署，不设仪杖，以本地土神实祠为公所。民有争讼，副董会里中耆老，不服则送正董，会同两造族正，公听如前；又不服，送巡检。罪至五刑送县，其不由董而达巡检或县者，皆谓之越诉，不与理。缉捕关正、副董指引，而不责成。征收由正、副董劝导，而不与涉手。满五千家设一巡检，全乎为官如今制。惟以邻群二三百里内无山川间阻之地，诸生幕职荐举者为之。丞簿由巡检升除，丞簿月给养廉三五十金，巡检半之；正董薪水月十金，副董半之，有过者随时黜之。"[1]

继冯氏之后，郑观应、陈炽等都曾经鼓吹过乡董自治。实际上，这样的主张在顾炎武时就已经提出了，只不过清末重新提出并经过了些许的修正。应当说，乡董自治的观念本身仍然沿袭着中国传统社会注重乡绅自治的观念，但随着西方

---

[1] 冯桂芬：《校邠庐抗议》，《复乡职议》篇，载谢俊美主编：《醒狮丛书》，中州古籍出版社1998年版，第93页。

自治学说的输入,对乡董自治的提倡日益减少了。起初人们还试图将中国的乡绅与西方地方自治中的名誉职联系在一起,通过乡董引导自治,发展地方实业,但到了民初时期,乡董自治的观念已经基本上见不到了。在笔者看来,最重要的原因可能是人们逐渐认识到,乡董自治注重政府通过乡董来干预基层,而这会破坏自治活动本身。

(二)开设地方议院

郑观应是清末立宪运动中最早提出设立(国家)议院的,同时,他也较早论及了地方议院与地方自治的问题。在《盛世危言》中,郑氏指出:"本中国乡举里选之制,参泰西投匦公举之法,以遴议员之才望。"① 从当时的学说来看,论者多对西方的地方议会制赞赏有加,并有仿行之意。比如,维新派的代表人物之一黄遵宪曾如此评价日本从西方引进的地方议会制:"府县会议之制仿于泰西,以公国是而伸民权,意甚美也……是制之建,人人皆谓政出于民,于地方情弊宜莫不洞悉。"② 1901年,张謇在《变法平议》一书中,主张仿行日本的地方自治制度,"设府县议会",实行地方自治。③ 当时有关地方议会的主张多是中西合璧式的,但初期的论者多没有直接论述地方议院开设的具体办法。最早详细论述设置地方议会的是浙江人陈虬,他在《治平通议》的《救时要义》篇中也认为,应当以中国古法为基础,同时变通泰西之法,开设地方议院:"何谓开议院?泰西各有议院,以通上下之情,顾其制繁重,中国猝难仿行。宜变通其法,令直省札饬州县,一例创设议院,可即就所有书院或寺归并改设,大榜其座,国家地方遇有兴革事宜,任官依事出题,限五日议缴,但陈利害,不取文理……择优议行"④。

除此以外,同时期的汤震、陈炽等人对地方议院的开设都有较为具体的建议,其中涉及议院的形式、当选议员的资格等诸多问题。

(三)改革地方官制

地方官制不同于前述的乡董制,乡董不属于政府官员,而是自治职员,但地方官员则是国家的地方行政官员。在中国传统的郡县制下,地方官员多由中央派出,且异地为官,向中央政府负责,经常被调换。这种地方官员由中央派出的集权体制存在诸多弊病,实际上早在顾炎武时就已经发现这一问题并提出了改革的

---

① 郑观应:《盛世危言》,载中国史学会编:《中国近代史资料丛刊·戊戌变法》(一),上海人民出版社1957年版,第57页。
② 黄遵宪:《日本国志》,载沈云龙编:《近代中国史料丛刊续编》(第10辑),文海出版社1966年版,第424页。
③ 参见张謇:《变法平议》,《张季子九录·政闻录》卷二,中华书局1931年版。
④ 陈虬:《治平通议》,载中国史学会编:《中国近代史资料丛刊·戊戌变法》(一),上海人民出版社1957年版,第228页。

思路，顾氏在《郡县论》中曾提倡，"罢监司之任，设世官之奖，省辟属之法"，"必用千里以内习其风土之人"任职县令，经过若干年试用后，称职者"任之终身"，并且要求"使县令得私其百里之地"①，也就是说，要撤销中央派往地方的监督官员，以熟悉当地情况的当地人担任县令，使其有能力管理当地的事务。

在清末时期，与西方的地方自治体制两相对比，集权体制的弊端更为明显。在1898年年初，黄遵宪回国代理湖南按察使，在湖南襄助推行新政，其间他曾发表演讲力陈中国古代地方官制的缺陷，将朝廷任命的地方官称为"宴会之生客，逆旅之过客"，并称这种官僚制度是"举吾身家性命田园庐墓"，"委之于二三官长之手，曰是则是，曰非则非。而此二三官长者，又委之幕友书吏家丁差役之手而卧治焉，而画诺坐啸焉"②。当时的舆论基本上都支持这种看法，因此，改革地方官制是清末地方自治学说中不可缺少的一部分。

冯桂芬在《校邠庐抗议》的《公黜陟议》篇中就以地方选举为思路对改革地方官制提出了设想。③ 在冯氏之后，郑观应、陈炽、宋恕等人都倡议改行地方官员由当地选举，并且有越来越具体的建议。例如，郑观应在《盛世危言》里指出，"国以民为本，而治之道，莫切于亲民之官，生乱之源，莫急于病民之政，所谓天下得人，则天下治也，此之谓也……国家设官，本以为民，其与民最亲，而贤否得失之间，动关国家之治乱者，尤在州县"，因此，地方官的选任尤其重要，其"选举之政操之民间，用土人或久居其地者为官，无回避本省之例，听讼之事，派以陪审，而肆威作福之弊祛，列以见证，而妄指诬陷之弊绝"④。这在当时的地方自治学说中已经是常识性的观念。

（四）谋求地方的振兴

当晚清政府在与西方的对抗中经历了军事、政治上的失败之后，国人发展实业的观念受到刺激，实业的振兴越来越成为举国关注的焦点。而当时的地方自治思潮在这种大背景下自然就会与地方的振兴联系在一起。地方自治论者在提倡地方自治时，往往会论述地方实业的振兴，即认为采行地方自治体制是振兴地方实业的必由之路，而此处的"实业"在范围上是非常广泛的。

从当时所论及的范围来看，至少包含了政治、商业、教育、交通、农业、警

---

① 顾炎武：《顾炎武诗文集》，《郡县论》篇，中华书局1983年版，第12-15页。
② 黄遵宪：《黄公度廉访第一次暨第二次讲义》，载《湘报》，中华书局1965影印本，第五号。
③ 参见冯桂芬：《校邠庐抗议》，《公黜陟议》篇，载谢俊美主编：《醒狮丛书》，中州古籍出版社1998年版，第72页。
④ 郑观应：《盛世危言》，载中国史学会编：《中国近代史资料丛刊·戊戌变法》（一），上海人民出版社1957年版，第57页。

察等。例如，康有为曾经主张设立民政局，他在1898年1月的《上清帝第六书》中提出：在每道设一民政局，督办新政；在每县分设民政分局，"派员会同地方绅士治之"。除刑狱赋税暂时仍归知县以外，"凡地图、户口、道路、山林、学校、农工、商务、卫生、警捕，皆次第实行"①。而黄遵宪则极为提倡日本仿效欧美所建立的警察制度，他曾说："有国家者欲治国安人，其必自警察始。"② 在黄遵宪的观念中，"警察一局，为万政万事根本"③。它被赋予很多的使命，涉及清查户口、巡查街巷、清疏交通、调解纠纷以及改造罪犯等各个方面。

由此可见，当时地方各项实业振兴的期望几乎是完全被寄托在地方自治事业上。

二、地方自治之必要性

在清末的地方自治学说中，除构想地方自治制度的具体内容以外，有关地方自治之必要性的论证也是必不可少的重要内容。因为只有向清廷和民众证明地方自治是必要的，地方自治论者所构想的那些制度内容才能够获得支持，得到实施。从这一时期的论著来看，人们论证地方自治的必要性的角度是非常宽泛的，大体上可以列举为以下几个方面。

第一，地方自治为治世准则与立国之本。这种思路往往会超脱于（中国之）政治实践的层面，抽象地从治世之道或政治统治的根本原则出发，论证自治是治世的准则，也因此应当是各国的"立国之本"。例如，梁启超在《新民说》的《论自治》篇中说："凡善良之政体，未有不从自治来也……以地方自治为立国之本，可谓深通政术之大原，而最切中国当今之急务。"④ 西方各国均以地方自治制度为根本之准则，中国政治落后的原因之一就是地方自治不够发达，因此，发展地方自治也是最切当今中国之"急务"。实际上，这种思路本身就足以表明，清末民初时期的地方自治论者极为关心政治统治的一般原理，往往从这些终极理念中推演地方自治的需求。

第二，地方自治可增强国力，是强国之道。这种思路是一种实用主义的进路，认为地方自治能够求得地方实业的发展，从而带动整个国家的富强，从而是

---

① 汤志钧：《康有为政论集》（上），中华书局1981年版，第216、581页。
② 黄遵宪：《日本国志》，载沈云龙编：《近代中国史料丛刊续编》（第10辑），文海出版社1966年版，第421页。
③ 黄遵宪：《黄遵宪致梁启超书》第33号，载《中国哲学》（第8辑），生活·读书·新知三联书店1982年版。
④ 梁启超：《新民说九》第十节，《论自治》，载《新民丛报》第九号（1902年），第6页。

强国之道。从清末民初时期的著述来看,这种观念是极为普遍的。例如,留日学生曾这样来论证地方自治与实业发展的关系:"地方自治制最完全者,其实业必最隆起。地方自治制与实业要有密接之关系。……在今日则以实业之组织,寓地方自治之组织,即借地方自治之组织,以益发实业之组织。一乡里为之,一州县为之,一省为之,则不患抗拒外人之无所凭借……吾民族欲自发达其实业……为保国保种之目的者,非亟亟趋向于地方自治之规模而进行不可。"[1] 当然,地方自治能增强国力并不单纯是通过促进实业的发展来实现的,其改善政治、增强地方和国家活力的功能也都与强国的目标联系在一起。

第三,地方自治是立宪的前提和要素。这种思路将应当采行立宪作为共识性的前提,认为地方自治则是实现立宪的必由之路。清末时期的论者多有这种看法,例如,《南方报》在光绪三十一年(1905年)曾刊有一篇文章,可以作为此一主张的代表,其中认为,通过开办地方自治,使地方人民公举地方官员,公议地方政事,为立宪创造一定的前提条件,地方自治是立宪的预备,因此,"中国今日之立宪,当以地方自治为基础"[2]。学说上的这种观念也影响到清廷的立宪活动,例如,在清廷于1908年8月27日发布的《九年预备立宪逐年推行筹备事宜谕》中,"所有人民应行练学自治教育各事宜"[3] 也被作为预备立宪的环节之一。

第四,地方自治可保民生、厚民气、伸民权。这种思路常常将国家生存的基础寄托于民众,而地方自治可以培育公民参政的责任力和能力,可以提高国民意识,伸张民众的权利。例如,黄遵宪曾提出:"自吾随使东西,略窥各国政学之要,以为国之文野,必以民之智愚为程度。苟欲张国力,伸国权,非民族之强,则皮之不存,毛将焉附?国何以自立?苟欲保民生,厚民气,非地方自治(不可)。"[4] 这种观念在清末时期虽然已经是人们论证地方自治必要性的一种思路,但由于君主制的存在,其地位并不极为突出,尤其是伸张民权的观念,论者似乎常常注意不去触动大清的皇权。而到了民初时期,由于摆脱了清朝君主制的束缚,伸民权随即渐渐成为地方自治的第一必要性。

三、中西思想交汇的地方自治观

从前文对这一时期的地方自治观念的分析和列举可以看出,自清末立宪运动

---

[1] 《"列强在支那之铁道政策"译后》,载《游学译编》第5期。
[2] 《论立宪当以地方自治为基础》,载《东方杂志》1905年第12期,第318页。
[3] 夏新华、胡旭晟编:《近代中国宪政历程:史料汇萃》,中国政法大学出版社2004年版,第124页。
[4] 黄遵宪:《黄遵宪致梁启超书》第33号,载《中国哲学》(第8辑),生活·读书·新知三联书店1982年版,第384页。

以来，中国传统社会固有的地方自治观念开始在西方地方自治思潮的冲击下发生一些变化。这些变化从多数的地方自治主张中就可以直接地体现出来，当时地方自治的倡导者在论及地方自治政策时，往往以"恢复中国古制或以之为基础"并"参酌泰西地方自治之法"来总括其地方自治设想。如果进一步考察其具体内容，以下几个方面大体上可以反映出这种变化的特征。

第一，开始包含个人权利的观念。中国传统社会通常将地方制度作为实现国家统一的附属制度，国家制度的辅助物。在最开始介绍西方地方自治时，论者们也较多地是从维护国家统一的立场上来提倡地方自治，这或许是出于使其地方自治主张易于被中央政府接受的考虑，这种情况不仅反映于呈交中央政府的奏折文书，也体现在论者向大众普及地方自治知识的作品中。清政府于1908年颁布的《城镇乡地方自治章程》第一条即开宗明义地规定："地方自治以专办地方公益事宜，辅助官治为主。"[1] 因此，初期的地方自治观念沿袭中国历来之传统，缺乏对个人权利的关注，这是比较明显的。

汪太贤教授在总结这一时期的地方自治观的立论基础时，曾指出："在自强求富宗旨之下提出地方自治主张时，似乎总是与西方制度相关，但在其立论的思想基础或价值取向上，往往又回归于传统，总是与西方观念相去甚远。具体而言，早期地方自治提出的立论基础并非西方意义上的民治、民主观念，至多为一种初级的中央与地方的分权精神，以及从古代民本思想引申出来的'养民'、'生民'、'保民'等治民理念，其价值取向无非是'君民不隔，上下同心'。"[2] 然而，随着对西方地方自治观念了解的深入，这种情况逐渐发生转变，个人权利被引入了地方自治的范畴，地方自治被认为是"申民权"的重要举措。梁启超曾明确地提出，"抑民权之有无，不徒在议院参政也，而尤在地方自治。地方自治之力强者，则其民权必盛，否则必衰"，因此，地方自治者，"民权之第一基础也"[3]。尤其是在清政府被推翻以后的地方自治学说中，"申民权""人民民主的试验场"等诸如此类的关注基层民权的提法就变得更为常见了。

因此，从不具有个人权利的观念，到逐渐以西学为借鉴提倡在地方自治中实现个人权利，这是中西地方自治观念在清末中国交汇的第一个表现。如果将时间再向后推移，那么就更可以发现，民国时期的地方自治著作，基本上将其学说建立在民主和人权的基础上。

---

[1]《政治官报》光绪三十四年（1908年）十二月二十八日，第445号。
[2] 汪太贤：《近世中国地方自治主张的最初提出及其表达》，载《西南民族大学学报（人文社科版）》2004年第5期，第104页。
[3] 梁启超：《饮冰室合集》（第2册），中华书局1989年版，第52页。

第二,向组织化的自治偏移。前文在论及中西地方自治观念的差异时,曾得出结论,认为中国传统社会的地方自治观念是松散、闲散和缺乏组织的,这一特征在清末以来逐渐有被扭转的趋势。在考察西学和向西方借鉴的过程中,论者逐渐接受了强调组织的西方的自治观念,越来越重视自治组织和自治团体在实现自治中的作用。例如,留日学生在1903年曾撰文认为,中国地方自治之基础极厚,但成效极少,原因在于没有自治机关,因此,应当"组织地方自治机关",具体措施包括:就各地方固有之绅士,联合成一自治体;自治体宜分议决与执行二机关;分任机关之事者,由绅士中互相投票公举;机关议事必以多数为可决;机关之职员悉为名誉职。[①] 从上述主张中可以看出明显的西化的痕迹,"自治体"大体上已经具有西方地方自治学说中地方自治团体(公法人)的雏形,而机关之职员为名誉职的想法明显来自欧陆的地方自治实践。

而这种关于地方自治的看法,在中国传统社会的地方自治论中是看不到的。这种思路进一步发展到民国时期,已经形成非常发达的团体自治的论述,并且团体自治被认为是地方自治的核心,可以说,西方的自治观念到此已经基本上取代了中国传统社会的自治观,这在后文将进行更详细的说明。当然,这种过程可能是无意识的。

第三,开始具有积极的目标。在中国传统社会以农业为社会背景的地方自治观中,人们大多是讲究清静无为和个人的修身养性的,而在实践中,官方对乡里组织的定位往往是受政府的委托和监督维持当地治安,帮助政府实现其统治职能,因此,乡里组织多是消极和被动地充当官治的辅助物。虽然乡里组织也在一定程度上承担着公益事业、济贫互助等功能,但与西方以城市自治为基础的那种进取的、开拓的甚至冒险的自治精神相比,是远远不及的。

在西方地方自治观念的冲击之下,此一时期的地方自治主张几乎都对地方自治赋予了特定的、实际的目标,这些目标包括振兴地方实业、发展地方交通、普及当地教育等。因此,可以说,通过地方自治来求得当地之振兴也是引进西方地方自治观念之后而形成的新想法。当然,这种变化与整个社会环境的变化有直接的联系,中国传统社会不追求商业的发展,只在维持社会的安定。而清末在经历了军事、政治上的种种失败之后,整个国家和社会的观念都倾向于发展实业和增强国力,而地方士绅又实际地成为发展实业的主力军。在根本的政治统治观和统治环境发生变化的条件下,地方自治当然也就被赋予了谋求振兴等一系列的特定社会使命。

[①] 参见攻法子:《敬告我乡人》,载《浙江潮》第2期。

以上从主要方面总结了在西方地方自治观的冲击之下，清末民初时期的地方自治观在内容上的变化。当然，这些变化并非那种从一个极端转向另一个极端的根本性剧变，而只是一个主要取向的变化，是一个逐步转化的过程。笔者试图用"中西思想交汇的地方自治观"来形容这一时期地方自治学说的总体特征，或者可以将这一时期的地方自治主张定性为"中西合璧式"的地方自治观。

至于这些变化发生的原因，必然是多方面的。就学说的演变而言，需要注意的是学说传播的载体——地方自治倡导者，因为至为重要的是，西方地方自治观是通过"人"的载体向我国的知识界传输的。从初期开明绅士主动地了解西方政情，展开对地方自治的研究和认识开始，到地方自治学说逐渐被采纳，中西交流日益频繁，中国开始大规模地向西方学习，在这当中一个极为重要的群体是留洋学生。大量的旅日以及留学欧美的留学生，带着西方化的地方自治思想归国，这些人都成为地方自治学说的智识载体，并成为地方自治学说的倡导者。

尽管没有进行确切的数量统计，但清末和民国时期绝大部分的地方自治研究者，都有游学日本或欧美的经历。例如，马建忠、魏瀚、林藩、游学楷、高而谦、王寿昌、柯鸿、许寿仁等，均曾在法国留学，将法国的地方自治学说介绍到中国是理所当然的事。而留日学生和留德学生带回日本、德国的地方自治学说，亦是当然。

四、政治学叙述中的地方自治

前文对中国传统社会的地方自治学说以及清末民初的地方自治学说进行了一定的整理和研究。中国传统社会的地方自治思想，尽管其内容极为丰富，但从学科的归类来看，更多地属于政治思想史的范畴，是某种形式的"政治哲学"，或者至多是法律思想史，还谈不上是一种典型的法学的或宪法学的学说，不能称为"地方自治'法'学说"。在清末民初时期，由于中西思想的交汇是一个西学成分日益增加的过程，因此，"中西思想交汇的地方自治观"中不少内在的观念都与中国传统的学说渐行渐远，但这一时期的地方自治学说仍然维持着传统上就已经存在的政治学的叙述风格。对此可以从以下几个方面进行观察。

第一，从总体上看，清末民初时期的多数地方自治论述是从政治统治正当性的维护、民权的伸张、实际的统治与管理便利等方面来着眼的，虽然也有关于如何建构具体制度的阐述，但总免不了动辄向受众出示抽象的原理，甚至就原理而论原理。笔者并不反对这样的叙事方式，但是，若单纯地依靠这种研究方法，显然不是典型的法学进路，而是政治哲学的进路。当然，也可以勉强将之纳入宪法思想研究的范畴，但这并不是典型的法学叙述方式。事实上，如果从一个更为宽泛的背景出发，中国传统社会根本就不存在近现代意义上的法学，何谈典型意义上的地方自治法学说？

第二，清末民初时期大体上是一个地方自治制度正在倡议创立的时期。中国传统社会的地方制度随着朝代的更替越来越倾向于中央集权，到了明清之际，中央集权的程度几乎已经到了无以复加的程度。在经过了这样长时期的中央集权政制之后，要想重新发展地方自治，免不了要花大量的精力来向当局和民众论证其合理性，而在当局和民众接受地方自治的观念以前，关于地方自治制度的具体设计、地方自治法的轮廓的讨论，显然只能居于一处次要位置。在地方自治的主张被当局采纳以后，地方自治提倡者也仍然需要借助一系列的政治观念在民众中普及地方自治原理。因此，法学研究意义上的地方自治法学说在这一阶段还没有全面展开的外部条件。

第三，即使是此一时期有关地方自治制度的建构的具体建议，也往往是从地方组织的结构出发，例如地方议院的开设、地方官员如何选举等。这样的论述更像是在讨论一个关于政治组织的章程，而不是在公法学上阐明法律主体和法律关系。当然，这要归因于地方自治法律体系的缺乏，在一种缺少实定法规范的条件下，实证主义的、规范主义的地方自治法学说不可能产生。

第四，就目前学术界对清末民初时期的地方自治学说的研究状况而言，实际上，更多的研究力量来自政治学界和历史学界，而不是法学界。这当然不能作为笔者将清末民初时期的地方自治学说称为"政治学叙述"风格的原因，但却可以从一个侧面说明这样的定性具有结果上的依据。

第三节　法学叙述中的地方自治

清末的地方自治思想在民国时期继续受到西学的冲击，在国共两党的北伐战争（民国十七年，即1928年）结束以后，地方自治学说发展到了另一个非常明确的阶段，在这一阶段，论者们开始将法律意义上的地方自治从政治意义上的地方自治中区别开来，展开了法学式的讨论。当然，这个阶段不是一蹴而就的，它必然经过了长时间的酝酿。

一、法律意义上的地方自治的出现

在笔者所查阅的范围内，最早将法律意义上的地方自治从政治意义上的地方自治中区分出来的是民国时期的周成先生，他在1929年8月出版的《各国地方自治纲要讲义》中将地方自治的意义区分为并列的两层：第一，所谓"自治者"，"以非专任之官吏而参与于国权之行政之谓也"，也就是说，凡"立法司法及行政事务，非由国家之吏执行者"，皆称之为自治；第二，所谓"自治者"，"于一定之限度内，地方团体有法律上之人格者，离乎国家而独立之谓也"[1]。在对这两种意义进行了区分以后，他又分别明确地指出，前者为政治意义上的自治，而后者则为法律意义上的自治。[2] 如此对地方自治的意义进行二重区分，这意味着地方自治已经脱离了地方政权组织的基本原则与章程的范畴，在法律的意义上进入了地方自治法体系的规范框架与分析模式。

在这之后，政治意义的地方自治与法律意义的地方自治的区分，也就是人民（住民）自治与团体自治之间的区分，就成了地方自治研究中的通说。例如，林众可先生所著的《地方自治概论》（1931 年 9 月），也坚持了人民自治与团体自治的区分。[3]

黄永伟的地方自治研究巨著（篇幅达近 800 页，内容全面而深入）《地方自治之理论与实施》对地方自治的概念也进行了深入的研究，并提出政治意义上与法律意义上之地方自治的区别："政治上之意义之所谓地方自治，地方行政在规定之相当范围内绝对不受国家之干涉，一切实际事务之执行，必由地方人民公选之名誉职员应其责任；法律上之意义之所谓地方自治，凡一种团体以执行国家内公共行政为目的，为规定之相当范围内，得于国家监督之下，依一己之独立意思，而处理其一己之事务之谓也。"[4]

黄哲真的《地方自治纲要》（1935 年 10 月）在研究地方自治的含义时，将地方自治区分为广义（政治学意义）与狭义（法律学意义）上的自治，前者为"人民自治"，后者则为"团体自治"[5]。叶春的《地方自治》（1946 年），在介绍地方自治的含义时，也直接从政治上与法律上区分地方自治，并在地方自治法的意义上提出地方自治团体的团体自治观。[6]

由上述可见，几乎每一部研究地方自治的作品都承认地方自治的政治意义与法律意义之间的区别，认可人民自治与团体自治的区分。那么，为何必须从政治意义上的地方自治中剥离出法律意义上的团体自治呢？又为什么团体自治才是法

---

[1] 周成：《各国地方自治纲要讲义》，泰东图书局 1929 年版，第 2、4 页。
[2] 参见周成：《各国地方自治纲要讲义》，泰东图书局 1929 年版，第 8、9 页。
[3] 参见林众可：《地方自治概论》，商务印书馆 1931 年版，第 9 页。
[4] 黄永伟：《地方自治之理论与实施》，南京拔提书店 1934 年版，第 1—2 页。
[5] 黄哲真：《地方自治纲要》，中华书局 1935 年版，第 2—3 页。
[6] 参见叶春：《地方自治》，教育图书出版社 1946 年版，第 1 页。

律意义上的地方自治呢？何炳贤先生对此有精辟的解释，他指出："我们首先要明白，自治的组织，不单纯是设立几个机关便算了事，其最低限度的条件，是自治团体的形成，这个团体，对内是民意的集团，是政权行使的所在；对外不独是民意的代表，且是民众合组的法人。"① 可见，自治团体这样一种形式，不仅有助于在内部集合民意，也有利于在外部以法人的形式伸张民意。若是缺少团体自治的内涵，尽管地方可以设置自治机关，进行地方选举，管理地方事务与财政，但却无法以有效手段克服政治意义上的地方自治的松散性，从而为国家之官治挤压地方自治留下便利。也就是说，团体自治能够在法律上形成一道屏障，通过将地方自治团体与国家的关系纳入法律的调整领域，保障地方自治的实现。当时的论者多强调地方自治团体与国家的区别，这显然是试图通过地方自治团体的形式来排除国家对地方自治的可能的不当干预，保证自治免于国家的官治的危害。

由于法律意义上的团体自治的采纳，在 20 世纪 30 至 40 年代，我国的地方自治学说已经自觉和明确地进入了标准的公法学研究范式，其研究的素材多以各类地方自治法规为主，其研究的侧重点多集中于地方自治团体，其研究的方法亦多采用文本分析、规范分析和实证分析，因此，地方自治完全地进入了法学叙述的范畴。但是，笔者也注意到，其中亦有不足之处，当时的地方自治法著作仍然沿袭以前的传统，多称为"地方自治""地方自治概要""地方自治之研究""地方自治的理论与实施"等，而绝少冠之以"地方自治'法'"的名称，只有若干法律法规的汇编采用了"地方自治法规""地方自治法规汇编""地方自治法令""地方自治法令解释"的字样，这不能不说是一个小小的遗憾。

二、法律意义上的地方自治何以出现

那么，又是什么原因促成了法律意义上的地方自治的出现呢？笔者认为，以下三个因素是不能忽视的。

第一，地方自治法律规范的规模化和体系化。在缺少法律规范的情形下，显然难以对地方自治进行法律学意义上的研究。在清末立宪运动的晚期，清政府实际上已经颁布了《城镇乡地方自治章程》（1908 年）、《厅州县地方自治章程》（1909 年）等地方自治法规，但几乎未及得到学说上的研究与重视，清政府的地方自治改革就成为历史。而民国初期，虽然起初保留了清政府地方自治改革的些许成果（该改革刚刚实施不久），但先有袁世凯的中央集权措辞，后是各地军阀割据，再是北伐战争的爆发，等等，这些大大小小的事件使得地方自治的实施始

---

① 何炳贤：《地方自治问题》，北新书局 1930 年版，第 123-124 页。

终在动荡的环境中备受挫折。其间,中央政府也曾制定若干地方自治法规,但既不完善也无法推行。值得注意的是,1923年10月颁布的《中华民国宪法》[1],在当时各地方和民众普遍要求自治的背景下,明确了地方自治体制,其中规定地方分省、县两级,省县均为地方自治团体,以宪法典确认地方自治制,这在中国立宪史上还是第一次。

在北伐战争结束之后,地方自治法体系逐渐完善起来,1929年6月5日的《县组织法》,1929年10月2日的《县组织法施行法》,1929年10月2日的《区自治施行法》,1929年9月18日的《乡镇自治施行法》,1930年5月3日的《市组织法》,1930年7月19日的《乡镇坊自治职员选举及罢免法》,等等,有20多部地方自治法规相继出台,极大地吸引了地方自治研究者的兴趣,也为他们提供了分析、研究和批评的实证素材。

第二,地方自治研究方法的转变。在清末立宪运动时期,人们往往从政治学的原理出发对地方自治展开研究,如从地方民主、地方选举、地方自由等角度,动辄涉及政治学与宪法学的基本理念,而其讨论的范围又极为广泛,缺少规范与实证的分析。但随着地方自治法律体系的完善,人们开始获得具体的研究素材,这就使针对具体问题有的放矢地分析成为可能,而不必空谈高深莫测的地方自治抽象理论,因此,其研究方法也逐渐转变为以文本分析、实证分析和法解释学的方法为主。例如一个非常典型的代表是,陈天海先生的《中国地方自治》(1932年1月)有一个非常明确的特色,即对法条进行文本分析,该书很多部分甚至将法条原文照录,辨其利弊,评其得失,在进行有效的文本分析的同时也保留了一定有价值的实在法资料。[2] 该时期的地方自治论著都多多少少地涉及实定法的条文,即使是在阐释地方自治原理时,也常引据法条作为佐证。这种现象在以前的地方自治研究中是较为罕见的。

显然,只有文本的方法与法释义学的方法才是法学专属的研究方法。当然,这一点或许可以被作为法律意义上地方自治学说出现的原因,或许也可以将其作为法律意义上地方自治学说出现所带来的结果。然而无论如何,它们是相互伴随着的。

第三,法德日地方自治学说的影响。众所周知,以公法人理论为基础的团体自治观念原本形成于欧陆的公法系统,并流行于欧美和日本的地方自治学说中,

---

[1] 即1923年10月10日的"曹锟宪法",该宪法虽因"贿选"问题而有失名誉,但在宪法学的意义上,仍不失为一部优秀的宪法。

[2] 参见陈天海:《中国地方自治》,镜台书屋1932年版。

尤其是在欧洲大陆的法国和德国，论者常常强调团体自治观的重要性，这种传统延续到了今天。当下的法国和德国宪法学说中，仍然是从团体自治的角度出发，讨论地方自治团体的法律人格。① 从我国20世纪30和40年代的地方自治著述来看，学说上在提到团体自治的概念时，往往都指明团体自治的观念是来自法德的观念，而政治意义上的人民自治则多来源于英国法。② 实际上，日本的地方自治学说受德国法的影响较大，多与德国学说存在借鉴甚至继承的关系，例如，日本学者清水澄说：“所谓地方自治，系公共团体，以自己的机关，处理属于团体以内的政治事务。”③ 这显然是以德国法上的团体自治观为基础的。④ 如前文在分析我国传统社会的地方自治思想时所述，以组织化为核心的团体自治观在我国传统社会的地方自治思想中是从来没有存在过的。

因此可以断定，上述的法律意义上的团体自治说是在受到欧洲和日本的影响后才出现的。实际上，"清末地方自治，十之九取法日本。而日本的地方自治，则多取法欧洲，特别是德国"⑤。可以推断，源自德国的团体自治观极可能是以日本为媒介而传播至我国的。当然，这是一个法考据学上需要研究的问题。

以上三个原因基本上足以解释地方自治学说为何从政治学的叙述方式转向了纯粹的法学的叙述方式。当然，这并不是说政治意义上的地方自治遭到了否定，只是说研究的重点或主体内容发生了偏移。从这一时期的地方自治论著来看，人们还是会花特定的篇幅来论证地方自治的种种益处（如从民生、民权主义或建设的方面）⑥，这实际上是仍然沿袭着政治学的叙述方法，只是从这时起，政治学的叙述方式再也无法占据地方自治研究中的主导性地位了。

三、地方自治团体的有关学说

地方自治团体的概念在清末时期就已经出现。梁启超早在1907年曾使用

---

① Michel Verpeaux, *Droit des collectivités territoriales*, Paris: Presses Universitaires de France, 2005.
② 这种情况极为普遍，例如周成的《各国地方自治纲要讲义》、陈柏心的《地方自治与新县制》（商务印书馆1942年版）等。
③ 熊素：《地方自治问答》，世界书局1947年版，第1页。
④ 郭冬梅教授在其著作和一系列论文中曾分析日本对德国自治学说的继受，请参见郭冬梅：《日本近代地方自治制度的形成》，商务印书馆2008年版；郭冬梅：《德国对日本近代地方自治的影响——以格奈斯特、莫塞和山县有朋的地方自治观为中心》，载《日本学论坛》2007年第4期。
⑤ 郑永福、吕美颐：《论日本对中国清末地方自治的影响》，载《郑州大学学报（哲学社会科学版）》2001年第6期，第126页。
⑥ 例如，陈安仁的《地方自治概要》仍从这样的角度来分析地方自治的必要性：除却官僚政治之弊害；辅助政党政治之不及；养成人民对政治之责任心与能力；适合经济政策之运用。

"地方团体"的提法，他认为："地方团体自治者，国家一种之政治机关也。就一方面观之，省中央政府之干涉及其负担，使就近而自为谋，其谋也必视中央代谋者为易周，此其利益之及于地方团体自身者也。就他方面观之，使人民在小团体中为政治之练习，能唤起其对于政治之兴味，而养成其行于政治上之良习惯，此其利益之及于国家者，盖益深且大。"① 将地方团体作为国家的"政治机关"之一，这反映出当时对地方团体的认识仍然不够明确，也缺少公法学的内涵，梁启超仍然将地方团体与政治学的话语体系联系在一起。但民国时期，在法律意义的团体自治含义中，地方自治团体已经居于核心的位置，它是承担地方自治的主体，这是没有任何疑义的。因此，此一时期的地方自治著述多将"地方自治团体"（或称为"地方自治体"、"地方公共团体"和"地方团体"）作为最重要的内容加以研究。就学说的价值而言，其中最显著和最重要的又莫过于对地方自治团体的概念与要素的看法。

（一）地方自治团体的概念

就关于地方自治团体的概念的研究而言，周成的《各国地方自治纲要讲义》可谓是此问题的奠基之作。该书在介绍各国的地方自治制度之前首先分析了地方自治的主体，即地方团体。在定位上，地方团体与公共组合同为公共团体，公共团体与国家合为公法人，而公法人再与私法人合为法人，该书又附带地研究了法人和公法人的基本理论，对诸如"法人否定说"、"法人抑制说"和"法人实在说"等均有评述。地方团体就其性质而言，"乃领土团体（gllretolpeetchaft）之一种，与国家同其形体，以一定之土地为基础之人民团体也。故地方团体对于其地域之关系，与国家对于其领土之关系相同，于其所属之地域内，有发动国家所赋予之统治权之能力，凡居住或寄留于其地域内之人民，概须服从之。在同一之地域内不容有与之同等之他之公共团体发动其权力焉"②。由此可见，当时的地方自治研究已经完全在法律上采纳了团体自治的观念，并且辅之以完善的公法人理论为背景。此种研究所展开的深度，即使对照于今日的地方自治法学说亦不显落伍。

并且，值得注意的是，该书还以专门的一节来论述自治团体与国家之间的区别，这不仅包括二者法律人格的不同，还指国家之统治权乃国家所"固有"，而地方团体的统治权必"由国家赋有而始得享有之"③。这种结论显然是"传来权

---

① 梁启超：《政闻社宣言书》，载《政论》1907年第1期。
② 周成：《各国地方自治纲要讲义》，泰东图书局1929年版，第16页。
③ 周成：《各国地方自治纲要讲义》，泰东图书局1929年版，第19页。

说"的代表，尽管在今日的地方自治理论中已经完全被制度保障说所取代，但在当时仍然算得上是通行的观点。

陈安仁先生的《地方自治概要》（1930年6月）在研究地方自治的含义时，专用一节来从"地方团体在法律上之人格"的方面着手。其对地方自治的定义是"在于一定限度内之地方团体，有法律上之人格，离国家而独立之谓"①。这与前述的周成的地方团体观是一致的，该书更将具有独立法律人格的地方团体作为地方自治制度的本旨，"原来自治制度之本旨，在于使地方团体，独立之人格者，不受国家之干涉而处理团体之公共事务，在此意义，不是使之绝对与国家相对立，绝对不受国家之干涉，因为地方团体，在法律上虽具有人格，可离国家而独立，但是在一定之限度内，而不是在于一定之限度外，此意义如明了，而后地方自治，乃能不致误解也"②。

诸如此类的讨论地方自治团体之概念的论著多如牛毛，尽管在表述上存在一定的差异，但多基于公法的立场来论述地方公共团体的法律人格的独立性，这种独立性当然是在国内公法上相对于国家而言的。值得注意的是，叶春的《地方自治》（1946年3月）尽管在篇幅上较为单薄（仅百余页），但明确提出了"地方自治团体"与"行政区域"的差别。地方自治团体是一定地域范围内地方自治的主体，而行政区域是专属于国家的，是国家在各局部实现国家行政职能而划定的区域，虽然二者可能常常发生重合。③ 今天看来，这种见地非常细致和周到。

（二）地方自治团体的要素

除地方自治团体的概念以外，地方自治团体的要素也是论者们热衷研究的一个问题，因为这涉及如何建构地方自治团体法律人格的完整性和独立性。但从时间上来看，人们对地方自治团体的要素的研究，要比对地方自治团体的概念的研究略晚。

陈天海先生的《中国地方自治》（1932年1月）从"自治之区域"、"自治区之住民及选民"、"自治之机关"、"自治事宜及自治机关之权限"、"自治经费"和"自治之监督"来分析民国成立之后的地方自治。④ 虽然他并没有明确地提出地方自治团体的要素，但采取"自治之区域""自治之机关""自治事宜及自治机关之权限"来分析民国成立以后的地方自治制度，显然也是与地方自治团体的要素相联系的。黄哲真先生的《地方自治纲要》（1935年10月）专门研究了地方自

---

① 陈安仁：《地方自治概要》，泰东图书局1930年出版，第26页。
② 陈安仁：《地方自治概要》，泰东图书局1930年出版，第28页。
③ 参见叶春：《地方自治》，教育图书出版社1946年版，第124页。
④ 参见陈天海：《中国地方自治》，镜台书屋1932年版，第40-44页。

治团体的构成,将之列举为"为公共目的而活动的人民""国土内一定的土地""表示和执行公共意思的机关""国家赋予的自治权"这四项,并认为这四项都是地方自治团体的"不可或缺的要素"①。刘骞纲的《地方自治之研究》(1941 年 7 月)在分析地方自治团体的要素时,则列举为区域、居民与自治权三种。② 无论何种列举法,显然都受到了欧陆国家公法人理论的影响。

实际上,当时对地方自治的要素进行列举和划分是具有现实意义的,因为就地方自治的实施而言,其往往要与地方自治团体的要素紧密联系在一起。举例而言,就地方自治团体的区域而言,涉及如何决定自治区域的大小,是以县域为主③还是也包括省域,如何通过土地的丈量合理地划定各地方自治团体的范围;就人民而言,则涉及普查户口,以确定自治的人数规模。当时的地方自治论者并没有仅仅停留在从理论上厘清地方自治的要素,而是针对各个不同的要素,分别研究了前述这些更为微观的实际问题。④ 可见,此一时期的地方自治学说,不仅理论层次上更为深刻,对实践中的微观问题也可以算得上是关心得"无微不至"了。

(三)地方自治团体与国家主权

前文在分析地方公共团体的概念时多次涉及它与国家及国家主权的冲突关系。那么,近代中国宪法学说在认可地方自治团体的概念之后,是如何来认识其与国家主权的关系呢?这一点也非常值得注意。

从清末民初时期的学说状况来看,我们仍然强调国家主权的压倒性地位,也就是地方自治团体无论在成立还是在职能上都源于国家的授权,并且以国家之意思为活动之准则。但在民国中后期,这种情形完全发生了变化,民国中后期的宪法学说在整体上紧跟 20 世纪中期欧美学者对国家主权论的反思,提倡社团法思想等反对国家单一主权论的观念。例如,王孝泉先生提出:

> 就学理上言之,自布丹一元主权论破毁以来,起而代之者,为多元主权论……盖人民利害情感及职业趣味,各有不同,国家为政治最高团体,其所

---

① 黄哲真:《地方自治纲要》,中华书局 1935 年版,第 16 页。
② 参见刘骞纲:《地方自治之研究》,青年书店 1941 年版,第 91 页。
③ 在孙中山先生的地方自治蓝图中,县是处于最基础和最重要的地位的。他认为"一县之自治团体,当实行直接民权",省对此来说"太过广漠",而县则"大小适合"。参见孙中山:《孙文学说》(卷一 知难行易),强华书局 1919 年版。
④ 当时的地方自治论著往往在介绍这些不同的要素时,分别研究各个要素在实践中的具体问题,如刘骞纲的《地方自治之研究》(青年书店 1941 年版);也有以专门的章节来研究这些要素在实践中的具体问题,如沈慰霞:《地方自治》,中国教育研究社(出版年份不详),第 81 页及以下(沈慰霞是邹韬奋先生的笔名之一)。

以图谋增进人民之福祉者，在于职务之分配得宜，不在于大权之独揽。人民服从国家权力之外，尚有应时势之需要，为各种之组织，而各种组织体，又各有其主权。正不必以原始继承或赋予各名称，强为分别，法国公法家狄克之公共职务说，德人季尔格之集团性质论，英人柯尔之基尔特社会主义，皆于地方公权性质，有所阐明。①

王孝泉先生既援引季尔格（即今译的"基尔克"）的社团法思想，也提到了其他反对国家单一主权论的主张，其基本结论是包含国家和地方自治团体在内的各种组织，均有其主权。其理论中对地方自治团体与国家的关系定位，已经抛弃了国家优越论的影响。可见，民国时期的团体自治学说在发展水平上与欧美流行学说是持平的。

四、"西化"的地方自治法学说

从前文对地方自治学说在近代中国的嬗变过程的叙述中，至少可以找到以下两个问题的答案。

（一）移植说在何种意义上才是成立的

前文的分析表明，中国传统社会不仅存在地方自治观念，而且特定观念的提出远远早于西方学说，中国传统自治观念构成了清末民初地方自治学说的前见和基础，它们甚至在相当长的时期内一直是论者提出其地方自治主张所采取的基本形式。如果仅以内容而论，西方自治学说在清末民初的影响远非"颠覆性"的，自治学说在这一时期的变化也是相对平缓的。

到了民国中后期，地方自治学说完全围绕着法律意义上的团体自治而展开，这种转向将中国地方自治带入了全新的角度，学说的变化也就因此而显得较为湍急了。当然，这并不是说政治意义上的地方自治遭到了否定，只是说研究的重点或主体内容发生了偏移。

可见，所谓地方自治的西方移植说，其实是一个有限度的结论。西方自治学说的主要作用在于使中国传统社会的地方自治获得了法学说的形式，并且在一定程度上填补了中国传统自治学说的政治内涵。近代中国地方自治观念的演变并不是简单的移植过程，而是一个复杂的化合作用。或许这恰好应印了韩大元教授所说的，中国宪法学是"在传统文化与西方文化的冲突与矛盾中形成并得到发展的"②，其中虽经历了"输入"期，但并不是一个简单的"植入"过程。

---

① 王孝泉：《福建省宪法之今昔观》，载《厦门大学季刊》1926年第1卷第1号。
② 韩大元：《宪法学基础理论》，中国政法大学出版社2008年版，第11页。

在笔者看来，我国当前学说所得出的"西方移植结论"是非常"蹊跷"的，原因在于，团体自治在我国学界尚属生疏的概念，学者们仍未认识到团体自治在近现代西方自治学说中的重要地位，更未曾用团体自治观来衡量近代中国地方自治学说的变化，当然也就不可能揭示出近代自治观念从政治意义到法律意义的变化，而仅就地方自治的政治观念而言，若非割裂中国传统学说，又怎能得出移植的结论呢？

（二）什么是近代地方自治观念嬗变的最大收获

在进行学说回顾的同时，也不能忽视另一个值得思考的问题：什么是近代中国地方自治观念嬗变的最大收获？显然是地方自治团体的概念，通过采纳这一概念，传统的政治意义上的自治被赋予一个法人格化外型。现代各国地方制度的法治化，无不是地方自治与公法人的结合，也就是通过在法律上设置地方自治团体，合理地分配它与国家的事权、财权，地方自治团体对外以公法人的外型抵御了国家的不当干预，防止国家的科层式官僚结构吸收地方自治团体的机关，对内则通过当地人民的直接或间接参与实现地方民主与自我管理。作为一种组织手段，公法人制度的两项功能是不能忽视的：一方面以法人格化的方式实现行政分权下的自治，另一方面以法人化的方式应对科层制的弊端，从而达到提高行政效率的改革目标。[①] 这在现代地方自治制度中得到了充分的证明。在今天看来，民国中后期的团体自治学说与现代自治学说在思路上并无二致[②]，也最契合现代各国的地方自治法律制度，适合在法律上建立清晰和谐的央地关系。

当前，我国学者亦从财政、人事等各方面对中外地方制度予以比较，试图在比较中寻求我国央地关系法治化的出路，但其比较的过程忽视了自治团体的法人外型，连国家的行政区域与地方自治的区域都缺乏应有的区分，话语之平台就根本不同，结论岂不有"似是而非"之嫌？如果说公法人化的地方自治改革是可欲的，为何它在近代中国会经历全面的失败？常有现代学者据此对这一改革本身加以否定评价。笔者认为，公法制度的变革并不直接具有"挽救危亡"的功能，尤其是在社会极度动荡的背景下更是如此。不应当由于食物无法被病入膏肓的人所消化而否定食物本身的价值。

[①] 参见李昕：《作为组织手段的公法人制度研究》，中国政法大学出版社2009年版，第101页。

[②] 在团体自治观的基本框架下，自治理论当然也一直处在演化变迁的过程中，例如关于地方自治团体的自治权来源，传来权说（我国民国时期的通说）早已被制度保障说所取代，而制度保障说在当下欧美自治理论中正在向固有权说过渡。参见王建学：《作为基本权利的地方自治》，厦门大学出版社2010年版，第138-139页。

第四节　法律意义上的团体自治的演变

一、晚清实定法中的"地方自治团体"

晚清时期关于地方自治的实定法体系在内容上较为完整和完备，这为我们研究团体自治观念留下了宝贵的财富。依时间先后，这些实定法体系主要包括：《咨议局章程》（1908年7月22日）、《咨议局议员选举章程》（1908年7月22日）、《城镇乡地方自治章程》（1909年1月18日）、《城镇乡地方自治选举章程》（1909年1月18日）、《自治研究所章程》（1909年5月5日）、《京师地方自治章程》（1910年2月3日）、《京师地方自治选举章程》（1910年2月3日）、《府厅州县地方自治章程》（1910年2月6日）、《府厅州县并设自治职分股细则》（1910年2月6日）、《府厅州县议事会议员选举章程》（1910年2月6日）。除此以外，各个地方所颁布的自治章程也不应忽视，主要是指上海的《上海县城厢内外总工程局章程》（具体时间不详，约为1905年）和天津的《试办天津县地方自治章程》（1907年3月6日）。

就上述这些法条而言，清末的各类"地方自治章程"在条文的字面上仍然没有非常明确的团体观念，可以说，其受中国传统自治学说的影响比较大。例如，在中央政府颁布的地方自治章程中，都较为强调官治的作用，表现在：第一，对自治的定位是"辅佐"或"补充"官治的不足，如《城镇乡地方自治章程》对自治名义的界定是"以专办地方公益事宜，辅佐官治为主"①，这种情形与日本刚刚实施地方自治改革时的情形是类似的。第二，在各类地方自治章程中，国家行政官员对自治的监督都较为严厉，一方面，常以国家行政长官，兼充地方自治团体之机关，从而使官治渗透到地方自治团体内部；另一方面，这些官员也负责监督自治活动。第三，地方自治团体在地位上远低于国家及其行政官员，没有脱离国家之行政指令和命令的阴影，而很多官制官规和公文往来等，都有明显的国家优位主义的色彩，例如，地方自治团体向官员行文用"呈"，而反之则用"谕"，其中可见地方自治团体的概念的羸弱以及它的地位的低下。

但法律文本上没有明确使用地方自治团体并不意味着团体自治的观念不存在。从这些地方自治章程所规范的结构与内容来看，团体自治观显然是一个基本

---
① 《城镇乡地方自治章程》第1条。

的框架。例如，1907年3月6日颁布的《试办天津县地方自治章程》虽然也与清政府颁布的地方自治章程一样，没有明确采纳地方自治团体的表述，但有一点需要注意，其第一章"总则"前两节分别依次规定"区域"和"住民"两项内容，即，"县之区域从旧制"（第1条），和"凡住于本县境内之本国人，皆为住民。凡住民遵守本章程及条例所定，得享有权利，负担义务"（第2条）。这两个概念很显然是从法、德、日的地方自治观念中借鉴而来的，并且这是地方自治团体的两项要素。实际上，该章程也处处将"县"作为一个主体来看待，尤其是在规定国家官厅对自治的监督时更是如此。因此，团体自治观实质上已经进入了该自治章程的立意和文本。那么，在制定这些地方自治章程的过程中，人们是否已经认识到团体自治与住民自治的区别呢？答案是肯定的。众所周知，清政府在起草和制定地方自治章程的过程中曾向日本学习，而当时的日本学说与实践已经明确采纳德国法上的团体自治法律观。宪政编查馆拟具《城镇乡地方自治暨选举章程》后，在缮单具奏的原折中说："自治之事，渊源于国权，国权所许，而自治之基乃立，由是而自治规约，不得抵牾国家之法律，由是而自治事宜，不得抗违官府之监督。故自治者，乃由官治并行不悖之事，绝非离官治而孤行不顾之词。惟立宪国之所异者，彼于官治自治之限阈，郑重剖晰，斩为法典，上下相信，守之不渝。……于是乎特立地方自治之名，使与官治相倚相成，而自治与官治，乃有合则两美，离则两伤之势矣。"① 清政府内务部的奏折中曾言："自治云者，非国家之直接行政，乃于国家监督下，由地方团体依其一己之独立意志，而措理其区内事务之谓也。"②

作为对比的是，在《城镇乡地方自治章程》中，自治事务完全集中于地方教育、卫生、交通、实业、慈善等，且其自治机关为纯粹的地方自治机关，但《府厅州县地方自治章程》则发生些许但却重要的变化，其自治事务在地方公益事务之外，尚增加了国家行政事务，也就是官厅以法律或命令委任自治机关办理之地方行政事务，就自治机关而言，府厅州县长官作为国家行政机关则兼任自治之执行机关，且负有直接监督自治进行之职权。对此，谢振民先生的理解能够说明问题："府厅州县之自治机关为议事会、参事会及府厅州县长官，议事会及参事会为议决机关，府厅州县长官为执行机关，此系仿德、日等国之制度，以国家行政长官，兼充地方自治团体之机关。"③ 这种理解并不是后天的先入为主的理解。

---

① 谢振民编著：《中华民国立法史》（下册），中国政法大学出版社2000年版，第658页。
② 转引自李宗黄：《地方自治工作人员手册》，青年出版社1946年版，第7页；转引自周联合：《自治与官治——南京国民政府时期的县自治法研究》，广东人民出版社2006年版，第4页。
③ 谢振民编著：《中华民国立法史》（下册），中国政法大学出版社2000年版，第665页。

考诸清政府的奏折，宪政编查馆指出："考各国自治制度，以分设上下级者居多……上级自治之编制，不能与下级自治相同，其故有三：盖地方公益事务，规模较大者，既非下级自治之力所能举办，且事有关系多数利害，而不便于分辨者，皆非由上级官吏办理不可，其故一也。国家委任事务，往往有需费较巨，为下级自治所不能担负者，非由上级自治任之不可，其故二也。下级自治事务，一百当由官府监督，又一百当由上级自治监督，其故三也。然则上级自治，其地位介于官府与下级自治之间，兼有官治与自治之性质，故其编制，必为官治与自治合并之制度，此上级自治与下级自治迥异之端也。"①

而清帝在同年（1909年）十二月二十七日明降谕旨，亦称其主张"周妥"，"府厅州县各官为国家亲民之吏，兼为执行上级自治之职"②。在该时期，对清政府颁布的各类地方自治章程也并非没有批评的声音，例如，《城镇乡地方自治章程》颁布后，梁启超批评该章程移译日本市制与町村制，是否能适应中国情形非常值得怀疑；但是，对于地方自治团体，以及地方自治团体与国家（及其行政区域）的区分，梁启超仍然是赞同的："城镇乡为地方自治团体，固也，然同时又为国家行政区域，故其所办之事可分为两种。一曰本团体固有之事务，二曰国家所委办之事务。"③ 当时的种种资料表明，不管是赞成还是批评，人们总是以实定法依据为基础，围绕地方自治团体的观念提出自己的主张。

当今学术界在研究地方自治时，实际上对清政府颁布的自治章程研究极不充分，人们常常忽视的是，正是清政府颁布的地方自治章程奠定了近代中国地方自治法律体系的基础，其对地方自治团体的树立亦有开创性作用。从上述地方自治章程拟定的过程中可以看到以下几点：第一，将地方自治视为间接行政，而区别于国家的直接行政；第二，地方自治团体与国家已经在法律上进行了有效区分；第三，地方自治团体（的地理区域）已经与国家的行政区域形成区别。

二、北洋政府实定法中的"地方自治团体"

古今中外，地方制度往往与人民联系紧密而与国家疏远，常常中央政府发生更迭或非正常变动，而地方制度却延续下来，这一情形也体现在清政府向北洋政府（其间经历南京临时政府）的过渡中。清政府被推翻以后，北洋政府并没有马

---

① 谢振民编著：《中华民国立法史》（下册），中国政法大学出版社2000年版，第663页。
② 谢振民编著：《中华民国立法史》（下册），中国政法大学出版社2000年版，第664页。
③ 梁启超：《城镇乡自治章程质疑》，载《国风报》1909年第5号。

上抛弃或取代清政府遗留下来的地方自治遗产。① 其中，地方自治团体的连续性显然也被同时保存下来。及至北洋政府制定有关的地方自治立法②，地方自治团体的概念被明确引入了实定法体系，最早的大概是 1919 年 8 月北洋政府拟定后新国会议决、并于 9 月 8 日公布的《县自治法》。

《县自治法》规定："县自治团体为公法人，其所处理之事务，为国家行政范围之一部分，可分为固有事务与委任事务两种。"这是法律规范中首次出现地方自治团体为公法人的概念。《县自治法》的起草者认为："训政时期，人民尚未受四权训练，一切县政，自不能脱离官治之引导。"③ 实际上，这里一直延续的是从清末以来的论调，要么是对地方自治制度还充满未知的担忧，要么是主张缺乏自治的经验，官治因此而侵入地方自治的过程中，地方自治团体的完整性和独立性总是或多或少地受到限制。从《县自治法》的内容来看，不仅在总则部分专门规定了区域和住民，而且专门规定了自治事务和自治公约与规则。由此可以看出，尽管立法者对地方自治仍然施加了较多的限制，但总体上人们对地方自治团体在法律结构与要素上的建构更为全面。

在《县自治法》之后，1921 年 7 月 3 日，北京政府以教令第 16 号公布《市自治制》，以教令第 17 号公布《乡自治制》④，其中，亦将市、乡视为地方自治团体，具有公法人资格（尽管自治活动受国家官厅之监督）。《市自治制》第 1 条将市称为"市自治团体"，并在第 4 条确认："市为法人，承监督官署之监督，于法令范围内，办理自治各项事务。"而《乡自治制》第 1 条将乡称为"乡自治团体"，并在第 2 条确认："乡为法人，承县知事之监督，于法令所定范围内，办理自治各项事务。"不仅自治团体法人的概念被写入法律文本中，北洋政府也以这样的观念来向民众进行自治知识的教育和推广。

例如，与上述实定法概念相对应的是，北洋政府内政部官方所编《地方自治讲义》中，"称自治云者，非国家之直接行政，乃于国家监督之下，由地方团体依其一己之独立意志，而处理其区内事务之谓也"。这些官方所编的"自治讲义"

---

① 例如，由于国民政府未及制定新的省议会法，清政府颁布的《咨议局章程》在民国时期仍然被沿用下来，袁世凯曾以总统名义发布命令："前清《咨议局章程》系属现行法律之一，所有各省议会一切组织及其职权，除该章程与民国政体及新颁法令抵触者外，当然适用。"参见《临时大总统令》，载《政府公报》1913 年 2 月 1 日，第 266 页，"命令"。

② 当然，北洋政府内因最高执政者发生变化，其对地方自治的态度亦曾相应变化，例如，袁世凯曾废止地方自治。

③ 谢振民编著：《中华民国立法史》（下册），中国政法大学出版社 2000 年版，第 688 页。

④ 参见周联合：《自治与官治——南京国民政府时期的县自治法研究》，广东人民出版社 2006 年版，第 63 页。

更完整地阐释了团体自治的法理。

从总体上看，地方自治团体的概念在北洋政府的地方自治立法中处于基本框架的地位，这种传统实际上是清政府时期就已经建立的，在民国初期的立法过程中得到了发扬和光大。

三、南京国民政府实定法中的"地方自治团体"

南京国民政府在地方自治立法中，亦遵循了清末时确认的团体自治的基本观念。孙中山在《地方自治开始实行法》中多次提到"地方自治团体"的概念，并提出"自治团体，不止为一政治组织，亦并为一经济组织"的主张，不仅注重地方自治团体在政治上的地位，而且发扬地方自治团体在民众生计方面的功能，从而"顺应世界之潮流，采择最新之理想，以成一高尚进化之自治团体，以谋全国人民之幸福"[①]。然而，南京国民政府的地方自治改革并不理想，体现在不同时期制定的地方组织法对地方自治的态度出现多次反复，这主要是由特定的社会历史背景造成的，例如"剿匪"活动的需要，抗日战争的需要，以及国共内战的需要，都对地方自治的实施产生了不利的影响。

仅以落实地方自治的实定法而论，1930年5月3日立法院通过《市组织法》，其第11条规定："市设市政府依法令掌理本市行政事务监督所属机关及自治团体。"其中将市作为隶属于国家官厅的行政环节，并对其之下的"自治团体"进行监督，因此，地方自治的范围极其有限。但在1934年以后，国民政府开始大力推动地方自治。

1934年2月内政部公布的《改进地方自治原则》第1条就明确规定"确定县与市为地方自治单位"，其中进一步明确，"县为一级，县以下之乡镇村等各自治团体均为一级，直接受县政府之指挥监督。市为一级。市以下如有乡镇村则均为一级，其组织与县同。在地域、人口、经济、文化等情况特殊之处，得立为特例，设区为自治行政区域"。1934年3月3日内政部颁布《各省县市地方自治改进办法大纲》，第1条规定："确定县市为自治单位，在训政时期，县市政府所有设施应注重由上而下实行训政，县市行政与自治须打成一片，不可勉强分开。"

由于有上述行政令作为基础，立法院也制定了相关的自治法。1934年12月21日，立法院通过《县自治法》，其中明确"县为自治单位"（第1条）；同时通过的《市自治法》则缺少类似规定，或者将市隶属于行政院，或者隶属于省政

[①] 孙中山：《地方自治开始实行法》，载《建设》1920年第2卷第2期。

府,当然,市自治事项中明确了市的自治权范围。

这一时期的地方自治立法主要将市、县及其以下的区域作为地方自治团体,而省则被排除在地方自治团体以外,成为单纯的国家行政区域。例如,立法院在讨论是否授权省以自治团体的法律地位时,下面这种意见最终占了优势:"省的性质不全是地方,根据总理遗教,自治单位为县,而不在省,省的性质,实为中央行政区。"①

从总体上看,国民政府时期的地方自治团体概念似乎不如之前的自治法那样明确和充实。这种现象是非常矛盾的,孙中山的宪政理论极强调地方自治的重要性,对地方自治团体亦有论及,但政治实践总是不尽如人意。

四、省宪中的"地方自治团体"

考虑到近代中国曾经历规模宏大的省宪运动,并且其中多包含关于地方自治的制度设计,省宪也是分析地方自治实定法体系的重要对象。大体上可以将省宪所设计的地方自治体制分为省和省以下的区域两类,后一类是研究的重点。

对于省本身,几乎所有省宪都将省定位为中华民国之"自治省",此处之"自治省"性质为何,究为国家及国家之行政区域,直接受国家之指令,还是地方自治团体,自主处理本省之政务?这在当时是存在争论的。实际上,所谓省宪运动或者联省自治运动本身,是包含"省自治"或将省作为"地方自治团体"的诉求在其中的。例如,以联省运动呼声最高的陈炯明为例,他曾提出"联治民主制"的主张:"简言之,即联乡治区,联区治县,联县治省,联省治国是也。折言之,即全国政治组织,以业治为经,域治为纬,组成五级政制。自乡治以上,各级构成份子均以区域职业两种团体为基本单位,其顺序则以乡自治为基础。由此基础,层建而上之,则为区、为县、为省、为国是也。"② 这种思路在本质上倒是与德国近代的社团法观念较为接近,只是其中的无政府主义因素似乎较社团法更强。实际上,联省自治的名称之所以区别于联邦制,本身就表明一种自治的而不是联邦制的观念,张东荪明确提出:"吾人但求自治,不必有联邦之名。"③ 当然,反对联省自治的人总是将省自治与联邦制、自治省与联邦制的邦等同起来,从而区别地方自治团体与邦的区别,潘力山说:"邦与地方团体相较,前者之权力本所固有,后者之权力乃由国家所赋予,与中国之地方团体其权力既有国

---

① 杨纪编:《宪政要览》,文海出版社1940年版,第38-46页。
② 陈炯明:《中国统一刍议》,载段云章、倪俊明主编:《陈炯明集》(下卷),中山大学出版社2007年版,第1087页。
③ 张东荪:《地方自治之终极观》,载《中华杂志》1914年第1卷第7号。

家赋予之,纵令多所赋与而其为地方团体之性质仍无异,不可谓之为联邦。"①

无论如何,在省宪运动中,我们至少可以看到一种将省作为自治团体的主张,自治团体与邦是不可相比的,拿今天的德国联邦制而论,邦实际上与联邦更接近,二者构成国家行政的环节,而地方自治团体则为地方的自治体,处于国家行政之外。除省作为地方自治主体的问题外,各省宪法都包含省以下的自治设计,这一点是非常明确的。正如王孝泉先生所言,"分权仅在于省,养成一省之集权,其流弊与中央集权等"②。因此,省以下的地方自治实乃省宪运动必须之环节。

1922年1月的《湖南省宪法》专门包含了"县制大纲"(第十章)与"市、乡自治制大纲"(第十一章)两部分,其中,"县为省地方行政区域,并为自治团体"(第101条),这种双重性质体现在县的行政机构上,"县置县长,受省长之指挥、监督,执行省之地方行政及县之自治行政,并同时监督县以下之各自治行政"(第102条),而市与乡则不同,"市、乡皆为自治团体"(第110条)。这种设计似乎是当时最流行的自治设计。③

《广东省宪法》的规定较为特殊,关于地方自治的设计仅有一章——第十三章"县及特别市",其中,县"为省之地方行政区域,并为自治团体"(第120条),特别市则为自治团体。《浙江省宪法》专门规定"县"、"特别市"与"市、乡"三章,其中,县的设计与《湖南省宪法》相同,特别市和市、乡的设计与《湖南省宪法》的市、乡相同。《河南省宪法草案》的设计与《浙江省宪法》相同,兹不赘述。《福建省宪法草案》的规定分为县、特别市和市乡三部分,其中,县的定位与前述宪法无区别,同为行政区域与自治团体,特别市、市乡则为自治团体。《四川省宪法草案》仅规定了"地方制度"一章,县的定位与前述相同,其第135条提及"县及县以下自治团体",因此,县以外的其他团体在性质上属地方自治团体。

五、小结

基本上,地方自治团体概念在清末和整个民国时期的实定法上的演变能够呈现出一条连贯的轨迹,考虑到自1949年前后这条轨迹发生了"中断",有必要对

---

① 潘力山:《读秋桐君学理上之联邦制》,载《甲寅杂志》1915年第1卷第7号。
② 王孝泉:《福建省宪法之今昔观》,载《厦门大学季刊》1926年第1卷第1号。
③ 此外,梁启超代拟的《湖南省自治法大纲草案》亦明确地方自治团体的地位,其第30条的内容为:"本省内各县、各市、各乡自行制定之自治根本法,不与本法相触背者,皆承认其效力。"梁启超为该条所附的理由是:"民治基础愈低级,之自治团体愈关重要。故省根本法当为容纳县市乡根本法为原则。"

这一时期的概念发展做一总结。

从清末直到整个民国时期，地方自治团体的概念总体上是明确的，即"自治单位"或"自治法人"，是地方在自己权责范围内自主处理本地方事务的法律主体。对于地方自治团体的要素，尽管实定法多未直接加以规定，但从有关立法的结构上看，自治之"区域"、"住民"、自治之"事务"以及自治之"权限"应为普遍采用的观念。如果将这一时期的立法与前一节所重述的有关学说进行对比，则会发现，二者基本上是相互契合的。是学说影响了实践，还是实践决定了学说？恐怕是二者兼而有之。如果考虑到地方自治团体这一概念本身是从域外移植而来的，那么学说在其中的作用恐怕更为重要和基础一些。

就地方自治团体与国家及其行政区域的关系而言，清末和民国时期的立法基本上会较为偏向国家。例如，清末时期官治对自治的较为强势的地位；又如，南京国民政府时期的自治立法，多将地方自治团体同时设置为国家的行政区域，也就是在承办地方自治事务的同时，兼办理国家的委任事务，并且受到国家及官厅的强有力的监督。

另外一个不能忽视的现象是，由于近代中国的中央政权变动频繁，地方自治立法也经常被重新制定，因此与近代日本以及法德不同，近代中国实定法体系上的地方自治团体概念在连续性上就相差较多，不同时期新的地方自治法的立法者的态度就决定了地方自治团体在不同时期的地位、权限及其与国家官厅的关系。

当然，正如前文所说的，在总体上，地方自治团体的概念仍然是明了和连贯的，并且经过几十年的时间，地方自治团体的观念已经稳固地树立起来，就实定法体系而言，它成为地方自治立法的基本框架。

最后，这里存在的一个法律概念移植的实际效果问题是需要考证的，即：地方公共团体的概念移植是否实际地促进了中国地方自治的落实？从实践来看，清末以来的地方自治改革不乏较为成功的实例，但团体自治的观念是否在一定程度上促成了这些实例，则是一个难以定量或定性回答的问题。

第五节　联省自治中的地方制度论

从清末立宪改革开始，地方自治就被知识界、普通官员和最高决策者确定为一项极为重要的改革内容，并被渐次付诸实施。清政府曾颁布了大量的地方自治法规，《咨议局章程》（1908年）、《咨议局议员选举章程》（1908年）、《城镇乡地方自治章程》（1909年）、《城镇乡地方自治选举章程》（1909年）、《自治研究所章程》(1909年)、《京师地方自治章程》(1910年)、《京师地方自治选举章程》(1910年)、《府厅州县地方自治章程》(1910年)、《府厅州县议事会议员选举章程》(1910年),这些法规在全国范围内勾画出地方自治的基本框架。尽管其实施的程度并不彻底,但对民众和社会政治观念产生了巨大的影响。可以说,地方自治的观念已经渐渐深入人心。在进入民国初年以后,这些地方自治改革的成果基本上被继承,并有新的发展,诸如地方议会的开设等。

在20世纪20年代,由于缺乏具有统治力的中央政府,各省各自为政乃至军阀混战,因此部分省份在地方自治的普遍共识基础上,进一步提出联省自治的主张。1920年7月湘军总司令谭延闿曾号召"湘人治湘",后又通电主张"联省自治",1921年四川宣告"四川完全自治",1922年12月赵恒惕公布湖南省宪法,称"湖南为中华民国自治省",同年6月浙江卢永祥则通电主张"省制宪",以行自治,再组织联省自治政府,此后,浙江、广西、四川、福建等省皆公布相应宪法或自治法规。湖南督军谭延闿在1920年7月22日的通电中表示,"盖民国之实际,纯在民治之实行,民治之实际尤在各省人民组织地方政府,施行地方自治,而后权分事举,和平进步,治安乃有可期","近年海内明达之士,对于国家之组织,尤主张联邦合众制度,或主张地方分权制度","各省自治,为吾民共同之心理",因此,要"顺应民情",实行民治,"采民选省长制,以维湘局"①。浙江都督卢永祥1921年6月4日通电主张:"先以省宪定自治之基础,继以国宪保统一之旧观。"②

在各地方推行联省自治的过程中,诸如"各省区自治联合会""自治运动同志会""旅沪各省区自治联合会"等自治团体不断涌现,相关团体或学者也针对联省自治提出颇不相同的主张,倡议者有之,反对与批评者亦有之。联省自治既不同于联邦制也不同于普通地方自治,其本身在理论上具有特殊性。在各种联省自治理论中,陈炯明的主张颇具代表性。

陈炯明自1906年至1908年就读广东法政学堂并以"最优等生"成绩毕业,为法律科班出身,并在毕业的次年当选为广东省咨议局议员。值得一提的是,陈炯明当选咨议局议员,主要是两件事促成的,一是代表地方乡绅和民众控告惠州知府陈召棠并取得成功;二是组织创办海丰地方自治会等基层组织,筹办《陆安自治报》宣扬地方自治理念。在担任咨议局议员期间,陈炯明也以代议制为载体成功地与地方官僚较量,并在停止就地正法案、禁烟案、禁赌案等事件中发挥过重要作用。上述知识背景和从政经历使他亲身体会到地方自治在改善民生、促进

---

① 王无为编:《湖南自治运动史》(上编),泰东图书局1920年版。
② 《新浙大事记》1921年6月4日。

在进入民国以后，陈炯明依然是地方自治的支持者，并且获得了大规模试验自治制度的时机。袁世凯死后，各省群雄并起，中央政府名存实亡，本以中央政府为立宪运动对象的知识界和政治界，便自然地将视线转向各省。在国家处事实上的分裂状态、政治局面一片混乱的情况下，一方面，人们的关注点自然地从国家向地方转移。另一方面，关于国家统一的问题，逐渐出现两种不同的主张：部分国人开始注重地方的建设，希图首先建设好地方，再谋求国家的统一与共和。这是地方自治的思路的继续，后来演变为联省自治的联邦制主张；另一部分国人认为，应当通过武力消灭军阀，首先实现国家的统一，然后再图国家的建设与富强。这就演变为集权主义的思路。按照后一思路，北京的北洋政府与广州的军政府都以合法中央政府的身份自居，并试图以武力消灭对方以及其他分裂者，实现中国的形式统一。陈炯明是后一思路的代表者，他先主政漳州，后返回并控制广东，成为主张地方自治的实权派人物。上述两种不同的政治倾向之间的冲突，非常典型地体现在陈炯明与孙中山身上。因此，本部分截取联省自治运动这一片段，以陈炯明的理论主张为线索，分析联省自治论中的地方制度学说。

一、作为联省自治基础的地方自治理论

在陈炯明的联省自治理论中，作为基础的并不是联邦制主张本身，而是其一贯的地方自治论。陈炯明首先将中央与地方关系视为政治制度的根基："政治组织之根本，在于规定中央与地方之权限；规定之方式，古今万国不外中央集权与地方分权两种。"[1] 对于两种制度的取舍，他认为："近世以来，国家与人民之关系愈密，则政事愈繁，非如古之循吏可以宽简为治，一切政事皆与人民有直接之利害，不可不使人民自为谋之。若事事受成于中央，与中央愈近，则与人民愈远，不但使人民永处于被动之地位，民治未由养成，中央即有为人民谋幸福之诚意，亦未由实现也。准是以言，则规定中央与地方之权限，当取地方分权主义。"[2] 这里的地方分权，即"民自谋之"的地方自治。

当然，在将地方自治作为宪政制度设计的根本目标这一点上，陈炯明与孙中山之间并不存在分歧。众所周知，孙中山的自治理论也是非常丰富的。但是，就地方自治如何在中国的特殊国情下得以实现的问题，也就是落实地方自治的手段上，二人的主张有根本的区别。

---

[1] 陈炯明：《建设方略》，载段云章、倪俊明编：《陈炯明集》（下卷），中山大学出版社1998年版，第872页。

[2] 陈炯明：《建设方略》，载段云章、倪俊明编：《陈炯明集》（下卷），中山大学出版社1998年版，第872页。

第十二章 地方制度研究的发展

孙中山在《国民政府建国大纲》中提出了军政、训政与宪政三步走的理论："在军政时期，一切制度悉隶于军政之下。政府一面用兵力以扫除国内之障碍，一面宣传主义以开化全国之人心，而促进国家之统一……在训政时期，政府当派曾经训练考试合格之员，到各县协助人民筹备自治。"① 因此，革命党人应构建一个强有力的中心权力（革命党人控制的中央政府），不仅扫除障碍，而且培养人民的自治习惯，可见，自治的实现离不开中心权力的由上至下的引导、干预甚至强制。

孙中山曾这样证明武力统一的正当性："中国的各省，在历史上向来都是统一，不是分裂的，不是不能统属的，而且统一之时就是治，不统一之时就是乱的。美国之所以富强，不是由于各邦之独立自治，而是由于各邦联合后的进化所成的一个统一国家。所以美国的富强，是各邦统一的结果，不是各邦分裂的结果。中国原来即是统一的，便不应该把各省再来分开。中国眼前一时不能统一，是暂时的乱象，是由于武人的割据，这种割据，我们要铲除他，万不能再有联省的谬主张，为武人割据作护符。"②

陈炯明当然不会错过孙中山的自治理论中目标与手段的背反，他批评道："训政之说，尤为失当。此属君政时代之口吻，不图党人袭而用之，以临吾民。试问政为何物？尚待于训耶！民主政治，以人民自治为极则，人民不能自治，或不予以自治机会，专靠官僚为之代治，并且为之教训，此种官僚政治，文告政治，中国行之数千年，而未有长足之进步。国民党人有何法宝，以善其后耶？徒使人民不得自治机会，而大小官僚，反得借训政之谬说，阻碍民治之进行。"③ 而对于孙中山的武力统一论的理由，陈炯明也予以反驳："盲论之士，往往以主张'分治'，即为破坏'统一'，曾不知'分治'与'集权'，本为对称之名词，于'统一'何与？北美合众国成例俱在，岂容指鹿为马！民国以来，正坐盲论者误解'集权'为'统一'，于是野心者遂假'统一'以夺权。"④

在陈炯明看来，孙中山所谓的中心权力一旦形成，地方自治的目标便无保障。因此，陈炯明的方法是，通过由下而上的联合建立地方自治型的宪政模式。从理论自身的完备性而言，陈炯明的地方自治论是更为彻底的，因为他的地方自

---

① 孙中山：《国民政府建国大纲》，载《孙中山全集》（第 9 卷），中华书局 1984 年版，第 127 页。
② 孙中山：《三民主义——民权主义（第四讲）》，载《孙中山全集》（第 9 卷），中华书局 1984 年版，第 304 页。
③ 陈炯明：《中国统一刍议》，载段云章、倪俊明编：《陈炯明集》（下卷），中山大学出版社 1998 年版，第 1045 页。
④ 陈炯明：《致卢永祥赞成浙江制宪自治之通电》，载段云章、倪俊明编：《陈炯明集》（下卷），中山大学出版社 1998 年版，第 623 页。

治论在目标与手段上是高度一致的。

二、具有现实意义的联省自治理论

自治主义者接受联邦制的主张，这是顺理成章的。尤其是当国家处于事实上的分裂状态时，联邦制的想法对自治主义者来说简直就是不可避免的。但是，联邦制在中国毕竟是第一次，因此，为了尽可能避免批评，联邦制化名为"联省自治"。张继是第一个提出"联省自治"的人，他在回忆录中写道："民国九年……游西班牙，不久即返，赴湖南。适太炎主张自治同盟，余易名曰联省自治。"[①]张东荪曾指出："吾人但求自治，不必有联邦之名……吾以为联邦之害不在联邦之实，而在联邦之名。"[②] 不管其名称是什么，联省自治当然地包括两项内容：一是省内推行地方自治，是为基础；二是省与省相互联合，以组织联省政府。

联省自治的主张出现时，陈炯明正主政广东，并以广东为基础进行了卓有成效的地方自治试验。前文已经述及陈炯明的地方自治理论，就联邦制的主张，陈炯明也有过非常具体的设计，这包括以下几个方面。

对于联省政府，他设计的要点是：（1）执政一人，对外对内代表中华民国联省政府，为全国行政之首长。副执政一人，如执政有事故时，代行其职权。（2）参议院，以各省所选出之代表组织之。（3）众议院，以各省国民所选出之代议士组织之。两院为全国立法机关，参议院代表各省，众议院代表国民。（4）各部部长由执政任命之，不设国务总理。（5）各部委员会，军事、财政、交通、教育等部设委员会。中央政府派委员人数占全数三分之一，共同组织之。除军事有秘密之必要外，一切公开。（6）大理院为全国司法独立之最高机关。（7）审计院为中央财政监督机关。

对于各省政府，他的设计要点是：（1）省宪法自定。（2）省长民选。（3）设省议会，为省之立法机关。（4）设审查处，为省财政监督机关。（5）省官吏之任免，依省宪法所定行之，中央不得干预。（6）各省鉴于情形，为维持治安计，得暂时设警备队，其数目之多寡及增减，由省议会定之，直辖于省长。

此外，关于省与中央之关系，外交、军事及对外宣战、媾和与缔结条约之权，属于中央。财政，则划分为国家财政与地方财政，国家财政采列举主义，地方财政采概括主义，但中央图国家发展之必要，财政有不足时，应由各省负担。司法、教育、交通、实业等权限之划分，由联省会议定之。关于省与省之关系

---

① 《张溥泉先生回忆录·日记》，文海出版社1985年版，第21页。
② 张东荪：《地方自治之终极观》，载《中华杂志》1914年第7期。

（如水利交通关系两省以上者），则由中央定之。①

从以上设置来看，美国联邦制成为陈炯明设计联省自治具体内容的蓝本，"执政"即总统，"大理院"即为联邦最高法院，国家与地方权限划分的方式采取国家列举主义、地方概括主义，等等，都体现着美国式联邦制的痕迹。当然，联省政府的设计也借鉴了中国本土制度，例如，单独设置审计院显然受到了中国传统政治体制的影响。

当然，陈炯明也没有忽视省内自治制度在联省自治中的重要性，包括省宪法自定、省长民选、设置省议会等等，都是以省内的地方自治为出发点的。因此，陈炯明的联省自治理论只是在地方自治的基础上再加上联邦制，而没有以联邦制替代地方自治。

对于地方自治与联邦制，陈炯明曾满怀希望地提出："吾信吾广东如试行而成功，则他省人民必纷纷效法。而此种运动将遍于全中国。吾人倘能得一二省加入，即可与彼等联合，而逐渐推广至其余各省，最后使中国成为一大联省政府也。"② 可见，他极看好地方自治与联邦制在中国的前景，认为这不仅是一种本质上就良好的宪政体制，也是将中国带出困境的寄托。

三、作为理想的联治民主制理论

然而，经历了联省自治运动的失败，陈炯明继续思考中国宪政体制的出路，这时他的自治理论又有新的形式。陈炯明首先反思了联邦制对中国的适应性，认为："采取联邦制，可顺国情之曲折，然方由分裂而谋统一，又削中央之权而设二重政府，使各相自为风气，而庶政难收整齐划一之效。一有龃龉，纷争立起，对外不能一致，对内易召独立，欲求宪法保障，早已落诸空言。政弊所极，不能得欧美联邦之利，反演历史封建之局，中央守府，地方为强者巢窟而已，故此制亦未可尽采也。"③

那么，何种自治形式最为合理呢？陈炯明提出了"联治民主制"的主张。所谓联治民主制，"简言之，即联乡治区，联区治县，联县治省，联省治国是也。折言之，即全国政治组织，以业治为经，域治为纬，组成五级政制。自乡治以

---

① 参见陈炯明：《建设方略》，载段云章、倪俊明编：《陈炯明集》（下卷），中山大学出版社1998年版，第873页。
② 陈炯明：《与〈字林西报〉记者吉尔伯德的谈话》，载《陈炯明集》（下卷），中山大学出版社1998年版，第561页。
③ 陈炯明：《中国统一刍议》，载段云章、倪俊明主编：《陈炯明集》（下卷），中山大学出版社2007年版，第991页。

上,各级构成份子均以区域职业两种团体为基本单位,其顺序则以乡自治为基础。由此基础,层建而上之,则为区、为县、为省、为国是也"①。陈炯明也结合中国实际为联治民主制设计了具体的结构,概括而言,每上一级的议会都由下一级议会和职业团体选举产生,再由议会产生同级政治委员会和行政首长。这明显是一种由个人到地方,再由地方层层"联"至国家的自治主义结构。美国学者诺克认为,联治民主制在精神上极类似于美国的杰斐逊式乡镇(Jeffersonian township),"实有其无政府主义'极端分权'(extreme decentralization)的根源"②。而在传统的地方组织内加入职业团体的成分,显然更是受到了无政府主义泰斗巴枯宁的影响。巴枯宁的无政府主义思路是以职业团体代替政治组织,而陈炯明则兼取分权主义与分职主义。

陈炯明没有停留在国内自治的层面,还进一步将联治与自治扩展到了世界层面。在《中国统一刍议》中,他将中国的国家目的分为三个方面:第一,"完成中华一族的国家,因而中华民国应为中华全民族之所共有、共治、共享也";第二,"完成亚洲主人翁一员的国家,准备联亚运动,使亚洲成一组织,可为世界大组织之柱石";第三,"完成世界创造者一员的国家,务使文化增进,尽量贡献世界,并协谋国际和平的运动,以及全人类共同生活的运动,而为其创造者之一员"③。

可见,陈炯明将自治主义发挥到了极致,他虽然抛弃了联邦制,但仍然依循自治观念,从小的政治单位出发,即个人、区、乡、县、省到国家,再到建立亚洲联邦,最后再与欧洲联邦、美洲联邦组织各国无军备的"万国联邦";并且认为,"万国联邦"就是人类要踏入"无国界,无种界,无人我界"的"大同世界"。陈炯明的地方自治观已经从地方自治和联省自治升华为一种新的形式,这种新的形式几乎完全剔除政治实践以及对政治实践的迁就,从而最彻底地表达了(极端的)自治主义的本质。当然,由于过度的分权化和分散化结构,陈炯明的自治主义已经具有了非常明显的无政府主义的色彩。

当然,极端的自治主义与无政府主义的区别可能是极不明显的,事实上,近代中国的很多自治主义者都在学说上带有无政府主义的色彩,正如王怡所总结的那样:当时绝大部分受到无政府主义影响的人,几乎清一色主张地方自治、反对

---

① 陈炯明:《中国统一刍议》,载段云章、倪俊明主编:《陈炯明集》(下卷),中山大学出版社2007年版,第1087页。
② Albert Jay Nock. Our Enemy the State. New York: Free Life Editions, 1973, p. 56.
③ 陈炯明:《中国统一刍议》,载段云章、倪俊明主编:《陈炯明集》(下卷),中山大学出版社2007年版,第990页。

中央集权。胡春惠先生也指出:"那时有无政府主义倾向的人,往往都会是联省自治运动的支持者。"① 陈炯明的联治民主制,实际上在学说上向人们展示出地方自治主义与无政府主义思想的深层关联。

此外,还应当注意到陈炯明将自治主义与联合主义扩展到世界层面的时代背景,即国际联盟的出现。尽管在今天看来,国际联盟是一个具有严重缺陷和局限性的国际组织,但在当时其对人们的冲击则非常之大。当时国际联盟的思想对当时的中国知识界产生了不小的影响,就连梁启超都专门撰写了《国际同盟与中国》一文,对民约精神和联合精神大加褒奖。

综上可见,地方自治思想是陈炯明政治主张的核心,以此为基础,陈炯明还发展出联省自治论和联治民主制理论。联省自治论不仅仍然包含地方自治的观念,还结合和回应当时中国的政治实际而具有了"联邦制"的内容。而联治民主制作为陈炯明自治理论的终极形态和纯粹形态,已经脱离了政治实践,具有了空想的无政府主义色彩。

地方自治思想是陈炯明政治主张的出发点,陈炯明在不同时期的政治主张尽管有若干变动,但都没有背离地方自治的基本理念,即使是他在政治实践中与孙中山的分歧,也可以用地方自治与国家主义的对立来加以形容。可以说,陈炯明的"自治思想"深深在扎根于他对中央集权、对国家和国家主义的担忧中。正如他自己所说:"国家主义就是政治野心家借来做一种'欺世诬民'的手段,并非人类社会的福音。"②

---

① 胡春惠:《民初的地方主义与联省自治》,中国社会科学出版社 2001 年版,第 132 页。
② 陈炯明:《〈闽星〉发刊词》,段云章、倪俊明编:《陈炯明集》(上卷),中山大学出版社 1998 年版,第 402 页。

第十三章

现代宪法学历史分期

第一节 20世纪50年代的宪法学研究

20世纪50年代是中国社会建立社会规范体系与制度体系的时期,面临着大量的建设国家体制的任务。《中国人民政治协商会议共同纲领》(简称《共同纲领》)下的国家体制是过渡性的、临时性的体制,需要向常规体系方向发展。对宪法草案的全民讨论有助于获得国家体制转型所需要的社会基础,是发展民主的基本形式之一。50年代初,在宪法体制的确立与立宪价值的实证化过程中,民主成为主要的价值追求,是思考宪法问题的出发点和基本方法。在民众的观念与思想体系中,宪法实际上是民主的代名词。当时的民众尚不能从法治的角度系统地认识宪法,对宪法的理性缺乏必要的认识。在全国各地进行的各种形式的宪法草案的宣传与讨论中,当时的学术界发挥了重要作用,从不同角度提供了认识宪法和分析宪法的素材与方法。

在草案公布后不久,中国政治法律学会理事会通过决议,明确表示拥护宪法草案。决议认为,宪法草案总结了中国人民长期革命的丰富经验与新中国成立以来的政治、经济与文化方面的新成就,用法律的形式巩固了人民革命第一阶段的胜利成果,表达了中国人民在现有基础上继续前进以及走向社会主义的根本愿望。决议要求全国政治法律工作者,通过认真学习与深入研究宪法草案,积极地参加讨论,向人民群众作广泛的宣传,来贯彻中央人民政府委员会关于广泛讨论宪法草案的决议。沈钧儒在中国政治法律学会第一届理事会第五次会议上的讲话中特别谈到法律工作者在宪法草案讨论与宣传过程中的作用问题。他认为，从我们法律工作者的地位来看，在我国人民有了自己国家的根本大法之后，我国人民民主法制无疑将获得进一步的加强和发展，宪法所确定的一些重大的政策原则，将需要重新制定许多细密的法律和法令来保证它们的实现，各级法院和检察机关将担负起更大的责任，来保证和监督全体人民遵守国家的宪法和法律，并和一切违法行为进行斗争。他同时强调，在我们从事法律科学研究的学术工作者面前，出现了很多新的重大课题，需要我们在马克思列宁主义理论的指导下，百倍地努力来研究和发扬我们人民宪法的原理原则，从理论上总结我国在建立和健全人民民主法制方面的丰富经验，以便对我国今后的立法工作、司法工作、政法工作和法学研究，提供有益的帮助。

为了从宪法理论上向人民群众宣传宪法草案，宪法学界的一些学者发表了一系列相关文章和学术论文，并编写了通俗易懂的小册子。此外，法学界的一些著名学者还发表了对草案的宣传与研究的文章。如杨化南在《中华人民共和国宪法是建设社会主义的根本法》一文中对宪法草案的基本精神与特点进行了分析，认为宪法草案适合过渡时期的社会经济和文化特点，提出了实现过渡时期总任务的三个条件：一是以中国共产党为领导的人民民主统一战线；二是国内各民族的友爱、互助和团结；三是同苏联、各人民民主国家的友好团结。周方在《人民代表大会制度是我们国家的基本制度》一文中着重分析了宪法草案规定的人民代表大会制度的基础、内容与特点，提出民主价值是人民代表大会制度的基本精神。他特别谈到，人民代表大会制度的基本原则是民主集中制，并把它解释为广泛的民主和集中处理国事，指出宪法草案的全民讨论是民主集中原则的具体体现。为了解决全民讨论过程中提出的原则和方法问题，邓初民发表了《讨论、宣传中华人民共和国宪法草案的思想准备工作和方法》一文，对宪法草案的分析方法、理论基础和几个认识问题进行了论述。在宪法概念的基本理解上，他认为具有科学性的宪法理论是马克思主义宪法理论，体现了宪法的科学性。当时人们对宪法的基本理解是：宪法是国家的根本法，它是阶级斗争的产物和总结，是阶级斗争中阶级力量对比关系的表现，它是依据占有生产资料的阶级的意志创造出来的，并且具有最高的法律效力。在宪法的本质、内容和形式问题上，当时人们强调了三者的辩证统一关系，既需要分析宪法的本质，同时也要分析体现本质的宪法形式问题。尽管宪法的基本特征是宪法的阶级本质，但"也不能不估计到每一宪法所区别于其他宪法的形式因素"。1954年6月，张友渔在北京市宪法草案讨论委员会上作了三次有关宪法草案的报告。在6月7日所作的《中华人民共和国宪法草案的基本精神和主要内容》的报告中，他从一般的宪法原理入手，对草案（初稿）

的内容进行了说明和宣传。在分析宪法的基本概念的基础上，他提出宪法主要是规定国家权力的性质、任务以及这些权力的范围、程序、工具等，主要规定社会制度、一般的国家制度和公民的权利与义务。① 他认为，我们的宪法是属于社会主义系统，但不能完全抄袭苏联的宪法，宪法草案的基本特点是：实际性，即切合中国实际，是实事求是的，如在国家主席制度、民族自治机关体系、所有制制度等方面体现了中国特色；过渡性，即从新民主主义向社会主义社会的过渡；带一点纲领性。在6月11日所作的《中华人民共和国宪法草案主要条文的解释》的报告中，他对草案修改稿的主要条文作了系统的学理解释，为人们从宪法理论角度理解宪法草案提供了必要的知识背景和方法。有的学者认为，在讨论宪法草案时正确的方法是既要对结构、文字进行分析，也要重点分析宪法草案的本质问题，掌握宪法的精神实质。有些宣传宪法的文章，对资产阶级宪法制度与实质问题进行了批判，强调了社会主义宪法的优越性。

为了配合宪法草案的讨论，学者们除发表文章、论文外，还写了一些介绍、宣传宪法草案的小册子，以通俗易懂的语言向群众讲解宪法理论与草案的内容。如通俗读物出版社出版的《讨论宪法草案对话》一书②，以生动活泼的形式讲解草案中涉及的基本宪法理论问题与制度问题。如在对话中问宪法与其他法律的区别时，书中回答说："宪法是最根本的法律，国家制定法律，要根据宪法规定的原则来制定，也就是有了宪法，制定别的法律就有了根据。可以说，宪法是最根本的法律，不管什么法律如果违背宪法，那就必须作废或修改它，宪法就是法律的法律。"③ 当时出版的著作对宪法的法律性与宪法的实施问题给予了一定的关注，在说明草案的基本内容与意义时谈到了宪法实施问题。如《谈我国宪法草案基本内容》一书在分析宪法重要性的基础上提出，全体人民和一切国家机关都要按照宪法办事，不许任何人破坏宪法，违反宪法。谁破坏宪法，谁违反宪法，谁就是破坏人民利益，国家就要用法律制裁他。

这一时期，我国宪法学研究也受到苏联法学研究的影响。"据不完全统计，从1949年到1956年共出版宪法书籍344种，其中著述206种，资料138种"④。仅1949年，就翻译出版了卡尔宾斯基的《苏联公民的基本权利与义务》《苏联社会国家人民》《苏联社会和国家制度》，维辛斯基的《苏联公民的基本权利和义务》《苏联最高国家权力机关》《苏联法院和检察机关》《苏联选举制度》，雷帕茨

---

① 参见张友渔：《宪政论丛》（下册），群众出版社1986年版，第16页。
② 北京中央人民广播电台编：《讨论宪法草案对话》，通俗读物出版社1954年版。
③ 北京中央人民广播电台编：《讨论宪法草案对话》，通俗读物出版社1954年版，第5页。
④ 张庆福主编：《宪法学研究综述》，天津教育出版社1989年版，第79页。

克尔的《苏联公民的财产权》，加列瓦的《苏联宪法教程》，列文的《社会民主主义的国家制度》，高里莱柯夫的《苏联的法院》，高尔谢宁的《苏联的检察制度》，伊凡诺夫的《苏联的人民法院》等。这344种宪法书籍中，专门论述苏俄宪法的，有1951年《苏维埃国家法概论》、1953年《苏维埃国家与法权基础》、1955年《苏维埃宪法及其历史发展》、1956年《第一个苏维埃宪法》等。

苏联专家到中国讲授宪法学课程，如中国国家法、人民民主国家法、资产阶级国家法和苏维埃国家法，使用的主要是苏联宪法学教科书，如特拉伊宁的《苏联国家法教程》、法尔别洛夫的《人民民主国家法教程》、加拉宁的《资产阶级国家法提纲》。在此过程中，1950年成立的中国人民大学法律系最早开设"苏维埃宪法"课程，并系统地研究苏联宪法。① 中国人民大学法律系还派出若干名教师直接参与起草中华人民共和国宪法。据董成美回忆，为起草宪法，"编辑了三辑资料，叫《宪法参考资料》，第一辑是1918年苏俄宪法和1924年苏联……这三辑资料于1953年3月以中央人民政府委员会办公厅的名称印刷后发放，发给所有宪法起草委员会的委员以及参与宪法起草工作的有关人员"，"当时宪法起草委员会办公室编辑组有四五十人参加整理全国送来的宪法草案修改意见，这四五十人中有来自中国人民大学、中央政法干校、国务院资料室等单位的同志"②。对于新中国制宪问题，斯大林曾三次发表意见，尤其第三次（1952年10月），斯大林以政权的合法性与安全性为理论依据进行了系统的论证："如果你们不制定宪法，不进行选举，敌人可以用两种说法向工农群众进行宣传反对你们：一是你们的政府不是人民选举产生的；二是说你们国家没有宪法。因政协不是人民经选举产生的，人家就可以说你们的政权是建立在刺刀上的，是自封的。此外，共同纲领也不是人民选举的代表大会通过的，而是由一党提出，其他党派同意的东西。人家可以说你们国家没有法律。你们应从敌人（中国的和外国的敌人）那里拿掉这些武器，不给他们这些借口。"③ 斯大林的三次制宪意见包括了部分理论论证和具体的选举时间安排等。此外，他还介绍了印度、阿尔巴尼亚等国家制定宪法并实行选举的情况。斯大林建议中国制宪的主要目的，是促使中共中央思考制宪的意义与时机，加快解决政权的合法性问题。斯大林的建议客观上推动了中华人民共和国的制宪进程，但最终决定制定1954年宪法是中国共产党综合各种因素后作出的重大政治决断。

---

① 参见刘春萍：《苏联宪法学说对中国宪法学说的影响》，载《北方法学》2012年第4期，第35页。
② 董成美：《制定我国1954年宪法若干历史情况的回忆》，载《法学》2000年第5期，第3页。
③ 转引自韩大元：《1954年宪法制定过程》，法律出版社2014年版，第66页。

1953年12月28日毛泽东带领宪法起草小组的三名成员陈伯达、田家英、胡乔木到达杭州。1954年1月15日毛泽东通报了宪法起草小组的工作计划，要求中央政治局委员和在京中央委员阅读10个宪法文本，其中第二个就是1918年苏俄宪法和1936年苏联宪法。1954年7月1日毛泽东在指示阅读《苏联宪法草案的全面讨论》一文时指出，"我们的宪法是属于社会主义宪法类型的。我们是以自己的经验为主，也参考了苏俄和各人民民主国家宪法中好的东西……我们所走的道路就是苏联走过的道路，要想避开这条路不走是不可能的"。在制定五四宪法时，宪法起草委员会在1954年3月接受了中国共产党中央委员会提出的宪法草案初稿，并经过北京和全国各大城市组织各民主党派、各人民团体和社会各方面的代表人物所组成的八千多人的广泛讨论，讨论之后形成了宪法修改草案。

第二节　20世纪60～70年代的宪法学研究

由于反右派斗争、"文化大革命"等政治运动的原因，20世纪60～70年代的宪法学研究受到一定程度的影响。宪法学研究整体上处于停滞的状态，学术研究在主题、方法等方面都受到政治的影响，许多著作主要是为宣传工作服务。在"文化大革命"之后，特别是围绕1978年宪法修改，宪法学的学术研究逐步开始复苏。这一时期的宪法学研究为接续中国宪法学的知识体系做出了贡献，也为80年代中国宪法学研究的复兴做了一定准备。

一、20世纪60年代前期的宪法学研究

60年代前期的宪法学研究接续了50年代的风格，这一时期，学者们围绕1954年宪法体系撰写了一些作品。比如王珉、王叔文1962年出版的《宪法基本知识讲话》，中国人民大学法律系国家法教研室1964年编写了《中华人民共和国宪法讲义（初稿）》，这些作品体现了那一时期学者们对于中国宪法体制以及宪法学体系的理解。

这一时期，学者们的研究也更多呈现出对政法理论的侧重，比如1960年，伍彤在《政法研究》发表了《无产阶级专政的历史作用及其实质》；1965年，纪群在《政法研究》发表了《进一步依靠人民群众巩固和加强人民民主专政》。学者们还尝试通过引用经典理论构建宪法学体系，1963年，许崇德教授在《政法研究》发表了《列宁对资产阶级的批判》；肖蔚云教授1964年发表了《列宁对考茨基、弗兰克的宪法观点的批判》。

学者们不仅对本国实践予以关注，对于比较宪法的内容，特别是政治制度也开展了系列研究，比如1962年张宏生撰写了《资产阶级议会》一书，1963年吴大英等翻译出版了苏联学者罗马什金主编的《各国选举制度》，1963年王家福在《政法研究》发表《略论资产阶级议会制度》，1963年陈汉章等人翻译了南斯拉夫学者尤里奇、普达尔的《南斯拉夫的国家结构与社会结构》，1965年张惜阴翻译了苏联学者鲍依钦科撰写的《美国宪法：帝国主义时期的解释和适用》，1965年孙承谷写作出版了《英国国家制度》。

二、20世纪70年代的宪法学研究

在70年代前期，我国仍然处于政治动荡之中。这一时期，宪法学研究虽然相对停滞，但是出现了一些涉及政治学、外国宪法学的作品。比如复旦大学的学者们编写了《美国政府机构》（1972年）。学者们编写了《英国政府机构》（1973年）、《德意志联邦共和国政府机构》（1974年）等著作。此外，《日本政府机构》（1977年）、《法国政府机构》（1978年）等著作也由上海人民出版社出版。

"文化大革命"结束以后，伴随宪法修改提上日程，宪法学的讨论与研究也越发多起来。

1978年余先予等人编写了《新时期治国的总章程》等简明读物，杨静仁出版了有关民族工作的研究，1979年中国社科院法学研究所国家法研究室编写了《中华人民共和国宪法讲话》。1979年张晋藩、曾宪义编著了《中国宪法史略》。这些学术作品开始从宪法学基本的概念体系、宪法史与宪法理论等方面推进宪法学研究。

除了一般理论的研究，伴随对于社会主义民主与社会主义法制的提倡，学界开始高度关注民主与法制的相关理论问题。1979年5月，吴家麟教授在《人民日报》发表了《关于社会主义民主的几个问题》一文。同年张光博教授在《吉林大学社会科学学报》发表了《论民主》一文。1979年1月22日，张显扬等在《人民日报》发表了《无产阶级民主与无产阶级专政》一文。

对民主法制问题的关注进一步体现在对人民代表大会制度以及选举法相关制度的研究上。一方面，学者们主张要进一步健全完善人民代表大会制度，比如吴撷英于1978年在《北京大学学报》发表了《论我国人民代表大会制度》，1979年许崇德在《法学研究》发表了《健全人民代表大会制度》一文。另一方面出现了大量对选举法的讨论，比如1979年张庆福在《民主与法制》发表了《选举法是人民当家作主的重要保证》，王叔文教授在《法学研究》发表了《论选举》一文，王德祥在《法学研究》发表了《健全选举制度，保障人民当家作主》一文，韩国章在《吉林大学社会科学学报》发表了《谈谈我国选举制度》一文。同期的比较法资料也受到学界关注，比如：1979 年《法学译丛》发表了苏联学者斯特拉顺的《国外社会主义国家选举法的发展趋势》。1976 年，肖蔚云在《北京大学学报》发表了《我国选举法的社会主义民主原则》一文。1979 年 5 月张庆福等人发表了《修改选举法使民主制度化》一文，程子华在《人民日报》发表了评论《保障人民行使管理国家权力的重要法律》，苏德祯在《思想解放》发表了《谈谈我国选举法的特点》《选举制度与社会主义民主》等文章。

与此相伴，比较宪法领域的研究也相当关注民主问题、议会制度、宪法保障等问题。比如 1979 年，柏达宪、麦仰曾翻译的，南斯拉夫学者塞切维奇著《南斯拉夫代表制度》在北京出版。1979 年，《法学译丛》发表了苏联学者库德里亚采夫的《全民国家的宪法》、法国学者让·里昂的《法国对于法律合宪性的监督》，《复旦学报》发表了《一百九十年的美国宪法》一文。1976 年，《法学译丛》发表了罗马尼亚学者图多尔·特拉卡努的《罗马尼亚社会主义共和国大国民会议对宪法实施的监督》一文。1979 年，《法学译丛》发表了南斯拉夫法学家米奥德拉格·泽切维奇的《南斯拉夫议会制和代表制的基本原理》。

在这一时期关于公民权利与人权的讨论也值得关注。1976 年，《法学译丛》发表了法国学者让·里弗罗的《法国法律上对人权的宪法保障》，杨建英在《学术研究》发表了《略论人权问题》一文，徐炳发表了《论"人权"与"公民权"》。1979 年，《法学译丛》发表了美国学者托马斯·埃默森的《论当代社会人民的了解权》；肖蔚云等人在《红旗》杂志发表了《马克思主义怎样看待人权问题》，兰英发表了《"人权"从来就是资产阶级的口号吗》一文，与肖蔚云教授等商榷；吴大英等人在《法学研究》发表了《对人权要做历史的具体的分析》一文。而在公民义务方面，1978 年张庆福教授发表了《国家机关工作人员要模范地遵守宪法和法律》，鲁坦先发表了《自觉地履行公民的义务》一文。

三、这一时期关于宪法修改的讨论

这一时期由于复杂的政治形势，宪法学研究的进展相对有限，但围绕宪法秩序的变动，一些宪法问题与宪法学问题还是被提了出来，这尤其体现在 1975 年宪法与 1978 年宪法的修改过程中。由于相对特殊的时代原因，有些问题虽然没有在学术界得到充分讨论，却持续不断地刺激了宪法学研究，至今仍是宪法史上的重要课题。以下简介这一时期两部宪法修改过程中的一些重点问题。

1. 1975 年宪法修改

1970 年 3 月 9 日，中共中央政治局遵照毛泽东的建议，开始了修宪的准备工作，正式成立了由康生、张春桥、吴法宪、李作鹏、纪登奎共五人组成的宪法修改工作小组。① 3月16日，中共中央政治局就修改宪法的指导思想和修改宪法中的一些原则问题，写了一个《关于修改宪法问题的请示》，向毛泽东作汇报，毛泽东阅批了这个请示。3月17日至20日，中共中央就召开四届全国人大和修改宪法的问题召开了工作会议。3月18日晚上，康生就宪法修改小组的工作情况向会议做了通报，在这份通报中涉及了一些当时仍有待讨论的问题。

（1）关于宪法的结构。第一，1975年宪法是否设置"序言"部分；第二，"公民基本权利和义务"与"国家机构"这两个部分的次序问题。

（2）宪法"序言"的篇幅长短与内容问题。

（3）宪法"总纲"中涉及的若干理论问题。第一，国家名称问题。第二，国体表述问题。第三，生产资料所有制的问题，第四，关于人民公社是否入宪的问题。第五，关于武装力量的任务的问题。第六，是"大鸣、大放、大辩论、大字报"的入宪问题。第七，关于专政对象的问题。

（4）国家机构问题。主要指国家主席的设立与职权问题，国防领导机制问题，地方人大与政府名称问题，检察机关的设立问题。

（5）关于公民权利问题，比如是否增设罢工自由，宗教信仰自由的边界，公民控告权利的保障，科学研究与文艺创作自由等问题。

应当说，1975年宪法修改中涉及的这些问题，虽然有的与特定的历史背景有关，具有一定的时代特殊性，但许多问题仍然具有普遍性，成为中国宪法学研究绕不过的问题。有关"序言"、宪法结构等许多重大问题的讨论，成为后来学术界探讨相关问题的理论与实践来源，具有重要的学术意义。

2.1978年宪法修改

1978年宪法修改是中国宪法秩序转型中的重要一环，虽然当时还来不及对"文化大革命"的错误进行全面清理，但1978年宪法恢复了1954年宪法的一些基本原则和主要内容，并增加了一些新的规定，一定程度上代表了"文化大革命"以后我国宪法秩序的发展方向。在1978年宪法修改过程中也出现了一些讨论较集中的问题，这些问题集中体现在叶剑英《关于修改宪法的报告》之中。

1978年2月26日至3月5日，第五届全国人民代表大会第一次会议在北京召开。会上，叶剑英作了《关于修改宪法的报告》（以下简称《修宪报告》）。叶剑英在报告中阐述了三大问题，即"关于新时期的总任务""关于宪法条文的修改""关于宪法的实施"。

第一个问题，关于新时期的总任务，报告讲了三个方面：（1）修宪指导思

---

① 参见韩延龙：《中华人民共和国法制通史》，中共中央党校出版社1998年版，第630页。

想：新宪法应该高举毛主席的伟大旗帜，完整地准确地体现马克思列宁主义关于无产阶级专政的学说，完整地准确地体现毛主席关于无产阶级专政下继续革命的学说，充分地反映中国共产党的十一大路线和华主席为首的党中央抓纲治国的战略决策，总结同"四人帮"斗争的经验，消除"四人帮"流毒和影响，巩固和发展"无产阶级文化大革命"的胜利成果。这是这次修改宪法的指导思想，也是广大群众对新宪法的根本要求。（2）国家的总任务：坚持无产阶级专政下的继续革命，开展阶级斗争、生产斗争和科学实验三大革命运动，在本世纪内把我国建设成为农业、工业、国防和科学技术现代化的伟大的社会主义强国。（3）关于统一战线：我们必须团结一切可以团结的力量，包括中国各民族的最广泛的人民大团结，没有这样的人民大团结，要实现新时期的总任务，是不可能的。我们一定要坚持无产阶级国际主义，团结国际上一切可以团结的力量，结成最广泛的统一战线，为人类的进步和解放事业而奋斗。

  第二个问题，关于宪法条文的修改，报告总结了五个方面：（1）必须充分发扬社会主义民主：在总纲中增加了"国家坚持社会主义的民主原则，保障人民参加管理，管理各项经济事业和文化事业，监督国家机关和工作人员"。在健全选举制、加强全国人大和地方人大的职能、基层民主管理以及公民的民主权利方面，增加了新的具体的规定，肯定了"四大"的大民主和民主集中制。（2）"对有关国家机关和工作人员的条款，做了较大的修改，提出了必不可少的严格要求，这些要求当中，最根本的一条就是联系群众。"规定国家机关各级领导人员的组成必须实行老中青三结合的原则。"我国的地方政权基本上实行省、县、公社三级的体制。省、自治区下面的地区，除自治州以外，不作一级政权，不设人民代表大会和革命委员会，而设行政公署，作为省、自治区革命委员会的派出机构。行政公署设行政专员和副专员。县以下如果设区的话，也不是一级政权，而是县革命委员会的派出机构。这样规定的目的，是为了减少层次，提高效能。"（3）强化国家机器和加强对敌专政：在关于武装力量的条文中增加一款，强调军队的革命化现代化建设和民兵建设，"实行野战军、地方军和民兵三结合的武装力量体制"，在公民义务中规定了服兵役和参加民兵组织，恢复设置检察院，具体列举了专政对象并解释什么是"新生的资产阶级分子"以及打击和教育改造并举的方针。（4）经济方面要巩固公有制和按劳分配，坚持计划经济和高速发展生产力。（5）大力发展教育科技和社会主义文化，实行"双百"方针。

  第三个问题，关于宪法的实施，报告指出"宪法通过以后，从宪法的原则精神到具体条文规定，都要保证全部实施。不论什么人，违反宪法都是不能允许的。""我们还要依据新宪法，修改和制定各种法律、法令和各方面的工作条例、规章制度。"全国人大的重要职权之一是"监督宪法和法律的实施",地方各级人大也要在本行政区域内"保证宪法、法律、法令的遵守和执行"。"各级国家机关一定要组织好宪法学习。国家机关的每一个工作人员,不论职位高低,都是人民的勤务员,都要成为带头实行宪法、遵守宪法的模范"。

大会对宪法修改草案进行了认真讨论,一些代表还提出了修改意见。会议根据这些意见,最后在内容上和文字上做了几处修改。[①] 1978年3月5日,参加五届全国人大一次会议的全体代表一致通过了对宪法的全面修改草案。

第三节 20世纪80年代的宪法学研究

1982年宪法的全面修改是中国宪法学繁荣发展的重要标志,也展现了宪法学的魅力与时代使命。以1982年宪法的全面修改为契机,中国宪法学积极回应社会实践的发展需要,为宪法修改、新宪法秩序的建构、宪法理念的启蒙以及改革开放政策的"宪法化"做出了积极的学术贡献。

一、探寻改革的理论逻辑

20世纪80年代,中国社会的核心词是"宪法",1982年宪法的颁布以及1982年以来的宪法宣传与理论探讨丰富了充满活力但急需理论依据的改革现实。如何为1982年宪法提供理论逻辑?如何宣传好1982年宪法精神?如何在宪法轨道上推进改革开放?这些既是现实的实践命题,同时也是重大的理论命题。

当时的宪法学界的主要工作是:设计符合中国实际的宪法体制,把握新宪法的精神与构造,为新宪法的实施做好理论储备等。1985年以前宪法学界的主要任务是普及、宣传宪法知识,传播宪法观念,提高全社会的宪法意识。1985年以后,学界从知识转向宪法原理的理性思考,把研究视角转向宪法学基本理论、基本原理与基本制度的研究,即从知识的普及转向理论的"研究"。新中国成立以来,由于国家始终处于建构与转型期,宪法学界没有充裕的时间作体系化的基础理论研究,过去的宪法生活又缺乏稳定性,因而基于文本的理论研究受到限制。到了80年代中期,基于1982年宪法的全面修改与宪法秩序的建立,社会与法治的发展需要理论的解释与建构。可以说,80年代是中国宪法学寻求自我,探寻理论逻辑的时期,出现了迄今为止仍然保持学术影响力的学术精品。

---

① 参见文正邦等:《共和国宪政历程》,河南人民出版社1994年版,第129页。

随着改革开放政策的启动，改革开放中出现的大量的实践问题要求宪法学理论的回应，创新的宪法理论又为改革实践的发展提供新的学术活力，深化改革开放。由于开放政策的实施，中国法学界关注变革中的世界，这为学习世界有益的法制经验提供了平台与途径。在开放的背景下，学术研究更加自由，学术精品不断出现，为国家发展提供活力与动力。

二、重建宪法秩序

在80年代，特别是从1978年宪法向1982年宪法的转型过程中，宪法学者关注宪法秩序的建构与宪法实施。从1980年成立宪法修改委员会到1982年12月4日宪法的通过，在长达两年多的修改宪法时间里，宪法学界的著名学者直接参与修宪过程，多数学者参与各种形式的讨论。这是整个80年代具有标志性的宪法实践与宪法学研究。王叔文、许崇德、肖蔚云、何华辉、吴家麟、廉希圣等老一辈宪法学家亲自参与了宪法修改过程，为民族未来和人民幸福生活设计宪法体系与条文。从宪法结构到内容，从制度设计到条文的安排，宪法学界的参与是广泛而深入的，尤其在部分重大制度的设计中，宪法学者们提供了十分丰富的理论支持，确实凝聚了一批宪法学者的心血。[①]

据统计，从1982年宪法颁布到1983年8月，出版了13本介绍宪法的小册子和400多篇文章。[②] 从1982年到1999年，共发表宪法学论文总计约2 900篇，专著226本。[③] 这一时期宪法学研究的基本特点是，围绕着1982年宪法进行学理的阐释和分析，宣传与解释宪法精神与规定，力求以宪法为纽带凝聚共识，增强人们对"新宪法秩序"的信任与期待。

三、强化根本法的地位

随着人们对宪法生活的期待，如何建构具有共识性的宪法概念成为当时急需回答的实践问题。为了回应实践的需求，这一时期宪法学界探讨了宪法概念、宪法地位以及宪法效力等基本原理。

20世纪50年代，受苏联宪法学影响，以"阶级分析"方法为基本框架，形成了"社会科学的宪法学"[④]。基于80年代对法学的整体性反思，宪法学界对改革开放时期宪法概念问题进行学术探讨，力图从基本范畴入手为改革开放提供开

---

① 参见中国宪法学研究会编：《当代中国宪法学家》，法律出版社2015年版，第27页。
② 参见杨海坤：《跨入新世纪的中国宪法学》，中国人事出版社2001年版，第41页。
③ 参见童之伟：《中国30年来的宪法学教学与研究》，载《法律科学》2007年第3期。
④ 详见韩大元主编：《共和国60年法学论争实录（宪法卷）》，厦门大学出版社2009年版，第30页。

放性的概念体系与观念，因为"直接承继50年代宪法本质、概念与命题的80年代的宪法理论，其基本任务仍然是对新的政治政策、方针与现象的'正统性'论证，这就注定了宪法理论在80年代不可能超越自身，只能是作为一种注释宪法学而存在"①。但在1982年宪法的实施中，学界强调宪法应有的"法律性"，合理平衡政治性与法律性价值，提出以法律性为基础的开放性、综合性的宪法概念。如1982年出版的《政治与法律丛刊》将宪法定义为"规定国家根本制度，效力高于普通法律的法律"②。许崇德认为"一个国家有很多法律……宪法只是其中一种，但是宪法在国家法律体系中居于根本法地位"③。可以说，塑造宪法的法律性，以法律性重新解释宪法概念是当时基本的学术倾向。

1981年王叔文在《论宪法的最高法律效力》一文中对宪法作为根本法的属性作了系统的论述。他不赞同有的学者认为宪法只是政治纲领，宪法条文具有原则性，不能直接适用，必须通过立法的方式来加以实施，明确提出宪法具有直接法律效力。他认为：宪法的最高法律效力不仅表现在它是一般立法的基础，而且表现在它是一切国家机关和公民所必须遵守的最高行为准则。对宪法来说，这两方面的法律效力，是密切联系的、统一的、不可分割的，二者缺一不可。强调宪法是制定一般法律的依据，对于维护宪法的根本大法的地位，保证法制的统一，具有十分重要的意义。同时也必须强调宪法是人们所必须遵守的最高法律行为准则。否认或者忽视宪法在这方面的最高法律效力，势必导致否认或者忽视宪法对人们的直接拘束力和强制力，这对于保证宪法的贯彻执行，发挥其根本大法的作用，也是十分不利的。他强调，为了充分发挥宪法的作用，必须同时发挥宪法这两方面的最高法律效力，并且把它们密切结合起来。④

另外，何华辉、许崇德教授在《我国新宪法同前三部宪法的比较研究》⑤《宪法与民主制度》⑥等论著中也阐述了如何理解宪法的问题。如在《宪法与民主制度》一书中，两位教授将民主纳入宪法概念之中，认为"宪法是以民主事实为依据，并随着民主的发展而发展……社会主义宪法是最高类型的宪法"⑦。现

---

① 董璠舆：《中国宪法学四十年》，载《政法论坛》1989年第5期。
② 上海社科院法学所：《宪法名词解释》，收录于《政治与法律丛刊》，复旦大学出版社1982年版，第94页。
③ 许崇德主编：《中国宪法》，中国人民大学出版社1989年版，第21页。
④ 参见王叔文：《论宪法的最高法律效力》，载《法学研究》1981年第1期。具体内容也可参见中国宪法学研究会编：《当代中国宪法学家》，法律出版社2015年版，第38页。
⑤ 许崇德、何华辉：《我国新宪法同前三部宪法的比较研究》，载《中州学刊》1983年第1期。
⑥ 许崇德、何华辉：《宪法与民主制度》，湖北人民出版社1982年版。
⑦ 许崇德、何华辉：《宪法与民主制度》，湖北人民出版社1982年版，第35页。

在看来，当时提出的一些命题是宪法常识，但在当时的历史条件下重申常识也是必要的。针对宪法形式与实质问题，许崇德教授认为，宪法是实质与形式的统一，要从根本法意义上解释 80 年代的宪法。① 吴家麟教授在《宪法学》一书中对自己原有的宪法概念进行部分修正，认为宪法是"国家的根本大法，是民主制度的法律化，是阶级力量的对比关系的表现"②。

从总体上看，20 世纪 80 年代在宪法概念上的理论思考虽仍有提升的空间，但强调法律属性、淡化阶级属性是有意义的。这一思考在 90 年代得到了进一步深化，对于解释新宪法秩序产生了积极影响。

四、"法律面前人人平等"原则的争鸣

在 20 世纪 70 年代末 80 年代初，法学界解放思想，大胆探索，开展了对"人治"与"法治"、"法律面前人人平等原则"、"民主与法制"等问题的讨论。这些学术探讨涉及宪法的基本原则与理论，对于寻求改革共识具有重要意义。宪法学者们积极参与讨论法学界重大理论问题，其中对"法律面前人人平等原则"的讨论产生了重要的学术影响。这场讨论的意义在于，突破 50 年代后期开始形成的"法律面前人人平等"问题的研究禁区，在"公民在适用法律上一律平等"上形成共识，并对"立法上是否平等"问题进行争鸣，推动法学研究。当时讨论的焦点是："法律面前人人平等是否包括立法平等?"形成了两种观点：一是认为"法律面前人人平等"，既包括司法方面，也包括立法方面；二是认为"法律面前人人平等"专指司法上的平等，立法上是不能讲阶级平等的。③ 蒋碧昆等在《论法律面前人人平等》一文中认为，公民在法律上一律平等原则的含义应该是不允许任何人有超越法律之上的特权，公民在法律上一律平等与适用法律上一律平等不能从概念上等同起来④；张光博在《也谈法律面前人人平等》一文中认为，1954 年宪法规定的"公民在法律上一律平等"，与资本主义的提法是相同的，但是，由于我国的法律是人民意志的集中体现，因此词句虽然相同，实质已经有了根本的改变，这个原则包括三个方面内容，即公民在立法上的平等、执法上的平等与国家适用法律上的平等⑤；程辑雍在《社会主义法制的平等原则不能割裂》

---

① 参见许崇德、何华辉：《我国新宪法同前三部宪法的比较研究》，载《中州学刊》1983 年第 1 期。
② 吴家麟主编：《宪法学》，法律出版社 1983 年版，第 46 页。
③ 参见中国社会科学院法学所：《论法律面前人人平等》，法律出版社 1981 年版，第 2-3 页。
④ 参见蒋碧昆：《论法律面前人人平等》，载《华中师范学院学报》1979 年第 3 期。
⑤ 参见张光博：《也谈法律面前人人平等》，载《学术月刊》1979 年第 9 期。

一文中针对"立法上阶级不平等"和"司法上阶级平等"观点,明确提出"任何不同社会的法,其制定与实施是统一的,立法与司法是统一的"①。这场学术讨论在 80 年代初产生了重要学术影响,体现出一种宽松、自由而民主的学术氛围。从 1979 年到 1980 年围绕这一问题发表的论文和文章就有 40 多篇,它是改革开放前期的一场学术启蒙。

五、宪法监督

20 世纪 80 年代是改革开放政策全面实施的十年,特别是 1982 年宪法体现改革开放精神,规定"今后国家的根本任务是集中力量进行社会主义现代化建设"。宪法实施状况直接影响改革开放的成功,越是加快改革开放步伐,越要注意维护宪法的权威与尊严。因此,如何使宪法保持生命力,有效预防和解决违宪现象是全社会,尤其是宪法学界普遍关注的现实问题。

1978 年 3 月 1 日,时任宪法修改委员会副主任的叶剑英在《关于修改宪法的报告》中就指出:"宪法通过以后,从宪法的原则精神到具体条文规定,都要保证全部实施。不论什么人,违反宪法都是不能容许的。"②

1979 年,在河北省一个县发生了宪法"事件":一些社队干部和农民执行宪法规定的"人民公社社员可以经营少量自留地",而县委出面反对,于是出现"县委大还是宪法大"的争论。1981 年,有学者提出,"从总结我国实施宪法的经验教训中,可以清楚地看到,在我国健全和确立宪法监督制度,实在刻不容缓"③。

1982 年宪法修改时,宪法学界的多数学者希望吸取"文化大革命"的教训,设立专门的宪法监督机关,以加强宪法监督。许崇德教授在《宪法修改十议》中提出宪法的监督和实施问题,认为这次修宪"要解决两个问题,一是谁有权解释宪法?二是由谁监督宪法的实施?是否需要设专门机构,给以特定权限,按法律程序开展监督?"④ 此后宪法学界发表了大量的宪法监督、宪法诉讼、宪法实施相关的论文和学术著作。如 80 年代这个领域代表性的论文有胡锦光的《论宪法监督制度》⑤、胡肖华的《展望中国宪法法院》⑥、杨泉明的《论宪法实施的特别法院监督体制》⑦、于浩成的《一个极其重要的建议:关于宪法实施的保障问题》⑧、陈

---

① 程辑雍:《社会主义法制的平等原则不能割裂》,载《社会科学辑刊》1980 年第 4 期。
② 王培英编:《中国宪法文献通编》,中国民主法制出版社 2007 年版,第 168 页。
③ 柳岗生:《略论宪法监督》,载《社会科学》1981 年第 3 期。
④ 许崇德:《宪法修改十议》,载《民主与法制》1981 年第 3 期。
⑤ 胡锦光:《论宪法监督制度》,载《中国法学》1985 年第 1 期。
⑥ 胡肖华:《展望中国宪法法院》,载《比较法研究》1989 年第 1 期。
⑦ 杨泉明:《论宪法实施的特别法院监督体制》,载《四川师范大学学报》1988 年第 4 期。
⑧ 于浩成:《一个极其重要的建议:关于宪法实施的保障问题》,载《法学杂志》1982 年第 4 期。

云生的《现代宪法保障问题及其发展趋势》①、许崇德的《经济体制改革与宪法实施》②、王叔文的《我国宪法实施中的几个认识问题》③、蔡定剑的《我国宪法监督制度探讨》④等。

1980年2月的宪法修改草案中确立了宪法是国家的根本法,具有最高的法律效力。1980年11月,上海社会科学院法学研究所宪法研究室提出为维护宪法的权威和稳定性,对违宪的处理应有具体的规定,并提出了三种设想:"其一是在全国人大常委会下,设立宪法委员会,作为人大常委会一个常设机构,其职权为审查法律、法令和地方性法规以及国务院到地方政府的施政是否违反宪法精神,就全国范围内实施宪法情况向人大常委会提出报告并提出处理意见。其二是专设宪法法院司其职。其三是国家设立监察委员会,监督宪法和法律的实施。"在1981年4月1日,宪法修改委员会秘书处在宪法第三次讨论稿中,对于拟设立的全国人民代表大会宪法委员会,提出了两个方案:"第一个方案是,宪法委员会的地位与全国人大常委会相当,仅对全国人民代表大会负责并报告工作,专门负责审理违宪问题。第二个方案是,宪法委员会的地位低于全国人大常委会,对全国人大及其常委会负责并报告工作,协助全国人大及其常委会监督宪法的实施。"⑤

1981年5月1日,宪法修改委员会秘书处在4月1日的第三次讨论稿、4月20日的第四次讨论稿的基础上,提出了宪法第五次讨论稿,在宪法第二章第三节(第82条~第85条)专门规定了全国人民代表大会宪法委员会,与全国人大、全国人大常委会、国家主席和国务院并列,排在"全国人民代表大会"和"全国人民代表大会常务委员会"之后,"国家主席"和"国务院"之前。⑥ 1981年6月中旬,中国政治学会提出了设立宪法委员会或宪法法院的建议。1981年8月3日,宪法修改委员会秘书处在第六次讨论稿中,将宪法监督写入全国人大及其常委会的职权当中,去掉了关于宪法委员会的提议。1981年10月31日,宪法第七次修改草案又将宪法委员会与全国人大其他专门委员会并列,行使"监督宪法的实施"这一人大职权。

到了1982年12月,第五届全国人大第五次会议应代表们的要求,在宪法中增加了"一切违反宪法和法律的行为,必须予以追究"的规定。⑦ 在八二宪法的

---

① 陈云生:《现代宪法保障问题及其发展趋势》,载《中国社会科学院研究生院学报》1982年第3期。
② 许崇德:《经济体制改革与宪法实施》,载《法学评论》1985年第3期。
③ 王叔文:《我国宪法实施中的几个认识问题》,载《中国社会科学院研究生院报》1988年第5期。
④ 蔡定剑:《我国宪法监督制度探讨》,载《法学研究》1989年第3期。
⑤ 许崇德:《中华人民共和国宪法史》,福建人民出版社2003年版,第580-581页。
⑥ 参见刘松山:《1981年:胎动而未形的宪法委员会设计》,载《政法论坛》2010年第5期。
⑦ 参见李湘宁:《八二宪法拐点》,载《财经》2012年第26期。

诞生过程中，关于宪法委员会是否入宪存在相当激烈的争议。最终由于意见不一、共识难达，八二宪法并没有确立宪法委员会，而是继承了七八宪法的规定，在第 62 条第 2 项、第 67 条第 1 项中分别写入"监督宪法的实施"和"解释宪法，监督宪法的实施"，明确全国人大、全国人大常委会实施宪法的任务，以确保"宪法在实际生活中得到贯彻实施"，并"使宪法规定的人民民主权利和自由得到切实有效的保障"①。《宪法》第 62 条第 2 项、第 67 条第 1 项"监督宪法的实施"规定，使得通过宪法委员会的制度化实施的路径就此搁浅。但八二宪法还是在根本法地位、最高法律效力等方面确立了宪法自身的保障机制。②

1985 年第一届中国法学会宪法学研究会年会上，学者们就讨论了在中国如何实施宪法问题，表现出对中国实践问题的极大关切。1989 年第七届全国人大第二次会议召开之际，李崇淮等 31 名代表、王叔文等 32 名代表又向会议提出在全国人大内部设立宪法委员会的设想。对于在全国人大设立宪法委员会的这两个议案，法律委员会回应道："有些委员认为，世界上许多国家都设有监督宪法实施的专门机构。我国由于缺乏协助监督宪法实施的专门委员会，宪法实施的监督工作未能落到实处。因此，全国人大有必要设立宪法委员会，协助全国人大及其常委会研究审议有关违宪的案件。有些委员则认为，我国宪法规定由全国人大及其常委会监督宪法的实施。全国人大已经设立了 7 个专门委员会，根据全国人大组织法有关规定，各专门委员会可以在其职权范围内协助人大和人大常委会监督宪法的实施，包括审议全国人大常委会交付的被认为同宪法、法律相抵触的行政法规、地方性法规和规章。问题是要加强这方面的工作，可以不另设宪法委员会。鉴于对这个问题的意见不一致，法律委员会建议对这两项议案继续进行研究，暂不列入全国人大或者全国人大常委会议程。"③ 因此，设立宪法委员会的设想又落空了。

可以说，整个 20 世纪 80 年代，学界为宪法监督的制度建构与理论的体系化作出了不懈的努力，积累了大量的学术成果。据统计，1982 年到 2012 年核心刊物发表的宪法监督制度方面的论文有 255 篇。④ 这一方面是学界对于长久以来所共同期冀与守望的"宪法监督与实施"问题的关切，另一方面是对于 40 年前思考的理论命题的重新审视。党的十九大报告提出"推进合宪性审查工作"的目标，学界为此深受鼓舞。但在理想与现实的冲突中，我们需要了解 40 年前的

---

① 王显举：《我国宪法监督制度的中国特色》，载《现代法学》1982 年第 2 期。
② 参见吴家麟：《论新宪法实施的保障》，载《河北法学》1983 年第 1 期。
③ 关于第七届全国人大第二次会议主席团交付法律委员会审议的代表提出的议案审议结果的报告。
④ 参见中国宪法学研究会编：《中国宪法学三十年（1985—2015）》，法律出版社 2015 年版，第 79 页。

学者们是如何考虑这些问题的，他们既有理论，也有完整的宪法监督机构的设计。

六、宪法释义学

1982年12月4日第五届全国人民代表大会第五次会议通过了新宪法，中国宪法学研究随之迎来迅速发展的黄金时期。这一时期宪法学研究的特点是，以宪法文本为基础，建立宪法注释学或宪法解释学的知识体系，关注对现行宪法文本的注释或者解释功能。学界围绕着1982年宪法进行学理上的阐释和分析，力求将宪法文本和宪法实践结合起来。

伴随1982年宪法的颁布实施，各类有关宪法宣传、介绍、评价的宪法书籍和宪法文章如雨后春笋般涌现出来。1982年12月新宪法颁布到1983年8月期间，就出版了13本介绍宪法的小册子和400多篇文章。[①] 据有关研究人员的不完全统计，从1982年到1999年，全国发表宪法学论文总计约2900篇，其中涉及公民基本权利和人权的约350篇，仅占全部宪法学论文的12%；专著226本，其中涉及公民权利和人权的著作有32部，且它们多数都是在20世纪90年代之后发表或出版。其余的论文和著作则主要涉及宪法基本原理和国家制度，如宪法的概念、宪法学方法以及宪法实施保障等多方面的内容。

这一时期的宪法学发展主要有以下基本特征。

第一，在学术风格上，具有了一定的学术自主性和学科独立性。尽管政治学和宪法学之间在内容上具有某种程度的关联性，但是，宪法学作为独立的一个法学学科，具有自己的逻辑结构和学科特点。在1982年宪法通过以后的宪法学研究中，学者往往从宪法学自身的逻辑出发，通过宪法内容的挖掘阐释，逐步实现宪法学发展的规范性和自主性，宪法学逐渐成为一门逻辑自洽的法学学科。

第二，在研究内容上，这一阶段的宪法学发展以1982年宪法文本为中心，强调注释宪法学的功能。1982年宪法结构对于后来的宪法教科书以及宪法著作产生了重要影响，很多宪法教材和宪法著作的章节结构基本上是按照1982年宪法所确立的宪法结构模式展开的。这种研究进路对于宪法内容的普及和宪法知识的体系化发挥了重要的作用。这一时期的代表性教材是吴家麟教授主编的《宪法学》[②]。这本书奠定了新中国宪法学基本理论体系和教材体系，为中国宪法学的发展产生了重要的学术影响。

[①] 参见杨海坤主编：《跨入新世纪的中国宪法学》，中国人事出版社2001年版，第41页。
[②] 吴家麟主编：《宪法学》，群众出版社1985年版，第1页以下。

改革开放以来,宪法解释学的形成标志着我国宪法学理论研究的发展和深化。① 1978 年宪法规定由全国人大常委会解释宪法,1982 年宪法再次确认这一宪法解释体制。但由于当时环境的影响,80 年代学界对宪法解释的关注是不够的,对宪法条文的释义在一定程度上反映了学界的学术自觉。在评价 20 世纪 80 年代宪法学研究时,有一种观点把 80 年代的宪法学研究喻为"注释宪法学",认为过分关注宪法条文解释,关注文本,没有关注现实。也有学者认为,80 年代宪法学界重宣传,轻研究。从某种意义上,这也是事实,的确 1982 年宪法修改前后学界重要任务之一是宣传与普及新宪法精神。但这并不是 80 年代整体情况,在宪法宣传中包含着研究工作,在宪法释义中建构着一种解释学。

　　从 1982 年到 1985 年学界进行宪法的释义、宣传与介绍的工作,虽不属于宪法学理论体系化,但这种宪法知识的启蒙作用是不可少的。经历了长达十年"文化大革命"的国人从心里期待着人的尊严与自由,希望有稳定而安全的法律秩序。在这种特殊的历史背景下,赋予中国宪法学研究深沉的责任与使命感。或许历史造就中国宪法学的生活观与哲学,除了理论诠释功能,还担负着信仰与信念的塑造功能。因此,对这一时期的新宪法的宣传作用,应理解为宪法生活化的过程,而不仅仅是知识的普及。这一时期张庆福教授主编的《宪法学研究述略》②一书,最早以学术综述的形式对宪法学进行专题性研究,对 20 世纪 80 年代宪法理论研究产生了重要的学术影响。

　　这一时期为宣传宪法精神,学界以释义、解释为中心开展学术工作,虽然目的是普及与介绍宪法知识,但客观上发挥了以条文为中心的宪法解释功能,可以说它是宪法解释学或者释义学的初步思考。90 年代以后中国宪法学研究中出现了宪法解释学、规范法学以及政治宪法学等不同研究方法,其中解释学、释义学的最初实践则来自 80 年代中期。1982 年翻译出版了查尔斯·比尔德的《美国宪法》,以及评述其宪法解释思想的论文《查尔斯·比尔德与美国宪法——美国史学对比尔德关于美国宪法的解释的评论》。③ 1983 年出版的《宪法学》在谈到宪法概念时,将宪法解释与宪法监督结合起来进行说明,提出宪法解释的必要性在于:一是对具体条文的含义进行权威性的解释;二是确认某项法律是否违反宪

---

① 参见杜强强:《30 年来我国宪法解释理论研究的发展》,载中国宪法学研究会编:《中国宪法学三十年(1985—2015)》,法律出版社 2015 年版,第 259 页。
② 张庆福主编:《宪法学研究述略》,天津教育出版社 1989 年版。
③ 丁则民:《查尔斯·比尔德与美国宪法——美国史学对比尔德关于美国宪法的解释的评论》,载《东北师大学报(哲学社会科学版)》1982 年第 2 期。

法，以维护宪法的尊严，保证宪法具有高于普通法律的效力。① 同时作者认为，解释权是"宪法条文和法律条文的本身需要进一步明确界限或补充规定，由全国人大常委会进行解释或者用单行法加以规定"②。该书还专门介绍了当时具有代表性的四种宪法解释体制，并进行学术评论。另外，20 世纪 80 年代专门对宪法解释进行研究的论文主要有：甘藏春《论宪法解释》③，徐秀义《关于我国宪法解释问题的具体思考》④ 等。

可以说，没有 20 世纪 80 年代对宪法文本或者条文的解释性宣传，不可能出现今天具有共识的解释学方法论。当时学界在文本问题上也处于价值与事实之间的冲突中，既注释文本又怀疑文本，承受了学术与现实政治的双重压力。⑤ 如今解释学成为中国宪法学的基本方法论，虽然需要进一步体系化，但其理论无疑源于 20 世纪 80 年代的学术探索。

第四节 20 世纪 90 年代的宪法学研究

20 世纪 90 年代的宪法学发展的主要特点体现在以下几个方面。

(一) 致力于为改革开放提供合宪性基础

随着改革开放的不断深入，民众对于宪法治理与民主法治的需求与日俱增。对此，宪法以修正案的形式作出了回应：1988 年"私营经济"入宪并允许土地使用权可以依法转让，1993 年社会主义市场经济受到宪法保护，1999 年依法治国入宪，2004 年宪法明确"国家尊重和保障人权""公民的合法的私有财产不受侵犯"。到 2004 年第四次修宪形成的 31 条修正案中，直接涉及国家经济体制改革的条款总共有 15 条：1988 年修正案 2 条 (2)、1993 年修正案 6 条 (9)、1999 年修正案 3 条 (6)、2004 年修正案 4 条 (14) (括号里的数字表示的是当年宪法修正案条文的总数)。可见，八二宪法的四次宪法修正案，始终是围绕改革开放而展开的。因此，在某种程度上可以说，八二宪法及其修正案对公民个人财产权保护的范围和力度的变迁就是由经济制度和经济体制的改革和变更决定的。⑥ 值

---

① 参见吴家麟主编：《宪法学》，群众出版社 1985 年版，第 26 页。
② 吴家麟主编：《宪法学》，群众出版社 1985 年版，第 454－455 页。
③ 甘藏春：《论宪法解释》，载《西北政法学院学报》1988 年第 3 期。
④ 徐秀义：《关于我国宪法解释问题的具体思考》，载《当代法学》1988 年第 3 期。
⑤ 参见韩大元：《中国宪法学的学术使命与功能的演变——中国宪法学 30 年发展的反思》，载《北方法学》2009 年第 2 期。
⑥ 参见钱福臣：《八二宪法的属性》，载《环球法律评论》2012 年第 6 期。

得关注的是,"依法治国"与"人权条款"的入宪,不仅终结了"刀制"(法制)与"水治"(法治)之争,还使得宪法的规范性与优位性、权力的合法性、公民权利的受宪法保障性与法治国的建设紧密结合在一起,我国的法秩序完成了从"法制"到"法治"的转变。至此,法律系统成为一个独立于政治领域的专门系统,国家权力与社会的运转须符合我国的法治原则。①

(二)宪法监督制度研究的深入

宪法学界对于设立专门宪法监督制度的呼声还是比较强烈的,这种呼声一直持续到 80 年代末 90 年代初。

总的来看,设立专门宪法监督制度的设想是贯穿于整个 80 年代与 90 年代初的,但在这两个时期,宪法学界对宪法监督制度的研究大致相同。在 80 年代,宪法学界对于宪法监督与违宪审查的研究主要集中在两方面:一是基于我国《宪法》序言第 13 自然段、第 5 条、第 58 条、第 62 条第 2 项、第 67 条第 1 项等的规定,对我国违宪审查的主体、审查对象、审查方式、审查程序、审查效力等作了规范分析;二是基于比较法的视角,介绍了西方国家的"司法审查"、"宪法监督"以及"违宪审查"等制度。进入 90 年代,宪法监督与违宪审查仍是中国宪法学人关注的核心主题,但绝大多数研究主要是延续于 80 年代,并未提出颠覆性的学术判断。

90 年代宪法学人对宪法监督与违宪审查的研究逐渐走向精细化,对于我国的违宪审查方式,胡锦光概括为"抽象的原则审查",具体又包括事前审查和事后审查两种:自治条例和单行条例必须自动接收事前审查,无须任何组织或个人提起;而除自治条例和单行条例之外的其他规范性文件是在生效实施后接受审查,由有向全国人民代表大会及其常务委员会提出议案资格的组织和个人提起。事前审查和事后审查的违宪审查方式使得我国违宪审查效力既适用一般效力说,也适用个别效力说。但在宪法实践中,"抽象的原则审查"方式却存在着接受事前审查的程序不完备、提出事后审查程序较窄问题。因此,在单行法中应该规定"经全国人民代表大会或其常务委员会的要求,宪法委员会应就法律草案的合宪性问题进行审查,并就审查结果向它们提出报告和意见;经国务院总理的要求,宪法委员会应就行政法规草案的合宪性问题进行审查,并就审查结果向国务院总理提出报告和意见","应当将提起违宪审查请求的主体范围扩大到公民、社会团体、企事业组织"②。面对宪法监督存在的监督不足问题,陈云生认为全国人大

---

① 参见李忠夏:《法治国的宪法内涵——迈向功能分化社会的宪法观》,载《法学研究》2017 年第 2 期。
② 胡锦光:《我国违宪审查的方式与处理初探》,载《法律学习与研究》1987 年第 3 期。

及其常委会难以从事经常性的宪法监督工作，因此，为全面发挥宪法监督的职能，应将全国人大法律委员会改为宪法和法律委员会，在法律地位、性质和原有职权不变的情况下，增加宪法监督的职能。面对宪法监督中存在的公民宪法权利救济不足的问题，则应在宪法规定的国家体制内建立一套有限的宪法诉讼制度，即最高人民法院应设立宪法审判庭或组建宪法权利保护法院，通过宪法诉讼的方式保护公民的合法权益，但得处理好宪法与部门法、宪法诉讼与刑事诉讼、民事诉讼和行政诉讼之间的关系。因为，违宪应是一种直接的违宪行为，违反部门法的间接违宪行为并不能等同于这里所言的违宪。①

（三）规范宪法学的提出

随着改革的不断推进，民众对于宪法治理与民主法治的需求与日俱增。党和国家也开始关注改革中存在的合宪性问题，八二宪法的修订遂提上日程，1988年宪法修正案促使私营经济入宪，允许土地使用权可以依据法律的规定转让，80年代末经济领域改革的合宪性问题得到了宪法的积极回应。1992年10月，中国共产党第十四次全国代表大会（以下简称中共十四大）召开，江泽民同志作了《加快改革开放和现代化建设步伐 夺取有中国特色社会主义事业的更大胜利》的报告，指出应建立社会主义市场经济体制，实行"以公有制包括全民所有制和集体所有制经济为主体，个体经济、私营经济、外资经济为补充"的所有制结构。1993年3月15日，第八届全国人民代表大会第一次会议以中共十四大精神为指导，接受宪法修改小组的建议，将宪法第15条修改为"国家实行社会主义市场经济。国家加强经济立法，完善宏观调控"。1993年4月28日，国家工商行政管理局发布《关于促进个体经济私营经济发展的若干意见》，全面放宽对个体经济、私营经济发展的政策。

1993年11月11日，党的十四届三中全会提出了建立社会主义市场经济体制的伟大构想。在市场经济中，非公有制与公有制经济一样，个体、私营、外资经济与国有经济和集体经济一样，都应受到同等保护；法人和居民的一切合法收入和财产受到国家的保护。十四届三中全会对改革与立法的关系也做了积极的回应，指出："改革决策要与立法决策紧密结合。立法要体现改革精神，用法律引导、推进和保障改革顺利进行。要搞好立法规划，抓紧制订关于规范市场主体、维护市场秩序、加强宏观调控、完善社会保障、促进对外开放等方面的法律。要适时修改和废止与建立社会主义市场经济体制不相适应的法律和法规。"同时，要坚持改革开放与法制建设的统一，在完善社会主义法律体系的过程中，得遵循

---

① 参见陈云生：《改善和加强我国宪法监督制度的几点设想》，载《当代法学》1988年第2期。

宪法规定的原则。① 1988年修宪、中共十四大的报告、1993年修宪以及中共十四届三中全会通过的《中共中央关于建立社会主义市场经济体制若干问题的决定》，不仅厘清了国家调控与市场经济体制的关系，对改革立法提出合宪性要求，促使改革依据宪法，经济体制的改革也有了正当性与合法性的基础；还使得我国宪法对于改革中出现的问题能够积极地予以回应，从而统帅改革立法的法秩序整体。通过1988年与1993年两次修宪，个体经济、私营经济及外资经济逐渐独立于公有制经济成为一种新的合法经济形式，市场经济与社会不断壮大，国家社会一元化的局面随之被打破。自由平等、宪法法律至上的法治理念盛行于90年代的社会生活之中，权力运行须与宪法保持一致的规范宪法学方法论应运而生。

如果说政治宪法学试图以某种政治（哲学）理论对其所判断的现实作一种理论上的铺排，将其纳入理论的进程中，最终实现其理论抱负②，宪法社会学更多地试图强调"发现"一种"真实"的规则，那么规范宪法学在宪法实施的面向上关注的更多是"规范"与"事实"的张力。有学者认为，在规范宪法学的视野中，宪法实施的基本面向恰恰是"规范性"的缺失。规范宪法学认为，宪法秩序又导源于宪法规范的重构与规范宪法的形成。有鉴于此，就得正视"坚持改革开放"与"维护宪法秩序"的二律背反现象，强调宪法的规范作用，并以宪法变迁制度和宪法修改两种形态进行消解，从而确立起一种"规范宪法"意义上的宪法规范。③ 为此，"坚持改革开放"与"维护宪法秩序"之间出现的冲突，得围绕实定化的宪法秩序展开，得处理好宪法规范的变动现象，尤其是宪法变迁现象与宪法规范性、宪法修改的关系，不能放任自流，以免宪法的规定成为空文。规范宪法是宪法规范（静态宪法）与宪治事实（动态宪法）相互交织的结果。

综上所述，从80年代"改革与宪法的关系"、90年代"良性违宪"的争论开始，中国宪法的实施大体遵循着两条路径：一是倾向于通过宪法修正案来完善我国宪法的规定，以部门立法的形式来细化我国宪法的规定，促进宪法的实施，这是一种法律化的实施路径。但由于我国的司法机关不能直接适用宪法，全国人大及其常委会也未曾根据宪法的规定来对部门立法的合宪性作出宪法判断，宪法的法律化实施仅是零星地将部分的宪法价值导入部门立法当中，或是通过部门立法的方式来完善局部的宪法秩序，以致宪法的法律化实施无法保证整体法秩序的

---

① 参见《中共中央关于建立社会主义市场经济体制若干问题的决定》，载中共中央文献研究室编：《十四大以来重要文献选编》（上），中央文献出版社2011年版，第473—474页。
② 参见高全喜：《政治宪法学视野下的宪法实施》，载《天府新论》2016年第1期。
③ 参见林来梵：《规范宪法的条件和宪法规范的变动》，载《法学研究》1999年第2期。

合宪性。二是通过宪法监督与违宪审查的方式来实施我国宪法,但由于全国人大及其常委会未曾使用过《宪法》第62条、第67条的"监督宪法实施权",法秩序的合宪性控制、个人基本权利的保障、宪法的正当化功能在宪法实践中收效甚微,宪法的制度化实施沦为学界的一种主观化诉求。[①] 还有学者认为动辄宣告违宪势必侵犯立法机关的立法形成权,因此应在法律合宪性与法律稳定性之间寻求一条中间道路,借由合宪性推定方法来避免法律违宪。

宪法学界在实践中也逐步形成一些基本共识,宪法实施以来取得了重大成就,虽然宪法作为法律所应具有的规范效力整体上端赖于宪法监督和合宪性审查的良好运行,但通过立法的具体化,宪法的法律化、宪法化的法秩序在我国逐渐形成,为改革开放提供了有效的规范供给。

第五节 进入新时代的宪法学研究

党的十八大以来,宪法学界开始了新的探索。宪法不断适应新形势、吸纳新经验、确认新成果、作出新规范。人民代表大会制度得到进一步发展完善,国家机构体系进一步充实,宪法宣誓制度普遍建立,设立国家宪法日,合宪性审查的组织和机制建设稳步推进,为宪法学研究提供了重要的智力支撑。这些成果必将成为今后改革开放的重要制度资源,必将随着实践的开展而不断发挥其特殊重要的功能。

在充分肯定宪法学研究取得成绩的同时,我们也要看到宪法学研究离新时代的要求仍有一定距离,如宪法学主体性仍缺乏体系化的理论支撑;在宪法的框架内,改革与开放之间存在着不平衡,改革的目标落实比较全面,但开放目标的落实存在着不平衡;宪法学与其他部门法学对话能力有待进一步提高;改革的目标落实比较全面,但开放政策的稳定性与一贯性需要加强;改革开放的目标已经写入宪法,但其法治化程度还有待加强,改革举措依靠法治方式推动的自觉性需要强化;面对丰富的宪法实践,宪法学的实践能力无法适应现实的需要;等等。

中国特色社会主义事业已进入新时代。人们对宪法权威、宪法尊严与宪法生活的期待会越来越高。展望未来,我们要坚持宪法对改革开放的指导作用,从国家生存与发展的高度继续推进改革开放。要以宪法精神规范改革开放,确定改革的界限,防止改革脱离宪法轨道,继续在宪法框架与原则下推动改革开放。要善

---

① 参见翟国强:《中国宪法实施的双轨制》,载《法学研究》2014年第3期。

于运用宪法思维，保障改革开放的顺利推进。历史的经验表明，不以宪法为基础的改革是不会成功的，越是扩大改革开放，越要强化宪法保障作用，使宪法发挥根本法的作用。

新时代，宪法学发展的基本方向和课题是：

一、坚持中国共产党的宪法地位

如前所述，党对宪法制定和实施的全面领导是我国宪法发展的内在逻辑，是必须坚持的政治方向与政治保障，也是我国宪法制度的显著优势。习近平总书记指出："党的领导是推进全面依法治国的根本保证。""党的领导是我国社会主义法治之魂，是我国法治同西方资本主义国家法治最大的区别。离开了党的领导，全面依法治国就难以有效推进，社会主义法治国家就建不起来。"实现中华民族伟大复兴，必须坚持党的领导，更加珍惜中国共产党领导人民立宪行宪的伟大成就。

党的全面领导是加强宪法各项工作的基本要求。无论是在宪法解释、宪法修改、宪法监督以及其他宪法制度的建立、完善和运行等宪法工作的各个方面，都要坚持党的全面领导，使《宪法》第1条明确规定的"中国共产党的领导是中国特色社会主义本质特征"的规范落到实处。坚持和加强党对宪法工作的全面领导，要发挥党"总揽全局、协调各方"的领导核心作用，重点在统筹、协调、指导和推进宪法实施和监督等方面发挥不可替代的作用。同时，党必须带头尊法学法守法用法，模范遵守宪法，各级领导干部和任何党员个人都没有超越宪法和法律的特权。

二、把宪法实施贯穿到治国理政各方面全过程

在推进国家各方面工作法治化进程中，最核心的要素是坚持宪法作为法治核心的地位，始终坚持依宪治国、依宪执政。依宪治国、依宪执政是宪法治理的基本方式，要在治国理政全过程贯彻宪法、实施宪法、维护宪法。宪法实施应当是全面的，既包括宪法规定、原则与精神得到充分实施，也包括在治国理政的各方面都要实施宪法，在改革发展稳定、内政外交国防、治党治军各领域各方面都要严格实施宪法。宪法不仅要在公权力特别是国家权力运行方面发挥规范作用，而且要在经济建设、社会治理、国际交往、涉外工作等各方面发挥其规范效力。同时，宪法实施应当是持续的，既包括重大决策作出之前要认真判断是否符合宪法，也包括决策实施之中和实施之后都要认真以宪法作为评价决策质量和效果的准据。要善于运用宪法方式应对治国理政中的新风险、新挑战，充分预计这些风

险挑战的严峻性和复杂性,强化宪法稳预期功能,牢牢把握宪法的根本法和最高地位,善于运用宪法规定、宪法原则和宪法精神分析新问题,以宪法思维和方式解决实践中的宪法问题。

三、探索保证宪法全面实施的新机制新体制

从2012年12月现行宪法颁行30周年讲话到2022年12月现行宪法颁行40周年的重要文章,习近平总书记反复论述宪法实施监督的重要性,并提出新表述、新理念与新要求。我们在学习习近平总书记关于宪法的重要论述时,要从百年未有之大变局与中华民族伟大复兴的高度,深刻领会关于宪法实施监督重要性的认识,从机制体制上切实解决宪法实施监督中长期存在的问题,切实落实习近平总书记关于宪法监督的一系列重要论述。

1. 全面理解宪法存在形态

宪法全面实施意味着宪法规定、宪法原则、宪法精神成为全社会的基本共识,并得到有效实施。我们要研究宪法文本存在的形态与意义,深入分析宪法规定、宪法原则与宪法精神三者之间的关系,使宪法实施具有完整的对象与内涵。传统宪法学一般关注宪法文本中的规范或者规定,重视基于文本的宪法形态。现行宪法经过五次修改,已包括1982年12月4日通过的八二宪法文本和五次修改后形成的52条修正案。宪法文本作为宪法存在的规范形态,是我们理解宪法的基础,也是实施宪法的基础。但宪法实施不仅是文本的落实,也包括宪法原则与精神的具体落实。如有文本明确规定,要严格按照文本规定;如对文本规定存在不同理解,或者没有明确规定时,要依照宪法原则或者精神。在宪法实践中,结合具体问题,探寻宪法原则和精神是十分必要的,也是我们完整地理解宪法体系的基本要求。比如,在立法时首先要确保其合宪性,要"把宪法规定、宪法原则、宪法精神贯彻到立法中,体现在各项法律法规中"。这对宪法实施和监督提出了更高的要求。

2. 完善宪法相关规定直接实施工作机制

在宪法实施和监督方面,学界需要认真研究如何完善"宪法相关规定直接实施工作机制"。从比较宪法的视角观察,传统的宪法理论通常把通过立法将宪法具体化作为宪法实施的基本形式,甚至有一种观点认为宪法只能借助一般立法具体化,立法就是宪法实施过程。这种观点忽略了宪法规定直接实施的属性与方式,在一定程度上模糊了宪法与法律的界限。从宪法与法律功能看,宪法虽然需要立法的具体化过程,但它只是一种基本形式,并不是唯一形式,有些宪法规定本身无须具体化,应通过直接实施方式得到落实。如全国人大常委会根据宪法的

规定直接决定特赦、对贿选问题的处置机制、以"决定＋立法""决定＋修法"等方式建立香港特别行政区维护国家安全的体制机制以及完善香港特别行政区选举制度等方面，宪法的规定以直接方式得到了落实。当然，在实践中，我们需要以类型化的方式，对哪些规定可以直接实施，哪些需要立法的具体化等问题，作出法教义学的分类，合理地确定其规范边界，并通过必要的工作机制与程序加以完善。

合宪性审查在中国特色宪法监督体系中具有核心地位，它既是一种宪法监督制度，也是宪法监督的方法和标准，其内涵需要进一步阐发和拓展。但在宪法实施过程中，需要区分合宪性与合法性审查的界限与范围，既推动备案审查制度的发展，同时要构建合宪性审查的具体程序，"提高合宪性审查、备案审查能力和质量，推进合宪性审查工作"。合宪性审查与备案审查是不同的概念，不能简单以备案审查代替合宪性审查功能。

3. 高度重视宪法解释功能

宪法解释作为与宪法实施、宪法监督并列的三大形式，成为宪法全面得到实施的重要因素。从一般意义上讲，宪法解释作为宪法实施或者宪法监督的应有之义，包括在相关概念之中。党的十八大以来，习近平总书记对宪法解释问题作了一系列重要论述，反复强调宪法解释对宪法实施工作的重要性，明确要求"要健全宪法解释机制，加强宪法解释工作，积极回应涉及宪法有关问题的关切，努力实现宪法的稳定性与适应性的统一"[1]。宪法解释是化解宪法文本与社会现实紧张关系的重要制度，是宪法实施的典型形态。我国宪法文本有一些可以加以解释的条文，通过解释宪法有助于增强宪法活力，提升宪法能力，为此需要在解释程序的启动、解释的审议、解释效力等方面作出统一的规定，尽快制定宪法解释程序法，并适时选择必要条文进行解释，改变宪法解释工作缓慢的局面。

四、建立健全涉及宪法问题的事先审查和咨询制度

2021年1月10日中共中央印发的《法治中国建设规划（2020—2025）》已实施三年，在加强宪法实施和监督方面提出了具体要求与目标。如明确全国人大及其常委会通过的法律和作出的决定决议，应当确保符合宪法规定、宪法精神。要健全合宪性审查制度，明确合宪性审查的原则、内容、程序。这些内容有些已落实，有些正在落实。《规划》明确要求建立健全涉及宪法问题的事先审查和咨询

---

[1] 习近平：《论坚持全面依法治国》，中央文献出版社2020年版，第206页。

制度，有关方面拟出台的行政法规、军事法规、监察法规、地方性法规、经济特区法规、自治条例和单行条例、部门规章、地方政府规章、司法解释以及其他规范性文件和重要政策、重大举措，凡涉及宪法有关规定如何理解、实施、适用问题的，都应当依照有关规定向全国人大常委会书面提出合宪性审查请求。这是完善宪法监督体制的重要举措与要求，但目前仍缺乏具体的抓手与举措，该建立的体制机制没有有效落实。如按照《规划》要求，各级各部门普遍建立健全涉宪问题的事先审查和咨询制度，将有助于大力提升宪法监督的水平，有利于将习近平总书记关于宪法监督的重要精神落到实处，使之成为常态化的程序机制，确保国家决策的科学化、民主化。

五、不断提升中国宪法理论和实践的说服力与影响力

改革开放以来，中国宪法学研究逐步确立了扎根中国实践、解决中国问题的基本宗旨，但在理论供给层面，仍缺乏自主性的知识体系，有时过多地依赖域外知识指导研究中国实践的范式。虽然，这些研究范式曾经为中国宪法学的恢复、重建与繁荣做出过贡献，但随着改革开放不断深入，实践问题渐趋复杂，域外理论与中国实践之间的差距逐渐拉大，传统研究范式越发难以为继。特别是在百年大变局下，域外理论的学术解释力被不断削弱，学术自主性的呼声则日益增强。

1. 提炼学术的原创性与标志性概念

习近平总书记指出"加强宪法理论研究和宣传教育，不断提升中国宪法理论和实践的说服力、影响力"[1]，同时，明确要求"要结合当代中国宪法制度和宪法实践，加强中国宪法理论研究，提炼标志性概念、原创性观点，加强中国宪法学科体系、学术体系、话语体系建设，巩固中国宪法理论在我国法治教育中的指导地位"[2]。我们需要结合我国宪法理论研究的实际情况，深入思考中国宪法理论的原创性与解释力的问题，构建中国自主的宪法学知识体系。

在宪法学领域，知识体系的主体性是指在一个国家的宪法发展过程中，应当以本国的宪法为根本，在此基础上逐步构建符合本民族文化心理、国情的宪法学说与宪法体系。只有依托本国的宪法文本，根植于本国的文化土壤，确立本国的自我意识与自我立场，才能真正发挥其规范功能。对中国宪法学来说，目前的重要任务是如何把握宪法学的历史方位，使宪法学回归中国历史与现实，强化其实

---

[1] 习近平：《谱写新时代中国宪法实践新篇章——纪念现行宪法公布施行40周年》，载《人民日报》2022年12月20日，第1版。

[2] 习近平：《谱写新时代中国宪法实践新篇章——纪念现行宪法公布施行40周年》，载《人民日报》2022年12月20日，第1版。

践性功能。历史教训告诉我们，对国外宪法学的步步仿效导致了中国宪法学说自身主体性的不足，以国外的宪法学说来解释中国的宪法实践，往往力有未逮，导致中国宪法对社会现实的阐释力的削弱。

因为自主性的宪法学知识体系的构建中，无论是自主体系的目标设定还是具体构成要素，都离不开特定的历史、文化与社会背景。我们要从中国实践中提炼出中国命题与中国问题，推进宪法实践的学理化、学术化、体系化。比如，"一国两制"是植根中国大地、具有浓厚中国政治文化底蕴，同时又体现主权、和平、包容与开放精神的国家制度体系，是来自中国的原创性的制度，需要加以学理化，并提炼成具有标志性的中国宪法的话语。中国共产党在追求与捍卫人类文明价值的过程中，在没有任何先例的背景下，开创"一国两制"，使之成为国际公认的人类文明的成果，其意义已超出中国，具有国际性意义。对这一原创性的中国宪法制度的生动实践，我们需要以中国的学术语言与学术话语，凝练学术命题，使之成为原创性的中国思考与中国实践。在具体学术命题的确定以及学理化过程中，我们要继续面向实践，以解决中国问题为基本使命。基于学者的历史使命，在宪法学研究中，需要把关注点集中在中国问题的解释和解决上，突出学术研究的中国问题意识。

在新时代，中国宪法学将以更加开放、理性的态度迎接全球化带来的挑战。全球化要求宪法学者关注人类社会发展的命运，从世界宪法体系中思考宪法面临的问题与挑战，加强外国与比较宪法研究，发挥中国宪法学在全球治理与构建人类命运共同体中的作用。

2. 宪法学自主知识体系建构途径

构建中国宪法学自主知识体系，应确立其指导思想、基础与基本元素。构建中国自主的宪法学知识体系应当以习近平法治思想为指导，以宪法文本为基础，要从文本出发，综合宪法规定、宪法原则和宪法精神，解释文本内涵，保持规范与现实良性互动。中国自主的宪法学知识体系应具备的基本特征是：历史性，中国宪法学的学术发展和问题研究都要以中国特殊的历史背景为基础；原创性，将新的知识、新的理论和新的方法融合在一个知识体系中，在承继既往理论实践成果的基础上提升学术思想的原创性；自主性，从中国本土问题出发进行分析论证和学术探讨，形成具有中国原创性的思想、理论等资源；体系性，要将宪法学知识构建成为一个逻辑严密的、自圆其说的、具有解释力的体系；开放性，也是最核心的内容之一，宪法要解决人类面临的共同问题，中国宪法学知识体系应立足于中国同时以世界为关照；前瞻性，以符合中国历史与实际的宪法学知识的体系化为社会提供合理预期，增强全社会在规范基础上的确定性。

总之,我们要准确把握中国宪法理论和实践的历史方位和现实定位,增强学术自信,以开阔的视野寻求中国宪法学的本土资源,寻求不同学术资源,建构贴近中国现实、解决中国问题的核心范畴、范式和概念,构建中国宪法学自主知识体系,为实现中华民族伟大复兴提供宪法思想与学术资源,为人类文明发展提供具有解释力、说服力和引领力的理论支撑。

附 录

中国宪法学大事记

一、晚清部分

1830年代~1860年代

1837年,《东西洋考每月统记传》用"国例"对译"Constitution"。

1838年,裨治文出版《美理哥合省志略》一书,用"国法"对译"Constitution"。

1839年,林则徐主持编译《滑达尔各国律例》一书,用"例制"对译"Constitution"。

1856年,蒋剑人协助慕维廉翻译《大英国志》一书,用"巴力门"对译"Parliament"。

1861年,冯桂芬著《校邠庐抗议》,主张"复乡职""变科举""采西学""设立同文馆"。

1864年,丁韪良翻译《万国公法》一书,用"国法"对译"Constitution"。

1870年代~1880年代

1872年,《瀛寰琐纪》刊载《论中西友谊》一文,比较中日两国效法西方的不同路径,并分析其文化原因。

1873年,《瀛寰琐纪》刊载《建中探本论》一文,主张"根本之图,则在于政令简、下情达、国是公、养人厚"。

1875年,《万国公报》刊载《译民主国与各国章程及公议堂解》一文,用"章程"对译"Constitution"。

1878年,马建忠撰写《巴黎复友人书》一文,用"国律"对译"Constitution"。

1881年，《万国公报》连载《环游地球略述》，用"政体""国制""章程"对译"Constitution"。

1882年，何如璋和宫岛诚一郎笔谈，用"宪法"对译"Constitution"。

1887年，《西国近事汇编》用"宪法"对译"Constitution"。

1890年代

1890年，王韬出版《重订法国志略》一书，用"宪法""国宪""宪章""国章"和"国法"对译"Constitution"。

1894年，郑观应出版《盛世危言》一书，主张设议院。

1896年，《时务报》刊载《论中国参用民权之利益》一文，主张参用民权。

1897年，梁启超制定《湖南时务学堂学约》，将傅兰雅所译《佐治刍言》一书作为宪法学教科书。

1897年，《时务报》刊载《美国合邦盟约》，即美国宪法译文。

1898年，《知新报》刊载《论中国变政并无过激》一文，将"开议院"和"立宪法"列入"皇上将行之新政"。

1899年，《知新报》刊载《正权篇辩》一文，系统批判张之洞所著《劝学篇》之"正权篇"。

1900年

《译书汇编》创刊于日本东京，专门译介政治学和宪法学著作。

郑观应出版《盛世危言》八卷本，用"宪法"对译"Constitution"。

唐才常在上海发起成立中国国会，会长容闳拟定中国国会对外宣言。

《清议报》刊载《论文明之战争》一文，使用"立宪主义"一词。

1901年

慈禧太后以光绪皇帝名义发布新政上谕，提及"近学西法者，语言、文字、制造、器械而已，此西艺之皮毛，非西政之本源也"。

刘坤一和张之洞上"江楚会奏三折"。

《万国公报》刊载《中国兴利除弊至言》一文，其正文和跋文均用"宪法"对译"Constitution"。

《清议报》刊载《立宪法议》一文，倡导"立宪法"。

1902年

《普通学报》刊载《宪法论》一文，赞颂明治宪法，"独有春风和煦樱花熏朝晖之色"。

李盛铎发表《民权之界说》一文，主张兴民权立宪法，"中国欲用无弊之民权亦必自立宪法始"。

广智书局出版《万国宪法志》和《宪法精理》。

励志会修订章程,以"研究实学以为立宪之预备,养成公德以为国民之表率"为宗旨。

1903 年

《译书汇编》更名为《政法学报》。

康有为批评梁启超"流质易变"。

《新民丛报》刊载《管子传》一文,认为"宪法"一词出于《管子》。

1904 年

直隶课吏馆试题之一为"英德日本皆以宪法立国,其规制孰为美备论"。

《政艺通报》刊载《驻法国出使大臣孙上政务处王大臣请立宪法书》,孙宝琦上书,主张立宪法。

1905 年

清政府设立"考察政治馆"。

《时报》追录《李木斋星使条陈变法折》一文,李盛铎断言,"必归依于立宪而后定"。

蒋智由出版《宪政胚论》一书,上卷为官制篇,下卷为民权篇。

汤寿潜出版《宪法古义》一书,持古有宪法论。

出使各国大臣梁诚和汪大燮等会奏立宪。

1906 年

袁世凯在天津设立地方自治研究所、自治学社和自治期成会,编印《自治讲义》和《立宪纲要》,创办《北洋法政学报》。

张謇、郑孝胥和汤寿潜在上海发起成立预备立宪公会。

陆绍明在上海创办《宪报》。

《东方杂志》刊载《论今日宜亟设宪法研究会》一文,倡设宪法研究会。

孙中山提出"五权宪法"。

1907 年

举行天津议事会议员选举。

熊范舆、沈钧儒、恒钧和雷光宇向都察院呈《民选议院请愿书》。

梁启超、蒋智由和徐佛苏在日本发起成立政闻社。

"考察政治馆"改称"宪政编查馆"。

1908 年

达寿上《奏国会年限无妨预定折》,吴寿全上《条陈宪政折》,促使宪政编查馆和政务处讨论国会期限问题。

黄寿衮发表《宪法自在中国说》一文。

宪政编查馆和资政院合奏《宪法大纲》，慈禧太后和光绪皇帝立即准奏。《宪法大纲》经誊黄并钤印御宝，悬挂于京师。

1909 年

《城镇乡地方自治章程》《城镇乡地方自治选举章程》《自治研究所章程》《资政院章程》相继颁行。

江苏咨议局议长张謇发起国会请愿运动。

商务印书馆出版《钦定宪法大纲讲义》一书。

监国摄政王载沣以宣统皇帝名义发布上谕，缩改预备立宪期限。

学部审定《立宪国民读本》一书。

1910 年

《京师地方自治章程》《京师地方自治选举章程》《府厅州县地方自治章程》《府厅州县议事会议员选举章程》相继颁行。

1911 年

监国摄政王载沣以宣统皇帝名义发布上谕，委派溥伦、载泽为纂拟宪法大臣，汪荣宝和李家驹受命起草宪法。

北洋新军发动滦州兵谏，提出十二条政纲，组织立宪军。

监国摄政王载沣以宣统皇帝名义发布上谕，颁行《宪法信条》十九条。

二、民国部分

1911 年

10 月 10 日，武昌起义爆发。

11 月 3 日，清廷为挽回人心提出《宪法重大信条十九条》，宣布将实行君主立宪政体下的责任内阁制。

11 月 30 日至次年 1 月 28 日，各省都督府代表联合会议决以武昌政府为民国中央军政府，并赴武昌组织临时政府事宜。

12 月 2 日，联合会议决先制定《临时政府组织大纲》（以下简称《组织大纲》）。

12 月 3 日，《组织大纲》草案通过，并由各省代表签字确认，"是为民国第一次之根本法焉"。

1912 年

1 月 1 日，根据《组织大纲》的规定，临时政府在南京成立，孙中山就职临时大总统。

1月28日，开参议会正式成立会，是所谓临时参议会，运作至1913年4月8日。

2月12日，清帝下诏退位。

2月15日，南京参议院正式选举袁世凯为中华民国临时大总统。

3月10日，袁世凯就职临时大总统。

3月11日，《中华民国临时约法》（以下简称《临时约法》）由临时大总统孙中山颁布施行。

4月1日，孙中山正式解职。

4月2日，参议院议决临时政府，迁往北京。

9月，《独立周报》在上海创刊。

12月，《庸言》在天津创刊。

当年，范迪吉等编著的《宪法精义》在群学社出版。

1913年

3月，王宠惠著《中华民国宪法刍议》在广益书局出版。

3月20日，宋教仁遇刺。

4月8日，召开国会。

4月，《宪法新闻》在北京创刊。

7月12日，在众议院召开宪法起草委员会（以下简称宪草会）成立会，制定委员会规则18条，定会所在天坛祈年殿。

10月6日，进行总统选举会。

10月10日，袁世凯就职中华民国大总统。

10月，有贺长雄发表《共和宪法持久策》。

10月31日，《中华民国宪法草案》形成，史称《天坛宪草》。

11月3日，宪草会将形成的宪法草案提交两院共同组成的宪法会议。4日，袁世凯以"二次革命"为借口下令解散国民党、撤销438名国民党议员的议员资格，致使参众两院均不满足法定人数，无法开会。

12月12日，袁世凯特任李经羲为政治会议议长；12月15日开会，运作至1914年3月18日。

1914年

1月10日，袁世凯以命令解散国会，民国国会第一次常会宣告终止，《天坛宪草》亦随之废置。

1月26日，公布《约法会议组织条例》，2月18日举行开会式。

3月18日，袁世凯召集约法会议，运行至6月5日。

3月20日，袁世凯提出增修临时约法案咨交约法会议。

4月29日，审议通过后的草案咨交总统府，并于5月1日由袁世凯公布，此即《中华民国约法》，史称《袁记约法》。该法公布后，《临时约法》《国会组织法》等一概宣告废止。

5月，《甲寅》在东京创刊。

5月24日，袁世凯颁布由"约法会议"制定的《参政院组织法》。

5月26日，参政院成立，暂时行使立法职能，至于1916年6月29日。

6月29日，袁世凯以命令宣布依据新约法以参政院代行立法院职权。

8月，王保民出版《中华民国约法解释》。

12月28日，"约法会议"通过《修正大总统选举法》，规定总统任期10年，连任不受限制，总统继任人由现任总统推荐。

1915年

4月，杨度发表《君宪救国论》。

8月，古德诺发表《共和与君主论》。

9月3日，梁启超发表《异哉所谓国体问题者》。

10月8日，袁世凯公布《国民代表大会组织法》。

10月25日，进行国民代表会议代表选举，28日进行国体投票，结果为全票主张君宪。

12月12日，经参政院"再三"推戴，袁世凯咨复承认帝位，并着手修改宪法，更改国号、年号。

12月25日，云南首起独立，组成"护国军"。南方贵州、广西、广东、浙江各省纷纷响应，各省一致主张袁氏退位。

1916年

3月22日，袁世凯宣告撤销帝制，复称总统。

4月4日，康有为发表《为国家筹安定策者》，鼓吹帝制。

4月21日，袁世凯宣布依约法制定政府组织令，委任国务卿总理国务组织政府，设责任内阁。22日任命段祺瑞为国务卿，组织内阁。

5月5日，梁启超发表《辟复辟论》，驳斥康有为观点。

5月8日，护国军领袖集会，于广东肇庆组织军务院，并发表宣言指出袁世凯叛国，奉黎元洪为大总统。

6月6日，袁世凯逝世。黎元洪以副总统继任大总统，并于6月29日下令恢复《临时约法》，同日申令依《临时约法》第53条继续召集国会。

7月14日，军务院撤销，护国运动结束。

8月1日，国会开会，本次会议又被称为第一届国会第二次会议。

9月5日、8日及13日，两院合组宪法会议，后共开宪法会议3次，由宪草会委员说明草案内容旨趣，是为草案在宪法会议的初读程序。完成初读后，草案大纲交付宪法会议进行审议。1916年9月15日至1917年1月10日，宪法会议共开审议会24次。

12月，《丙辰》在上海创刊。

当年，康有为发表《拟中华民国宪法草案发凡》，《宪法公言》在北京创刊。

1917年

6月12日，迫于督军团的军事压迫，黎元洪下令解散参众两院（6月13日步军统领江朝宗代理国务总理名义副署），是为国会第二次解散，制宪工作亦陷入停滞。

7月1日，张勋等拥戴爱新觉罗·溥仪在北京复辟。

8月25日，部分国会议员在广州召开"国会非常会议"，29日议决《国会非常会议组织大纲》，运作至1922年6月16日。

8月31日，通过《中华民国军政府组织大纲》，9月1日，选举孙中山为中华民国军政府大元帅，孙于9月10日就职。中国南北并存两个政府。

11月10日，北京政府段祺瑞召开临时参议院，运作至1918年8月12日。

12月27日至次年8月12日，新宪草会共计开会26次，完成新宪法草案共计101条。

当年，朝阳大学出版程树德讲述之《比较宪法》，钟赓言之《宪法讲义大纲》。

1918年

5月18日，广州国会非常会议通过《修正中华民国军政府组织大纲》，设定政务总裁7人组织政务会议，行使职权。政务会议以政务总裁一人为主席。时人称为"行政合议制"。

6月12日，国会宣告继续正式国会第二届常会。

8月12日，北京政府开新国会，由于该国会均系依附于段祺瑞等皖系军阀的安福俱乐部成员，因而史称安福国会，运作至1920年8月30日。新国会于10月选举徐世昌为总统后，在12月重新选举了宪法起草委员会，以推动制宪工作，并议决不适用《天坛宪草》。

8月19日，国会发布中华民国国会第一次宣言，否认北京政府之地位以及其一切行为之效力。

9月4日，国会发布第二次宣言，反对新集之国会（北京安福国会）以及其将选举之总统。

9月28日，广东政府重开宪法会议之审议会。

1919年

1月6日，安福国会组成之宪法起草委员会议决，不适用1913年宪法草案，另行起草。

8月12日，安福国会之宪法起草委员会议决草案。

9月，《解放与改造》在上海创刊。

1920年

6月3日，孙中山、唐绍仪、伍廷芳、唐继尧联名通电，决定将军政府、国会迁往云南。8月，国会两院在云南开非常会议。后又迁重庆，次年复归广东。

6月，安福国会届满，8月30日闭会。

10月30日，徐世昌以总统命令，依据1912年国会组织法与参众两院议员选举法办理选举，后因徐世昌被迫出京，此会未成。

1921年

1月12日，在广州召开两院联席会议，4月7日开国会非常会议，议决《中华民国政府组织大纲》，选举孙中山为非常大总统。

5月5日，孙中山就任非常大总统。

10月，全国商会联合会与全国教育会联合会在上海召开联席会议，决议召开"国是会议"，讨论国是，制定宪法。次年5月在上海召开正式会议，并制定宪法草案一部，具有联邦论色彩，并影响了曹锟宪法。

1922年

1月1日，《湖南省宪法》公布施行，开省自制宪法之新纪元。

5月7日，《努力周报》在北京创刊。

6月11日，黎元洪恢复总统职位。

6月13日，黎元洪撤销1917年6月12日解散国会命令。

8月1日，民国六年（1917年）遭解散的国会重新恢复，决议继续制宪工作，运作至1924年11月24日，是为第一届国会第三次会议。

11月15日，宪法起草委员会继续开会，为第三十五次会议。

1923年

6月13日，黎元洪因政变离职出京，议员纷纷南下上海，宪法会议人数不足，流会。

6月，英国法学家蒲莱斯著《现代民治政体》在商务印书馆出版。

7月，《法律评论》（北京）在北京创刊。

10月5日，曹锟以贿选的方式当选中华民国大总统。

10月10日，宪法公布，此即中华民国第一部正式宪法《中华民国宪法》，史称"贿选宪法"。

1924年

3月，《宪法论丛》在北京创刊。

4月12日，孙中山公布《建国大纲》。

11月24日，段祺瑞公布《中华民国临时政府制》，成立中华民国临时政府，就任临时执政。段祺瑞就职后，发布临时执政府组织令，宣布解散旧国会、不承认《临时约法》与1923年《中华民国宪法》，并决定另行组织善后会议，由其推举国民代表组成国民代表会议以制定宪法。

11月29日，司法总长章士钊提出阁议，经全体议决，于30日令北京地方检察厅向议员九十余人住宅及关系银行搜索证据，监视曹锟，以法律程序办理贿选事件。

12月24日，段祺瑞公布《善后会议条例》。

当年，吴宗慈著《中华民国宪法史》出版。

1925年

2月1日，善后会议在北京召开，旨在"解决时局纠纷，议筹建设方案"，同年4月21日结束。

4月13日，段祺瑞以临时执政名义公布《临时参政院条例》。

5月3日，《国宪起草委员会规则》公布。

7月1日，广州国民政府成立。中国国民党中央执行委员会议决《中华民国国民政府组织法》并公布，宣布"国民政府受中国国民党之指导及监督"，掌理全国政务。

7月30日，北京政府之临时参政院成立，运作至1926年4月20日。

8月3日，北京政府之国宪起草委员会举行开幕式，以林长民为委员长，并通过议事细则。

9月29日，国民政府公布《法制委员会组织法》，组成七人组成的法制委员会"掌理编订及审定一切法制事宜"。

12月12日，国宪起草委员会议决宪法草案，咨交政府，通电全国。但因国民代表会议始终未能召集，草案无从议决，后因段祺瑞政府瓦解，此次宪草亦随之流产。

12月26日，段祺瑞公布《修正中华民国临时政府制》。

1926 年

8月20日，谢瀛洲出版《五权宪法大纲》。

11月8日，国民党中央作出原则决定，将中央党部和国民政府迁往武汉。

12月5日，国民党中央正式宣布中央党部和国民政府停止在广州办公。

1927 年

5月7日，国民政府公布《中央法制委员会组织条例》，其职权在于"秉承中央政治会议及国民政府之命，草拟并审查一切法制"；得"自行草拟并审查各项法制，建议于中央政治会议及国民政府"。

当年，王世杰、钱端升著《比较宪法》出版，郑毓秀著《中国比较宪法论》出版。

1928 年

6月，北伐军占领北平，北洋政府垮台。

10月，南京国民政府成立，国民党掌握全国政权。10月3日，国民党中央执行委员会政治会议通过了由胡汉民、戴季陶、王宠惠三人拟定的《中华民国国民政府组织法》作为国家运行的依据，是为"国民政府根本法之鼻祖"。

10月3日，中国国民党中央常务委员会通过《训政纲领》，宣布："中华民国于训政时期开始，由中国国民党全国代表大会代表国民大会，领导国民行使政权。"此纲领由国民党第三次全国代表大会于1929年3月19日追认。同日中央政治会议公布《中华民国国民政府组织法》，确定了训政时期的"五院制度"。

10月8日，中国国民党中央常务会议选任蒋介石等为国民政府委员，蒋介石担任国民政府主席。中央政治会议修正通过《国民政府行政、立法、司法三院组织法》。

10月12日，通过考试与监察两院组织法。

10月16日，国民政府第一次国务会议举行，议决公布行政、立法、司法、考试及监察五院组织法。

1929 年

2月1日，蒙藏委员会在南京成立。

2月5日，国民政府公布《国籍法》《国籍法实施条例》。

5月23日，国民政府颁布《民法总则》，定自10月10日起施行。

6月5日，国民政府公布《县组织法》。

当年，朱佛公著《五权制度》出版。

1930 年

1月，金鸣盛出版《五权宪法创作论及试拟案》。

6月30日，国民政府公布《土地法》。

9月1日，《中华法学杂志》创刊于南京。

10月27日，形成约法草案，交付扩大会议通过。本草案包含建国大纲、人民之自由权利义务、国权、中央制度、地方制度、教育、生计与附则，共计8章211条，史称《太原约法草案》。

11月，萨孟武、梅思平、金鸣盛出版其编辑之《五权宪法》，《法政周刊》在上海创刊。

11月24日，国民政府公布修正后的《中华民国国民政府组织法》。

12月29日，国民党中常会通过《国民会议代表选举法》，并于1931年1月1日公布。

1931年

4月24日，国民政府公布《国民会议组织法》。

5月12日，国民会议通过南京国民政府时期第一部宪法——《中华民国训政时期约法》。6月1日公布施行。

5月28日，汪精卫、唐绍仪、陈济棠等在广州宣布成立"国民政府"。

6月1日，中共苏区中央局发表宣言，定于8月1日召开全国苏维埃第一次代表大会，成立中华苏维埃临时中央政府。20日，中华苏维埃中央革命军事委员会通令，大会改于11月7日举行。

6月15日，国民政府公布修正后的《中华民国政府组织法》。

11月7日，中华苏维埃第一次全国代表大会在瑞金召开，正式宣告成立中华苏维埃共和国临时中央政府，通过《中华苏维埃共和国宪法大纲》。

11月27日，中华苏维埃共和国中央执行委员会第一次会议召开，选举毛泽东为中央执行委员会主席，并组织人民委员会为行政领导机构，毛泽东为主席。

12月1日，中华苏维埃全国代表大会发出公告，宣布会议通过了政纲、宪法大纲、土地法令、劳动法等重要法令。

12月30日，国民政府公布《修正中华民国国民政府组织法》。广州"国民政府"临时会议决议，于元旦取消广州"中央党部"与"国民政府"。

1932年

5月，《再生》在北京创刊。

6月，《政治评论》在南京创刊。

10月22日，立法院第二百零七次会议通过《行政诉讼法》。11月17日公布，次年6月23日施行。

12月，国民党召开四届三中全会，决定"于民国二十四年三月，开国民大会，议决宪法"。

1933 年

1 月，立法院第三届第一次大会召开，院长孙科就职，指派张知本、吴经熊为宪法草案起草委员会副委员长，孙科任委员长，并着手制定《宪法起草委员会组织条例》，呈由国民政府 2 月 18 日公布。

2 月 9 日，宪法起草委员会召开第一次会议，嗣后每周召开一次。

6 月，吴经熊以私人名义发布其所拟的宪法草案初稿，征求各界批评。

当年，陈茹玄著《中国宪法史》、张知本著《宪法论》出版。

1934 年

2 月 23 日，自民国二十二年（1933 年）11 月 30 日续开第十四次宪法起草委员会会议开始讨论初稿条文，至此日止，共举行会议 24 次，并于 3 月 1 日发表，征求意见。宪法起草委员会于 2 月底结束。

10 月 16 日，立法院第三届第七十四次会议议决《中华民国宪法草案》三读会修正通过。呈经国民政府转送中央政治会议。

1935 年

10 月 25 日，立法院第四届第三十五次会议，三读通过《修正中华民国宪法草案》。

1936 年

12 月 14 日，宪法草案呈送国民党中央四届五中全会审查后送回立法院，于 1936 年 5 月 5 日正式通过，分 8 章共计 148 条，史称"五五宪草"。

1937 年

1 月 8 日，国民政府修正公布《诉愿法》与《行政诉愿法》。

4 月 30 日，立法院修正通过《中华民国宪法草案》、《国民大会组织法》及《国民大会代表选举法》。

5 月 18 日，国民政府公布《中华民国宪法草案》，共 8 章 147 条。

7 月 11 日，宪政协会在上海成立。国民政府公布《军事征用法》。

8 月 17 日，立法院通过《总动员法》。

当年，黄公觉著《中国制宪史》出版。

1938 年

3 月 29 日至 4 月 1 日，国民党临时全国代表大会第四次会议在武昌举行，决定制定《抗战建国纲领》，决定成立国民参政会。

4 月 12 日，国民政府公布《国民参政会组织条例》。

6 月 4 日，《民主》半月刊在武汉创刊。

7月4日，国民政府命令每年7月7日为抗战建国纪念日。

1939年

2月4日，陕甘宁边区首届参议会闭幕，会议通过《陕甘宁边区抗战时期施政纲领》以及边区政府组织条例、选举条例、减租减息条例、婚姻条例等单行法规。

2月12日，国民参政会第一届第三次大会在重庆开幕。2月21日闭幕。

9月9日，国民参政会第一届第四次大会在重庆开幕。9月18日闭幕。

11月5日，第三次宪政座谈会在重庆举行，讨论"宪草"征求民意。

11月24日，毛泽东、吴玉章等共产党参政员发起延安各界宪政促进会，当日召开发起人会议。

11月30日，宪政促进会常委会在重庆组成。

当年，钱端升主编之《民国政制史》出版。

1940年

2月12日，国民党中央发布《国民大会与宪政的指示》。

2月15日，《中国文化》杂志创刊，发表毛泽东在陕甘宁边区文化协会第一次代表大会上的讲话《新民主主义的政治与新民主主义的文化》，后改题为《新民主主义论》。

2月20日，延安各界宪政促进会成立。

3月21日，宪政座谈会与宪政促进会筹备会在重庆举行茶会，讨论对宪政问题的意见。

4月1日，国民参政会一届五次大会在重庆开幕。5日开始讨论"五五宪草"，至10日休会。

当年，金鸣盛论文集《宪法与宪政》出版。

1941年

3月1日，国民参政会二届一次大会在重庆召开。10日休会。

5月1日，《陕甘宁边区施政纲领》公布。

11月17日，国民参政会二届二次大会在重庆召开。26日闭幕。

1942年

3月16日，国民政府公布修正后的《国民参政会组织条例》。

3月29日，国民政府公布《国家总动员法》，除对物资等动员外，还规定政府"得对人民之言论、出版、著作、通讯、集会、结社，加以限制"。该法5月5日由国民政府明令实施。

1943 年

9 月 18 日，国民参政会三届二次大会在重庆开会。

11 月 12 日，国防最高委员会宪政实施协进会在重庆举行成立大会。

12 月 20 日，张奚若在西南联大发表讲演《中国宪政问题》。

当年，萨孟武著《各国宪法及其政府》出版。

1944 年

1 月 1 日，国民参政会宪政实施协进会发表《告国人书》，请自即日起至 5 月 5 日，从事研究"五五宪草"并提供意见，供国民大会未来讨论宪法时参考。

黄炎培发起出版的《宪政》（月刊）在重庆创刊，主编为张志让。

1 月 30 日，宪政实施协进会召开第二次全体会议。

2 月 7 日，《宪政》月刊举行第二次宪政座谈会。

2 月 10 日，国民党中央党部举行宪草座谈会。

2 月 13 日，邵从恩、张澜发起的成都市民主宪政促进会成立，6 月 20 日召开成立大会。

2 月 24 日，林伯渠对新华社记者发表谈话，主张实施宪政必须具备三个前提：给全国人民民主权利，开放党禁，真正实行人民自治。

2 月 27 日，延安各界人士举行宪政问题座谈会，周恩来、朱德、林伯渠等五十余人参加。

3 月 1 日，中共中央发出《关于宪政问题的指示》。

4 月 16 日，举办第四次宪政座谈会。

5 月 20 日，《宪政》月刊在重庆召开座谈会，讨论民生主义中保护私人企业问题。

5 月 30 日，昆明学术界宪政研究会发表题为《我们在实施宪政前的要求》宣言。

6 月 13 日，《宪政》月刊召开座谈会，讨论"私人企业与宪政"问题。

6 月 14 日，9 月 21 日，宪政实施协进会在重庆举行全体会议。

12 月 5 日，国民政府明令公布《省参议会组织条例》26 条，《省参议员选举条例》31 条。

1945 年

2 月 20 日《太平洋杂志》在重庆创刊。

3 月 1 日，宪政实施协进会举行第五次全体会议，蒋介石出席，发表演说。

6 月 29 日，国民政府明令公布《省参议会组织条例》《省参议员选举条例》，均定自本年 7 月 1 日起施行。

8月28日，毛泽东应邀赴重庆同国民党进行和平谈判。次日上午国共双方开始会谈。

10月10日，国共双方代表签署《政府与中共代表会谈纪要》，即"双十协定"。

10月20日，国共双方重开团结商谈，就政治协商会议之性质、代表总数和各方应推出之代表数、会议之职权、表决方式以及由谁出面召集等五个问题进行商谈。

10月25日，盟国中国战区台湾省受降仪式在台北举行，台湾以及澎湖列岛正式重入中国版图。

12月16日，中共代表团飞抵重庆，准备出席政治协商会议。

1946年

1月10日，政协会议正式召开，参会者有国共两党与青年党、民主同盟以及无党派社会贤达共计34人。

1月19日，政协会议举行第九次大会，讨论宪草问题。

1月31日，政协会议闭幕，通过《关于政府组织问题的决议》《和平建国纲领》《关于军事问题的协议》《关于宪法问题的协议》《关于国民大会问题的协议》五项决议。其中包括针对"五五宪草"的十二项修改原则，内容涉及国家机构、地方制度、人民权利义务、选举、基本国策与宪法修改权等，使"五五宪草"在制度上越发接近英美民主体制。

2月24日，中国民主宪政促进会在重庆举行成立大会。

3月16日，国民党六届二中全会第十八次大会，通过对政治协商会议报告以及对于外交报告两项决议案，并要求制宪应以建国大纲为基本依据，在国民大会与地方自治等方面否定了政协会议的部分成果。

4月2日—27日，召开了陕甘宁边区第三届参议会第一次大会，于23日通过了《陕甘宁边区宪法原则》。

7月，张君劢在上海主讲"中华民国民主宪法十讲"，后辑成书。

8月，生活书店出版费孝通著《民主·宪法·人权》。

11月13日，立法院召开审查宪草会议，王宠惠、吴经熊列席报告对"五五宪草"之修订经过。因该案系因蒋介石直接交议，发生立法程序问题，多数委员认为不应提付讨论，会议暂停。

11月15日，国民代表大会在南京开幕。

11月22日，立法院审议通过《中华民国宪法草案修正案》。

12月25日，国民大会开第二十次大会，宪法三读通过，并决定宪法于1947年12月25日实施。当日下午，国民大会闭幕。

1947 年

1月1日，国民政府公布《中华民国宪法》。

2月20日，国防最高委员会开会通过《国民大会组织法》《行政院组织法》《立法院组织法》《司法院组织法》《考试院组织法》《监察院组织法》《国民大会代表选举罢免法》《总统副总统选举罢免法》《立法委员选举罢免法》《监察委员选举罢免法》等草案及立法原则，交立法院审议。

2月28日，因对政府当局处理"缉私血案"不满，台北市民上街游行，遭军警开枪射击。下午3时，陈仪宣布戒严，出动军警镇压，是为"二二八"事件。

3月1日，国民政府聘孙科为宪政实施促进委员会会长，并聘副会长、常务委员若干。

3月29日，宪政实施促进委员会举行成立后首次会议，于31日通过提案，请政府迅予废止所有与宪法抵触之现行法规，切实保障人民权利，彻查人民无故失踪案件等。

3月31日，国民政府公布包括《国民大会组织法》《国民大会代表选举罢免法》在内的行宪法规数十种。

4月23日—5月3日，内蒙古人民代表会议在乌兰浩特召开，会议决定成立内蒙古自治政府，通过了《内蒙古自治政府施政纲领》《内蒙古自治政府暂行组织大纲》《内蒙古人民代表会议宣言》等文件。

5月1日，内蒙古自治政府宣告成立。

9月13日，全国土地会议在西柏坡结束，会议通过了《中国土地法大纲》。该大纲于10月10日由中共中央委员会公布。

当年，耿文田著《中华民国宪法释义及表解》、李楚狂著《中华民国宪法释义》、谢瀛洲著《中华民国宪法论》出版。

1948 年

3月29日，"行宪国民大会"在南京召开，5月1日闭幕。

4月4日，洪兰友等在南京组织成立中国民众法律教育社。

4月19日，国民大会召开第十三次大会，投票选举总统，蒋介石当选中华民国行宪总统。

4月29日，国民大会举行第四次副总统选举大会，李宗仁当选。

5月5日，在香港的中国各民主党派与民主人士致电毛泽东，赞成中共中央发布的"五一口号"，迅速召开新政协，讨论并实现召集人民代表大会，成立民主联合政府。

5月7日，台湾民主自治同盟发表《告台湾同胞书》，响应"五一口号"，号召台湾人民配合全国人民的革命斗争，广泛地展开反对美帝国主义、反对封建主义、反对官僚资本主义、反对台湾分离运动的各种斗争，并表示准备参加政协会议、人民代表大会和民主联合政府。

6月5日，中华民国政府监察院成立，于右任任院长。

三、新中国部分

1949年

1月6日—8日，中共中央政治局举行会议，决定在北平解放后召开七届二中全会，并在会上"通过准备提交政治协商会议的共同纲领的草案"。

3月5日—13日，召开中共七届二中全会，会议的精神构成了共同纲领的理论基础和政策基础。

6月15日，新政治协商会议筹备会（简称新政协筹备会）在北平开幕。

6月30日，毛泽东发表《论人民民主专政》。

9月17日，新政协筹备会举行第二次全体会议，将新政协定名为"中国人民政治协商会议"（简称政协），原则通过了常委会提出的《中国人民政治协商会议组织法（草案）》。

9月27日，政协第一届全体会议讨论并通过《中国人民政治协商会议组织法》《中华人民共和国中央人民政府组织法》。

9月29日，政协第一届全体会议通过《中国人民政治协商会议共同纲领》。

9月30日，政协第一届全体会议选举产生了中国人民政治协商会议第一届全国委员会，选举产生了中华人民共和国中央人民政府主席、副主席、委员。

10月1日，中华人民共和国中央人民政府委员会就职，决议宣告中华人民共和国中央人民政府成立，接受《中国人民政治协商会议共同纲领》为中央人民政府的施政方针。

10月9日，中国人民政治协商会议第一届全国委员会第一次会议在京举行。

10月21日，中华人民共和国中央人民政府政务院正式成立。

10月22日，中华人民共和国最高人民法院宣告成立，中华人民共和国最高人民检察署宣告成立。

12月2日，中央人民政府委员会举行第四次会议，决定每年10月1日为国庆日。

1950年

5月1日，《中华人民共和国婚姻法》公布施行。

6月28日，中央人民政府委员会第八次会议通过了《中华人民共和国土地改革法》，6月30日颁布施行。

9月20日，公布中华人民共和国国徽图案。

1951年

2月21日，中央人民政府颁布《中华人民共和国惩治反革命条例》。

5月23日，中央人民政府和西藏地方政府在京签订《关于和平解放西藏办法的协议》，宣告西藏和平解放。

10月26日，人民解放军进驻拉萨，大陆上的重大军事行动完全结束。

1952年

8月9日，中央人民政府颁布《中华人民共和国民族区域自治实施纲要》。

11月15日，中央人民政府委员会第十九次会议通过了《关于改变大行政区人民政府（军政委员会）机构与任务的决定》。

12月24日，中国人民政治协商会议全国委员会常务委员会召开扩大会议，中共中央向会议提议：由政协全国委员会向中央人民政府建议，于1953年召开全国人民代表大会，制定宪法。

1953年

1月13日，政协全国委员会常务委员会扩大会议向中央人民政府委员会提出关于召开全国人民代表大会、制定宪法的建议。同日，中央人民政府委员会举行第二十次会议，讨论了政协全国委员会常务委员会扩大会议的提议，通过了关于召开全国人民代表大会及地方各级人民代表大会的决议。会议还通过了中华人民共和国宪法起草委员会的组成名单。

1月20日，中央人民政府委员会第二十次会议通过《关于召开全国人民代表大会及地方各级人民代表大会的决议》。

2月11日，中央人民政府委员会第二十二次会议审议通过了《中华人民共和国全国人民代表大会及地方各级人民代表大会选举法》。

4月22日，中国政治法律学会正式成立，董必武当选为学会主席，沈钧儒、谢觉哉、王昆仑、柯柏年、张志让、钱端升当选为副主席，史良等38人当选为理事。

9月18日，中央人民政府委员会第二十八次会议决定推迟召开全国人民代表大会。

9月25日，《人民日报》发表的庆祝中华人民共和国成立四周年的口号中，正式公布过渡时期的总路线。

1954年

1月7日—3月9日，宪法起草小组开展工作。

3月23日，宪法起草委员会第一次全体会议举行。

4月15日，中央选举委员会、政务院通过《对于召开省、市、县人民代表大会的几个问题的决定》。

5月27日，宪法起草委员会第二次全体会议举行。

5月28日，宪法起草委员会第三次全体会议举行。

5月29日，宪法起草委员会第四次全体会议举行。

5月31日，宪法起草委员会第五次全体会议举行。

6月8日，宪法起草委员会第六次全体会议举行。

6月11日，宪法起草委员会第七次全体会议举行。

6月14日，中央人民政府委员会第三十次会议审议了宪法起草委员会6月11日提出的《关于宪法起草工作的报告》，并作成决议，通过并公布了宪法起草委员会起草的"中华人民共和国宪法草案"。

6月19日，中央人民政府委员会第三十二次会议决定撤销大行政区一级行政机构。

9月8日，宪法起草委员会第八次全体会议举行。

9月9日，中央人民政府委员会第三十四次会议讨论通过了宪法草案，并决定将之提交全国人民代表大会。

9月12日，宪法起草委员会第九次全体会议举行，通过《中华人民共和国宪法草案的报告（草稿）》以及"五法"的历次修改稿。

9月14日，中央人民政府委员会召开临时会议，对宪法草案作了两处修改。

9月15日，第一届全国人民代表大会第一次会议在怀仁堂开幕，刘少奇作关于宪法草案的报告。

9月20日，第一届全国人民代表大会第一次会议通过《中华人民共和国宪法》。

1955年

7月1日，中共中央发出《关于展开斗争肃清暗藏的反革命分子的指示》，肃反运动在全国展开。

9月30日，撤销新疆省建制，正式成立新疆维吾尔自治区。

1956年

1月14日—20日，中共中央召开关于知识分子问题的会议，周恩来作《关于知识分子问题的报告》，指出知识分子中的绝大部分已经是工人阶级的一部分。

4月25日，毛泽东在中共中央政治局扩大会议上作《论十大关系》的报告。

5月2日，毛泽东在最高国务会议上提出"百花齐放、百家争鸣"的方针。

5月12日，全国人大常委会第四十次会议通过《关于调整国务院所属组织机构的决议》，决定设立国家经济委员会、国家技术委员会等机构。

11月16日，第一届全国人大常委会举行第五十一次会议，对国务院机构和领导成员作了调整和加强。

1957年

2月27日—3月1日，毛泽东在最高国务会议第十一次（扩大）会议上发表《如何处理人民内部的矛盾》的讲话。

1958年

3月，广西壮族自治区成立。

10月，宁夏回族自治区成立。

1959年

4月18日—28日，二届全国人大一次会议在北京举行。

7月2日—8月16日，中共中央在庐山先后召开政治局扩大会议和八届八中全会，合称庐山会议。

9月11日—13日，二届全国人大常委会第八次会议举行扩大会议，通过了《关于中印边界问题的决议》。

1960年

3月9日，中共中央发出《关于城市人民公社问题的批示》，要求全国各地采取积极的态度建立城市人民公社，上半年普遍试点，下半年普遍推广。

3月30日—4月10日，二届全国人大二次会议在北京举行。

1961年

3月15日—23日，中共中央在广州召开工作会议，讨论通过《农村人民公社工作条例（草案）》（简称"农业六十条"）。

5月21日—6月12日，中共中央在北京召开工作会议，制定《农村人民公社工作条例（修正草案）》。

6月1日—28日，中共中央召开文艺座谈会，讨论《关于当前文学艺术工作的意见》（简称"文艺十条"）的初稿。

7月19日，中共中央发出《关于自然科学工作中若干政策问题的批示》，同意《关于当前自然科学工作中若干政策问题的请示报告》和《关于自然科学研究机构当前工作的十四条意见（草案）》（简称"科研十四条"）。

1962年

3月27日—4月16日，二届全国人大三次会议在北京举行。

12月18日，中共中央、国务院发布《关于认真提倡计划生育的指示》。

12月26日,《中蒙两国边界条约》在北京签订。

1963 年

11月17日—12月3日,二届全国人大四次会议在北京举行。

1964 年

1月,国务院计划生育委员会成立。

12月20日—1965年1月4日,三届全国人大一次会议在北京举行。周恩来在《政府工作报告》中提出:要在一个不太长的历史时期内,把中国建设成为一个具有现代农业、现代工业、现代国防和现代科学技术的伟大强盛的社会主义国家。

1965 年

5月22日,三届全国人大常委会第九次会议通过了《关于取消中国人民解放军军衔制度的决定》。

1966 年

5月16日,中共中央政治局扩大会议在北京通过了毛泽东主持的发动"文化大革命"的纲领性文件《中国共产党中央委员会通知》(后简称"五一六通知")。

7月7日,全国人大常委会和全国政协常委会决定第三届全国人民代表大会第二次会议和政协第四届全国委员会第二次会议不定期延期召开。

1967 年

1月,山西、山东、贵州、黑龙江发生造反派组织夺取省委、省人民委员会权力的行动,成立革命委员会。

1968 年

9月5日,西藏、新疆两个自治区革命委员会成立。至此,全国(除台湾省外)29个省、市、自治区成立了革命委员会。

1969 年

4月1日—24日,中国共产党第九次全国代表大会在北京召开。

1970 年

3月7日,毛泽东的修宪建议里第一次明确提出不设国家主席。关于是否设立国家主席的问题引发争议。

3月9日,中共中央政治局开始修宪准备工作,成立了宪法修改工作小组。

7月17日,中共中央成立"修改中华人民共和国宪法起草委员会"。

8月23日—9月6日,中共九届二中全会在庐山召开,审查了宪法修改草案。会议基本通过了《中华人民共和国宪法修改草案》,建议全国人大常委会进行必要筹备工作,在适当时候召开四届全国人大,决定动员全国人民就宪法草案进行讨论、修改。

1971 年

10 月 25 日，第二十六届联合国大会通过了恢复中华人民共和国在联合国的一切合法权利，并立即把台湾国民党当局的代表从联合国一切机构中驱逐出去的决议。

1972 年

12 月 18 日，全国政协机关成立临时领导小组，恢复日常工作。

1973 年

8 月 24 日—28 日，中国共产党第十次全国代表大会召开。

9 月 12 日，中共中央政治局召开会议，再次提出召开四届全国人大与修改宪法问题，决定成立宪法修改小组。

1974 年

10 月 11 日，中共中央发出通知，宣布在近期召开四届全国人大。

1975 年

1 月 8 日—10 日，中共十届二中全会讨论通过了《中华人民共和国宪法修改草案》《关于修改宪法的报告》等文件。

1 月 13 日—17 日，四届全国人大一次会议召开，通过了修改后的《中华人民共和国宪法》。

3 月 17 日，四届全国人大常委会第二次会议决定特赦全部在押战争罪犯。

1977 年

7 月 16 日—21 日，中共十届三中全会在北京举行，一致通过关于追认华国锋任中共中央主席、中央军委主席的决议，关于恢复邓小平职务的决议等。

8 月 12 日—18 日，中国共产党第十一次全国代表大会召开。

1978 年

2 月 18 日—23 日，中共十一届二中全会在京举行，通过了《中华人民共和国宪法修改草案》与《关于修改宪法的报告》，决定将之提请五届全国人大一次会议审议。

2 月 26 日，五届全国人大一次会议在京举行。

3 月 1 日，叶剑英在五届全国人大一次会议上作《关于修改宪法的报告》。

3 月 5 日，五届全国人大一次会议通过了修改后的《中华人民共和国宪法》（1978 年《宪法》）。

12 月 13 日，邓小平同志在中共中央工作会议闭幕会上发表《解放思想，实事求是，团结一致向前看》的重要讲话。

12 月 18 日—22 日，中共十一届三中全会召开。全会强调"为了保障人民民主，必须加强社会主义法制，使民主制度化、法律化，使这种制度和法律具有稳定性、连续性和极大的权威，做到有法可依、有法必依、执法必严、违法必究"。

1979 年

2 月 23 日，五届全国人大常委会第六次会议决定设立"全国人大常委会法制委员会"，协助全国人大常委会加强法制工作。法制委员会由 80 人组成，彭真任委员会主任。

3 月 30 日，邓小平在党的理论工作务虚会上发表讲话，提出要在中国实现四个现代化，必须坚持四项基本原则。

7 月 1 日，五届全国人大二次会议通过了《关于修正〈中华人民共和国宪法〉若干规定的决议》。这是 1978 年《宪法》的两次修改中的第一次。

7 月 1 日，五届全国人大二次会议一次性通过 7 部加强民主法制建设、促进经济发展的重要法律，它们是：《全国人民代表大会和地方各级人民代表大会选举法》、《地方各级人民代表大会和地方各级人民政府组织法》、《人民法院组织法》、《人民检察院组织法》、《刑法》、《刑事诉讼法》和《中外合资经营企业法》。

9 月，五届全国人大常委会第十一次会议决定恢复设立司法部。

9 月 13 日，五届全国人大常委会第十一次会议原则通过《环境保护法（试行）》。

11 月 29 日，五届全国人大常委会第十二次会议通过《关于中华人民共和国建国以来制定的法律、法令效力问题的决议》，批准《国务院关于劳动教养的补充规定》。

1980 年

1 月 16 日，邓小平同志在《目前的形势和任务》的讲话中指出，根据长期实践，"大鸣、大放、大辩论、大字报"的做法，作为一个整体来看，从来没有产生积极的作用。党中央准备提请全国人大常委会和全国人大审议，取消宪法有关"四大"的条文。

2 月 12 日，五届全国人大常委会第十三次会议通过了《关于刑事诉讼法实施问题的决定》。

2 月 23 日—29 日，中国共产党中央委员会决定向全国人大建议，把 1978 年《宪法》第 45 条中关于公民"有运用'大鸣、大放、大辩论、大字报'的权利"的规定，予以取消。

4 月 16 日，五届全国人大常委会第十四次会议通过《关于建议修改〈中华人民共和国宪法〉第四十五条的议案》，取消 1978 年《宪法》第 45 条中关于公民"有运用'大鸣、大放、大辩论、大字报'的权利"的规定。

7月26日，国务院发布《国务院关于中外合营企业建设用地的暂行规定》《中外合资经营企业劳动管理规定》。

8月30日，中国共产党中央委员会向五届全国人大三次会议主席团提出《关于修改宪法和成立宪法修改委员会的建议》。

9月10日，五届全国人大三次会议通过了《关于修改〈中华人民共和国宪法〉第四十五条的决议》。

9月10日，五届全国人大三次会议通过《国籍法》，同日公布实施。

9月10日，五届全国人大三次会议通过并公布施行《中外合资经营企业所得税法》《个人所得税法》，中外合资经营企业、个人所得税扣缴义务人和自行申报纳税人可以就与税务机关的纳税争议提起诉讼，这是我国自1978年以来最早的行政诉讼立法例。

9月15日，宪法修改委员会举行首次会议，宣布正式成立。第一次会议决定，设立宪法修改委员会秘书处，胡乔木任秘书长，吴冷西、胡绳、甘祠森、张友渔、叶笃义、邢亦民、王汉斌任副秘书长。

9月17日，宪法修改委员会秘书处第一次会议举行。

1981年

3月2日，第五届全国人大常委会举行第十七次会议，听取了民政部部长、全国县级直接选举工作办公室主任程子华所作《关于全国县级直接选举工作情况的总结报告》。

6月10日，五届全国人大常委会第十九次会议通过了《关于加强法律解释工作的决议》《惩治军人违反职责罪暂行条例》《关于死刑案件核准问题的决定》《关于处理逃跑或者重新犯罪的劳改犯和劳教人员的决定》。

6月27日，中共十一届六中全会通过《关于建国以来党的若干历史问题的决议》。

9月10日，五届全国人大常委会第二十次会议通过《关于刑事案件办案期限问题的决定》。

10月13日，国务院、中央军委发布《关于军队干部退休的暂行规定》。

12月13日，五届全国人大四次会议通过《经济合同法》《外国企业所得税法》。

1982年

2月27日，宪法修改委员会第二次全体会议召开，主要讨论了委员会秘书处起草的《中华人民共和国宪法修改草案（讨论稿）》。

4月12日，宪法修改委员会第三次全体会议召开。

3月2日，第五届全国人大常委会举行第二十二次会议，听取了国务院总理赵紫阳所作《关于国务院机构改革问题的报告》。

3月8日，五届全国人大常委会第二十二次会议通过《民事诉讼法（试行）》，自10月1日起试行。

3月8日，五届全国人大常委会第二十二次会议通过《关于国务院机构改革问题的决议》。

4月26日，五届全国人大常委会第二十三次会议一致通过《关于公布〈中华人民共和国宪法修改草案〉的决议》，决定公布宪法修改草案，交付全国各族人民讨论。

8月23日，五届全国人大常委会第二十四次会议通过《商标法》《海洋环境保护法》。

11月4日—9日，宪法修改委员会召开第四次全体会议。

11月19日，五届全国人大常委会第二十五次会议通过《关于延长本届人民公社、镇人民代表大会任期的决议》。

11月23日，宪法修改委员会第五次全体会议召开。

12月4日，五届全国人大五次会议全文宣读宪法修改草案，以无记名投票方式通过了《中华人民共和国宪法》。

12月4日，五届全国人大五次会议通过《关于中华人民共和国国歌的决议》，恢复《义勇军进行曲》为中华人民共和国国歌，撤销本届全国人民代表大会第一次会议1978年3月5日通过的关于中华人民共和国国歌的决定。

12月4日，五届全国人大五次会议通过《关于本届全国人民代表大会常务委员会职权的决议》。

12月10日，五届全国人大五次会议通过了《全国人民代表大会组织法》《国务院组织法》，修改了《全国人民代表大会和地方各级人民代表大会选举法》《地方各级人民代表大会和地方各级人民政府组织法》。

1983年

9月2日，六届全国人大常委会第二次会议作出《关于严惩严重危害社会治安的犯罪分子的决定》和《关于迅速审判严重危害社会治安的犯罪分子的程序的决定》，全国开始"严打"。

9月2日，六届全国人大常委会第二次会议修改了《中外合资经营企业所得税法》《人民法院组织法》《人民检察院组织法》，通过了《关于国家安全机关行使公安机关的侦查、拘留、预审和执行逮捕的职权的决定》。

9月20日，国务院发布《中外合资经营企业法实施条例》。

10月12日，中共中央、国务院发布《关于实行政社分开建立乡政府的通知》。

1984年

3月12日，六届全国人大常委会第四次会议通过《专利法》。

5月11日，六届全国人大常委会第五次会议通过《水污染防治法》。

5月31日，六届全国人大二次会议通过《民族区域自治法》。

7月14日，深圳市中级人民法院对深圳市蛇口区环境监测站与香港凯达企业有限公司环境污染案作出判决，开启了"官告民"诉讼的探索。

10月20日，中共十二届三中全会通过了《中共中央关于经济体制改革的决定》。

1985年

3月21日，六届全国人大常委会第十次会议通过《涉外经济合同法》。

4月10日，六届全国人大三次会议通过《关于授权国务院在经济体制改革和对外开放方面可以制定暂行的规定或者条例的决定》。

10月12日—17日，中国法学会宪法学研究会在贵阳召开成立大会。

11月6日，最高人民法院下发《关于人民法院审理经济行政案件不应进行调解的通知》。

11月22日，六届全国人大常委会第十三次会议通过《公民出境入境管理法》《外国人入境出境管理法》。

11月22日，六届全国人大常委会第十三次会议通过《关于在公民中基本普及法律常识的决议》。此后，全国人大常委会先后于1991年、1996年、2001年分别作出《关于深入开展法制宣传教育的决议》《关于继续开展法制宣传教育的决议》《关于进一步开展法制宣传教育的决议》。

1986年

4月12日，六届全国人大四次会议通过《民法通则》，自1987年1月1日起施行。

4月18日—22日，香港特别行政区基本法起草委员会第二次全体会议通过《香港特别行政区基本法结构（草案）》、《香港特别行政区基本法起草委员会工作规则》和《关于设立香港特别行政区基本法起草委员会专题小组的决定》。

6月25日，六届全国人大常委会第十六次会议通过并公布《土地管理法》。

9月27日—28日，司法部举行首次全国律师资格统一考试。

10月4日，全国人大法律委员会行政立法研究组成立。

10月6日，湖南省汨罗县人民法院成立了全国第一个基层法院的行政审判庭。

11月3日，湖北省武汉市中级人民法院成立了全国第一个中级法院的行政审判庭。

1986年11月29日—1987年2月2日，香港特别行政区基本法起草委员会第三次全体会议在京举行，通过了会议公报，决定于1987年4月召开第四次全体会议。

12月2日，六届全国人大常委会第十八次会议通过《国境卫生检疫法》《邮政法》《企业破产法（试行）》，修改了《地方各级人民代表大会和地方各级人民政府组织法》《全国人民代表大会和地方各级人民代表大会选举法》。

12月2日，六届全国人大常委会第十八次会议决定恢复并确立国家行政监察体制，设立监察部。

12月，行政基本法的起草工作开始，后因社会条件和立法技术均不成熟，行政立法研究组经与全国人大常委会法工委协商后，决定先起草《行政诉讼法》。

1987年

1月22日，六届全国人大常委会第十九次会议通过《关于加强法制教育维护安定团结的决定》。

3月16日，江苏省涟水县人民法院撤销淮阴市公安局治安处罚裁决。这是行政诉讼制度实施以来，法院首次判决公安机关败诉。

10月25日，中国共产党第十三次全国代表大会提出了政治体制改革的任务。

11月24日，六届全国人大常委会第二十三次会议通过《村民委员会组织法（试行）》《全国人民代表大会常务委员会议事规则》《关于批准法制工作委员会关于对1978年底以前颁布的法律进行清理的情况和意见的报告的决定》。

1988年

1月15日，《中华人民共和国政府和葡萄牙共和国政府关于澳门问题的联合声明》正式生效。

2月28日，中共中央向全国人大常委会提出关于修改《宪法》个别条款的建议。

3月5日—12日，六届全国人大常委会第二十五次会议在北京召开。会议通过了根据中共中央关于修改宪法个别条款的建议提出的《中华人民共和国宪法修正案（草案）》，并决定将草案提请七届全国人大一次会议审议。

3月14日，最高人民法院、最高人民检察院发布《关于不再追诉去台人员在中华人民共和国成立前的犯罪行为的公告》。

4月8日，七届全国人大一次会议确认赵紫阳辞去国务院总理职务的请求。

4月12日，《中华人民共和国宪法修正案》第1条、第2条由七届全国人大一次会议通过并公布施行。

4月13日，七届全国人大一次会议通过《关于设立海南省的决定》《关于建立海南经济特区的决议》《关于成立中华人民共和国澳门特别行政区基本法起草委员会的决定》。

6月24日，第七届全国人大常委会首次向中外记者举行新闻发布会，宣布全国人大常委会将建立旁听制度，同时建立新闻发布会和记者招待会制度。

6月25日—7月1日，第七届全国人大常委会举行第二次会议，通过《关于海南省人民代表会议代行海南省人民代表大会职权的决定》。

7月21日，中共中央办公厅、国务院办公厅发出《关于解决公司政企不分问题的通知》。

7月28日，国务院发布《关于地方实行财政包干办法的决定》。

9月5日，七届全国人大常委会第三次会议通过《保守国家秘密法》，自1989年5月1日起施行。

9月5日，最高人民法院正式建立行政审判庭。

9月12日，最高人民法院建立民事行政检察厅。

1989年

3月20日—4月4日，七届全国人大二次会议在北京举行。会议审议通过了《行政诉讼法》《全国人民代表大会议事规则》；审议国务院关于提请授权深圳市人民代表大会及其常务委员会和深圳市人民政府分别制定深圳经济特区法规和深圳经济特区规章的议案。

5月29日—7月6日，七届全国人大常委会第八次会议在北京召开。会议对《集会游行示威法（草案）》进行初步审议后，决定全文公布，广泛征求意见。

9月7日，最高人民法院、最高人民检察院发布《关于不再追诉去台人员在中华人民共和国成立后当地人民政权建立前的犯罪行为的公告》。

10月31日，七届全国人大常委会第十次会议通过《集会游行示威法》。

12月20日—26日，七届全国人大常委会第十一次会议在北京举行。会议通过《城市居民委员会组织法》、《环境保护法》和《城市规划法》。

12月30日，中共中央发出《关于坚持和完善中国共产党领导的多党合作和政治协商制度的意见》。

1990年

2月18日，国务院公布施行《法规规章备案规定》。

3月20日—4月4日，七届全国人大三次会议在北京举行。会议通过了关于接受邓小平辞去中央军事委员会主席职务的请求的决定。会议通过了《香港特别行政区基本法》及其三个附件和香港特别行政区区旗、区徽图案等。通过了《关于设立香港特别行政区的决定》《关于〈中华人民共和国香港特别行政区基本法〉的决定》《关于香港特别行政区第一届政府和立法会产生办法的决定》《关于批准香港特别行政区基本法起草委员会关于设立全国人民代表大会常务委员会香港特别行政区基本法委员会的建议的决定》。

6月21日—28日，七届全国人大常委会第十四次会议在北京举行。会议通过了《国旗法》和《关于〈中华人民共和国香港特别行政区基本法〉英文本的决定》。

8月29日，中国政府正式签署联合国《儿童权利公约》。

12月20日—28日，七届全国人大常委会第十七次会议在北京举行。会议通过了《残疾人保障法》《缔结条约程序法》。

1991年

2月25日—3月2日，七届全国人大常委会第十八次会议在北京举行。会议通过了《国徽法》《关于加强社会治安综合治理的决定》。

3月18日，中国政府正式签署了《儿童生存、保护和发展世界宣言》和《执行九十年代儿童生存、保护和发展世界宣言行动计划》。

8月27日—9月4日，七届全国人大常委会第二十一次会议在北京举行。会议通过了《未成年人保护法》。

1992年

1月18日—2月21日，邓小平同志视察武昌、深圳、珠海、上海等地，发表著名的南方谈话。

2月20日—25日，七届全国人大常委会第二十四次会议在北京举行。会议通过了《领海及毗连区法》。

3月20日—4月3日，七届全国人大五次会议在北京举行。会议通过了《关于兴建长江三峡工程的决议》，通过了《全国人民代表大会和地方各级人民代表大会代表法》《工会法》《妇女权益保障法》。

6月16日，经国务院批准，公安部发布施行《集会游行示威法实施条例》。

6月23日—7月1日，七届全国人大常委会第二十六次会议在北京举行。会议通过了授权深圳市制定法规、规章的决定。

11月，中共中央成立宪法修改小组，乔石任组长。

1993 年

1月14日，中共中央、国务院决定：中央纪律检查委员会和中华人民共和国监察部合署办公。

2月14日，中共中央向第七届全国人大常委会建议修改中华人民共和国宪法的部分内容。

2月15日—22日，七届全国人大常委会第三十次会议通过了将中共中央关于修改宪法部分内容的建议提请八届全国人大一次会议审议的决定。会议通过了《国家安全法》。

3月23日，在八届全国人大一次会议期间，2 383名代表联名提出补充修正案。

3月15日—31日，八届全国人大一次会议在北京举行。会议表决通过了《关于国务院机构改革方案的决定》；审议和通过了《宪法修正案》《澳门特别行政区基本法》。会议还通过了《关于批准澳门特别行政区基本法起草委员会关于设立全国人民代表大会常务委员会澳门特别行政区基本法委员会的建议的决定》和《关于澳门特别行政区第一届政府立法会和司法机关产生办法的决定》。

6月21日，最高人民检察院印发《关于检察机关接受人民代表大会及其常务委员会监督若干问题的规定》。

6月22日—7月2日，八届全国人大常委会第二次会议在北京举行。会议审议通过了《关于设立全国人大常委会香港特别行政区筹备委员会预备工作委员会的决定》。

8月14日，国务院公布《国家公务员暂行条例》，自1993年10月1日起施行。

8月19日，国务院公布《长江三峡工程建设移民条例》。

8月26日—9月2日，八届全国人大常委会第三次会议在北京举行。会议审议通过了《关于加强法律实施情况检查监督的若干规定》。

11月14日，中共十四届三中全会通过《中共中央关于建立社会主义市场经济体制若干问题的决定》。

12月15日，国务院通过《国务院关于实行分税制财政管理体制的决定》，决定自1994年1月1日起对各省、自治区、直辖市以及计划单列市实行分税制财政管理体制。

1994 年

5月5日—12日，八届全国人大常委会第七次会议在北京召开。会议通过了《国家赔偿法》《关于修改〈中华人民共和国治安管理处罚条例〉的决定》。

6月28日—7月5日，八届全国人大常委会第八次会议在北京召开。会议通过了《关于批准〈中华人民共和国政府和老挝人民民主共和国政府边界制度条约〉的决定》。

1995年

2月21日—28日，八届全国人大常委会第十二次会议在北京举行。会议通过了《法官法》《检察官法》《人民警察法》，修改了《全国人民代表大会和地方各级人民代表大会选举法》《地方各级人民代表大会和地方各级人民政府组织法》《税收征收管理法》。

1996年

1月26日，全国人大香港特别行政区筹备委员会在北京宣告成立。

2月28日—3月1日，八届全国人大常委会第十八次会议在北京举行。会议通过了《戒严法》《关于批准〈核安全公约〉的决定》。

3月5日—17日，八届全国人大四次会议在北京举行。会议通过了《行政处罚法》，自1996年10月1日起施行。

5月7日—15日，八届全国人大常委会第十九次会议在北京举行。会议通过了《关于〈中华人民共和国国籍法〉在香港特别行政区实施的几个问题的解释》和《关于批准〈联合国海洋法公约〉的决定》。

8月23日—29日，八届全国人大常委会第二十一次会议在北京举行。会议通过了《老年人权益保障法》《煤炭法》，修改了《矿产资源法》。

12月16日，国务院对全国人大香港特别行政区筹备委员会报请国务院任命香港特别行政区第一任行政长官作出决定，并发布国务院第207号令，任命董建华为中华人民共和国香港特别行政区第一任行政长官，于1997年7月1日就职。

12月24日—30日，第八届全国人大常委会在北京召开第二十三次会议。会议通过了《中华人民共和国香港特别行政区驻军法》，批准《中华人民共和国和吉尔吉斯共和国关于中吉国界的协定》《关于禁止发展生产、储存和使用化学武器及销毁此种武器的公约》。

1997年

1月2日，国务院发布《出版管理条例》，自1997年2月1日起施行。

2月19日—25日，八届全国人大常委会第二十四次会议召开。会议通过了《关于根据〈中华人民共和国香港特别行政区基本法〉第一百六十条处理香港原有法律的决定》等。

3月1日—14日，八届全国人大五次会议在北京举行。会议通过了《国防法》《关于批准设立重庆直辖市的决定》。

5月6日—9日，八届全国人大常委会第二十五次会议在北京召开。会议通过了《行政监察法》。

6月28日，国务院通过《关于授权香港特别行政区政府接收原香港政府资产的决定》。

6月30日午夜至7月1日凌晨，中英两国政府香港政权交接仪式在香港会议展览中心举行。中国对香港恢复行使主权，中华人民共和国香港特别行政区正式成立。

7月2日—3日，八届全国人大常委会第二十六次会议在北京举行。会议通过了《公路法》《动物防疫法》《关于批准〈非洲无核武器区条约〉第一号议定书、第二号议定书的决定》等。

8月25日—29日，八届全国人大常委会第二十七次会议在北京举行，批准了《中华人民共和国和哈萨克斯坦共和国、吉尔吉斯斯坦共和国、俄罗斯联邦、塔吉克斯坦共和国关于在边境地区相互裁减军事力量的协定》。

10月27日，中国政府签署《经济、社会及文化权利国际公约》。

12月29日，八届全国人大常委会第二十九次会议在北京举行。会议通过了《价格法》，自1998年5月1日起施行。

1998年

4月7日—8日，香港特别行政区临时立法会举行最后一次会议，审议通过了9部法案以及议员提出的多项建议。

4月10日，全国人大澳门特别行政区筹备委员会第七次全体会议通过《关于设立推荐法官的独立委员会的决定》、《关于澳门特别行政区公共机构的徽记、印章、旗帜问题的决定》和《中华人民共和国澳门特别行政区第一届立法会具体产生办法》。

5月5日，澳门特别行政区筹备委员会在北京宣告成立。

5月24日，香港特别行政区举行第一届立法会选举，共有1 568 308名选民在496个投票站投票。5月25日下午，全部选票点算完毕，60名议员全部产生。

5月25日，香港特别行政区第一届立法会选举产生。

5月22日，最高人民法院公布《关于人民法院认可台湾地区有关法院民事判决的规定》。

11月—12月，中共中央成立宪法修改小组，李鹏任组长，组织草拟了关于修改宪法部分内容的初步意见，经中共中央政治局常委审定并经中央政治局会议原则通过后，于1998年12月5日发给各省、自治区、直辖市党委，中央各部委、国家机关各部委党组（党委），军委总政治部，各人民团体党组和中央委员、中央候补委员征求意见。

12月21日，中共中央召开党外人士座谈会，就中共中央提出的修改宪法部分内容的初步意见，征求各民主党派中央、全国工商联负责人和无党派代表人士的意见。

12月22日和24日，李鹏主持中共中央宪法修改小组召开的法律专家和经济专家座谈会，就宪法修改问题征求意见。

12月29日，九届全国人大常委会第六次会议通过《关于修改〈中华人民共和国兵役法〉的决定》，自公布之日起施行；通过《关于新疆维吾尔自治区生产建设兵团设置人民法院和人民检察院的决定》和《关于设立全国人大常委会预算工作委员会的决定》。

12月30日，最高人民法院通过《关于内地与香港特别行政区法院相互委托送达民商事司法文书的安排》。

1999年

1月16日，澳门特别行政区筹备委员会第五次全体会议通过《澳门特别行政区第一任行政长官人选的产生办法》《澳门特别行政区区旗、区徽使用暂行办法》。

1月22日，中国共产党中央委员会提出修改宪法部分内容的建议。

1月30日，九届全国人大常委会第七次会议审议了中共中央提出的修宪建议，提出了宪法修正案草案，提请九届全国人大二次会议审议。

3月5日—15日，九届全国人大二次会议举行。

3月15日，《中华人民共和国宪法修正案》公布，"中华人民共和国实行依法治国，建设社会主义法治国家"写入宪法。

4月29日，九届全国人大常委会第九次会议通过《行政复议法》，自1999年10月1日起施行。

6月26日，九届全国人大常委会第十次会议通过《全国人民代表大会常务委员会关于〈中华人民共和国香港特别行政区基本法〉第二十二条第四款和第二十四条第二款第（三）项的解释》。

6月28日，九届全国人大常委会第十次会议通过《中华人民共和国澳门特别行政区驻军法》，自1999年12月20日起施行。

7月3日，澳门特别行政区筹备委员会第九次全体会议通过《关于澳门特别行政区第一任行政长官在1999年12月19日前开展工作的决定》《关于澳门特别行政区有关人员就职宣誓事宜的决定》《澳门特别行政区司法机关具体产生办法》。

10月30日，九届全国人大常委会第十二次会议通过《关于取缔邪教组织、防范和惩治邪教活动的决定》。

12月18日，国务院发布《关于授权澳门特别行政区政府接收原澳门政府资产的决定》。

12月20日，澳门特别行政区成立庆祝大会在澳门举行。第九届全国人大常委会举行第十三次全体会议，李鹏委员长宣布澳门特别行政区基本法委员会成立；澳门特别行政区第一届立法会举行回归后的第一次会议，通过《回归法》。

2000年

4月25日，九届全国人大常委会第十五次会议发布《关于撤销成克杰第九届全国人民代表大会常务委员会副委员长职务的公告》。

8月25日，九届全国人大常委会第十七次会议通过《关于我国加入世界贸易组织的决定》。

2001年

6月30日，九届全国人大常委会第二十二次会议通过《关于修改〈中华人民共和国检察官法〉的决定》和《关于修改〈中华人民共和国法官法〉的决定》。

12月11日，中国正式加入世界贸易组织。

12月30日，中共中央发出《中共中央关于做好农户承包地使用权流转工作的通知》。

2002年

3月30日，首次国家司法考试在全国统一举行。

8月29日，九届全国人大常委会第二十九次会议通过《农村土地承包法》。

2003年

3月10日，十届全国人大一次会议通过《关于国务院机构改革方案的决定》。

3月15日，十届全国人大一次会议以无记名投票方式，选举胡锦涛为中华人民共和国主席，选举江泽民为中华人民共和国中央军事委员会主席，选举吴邦国为第十届全国人大常委会委员长，选举曾庆红为中华人民共和国副主席。

3月27日，中央政治局常委会会议研究和部署了修改宪法工作，确定了此次修改宪法总的原则，成立了以吴邦国为组长的中央宪法修改小组，在中央政治局常委会领导下工作。

8月15日，十届全国人大常委会第六次委员长会议通过了对法规备案审查工作程序的修改，增加了对备案法规有选择进行主动审查的程序，施行法规审查工作的被动审查和主动审查相结合。

8月27日，十届全国人大常委会第四次会议通过《行政许可法》，自2004年7月1日起施行。

8月28日，胡锦涛就修改宪法问题主持召开各民主党派中央、全国工商联负责人和无党派人士座谈会。

9月12日，吴邦国就修改宪法问题主持召开部分理论工作者、法学专家和经济学专家座谈会。

10月11日—14日，中共十六届三中全会通过《中共中央关于完善社会主义市场经济体制若干问题的决定》和《中共中央关于修改宪法部分内容的建议》，并决定将后者提交全国人大常委会审议。

2004年

3月14日，十届全国人大二次会议通过14条宪法修正案，"国家尊重和保障人权"写入宪法。

4月6日，十届全国人大常委会第八次会议通过《关于〈中华人民共和国香港特别行政区基本法〉附件一第七条和附件二第三条的解释》，对香港特别行政区行政长官的产生办法和立法会的产生办法的相关问题进行了解释。

4月26日，十届全国人大常委会第九次会议通过《关于香港特别行政区2007年行政长官和2008年立法会产生办法有关问题的决定》，决定2007年香港特别行政区第三任行政长官的选举，不实行由普选产生的办法。

5月，全国人大常委会法工委增设法规审查备案室，隶属全国人大常委会法工委，是与国家法室、行政法室、刑法室、民法室等并列的局级单位，负责法规备案，审查下位法是否违法违宪。

10月27日，十届全国人大常委会第十二次会议通过《关于修改〈中华人民共和国全国人民代表大会和地方各级人民代表大会选举法〉的决定》《关于县、乡两级人民代表大会代表选举时间的决定》。

2005年

3月8日，十届全国人大三次会议作出关于接受江泽民辞去中华人民共和国中央军事委员会主席职务的请求的决定。

3月14日，十届全国人大三次会议通过《反分裂国家法》，自公布之日起施行。

4月27日，十届全国人大常委会第十五次会议通过《公务员法》，自2006年1月1日起施行；通过《关于〈中华人民共和国香港特别行政区基本法〉第五十三条第二款的解释》。

10月27日，十届全国人大常委会第十八次会议通过《关于修改〈中华人民共和国妇女权益保障法〉的决定》，自2005年12月1日起施行；通过《关于修改〈中华人民共和国个人所得税法〉的决定》，自2006年1月1日起施行。

12月16日，十届全国人大常委会第四十次委员长会议对2000年出台的《行政法规、地方性法规、自治条例和单行条例、经济特区法规备案审查工作程序》进行了第二次修订，并通过了《司法解释备案审查工作程序》。

12月29日，十届全国人大常委会第十九次会议通过《关于废止〈中华人民共和国农业税条例〉的决定》。

2006年

6月29日，十届全国人大常委会第二十二次会议修改《义务教育法》，自2006年9月1日起施行。

7月14日，《关于内地与香港特别行政区法院相互认可和执行当事人协议管辖的民商事案件判决的安排》在香港签署。

8月27日，十届全国人大常委会第二十三次会议通过《各级人民代表大会常务委员会监督法》，自2007年1月1日起施行。

10月31日，十届全国人大常委会第二十四次会议通过关于修改《人民法院组织法》的决定，将死刑案件的核准权收归最高人民法院统一行使。

12月29日，十届全国人大常委会第二十五次会议通过修订后的《未成年人保护法》。

2007年

1月28日，安徽省第十届人大第五次会议审议通过修订后的《安徽省各级人民代表大会常务委员会监督条例》。

3月16日，十届全国人大五次会议通过《物权法》《企业所得税法》。

4月27日，十届全国人大常委会第二十七次会议通过《第十一届全国人民代表大会少数民族代表名额分配方案》《第十一届全国人民代表大会代表名额分配方案》。

6月29日，十届全国人大常委会第二十八次会议通过《劳动合同法》，自2008年1月1日起实施；通过《关于修改〈中华人民共和国个人所得税法〉的决定》，规定"对储蓄存款利息所得开征、减征、停征个人所得税及其具体办法，由国务院规定"。

9月27日，甘肃省人大修改立法程序，公民可提立法建议项目。

10月21日，中国共产党第十七次全国代表大会胜利闭幕，"尊重和保障人权"写入党章。

12月29日，十届全国人大常委会第三十一次会议通过《关于香港特别行政区2012年行政长官和立法会产生办法及有关普选问题的决定》，会议认为2017年香港特别行政区第五任行政长官的选举可以实行由普选产生的办法；在行政长官由普选产生以后,香港特别行政区立法会的选举可以实行全部议员由普选产生的办法。

2008 年

3月5日—18日,十一届全国人大一次会议在北京召开。3月15日大会选举胡锦涛为中华人民共和国主席、中华人民共和国中央军事委员会主席,选举吴邦国为第十一届全国人大常委会委员长,选举习近平为中华人民共和国副主席。同日,大会通过《关于国务院机构改革方案的决定》。

4月18日,《湖南省行政程序规定》通过公布,自2008年10月1日起正式实施。这是我国首部地方性行政程序规定,共10章180条。

4月20日,十一届全国人大常委会第二次委员长会议决定今后全国人大常委会审议的法律草案,一般都予以公开,向社会广泛征求意见。

4月24日,十一届全国人大常委会第二次会议通过《残疾人保障法》,自2008年7月1日起施行。

5月22日,《深圳市近期改革纲要(征求意见稿)》发布,规定"在区政府换届中试行区长差额选举,由同级人大差额选举出区长、副区长,为以后条件成熟时进行市长差额选举积累经验"。

6月26日,十一届全国人大常委会第三次会议通过《关于批准〈残疾人权利公约〉的决定》。

7月31日,全国人大法律委员会、全国人大常委会法制工作委员会对开展法律清理工作进行了部署。

2009 年

5月25日,最高人民法院公布《关于在执行附加刑剥夺政治权利期间犯新罪应如何处理的批复》。

6月27日,十一届全国人大常委会第九次会议通过《农村土地承包经营纠纷调解仲裁法》,修改《统计法》,废止《公安派出所组织条例》等法律和有关法律问题的决定,决定授权澳门特别行政区对设在横琴岛的澳门大学新校区实施管辖。

8月27日,十一届全国人大常委会第十次会议通过《人民武装警察法》《关于积极应对气候变化的决议》,对法律中明显不适应社会主义市场经济和社会发展要求的规定、法律和法律解释中关于"征用"的规定、关于刑事责任的规定、法律和有关法律问题的决定中关于治安管理处罚的规定、法律中引用其他法律名称或者条文不对应的规定作出修改。

12月26日,十一届全国人大常委会第十二次会议通过《侵权责任法》。

2010 年

3月14日，十一届全国人大三次会议修改《全国人民代表大会和地方各级人民代表大会选举法》。

6月24日，四川省德阳市罗江县在国内率先试点基层人大代表专职化工作。

6月25日，十一届全国人大常委会第十五次会议通过了《关于修改〈中华人民共和国行政监察法〉的决定》。

7月21日，针对陕西省国土厅矿权纠纷案否定陕西两级法院判决一事，最高人民法院新闻发言人孙军工表示，对于法院的生效判决，行政部门不能够干扰生效判决的正常履行。

8月28日，十一届全国人大常委会第十六次会议批准《中华人民共和国香港特别行政区基本法附件一香港特别行政区行政长官的产生办法修正案》，对《中华人民共和国香港特别行政区基本法附件二香港特别行政区立法会的产生办法和表决程序修正案》予以备案。

2011 年

3月10日，时任全国人大常委会委员长吴邦国宣布中国特色社会主义法律体系已经形成。

8月26日，十一届全国人大常委会第二十二次会议通过《全国人民代表大会常务委员会关于〈中华人民共和国香港特别行政区基本法〉第十三条第一款和第十九条的解释》。

10月29日，十一届全国人大常委会第二十三次会议修改《兵役法》《居民身份证法》，通过《关于加强反恐怖工作有关问题的决定》。新修订的《居民身份证法》规定，公民申领、换领、补领居民身份证应当登记指纹信息。

12月31日，十一届全国人大常委会第二十四次会议通过《关于〈中华人民共和国澳门特别行政区基本法〉附件一第七条和附件二第三条的解释》。

2012 年

2月29日，十一届全国人大常委会第二十五次会议修改《清洁生产促进法》，通过《全国人民代表大会常务委员会关于澳门特别行政区2013年立法会产生办法和2014年行政长官产生办法有关问题的决定》。

3月14日，十一届全国人大五次会议通过《关于修改〈中华人民共和国刑事诉讼法〉的决定》。"尊重和保障人权"正式写入修订后的《刑事诉讼法》。

4月27日，十一届全国人大常委会第二十六次会议通过《军人保险法》，通过《第十二届全国人民代表大会代表名额分配方案》《第十二届全国人民代表大会少数民族代表名额分配方案》《台湾省出席第十二届全国人民代表大会代表协商选举方案》。

6月30日，十一届全国人大常委会第二十七次会议修改《中国人民解放军选举全国人民代表大会和县级以上地方各级人民代表大会代表的办法》，批准《中华人民共和国澳门特别行政区基本法附件一澳门特别行政区行政长官的产生办法修正案》，对《中华人民共和国澳门特别行政区基本法附件二澳门特别行政区立法会的产生办法修正案》予以备案。

9月10日，中国政府发表《关于钓鱼岛及其附属岛屿领海基线的声明》，宣布中华人民共和国钓鱼岛及其附属岛屿的领海基线。

11月8日—14日，中国共产党第十八次全国代表大会在北京举行。

12月28日，十一届全国人大常委会第三十次会议通过《关于加强网络信息保护的决定》。

2013年

3月10日，《国务院机构改革和职能转变方案》全文公布。

3月13日，十二届全国人大一次会议在人民大会堂举行第四次全体会议，习近平当选中华人民共和国主席、中华人民共和国中央军事委员会主席。李源潮当选中华人民共和国副主席，张德江当选全国人民代表大会常务委员会委员长。

3月15日，十二届全国人大一次会议在人民大会堂举行第五次全体会议。

8月30日，十二届全国人大常委会第四次会议授权国务院在中国（上海）自由贸易试验区等国务院决定的试验区内暂时停止实施有关法律规定。

11月12日，中共十八届三中全会通过《中共中央关于全面深化改革若干重大问题的决定》。

12月28日，湖南省人大常委会召开全体会议，对在衡阳市十四届人大一次会议期间，以贿赂手段当选的56名省人大代表，依法确认当选无效并予以公告。

12月28日，十二届全国人大常委会第六次会议通过《关于调整完善生育政策的决议》，同意启动实施一方是独生子女的夫妇可生育两个孩子的政策。

2014年

2月27日，十二届全国人大常委会第七次会议通过《关于设立南京大屠杀死难者国家公祭日的决定》《关于确定中国人民抗日战争胜利纪念日的决定》。

8月31日，十二届全国人大常委会第十次会议通过《关于香港特别行政区行政长官普选问题和2016年立法会产生办法的决定》。

10月24日，十二届全国人大常委会第十一次会议通过《关于〈中华人民共和国民法通则〉第九十九条第一款、〈中华人民共和国婚姻法〉第二十二条的解释》，修改《行政诉讼法》，决定12月4日为国家宪法日。

10月20日—23日，中共十八届四中全会于北京举行，审议通过了《中共中央关于全面推进依法治国若干重大问题的决定》。

12月13日，全国人大常委会、国务院、全国政协、中央军委在南京举行南京大屠杀死难者国家公祭仪式。

12月28日，十二届全国人大常委会第十二次会议任命第四任澳门特别行政区基本法委员会组成人员；全国首个跨行政区划法院、检察院——上海市第三中级人民法院、上海市人民检察院第三分院正式成立。

2015年

3月15日，十二届全国人大三次会议修改《立法法》。

6月18日，香港特别行政区立法会就特区政府提出的行政长官普选法案进行表决。立法会70名议员中有28名议员投反对票，法案未能获得《香港特别行政区基本法》规定的全体议员三分之二多数支持而未获通过。

11月7日，中共中央总书记、国家主席习近平同台湾方面领导人马英九在新加坡会面，就进一步推进两岸关系和平发展交换意见。这是1949年以来两岸领导人的首次会面。

12月27日，十二届全国人大常委会第十八次会议修改《人口与计划生育法》。修订后的《人口与计划生育法》规定，国家提倡一对夫妻生育两个子女。

2016年

2月26日，十二届全国人大常委会在北京人民大会堂首次举行宪法宣誓仪式，张德江委员长主持并监誓。

4月28日，十二届全国人大常委会第二十次会议通过《境外非政府组织境内活动管理法》。

9月13日，十二届全国人大常委会第二十三次会议决定成立辽宁省第十二届人民代表大会第七次会议筹备组。

2017年

3月15日，十二届全国人大五次会议通过《民法总则》《关于第十三届全国人民代表大会代表名额和选举问题的决定》《香港特别行政区选举第十三届全国人民代表大会代表的办法》《澳门特别行政区选举第十三届全国人民代表大会代表的办法》。

4月27日，十二届全国人大常委会第二十七次会议修改《测绘法》，通过《关于延长人民陪审员制度改革试点期限的决定》《第十三届全国人民代表大会代表名额分配方案》《第十三届全国人民代表大会少数民族代表名额分配方案》《台湾省出席第十三届全国人民代表大会代表协商选举方案》；国务院办公厅转发

《国务院国资委以管资本为主推进职能转变方案》。

9月1日，十二届全国人大常委会第二十九次会议通过《国歌法》。

9月29日，中央政治局会议决定启动宪法修改工作，成立宪法修改小组。宪法修改小组由张德江任组长，王沪宁、栗战书任副组长。

11月2日，中央军委印发《关于全面深入贯彻军委主席负责制的意见》。

11月4日，十二届全国人大常委会第三十次会议通过《关于在全国各地推开国家监察体制改革试点工作的决定》，并决定在《香港特别行政区基本法》《澳门特别行政区基本法》附件三中增加全国性法律《国歌法》。

11月13日，中共中央发出征求对修改宪法部分内容意见的通知，请各地区各部门各方面在精心组织讨论、广泛听取意见的基础上提出宪法修改建议。

12月12日，中共中央办公厅发出通知，就党中央修宪建议草案稿下发党内一定范围征求意见。各地区各部门各方面反馈书面报告118份，共提出修改意见230条。

12月15日，习近平主持召开党外人士座谈会，当面听取各民主党派中央、全国工商联负责人和无党派人士代表的意见和建议。党外人士提交了书面发言稿10份。

12月22日，国务院修改《行政法规制定程序条例》《规章制定程序条例》，决定环境保护税全部作为地方收入。

12月27日，十二届全国人大常委会第三十一次会议批准《内地与香港特别行政区关于在广深港高铁西九龙站设立口岸实施"一地两检"的合作安排》。

2018年

1月2日—3日，根据党中央安排，张德江主持召开4场座谈会，分别听取中央和国家机关有关部门党委（党组）负责同志、智库和专家学者、各省区市人大常委会党组负责同志对党中央修宪建议草案稿的意见和建议。与会同志提交书面材料52份。

1月19日，中共十九届二中全会通过《中共中央关于修改宪法部分内容的建议》。

1月26日，中共中央向全国人大常委会提出《中国共产党中央委员会关于修改宪法部分内容的建议》。

1月27日，国务院办公厅印发《基本公共服务领域中央与地方共同财政事权和支出责任划分改革方案》。

2月6日，最高人民法院公布《关于适用〈中华人民共和国行政诉讼法〉的解释》。

2月28日，中共十九届三中全会通过《中共中央关于深化党和国家机构改革的决定》。

3月11日，十三届全国人大一次会议通过《中华人民共和国宪法修正案》。

3月13日，十三届全国人大一次会议通过《关于设立第十三届全国人民代表大会专门委员会的决定》，决定设立民族委员会、宪法和法律委员会、监察和司法委员会、财政经济委员会、教育科学文化卫生委员会、外事委员会、华侨委员会、环境与资源保护委员会、农业与农村委员会、社会建设委员会；通过《第十三届全国人民代表大会宪法和法律委员会主任委员、副主任委员、委员名单》《第十三届全国人民代表大会财政经济委员会主任委员、副主任委员、委员名单》。

3月17日，十三届全国人大一次会议选举习近平为中华人民共和国主席；选举习近平为中华人民共和国中央军事委员会主席；选举王岐山为中华人民共和国副主席；通过关于国务院机构改革方案的决定。

3月20日，十三届全国人大一次会议通过《监察法》。

3月21日，中共中央印发《深化党和国家机构改革方案》。

4月27日，十三届全国人大常委会第二次会议通过《人民陪审员法》《英雄烈士保护法》《关于国务院机构改革涉及法律规定的行政机关职责调整问题的决定》。

6月22日，十三届全国人大常委会第三次会议通过《关于全国人民代表大会宪法和法律委员会职责问题的决定》。

7月12日，中共中央、国务院印发《粤港澳大湾区发展规划纲要》。

8月2日—3日，全国人大常委会法工委备案审查信息平台建设现场推进会在广州召开。这是人大备案审查系统首次全国性会议。

8月20日，全国首家金融法院——上海金融法院正式挂牌成立。

8月24日，习近平主持召开中央全面依法治国委员会第一次会议，并发表重要讲话。

8月31日，十三届全国人大常委会第五次会议通过《电子商务法》《土壤污染防治法》《关于修改〈中华人民共和国个人所得税法〉的决定》。

10月，全国人大常委会法工委设立宪法室，为全国人大常委会和全国人大宪法和法律委员会履行宪法相关职能提供服务保障。

10月1日，中共中央、国务院印发《关于保持土地承包关系稳定并长久不变的意见》。

10月26日，十三届全国人大常委会第六次会议通过《国际刑事司法协助法》、修订后的《人民法院组织法》和《人民检察院组织法》，通过《关于修改〈中华人民共和国刑事诉讼法〉的决定》。

12月29日，十三届全国人大常委会第七次会议通过《耕地占用税法》、《车辆购置税法》和修订后的《中华人民共和国公务员法》。

2019年

1月13日，中共中央印发《中国共产党政法工作条例》。

3月15日，十三届全国人大二次会议通过《外商投资法》。

5月2日，中共中央、国务院印发《关于新时代推进西部大开发形成新格局的指导意见》。

5月9日，中共中央、国务院印发《关于建立国土空间规划体系并监督实施的若干意见》。

5月30日，中共中央、国务院印发《长江三角洲区域一体化发展规划纲要》。

6月29日，十三届全国人大常委会第十一次会议通过《关于在中华人民共和国成立七十周年之际对部分服刑罪犯予以特赦的决定》。根据该决定，国家主席习近平签署发布特赦令，对九类服刑罪犯实行特赦。

9月17日，十三届全国人大常委会第十三次会议通过《关于授予国家勋章和国家荣誉称号的决定》。根据该决定，国家主席习近平签署主席令，授予42人国家勋章、国家荣誉称号。

10月1日，庆祝中华人民共和国成立70周年大会在北京隆重举行。

10月7日，中共中央印发《关于新时代加强和改进人民政协工作的意见》。

10月22日，国务院公布《优化营商环境条例》。

10月26日，十三届全国人大常委会第十四次会议通过《关于国家监察委员会制定监察法规的决定》，明确"国家监察委员会根据宪法和法律，制定监察法规"。

10月28日—31日，中共十九届四中全会召开。全会通过《关于坚持和完善中国特色社会主义制度、推进国家治理体系和治理能力现代化若干重大问题的决定》。

12月16日，十三届全国人大常委会第四十四次委员长会议通过《法规、司法解释备案审查工作办法》。

12月26日，国务院公布《外商投资法实施条例》。

12月28日，十三届全国人大常委会第十五次会议通过《关于废止有关收容教育法律规定和制度的决定》。

12月30日，国务院公布《保障农民工工资支付条例》，规范农民工工资支付行为，保障农民工按时足额获得工资。

2020 年

2 月 24 日，十三届全国人大常委会第十六次会议通过关于推迟召开第十三届全国人民代表大会第三次会议的决定。

3 月 30 日，中共中央、国务院印发《关于构建更加完善的要素市场化配置体制机制的意见》。

5 月 11 日，中共中央、国务院印发《关于新时代加快完善社会主义市场经济体制的意见》。

5 月 28 日，十三届全国人大三次会议通过《民法典》和《关于建立健全香港特别行政区维护国家安全的法律制度和执行机制的决定》。

6 月 30 日，十三届全国人大常委会第二十次会议通过《香港特别行政区维护国家安全法》。

10 月 17 日，十三届全国人大常委会第二十二次会议通过关于修改《国旗法》《国徽法》的决定。

10 月 26 日—29 日，中共十九届五中全会召开。全会通过《关于制定国民经济和社会发展第十四个五年规划和二〇三五年远景目标的建议》。

11 月 16 日—17 日，中央全面依法治国工作会议召开。会议总结并阐述了习近平法治思想，并将习近平法治思想明确为全面依法治国的指导思想。

12 月 26 日，十三届全国人大常委会第二十四次会议通过《长江保护法》。这是首部全国性流域立法。

2021 年

1 月 22 日，十三届全国人大常委会第二十五次会议通过《海警法》、修订后的《动物防疫法》和《行政处罚法》。

2 月 7 日，国务院反垄断委员会制定发布《关于平台经济领域的反垄断指南》。

2 月 24 日，国家法律法规数据库正式开通，由全国人大常委会办公厅维护。

2 月 25 日，全国脱贫攻坚总结表彰大会举行。习近平宣告，我国脱贫攻坚战取得了全面胜利。同日，中共中央、国务院作出《关于授予全国脱贫攻坚楷模荣誉称号的决定》《关于表彰全国脱贫攻坚先进个人和先进集体的决定》。

3 月 5 日—11 日，十三届全国人大四次会议举行。会议批准《中华人民共和国国民经济和社会发展第十四个五年规划和二〇三五年远景目标纲要》，通过《关于修改〈中华人民共和国全国人民代表大会组织法〉的决定》《关于修改〈中华人民共和国全国人民代表大会议事规则〉的决定》《关于完善香港特别行政区选举制度的决定》。

3月30日，十三届全国人大常委会第二十七次会议通过修订后的《香港特别行政区基本法附件一香港特别行政区行政长官的产生办法》和《香港特别行政区基本法附件二香港特别行政区立法会的产生办法和表决程序》。

4月28日，中共中央、国务院印发《关于加强基层治理体系和治理能力现代化建设的意见》，明确完善党全面领导基层治理制度、加强基层政权治理能力建设、健全基层群众自治制度等重点任务。

4月29日，十三届全国人大常委会第二十八次会议通过《乡村振兴促进法》、修订后的《海上交通安全法》。

5月20日，中共中央、国务院印发《关于支持浙江高质量发展建设共同富裕示范区的意见》。

6月10日，十三届全国人大常委会第二十九次会议通过《数据安全法》、《海南自由贸易港法》、《军人地位和权益保障法》、《印花税法》、《反外国制裁法》和修订后的《军事设施保护法》；并通过了《关于授权上海市人民代表大会及其常务委员会制定浦东新区法规的决定》《关于开展第八个五年法治宣传教育的决议》。

6月26日，中共中央、国务院发布《关于优化生育政策促进人口长期均衡发展的决定》，提出实施一对夫妻可以生育三个子女政策，并取消社会抚养费等制约措施、清理和废止相关处罚规定，配套实施积极生育支持措施。

7月1日，庆祝中国共产党成立100周年大会举行。

7月20日，国家监察委员会决定《监察法实施条例》。

7月24日，中共中央办公厅、国务院办公厅印发《关于进一步减轻义务教育阶段学生作业负担和校外培训负担的意见》。

8月11日，中共中央、国务院印发《法治政府建设实施纲要（2021—2025年)》。

8月20日，十三届全国人大常委会第三十次会议通过《个人信息保护法》、《监察官法》、《法律援助法》、《医师法》和修订后的《兵役法》。

9月9日，国务院新闻办发布《国家人权行动计划（2021—2025年)》。

10月23日，十三届全国人大常委会第三十一次会议通过《家庭教育促进法》《陆地国界法》《关于授权国务院在部分地区开展房地产税改革试点工作的决定》。

10月25日，中华人民共和国恢复联合国合法席位50周年纪念会议举行。

11月2日，中共中央印发《关于新时代坚持和完善人民代表大会制度、加强和改进人大工作的意见》。

11月8日—11日，中共十九届六中全会举行。全会通过《中共中央关于党的百年奋斗重大成就和历史经验的决议》。

11月19日，全国人大常委会法工委备案审查专家委员会第一次会议在北京召开。

12月20日，香港特别行政区第七届立法会选举结果顺利产生。

12月24日，中共中央印发《中国共产党纪律检查委员会工作条例》；十三届全国人大常委会第三十二次会议通过《反有组织犯罪法》、《湿地保护法》、《噪声污染防治法》和修订后的《科学技术进步法》。

12月27日，《外商投资准入特别管理措施（负面清单）（2021年版）》发布。

2022年

1月4日，中共中央、国务院印发《关于做好2022年全面推进乡村振兴重点工作的意见》。

2月25日，中共中央、国务院印发《信访工作条例》。

2月28日，十三届全国人大常委会第三十三次会议通过《关于中国人民解放军现役士兵衔级制度的决定》。

3月4日—10日，全国政协十三届五次会议举行。

3月5日—11日，十三届全国人大五次会议通过《关于修改〈中华人民共和国地方各级人民代表大会和地方各级人民政府组织法〉的决定》。

3月25日，中共中央、国务院印发《关于加快建设全国统一大市场的意见》。

4月20日，十三届全国人大常委会第三十四次会议通过《期货和衍生品法》和修订后的《职业教育法》。

4月28日，经中央全面深化改革委员会审议通过，生态环境部联合最高人民法院、最高人民检察院等相关部门印发了《生态环境损害赔偿管理规定》。

6月24日，十三届全国人大常委会第三十五次会议通过《黑土地保护法》和修订后的《体育法》，通过《关于修改〈中华人民共和国反垄断法〉的决定》《关于修改〈中华人民共和国全国人民代表大会常务委员会议事规则〉的决定》。

7月1日，习近平出席庆祝香港回归祖国25周年大会暨香港特别行政区第六届政府就职典礼。

8月5日，外交部宣布对佩洛西及其直系亲属进行制裁并对美方采取8项反制措施。

8月10日，《台湾问题与新时代中国统一事业》白皮书发表。

8月16日，中共中央台办发言人受权宣布对列入清单的一批"台独"顽固分子等人员实施制裁。

9月2日，十三届全国人大常委会第三十六次会议通过《反电信网络诈骗法》和修订后的《农产品质量安全法》。

9月21日，最高人民法院、最高人民检察院、公安部、国家安全部联合发布《关于印发〈关于取保候审若干问题的规定〉的通知》。

10月16日，中国共产党第二十次全国代表大会开幕。习近平在会上作了题为《高举中国特色社会主义伟大旗帜　为全面建设社会主义现代化国家而团结奋斗》的报告，其中对全面依法治国、建设法治中国进行了系统部署，明确提出完善和加强备案审查制度。这是备案审查首次写入党的代表大会报告。

12月19日，习近平总书记发表《谱写新时代中国宪法实践新篇章——纪念现行宪法公布施行40周年》重要文章。

2023年

3月13日，十四届全国人大一次会议通过《关于修改〈中华人民共和国立法法〉的决定》。

4月26日，十四届全国人大常委会第二次会议通过修订后的《全国人民代表大会常务委员会组成人员守则》。

6月28日，十四届全国人大常委会第三次会议通过《对外关系法》。

7月10日，国家网信办联合国家发展改革委、教育部、科技部、工业和信息化部、公安部、广电总局七部门联合公布《生成式人工智能服务管理暂行办法》。

9月1日，十四届全国人大常委会第五次会议通过修订后的《行政复议法》。

10月22日，十四届全国人大常委会第六次会议举行联组会议，就国务院关于打击生态环境和资源保护领域犯罪工作情况的报告、最高人民法院关于人民法院环境资源审判工作情况的报告、最高人民检察院关于人民检察院生态环境和资源保护检察工作情况的报告进行专题询问。

10月24日，十四届全国人大常委会第六次会议通过《爱国主义教育法》。

11月21日，最高人民法院办公厅发布《关于建设全国法院裁判文书库的通知》。根据该通知，全国法院裁判文书库拟于2024年1月上线运行，支持全国法院干警在四级法院专网查询检索裁判文书。

12月29日，十四届全国人大常委会第七次会议通过《关于完善和加强备案审查制度的决定》。这是全国人大常委会首次以"有关法律问题的决定"形式对备案审查制度和工作作出系统全面的规定。

2024年

2月16日，《求是》杂志发表习近平重要文章《坚持和完善人民代表大会制度　保障人民当家作主》。

3月11日，十四届全国人大二次会议通过修订后的《国务院组织法》。

3月19日，香港特别行政区立法会三读全票通过《维护国家安全条例》。这标志着香港特别行政区落实了《香港特别行政区基本法》第23条规定的宪制责任。

3月22日，最高人民检察院表示，对未成年人实施的故意杀人、故意伤害，致人死亡等严重犯罪，符合核准追诉条件的，要依法追究刑事责任。

4月1日—2日，备案审查工作座谈会暨备案审查工作培训班在重庆举行。这是全国人大常委会法工委第一次举办全国性备案审查工作座谈会。

7月15日—18日，中共二十届三中全会通过《中共中央关于进一步全面深化改革、推进中国式现代化的决定》。

8月19日，国务院常务会议通过《法规规章备案审查条例》。

后　记

本书是为庆祝中国人民大学法学院成立 70 周年而策划的中国法学学术史丛书之一。中国人民大学法律系成立于 1950 年，是新中国诞生后创立的第一所正规的高等法学教育机构，中国人民大学法学院继承与发扬的学术传统，本身就是近代以来中国法学发展的缩影。以宪法学的发展为主题做学术梳理与考察，对于反思已有的学术研究，进一步推进中国宪法学知识体系的构建是一件有意义的事情。

"古来世运之明晦、人才之盛衰，其表在政，其里在学。"[①] 宪法学恰是一种牵联时世，又关涉政学的学问。一方面，宪法作为一国根本法，一字一句攸关国家大政，现代宪法守护人的尊严、确认民主制度、划定国家权力的边界，关涉个体、国家与共同体的命运；另一方面，宪法学术彰显着国人对一种现代生活方式的根本思考，其兴衰更是国家命途的缩影。在写作过程中，我们深刻体会到近代中国经历的千年未有之巨变。在欧风美雨的吹打中顽强生长的中国宪法学，体现了中国这样一个历久弥新的共同体对自我身份的认知与对未来美好生活的追求。

宪法学是从西洋传入的学问，其在中国的起源可以追溯到 19 世纪上半叶。伴随着近代中国社会的剧烈变迁，作为现代学术的宪法学在 20 世纪历经兴衰浮沉。新中国成立以后，特别是改革开放以来，宪法学渐次复苏繁荣，以坚韧而奋发的姿态迈入 21 世纪，结出丰硕的果实。漫长的 20 世纪，见证了中国宪法学的发展，乃至发达。当然，笔者仍身处这一传统之中，对之观察与思考仍多有不足之处，而前辈学人留下的学术成果浩瀚，自应为对中国宪法学学术史的诠释留下更多的空间。更何况，现代宪法学亦如现代宪法与宪法文化，应是多元的，充满无限的诠释可能。

在本书的写作过程中，写作团队结合既有研究，查阅了大量文献，分享研究成果与信息，尽可能地从不同角度呈现中国宪法学的发展历程。比如从文献研究的角度，考究概念的起源，观察概念与观念的体系；从组织的视角，探讨宪法学的发展演进，研究学术团体、专门教育与国民教育的体系；从学术话语生成的角

[①]　[清] 张之洞：《劝学篇》，上海书店 2002 年版，自序。

度，观察宪法学与重大历史事件的互动、宪法学术史以及学术事业内部的产出形态；也尝试通过对专题领域的纵向梳理，综合地反映学术发展的不同面向。当然，面对跨越一百年的宪法学历史与浩瀚的学术文献，我们的成果仍有许多不足之处，譬如对于早期的国际交流仍然缺乏深入考察，对前辈公法学人的生平与思想未能细作考辨，对晚近宪法学的最新发展犹有未及关注之处。但笔者也注意到，近来学界关于近代法政学人的研究日渐细致，对中外宪法学早期交流的研究佳作频出，对国外学说的译介与基于实践的本土化研究不断更新。缘于传播渠道的发达，学界已能便捷地获取这些成果。另外，笔者曾主编《中国宪法学说史研究》（上、下册）（中国人民大学出版社 2012 年版），对于西方宪法学对中国宪法学说的影响作了较详细的介绍。本书既然专注于中国宪法学本身的整体脉络，也就姑且不再多述。

本书分工如下：导论、第二章、第五章、第六章、第七章由中国人民大学法学院教授韩大元撰写；第一章由郑州大学法学院讲师周威撰写；第三章、第十章由南京大学法学院助理教授姜秉曦撰写；第四章由中国人民大学法学博士陆一爽撰写；第八章由中国人民公安大学教授齐小力、上海大学法学院讲师王涛撰写；第九章由韩大元、浙江大学光华法学院教授郑磊、上海社会科学院法学研究所副研究员张亮撰写；第十一章由姜秉曦、北京大学法学院教授张翔撰写；第十二章由天津大学法学院教授王建学撰写；第十三章由厦门大学法学院助理教授许瑞超、南京财经大学法学院教授范毅撰写；附录由北京大学博雅博士后钱坤、周威整理。

韩大元
2024 年 4 月 25 日

图书在版编目（CIP）数据

中国宪法学术史/韩大元等著． -- 北京：中国人民大学出版社，2025.2． --（中国法学学术史丛书）．
ISBN 978-7-300-33628-2

Ⅰ.D921.02

中国国家版本馆 CIP 数据核字第 20252AB801 号

国家出版基金项目
中国法学学术史丛书
中国宪法学术史
韩大元　周　威　钱　坤　等　著
Zhongguo Xianfa Xueshushi

出版发行	中国人民大学出版社		
社　　址	北京中关村大街 31 号	邮政编码	100080
电　　话	010-62511242（总编室）	010-62511770（质管部）	
	010-82501766（邮购部）	010-62514148（门市部）	
	010-62515195（发行公司）	010-62515275（盗版举报）	
网　　址	http://www.crup.com.cn		
经　　销	新华书店		
印　　刷	涿州市星河印刷有限公司		
开　　本	720 mm×1000 mm　1/16	版　次	2025 年 2 月第 1 版
印　　张	38 插页 3	印　次	2025 年 2 月第 1 次印刷
字　　数	700 000	定　价	228.00 元

版权所有　侵权必究　印装差错　负责调换